I0751899

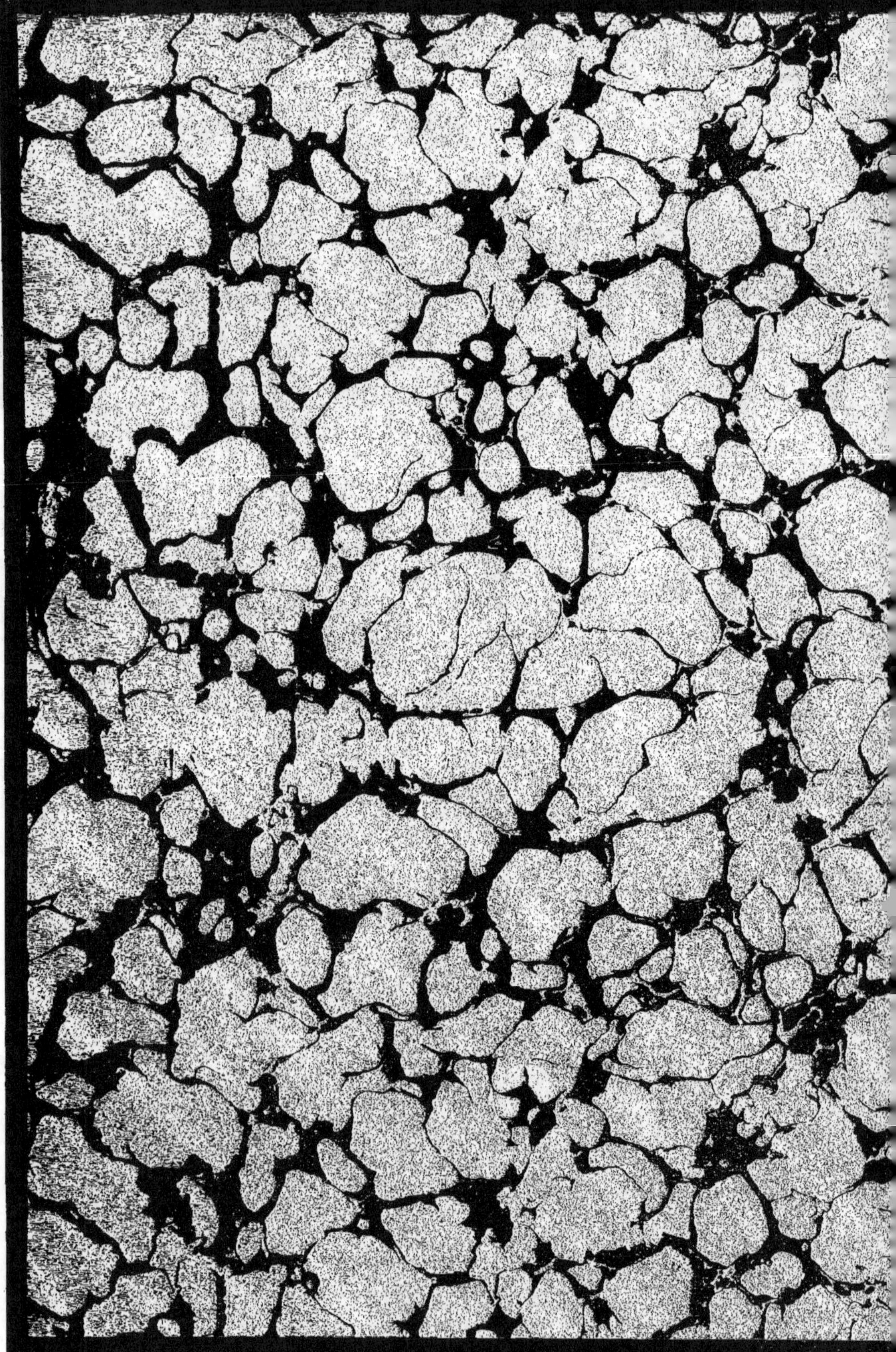

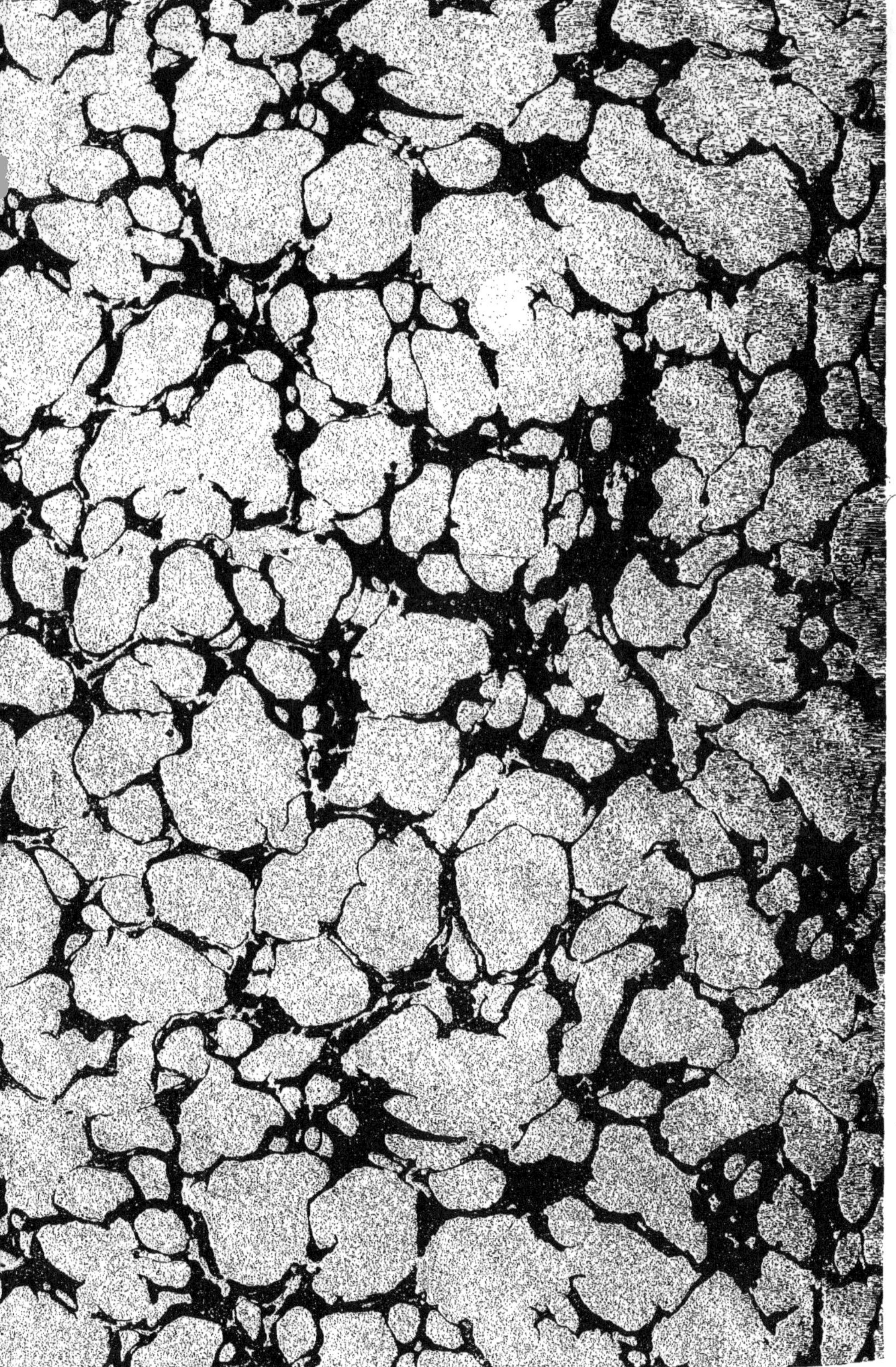

7870 Bis
H

LE

PLUTARQUE FRANÇAIS.

IMPRIMÉ PAR PLON FRÈRES, 36, RUE DE VAUGIRARD.

…iné par Gleyre — Gany-Gros, imp. rue du Plâtre 18. Paris — *Gravé par Alph. François*

BnF

LE

PLUTARQUE

FRANÇAIS,

VIES DES HOMMES ET DES FEMMES ILLUSTRES DE LA FRANCE

DEPUIS LE CINQUIÈME SIÈCLE JUSQU'A NOS JOURS,

AVEC LEURS PORTRAITS EN PIED GRAVÉS SUR ACIER:

OUVRAGE FONDÉ PAR M. ÉD. MENNECHET.

DEUXIÈME ÉDITION,

PUBLIÉE SOUS LA DIRECTION DE M. T. HADOT.

TOME TROISIÈME.

XVIᴱ XVIIᴱ SIÈCLES.

PARIS.

LANGLOIS ET LECLERCQ, ÉDITEURS,

81, RUE DE LA HARPE.

MDCCCXLVI.

8

4°-H-3597

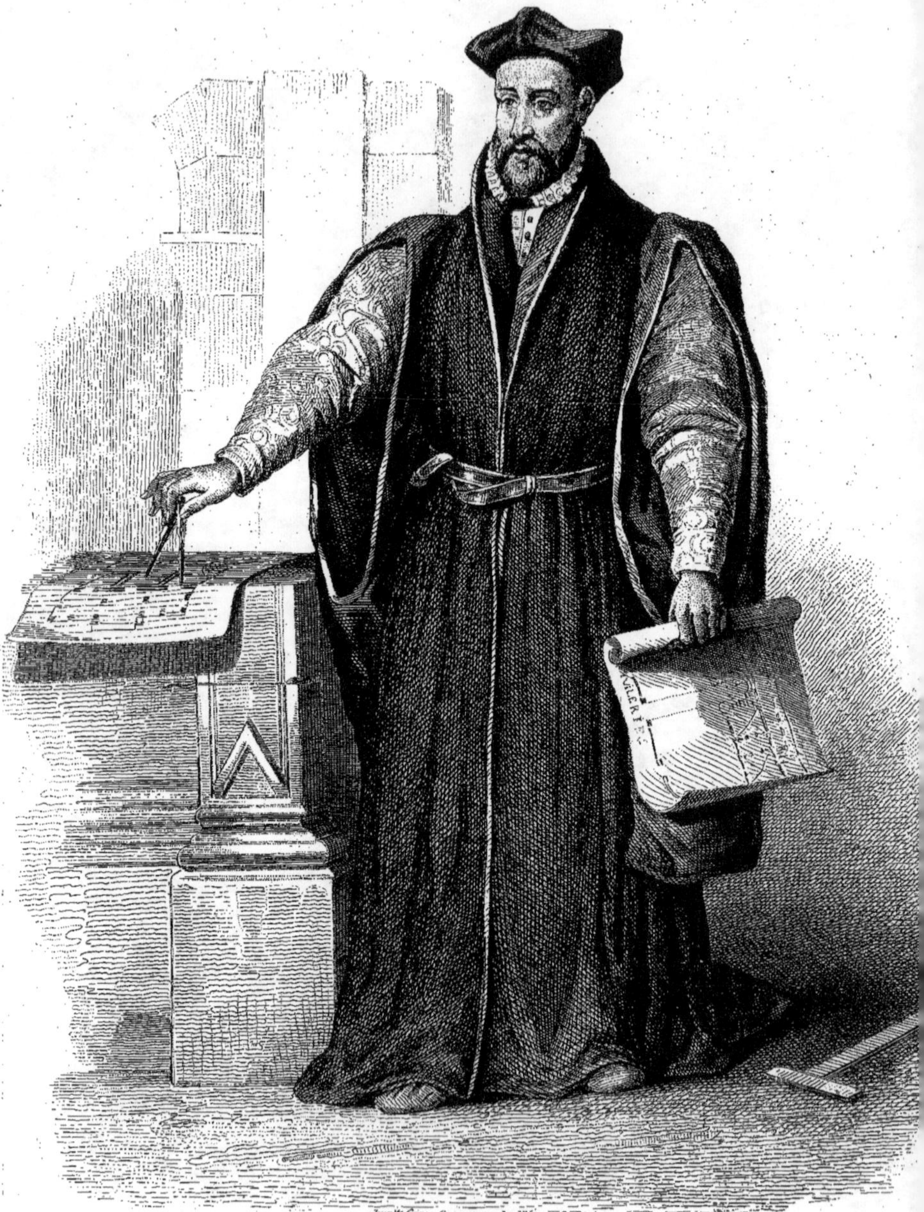

Imp.ie Geny-Gros, rue du Plâtre, 28. Paris

PHILIBERT DELORME.

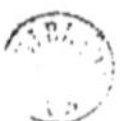

PHILIBERT DELORME

NÉ EN 15.., MORT EN 1577.

Philibert Delorme peut être considéré comme le chef de l'école d'architecture qui fleurit en France depuis trois siècles : c'est principalement à ce titre qu'il avait sa place marquée dans ce livre. Nul artiste, en effet, n'a contribué d'une manière plus efficace au grand revirement que l'on est convenu d'appeler chez nous la *renaissance* de l'architecture. Cette révolution, descendue des Alpes avec les armées de Louis XII et de François Ier, ne fut pas le moindre de nos revers. Elle eut pour résultat de substituer aux constructions élégantes et rationnelles du moyen âge, non pas une architecture neuve et originale, non pas l'architecture grecque ou même le style corrompu de Rome, mais un placage sans caractère et sans nom. François Ier l'indroduisit en France avec le Primatice et cette foule d'aventuriers italiens qui volontiers cherchaient fortune loin du pays de Raphaël, de Michel-Ange et de Palladio. Sous la protection de ce prince, l'étude de l'antiquité devint chez nous une fureur. Les lettres et les arts couraient se retremper à l'envi dans cette source commune; et tandis que nos architectes, Jean Bullant, Pierre Lescot, Philibert Delorme, interrogeaient à Rome les monuments encore admirables de la décadence, un homme d'un plus rare génie, Jean Goujon, délaissait les formes grêles et souffrantes de la sculpture gothique pour chercher sur les traces des Grecs le beau idéal de la forme humaine. Celui-ci du moins avait bien choisi sa route. Mais, autant la recherche des formes exquises de la statuaire antique pouvait profiter à un art qui a pour point de départ l'imitation des beautés naturelles dans ce qu'elles ont d'excellent et d'idéal, autant il y avait d'inconséquence à demander aux Grecs le modèle d'une forme tout à fait indépendante de la nature, variable à l'infini selon les besoins des siècles et des climats, sans type, sans idéal possibles, ne repoussant absolument aucune couleur ni aucune ligne, et ne connaissant, en dehors des lois fixes de l'équilibre, que deux règles bien vagues, le bon sens et le goût. Liberté immense,

immense occasion d'erreur! C'est surtout la difficulté de rencontrer, à travers tant de conditions et tant d'éléments, cette chose divine et indéfinissable, l'harmonie, qui fait de l'architecture le plus mystérieux, je dirais volontiers le plus grand de tous les arts de la forme.

Cette liberté, ce mystère, ce champ sans bornes, effrayèrent sans doute les artistes de la renaissance. Peu doués d'imagination, hommes d'étude et de science, curieux avant tout de modèles et de règles, ils essayèrent de se renfermer dans les limites de l'art le plus simple et le plus facile à formuler. Or, en voulant accommoder à notre ciel, et non-seulement à nos églises, non-seulement à nos palais, mais à nos moindres habitations, l'architecture *monumentale* des Grecs, que pouvaient-ils faire, que tomber, à chaque pas, du bâtard dans l'incohérent, et mettre la décadence dans la décadence? C'est ce qui arriva. La chute, après eux, fut si rapide, que les monuments du seizième siècle devinrent bientôt, par comparaison avec la plupart des travaux du siècle suivant, des chefs-d'œuvre d'imagination, de bon sens et de goût. De là l'estime exagérée que l'école actuelle a conçue pour les productions de la renaissance, et l'espèce de popularité acquise au nom de Philibert Delorme, le plus célèbre et le plus hardi des constructeurs de cette époque.

Delorme naquit à Lyon, au commencement du seizième siècle. Dès l'âge de quatorze ans, il était en Italie. Quelle fut sa première fortune, quelle fut la condition de sa famille, on l'ignore : mais on ne voit pas qu'il ait jamais eu à se plaindre de son étoile. On peut même conclure d'une anecdote racontée par lui-même qu'il eut toujours de quoi subvenir assez largement aux frais de ses études : « Étant à Rome, dit-il, du temps de ma grande jeunesse, je mesurois les édifices et antiquités, selon la toise et le pied de roi, ainsi qu'on fait en France. Advint un jour que, mesurant l'arc triomphant de Sainte-Marie-Nove, comme plusieurs cardinaux et seigneurs se pourmenants visitoient les vestiges des antiquités, et passoient par le lieu où j'étois, le cardinal de Sainte-Croix, lors simple évêque seulement (mais depuis cardinal, et pape sous le nom de Marcel, homme très-docte en diverses sciences, et même en l'architecture, en laquelle pour lors il prenoit grand plaisir), dit en son langage romain qu'il me vouloit connoitre, pour autant qu'il m'avoit vu et trouvé plusieurs fois mesurant divers édifices antiques, ainsi que je faisois ordinairement avec grand labeur, frais et dépens, selon ma petite portée, tant pour les échelles et cordages, que pour faire fouiller les fondements, afin de les connoître. Ce que je ne pouvois faire sans quelque nombre d'hommes qui me suivoient, les uns pour gagner deux jules ou carlins le jour, les autres pour apprendre, comme étoient ouvriers, menuisiers, scarpelins ou sculpteurs et semblables qui désiroient connoître comme je faisois, et participer du fruit de ce que je mesurois. La quelle chose donnoit plaisir audit seigneur cardinal, voire si grand qu'il me pria, étant avec un gentilhomme romain qu'on nommoit misser Vincencio Rotholano, logeant pour lors au palais de Saint-Marc, que je les voulusse aller voir, ce que je leur accordai très-volontiers..... Après avoir discouru avec eux de plusieurs choses d'architecture, et entendu d'où j'étois, ils me prièrent derechef de les visiter souvent audit palais, ce que je fis. Auquel lieu ils me conseillèrent entre autres choses (après avoir connu la dépense que je faisois pour chercher les antiquités et retirer toutes choses rares et exquises en l'art d'architecture) que je ne mesurasse plus lesdites antiquités selon le pied de France, qui étoit le pied de roi, pour autant qu'il ne se trouveroit si à propos que le palme romain, suivant lequel on pouvoit fort bien juger des anciens édifices, qui avoient été conduits avec icelui plutôt que avec autres mesures, et signamment avec le pied antique, me donnant lors et l'un et l'autre, avec leurs mesures, longueurs et divisions. D'avantage ils m'enseignèrent les lieux où je les trouvai insculpés en un marbre fort antique. Depuis l'avertissement des susdits seigneurs, je ne voulus plus m'aider du pied de roi, mais bien du pied antique, et signamment du palme romain, pour autant que lors il étoit plus usité et connu des ouvriers à Rome que le pied antique. »

Avec des protecteurs si zélés, Philibert Delorme pouvait espérer de faire son chemin en Italie. Ici toutefois la concurrence était grande et redoutable, et d'ailleurs l'évêque de Sainte-Croix ne s'appelait pas encore Marcel II. Ajoutez que l'engouement de François Ier et de toute sa cour pour *la restauration de l'art* ouvrait en France le plus beau champ aux prétendus novateurs. Delorme délibéra donc de repasser les monts. — Il se fixa d'abord dans sa ville natale, où il bâtit quelques maisons particulières, entre autres le logis de M. Billau, général de Bretagne. Dans cette maison, que l'on doit voir encore rue de la Juiverie, il construisit deux trompes d'une coupe remarquable. Bientôt sa réputation devint fort grande. Il était en train d'élever le portail de Saint-Nizier, lorsque le cardinal Du Bellay le fit venir à Paris. Présenté à Henri II, à Diane de Poitiers, à Catherine de Médicis, roi, femme et maîtresse, le comblèrent à l'envi. Il travailla premièrement au fer à cheval de Fontainebleau et au château de Saint-Maur-les-Fossés, qui lui fut commandé par le cardinal Du Bellay. Cette villa, encore inachevée à la mort du cardinal, fut achetée par Catherine de Médicis, et terminée, avec de grandes augmentations, sur les nouveaux plans de Philibert Delorme [1]. Ensuite il éleva, conjointement, dit-on, avec le Primatice,

[1] Je me conforme ici, non sans quelque scrupule, au récit unanime des biographes. Ils s'accordent tous à dire que Delorme fut présenté au roi Henri II par le cardinal Du Bellay. On sait toutefois que le cardinal Du Bellay, tombé en disgrâce à la mort de François Ier (1547), s'exila non-seulement de la cour, mais de France : ce n'était point le cas d'y bâtir. Je croirais plutôt que le cardinal appela Delorme bien avant la mort de François Ier, et qu'il le présenta au *Dauphin*, devenu plus tard Henri II.

le château de Meudon et le mausolée de François Ier ; il fit de grands travaux à Villers-Cotterets et à La Muette ; il donna les plans du château d'Anet et du tombeau des Valois.

De tous ces travaux, il reste à peine quelques fragments. Le tombeau des Valois, qui ne fut jamais entièrement achevé, menaçait ruine dès la fin du dix-septième siècle : il fut démoli en 1719. C'était une vaste rotonde, appuyée à l'église de Saint-Denis, et dans laquelle on entrait par l'extrémité de la croisée septentrionale de cette église. A l'extérieur, elle était composée d'un rez-de-chaussée et de deux étages, dont le second, considérablement en retrait sur le premier, portait un dôme surmonté d'une lanterne et d'une petite coupole. L'ordonnance du rez-de-chaussée était dorique, c'est-à-dire que la muraille, percée de fenêtres en arcades, ornée de fausses fenêtres et de niches, était en outre revêtue d'un placage de colonnes doriques et de pilastres. Le premier étage, d'ordre ionique, était couronné par une balustrade. Une large terrasse régnait entre cette balustrade et la paroi du deuxième étage : celui-ci était percé d'arcades entremêlées de panneaux et de pilastres. L'intérieur était décoré dans le même goût. Au rez-de-chaussée, sous le dôme, au centre d'une rotonde qui avait pour plan celui même du deuxième étage, on avait placé le tombeau de Henri II et de Catherine de Médicis. De cette rotonde, six arcades conduisaient dans autant de chapelles, et chacun des massifs qui séparaient les arcades était *orné* de deux colonnes corinthiennes appliquées en avant-corps sur la muraille. Même système au premier étage. L'artiste avait eu de plus le mauvais goût de superposer aux douze colonnes corinthiennes du rez-de-chaussée, douze colonnes composites par-dessus lesquelles s'élevaient le deuxième étage et la coupole. Les six chapelles du rez-de-chaussée étaient pareillement ornées de colonnes : leur plan figurait une croix dont trois extrémités s'arrondissaient en forme de trèfle, et leur plafond soutenait six autres chapelles qui avaient vue sur la rotonde par les arcades du premier étage.

Tel était l'aspect général de ce tombeau, dont le plan ne laissait pas que d'être heureux, et dont la forme circulaire convenait singulièrement à une construction sépulcrale. On ne comprend pas que l'auteur ait pris à tâche d'en racheter la monotonie par tous les moyens en vogue dans l'école, et surtout par cette accumulation de colonnes sans motif, lourde superfluité que ne peuvent justifier ni l'exemple des Romains, ni celui des plus fameux architectes modernes. En architecture, toute partie essentielle dont l'utilité ne justifie pas l'existence est un contre-sens. Or, quelle peut être l'utilité de ces énormes piliers, collés, pour ainsi dire, à la muraille, de telle façon que l'œil même ne puisse tourner autour d'eux, et que l'air à peine y circule? Sur quoi justifiera-t-on ces massives ordonnances, où la colonne et l'entablement sont le mutuel prétexte l'un de l'autre, disons mieux, où les colonnes sont moins faites pour soutenir le plafond que le plafond n'est fait pour couvrir les colonnes? Que dire enfin de ces pilastres dont on *enrichit* nos murailles depuis trois cents ans, dont la saillie mesquine démontre suffisamment la parfaite inutilité, dont l'unique et ridicule prétexte est de figurer des colonnes là où il n'y en a point? Tous les arcs de triomphe, toutes les antiquités de Rome et du monde ne sauraient excuser une pratique d'ailleurs aussi contraire aux pures traditions de l'art grec qu'au bon sens et à la véritable élégance.

Ces contre-sens, et beaucoup d'autres, déparent toutes les œuvres de Philibert Delorme, à commencer par le fragment du château d'Anet que l'on voit maintenant à Paris dans la cour du palais des Beaux-Arts. Ce morceau peut même passer pour un modèle du genre. Les proportions de sa triple ordonnance ont voulu que chaque entablement fît retour vers la muraille, et que le plafond fût interrompu à l'endroit précis où il aurait pu avoir une sorte de prétexte, comme un balcon à soutenir ou à protéger : si bien que les trois ordres grecs, entassés à droite et à gauche de la porte et des fenêtres, n'ont absolument rien à faire, sinon de se porter l'un l'autre. Le troisième ordre est remarquable, en outre, par le maigre et triste feuillage qui enlace le fût de la colonne jusqu'au tiers de sa hauteur, et par l'ornement un peu hasardé qui remplace, dans l'un et l'autre retrait de l'entablement, quelque sculpture de la corniche. Dans ce château d'Anet, construit à grands frais par Henri II pour Diane de Poitiers, on déploya un grand luxe de marbres, de porphyres et de bronzes. Delorme se loue infiniment, dans son traité d'architecture, de la composition de l'entrée principale. Ce qui le réjouit surtout, c'est une certaine horloge, et dans cette horloge une sonnerie, « laquelle précèdent aux heures, demi-heures et quarts-d'heures, les abois de quatre limiers, au lieu d'appeaux, qui semblent aboyer contre un cerf étant élevé par-dessus les montres dudit horloge. Et pour autant, dit-il, que la nature du cerf est de frapper du pied quand il entend l'aboi des chiens, on a fait qu'après que lesdits chiens ont fait les appeaux des heures, le cerf les frappe du pied, et fait ouïr les heures. »

Malgré le luxe et la recherche déployés au château d'Anet, c'est seulement dans le palais de la reine mère que nous trouverons Delorme tout entier. Catherine de Médicis fit élever ce palais, parmi des masures et des jardins, sur l'emplacement d'une tuilerie qui lui a donné son nom. Il devait être, dit-on, fort vaste : mais quelque sinistre prédiction d'un certain Luc Gauric, pour lors astrologue de la reine, empêcha celle-ci d'y faire sa résidence, et par conséquent de lui donner toute l'importance qu'il aurait pu avoir. Il ne faut pas croire toutefois, comme on le répète encore tous les jours, que le plan dont Ducerceau nous a laissé le dessin soit conforme au projet primitif de Philibert Delorme. Nul doute, au contraire, que ce plan, d'après lequel fut complétée la façade actuelle, ne soit l'œuvre de quelque architecte postérieur à Delorme, s'il n'est pas une création de Ducerceau lui-même. Le peu d'élévation de la façade bâtie par Philibert Delorme ne permet pas de croire qu'il ait jamais songé à lui donner le développement qu'elle a reçu depuis, et sans doute il n'eût pas fait l'inconvenance d'ajouter aux vastes pavillons qui la terminaient deux nouveaux corps de logis flanqués à leur tour de deux autres pavillons. Il reste assez à critiquer dans l'œuvre de Delorme sans mettre encore sur son compte ce chaos architectural. La façade élevée par celui-ci était une création complète dont on n'a fait que détruire l'unité; et si l'architecte méditait d'autres constructions, elles ne devaient pas venir en prolongement, mais bien en retour de celles qu'il a exécutées. Quoi qu'il en soit, l'œuvre authentique de Philibert Delorme se compose exclusivement du pavillon du milieu, des deux corps de logis avec terrasse et des deux gros pavillons qui les terminent. Mais cette portion elle-même a été tellement défigurée, déshonorée par les architectes qui l'ont prise à partie pendant et après le règne de Louis XIV, qu'il est impossible de se faire aujourd'hui la moindre idée de la création première. C'est surtout vers le jardin, c'est-à-dire du principal côté, que la dévastation a été complète.

Le pavillon du milieu, qui aujourd'hui couvre la terrasse, était autrefois en retrait et presque à l'alignement des deux corps de logis, de telle sorte que la terrasse et la galerie en arcades qui la soutenait régnaient sans interruption de l'un à l'autre des deux gros pavillons. Au milieu du rez-de-chaussée, un avant-corps assez considérable était orné de colonnes ioniques à tambours et à bandes sculptés : à droite et à gauche, les massifs entre arcades étaient décorés de pilastres qui rappelaient les colonnes. Cette ordonnance existe encore. Les deux corps de logis latéraux n'avaient sur la terrasse qu'un seul étage : il était percé de hautes fenêtres, entremêlées de panneaux plus écrasés, le tout garni d'une rangée de frontons qui masquaient le toit à des hauteurs inégales; ceux-ci étaient chargés de figures sculptées dans le tympan et sur le tympan. Le pavillon central était élevé de deux étages sur la terrasse. L'étage supérieur, de forme circulaire, soutenait un dôme surmonté d'une lanterne : il avait pour plan un cercle inscrit dans le carré de l'étage inférieur; et les angles du carré, non occupés par la rotonde, avaient reçu chacun une tourelle, terminée, aussi bien que la lanterne, par une petite coupole. Ce large dôme, cette lanterne, ces cinq coupoles, se détachaient sur le ciel; et la grâce de leurs lignes tout orientales faisait oublier l'agencement lourd et tourmenté des deux grands corps de logis. A chaque extrémité de la façade un gros pavillon fermait, comme nous l'avons dit, la galerie et la terrasse. Sa double profondeur était indiquée extérieurement par un double toit qui en faisait comme deux bâtiments accouplés, ayant pignon, l'un sur la terrasse, l'autre sur le toit du corps de logis en retrait. Le rez-de-chaussée, décoré de colonnes ioniques, et le premier étage, décoré de colonnes corinthiennes, subsistent encore. Quant à l'étage supérieur, dont les fenêtres, chargées de frontons, dépassaient de beaucoup la corniche, il a été remplacé par un misérable attique, surmonté d'une balustrade aussi lourde que monotone. Du côté de la cour, le rez-de-chaussée du pavillon central, le rez-de-chaussée et le premier étage du reste de la façade ont été à peu près respectés : le deuxième étage des pavillons a subi la même mutilation que l'étage correspondant du côté du jardin.

Quiconque a eu sous les yeux une perspective du palais de Philibert Delorme, n'a pu s'empêcher de maudire les hommes sans lumière et sans goût dont la main consomma de pareilles dévastations. Ces maçons, qui avaient nom Levau et Dorbay, trouvèrent pourtant des panégyristes. Il n'y a guère d'histoire de l'architecture et des architectes où l'on n'accuse Philibert Delorme d'avoir vu les belles choses de Rome avec des yeux encore préoccupés du style gothique, et où on ne loue ces messieurs d'avoir *ragréé*, comme on dit, *et ramené tout le palais à une ordonnance plus sage et plus régulière.* Quoi qu'on ait pu répéter à ce sujet, le vrai mérite de l'ancienne façade était uniquement dans ces derniers ressouvenirs du moyen âge, auxquels nous devions déjà la féerie de Chambord. Depuis qu'ils ont disparu, que reste-t-il? une décoration qui blesse à la fois le bon sens et le goût. Parmi les nombreuses erreurs de Philibert Delorme, il faut compter assurément les colonnes ioniques à tambours et à bandes qui décorent le rez-de-chaussée du pavillon central. Delorme raconte l'origine de cette invention, dont il se félicite fortement. La première idée lui en vint lorsqu'il construisait le portique corinthien de la chapelle de Villers-Cotterets : « Vrai est, dit-il, que pour la nécessité où je me trouvai de ne pouvoir recouvrer promptement, et sans grands frais, des colonnes toutes d'une pièce, je les fis faire de quatre ou cinq pièces, avec beaux ornements et moulures qui cachent leurs commissures : de sorte qu'à les voir il semble qu'elles soient entièrement d'une pièce, se montrant fort belles, et de bien bonne grâce. » Quant à l'ordonnance ionique, dont les colonnes, d'un seul jet, garnissent le rez-de-chaussée des gros pavillons, les amateurs du genre l'ont toujours regardée comme un chef-d'œuvre. C'est pour cela sans doute que plusieurs l'ont attribuée à Jean Bullant, dont les profils passaient pour avoir plus d'élégance et de pureté que ceux de Philibert Delorme. En prenant cet ordre pour ce qu'il vaut, c'est-à-dire pour un hors-d'œuvre, et sans prétendre attaquer en rien le mérite de son profil, il nous resterait encore à déplorer l'imagination de l'artiste, qui a eu l'idée de faire grimper de misérables petites branches le long des cannelures de la colonne. Quelques écrivains ont attribué à Jean Bullant, non pas cette ordonnance, mais la décoration d'assez mauvais goût qui couronnait les deux corps de logis en retrait sur la terrasse. Toutes ces suppositions importent peu à la gloire de Philibert Delorme, si l'on convient avec nous que la beauté de son œuvre réside tout entière dans la distribution générale du bâtiment et dans les heureuses lignes du pavillon central : ce qu'il y a toutefois de plus probable, c'est que Bullant ne fut pour rien dans la composition de cette façade.

Le seul collaborateur que Philibert Delorme avoue très-haut, c'est Catherine de Médicis elle-même : « Je ne fais, écrit-il, que suivre ses ordonnances et dessins, et je procède tout ainsi qu'il plaît à Sa Majesté le me commander, sauf les ornements, symétries et mesures, pour lesquelles elle me fait cette grâce et faveur de s'en fier à moi. » Delorme était bien payé pour flatter l'amour-propre de sa protectrice. En 1555, elle lui fit don des abbayes de Saint-Éloi de Noyon et de Saint-Serge d'Angers. Il avait reçu déjà l'abbaye d'Ivry, qu'il dut résigner en échange de cette double faveur. La reine le fit encore conseiller et aumônier ordinaire du roi, quoi qu'il ne fût que tonsuré ; on dit même qu'il fut chanoine de l'église de Paris. A tous ces titres il joignait celui de gouverneur du palais des Tuileries.

La fortune enfla, dit-on, outre mesure l'amour-propre, naturellement fort développé, de l'heureux artiste ; et son insolence lui valut une violente satire de Ronsard, intitulée *la Truelle crossée*. Cette satire, que l'on ne saurait trouver dans aucune édition des œuvres de Ronsard, n'est autre chose peut-être que le sonnet adressé à Guillaume Aubert, avocat poitevin, et dans lequel l'auteur, déplorant les vains labeurs du poète, vient à s'écrier :

Ah ! il vaudroit mieux être architecte ou maçon,
Pour richement timbrer le haut d'un écusson
D'une crosse honorable au lieu d'une truelle !

Quoi qu'il en soit, Delorme avait pris Ronsard en grippe ; si bien qu'un jour où tous deux suivaient la reine-mère au jardin des Tuileries, l'architecte, étant entré le premier, ferma la porte au nez du poète. Ronsard se la fit rouvrir par le sieur de Sarlan, et incontinent il y crayonna, en lettres des plus capitales, ces trois mots : FORT. REVERENT. HABE. Au retour de la promenade, la reine fut très-ébahie de cette inscription qui fit monter le rouge à la figure de l'abbé de Saint-Serge. Elle voulut savoir qui l'avait écrite et le motif. Ronsard ne se fit pas prier pour raconter l'aventure ; et comme Delorme se plaignait vivement du sarcasme qu'il croyait voir dans ces trois mots, Ronsard reprit en souriant : « Je suis d'accord avec le seigneur abbé que cette inscription, lue en français, renferme une ironie qu'il n'aurait pas tout à fait tort de s'appliquer : mais elle lui convient beaucoup mieux en latin. » Alors il expliqua que ces trois mots étaient le commencement abrégé d'un distique d'Ausone :

Fortunam reverenter habe, quicumque, repentè
Dives, ab exili progrediere loco [1] ;

[1] Sois modeste dans la fortune, nouveau riche, parti de bas lieu.

et il en fit la traduction. Chacun de rire; la reine la première. Elle tança même un peu son favori, disant tout haut que les Tuileries étaient dédiées aux Muses.

L'amour-propre, on peut dire l'infatuation de Philibert Delorme, perce à chaque ligne dans son *Traité d'architecture*. Si les figures en sont mal dessinées, c'est la faute des *tailleurs* « dont il n'a pu jouir. » Si le style n'est pas toujours élégant, c'est uniquement la faute du sujet. Quant aux *quottations marginales*, qui font scandaleusement l'éloge de l'auteur, il nous prie adroitement de nous en prendre « au bon zèle de quelque sien ami, qui s'est voulu occuper à faire lesdites quottations. » Mais son meilleur ami, c'est lui-même. Il ne manque pas une occasion de citer ses œuvres comme des modèles en toute chose. Là, ce sont les colonnes de Villers-Cotterets; plus loin, les piédestaux des Tuileries: ailleurs c'est la très-excellente porte qu'il a dressée au château de Saint-Maur: autre part ce sont les raretés du château d'Anet, où il a fait, en coordonnant le vieux bâtiment et le neuf, « chose autant difficile et fâcheuse qu'il est impossible d'excogiter.... Et n'eûssent été, ajoute-t-il, les grandes envies et haines que m'en portoient les domestiques et autres, l'on y eut fait encore des œuvres trop plus excellentes et plus admirables que celles qu'on y voit. »

Ce traité, écrit sans ordre et sans méthode, diffus, plein de divagations et de pédantisme, renferme en outre une foule de propositions incomparables. L'auteur commence par établir que « l'architecture est un art et science très-admirable, contenant et embrassant en soi autant de disciplines et artifices que les bâtiments qu'elle montre à construire contiennent et reçoivent en eux de matières, membres et parties. Qui sont en nombre, sept; savoir: murailles, sans lesquelles le bâtiment ne peut être, ni la sûreté des habitants; portes, pour y entrer; cheminées, pour le chauffer; fenêtres, pour y donner clarté; l'aire et pavé, pour le soutenir et cheminer; plancher, où sont les poutres et solives, pour fermer et serrer les salles, chambres et autres lieux, afin d'y être plus chaudement; et pour la dernière et septième partie, les couvertures de charpenterie, tuile ou ardoise, pour couvrir tout le logis et défendre les habitants contre les injures de l'air et des larrons... Et il ne faut, continue-t-il, trouver ce propos étrange, touchant les sept choses nécessaires pour la construction et conservation d'un corps de logis, vu que ce grand architecte de l'univers, Dieu tout-puissant, le nous a figuré et montré quand il a créé les sept étoiles errantes appelées planètes... » Cette *belle philosophie de l'état du monde inférieur avec les sept planètes du ciel*, comme l'appelle ce bon ami qui s'est voulu occuper à faire les quottations marginales, échauffe tout à coup l'imagination de l'auteur. Il laisse là l'architecture, et se sentant, comme Sganarelle, en humeur de disputer un peu, il demande tout doucement au lecteur la permission de faire une petite pointe dans le domaine de la politique :

« Si vous me voulez permettre, dit-il, de discourir un peu davantage sur cette matière et propos des sept planètes, qui sont comme sept parties principales du ciel, ou, si vous voulez, comme sept colonnes qui soutiennent et établissent, après Dieu, l'état et vigueur de ce petit royaume et université du monde inférieur, je dirai que tous les rois qui règnent et possèdent quelque royaume ne le peuvent bien garder, ou longtemps y dominer, sans la faveur et concurrence de l'unité, conjonction, aide, alliance, et confédération des sept parties ou planètes de ce grand et haut royaume qu'on nomme le ciel, soit par effet, participation, similitude, signification ou autrement. De sorte que si une des dites parties y manque et défault (ainsi que naguères nous parlions des parties d'un bâtiment) le corps et état du royaume, quelqu'il soit, ne pourra avoir vigueur, ni durée longue. Comme quoi? Si l'agriculture, signifiée et favorisée par Saturne, lui défault, comment, je vous prie, y pourront vivre les sujets du roi, et lui payer tributs avecques les tailles et devoirs en quoi ils sont tenus? De rechef, à quoi s'occuperont les rustiques et gens de labeur sans agriculture? Si un royaume est sans religion et justice, signifiés par Jupiter, comme y pourront régner les rois, ou bien quel sera l'état du dit royaume, sinon un brigandage et volerie, ainsi qu'écrit saint Augustin? Otez la gendarmerie et les forces d'un royaume, signifiés par Mars, en quelle assurance sera le roi de ses sujets ou de ses ennemis, comme aussi tout son royaume? Si un roi est sans amour, signifié et conservé par Vénus, et sans aucune amitié, laquelle il doit à ses sujets, et réciproquement les sujets à lui, que sera son royaume autre chose que crainte et tyrannie, comme fut l'empire de Néron? S'il n'y a amour mutuelle entre le mari et la femme, le seigneur et le vassal, le maître et le serviteur, le roi et son peuple, quelle fidélité trouverez-vous en l'état de tel royaume? De rechef, si les lettres, la marchandise et trafique, signifiés par Mercure, ne s'exercent en un royaume, quels y seront les habitants et sujets du roi, sinon rudes aniers et brutaux, sans aucune humanité ni discipline, sans société et alliance avecques les nations voisines et étrangères, qui communiquent et se visitent par trafiques de marchandise et commerces, le tout au profit du royaume et honneur du roi? S'il n'y a en un royaume multitude d'artisans et mechaniques, signifiés par la Lune, à quoi s'occupera ou comment y vivra le menu peuple? S'il n'y a aussi multitude de gens, représentés et autorisés de la Lune, quels sujets ou vassaux y pourra avoir le roi, ou de qui se pourra-t-il dire roi? certes de bien peu de gens, ou de nuls. Reste là septième partie et colonne de l'établissement et confirmation d'un royaume et maison royale, savoir est, honneur et majesté, qui doivent être conduits et accompagnés des quatre vertus cardinales, ainsi que le Soleil de ses quatre triomphants chevaux. Lequel étant au milieu des planètes, nous représente et figure un roi qui doit être logé au milieu de son royaume, et entre ses sujets, afin de les voir tous à l'entour de soi, comme les laboureurs Saturniens, les justiciers et ecclésiastiques Joviaux, les gens d'armes Martiaux, les gens de lettres et de marchandise Mercuriaux, et le menu peuple Lunaire : étant le tout gouverné et modéré avecques une douceur et amour Vénérique, c'est-à-dire chaste, honnête et vertueuse (car les anciens ont fait une Vénus pudique, et une autre impudique), associée de faveur, libéralité, justice, piété et mansuétude. Vous voyez par ce peu de discours comme les maisons et cités (qui équipollent à un petit royaume), ou, si vous voulez, le corps de l'état économique et politique, est composé de plusieurs membres et parties, ainsi que le corps céleste et humain; mais en telle sorte, telle alliance, ligature, harmonie et mesure, que l'une ne peut rien sans l'aide, confédération et concurrence de l'autre. Qui fait que toutes, étant bien unies, rapportées, conjointes et disposées ensemble, rendent un corps parfait en toute symétrie, proportion et harmonie, ainsi que plusieurs cordes aux instruments de musique. Lesquelles bien tempérées, proportionnées et accordées ensemblement, rendent une parfaite harmonie et gracieux accord et consonnance, appelée des Grecs symphonie : qui ne se reconnaît et remarque quand une chacune d'elles sonne à part. Telle est l'harmonie des sept planètes du ciel, sous diverses qualités, températures et résonnances occultes, mais proportionnées ensemblement sous un certain symbole, sympathie et harmonique influence, pour la génération et conservation des choses de ce monde inférieur. De sorte qu'il s'y fait, d'un heptachorde, ainsi que disait Socrate, un monochorde, c'est-à-dire d'un instrument de sept diverses cordes (qui sont les sept planètes de diverses qualités) un d'une seule corde, qui est l'harmonie et consent de tous les sept en un : comme savent ceux qui ont versé en la divine philosophie d'Orphée, Pythagoras, Platon, Aristote, et autres anciens. »

Voilà, ou je me trompe fort, du Molière tout pur! Ses philosophes et ses médecins n'ont point une autre façon de raisonner, et volontiers je soupçonnerais ce grand poète d'avoir dérobé notre architecte. Nous ne suivrons pas plus long-temps dans ses digressions ce discoureur infatigable, qui passe, tôt après, de la *philosophie de l'heptachorde* à la *philosophie des quatre éléments*, avec autant de facilité que des sept parties d'un bâtiment aux sept planètes du ciel. Il redescend enfin sur terre pour nous apprendre qu'il a découvert les divines mesures et proportions enseignées par Dieu à son peuple, les mêmes dont se servirent Noé quand il construisit l'arche, Moïse quand il fit le tabernacle, et Salomon lorsqu'il bâtit sa maison, celle de sa femme et le temple de Jérusalem. Mesures et proportions autant supérieures à celles des architectes grecs et romains que Dieu lui-même est supérieur à l'homme! « Quant à moi, s'écrie-t-il avec un modeste orgueil, je confesse librement et franchement que les palais, châteaux, églises et maisons que j'ai fait construire jusques à présent, et qui sont, par la grâce de Dieu, prisées et louées des hommes, ne me semblent rien quand je les confère et compasse avec les divines proportions venues du ciel. De sorte que, si lesdits édifices étaient à r'édifier, je leur donnerois bien autre excellence et dignité que celle que les hommes y trouvent aujourd'hui. » Mais hélas! tout en promettant de publier un jour quelque traité de ces divines mesures et proportions, l'auteur n'enseigne rien autre chose le long de son livre, sinon les mesquines proportions imaginées par l'homme, et cela encore bien confusément. Quant au divin secret, l'architecte l'a emporté avec lui, quoique Dieu lui ait laissé encore dix longues années de studieux loisirs, circonstance qui rend sa justification fort difficile.

Après avoir discouru des qualités de l'architecte, du choix des matériaux, de l'emplacement, de l'exposition, et des fondations d'un bâtiment, etc., l'auteur arrive à son meilleur livre, celui des *Traits*, « qui ne sont, dit-il, traits d'arbaleste pour offenser, mais bien traits et pratiques de géométrie pour enseigner, et secrets d'architecture dignes d'être connus. » Ce livre n'est pas, à vrai dire, un traité, mais un recueil de lignes et de procédés plus ou moins ingénieux. L'auteur avait poussé fort loin la science du trait. Ses trompes, ses voûtes, ses escaliers, furent très-admirés des contemporains. Il cite lui-même comme un tour de force la trompe qui portait, au château d'Anet, le cabinet du Roi. Quant à l'escalier tournant, sans noyau, qu'il avait élevé au milieu du pavillon central des Tuileries, il passait pour le plus beau et le plus hardi qui fût en Europe : sa spirale, large de neuf pieds, tournait autour d'un espace cylindrique de neuf pieds de diamètre, et reposait intérieurement sur le vide.

Des *Traits*, il passe aux ordres de colonnes dont les anciens avaient coutume d'orner, dit-il, et d'enrichir leurs bâtiments, ainsi que les histoires en font mention, « et signamment ce grand et incomparable Pline, secrétaire et greffier du conseil privé de dame Nature. » Il y a dans ces chapitres beaucoup plus de mauvais esprit que de bon goût. C'est là surtout que l'artiste se complaît en lui-même. C'est moi, dit-il, qui ai porté le dernier coup « à ces édifices que l'on disoit être faits à la mode françoise, de laquelle on se vouloit encore aider, lorsque je fis commencer le château de Saint-Maur près Paris. Mais telle façon barbare est abolie entre les ouvriers, pour avoir trouvé meilleure celle que je leur ai montré et apporté en France il y a plus de trente ans, sans en prendre aucune gloire ni jactance. » On lui doit surtout l'ordre ionique. Avant lui « plusieurs en ont bien patrouillé quelque chose en bois pour des portes; » mais personne, en France, ne l'a bien connu. C'est pourquoi il a délibéré de l'employer au palais de la Reine, et aussi « pour autant qu'il est *féminin* et a été inventé après les proportions et ornements des dames et déesses. » Mais ne croyez pas qu'il se soit contenté d'importer la belle architecture et d'imiter les anciens. Il se félicite au contraire d'avoir inventé la colonne *corinthienne française* pour l'église de Villers-Cotterets, la colonne *ionique française* pour le palais de la Reine mère, et incontinent il invente la colonne *française à la dorique;* il en inventera, dit-il, bien d'autres. C'est lui le premier qui a fait les cheminées par mesures, selon les ordres grecs et romains; il en fera quelque jour d'après les proportions divines. C'est encore lui qui a imaginé les tuyaux de cheminées en forme de lucarnes, « pour plus grande décoration de la face des logis. » Il va jusqu'à déclarer, dans un moment d'abandon, que l'on peut faire des maisons sans pilastres : « Aucuns, dit-il, pourront penser, après avoir lu ce que j'ai écrit des faces des bâtimens, que je les voudrois contraindre ou bien assujétir de mettre des colonnes ou piliers aux faces des maisons, ce que je ne prétends aucunement : car tous ceux qui veulent faire petites dépenses n'ont besoin de si grande curiosité et enrichissement de face de maison. » Et sur-le-champ il imagine et dessine une façade sans pilastres, « pour seulement montrer comme le docte et expert architecte peut faire un bâtiment de bonne grâce et sans excessive dépense. » Toutefois, le pilastre est une *curiosité* dont il ne se fait faute. Il a grand soin d'en mettre partout, hors du logis, dans le logis, jusqu'aux manteaux, voire aux tuyaux des cheminées; pilastres ioniques, pilastres doriques, pilastres corinthiens; on ne saurait être plus grec. Je me représente un Athénien du temps de Périclès, en face d'une lucarne corinthienne, ou d'une cheminée dorique avec triglyphes, métopes, têtes de bélier, et un fronton sur le tout. Mais la plus curieuse imagination de l'auteur, c'est assurément la colonne en manière de tronc d'arbre grossièrement élagué. « Je trouve, dit-il, que devant l'invention de l'ordre dorique, et autres, on s'aidoit des piles et troncs des arbres au lieu de colonnes : or, dites-moi, je vous prie, pourquoi il ne nous seroit pas permis, par imitation de la nature, de nous aider de la première façon des colonnes, retirée des arbres, comme vous en pouvez voir une en la figure prochaine (suit le modèle). Considérez si un portique, pérystile et face de maison ne seroit pas belle ayant toutes ses colonnes faites en forme d'arbres, et les chapiteaux comme branches coupées! ce seroit une chose fort belle à voir. Le portique, comme je l'imagine, représenteroit quasi une petite forêt. » Sur quoi l'homme aux quottations écrit en marge : *Portique ressemblant à une forêt, avecque sa description fort belle et plaisante. — L'auteur avoir beaucoup de belles inventions cachées en son esprit.*

L'esprit de l'auteur n'est pas moins fécond en matière d'ornements qu'en matière de colonnes : malheureusement son goût n'est guère plus sûr. Il est rare qu'il ne prenne pas la profusion pour l'élégance, l'entassement pour la richesse; il n'admire rien tant que les œuvres surchargées de la décadence. En somme, Philibert Delorme fut un hardi constructeur, un ingénieur habile, si l'on veut : au point de vue artistique, ce fut un architecte médiocre.

Mais il reste de lui un monument qui gardera son nom de l'oubli, et que ne peuvent anéantir ni la critique ni le temps; je veux parler des deux livres intitulés *Nouvelles inventions pour bien bâtir et à petits frais*, qu'il publia en 1561, six ans avant son grand traité d'architecture. Ces *inventions* consistent à remplacer, dans la charpente des toits, les solives et les poutres par de petites planches de sapin. Remplacer n'est pas le mot : car ce que ne peuvent faire les poutres les plus énormes, ces planches le feront. Delorme avança cette proposition, au milieu d'un sourire général, un jour que le Roi s'entretenait avec quelques seigneurs de la difficulté de rencontrer des arbres assez longs et assez forts pour étayer de certaines couvertures. A quelque temps de là, il fut question de construire un immense jeu de paume. Mais où trouver des poutres capables? De le voûter en pierre, la dépense était folle. Delorme reparla de son invention. A la fin on lui permit d'en faire l'épreuve au château de La Muette : le succès dépassa toute croyance. Ce système est d'ailleurs le plus simple du monde : si l'on s'étonne d'une chose, c'est qu'il n'ait pas été imaginé plus tôt. Nous allons tâcher d'en donner une idée, en le réduisant à sa plus grande simplicité.

Sur deux murs parallèles, on établit deux fortes solives, percées par intervalles de mortaises, c'est-à-dire de trous rectangulaires, ayant leur longueur dans le sens de la largeur des solives. De l'une à l'autre de ces plates-formes, on élève des arceaux composés de planches de trois ou quatre pieds de long, placées de champ, taillées et assemblées suivant une courbe quelconque, ainsi qu'on pourrait faire des pierres d'une voûte. Ces arceaux sont réunis deux à deux, de telle sorte que leurs planches se contrarient, c'est-à-dire que les assemblages de l'un correspondent aux milieux des planches de l'autre; et chacun des doubles arceaux qui résultent de cette jonction est fortement engagé par le pied dans une mortaise, tant sur l'une que sur l'autre solive. En outre, tous les doubles arceaux, élevés parallèlement, sont traversés par des morceaux de bois carrés, appelés liernes, qui forment avec eux un véritable treillage. Enfin, de l'un et de l'autre côté de chacun des doubles arceaux qu'elles traversent, ces liernes sont percées de trous et garnies de larges chevilles qui empêchent à la fois les deux portions d'arceau de se disjoindre et l'arceau lui-même de s'incliner, soit à droite, soit à gauche. Ce treillage, ainsi formé et assuré, peut recevoir des poids considérables : il porterait, dit Delorme, une couverture en pierre de taille. C'est ce dont nous ne voudrions pas nous rendre garants avec lui. Toutefois, telle est sa force, aisée à concevoir, que le tiers des morceaux de bois qui le composent peut venir à manquer sans que la solidité du système en reçoive la moindre atteinte : rien n'est d'ailleurs plus facile que de le réparer par fragments, et de remplacer une à une toutes ses parties. Enfin il présente, outre le fait d'une très-grande économie, ce précieux et singulier avantage que la voûte ainsi formée demeure libre de toute charpente, comme le serait une voûte en pierre. Si maintenant l'on veut savoir de quelles dimensions une pareille voûte est susceptible, nous rappellerons que les restaurateurs de cet admirable système, MM. Molinos et Legrand, l'avaient appliqué à la coupole de la Halle-aux-Blés, construite en 1782. Cette coupole, aujourd'hui réédifiée en fer, a cent vingt pieds de diamètre, treize de moins que celle du Panthéon, la plus grande voûte connue.

Un jour à venir, il ne restera plus pierre sur pierre de toutes celles que Philibert Delorme a entassées. Un jour, qui sait? le style de la renaissance n'aura plus les adorations de l'école, l'ingrate aura oublié jusqu'aux noms des artistes fameux qui ont introduit en France *le goût de la bonne architecture;* mais on saura encore le nom de celui qui a écrit le livre des *Nouvelles inventions pour bien bâtir*. C'est là le vrai titre de Philibert Delorme; et d'aventure on aura trouvé le motif suffisant pour placer son buste sur fond d'or à l'entrée de l'École. Quant au divin art de l'architecture, dans le sens complet du mot, ses représentants ne s'appellent ni Lescot, ni Bullant, ni Delorme. Ceux-là n'ont pas de buste au palais des Beaux-Arts, à peine leur nom sur quelque muraille. Mais ils peuvent s'en passer. Leur nom est plus solidement écrit à Reims, à Rouen, à Strasbourg, aux murs de Notre-Dame de Chartres et de la cathédrale d'Amiens, sur toutes les rives du Rhin, de la Seine et de la Loire.

T. Hadot.

Geny-Gros imp rue du Plâtre, 20. Paris.

JEAN GOUJON.

JEAN GOUJON

NÉ EN 15.., MORT EN 1572.

De tous les hommes éminents qui ont illustré la France du seizième siècle, les plus remarquables, ceux qui se présentent avec le plus de titres à notre admiration, ce sont les grands artistes du règne de François Ier. A cette époque, pour les arts heureuse entre toutes, on voit apparaître, presque sans transition, une famille de peintres et de sculpteurs qui atteignent tout d'un coup aux plus grandes hauteurs de l'art, et qui laissent après eux cette série de trésors inimités, qui semble être comme la dernière trace de l'antiquité. Mais qui a déterminé ce grand mouvement de l'esprit et du goût, que l'on a si bien nommé *la renaissance?* c'est ce qu'il est difficile d'établir, soit qu'on lui donne pour principe un concours de circonstances toutes fortuites, soit qu'on lui cherche un créateur, homme illustre aux idées neuves, dont l'exemple aurait amené ce qu'on pourrait appeler la contagion du génie. L'achèvement d'une œuvre d'art dépend d'une certaine volonté qui conduit l'auteur dans l'exécution de son travail. Cette aspiration à la création, qui n'est le plus souvent qu'un besoin d'imitation, qu'un souvenir d'une œuvre antérieure, peut être commune à un nombre indéterminé d'individus frappés de la même idée. Puis, quand cette idée-mère, quand ce type a subi toutes les transformations dont il est susceptible, l'école meurt, l'époque est finie, et comme il ne se présente pas toujours un homme supérieur qui vienne donner un élément nouveau aux travailleurs, les arts tombent dans une décadence analogue à celle qui a marqué le dix-huitième siècle du sceau de l'impuissance.

Sans attribuer à Jean Goujon le mérite d'avoir donné à son pays cette impulsion première à laquelle nous devrions l'origine du style des arts français au seizième siècle, au moins devons-nous reconnaître qu'il est de tous les artistes nationaux celui qui a le plus complétement adopté la nouvelle manière, comme aussi celui pour qui l'on peut réclamer la priorité. Jean Cousin, son contemporain, conserve dans son faire quelque chose de gothique ; Jean

Bullant, Germain Pilon, viennent ensuite; mais la date de leurs ouvrages ne peut les classer que parmi les imitateurs. Le seul Bernard Palissy, « philosophe naturel et homme d'un esprit merveilleusement prompt et aigu, » comme dit Lacroix du Maine, peut le disputer à Jean Goujon pour la vivacité et l'originalité des conceptions ; mais on sait que ce laborieux artiste, parti l'un des premiers, rencontra dans sa carrière tant d'obstacles, qu'il ne put que bien tard, et lorsque son siècle allait finir, prendre place parmi les artistes célèbres qui jouissaient de la protection royale et d'une juste renommée. Son influence est donc nulle; on sait d'ailleurs qu'il n'a pas fait d'élèves, et que ses livres, qui contiennent pourtant des notions si savantes, ont pendant long-temps été méconnus.

Aujourd'hui que l'extension donnée aux études historiques fait attacher tant de prix aux monuments d'art de toutes les époques, et que l'on a compris combien l'examen de ces monuments, quelle que fût d'ailleurs la valeur comparative de chacun d'eux, offrait de véritable intérêt et d'utile enseignement, on s'étonne de l'oubli singulier où semblent être tombés pendant de longues années certains artistes dont les œuvres sont dans ce temps l'objet de notre admiration.

C'est ainsi que l'existence de Jean Goujon, dont le nom est devenu populaire, s'enveloppe d'un voile obscur que l'on ne peut désormais espérer de pénétrer.

Ce célèbre sculpteur naquit, à ce que l'on croit, à Paris, au commencement du seizième siècle. Quelle était sa famille, à quelle condition appartenait-il, quels furent ses premiers penchants, ses premières études? on l'ignore. On prétend qu'il eut pour maître l'artiste qui a exécuté les bas-reliefs qui ornent à Saint-Denis le tombeau de François Ier; mais encore le temps n'a pas respecté le nom de cet homme, dont la patrie n'est pas connue. Ainsi nous ne pouvons savoir à quelles sources Jean Goujon a puisé la théorie de l'art dans lequel il s'est placé à un degré si élevé.

Le style des ouvrages de Jean Goujon décèle une connaissance assez grande des monuments de l'antiquité, dont la France ne possédait de son temps que de bien rares débris. Cependant, appartenant à la religion réformée, il n'est pas probable qu'il ait été sur le sol même de l'Italie chercher des modèles là où l'eût attendu l'inimitié. On est donc conduit à supposer, et avec quelque raison, que, formé à l'école des maîtres italiens qui habitaient la France, Jean Goujon a grandi dans son génie les notions qu'il reçut d'eux, et qu'il sut appliquer d'une manière qui lui appartient tout en propre.

Pour le biographe, la vie de Jean Goujon est tout entière dans ses œuvres, derrière lesquelles disparaissent et s'effacent les détails de sa vie privée. Si l'esprit est frustré du charme qui s'attache à la connaissance des diverses fortunes qu'ont éprouvées les hommes supérieurs, il trouve une certaine compensation à garder la mémoire d'une intelligence qui ne se manifeste que par de puissantes créations, ainsi que l'auteur de toutes choses que nous n'entrevoyons que dans ses ouvrages.

Nous allons donc donner un aperçu des travaux de Jean Goujon, en regrettant toutefois de ne pouvoir suivre un ordre chronologique que de minutieuses recherches ne nous ont pas permis d'établir.

Le plus connu des ouvrages de cet artiste est la fontaine qui orne la place des Innocents. Les bas-reliefs de ce monument, qui représentent des Nymphes, le triomphe de Vénus, d'Amphitrite, sont justement admirés, entre les plus belles productions de la renaissance, pour leur grâce et la finesse de contour de toutes ces figures, qui paraissent en quelque sorte détachées du fond.

Cette apparence de relief entier, de ronde bosse, qui distingue les bas-reliefs de Jean Goujon, doit être attribuée à quelque procédé particulier à cet artiste, qui avait étudié, comme nous le dirons plus tard, les lois de la perspective avec un grand soin.

Nous devons dire que la fontaine des Innocents, telle qu'elle est aujourd'hui, n'appartient pas tout entière à Jean Goujon. Commencée sous François Ier et achevée en 1551, elle avait été construite à l'angle des rues au Fer et Saint-Denis, et adossée aux maisons de ces rues. Lorsqu'on fit une place du cimetière des Innocents, en 1788, on transporta la fontaine au lieu qu'elle occupe aujourd'hui; puis, pour compléter les quatre faces, on fit ajouter deux bas-reliefs et des figures par un sculpteur du nom de Pajou. Des huit Naïades qui ornent la fontaine, cinq seulement sont dues au ciseau de Jean Goujon. On y remarque un grand caractère et une expression souple qui appartient essentiellement au seizième siècle.

Jean Goujon fut appelé par Henri II au château d'Anet, que ce prince se plaisait à embellir. Philibert Delorme avait dirigé les constructions; Jean Goujon exécuta les bronzes qui décoraient la porte d'entrée, les plafonds en bois et les lambris sculptés qui ornaient la chambre de Diane de Poitiers. Le vandalisme qui a fait disparaître le château d'Anet n'a pas respecté ces précieux morceaux d'art; mais le groupe en marbre blanc qui représente Diane appuyée sur un cerf a survécu à ces destructions brutales. Il est actuellement placé au Louvre dans une des salles du rez-de-chaussée. Henri II avait eu la bizarre fantaisie de faire représenter la belle duchesse de Valentinois avec les attributs de Diane. Jean Goujon s'acquitta de cette tâche avec une habileté sans exemple alors en France.

Diane est représentée à demi couchée, le bras droit passé autour du cou d'un cerf, la main gauche appuyée sur un arc : elle semble se reposer des fatigues de la chasse. On dirait que son beau corps frémit encore après une course rapide. Près d'elle sont ses deux chiens, Procyon et Syrius. Le tout est posé sur une sorte de vasque, aussi de marbre blanc, et orné d'écrevisses, de crabes, entremêlés des chiffres de Diane et de Henri. Quelque rempli de beautés que soit ce morceau de sculpture, lorsqu'on le compare aux Dianes des statuaires antiques, on ne peut se défendre d'un certain regret de voir l'effet moral si fort négligé pour l'effet matériel. Il semble qu'au temps de la renaissance l'arrangement ait été la considération principale qui dirigeait les artistes dans leurs travaux. Ici nous en avons un exemple sensible. La déesse, doucement couchée, artistement coiffée de nattes, parée de riches bracelets de pierreries, respire une certaine mollesse humaine qui caractérise bien cette figure comme portrait, mais qui n'a rien de commun avec les allures de la forte et chaste sœur d'Apollon. Puis, le cerf, qui domine de son bois, qui cache à moitié de son corps la figure de Diane, partage trop l'attention. Les anciens avaient toujours soin de réduire à de petites proportions les personnages ou les animaux qui accompagnent un dieu ou un héros; c'était une image sensible de leur supériorité; et cet artifice influe fortement sur l'esprit du spectateur.

Après ce groupe remarquable, nous citerons les travaux que Goujon exécuta au Louvre. C'est d'abord la tribune de la salle des Cent-Suisses, soutenue par quatre cariatides colossales, et qui constitue, à notre sens, une des plus belles productions qu'ait offertes la sculpture moderne.

Les cheveux, les draperies, sont traités avec une force et un fini admirables; on peut seulement regretter que les accessoires, tels que caissons et moulures, qui décorent la muraille contre laquelle se dressent ces magnifiques figures de femmes, soient un peu chargés; mais ce défaut bien léger doit être attribué au goût de l'époque à laquelle travaillait Goujon. Ensuite, dans la cour du Louvre, il imita dans les frises les bas-reliefs de l'arc de Titus et de la place de Nerva. Il y représenta des enfants entrelacés avec des festons. Les frontons circulaires qui couronnent les corps avancés de l'ordre composite sont remplis par des figures de demi-relief, Mercure, l'Abondance, et, au milieu, deux Génies, supports des armes de France. Dans les entre-pilastres de l'attique paraissent des trophées, des esclaves enchaînés et des figures allégoriques relatives à la prudence et aux vertus du Roi. Toutes ces sculptures sont du plus grand effet, et font de cette partie du Louvre le monument le plus riche et le plus imposant que renferme l'ancienne demeure de nos rois.

On attribue encore à Jean Goujon le superbe tombeau de Louis de Brézé, comte de Maulevrier, grand sénéchal de Normandie, mort le 23 juillet 1531. Ce sénéchal était le mari de Diane de Poitiers et le petit-fils d'Agnès Sorel. Il fut inhumé dans la cathédrale de Rouen. Il est représenté nu, couché sur un cénotaphe de marbre noir. Au-dessus est une autre statue de Louis de Brézé, couvert de son armure et monté sur un cheval richement caparaçonné. Des deux côtés du cénotaphe sont des figures de femmes d'une grande beauté d'exécution; elles sont placées entre des colonnes corinthiennes qui supportent un attique dont la corniche est soutenue par quatre cariatides rappelant celles du Louvre, et qui suffiraient à elles seules pour faire regarder comme de Jean Goujon ce tombeau, où se trouvent réunies les qualités propres aux ouvrages de cet artiste, — une grande richesse de détail jointe à beaucoup de noblesse dans l'ensemble.

L'auteur d'une publication récente a attribué à Jean Goujon les sculptures en bas-reliefs qui ornent la façade, la chapelle et la salle des gardes du château d'Anne de Montmorency, à Écouen. Il se fonde sur un passage de la dédicace à Henri II que Jean Martin a mise en tête de sa traduction de Vitruve, passage ainsi conçu : « Cette œuvre est enrichie de figures nouvelles concernant la maçonnerie, par maistre Jean Goujon, naguères architecte de monseigneur le connétable, et maintenant l'un des vôtres. »

Or, c'est en 1547 que parut la traduction de Jean Martin, au moment où venaient d'être terminés les plus grands travaux du château d'Écouen, et c'était aussi cette même année que le connétable de Montmorency, rentré en grâce auprès du roi, venait de voir cesser son exil. Ne trouve-t-on pas là une preuve de la coopération de Jean Goujon aux embellissements d'Écouen ? Le connétable aurait voulu récompenser l'artiste en lui assurant la bienveillance royale, ou l'aurait cédé au Roi pour lui faire sa cour. Ce raisonnement est fort spécieux, nous en convenons ; mais on pourrait désirer quelque chose de plus, et l'examen comparatif des bas-reliefs d'Écouen et des autres œuvres de Jean Goujon doit amener un résultat pour le moins aussi convaincant. Quoi qu'il en puisse être, nous citerons, entre tous les bas-reliefs d'Écouen, la Diane couchée qui orne la grande cheminée, comme le plus excellent et à coup sûr le plus remarquable morceau de tout l'édifice.

Voici encore d'autres travaux de Jean Goujon, qui, pour n'être pas aussi considérables que les premiers, n'en doivent pas moins être mentionnés, puisqu'ils servent à faire connaître et l'activité de notre artiste et la variété de ses inspirations. C'est la façade de l'hôtel Carnavalet, qu'illustra le séjour de madame de Sévigné : elle est décorée de refends vermiculés et de deux bas-reliefs représentant un lion et un léopard ; au-dessus de la porte deux enfants dans un cartouche soutiennent des armoiries ; les figures de la Force et de la Vigilance se voient dans les trumeaux. Ce sont ensuite les bas-reliefs de la Seine et de la Marne, qui avaient été faits pour la porte Saint-Antoine, et qui sont actuellement encastrés dans la *maison Beaumarchais* : — puis un Fleuve et une Naïade, qui décoraient l'entrée de la pompe Notre-Dame : — quatorze masques, sculptés sur l'arcade qui conduisait à l'hôtel du premier président. Deux Nymphes coiffées de roseaux, qui versent l'eau de leurs urnes, sont sculptées en pierre au château de Sainte-Geneviève-des-Bois, près de Corbeil. M. Alexandre Lenoir, fondateur du Musée des monuments français, avait fait placer dans le piédestal de la colonne funéraire de Henri III un bas-relief allégorique, qu'il attribue à notre sculpteur, et qu'il croit être une expression symbolique de la Mort et de la Résurrection. Nous ne discuterons pas ici le mérite de cette explication ; mais nous dirons qu'elle ne nous satisfait pas entièrement, et que nous doutons qu'une Bacchante entourée de Faunes et de Satyres puisse avoir la signification chrétienne qui lui est donnée.

Le seul sujet chrétien qu'ait traité Jean Goujon, ou du moins le seul qui nous soit resté, est un Christ au tombeau exécuté en bas-relief avec la plus admirable correction. Ce beau morceau, qui est en pierre de liais, est à présent à Saint-Denis.

Outre ses œuvres de sculpture, Jean Goujon a encore laissé des médailles précieuses qu'il fabriqua pour Catherine de Médicis.

Il nous reste aussi un document intéressant pour l'appréciation de l'esprit de cet homme remarquable à tant d'égards ; c'est l'opuscule qui commence ainsi : — *Sur Vitruve Jean Gouion studieux d'architecture, aux lecteurs, salut,* — et qui est imprimé à la suite de la traduction de Vitruve de Jean Martin. Ce livre, imprimé en 1547, est enrichi de gravures sur bois, dont quelques-unes sont extrêmement belles. Jean Goujon les avait dessinées, comme il le déclare lui-même, pour son ami Jean Martin, secrétaire du cardinal de Lenoncourt.

Il est curieux de voir un artiste développer théoriquement les idées à l'application desquelles il a consacré sa vie. Sous ce rapport, les quelques pages dont nous parlons sont utiles à méditer. Dans cet écrit, Jean Goujon se montre à nous comme un homme simple, froid, positif et grandement religieux. Il semble fortement préoccupé de l'importance des sciences mathématiques, dont il regarde, avec raison, la possession comme une condition indispensable de succès pour tout architecte.

Voici comment il s'exprime à ce sujet :

« Vitruve dit, messeigneurs, et plusieurs autheurs anticques et modernes » le confirment, qu'entre les autres sciences requises à décorer l'architec- » ture ou l'art de bien bastir, géométrie et perspective sont les deux prin- » cipales, et n'est aucun digne d'estre estimé architecte, s'il n'est préalla- » blement bien instruit en ces deux..... » Et plus loin encore : « ....Voulant » retourner à la déduction d'icelles géométrie et perspective qui me faict » dire de rechef que l'homme privé de leur intelligence ne sauroit, fors » à grand peine, entendre le texte de Vitruve : et à la vérité la cognois- » sance que Dieu m'en a donnée, me faict enhardir de dire que tous hom- » mes qui ne les ont point estudiées, ne peuvent faire œuvres dont ilz » puissent acquérir guères grande louange, si ce n'est par quelque ignorant » ou personnage trop facile à contenter. » Puis Goujon blâme les grands artistes ses contemporains du peu de zèle qu'ils ont montré pour les deux sciences auxquelles il attache tant d'importance, et dont l'étude, dit-il, a été introduite dans le royaume de France par un Italien, Sébastien Serlio.

On dit que Jean Goujon mourut le 24 août 1572, tué d'un coup d'arquebuse, pendant qu'il était monté sur un échafaud, occupé à retoucher quelques parties de la fontaine des Innocents, achevée, comme on sait, depuis long-temps. Moins heureux que ses coreligionnaires Ambroise Paré et Bernard Palissy, Jean Goujon tomba victime du fanatisme ou peut-être d'une basse jalousie ; son talent, son génie ne purent le protéger, peut-être même hâtèrent-ils sa perte.

Un romancier moderne a osé accuser de ce meurtre le roi Charles IX. Nous ne rappelons ce fait que pour faire remarquer ce qu'il y a de téméraire dans une imputation qui n'est justifiée par aucun témoignage historique. Les annales de ces temps contiennent bien assez d'actes déplorables, sans qu'il faille en créer d'imaginaires. Dans le cas actuel, l'histoire ne laisse même pas, par son silence, le champ libre aux conjectures : nous trouvons, dans un ancien historien, que la reine Catherine de Médicis avait fait avertir Jean Goujon de ne point sortir de chez lui.

Il serait même possible de supposer que Jean Goujon, contrairement à l'opinion reçue, n'est pas mort assassiné dans la triste journée de la Saint-Barthélemy : les martyrologes protestants, plusieurs fois réimprimés, et qui contiennent la liste fort exacte et fort détaillée des réformés qui périrent dans les troubles du seizième siècle, ne font aucune mention de Jean Goujon. C'est là une preuve toute négative à la vérité ; mais si l'on n'en doit pas conclure directement que les historiens se sont trompés, au moins restera-t-on persuadé que la mort de l'illustre sculpteur n'a pas eu le scandaleux éclat que l'on a voulu lui prêter et que la haine des partis n'eût pas manqué d'exploiter avec empressement.

On a surnommé Jean Goujon le Phidias français. Certes, si l'on a voulu exprimer par là l'identité de venue de ces deux grands artistes, qui tous deux ont changé si extraordinairement le style des arts dans leur patrie, on a eu pleinement raison. Mais si l'on entendait par ce surnom établir une parité absolue entre le sculpteur grec et le *maistre imagier* du roi de France, on manquerait de justice envers tous deux. A coup sûr, Jean Goujon, délaissant l'art gothique pour se livrer à l'imitation de la nature, offre un rapport frappant avec son illustre devancier rejetant le style éginétique pour celui dont il est le créateur. Il y a là, de part et d'autre, passage du naïf au vrai, de l'art de convention à l'art inspiré par la recherche de la beauté ; mais aussi il y a une différence de mérite que la différence de temps, de position, suffirait pour expliquer. L'un, vivant au milieu d'un peuple intelligent qui l'admire, invente, crée, inspiré d'idées religieuses qu'il traduit dans le marbre et dans l'ivoire ; chaque figure qu'il produit n'est pour lui que l'enveloppe d'une idée. Pour Jean Goujon, ne devant ses travaux qu'aux lumières d'une cour hors de laquelle personne peut-être ne peut le comprendre dignement, il imite, il copie l'art grec qu'il n'entrevoit qu'à travers les œuvres romaines. Chrétien, il voue néanmoins son ciseau à la reproduction de figures mythologiques ; calviniste, il modèle des images saintes auxquelles sa foi lui défend d'attribuer cette pieuse vénération du souvenir qui appartient à ses frères les catholiques. On comprend dès lors que Jean Goujon n'a pu avoir d'autre mobile que l'amour matériel de son art, et que tout son soin a dû se porter vers l'imitation des formes extérieures, guidé qu'il était par un profond sentiment du beau plutôt que par la conscience des passions.

AD. DE LONGPÉRIER.

Geny-Gros, imp. rue du Plâtre, 26. Paris.

Dessiné par Jacquard. Gravé par Leclerc.

AMBROISE PARÉ

ARSENAL BIBL.

AMBROISE PARÉ

NÉ EN 1509, MORT EN 1590.

A quels titres s'ouvre pour Ambroise Paré le Panthéon de l'histoire? Pourquoi jouit-il de la réputation d'avoir été le premier dans un art où les Français excellent, et ne reconnurent point d'égaux durant plusieurs siècles? un abrégé de la vie et des travaux de ce chirurgien illustre va nous en instruire.

Né à Laval en 1509, il paraît s'être conformé à l'usage, alors presque universel, en suivant la profession de ses pères. *Un sien frère*, nommé Jehan Paré, exerçait la chirurgie à Vitré en Bretagne, particularité qu'Ambroise Paré nous fait connaître au *Livre des Monstres*, chapitre 21, en rapportant une histoire dans laquelle ce *sien frère* donne la preuve d'une grande sagacité. On peut donc conjecturer avec beaucoup de vraisemblance que, sans sortir de la maison paternelle, il ébaucha son éducation dans une sorte d'apprentissage qu'il vint terminer à Paris, où il passa trois années à l'Hôtel-Dieu, seul hôpital existant alors dans la capitale. Vivant dans un siècle aventureux et guerrier, Ambroise Paré comprit tout d'abord que la chirurgie militaire, le mettant en rapport immédiat avec tout ce que la France et l'Europe possédaient de plus élevé, serait pour lui le chemin assuré de la gloire et de la fortune. Aussi, dès 1536, nous le voyons attaché au maréchal de Montjan, colonel général de l'infanterie, le suivant en Italie, contrée dont les armées de François Ier et de Charles-Quint se disputaient la conquête.

Les plaies d'armes à feu étonnaient les médecins par leur nouveauté et par la singularité des accidents dont elles se compliquent. Pour détruire le venin dont on les supposait infectées, les méthodes les plus cruelles, la cautérisation, par exemple, étaient mises en usage, en sorte que peu de blessés échappaient à ce traitement barbare. Le hasard découvrit à Paré la véritable méthode à suivre pour les guérir. Employé au siége de Turin, il les cautérisait avec l'huile de sambuc bouillante, suivant le précepte qu'en donne

Jean de Vigo, au premier livre de sa *Chirurgie*. « Enfin, dit Paré, mon » huile me manqua, et fus contraint d'appliquer en son lieu un digestif fait » de jaulne d'œuf, huile rosat, et térébenthine. La nuit, je ne peus bien » dormir à mon aise, craignant, par faute d'avoir cautérisé, de trouver les » blessés, où j'avois failli à mettre de la dicte huile, morts empoisonnez, » qui me feit lever de grand matin pour les visiter, où, outre mon espé- » rance, trouvai ceux auxquels j'avois appliqué le médicament digestif sentir » peu de douleur, et leurs playes sans inflammation ne tumeur, ayant assez » bien reposé la nuict; les autres, où l'on avoit appliqué la dicte huile, les » trouvai fébricitans avec grande douleur et tumeur aux environs de leurs » playes; adonc je me délibéray de ne jamais plus brusler ainsi cruellement » les pauvres blessés des arquebusades[1]. »

Le maréchal de Montjan meurt bientôt d'un flux hépatique. Vainement son successeur d'Annebaut s'efforce de retenir Paré, celui-ci revient à Paris; mais, peu d'années après, en 1543, nous le retrouvons chirurgien de la compagnie de M. de Rohan, la suivant dans toutes les guerres, se perfectionnant dans son art, moins par l'étude que par la pratique. Cette vie aventureuse paraît avoir eu pour lui beaucoup de charme, car, au bout de dix ans, il était encore chirurgien de la compagnie de M. de Rohan, et y jouissait d'une grande estime.

Cinquante hommes d'armes, tous gentilshommes, formaient la compagnie sous les ordres du grand seigneur; à chacun d'eux était attaché un *coustilier*, un page, et, en outre, deux archers à cheval servis par un varlet. C'était, comme on voit, un nombreux escadron de cavaliers de condition inégale. La guerre, à cette époque, était le chemin de la considération et de la fortune, et pouvait passer pour l'une des industries les plus profitables. Aussi, durant l'été, les chirurgiens de Paris suivaient les armées, et ils revenaient passer l'hiver dans la capitale. Cependant la réputation de Paré grandissait; ses cures merveilleuses étaient le sujet des entretiens d'une cour toute militaire; en 1552, Henri II veut se l'attacher, l'appelle près de lui, et l'*asseure qu'il lui fera du bien*. Il ne fallait rien moins pour qu'Ambroise Paré continuât à courir les chances de la guerre. Peu de mois auparavant, le roi de Navarre l'avait comme contraint de le suivre[2].

[1] *Œuvres d'Ambroise Paré, conseiller et premier chirurgien du Roi*; quatrième édition. Paris, 1585, in-folio, page 1214.

[2] « Quelque temps après, le roy Henry feit lever une armée de trente mille hommes pour » faire du dégât autour de Hédin. Le roy de Navarre, que l'on appeloit alors Monsieur de Vendosme, estoit chef de l'armée et lieutenant du Roy. Estant à Saint-Denys en France, atten- » dant que les compagnies passoyent, m'envoya querir à Paris, pour aller parler à luy. Estant » là, me pria (sa prière m'estoit un commandement) de le vouloir suivre à ce voyage; et vou- » lant faire mes excuses, disant que ma femme estoit au lict malade, me feit réponse qu'il y » avoit des médecins à Paris pour la traicter, et qu'il y laissoit bien la sienne, qui estoit d'aussi

Désormais les rois de France se le léguèrent l'un à l'autre comme la plus précieuse partie de leur héritage; et, dans la succession rapide de ces monarques, nous le voyons successivement premier chirurgien de Henri II, de François II, de Charles IX et de Henri III. Devenu le premier de sa profession par son rang, comme il l'était déjà par son mérite, Ambroise Paré rend à sa patrie un service qui seul suffirait pour rendre son nom à jamais glorieux. C'était au plus fort de l'hiver 1552-1553. Charles-Quint en personne assiégeait Metz, à la tête de l'armée la plus nombreuse et la plus formidable qu'on eût rassemblée en Europe depuis l'établissement des troupes régulières : elle était de plus de cent vingt mille hommes. Metz pris, la France, cernée de toute part par son puissant ennemi, pouvait être conquise. Six mille hommes, l'élite de la noblesse, tout ce que la France possédait de plus illustre, se jettent dans la ville, commandée par le duc de Guise, chef de cette maison dont la gloire devait nous être plus tard si funeste. Une nombreuse artillerie foudroie la place, investie de toute part et vivement pressée. Les blessés mouraient presque tous; l'effroi gagnait les plus intrépides. Henri II fait écrire au maréchal de Saint-André qu'il trouvât moyen de faire entrer Ambroise Paré à Metz, « par quelque façon que ce feust. » Les maréchaux de Saint-André et de Vieille-Ville gagnent un capitaine italien, qui pour quinze cents écus, somme très-considérable alors, promit d'introduire Ambroise Paré dans la ville assiégée, et tint sa promesse. Après avoir couru bien des dangers, Ambroise Paré entre à minuit dans la place; de suite il va trouver M. de Guise en son lit, et le rend bien joyeux de sa venue. Le lendemain, Ambroise Paré se trouve sur la brèche, et là, seigneurs, capitaines, soldats, le reconnaissent et le reçoivent avec acclamations. C'était, parmi les chefs, à qui lui ferait l'honneur de l'embrasser, « et me » dirent que j'estois le bien venu, adjoutans qu'ils n'avoyent plus peur de » mourir, s'il advenoit qu'ils fussent blessés. » Après d'héroïques efforts dans l'attaque et surtout dans la défense, Charles-Quint est forcé de lever honteusement le siége. C'est le premier grand échec qu'essuient les armes de ce monarque redouté. La France est sauvée. Après avoir été secourable à plusieurs centaines de blessés, Ambroise Paré revient vers le Roi, qui l'accueille avec joie, se fait rendre compte des circonstances particulières de ce siége mémorable, et l'*asseure qu'il ne le laissera jamais pauvre*.

Suivant la cour dans ses fréquents voyages, il n'en passait pas moins la plus grande partie de l'année à Paris, exécutant les opérations de chirurgie les plus délicates, ou les dirigeant de ses conseils, et jetant dans ses écrits les fondements d'une renommée durable. Malgré ses fonctions, il était de

» bonne maison que la mienne, me promettant qu'il me traiteroit bien; et dès lors feist commandement que fusse couché en son estat. Voyant cette grande affection qu'il avoit de me » mener avec luy, je ne l'osay refuser. » (*Apologie et Voyages*, page 1221.)

la religion réformée, et telle était l'estime qu'en faisaient les grands et le peuple qu'il échappa, dans la nuit de la Saint-Barthélemy, au massacre de ses coreligionnaires. Charles IX lui-même prit soin de l'en garantir. « Il » n'en voulut jamais sauver aucun, dit Brantôme, sinon maître Ambroise » Paré, son premier chirurgien, et le premier de la chrétienté; et l'envoya » quérir et venir le soir dans sa chambre et garde-robe, et disoit qu'il n'estoit » raisonnable qu'un qui pouvoit sauver tout un petit monde feust ainsi mas» sacré. »

Échappé, grâces à son talent, aux fureurs des discordes civiles, plus heureux que ne le fut Lavoisier de nos jours, Ambroise Paré s'occupait à recueillir les fruits de son expérience. Il ne se contenta point, comme ses prédécesseurs, d'exercer son art avec distinction; il ne suivit point l'exemple des quatre maîtres, de Pitard, si justement célèbre pour avoir dressé les premiers statuts du collége des chirurgiens de Paris sous le règne de Saint-Louis, qu'il avait accompagné dans son voyage à la Terre-Sainte, et de plusieurs autres chirurgiens dont l'expérience fut perdue pour leurs successeurs. Ambroise Paré transmit les fruits de la sienne dans un ouvrage immortel. Ses écrits, si remarquables par le nombre et la variété des faits, se distinguent éminemment de tous ceux de son siècle, en ce que les anciens n'y sont point l'objet d'un culte superstitieux. Affranchi du joug de l'autorité, il soumet tout au creuset de l'observation, et reconnaît l'expérience seule pour guide. Par là, peut-être mérite-t-il parmi les chirurgiens la place qu'occupe Hippocrate entre les médecins, et n'en est-il aucun parmi les anciens ni parmi les modernes qui soit digne de lui être comparé.

Toutefois, restaurateur plutôt qu'inventeur des bonnes méthodes, c'est sur l'ensemble de ses travaux qu'Ambroise Paré doit être jugé, si l'on veut l'apprécier à toute sa valeur. Placée au premier rang parmi les arts utiles, la chirurgie, dans ses progrès toujours subordonnés à ceux de l'anatomie, s'avance à pas insensibles vers un perfectionnement illimité. Dans sa marche lente, mais assurée, graduée, mais calculable et toujours progressive, on ne la voit point assujettie à ces révolutions qui si souvent ont changé la face des autres branches de la thérapeutique. Je ne sais pour quelle raison, dit Haller, on ne voit point s'élever en chirurgie d'homme qui fasse époque, fonde une secte, crée une école, et laisse entre ses devanciers et lui un long intervalle. Il est bien facile d'expliquer ce fait aussi constant que singulier. S'occupant d'objets mécaniques, matériels, palpables, impossibles à généraliser et pour ainsi dire rebelles à l'esprit de système, le médecin qui se livre à l'étude et à l'exercice spécial de la thérapeutique chirurgicale est le plus souvent réduit à perfectionner les procédés de ses devanciers, et trop rarement appelé à inventer des méthodes nouvelles. Veut-il à tout prix obtenir le renom d'inventeur, il se consumera presque toujours en efforts ridicules; par exemple, il rendra convexe le tranchant d'un bistouri auparavant concave, tirera en dedans un membre que l'on se contentait de soutenir en dehors, opérera en plusieurs jours une division qu'auparavant on effectuait d'un seul coup, et, pour atteindre un but bien connu non moins qu'exactement marqué, suivant une route en réalité peu différente de la route tracée, il ne pourra tromper des yeux exercés, quelle que soit la vogue qu'il obtienne, quel que soit le prestige dont il fascine les yeux des personnes étrangères à l'art par des moyens qui lui sont plus étrangers encore.

Il n'en est pas de la chirurgie comme de quelques autres parties de la médecine, où, les fondements de la science étant posés sur un sol mobile, on remet sans cesse en question jusqu'aux notions premières, aliment éternel de discussion et de dispute. Ainsi, par exemple, on révoque en doute l'existence de la fièvre, mais personne n'en élève sur la réalité d'un calcul vésical et d'un étranglement herniaire; et tandis que des médecins également instruits, envoyés dans une province ravagée par une épidémie, traitent la maladie, celui-ci par la saignée, parce qu'à son avis le mal dépend de l'irritation, celui-là par les évacuants, parce que, selon lui, il y a réplétion, et un troisième par les fortifiants, dans l'opinion que le mal dépend de la faiblesse, tous les médecins qui exercent la chirurgie admettent l'indication que présente une maladie donnée, et ne diffèrent que par rapport au meilleur moyen d'agir sur cette indication. D'accord sur les principes, ils s'occupent seulement des conséquences; ils jouissent donc de cet avantage aussi précieux qu'immense : l'objet de leurs recherches et de leurs travaux se trouve exactement déterminé; ils marchent dans une carrière dont il leur est donné de voir clairement la direction, lors même qu'ils ne peuvent en apercevoir les limites. Aussi, pendant qu'à chaque révolution, cette partie de la médecine qui emploie plus particulièrement le régime et les médicaments au traitement des maladies est ramenée aux notions primitives, la chirurgie avance par un progrès non interrompu : plus humble, mais plus assurée dans sa marche, elle est, par rapport aux autres branches de la thérapeutique, ce que les sciences physiques, si long-temps dédaignées, sont aux sciences métaphysiques. On ne doit donc point s'étonner que, d'âge en âge, de nouveaux faits, de nouveaux procédés viennent grossir le trésor subsistant, ni que l'Académie de Chirurgie, qui, dans le cours du dix-huitième siècle, fut pour la chirurgie ce que fut Port-Royal pour la littérature, ait tant ajouté à ce trésor, et que, depuis la destruction de ce corps célèbre, l'art ait continué à s'avancer dans cette carrière, déjà éclairée par les traits d'une lumière vive et durable.

Ces longs détails étaient nécessaires pour apprécier dignement les travaux d'Ambroise Paré. Il substitua la ligature des artères au feu, dont on faisait usage pour arrêter l'hémorragie après l'amputation des membres; posa les véritables règles à suivre dans le traitement des fractures compliquées de plaies, si bien qu'ayant eu lui-même la jambe gauche brisée par un coup de pied de cheval, il dirigea le traitement avec un bonheur et une habileté qu'il serait de nos jours impossible de surpasser; donna, touchant la pratique d'une foule d'opérations, des préceptes qui n'ont point vieilli, et ne laissa guère de parties de l'art sans les éclairer de quelques rayons de son génie.

La nature de ce recueil nous interdit l'exposé technique de tous ces travaux; nous terminerons donc par quelques réflexions générales sur Ambroise Paré, l'époque à laquelle il vécut, et ses ouvrages.

Lorsque, pour la première fois, parurent les œuvres de notre auteur, dédiées à Charles IX (1573), la rumeur fut grande parmi les médecins, et de toute part s'élevèrent de violentes critiques. Pour les comprendre, il est besoin de se rappeler que, depuis le moyen âge, la chirurgie faisait en Europe l'objet d'une profession distincte et séparée de la médecine. Vers le milieu du douzième siècle, en 1163, le concile de Tours ayant défendu aux ecclésiastiques, qui partageaient alors avec les Juifs l'exercice de la médecine, toute opération sanglante, la chirurgie fut rejetée du sein des universités, sous prétexte que l'église abhorre l'effusion du sang, comme si, selon la remarque judicieuse qui en a été faite, celui qu'on répand pour la conservation des hommes n'eût pas dû être exempt de l'anathème. Presque tous illettrés, les chirurgiens étaient tenus à une sorte d'obédience envers leurs seigneurs et maîtres messieurs les membres de la Faculté de Médecine, dont l'orgueil fut moins humilié du mérite des œuvres d'Ambroise Paré que de ses prétentions à l'érudition et à la science. Un livre consacré à la fièvre leur parut une véritable usurpation, et le déchaînement s'accrut à ce point qu'Ambroise Paré, reconnaissant ses torts, consentit à supprimer le *Traité de la Fièvre* dans les éditions subséquentes. Cette séparation de l'art en deux parties différentes, faisant l'objet de deux professions séparées, a long-temps en Europe mis obstacle aux progrès de la médecine. Il ne fallait rien moins, pour ramener la science à son unité primitive, qu'une révolution politique et sociale.

Jusqu'en 1789, oubliant que le médecin qui se livre à la pratique des opérations chirurgicales possède un moyen de plus pour le traitement des maladies, et le moyen le plus efficace, le public plaçait les chirurgiens à la suite des médecins inhabiles aux opérations chirurgicales; et tandis que la médecine, honorée, jouissait avec orgueil des priviléges des universités, la chirurgie, repoussée de leur sein, et dépouillée de sa dignité primitive, marchait humblement, confondue avec les professions mécaniques, sous la bannière des communautés. Il faut l'avouer, cette opinion touchant l'infériorité des chirurgiens, fausse quand il s'agit de l'art lui-même, était vraie à cette époque, lorsque l'on en faisait l'application au plus grand nombre d'entre eux. Les formes qui présidaient à leur réception étaient complétement défectueuses, et si, dans quelques grandes villes, on mettait quelque appareil aux examens destinés à constater leur capacité, partout ailleurs leur réception se faisait à huis-clos, et n'était qu'une vaine formalité. Les médecins y mettaient plus d'apparat, et, comme je l'ai dit ailleurs, tandis que dans les universités, même les plus décriées, préparés par l'étude des belles-lettres, au moment d'acquérir le titre de docteur ils invoquaient Apollon, ce dieu des arts et de la lumière, la communauté des chirurgiens, rassemblée dans le prochain cabaret aux frais du récipiendaire, et présidée par le lieutenant du premier chirurgien du roi, sacrifiait sans mesure au dieu joufflu des vendanges.

A la plupart de ces critiques, aussi injustes qu'envenimées, Ambroise Paré ne fit qu'une seule réponse. Un nouveau livre fut ajouté à la collection de ses œuvres : ce livre les termine sous le nom d'*Apologie et Voyages.* Là, dans un style que ses contemporains Amyot et Montaigne n'eussent pas désavoué, l'illustre chirurgien répond victorieusement aux accusations de ses adversaires, n'en mettant en scène qu'un seul, le docteur Gourmelin, qu'il a peu de peine à convaincre de mauvaise foi et d'ignorance.

Religieux, comme le plus grand nombre de ses contemporains, Ambroise Paré n'achève jamais le récit d'une cure remarquable sans glorifier la Providence de la guérison obtenue : *Je le pansay, Dieu le guarit,* telle est la formule sincère par laquelle ses observations se terminent. D'abord partisan des opinions nouvelles, il paraît, dans sa vieillesse, être revenu au catholicisme. C'est au moins ce que l'on doit inférer de sa sépulture, qui se voyait encore, avant la révolution, au bas de l'église Saint-André-des-Arcs, aujourd'hui démolie. Il y fut enseveli le 22 décembre 1590, étant mort la surveille dans Paris révolté, où, sous le nom de la Ligue, chaque jour l'anarchie exerçait ses fureurs. On sortait à peine des horreurs d'un long siége, durant lequel la capitale éprouva cette cruelle famine que Voltaire a décrite en si beaux vers. Au milieu des blessés et des mourants, Ambroise Paré conservait tout son courage, et donnait les preuves d'une âme héroïque et jeune dans un corps octogénaire.

Écoutons à ce sujet le récit véridique d'un contemporain, dont aucun des biographes d'Ambroise Paré ne paraît avoir eu connaissance.

« Le jeudi 20 de décembre 1590, veuille de la Saint-Thomas, dit Pierre de l'Estoile, mourust à Paris en sa maison maistre Ambroise Paré, chirurgien du Roy, âgé de quatre-vingts ans, homme docte et des premiers de son art, qui, nonobstant les temps, avoit tousjours parlé et parloit librement pour la paix et pour le bien du peuple; ce qui le faisoit autant aimer des bons comme mal vouloir et haïr des meschants, le nombre desquels surpassoit de beaucoup l'autre, principalement à Paris, où les mutins avoient toute l'auctorité : nonobstant lesquels ce bonhomme, se fiant possible à ses vieux ans comme Solon, ne laissoit à leur dire la vérité. Et me souviens qu'environ huict à dix jours au plus avant la levée du siége, M. de Lyon passant au bout du pont Saint-Michel, comme il se trouva assiégé d'une foule de menu peuple mourant de faim, qui lui crioit et lui demandoit du pain ou la mort, et ne s'en sachant comment dépestrer, maistre Ambroise Paré, qui se rencontra là, va lui dire tout haut : « Monseigneur, ce pauvre » peuple que vous voiés icy autour de vous meurt de male rage de faim, et » vous demande miséricorde. Pour Dieu, monsieur, faites-la lui, si vous » voulez que Dieu vous la face ; et songez un peu à la dignité en laquelle » Dieu vous a constitué, et que les cris de ces pauvres gens, qui montent » jusqu'au ciel, sont autant d'ajournemens que Dieu vous envoie pour » penser au deu de vostre charge, de laquelle vous lui estes responsable. » Et pourtant, selon icelle et la puissance que nous sçavons tous que vous » y avés, procurés-nous la paix, et donnés-nous de quoy vivre, car le pauvre » monde n'en peult plus. Voiés-vous pas que Paris périt au gré des meschans qui veulent empescher l'œuvre de Dieu, qui est la paix ? Opposés-» vous-y fermement, monsieur, prenant en main la cause de ce pauvre » peuple affligé ; et Dieu vous bénira et vous le rendra. » A quoi, ajoute l'Estoile, M. de Lyon ne répondit rien ou quasi rien, sinon que, contre sa coustume, s'estant donné la patience de l'ouïr tout du long sans l'interrompre, il dit après que ce bonhomme l'avoit tout estonné, et qu'encores que ce fust un langage de politique que le sien, toutes fois qu'il l'avoit resveillé et fait penser à beaucoup de choses. »

Que l'on se figure un moment l'un des plus puissants chefs de la Ligue, suivi d'une nombreuse escorte de gentilshommes armés, redoutables spadassins, véritables sicaires, s'arrêtant subjugué par l'ascendant de la vertu, et comme atterré par l'éloquence mâle et forte de cet homme de bien. L'histoire de la Grèce et de Rome ne nous offre rien de plus beau, rien de plus véritablement antique.

Que seraient, auprès d'un tel langage, les éloges les plus pompeux et tout l'art des panégyristes?

Le Bon RICHERAND,

Professeur à la Faculté de médecine de Paris.

Dessiné par Fragonard. — Gravé par Lauron

Geny-Gros, imp. rue du Plâtre, 28 Paris

AMYOT.

ARSENAL BIBL.

AMYOT

NÉ EN 1514, MORT EN 1593.

Peu de noms sont aussi connus dans la littérature française ; notre ingrate nation, qui oublie si aisément les gloires de la veille pour les gloires du lendemain, est restée du moins fidèle à ce souvenir. Mille traditions diverses, témoignages irrécusables d'une vive curiosité, se sont accumulées et répandues partout sur l'origine et l'existence d'Amyot, dont deux siècles seulement nous séparent, comme s'il s'agissait de quelque personnage fabuleux et reculé dans la nuit des âges. L'imagination s'est exercée au sujet du prélat helléniste de la même façon qu'au sujet de tous les héros populaires. Il est devenu, entre les mains des biographes, une sorte d'être symbolique représentant la fameuse maxime de la sagesse antique et moderne, *labor improbus omnia vincit*, et l'on a fait de sa vie une légende pour l'encouragement et l'exemple des enfants pauvres qui aspirent à devenir riches.

Nous la raconterons tout entière, cette légende, ce que nous n'en croyons pas comme ce que nous en croyons, mais en rapportant, autant que possible, chaque fait à l'auteur qui l'a avancé le premier, sans entrer dans des discussions didactiques que les lecteurs ne viennent pas chercher sans doute dans un ouvrage du genre de celui-ci. Sur ce point le *Dictionnaire* de Bayle satisfera amplement ceux qui aiment les polémiques érudites.

Jacques Amyot naquit à Melun le 30 octobre 1514. Dans sa biographie latine, commencée par lui-même et achevée par son secrétaire, il nous dit que ses parents étaient plus honnêtes que riches, mais il se tait sur leur profession. D'après Sébastien Roulliard, qui a mis dans ses *Antiquités de Melun* le seul extrait publié de ces mémoires manuscrits, le père d'Amyot « faisoit et vendoit des bourses et aiguillettes. » Selon les historiens de Charles IX, de Thou, Papyre Masson, Brantôme, il était boucher. Saint-Réal, en son curieux livre de l'*Usage de l'Histoire*, prétend qu'il était corroyeur.

Si l'on en croit le même écrivain, le jeune Amyot débuta comme Sixte-Quint. S'étant sauvé de la maison paternelle pour échapper à un châtiment, il tomba malade dans les plaines de la Beauce, et fut trouvé, étendu au milieu des champs, par un gentilhomme qui le porta en croupe à l'hôpital d'Orléans. Une fois guéri, on le mit sur la grande route en lui donnant seize sous. Au lieu de retourner chez lui, l'enfant s'en alla vers Paris, et là servit d'abord de domestique à quelques écoliers. Sa mère, Marguerite des Amours, instruite enfin de ce qu'il était devenu, lui envoyait toutes les semaines un pain par le coche. Son grand désir était de continuer ses études, commencées à Melun. L'exemple de tout ce qui l'entourait l'y portait, aussi bien que le besoin de sortir de l'indigence. Depuis que l'empire grec avait succombé, en léguant dans sa chute à nos pères les trésors qui avaient occupé et consolé sa séculaire décadence; depuis que l'imprimerie, découverte à la même époque par un admirable à-propos de la Providence, multipliait les chefs-d'œuvre retrouvés de l'antiquité, il s'était fait vers l'érudition littéraire un mouvement prodigieux auquel participaient tous les âges, tous les sexes, toutes les conditions : « Je voy, » disait vers cette époque le héros de Rabelais, « je voy les brigands, les bourreaux, les » aventuriers, les palefreniers de maintenant, plus doctes que les docteurs » et prêcheurs de mon temps. Que dirai-je? les femmes et filles ont aspiré » à cette louange et manne céleste de bonne doctrine. Tant il ha qu'en » l'eage où je suis, j'ai été contraint d'apprendre les lettres grecques, les- » quelles je n'avois contemnées comme Caton, mais je n'avois eu le loisir » de comprendre en mon jeune eagé... Et ne se faudra plus dorénavant » trouver en place et en compaignie qui ne sera bien expoli en l'officine de » Minerve [1]. » Il n'y avait plus, en effet, d'avancement que pour les savants; ceux-là étaient comblés de biens et d'honneurs.

Amyot, enflammé par ce spectacle, ne demandait qu'une occasion de s'instruire. Une dame la lui fournit, en le choisissant, sur sa physionomie, pour accompagner ses enfants au collége. Le jour il suivait les cours avec eux, et la nuit, rentré dans sa mansarde avec ses notes et des livres qu'il s'était fait prêter, il travaillait encore, à la lueur de quelques charbons embrasés, n'ayant pas de quoi s'éclairer autrement.

Quoi qu'on pense de cette romanesque narration, il est constant qu'à dix-neuf ans Amyot fut reçu maître ès-arts, et se mit à entendre les professeurs royaux que François Ier avait établis. Sous Jacques Tusan, il apprit la poésie des Grecs, dont Jean Evagre, Rémois, lui avait enseigné la langue au collége du cardinal Lemoine; sous Pierre Danès, il apprit l'éloquence, et les mathématiques sous Oronce Finée. Ce sont ses Mémoires qui nous fournissent ces détails.

[1] *Pentagruel*, liv. II, chap. VIII.

Il sortit ensuite de Paris. Saint-Réal, et Varillas, qui l'a copié en le défigurant gauchement, dans son *Histoire de Henri II*, donnent pour cause à ce départ une accusation de complicité avec les réformateurs. Le silence que gardent Amyot et son secrétaire ne prouve rien contre ce fait, dont l'histoire du temps présente en foule des analogues. Bien plus clairvoyants que ces papes et cardinaux italiens qui payaient au poids de l'or les manuscrits latins et grecs, et ne juraient plus que *per deos immortales*, un grand nombre de membres de l'église se défiaient des littératures anciennes et de ceux qui s'y livraient. Ils comprenaient vaguement quels secours tirait de là le protestantisme, et quelles révolutions terribles étaient enfouies pour l'avenir dans ces livres si imprudemment propagés par les ministres des vieilles croyances et des vieilles institutions. Il devait en sortir le rationalisme au dix-septième siècle, au dix-huitième la philosophie de Voltaire et de Rousseau, 1789 et 1793. Rien d'étonnant donc qu'Amyot, comme tant d'autres, ait été suspecté, dénoncé, même innocent, et se soit vu obligé de s'exiler.

Ce moment de péril fut précisément celui où la fortune commença à prendre Amyot par la main pour lui faire parcourir la magnifique carrière dans laquelle nous allons le suivre.

Il alla à Bourges, où, au rapport de Bullart[1], notre seule autorité en ce cas, il embrassa la profession religieuse dans l'abbaye de Saint-Ambroise. Peut-être voulut-il répondre ainsi aux soupçons qu'on élevait sur ses principes. Mais l'abbé Jacques Collin, le même qui fut lecteur de François Ier, jugeant ce jeune homme de vingt-trois ans « digne d'une vie plus éclatante » que celle du cloître, » le fit connaître au sieur de Sacy Bouchetel, secrétaire d'état, qui le chargea de l'éducation de ses enfants, et quelque temps après le recommanda à la grande protectrice des lettrés à cette époque, et surtout des lettrés persécutés, Marguerite, la sœur du roi. Par l'entremise de cette princesse, Amyot obtint une chaire de professeur en langue latine et en langue grecque dans l'université de Bourges. Il l'occupa pendant dix années. Il traduisit alors les *Amours de Théagène et Chariclée*, par l'évêque Héliodore, et quelques *Vies* de Plutarque. Ce sont ces ouvrages qui, présentés à François Ier, écrits à la main par maître Adam Charles, écrivain de Paris, valurent à l'auteur sa première dignité, et non pas, comme l'affirme Saint-Réal, contredit ici par les dates et par l'extrait de Roulliard, une épigramme grecque donnée à Henri II pendant un voyage du prince, et fort admirée du puissant chancelier Michel de L'Hôpital. Les bénéfices ecclésiastiques étaient alors, dans la hiérarchie catholique dégénérée, le prix des travaux érudits, comme plus tard, quand la mode fut aux madrigaux, ils servirent à récompenser des poésies galantes et voluptueuses. Amyot fut

[1] *Académie des Sciences*, tom. I, pag. 166.

nommé à l'abbaye de Bellosane, vacante par la mort de François Vatable, autre fameux philologue.

Après la mort du monarque, son bienfaiteur, Amyot suivit en Italie M. de Morvilliers, envoyé de France à Venise, qui lui marqua en différentes occasions une grande confiance. Mais il ne s'attacha pas à la fortune de cet ambassadeur; et, quand on l'eut remplacé par Odet de Selve, il resta auprès du nouveau ministre, et s'insinua dans ses bonnes grâces et dans celles du cardinal de Tournon, alors résidant à Rome. Il fut chargé par eux d'une commission assez importante, « sans qu'il pensât à moins que cela ni à chose » semblable, » dit-il dans une lettre à M. de Morvilliers, du 8 septembre 1551: phrase de précaution qui nous paraît signifier tout le contraire de ce qu'elle veut faire entendre. Il s'agissait de porter et de lire au concile de Trente une protestation de Henri II, qui se plaignait de ne pouvoir envoyer ses évêques à Trente, à cause de la guerre qu'on lui faisait en Italie. « Il faut » noter, continue-t-il, que non seulement je n'étois point nommé en cette » lettre ni près ni loin; mais, qui pis est, on n'en avoit pas seulement » envoyé la copie par laquelle nous puissions savoir ce qu'il y avoit dedans, » de sorte que jamais ne vis chose si mal cousue que cela... Ce fut à moi à » jouer mon rôle; et ne savois bonnement ce que j'étois ni comment je » devois m'appeler. » Il lut la missive. Les évêques espagnols, qui en voulaient à la France, trouvèrent mauvais que Henri II se fût servi dans le titre du mot *conventus*. « Je ne sais, dit Amyot, s'ils avoient peur que le Roi » les prît tous pour des moines. » Il tâcha de leur prouver qu'il n'y avait eu aucune intention dans le choix de ce mot, et passa outre. Mais le contenu irrita les Pères encore plus que la suscription, si bien qu'Amyot engagea le ministère de France à ne point envoyer à Trente pour recevoir la réponse du concile, convaincu qu'elle serait faite de concert avec Mendoze, ambassadeur de l'empereur [1].

Amyot alla ensuite à Rome, où il logea environ deux ans chez l'évêque de Mirepoix, qui l'avait pris en vive affection. Il se lia aussi avec Romulus Amaseus, gardien de la bibliothèque du Vatican, duquel il apprit le nom de l'auteur du roman qu'il avait traduit, et l'existence d'un manuscrit qui lui servit à le mieux traduire encore. En même temps il acheva de gagner la faveur du cardinal de Tournon, qui, de retour en France, le nomma au roi lorsqu'il fallut choisir un précepteur pour les ducs d'Orléans et d'Anjou (1558), et le fit agréer. Amyot conserva cet emploi tant que régnèrent Henri II et François II, et sous le premier de ces deux princes il acheva la traduction des *Hommes illustres* de Plutarque, qu'il lui dédia; il entreprit ensuite celle des *Œuvres morales*, qui ne fut terminée que sous le règne de Charles IX, auquel il en fit aussi hommage.

[1] Voyez les *Recueils de Pièces relatives au concile de Trente.*

Il faut le dire à l'honneur de ce jeune et malheureux roi, qui, égaré par une abominable éducation politique, laissa tacher de sang son manteau royal, et fut doué cependant de rares talents et de nobles vertus privées, l'élève, quand il fut devenu tout-puissant, n'oublia pas le précepteur. A ce qu'assure Brantôme, « il l'aimoit fort et l'appeloit toujours son maitre. » Le lendemain même de son avénement, comme le prouvaient les registres authentiques avec lesquels Du Peyrat a composé son *Histoire ecclésiastique de la cour*, il fit Amyot grand-aumônier, et en même temps, ce dont s'indigne M. de Thou au livre cinquième de ses Mémoires, curateur de l'Université de Paris. Il lui donna ensuite plusieurs bons et beaux bénéfices, l'abbaye de Roches, par exemple, et celle de Saint-Corneille de Compiègne, et enfin, trois ou quatre ans après, il l'éleva à l'évêché d'Auxerre. Il eut même, dit encore Saint-Réal, de vives luttes à soutenir; pour la dernière de ces promotions, avec Pie V, qui ne trouvait pas suffisants les titres profanes d'Amyot et destinait le siége à un autre; et pour la première avec sa mère, à laquelle on attribue des menaces de mort contre « ce petit prestolet qui osoit lui tenir tête. » Dans ces deux circonstances le roi resta inébranlable, prit Amyot sous sa protection, et força les récalcitrants à céder. On aimerait à penser que cette haine de la femme cruelle qui corrompit Charles IX prenait sa source dans la généreuse fermeté avec laquelle Amyot avait combattu, dans l'esprit de son élève, les maximes et les traditions maternelles. Ce rôle d'adversaire de l'esprit du mal, dans la direction d'un roi, était fait pour tenter un homme à la fois prêtre et avide de gloire. Mais rien n'appuie cette charitable supposition, et il semble au contraire que notre prélat n'eût pas eu assez de courage pour accepter les périls d'une telle lutte, lors même qu'il eût eu assez de lumières pour condamner la politique perverse de son siècle entier.

Les Mémoires d'Amyot nous apprennent plusieurs choses curieuses de son épiscopat et de sa vie domestique. D'abord, pour se mettre en état de remplir ses fonctions, et surtout de prêcher, il lui fallut, ainsi qu'à beaucoup d'autres prélats de son temps, qui avaient passé sans transition d'une chaire de professeur à la chaire apostolique, faire un assez long noviciat de théologie, pendant lequel il fut remplacé par le docteur Pierre Viel. Lorsqu'après cette préparation il se hasarda à parler en public, il eut du succès, malgré sa bizarre habitude de composer en latin pour débiter en français. Sa voix était faible, ce qui ne l'empêchait pas, non-seulement de prononcer des sermons à toutes les fêtes solennelles, mais même de chanter sa partie avec des musiciens quand il était dans son palais. Son goût pour le chant était si vif, qu'il lui faisait témoigner plus de bienveillance à ceux d'entre les chanoines qui avaient un bel organe. Il se plaisait même à toucher du clavecin, c'était son délassement habituel avant de se mettre à table et au sortir du travail; — car il n'avait pas oublié le grec;

il revoyait sa version de Plutarque, collationnait des manuscrits nouveaux, et modifiait, corrigeait, après avoir comparé ou mieux étudié les textes. Il s'occupait aussi de traduire d'autres ouvrages : les histoires de Diodore de Sicile (sept Livres), quelques tragédies de Sophocle et d'Euripide, la pastorale de Longus. Cette dernière production est si libre, qu'on peut s'étonner qu'elle ait été mise en français par un évêque. Mais il n'en faut rien conclure contre les mœurs d'Amyot : nous n'avons pas trouvé le plus léger indice qui autorisât la médisance à cet égard; et nous nous étions bien douté qu'il n'en existait point en n'en rencontrant aucun dans l'article de Bayle, si avide de ce genre d'informations, si habile à les découvrir et si hardi à les communiquer au lecteur.

Mais un reproche qu'on est en droit, ce semble, d'adresser à Amyot, c'est d'avoir rougi de son humble origine, que les courtisans ne manquaient pas de lui rappeler en toute occasion. Saint-Réal observe que dans ses *Œuvres* « il ne s'est jamais qualifié du titre de son pays, » ce qui était l'usage alors, et que pendant sa prospérité il « eut fort peu d'habitude » avec ses compatriotes. C'est à cette mauvaise honte, et au besoin qu'il éprouvait de faire oublier sous le prestige des dignités et de l'opulence sa gueuserie et ses haillons d'autrefois, que nous attribuons en partie son insatiable cupidité, faiblesse à peu près commune à tous les parvenus. Il est vrai qu'il en donnait lui-même une autre raison qui est devenue proverbe et n'a pas peu contribué à populariser son nom. Un jour qu'il demandait à Charles IX un bénéfice d'un grand revenu, ce prince lui dit : « Eh quoi, mon maître ! » vous disiez que si vous aviez mille écus de rente vous seriez content; je » crois que vous les avez et plus. — Sire, répondit-il, l'appétit vient en » mangeant[1]. » Des deux cent mille écus, somme énorme pour l'époque, qu'il ramassa, au dire de La Popelinière[2], il dépensait on ne peut moins pour son entretien personnel. Charles IX lui reprochait « de ne se nourrir que » de langue de bœuf, » ce qui fait dire à Pierre de Bourdeilles, abbé de Brantôme, tout fier de sa grande naissance : « Aussi étoit-il fils d'un bou- » cher, et il falloit bien qu'il mangeât de la viande qu'il avoit vu apprêter. » Mais il avait un grand train extérieur; il achetait des livres, des manuscrits, ce qu'il y avait alors de plus précieux et de plus cher; il se montrait libéral envers ses parents, auxquels il avait donné de l'avancement[3], afin de mettre leurs dehors en accord avec leur position et la sienne. Enfin c'était pour lui, plus encore que pour tout évêque, un point d'honneur d'avoir une cathédrale qui effaçât en beauté et en richesses celle de ses confrères; aussi donnait-il et faisait-il beaucoup. Une tradition encore vi-

[1] Duverdier, *Prosographie*, tom. III, pag. 2573.
[2] *Idée de l'Hist.*, pag. 259.
[3] La Popel., *ibid.*

vante lui rapporte, entre autres choses, l'élévation des sept colonnes de cuivre qui accompagnent le maître-autel dans la principale église d'Auxerre.

Après la mort de Charles IX, Henri III n'avait fait qu'ajouter à la haute position d'Amyot. Il lui avait conservé, malgré les sollicitations de l'évêque de Saint-Flour, la charge de grand-aumônier; et de plus, en instituant l'ordre du Saint-Esprit, il l'en avait nommé commandeur, avec la déclaration que ce titre passerait à tous ses successeurs dans sa charge, sans qu'ils fussent obligés de faire preuve de noblesse [1]. Pour comble d'honneur, le roi avait mis lui-même le grand collier au cou de son précepteur, le 30 décembre 1578, dans l'église des Augustins de Paris, en traitant avec mépris les grands seigneurs qui murmuraient de ce qu'on élevât si haut un homme parti de si bas [2]. Eh bien! au milieu de ce triomphe enivrant, Amyot se reportait avec délices, par la pensée, vers l'époque où il enseignait à Bourges, le latin dans la matinée, le grec l'après-midi. « Souventes fois on » lui ha ouï dire, entre amis, qu'il avoit un honneste appoinctement; que » jamais en sa vie n'eut meilleur temps que celui-là; et avoit pris un fort » grand plaisir à faire cet exercice, à cause qu'il jouissoit d'un extrême » repos [3]. » Qu'était-ce, hélas! que les embarras de la grandeur, les épigrammes des jaloux qui lui inspiraient ce regret, auprès des malheurs qui allaient fondre sur lui?

Il se trouvait aux états de Blois au moment où Henri III « se deslibéra » de faire mourir les deux princes de Guise, estimant que leur mort seroit » la mort de tous les nouveaux conseils [4], » et exécuta ce projet digne de Catherine de Médecis, qui eut la satisfaction de vivre assez pour voir son second fils marcher ainsi sur ses traces. Amyot fut accusé dans la ville catholique d'Auxerre d'avoir été de ceux qui, dans le conseil tenu la veille de l'assassinat, avaient soutenu de concert avec le roi qu'en matière de lèse-majesté la punition devait précéder le jugement. Il n'en était rien cependant. Au contraire, il ignorait quel était le coupable et s'était écrié, à la première nouvelle de l'événement, que c'était un crime énorme et dont le pape seul était juge : déclaration qui empêcha même, dit-on, le directeur de Henri III de confesser ce monarque avant qu'il n'eût reçu de Rome l'absolution en forme. Mais les Auxerrois, égarés par les prédications du cordelier Claude Trabq, persistèrent à regarder leur prélat comme le complice de ce meurtre effroyable. En retournant dans sa ville épiscopale, Amyot « fut tout volé et destroussé à my-chemin, et étant arrivé là, lui » fut baillé beaucoup de peine par les habitants, voires par son clergé,

[1] Du Peyrat, *Hist. eccl. de la cour.*
[2] Du Saussai, *de Script. eccl.*
[3] Séb. Roull., *Antiq. de Mel.*
[4] Pasquier, XIII, 5.

» pour les causes du temps[1]. » « Je me trouve, » écrit-il dans une de ses » lettres recueillie en ses *Œuvres mêlées*[2], « je me trouve pour le présent le » plus affligé, détruit et ruiné pauvre prêtre qui soit en France... Outre le » danger de ma personne, m'ayant esté plusieurs fois la pistole présentée » sur l'estomac, et les ordinaires indignités et oppressions que je reçois » journellement de ceux d'Auxerre, le tout pour avoir été officier et ser- » viteur du roi, étant demeuré nu et dépouillé de tous moyens, de manière » que je ne sais plus (comme on dit) de quel bois faire flèche, ayant vendu » jusqu'à mes chevaux pour vivre; et pour accomplissement de tout mal- » heur, cette prodigieuse et monstrueuse mort étant survenue me fait avoir » regret à ma vie. » Il veut parler ici de l'assassinat de Henri III, par Jacques Clément, arrivé le 2 août 1589. A dater de cette époque il paraît que, vieux, malade, indigent, il condescendit aux passions séditieuses de son peuple ligueur, ce qui l'a fait accuser de trahison par de Thou[3]. Le 6 février 1593, il mourut d'une fièvre lente qui lui avait desséché les poumons: il laissait un legs de douze cents écus à l'hôpital d'Orléans, en *reconnaissance de la charité* qu'il y avait éprouvée. C'étaient, selon Saint-Réal, les expressions mêmes de son testament.

L'édition nouvelle qu'il préparait de ses œuvres, depuis long-temps, n'était pas achevée encore, quoiqu'il ne fût pas sorti d'Auxerre dans les douze dernières années de sa vie: « Comme il s'en plaignoit journellement, » la privation de ses biens et commodités du passé lui ôtoit le plaisir de » l'étude[4]. »

Il avait fait sur le sacre de Charles IX un poème latin « par lequel on re- » connoissoit, selon les *Antiquités de Melun*, qu'il s'étoit fort adonné à la » lecture d'Horace, mais auroit été peu adroit en son génie poétique » C'est ce que prouvent surabondamment ses vers dans notre langue, que Charles IX trouvait affreux, « en quoi son opinion a été suivie de beaucoup » d'autres[5]. » En général, « il n'étoit pas heureux en sa composition, soit » françoise ou latine. » Ce que Roulliard en a vu lui semble « étrangement » pesant et traînassier. » Amyot ne paraît pas non plus en avoir eu une très-haute idée. Il avait écrit, à la prière de la duchesse de Savoie, la Vie d'Épaminondas et celle de Scipion; il n'osa les publier[6]. Comme on l'engageait à travailler sur l'histoire de France, il se récusa. Il n'écrivait bien que lorsqu'il traduisait: il lui fallait la présence constante d'un modèle. Toutefois, on a prétendu qu'il s'était servi, pour Plutarque, d'une vieille version

[1] Séb. Roulliard.
[2] Lyon, 1611.
[3] *De Vitâ suâ*, liv. V.
[4] Séb. Roulliard.
[5] *Ibid.*
[6] Bullart, *Académie des Sciences*, p. 168

italienne de la Bibliothèque du roi[1]. La Popelinière avance que Turnèbe lui « envoyoit, tournés tout entiers en françois, les passages » sur lesquels Amyot était en peine, et que plusieurs autres savants l'aidèrent de leurs avis[2]. Enfin, Brantôme nous apprend « qu'aucuns des envieux ont voulu » dire qu'il n'avoit pas fait ses traductions, mais un certain grand person- » nage et fort savant en grec, qui se trouva, par bon cas pour lui, prisonnier » dans la conciergerie du palais et en nécessité; qu'il le sçut là, le retira » et prit à son service, et qu'eux deux en cachette firent ces livres, et puis » que lui les mit en lumière en son nom. » Mais il ajoute un mot qu'il faut appliquer sans doute aussi aux assertions précédentes : « C'est une pure » menterie que ses ennemis lui ont prêtée, car c'est lui seul qui les a faits; » et qui l'a connu, sondé son savoir et discouru avec lui, dira bien qu'il » n'a rien emprunté d'ailleurs que du sien. »

Ces traductions ont été surpassées, quant à la fidélité et l'intelligence des textes, par celles qui sont venues depuis; les contemporains même de l'auteur, de Thou, par exemple, leur reprochaient d'avoir été plutôt faites pour plaire aux oreilles délicates qu'en vue de l'exactitude, *Majore elegantiâ quàm fide, dùm auribus nostris placere quàm de sensûs veritate laborare potiùs existimat*[3]; mais elles sont éloquentes, et c'est ici le lieu de répéter le mot fameux de Buffon : « Les connaissances s'enlèvent aisément, » se transportent et gagnent même à être mises en œuvre par des mains » plus habiles. Ces choses sont hors de l'homme, le style est l'homme » même. Le style ne peut donc ni s'enlever, ni se transporter, ni s'altérer; » s'il est beau, l'auteur sera également admiré dans tous les temps[4]. » Telle est la destinée déjà commencée pour Amyot : ses versions, surtout celles de Plutarque, malgré les contre-sens et les fautes de détail, sont encore lues de tout le monde et seront immortelles sans vieillir, comme tous les chefs-d'œuvre de notre littérature.

Amyot est à coup sûr un des plus étonnants génies d'écrivain que nous ayons eus, et j'oserai même dire, qui aient jamais paru. On sait que le seizième siècle fut pour notre idiome une époque de confusion, d'exagération en dehors du caractère national, de modes étrangères, d'inconstances et de mutabilité. « J'écris mon livre à peu d'hommes et à peu d'années, disait Mon- » taigne; si c'eût été une matière de durée, il l'eût fallu commettre à un lan- » gage plus ferme. Selon la variation continuelle qui a suivi le nôtre jusques » à cette heure, qui peut espérer que sa forme présente soit en usage d'ici à » cinquante ans? Il écoule tous les jours de nos mains, et depuis que je vis

BnF ARS

[1] Colomiès, *Opuscules*, édition d'Utrecht, p. 124.

[2] *Idée de l'Hist. accomplie*, liv. III.

[3] *De vitâ suâ*, liv. V.

[4] *Discours de Réception.*

» s'est altéré de moitié[1]. » En effet, on le *latinisait*, on l'*espagnolisait*, on l'*italianisait*, on le faisait *gasconner*, on l'accoutrait de tous les dialectes populaires des provinces ; on le mélangeait de locutions bizarres et obscures, empruntées à des arts ou à des métiers spéciaux. C'était Ronsard qui le poussait ainsi en tant de sens divers, se préoccupant, comme le prouvent les préceptes contradictoires renfermés dans ses préfaces et rapportés par ses élèves, tantôt d'une source, tantôt d'une autre, selon qu'il pensait qu'on s'y portait trop ou trop peu. Ses disciples appliquaient encore avec excès ses théories. « Les écrivains de ce siècle sont assez hardis et dédai» gneux pour ne suivre pas la route commune, mais faute d'invention et de » discrétion les perd. Il ne s'y voit qu'une misérable affectation d'étran» geté, de déguisements froids et absurdes qui, au lieu d'élever, abattent » la matière. Pourvu qu'ils se gorgiasent en leur nouvelleté, il ne leur » chault de l'efficace ; pour saisir un nouveau mot, ils quittent l'ordinaire » souvent plus fort et plus nerveux. » C'est encore de Montaigne que viennent ces paroles, qui aujourd'hui ont leur à-propos comme de son vivant ; mais Montaigne lui-même n'était-il pas trop curieux des formes inusitées, trop bigarré de latin et de *ramage gascon*, comme le lui reprochait un jour, en se promenant avec lui dans la cour du château de Blois, Étienne Pasquier, sur le style duquel un défenseur du vrai idiome français eût pu faire plus d'une remarque analogue? Enfin les images luxuriantes des littératures voisines débordaient dans la nôtre, contrairement à son génie, sobre, austère, dédaigneux des ornements, quoi qu'on en ait dit depuis quelques années. Eh bien, au milieu de cette Babel, Amyot sut garder pure la tradition française, qui devait, comme toujours, triompher en définitive ; il tira notre langue de la servitude du pays latin, pour nous servir de l'expression d'un contemporain ; il déchira son imprudent traité d'alliance avec les idiomes étrangers, lequel eût été un véritable acte d'abdication ; il lui arracha sa marqueterie de jargons provinciaux, en montrant par une rare abondance en mots et en tours de bon aloi qu'elle ne lui était pas nécessaire ; il lui enleva le fastueux costume castillan et la coquette parure italienne, pour lui donner l'habit simple et serré qui lui convient, *simplex succinctaque vestis;* il lui communiqua l'allure vive, rapide, droite, les mouvements tour à tour vigoureux et élégants que nous lui connaissons ; en un mot, comme Dante, il créa, autant qu'un homme peut créer une langue, l'idiome de sa nation, c'est-à-dire la syntaxe de Bossuet, de Molière, de Corneille, de Racine, et l'instrument de la civilisation moderne.

Écoutons Vaugelas, dont l'autorité est si grave en cette matière : « Tous » les magasins et tous les trésors du vrai langage françois sont dans les » œuvres de ce grand homme, et encore aujourd'hui nous n'avons guères

[1] *Essais*, liv. III, chap. IX.

» de façons de parler nobles et magnifiques qu'il ne nous ait laissées; et » bien que nous ayons retranché la moitié de ses phrases et de ses mots, » nous ne laissons pas de trouver dans l'autre moitié presque toutes les ri- » chesses dont nous nous vantons et dont nous faisons parade[1]. » Amyot ne fut pas seulement l'admiration et le maître de Vaugelas, mais de tous ceux auxquels on attribue ordinairement la fondation de la langue, de tous ces traducteurs qui faisaient, comme lui, de *belles infidèles*, mettant l'exactitude après l'élocution, de Coeffeteau, de Duvair, de d'Ablancour, etc. Les académiciens qui travaillèrent au fameux Dictionnaire l'avaient placé en tête de leur liste des plus purs écrivains français[2]. S'étant fait une loi de conclure toujours en faveur de l'usage[3], ils avaient rejeté un grand nombre de locutions employées par Amyot et devenues hors de service, mais ce n'était pas sans peine; ils eussent voulu tout conserver, en même temps que la construction. La Fontaine n'était pas seul, il s'en faut bien, dans le dix-septième siècle, à demander l'introduction dans le Dictionnaire de quelques vieux tours : « Bien souvent, quand une façon de parler est condamnée par » le bon usage, disait Vaugelas, nous en avons autant de regret que ceux » qui s'en plaignent. Mais quoi! il faut se soumettre, malgré qu'on en ait, » à cette puissance souveraine[4]. » Bayle s'élève, dans son article sur mademoiselle Gournai, contre « l'appauvrissement de la langue amené par la » fausse délicatesse à quoi on lâcha trop la bride. » La Bruyère se demande la raison de la proscription de certains mots; et il est permis de croire, à son style, qu'il se nourrissait de la lecture d'Amyot. Nous le savons positivement pour Racine, qui dit, dans sa préface de *Mithridate*, que « la tra- » duction de Plutarque a une grâce dans le vieux style du traducteur qu'il » ne croit pas pouvoir être égalée dans la langue moderne. » Fénelon, dans sa *Lettre sur l'Éloquence*, trouve « qu'il y avoit, dans le vieux langage » d'Amyot, je ne sais quoi de court, de naïf, de hardi, de vif, qui se fait » regretter. » Ces plaintes contre l'usage sont fondées; on ne retint pas du vocabulaire d'Amyot toutes les richesses qu'on pouvait en conserver; on émonda trop cet arbre abondant et vigoureux. Au dix-huitième siècle ce fut encore pis; et, parmi les grands hommes de l'époque, plusieurs réclamèrent comme leurs devanciers. Ce puissant génie, qui, dans son étonnante universalité, ne se trouva jamais au-dessous ni au-dessus d'aucune étude, et descendait sans effort des hauteurs de la métaphysique et de l'esthétique aux plus délicates et aux plus subtiles questions de langage, Diderot, dans son *Essai sur la Vie de Sénèque*, et dans sa *Lettre sur les Sourds et Muets*,

[1] *Préf. de ses Remarques.*

[2] 1638, *Hist. de l'Acad.*, par Pellisson.

[3] *Ibid.*

[4] *Préf. des Remarques.*

répète en la développant la phrase de Fénelon ; et Bernardin de Saint-Pierre nous apprend que Rousseau, le plus parfait écrivain du temps, avait formé sa diction par une lecture approfondie d'Amyot [1].

Voltaire, qui contribua surtout par son excessive timidité en matière de style, et sa prédilection pour ce qui n'était que de l'élégance, à l'affaiblissement du nerf, de la physionomie et de la variété dans notre langue, sembla s'en repentir vers sa fin. Quand il vint à Paris, en 1778, il accepta les fonctions de directeur de l'Académie, et, pour les remplir d'une manière digne de lui, il proposa et fit accepter le projet d'un dictionnaire dans lequel on ressusciterait toutes les expressions pittoresques et énergiques d'Amyot qui s'étaient perdues [2].

L'école nouvelle eût dû exécuter cette dernière volonté, au lieu de retomber dans les écarts réformés par Amyot, en inventant des mots sans nécessité, ou en allant en chercher en Angleterre et en Allemagne, « comme » ces mauvais ménagers qui, pour avoir plus tôt fait, empruntent de leurs » voisins ce qu'ils trouveroient chez eux s'ils vouloient prendre la peine de » le chercher [3]. »

[1] *Fragments sur Jean-Jacques.*

[2] *Registres de l'Acad.*, 7 mai 1778.

[3] H. Estienne, *Traité de la Conformité, etc.*

V.-L. Joguet.

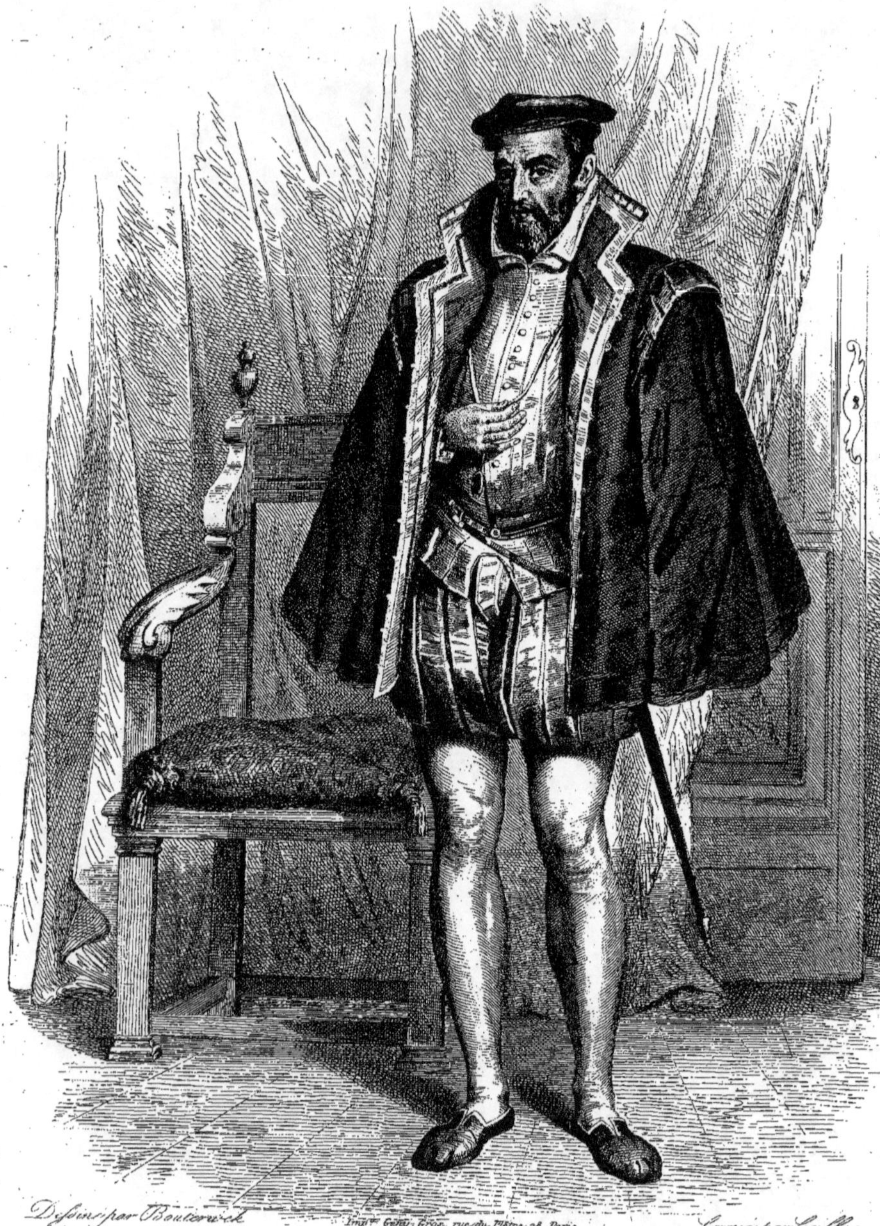

Dessiné par Bouterwek — Impr. Geny-Gros, rue du Plâtre, 28. Paris — Gravé par Gaille

COLIGNY

COLIGNY

NÉ EN 1516, MORT EN 1572.

Sur le déclin du règne de François Ier, on vit paraître à la cour des Tournelles deux jeunes seigneurs, de même âge approchant. L'un était, disait-on, de vrai sang carlovingien ; l'autre faisait remonter sa double origine, par sa mère aux premiers barons chrétiens, par son père aux antiques races des princes bourguignons. « Ils furent tous deux en leurs jeunes ans, dit Brantôme, si grands compaignons, amis et confederez de cour, que j'ay oüy dire à aulcuns, qui les ont bien cogneus en ce temps là, qu'ils les ont veus s'habiller le plus souvent des mesmes parures, mesmes livrées ; estre de mesme partie en tournois, combats de plaisir, couremens de bagues, mascarades et aultres passe-temps et jeux de cour ; et surtout ne faisoient nulle folie qu'ils ne fissent mal, tant ils estoient rudes joüeurs et malheureux en leurs jeux. » — Or, l'un de ces *grands compaignons* avait nom François de Guise, l'autre s'appelait Gaspard de Coligny.

Gaspard était bien jeune encore lorsque son père, le maréchal de Châtillon, mourut à Acqs, comme il allait contre les Espagnols. Les Coligny portaient ce nom de Châtillon, non point qu'ils descendissent des vieux Châtillon de la Croisade, mais parce qu'ils possédaient le fief de Châtillon-sur-Loing. Leur nom apparaît, toutefois, dans la grande épopée du moyen âge. Ville-Hardouin raconte comment se croisèrent « maintes bonnes gens de Bourgoigne, » avec « messire Hugon de Colémi, qui mult ert bon chevalier et als homme, et fu mors en une chevaulchée devers le roi de Walachie. » Il y avait beau temps, comme on voit, que l'aigle couronnée déployait ses ailes sur l'écu des Coligny, lorsqu'en un château de l'Orléanais, au plus rude mois de l'année 1516[1], Louise de Montmorency, sœur du connétable, mit au monde celui qui devait être le héros de cette illustre race.

[1] Le 16 février.

Dans son testament, le maréchal de Châtillon suppliait le connétable d'avoir sur *son Gaspard* une attention particulière. Gaspard, qui était le second de ses trois fils, fut de bonne heure plus habile en toute science qu'aucun gentilhomme qui fût alors. Il ne tint qu'à lui, enfant, de revêtir la pourpre. Mais dès lors il se sentait peu de goût pour Rome, et ce fut son frère aîné Odet qui devint, à seize ans, le cardinal de Châtillon. Voilà comment le cadet de Coligny se trouva chef de famille, et chargé de garder l'honneur du nom.

Lorsque le jeune Gaspard quitta sa studieuse retraite de Châtillon-sur-Loing, il y avait à la cour deux cours et deux reines; la cour de la duchesse d'Étampes, déjà calviniste au fond du cœur; la cour de Diane de Poitiers, pour cela seul catholique ardente. Au second plan, dans l'ombre encore, une Florentine, qui attendait avec une admirable patience que son tour fût venu : puis, bien loin, au fond du Béarn, la belle et tendre sœur de François Ier, l'ange du prisonnier de Madrid, l'étoile des sectaires, la *marguerite des marguerites.* Du reste, à la cour de Diane comme à la cour de sa rivale, à Paris comme en Béarn, une exquise courtoisie et pas grand reste de cette candeur gauloise tant regrettée par le sévère Mézerai.

Dès lors, au milieu des jeux et des fêtes, un œil pénétrant eût deviné l'amiral de Coligny sous la figure du jeune seigneur de Châtillon. Son front déjà pensif, pas encore soucieux, son œil plus distrait que sévère, semblaient comme le présage d'une grande destinée. Heureuse? il était moins croyable. Toutefois, grâce au connétable, il entra d'abord très-avant dans l'intimité du Dauphin, et il aida beaucoup son cher compagnon, François de Guise, à s'en faire aimer. En 1541, lorsque l'assassinat des ambassadeurs de France rouvrit le champ à ce *duel immense* du Roi et de l'Empereur, Coligny brûlait de suivre le Dauphin aux Pyrénées; mais le duc de Guise emmenait son fils dans le nord, sous les drapeaux du duc d'Orléans : Coligny ne put se résoudre à quitter celui qu'il aimait d'une amitié toute fraternelle, il voulut courir avec lui les mêmes hasards, et durant toute la campagne on les vit combattre côte à côte.

Plus tard, au combat de Cerisoles, Coligny fit des prodiges de valeur; il prit un drapeau à l'ennemi, et le comte d'Enghien l'arma chevalier sur le champ de bataille. La même année, le Dauphin lui donna un régiment et lui confia la défense des provinces françaises envahies. C'est durant cette guerre de Picardie et de Champagne qu'il fit les premiers essais de l'organisation sévère qu'il étendit plus tard à toute l'armée, et qui devint un vrai code de discipline militaire.

Là encore, François de Guise et Gaspard de Coligny étaient frères. Là, Gaspard veillait et priait au chevet de son ami, tandis que le chirurgien Ambroise Paré arrachait de la tête de François un tronçon de lance. Mais là aussi ce pur flambeau de fraternité chrétienne jetait sa dernière lueur.

Bientôt la mort de François Ier, en ouvrant carrière à leur jeune ambition, ferma leur cœur à de plus généreux sentiments.

Malgré toute son imprévoyance, le *roi soldat* avait deviné les Guises, les Montmorencys, toutes ces vieilles races féodales qui vivaient de souvenirs et de révoltes : il avait exilé le connétable dans son château de Chantilly. Le roi expiré, Gaspard courut y porter la bonne nouvelle. Bonne nouvelle en effet! en moins d'un an, M. de Châtillon reçut le collier de l'ordre, le brevet de colonel-général de l'infanterie et celui de lieutenant-général. A quelques années de là il était tout ensemble colonel-général, lieutenant-général, gouverneur de Paris, amiral de France. Alors aussi, l'ennemi le rencontrait à tous les siéges, sur tous les champs de bataille, à Boulogne, à Hesdin, à l'assaut de Dinant, où il plantait sur la brèche le premier drapeau, à la bataille de Renti, où il mettait pied à terre pour se ruer tête baissée au milieu des vieilles bandes espagnoles.

Cette fois, Guise et Coligny eurent encore part au même triomphe. Mais déjà ce n'était plus partage de frères. Le soir de la bataille « dans la chambre du Roy, ainsy qu'ils en discouroient devant luy, monsieur l'admiral répugna sur un petit poinct que dict M. de Guise; si bien que M. de Guise luy dict : « Ah, mort Dieu! ne me veuillez point oster mon honneur! — Je ne » le veux point, répondit M. l'admiral. » Et M. de Guise répliqua : « Aussi » ne le sçauriez vous. » De sorte que le Roy voyant ces choses pouvoir aller plus avant, leur commanda de leur taire et d'estre bons amis, ce qu'ils firent, mais non comme auparavant, et sous quelque beau semblant : et puis la prise et l'emprisonnement de M. d'Andelot, avec d'aultres envies ambitieuses, alluma mieux le feu de la haine, qui a duré jusques à leur mort. »

Deux ans après, Coligny faisait cette mémorable défense de Saint-Quentin dont il nous a laissé l'histoire. Au dernier assaut, il accourut, lui cinquième, à la défense d'une brèche lâchement abandonnée. Les Espagnols étaient déjà dans la ville, et l'amiral était prisonnier.

Il fut enfermé à l'Écluse, puis au château de Gand. C'est là qu'il écrivit sa relation du siége de Saint-Quentin : mais c'est là surtout qu'il médita les écrits de Luther et de Calvin; là que, dans les entraves d'une prison, il s'imprégna de l'esprit de lutte des doctrines nouvelles. Laborieuse solitude, d'où sortit plus grande et plus sombre la figure de cet amiral dont « il estoit alors plus parlé, dit Brantôme, que du roy de France. »

Depuis 1550, la réforme avait pris en France un caractère menaçant. La réforme allemande avait été princière, aristocratique. Le sombre et amer Calvin venait d'élargir prodigieusement les voies de Luther, il apportait la réforme du peuple. Les populations industrieuses du midi, les villes savantes des Pyrénées et du centre, les débris des Vaudois, toute la petite noblesse, écoutaient avidement sa parole. Ce fut bientôt une autre France dont Coligny devait être roi. En 1550, il n'y avait qu'un temple en France : dix ans après il y en eut deux mille. En Écosse, en Angleterre, aux Pays-Bas, partout, sous diverses formes, des paroles diverses allaient semant les germes démocratiques du calvinisme. La foi et le doute, l'autorité et la liberté, Rome et le monde étaient aux prises. Pour être vague encore et seulement instinctive, la rumeur populaire n'était pas moins effrayante et déjà inétouffable. Que faire? les sept têtes du monstre multipliaient sous le fer et la flamme.

Déjà, depuis long-temps, l'amiral ne disait pas toute sa pensée sur les livres de Calvin, que d'Andelot, son frère, lui avait rapportés de sa captivité de Milan. On savait seulement qu'il favorisait de tout son pouvoir l'établissement des colonies de réformés en Amérique. On savait que ses frères, le cardinal lui-même, étaient huguenots de cœur. Enfin, durant la captivité de l'amiral, d'Andelot avait fait profession publique de calvinisme. Il fallait sans doute à Coligny ce qu'il avait fallu à son frère, les longs jours de la prison, pour fixer l'irrésolution de son âme. Alors commencèrent à fermenter dans sa tête les choses passées et les choses présentes, les feux de l'Estrapade, Cabrière et Mérindol, le procès du calviniste Dubourg, l'emprisonnement de son frère d'Andelot, et, qui sait? l'enthousiasme du peuple pour cet heureux François de Guise qui venait de prendre Calais en huit jours.

A son retour il trouvait les Guises maîtres de tout, François de Guise lieutenant-général du royaume, oncle du Dauphin, à moitié roi : sa famille à lui disgraciée, son frère exilé. Ce fut bien pis quelques mois plus tard. Henri II fut frappé à mort au pied même de la Bastille, où le conseiller Dubourg attendait l'heure du bûcher. Cet événement, qui laissait entre eux et le trône un roi de seize ans, époux de leur nièce Marie Stuart, et une Italienne qu'ils méprisaient, donnait aux Guises toute puissance.

Comme s'il ne voulût pas voir la miraculeuse élévation de son ancien frère d'armes, Coligny s'exila d'abord dans ses terres, dans son château de Châtillon. Il en fut tiré par les Bourbons mécontents, par la reine-mère, Catherine de Médicis, qui commençait à avoir peur des Lorrains, par l'exécution d'Anne Dubourg, dont tout l'odieux retomba sur la maison de Guise. Catherine et les Bourbons voyaient avec rage l'insolence de deux ou trois cadets de Lorraine : l'alliance des Guises avec ce Philippe II, qui voulait extirper l'hérésie de la face du monde, effrayait les huguenots. Aussi, lors de la grande assemblée de Vendôme, le prudent amiral eut grand'peine à empêcher qu'on ne prît les armes. C'était l'avis de d'Andelot, du bouillant Condé. Mais, dès lors, Coligny était l'âme de cette révolution, dont tour à tour le roi de Navarre et Condé furent les chefs visibles. Du fond de ses terres, il suivait de l'œil les mouvements des petits nobles de province, les conciliabules de la *petite Genève* du faubourg Saint-Germain, lorsque éclata, lorsque avorta, pour mieux dire, la conjuration d'Amboise. Les conjurés furent massacrés par les chemins. Quelques-uns de ceux que l'on décapita devant le Roi, la Reine et toute la cour, trempèrent leurs mains dans le sang de leurs frères, et les levèrent sanglantes vers les spectateurs de cette scène funèbre. Les Châtillons étaient là.

Alors vraiment le gentilhomme, le chrétien, l'héritier des Colignys, sentit frémir en ses veines le sang bourguignon et arien de ses pères. L'ambitieux comprit-il aussi que son heure était venue? Il se rendit à l'assemblée de Fontainebleau et présenta requête au Roi pour ceux de la religion. Il pliait le genou, mais sa parole était haute : il parlait au nom de cinquante mille hommes. M. de Guise ne se tint pas de colère : « Cinquante mille hommes! s'écria-t-il, il en ira contre eux cent mille, bons catholiques, dont je serai le chef! »

Le gant était relevé : ces *rudes joueurs* allaient jouer rude partie. Que pouvait faire entre eux la vertueuse modération de L'Hospital? Que pouvait la tortueuse politique d'une Médicis? En ces deux noms, Guise, Coligny, n'y avait-il pas deux principes, deux peuples, deux mondes? — Tant que la nièce des Guises s'assit sur le trône de François II, le Roi régna, les Guises gouvernèrent. Ils avaient arrêté Condé, un prince du sang! et avaient obtenu son arrêt de mort. La partie n'était pas égale. Pour qu'elle le devînt, il ne fallait rien moins que la mort du Roi : il mourut.

A l'avénement de Charles IX, les deux partis s'observent encore. Les huguenots font une guerre de paroles, aux états d'Orléans par la bouche de l'amiral, au colloque de Poissy par la voix du fameux Théodore de Bèze. Les Guises, à moitié détrônés, intriguent, recrutent, séduisent. Ils séduisent le connétable, qui forme avec le grand Guise et le maréchal de Saint-André la Ligue du *triumvirat :* ils séduisent le roi de Navarre, qui abjure et se fait catholique. La mère du jeune roi, Catherine, dont le tour enfin est venu, fait contre-poids en faveur des Châtillons, des huguenots. Elle leur donne l'édit de janvier (1562) que le parlement n'enregistre qu'après trois lettres de jussion. Alors, en même temps que les calvinistes se soulevaient à Nismes, les gens du duc de Guise, passant par Vassy en Champagne, se prirent de querelle avec deux ou trois cents huguenots qui étaient au prêche dans une grange, et les massacrèrent : *César avait passé le Rubicon.* A la fin, c'était trop. Coligny lui-même, Coligny crie aux armes. Les protestants se soulèvent de toutes parts. Ils ont pour eux l'ouest, le midi et le centre; mais la cour, qui domine dans la Picardie, la Champagne et la Bourgogne, leur coupe ainsi presque toute communication avec leurs frères d'Allemagne et des Pays-Bas, tandis qu'elle reçoit librement des secours de l'Espagne et de l'Italie. Les protestants obtiennent l'assistance de l'électeur Palatin, du landgrave de Hesse, de la reine d'Angleterre à qui ils ont livré le Havre, et le stérile appui de l'Empereur qui couve de l'œil les Trois-

Évêchés. Ainsi l'armée catholique se recrute des Espagnols, des Italiens; l'armée protestante, des Allemands, des Anglais, des Flamands. La querelle était devenue européenne.

La guerre commença mal pour les protestants, bien pour l'amiral. Condé ayant été pris à la bataille de Dreux, Coligny se trouva de fait et de nom généralissime. Sa vie est toute dans cette première journée. Un échec le fait généralissime, un assassinat le va faire presque roi. Le seul homme qui fût à sa taille, François de Guise, vient mourir devant Orléans, assassiné par un de ceux de l'amiral. On soupçonna, on devait soupçonner Coligny. Les Guises l'accusèrent avec violence, et il se défendit mal. Quoi qu'il en soit, les preuves manquèrent toujours, et la postérité l'a jugé trop grand pour une action si basse. C'est une chose triste à lire, cependant, que la lettre où il présente à la Reine son apologie : « Ne pensez pas, lui écrit-il, que ce que j'en dis soit pour le regret que j'aye à la mort de M. de Guise; car j'estime que ce soit le plus grand bien qui pouvoit advenir à ce royaume et à l'église de Dieu, et particulièrement à moy et à toute ma maison. » En effet, la mort du grand Guise pouvait élever si haut la maison de Coligny que Catherine en eut peur. Elle se hâta de conclure la convention d'Amboise avant qu'il fût revenu de Normandie, où il était allé dès avant le crime de Poltrot, et à son retour, si mécontent qu'il en fût, il trouva la guerre terminée.

Mais les Guises n'étaient point assez à bas pour que cette paix fût durable. De sa retraite de Châtillon, l'amiral pouvait entendre les accusations, les cris de vengeance qui suivaient le Roi au Louvre, à Saint-Germain, au siége du Havre, en tous lieux. Il prit le parti de venir à la cour braver ses ennemis, et il s'y présenta en telle compagnie de seigneurs et princes que les Guises jugèrent prudent d'abandonner leur logement du Louvre. Il fallut que le Roi défendit à l'amiral et aux Lorrains de paraître à la cour avec plus de quarante gentilshommes pour tout cortége.

La cauteleuse Médicis, tout en vivant de leurs discordes, était souvent embarrassée de tenir la balance entre de pareils hommes. Son embarras fut mis au pire par le retour du cardinal de Lorraine, qui rapportait, dit-on, du concile de Trente le plan de la *Sainte Union ;* par les ambassades du pape, de Philippe II et du duc de Savoie, qui lui demandaient la punition du meurtre « si proditoirement fait à la personne du feu sieur de Guise par ceux qui lui étaient notoirement connus. » Elle crut s'en tirer en donnant l'édit de Roussillon, qui restreignait les libertés accordées aux protestants à Amboise. Mais sa confiance ne fut pas de longue durée. Un second voyage de l'amiral à Paris, qui avait failli commencer par une émeute, n'aboutit qu'à un triomphe. La Reine effrayée défendit aux Guises et aux Châtillons l'entrée de la capitale. — Elle était alors avec le Roi dans les provinces méridionales, caressant les protestants sur sa route, et machinant avec le duc d'Albe, à l'entrevue de Bayonne, l'extermination du parti.

Ce fut pour les mieux endormir sans doute qu'elle prépara la comédie de Moulins. Là, devant le Roi et tous ceux du conseil privé, Coligny protesta qu'il n'avait « fait, fait faire, ni approuvé » le meurtre de François de Guise; « et qui voudra dire le contraire, s'écria-t-il, il a menti, et je lui offre le combat. » Cette assurance parut satisfaire les Guises, et le cardinal de Lorraine donna aux Coligny le baiser de paix. Le bruit ne courut pas moins, quelques jours après, que les Guises avaient aposté des assassins autour du château de Châtillon, et que la Reine voulait faire arrêter l'amiral. Une levée de troupes extraordinaire et l'enrôlement de six mille Suisses parlaient plus clairement encore. L'amiral assembla les chefs protestants dans son château, et, voulant mettre la couronne de son parti, il ne trouva rien de mieux à leur proposer que d'enlever la personne même du Roi. Une tentative d'enlèvement, dirigée par Condé et Coligny, ne réussit point. Après avoir échoué dans ce complot, qui rappelait celui d'Amboise, après avoir perdu Orléans et la bataille de Saint-Denis, Coligny et Condé étaient encore les maîtres. Ils imposèrent plutôt qu'ils n'acceptèrent la paix de Longjumeau, qui confirma les derniers traités.

Mais celle-ci fut bien nommée la paix *boiteuse et mal-assise*. Personne ne songea seulement à désarmer; la cour ne renvoya point les Suisses, les protestants ne livrèrent point leurs places. De nouvelles cruautés commises en plusieurs endroits sur les calvinistes, et plus encore la tentative de faire payer aux chefs huguenots les frais de la guerre et de saisir Condé et Coligny en Bourgogne, rompirent une paix à laquelle personne n'avait cru. Les protestants, épuisés, se replièrent sur La Rochelle. Les chefs se cotisèrent, Coligny vendit ses bijoux et sa vaisselle, pour payer les troupes allemandes que le duc de Deux-Ponts et le prince d'Orange leur amenaient de l'autre bout de la France. La grande reine d'Angleterre, Élisabeth, leur envoyait, au lieu d'hommes, de l'argent; et Jeanne d'Albret, la mère de Henri IV, traversait toute l'Aquitaine pour rejoindre l'amiral dans sa petite république de La Rochelle.

La nouvelle guerre ne fut pas plus heureuse que les deux autres. Pendant que les catholiques vendaient à l'encan les meubles du château de Châtillon, pendant que le parlement mettait à prix la tête de l'amiral et que toutes les armes, le poison même, semblaient bonnes pour en finir avec cet homme, Coligny fut battu à Jarnac, où le brave Condé périt, autant dire assassiné; battu à Moncontour, où il tua le Rhingrave, où, blessé lui-même au visage d'un coup de pistolet, il rétablit trois fois le combat. Ce grand *engendreur* de batailles n'en devait pas gagner une. On ne sait lequel admirer le plus, d'un si mauvais destin ou du génie profond et opiniâtre qui faisait germer des triomphes sous les revers. La bataille de Moncontour perdue, tout le monde le cru perdu. A quelques jours de là, il était à cheval, tout malade encore de sa blessure, et c'était lui qui refusait la paix que la Reine lui offrait. « Il me semble, dit Brantôme, que je vois Brute et Cassie, qui sortirent de Rome, qui l'un par une porte, qui par l'autre, comme gens perdus et vagabonds, et en moins d'un an mirent une armée de cent mille hommes sur pied, et livrèrent la bataille de Philippes. »

La paix de Saint-Germain fut pour l'amiral la plus belle des victoires. On accordait aux protestants la liberté de leur culte dans deux villes par provinces, des places de sûreté, La Charité, Cognac, Montauban et La Rochelle. La Reine voulait fiancer sa fille Marguerite au jeune Henri de Béarn, et le Roi parlait de donner des troupes à Coligny pour aller secourir ses frères, les protestants des Pays-Bas.

Le front bien haut, bien sombre aussi, l'amiral vint cacher sa gloire à La Rochelle. Durant ces fatales guerres il avait perdu ses deux frères, sa femme, et bien des gens ajoutaient, l'honneur. Il n'alla point aux cérémonies du mariage de Charles IX avec Élisabeth d'Autriche. Les autres chefs s'en abstinrent de même et firent bien : peut-être n'en fussent-ils point revenus. Les derniers traités étaient trop humiliants pour les vainqueurs, et cette paix avait quelque chose de sinistre.

Pourtant on prodiguait les gages aux vaincus. Le Roi envoyait supplier la reine de Navarre de faire entrer dans son alliance Henri de Béarn; et Jeanne, effrayée pour son fils d'une si étrange union, Jeanne hésitait. Le Roi rompait avec la cour d'Espagne : comme Henri II des protestants d'Allemagne, il se faisait le champion des *gueux* et des protestants des Pays-Bas; et Coligny, plus confiant que Jeanne, croyait si bien à cette guerre contre l'Espagne qu'il en avait déjà tracé le plan. Il armait des navires, il voulait entraîner dans l'Inde les forces des Espagnols pour les écraser plus à son aise en Hollande. A l'entrevue de Charles IX et du prince d'Orange tout pouvait être conclu d'avance, mais le Roi ne voulut rien entendre, rien promettre, sans avoir consulté son bon génie, l'amiral de Châtillon. L'amiral vint donc à Blois, où pour lors était la cour. Les Guises se retirèrent devant lui, on lui fit honneur comme à un Roi. Il n'est caresses dont il ne fut comblé par la reine mère, par le Roi, par le duc d'Anjou. Charles s'attendrit en lui parlant du passé, et le supplia d'oublier tout : on avait abusé de sa jeunesse pour persécuter un si grand homme; « Cettuy jour, mon bon père, répétait-il à chaque instant, cettuy jour est le plus beau de ma vie. — Ores, dit-il à la fin, nous vous tenons, et point ne nous échapperez quand vous voudrez. »

Plusieurs mois furent perdus en négociations touchant la guerre de Flandre, l'exécution des derniers traités et le mariage du roi de Navarre. L'amiral passa tout ce temps en allées et venues, de la cour à son château, de son château à la cour. Le Roi le mandait sous les plus minces prétextes, et toujours quelque nouvelle faveur accueillait sa présence. C'était l'intervention royale en faveur des protestants de Savoie, la démolition d'une croix qui faisait ombrage au parti, l'octroi d'une garnison au château de Châtillon-sur-Loing. La confiance de l'amiral vainquit les répugnances de son amie la reine de Navarre. Elle vint à la cour, et l'accueil du Roi fut si plein de grâce et de cordialité qu'il dut éloigner de son âme tout soupçon « N'ai-je pas bien joué mon rôlet? » disait-il après cette première entrevue. Il le joua si bien, si pourtant ce fut un rôle, que les Guises en prirent de l'ombrage et se crurent trahis. « Mon père, disait-il souvent à l'amiral, je suis François et roi des François; mais mon frère le duc d'Anjou ne parle gueres que de la teste, des yeux et des espaules, c'est un Italien. — Je vois bien aussi, ajouta-t-il une fois, que vous ne connoissez pas ma mère; ayez pour sûr que c'est la plus grande brouillonne de la terre. » Catherine finit par craindre l'ascendant d'un pareil homme sur son fils, et ce fut cette crainte sans doute qui avança le fatal dénoûment.

Les avertissements ne manquèrent point à l'amiral. Lorsqu'il sortit pour la dernière fois de son château de Châtillon, une pauvre paysanne se jeta devant son cheval et le supplia de ne point aller plus avant. A Paris, on lui fit lire une lettre sinistre du cardinal de Pellevé au cardinal de Lorraine. Il recevait des messages mystérieux : « Souvenez-vous, lui écrivait-on, souvenez-vous que c'est un article de foy, chez les Romains, les Lorrains et les courtisans, qu'il ne faut point garder la foy à un hérétique. Considérez que le Roy, depuis douze ans en çà, a eu des maistres qui l'ont apprins à jurer, blasphémer, se perjurer, paillarder, dissimuler sa foy, ses pensées, estre maistre de son visage, et qui l'ont surtout nourri à aimer de voir du sang, commençant par des bestes, et achevant par ses sujets. Partant, il n'est d'aultre remède d'eschapper qu'en fuyant hors de la cour, cette aultre Sodome. » Un avertissement plus sinistre encore, ce fut la fièvre étrange qui emporta en cinq jours la reine de Navarre. Par quelle fatalité ce même homme qui avait répété tant de fois: « Il n'y a pas de comte d'Egmont en France, » oubliait-il maintenant les défiances de toute sa vie?

Il vint à Paris dans le même temps que Henri de Béarn. A son exemple, les seigneurs huguenots arrivèrent en foule aux fiançailles du jeune roi de Navarre. Paris en fut plein. Les abords du Louvre étaient encombrés des soldats de l'amiral; et les Parisiens ne voyaient pas sans un frémissement de rage la figure pâle et osseuse, l'œil sévère et dédaigneux de ces sombres religionnaires, partout battus, partout victorieux. Ils se taisaient pourtant, et les amis de Coligny n'auguraient rien de bon de ce calme inespéré. Pour lui, tout à sa guerre de Flandre, il souriait tristement à la vue des drapeaux de Bassac et de Moncontour suspendus aux piliers de Notre-Dame, et il disait à M. de Damville : « Dans peu, je les arracherai de là, et j'en mettrai d'autres en leur place qui seront plus plaisans à voir. » Il se dérobait aux divertissements, aux folies de la cour, où son front sérieux était de trop; il achevait son mémoire sur la prochaine campagne; il appelait l'attention du Roi sur les choses de la religion, sur quelque nouvelle insulte des catholiques, et le Roi répondait : « Mon père, je vous prie me donner quatre ou cinq jours seulement pour m'esbattre; cela fait, je vous promets, foy de roy, que je vous rendrai content, vous et tous ceux de vostre religion. »

A quatre ou cinq jours de là en effet, le vingt-deuxième du mois d'août (1572), à deux pas du Louvre, comme l'amiral sortait du jeu du Roi où il avait regardé quelques parties de paume, quelqu'un lui présenta un mémoire. Il se mit à le lire tout en cheminant vers son hôtel qui était près de là, rue de Béthisy. Il marchait lentement, fort occupé de sa lecture, et assez en avant des douze ou quinze gentilshommes qui lui faisaient suite. Au moment où il passa devant un méchant logis attenant à la petite porte du cloître Saint-Germain, devant lequel il avait habitude de passer chaque fois qu'il allait au Louvre, un coup d'arquebuse fit tressaillir les seigneurs qui l'accompagnaient. Le mémoire tomba des mains de l'amiral, qui était frappé de deux balles, l'une à la main droite, l'autre au bras gauche : « Le coup est parti de là, dit-il en se retournant, » et sa main toute sanglante montrait la fenêtre grillée d'une salle basse du logis devant lequel il était arrêté. Au même instant, un gentilhomme d'assez mauvaise mine sortait au galop du cloître Saint-Germain. Les gens de la rue Saint-Antoine le virent gagner à toute bride la porte de la ville. Là, il changea de cheval et disparut.

Le logis était celui du chanoine Pierre de Villemur, ancien précepteur du duc de Guise; le cavalier était le sieur Louviers de Maurevel, l'assassin du seigneur de Moüy, *le tueur du roi.*

En un instant, le bruit se répandit par toute la ville que Colìgny venait d'être assassiné; on le disait mort ou guère moins. La consternation des huguenots fut extrême. Le roi de Navarre et le jeune Condé accoururent au logis de l'amiral. Ils le trouvèrent entre les mains du premier chirurgien du roi, Ambroise Paré, qui était de la religion. Il avait fallu couper l'index de la main blessée et inciser le bras gauche à plusieurs reprises : « Or, est-ce là, s'écria-t-il quand il vit entrer les princes, cette belle réconciliation dont le Roi s'est rendu garant? » Puis, se tournant vers M. de Cossé : « Je n'ai personne pour suspect que M. de Guise; toutesfois je ne le voudrois affirmer. Mais j'ai appris dès long-temps, par la grâce de Dieu, à ne craindre mes ennemis ni la mort mesme, laquelle ne me sçauroit nuire, comme je m'asseure.... Vrai est qu'une chose m'afflige en cette blessure-ci. C'est que je me vois privé du moyen de faire paroistre au Roi combien je désirois lui faire service. — Je désirerois bien, dit-il un instant après à M. de Damville, qu'il pleust au Roi m'ouïr parler un bien peu; car j'ai à lui dire choses qui lui importent grandement, et pense qu'il n'y a personne qui les lui osât dire. »

Chose étrange! en apprenant la blessure de l'amiral, le Roi brisa par terre sa raquette et rentra au Louvre, laissant en grand désarroi M. de Guise, qui était de son jeu. La reine mère et le duc d'Anjou vinrent en hâte le rejoindre. Il était blême : ses lèvres serrées et tremblantes de colère ne laissaient point échapper une parole, sinon, de temps à autre, un affreux jurement. Un peu après, entrèrent tout éplorés le prince de Condé et le roi de Navarre, qui sortaient de chez l'amiral. Le Roi parut fort ému de leurs plaintes, et, moitié reniant Dieu, il leur donna sa parole de roi qu'il ferait terrible justice. La reine mère affecta devant les jeunes princes presque autant d'émotion et de douleur que son fils. Dès qu'il sut que l'amiral avait envie de le voir, il se rendit à son hôtel avec sa mère, les ducs d'Anjou et d'Alençon, le cardinal de Bourbon, le duc de Montpensier, le duc de Nevers, une foule de seigneurs : « Mon père, lui dit-il en entrant, je sens la douleur de vostre plaie, et par la mort Dieu! je vengerai cet outrage si roidement qu'il en sera mémoire à jamais. » Après avoir remercié le Roi, l'amiral lui parla longuement des affaires du royaume, des intrigues de l'Espagne, des traîtres qui étaient à la cour. S'il n'alla pas jusqu'à nommer les Guises, ils étaient assez bien désignés du reste. Puis après, venant à parler de l'inexécution des édits : « Songez-y bien, Sire, ajouta-t-il, depuis jà un long temps je suis fort empesché de tenir mes partisans. M'est advis qu'il leur faut guerre espagnole ou civile; faites qu'elle soit espagnole, ce que Dieu veuille! »

Le Roi écouta toutes ses remontrances avec soumission et protesta que, quant aux édits, il venait d'envoyer des commissaires pour les faire exécuter par toutes les provinces du royaume : « Pas vrai, ma mère? dit-il. — Cela est vrai, M. l'amiral, répliqua la Reine, et vous le sçavez bien. — Oui bien, madame, s'écria Coligny en faisant effort pour se lever, l'on a envoyé des commissaires entre lesquels il y en a qui m'ont condamné à être pendu, et proposé cinquante mille écus de récompense à celui qui vous apporteroit ma tête! — Bien donc, dit le Roi avec douceur, il en faudra envoyer d'autres. Mais, mon père, je vois que vous vous esmouvez un peu trop en parlant; cela pourroit nuire à votre santé.... Vous êtes blessé voirement. Mais, par la mort Dieu! celui là qui a fait le coup le payera de tout son sang. — Sire, dit tristement l'amiral, il ne faut pas chercher fort loin celui qui m'a procuré ce bien-ci : mais Dieu ne me soit jamais en aide si je demande vengeance d'un tel outrage. Cependant je m'asseure tant en votre droiture et équité, que vous ne me refuserez point justice. »

Avant de partir, le Roi se fit raconter tous les détails du triste événement; et comme on lui disait que l'amiral avait souffert une si douloureuse opération sans pousser une plainte : « Vrai Dieu! dit-il, je ne sçay point d'homme au monde plus magnanime et plus courageux. » Il demanda à Cornaton, qui avait sa manche toute pleine de sang, si ce n'était point là du sang de l'amiral. Puis il voulut voir la balle que l'on avait extraite de l'une des blessures, et qui était de cuivre. Catherine la considéra avec une attention marquée et dit en la rendant : « Je suis bien aise que la balle n'est point demeurée dedans. — Il me souvient, ajouta-t-elle avec un sourire singulier et en appuyant sur chaque mot, lorsque M. de Guise fut tué devant Orléans, les médecins me dirent quelquefois que si la balle étoit dehors, encore qu'elle eust été empoisonnée, il n'y avoit danger de mort. » Après cela elle sortit avec le Roi.

Le soir, tandis que l'amiral prenait un peu de repos, il y eut grand conseil dans son hôtel. Plusieurs voulaient quitter la ville et transporter leur chef en lieu sûr. Mais les princes et Téligny, son gendre, trop jeunes pour tant de défiance, furent d'avis contraire et entraînèrent l'assemblée. Que pouvait-on craindre? La cour avait souffert, elle avait souhaité que la plupart des protestants vinssent loger autour de l'amiral. Le Roi envoyait pour défendre la porte de son hôtel cinquante arquebusiers de sa garde. On s'étonnait bien, il est vrai, qu'il eût choisi pour les commander le colonel Cosseins, un ennemi déclaré de Coligny. Pour lui, on ne sait par quelle magnanime confiance il ne se soucia pas plus de cette circonstance que d'aucune autre.

Pourtant il courait par la ville des bruits vagues, cette rumeur sourde et inquiète du peuple qui attend. Le lendemain, qui était le vingt-troisième jour d'août, il fut parlé d'une promenade au jardin des Tuileries, où le duc d'Anjou, le maréchal de Tavannes, le duc de Nevers et autres du même parti, avaient accompagné leurs majestés. Ensuite de cette promenade mystérieuse, des troupes avaient été distribuées en divers endroits autour du Louvre, jusque devant l'hôtel de Coligny. Un trompette de l'amiral était venu dire à Téligny qu'il avait vu entrer au Louvre des crocheteurs chargés d'armes. Mais le Roi avait fait prévenir l'amiral qu'il pouvait demeurer tranquille, que tout se faisait par ses ordres et pour empêcher quelque mutinerie du peuple, que les Guises cherchaient sous main à émouvoir. Il se tranquillisa donc, et, quand vint minuit, il pria qu'on le laissât reposer un peu.

Deux heures après, on n'entendait plus que le pas lourd et mesuré des hommes de Cosseins qui allaient et venaient devant la porte de l'hôtel. La ville paraissait endormie. Au Louvre seulement, du côté de l'eau, on aurait vu luire une fenêtre sur la noire façade, et derrière les vitraux passer et repasser des ombres. Tout à coup, au milieu de ce silence, la cloche de Saint-Germain-l'Auxerrois se mit à sonner le tocsin sur la tête même de l'amiral. On entendit aussitôt deux ou trois coups d'arquebuse : les massacreurs étaient déjà dans la cour de l'hôtel, et Cosseins heurtait à la porte de l'escalier en criant de toutes ses forces : « Ouvrez, de par le Roi ! » Les officiers de Coligny s'éveillèrent en sursaut, Cornaton barricada la porte à la hâte et courut à la chambre de l'amiral. L'amiral était debout, à côté de lui Merlin, son ministre, et il priait. « Monseigneur, s'écria Cornaton, c'est Dieu qui nous appelle à lui, on a forcé le logis, et il n'y a moyen quelconque de résister. » Alors Coligny, interrompant sa prière, dit à ceux qui l'entouraient : « Il y a long-temps que je suis disposé à mourir. Vous autres sauvez-vous, s'il est possible, car vous ne sçauriez garantir ma vie. Je recommande mon âme à la miséricorde de Dieu. » Cependant les assassins avaient enfoncé la première porte, et l'on entendait leurs pas sur l'escalier. « Ouvrez, dit l'amiral, ouvrez les deux battants!... » Puis il s'assit, et l'instant d'après, par la porte brisée, entra Besme suivi de Cosseins et de vingt autres déjà couverts de sang. Besme accourut sur lui en criant : « C'est toi qui es l'amiral? — C'est moi, » répondit Coligny. Et comme il vit la pointe d'une dague sur sa poitrine : « Jeune homme, reprit-il froidement, tu devrois avoir égard à ma vieillesse et à mon infirmité. Mais aussi bien tu ne feras pas ma vie plus briefve. » Pour toute réponse, Besme lui enfonça sa dague dans la poitrine avec un horrible jurement : puis il la retira fumante et l'en frappa au visage. Alors tous les autres se jetèrent sur le vieillard et lui donnèrent chacun leur coup.

Cependant, on entendait dans la cour une voix qui criait : « Besme, as-tu achevé? — C'est fait, dit celui-ci. — Monsieur le Chevalier, reprit la voix, ne le veut croire s'il ne le voit de ses yeux : jette-le par la fenêtre. » Alors Besme et Sarlabous soulevèrent le corps, et on l'entendit tomber sur le pavé. Celui qui avait crié « Besme, as-tu achevé? » se baissa vers le cadavre, et comme la face était toute meurtrie et sanglante, il l'essuya avec son mouchoir, puis il dit : « Je le connois à présent, c'est lui-même ; » après quoi il lui donna un coup de pied dans le visage, et sortit de l'hôtel en criant : « Courage, camarades! voilà qui est bien commencé. Aux autres maintenant. »

Cet homme était le fils de celui qui était tombé devant Orléans, le fils de celui que Coligny avait aimé. Il avait alors vingt ans et s'appelait Henri de Guise.

La mort de l'amiral ayant donné le signal, la cloche du Palais et toutes les autres répondirent au tocsin de Saint-Germain-l'Auxerrois. Alors ce ne fut plus qu'un cri *tue! tue!* et le massacre devint général. La plupart des protestants furent égorgés dans leur lit. Les femmes, les enfants, des catholiques même, furent massacrés. « C'était être huguenot que d'avoir de l'argent, ou des charges enviées, ou des héritiers affamés. »

Pendant que le sang ruisselait par la ville, le peuple se portait en foule au logis de l'amiral. Un Italien du duc de Nevers lui avait coupé la tête et l'avait portée au Roi, à la reine mère, au duc d'Anjou. Le corps seul était encore gisant dans la cour de l'hôtel. Ce fut pitié de voir « ceux, et les plus grands, qui craignoient ce grand admiral, et qui à teste basse s'inclinoient à luy auparavant, braver et triompher autour de ce pauvre tronc. » Il n'est infâme outrage dont il ne fut souillé. Après l'avoir traîné, trois jours durant, par tous les ruisseaux de la ville, on le pendit au gibet de Montfaucon. C'est là que le Roi, la Reine et toute la cour, allèrent voir « ce qui restoit du corps de l'amiral. » Et l'on dit que le Roi renouvela devant ce misérable cadavre l'horrible mot de Vitellius.

On aurait pu voir, la nuit suivante, des ombres se glisser autour des piliers de Montfaucon, et, quand le matin vint à luire, le désappointement de la populace qui allait chaque jour insulter les restes de l'amiral. Le maréchal de Montmorency avait enlevé furtivement le cadavre et l'avait caché dans son château de Chantilly.

. . . .

« Or, le roy Charles oyant, le soir du mesme jour et tout le lendemain, conter les meurtres et tueries qui s'y estoient faicts des vieillards, femmes et enfans, tira à part maistre Ambroise Paré, son premier chirurgien, qu'il aimoit infiniment quoiqu'il fust de la religion, et lui dit : — Ambroise, je ne sçay ce qui m'est survenu depuis deux ou trois jours; mais je me trouve l'esprit et le corps grandement esmeus, voire tout ainsy que si j'avois la fièvre, me semblant à tout moment, aussi bien veillant que dormant, que ces corps massacrez se présentent à moy les faces hydeuses et couvertes de sang; je voudrois que l'on n'y eust pas compris les imbéciles et innocens. »

Dès lors il ne fit plus que languir, et au bout de dix-huit mois, à peine âgé de vingt-quatre ans, il mourut.

Quatorze ans plus tard, au château de Blois, Henri de Guise recevait du duc d'Anjou le coup de pied qu'il avait donné au visage de l'amiral : et l'année d'après, au mois de la Saint-Barthélemy, en vue de sa capitale d'où l'avait chassé Henri de Guise, le duc d'Anjou, qui alors s'appelait Henri III, tombait sous le couteau d'un catholique.

Catherine fut la seule dont les cheveux blanchirent de vieillesse. Elle vécut encore quinze années, après celle où le roi Charles mourant avait maudit sa mère.

T. Hadot.

Dessiné par F. Millet. Geny-Gros, imp. rue du Plâtre, 28. Paris. Gravé par [illegible]

FRANÇOIS DE GUISE.

FRANÇOIS DE GUISE

NÉ EN 1519, MORT EN 1563.

Dès le temps du duc Claude, c'était une chose admise par beaucoup de gens que les Guises procédaient directement de Charlemagne. Plus tard, on fabriqua une généalogie de la maison de Lorraine, où fut mise en lumière sa descendance de mâle en mâle, depuis le grand empereur jusqu'à Henri de Guise *le Balafré*. Quoi qu'il en soit de cette rouerie politique, dont le profit, en tous cas, aurait dû échoir au duc de Lorraine avant de tomber à ses puînés, toujours est-il que les Guises sentaient courir dans leurs veines quelque goutte de sang carlovingien. En 1048, Gérard d'Alsace avait reçu de l'Empereur, avec le duché de Lorraine, Hadwige de Namur, fille d'Albert Ier, comte de Namur, et de Ermengarde de Lorraine, laquelle était fille de Charles de France et petite-fille du roi Louis IV *d'Outre-Mer*. De cette union sortit la maison de Lorraine, d'où sortirent les Guises à leur tour. Le père de ceux-ci, Claude de Lorraine, cinquième fils du duc René II, vint chercher fortune en France. Naturalisé Français, par lettres du mois de mars 1506, marié par Louis XII, comblé de biens par François Ier, ce cadet de Lorraine mourut, en 1550, duc de Guise, pair du royaume, maréchal de France, grand-veneur, gouverneur de Champagne, Brie et Bourgogne, etc., etc.

François de Lorraine, fils aîné de Claude, reçut de son père un nom déjà fameux, du ciel une âme peu commune. Le sang des Capets, qu'il tenait de sa mère Antoinette de Bourbon, ne devait point étouffer en lui le cri du sang carlovingien. C'était plutôt une nouvelle invitation à porter haut ses regards; c'était un poison dangereux où il devait puiser, avec l'orgueil d'une naissance deux fois illustre, l'oubli de ceux qui lui avaient tout donné, biens, dignités, sang royal.

A l'âge de vingt-neuf ans, le comte d'Aumale (ainsi s'appelait François de Guise) n'était guère connu que pour partager avec son inséparable compagnon, Gaspard de Coligny, la faveur du dauphin et les périls de la vie de soldat. Il bravait volontiers aussi d'autres périls, auxquels l'exposait sa bonne mine, — avantage héréditaire qui fit dire à la maréchale de Retz qu'*auprès des princes lorrains les autres princes paroissoient peuple*. La légère cicatrice qu'il portait au visage était un avantage de plus : c'était le signe d'une action d'éclat. Au siége de Boulogne, comme il ralliait une compagnie en déroute, il reçut, entre le nez et l'œil droit, un coup de lance si effroyable, que le fer demeura dans la plaie avec un tronçon du bois. Pourtant il garda les étriers et parvint à rentrer au camp, mais dans un état si pitoyable que les chirurgiens, après l'avoir pansé, le jugèrent aux trois quarts mort et crurent toute opération inutile. Le seul Ambroise Paré, appelé en toute hâte, fit naître une lueur d'espérance presque aussi affreuse que la mort même; il n'y avait chance de salut que dans une opération horrible : « Prince, dit maître Paré au blessé, êtes-vous décidé à tout? » — « A tout, reprit celui-ci : travaillez. » Alors Ambroise Paré lui mit le pied sur le visage, et, saisissant avec des tenailles le tronçon de lance, il le tira de toutes ses forces. Au moment où le fer sortit de la blessure, la douleur arracha au patient un seul cri : « Ah! mon Dieu. » Il ne donna pas d'autre signe de souffrance. Malgré le succès de l'opération, sa guérison fut pénible, et plus tard les catholiques ne manquèrent point de la regarder comme un miracle.

Le jeune comte d'Aumale vécut sur le fait d'armes de Boulogne jusqu'à la mort de François Ier (1547). Cette catastrophe, que le roi lui-même prenait soin de hâter chaque jour, vint épanouir bien des cœurs. Pendant l'agonie du monarque, tandis que le dauphin, « travaillé de regret et de déplaisir, s'étoit jeté sur le lit de la dauphine, laquelle étoit à terre et faisoit de l'éplorée et dolente, » Diane de Poitiers et François de Guise, tous deux dans la chambre de Catherine, guettaient l'heureux instant qui devait leur ouvrir le chemin de la fortune. De temps à autre, le comte d'Aumale allait à la porte savoir des nouvelles, et quand il revenait : « Le galant s'en va, » disait-il. En s'en allant, faisait-il place au Lorrain? Pas encore, mais il laissait du moins le champ plus libre à son ambition : les faveurs allaient pleuvoir sur sa tête. La première fut l'octroi scandaleux qui lui fut fait par Henri II, ou, pour mieux dire, par Diane de Poitiers, de toutes les terres vacantes du royaume.

Chacun d'abord crut trouver son compte dans le nouveau règne. Le connétable, qui avait blanchi sous le harnais, pensait que le maniement de l'état lui appartînt exclusivement. Mais le roi aimait les bals, les jeux, les tournois, et autant le connétable faisait triste figure dans ces fêtes, autant le jeune Guise s'y montrait joyeux et infatigable compagnon. Ce frivole mérite ne semblait pas fort dangereux au vieux ministre : aussi dut-il être plus surpris encore que mécontent, lorsque le roi lui adjoignit François de Guise pour l'aider à pacifier la Guyenne soulevée contre la gabelle

(1548). Le pire fut que la souplesse du jeune courtisan n'eut pas moins de succès auprès du peuple qu'auprès du roi : l'inflexible connétable revint chargé de malédictions, tandis que toutes les bouches bénissaient le nom de Guise et que d'interminables débats, entretenus sous main, donnaient au prince lorrain tout l'honneur de la tardive clémence du roi.

La belle défense de Metz lui fit bientôt plus d'honneur encore (1552). Il tint dans cette place pendant plus de trois mois, assiégé par une armée de soixante mille hommes que commandait Charles-Quint en personne, avec le duc d'Albe pour lieutenant. Quelques prodiges qu'eussent faits les nôtres, rien sans doute ne pouvait sauver la ville qu'une fermeté barbare. C'est la seule justification qui se puisse trouver de la conduite du duc de Guise. Il commença par chasser de la ville tous les gens d'un dévouement douteux, toutes les bouches inutiles, femmes, enfants, vieillards. Les églises même ne furent point épargnées ; il ne craignit pas d'arracher à leur tombeau les restes des Carlovingiens ses aïeux. Par compensation, il montra une grande charité envers les vaincus. Le vieil empereur, abandonné de la fortune, se retira le 1er janvier (1553), laissant autour des murailles ses tentes, ses canons, ses bagages, et dans la boue glacée des chemins, où ils entraient jusqu'à mi-corps, des troupeaux de soldats tombant de froid, de faim et de maladie. Ce siége lui coûtait, dit-on, trente mille hommes. — Le duc de Guise fit faire une procession d'actions de grâces, où il expia les sacriléges de ces trois mois de siége en brûlant solennellement tous les livres de Luther qui se purent trouver dans la ville. Ce fait prouve assez que déjà il avait son plan arrêté. Quelque temps indécis peut-être, l'ambitieux avait pesé la réforme, et il l'avait trouvée trop légère[1]. C'était, après tout, quelle que pût devenir sa puissance, un assez mauvais levier pour son ambition qu'une doctrine au bout de laquelle un œil clairvoyant pouvait dès lors entrevoir la république. Avec l'orthodoxie, il espérait, non sans raison, avoir plus beau jeu. La réforme n'avait pour elle que la classe moyenne, peu nombreuse ; la foi romaine avait le peuple : et tout ce que le roi devait perdre dans l'amour de la nation, s'il essayait de tenir la balance égale, les Guises le devaient gagner, sans rien risquer d'ailleurs, en se jetant à corps perdu dans la défense des vieilles institutions et des vieilles croyances.

L'année suivante (1554), la bataille de Renti, glorieuse pour tous deux, fut le signal d'une lutte à mort entre François de Guise et son ancien frère d'armes, Gaspard de Châtillon. Le soir de la bataille, ils allèrent jusqu'à

[1] Il est à peu près démontré que les Guises se seraient fait huguenots, si leur fortune y eût tenu. Le cardinal de Lorraine répandait en Allemagne le bruit que François de Guise faisait élever son fils dans la religion réformée. Henri de Guise écrivait plus tard aux gentilshommes huguenots : « Je n'en veux, l'ami, à ta religion, ni à ton presche : si tu n'es saoul d'un ministre, aies en deux. »

se quereller dans la tente du roi et devant lui. Henri II mit fin au débat en leur commandant de s'embrasser. Que ne put-il leur commander aussi de déposer cette haine naissante qui devait coûter si cher à tous les deux, plus cher encore au royaume! — Guise était alors en plus belle passe que son rival. Si Coligny avait l'oreille de son oncle le connétable, Guise avait celle de Diane de Poitiers, la vieille maîtresse du roi et du royaume : il avait encore pour lui les Caraffa, neveux du pape Paul IV, et Paul IV lui-même; intrigante famille qui se chargeait d'aplanir au cardinal de Lorraine, son frère, les degrés du pontificat. Le trône de saint Pierre n'était pas le seul que rêvassent les Lorrains. Descendant par les femmes de la seconde maison d'Anjou, ils avaient des prétentions sur la Provence et sur Naples. Outre leur union avec les Caraffa, l'alliance de François avec le duc de Ferrare, dont il avait épousé la fille, pouvait leur sembler un acheminement vers Naples : quant à la Provence et à l'Anjou, ils se réservaient sans doute de les comprendre dans l'héritage de Charlemagne.

Mais la trève de cinq années qui venait d'être conclue avec l'empereur contrariait toutes ces espérances. Pour se débarrasser de cette entrave, les Guises prétextèrent la défense de l'état romain, attaqué par le vice-roi de Naples, et ils firent si bien que la trêve fut rompue en dépit du connétable. Celui-ci s'en consola peut-être, en voyant le duc de Guise garder pour lui les chances d'une expédition aventureuse, et mettre le pied sur cette terre italienne qui recouvrait tant d'ossements français. Cette campagne, en effet, ne tourna ni au profit ni à l'honneur des Guises. Après avoir perdu de gaieté de cœur l'appui probable des Vénitiens, celui des ducs de Parme, de Toscane et de Ferrare, après s'être oublié à Rome un mois entier, le duc de Guise se vit arrêté pendant vingt jours par une bicoque (Civitella) dont il fut obligé de lever le siége. Il ne tarda guère à reconnaître la trahison ou l'impuissance de ses amis les Caraffa. Un jour, à table, il se prit de querelle avec l'un d'eux et lui jeta son assiette au visage. Cette insulte impunie fut son plus beau triomphe; et quand il fut rappelé en France par les désastres que son ambition avait amassés, le pape, qui pourtant se voyait à la merci de Philippe II, ne fit pas grande instance pour le retenir : « Partez, lui dit-il à la fin, partez donc puisque vous le voulez : aussi bien avez-vous fait peu de chose pour le service de votre roi, moins encore pour l'Église, et rien du tout pour votre honneur » (1557).

Il était temps qu'il partît en effet. L'immortelle défense de Saint-Quentin n'avait pas tourné comme celle de Metz. Après avoir fait des prodiges pour défendre cette place, ouverte par onze brèches aux attaques des assiégeants, l'amiral de Coligny venait de tomber entre leurs mains avec son frère d'Andelot. Quelques jours auparavant, le connétable avait essuyé la plus affreuse déroute sous les murailles mêmes de la ville. Quelle fut la détresse de la cour à ces terribles nouvelles, il est aisé de l'imaginer : ce que l'on comprendra moins facilement, c'est l'enthousiasme qui salua le retour du duc de Guise. On eût moins fait pour un victorieux. Il fut nommé lieutenant-général des armées au dedans et au dehors du royaume, le nom même de vice-roi fut prononcé, et s'il ne garda point le nom, l'autorité du moins lui resta. Henri II se souvint sans doute alors des paroles de son père mourant : « Prenez garde à ceux de Guise! » Il n'était guère temps d'y songer. Le duc de Guise, profitant, dit-on, des plans que l'amiral avait confiés au roi, s'empara de Calais en une semaine (janvier 1558), et ce coup de fortune, car c'en fut un, poussa jusqu'au délire l'enthousiasme du peuple pour le prince lorrain. C'était une grande gloire, après tout, que d'avoir arraché à l'odieuse Angleterre le dernier pied qu'elle eût sur le sol français. — La prise de Guines et celle de Ham suivirent, à quelques jours de distance; celles de Thionville et d'Arlon l'été suivant. La mauvaise fortune des autres généraux servait encore la gloire du *grand* Guise. Mais l'effroyable défaite de Paul de Termes, qui avait inutilement compté sur son assistance, fit courir parmi les ennemis de François des bruits injurieux, que son ambition visible et les souvenirs de sa campagne d'Italie semblaient, par malheur, justifier. De fait, ses lenteurs après la prise de Thionville, son éloignement lors du désastre de Gravelines, s'expliquaient suffisamment par la mutinerie des reîtres qui faisaient à eux seuls les trois quarts de son armée : et il eût fallu admirer bien plutôt la froide et inébranlable fermeté par où il sut maîtriser ces bandits, gorgés de vin et affamés de pillage, qui poussaient l'audace jusqu'à tourner sur lui le canon de leurs pistolets.

Par une triste opposition, plus la France déclinait, plus s'élevaient les Guises. Tout ce qui pouvait les gêner était écarté comme par miracle : l'amiral et le connétable étaient toujours prisonniers de guerre; d'Andelot n'était parvenu à s'évader que pour se faire emprisonner de nouveau comme calviniste; le mariage du dauphin avec leur nièce, Marie Stuart (1558), celui de leur neveu, le duc de Lorraine, avec une fille de Henri II (1559), les avaient rapprochés du trône; deux d'entre eux étaient cardinaux, un autre grand-prieur : ils s'étaient crus désormais assez puissants pour rompre avec leur vieille protectrice, Diane de Poitiers. La France était à eux, lorsque la triste paix de Cateau-Cambresis (1559) vint rendre la liberté à l'amiral et au connétable. Cet événement pouvait déranger bien des projets. La sévère figure de l'amiral, que la captivité et, disait-on, la nouvelle croyance avaient rendue plus sévère encore, ne leur présageait rien de bon. Au moment où ils préludaient à la guerre par l'arrestation du conseiller Du Bourg, la mort inespérée de Henri II vint mettre le trône dans leurs mains.

Le nouveau roi, âgé de quinze ans, faible de corps et d'esprit, avait pour femme une merveille d'esprit et de beauté, la séduisante reine d'Écosse, Marie Stuart. Quel que fût l'ascendant maternel sur le jeune prince, il était peu croyable qu'il pût balancer une si douce influence. Catherine de Médicis avait eu, pendant vingt années, la patience de s'effacer devant une maîtresse; elle eut encore l'esprit de voir que son heure n'était point venue, et son premier soin fut de rechercher l'amitié du duc de Guise. Par sa nièce, il était roi. Pendant que le connétable, en sa qualité de grand-maître, gardait à regret le corps de Henri II, le duc de Guise s'emparait du jeune roi et le conduisait au Louvre. Là, il disposait à son gré des grandes charges de l'État; il prenait pour lui l'administration de la guerre, pour le cardinal de Lorraine celle des finances; il envoyait redemander au connétable le cachet royal; il ôtait les sceaux au cardinal Bertrandi pour les rendre au chancelier Olivier, dont le nom populaire le servait sans lui faire ombrage. Quelques jours après, il retirait à Coligny son gouvernement de Picardie, et, au lieu de le donner à Condé, comme l'espérait l'amiral, il en payait l'appui du maréchal de Brissac. Enfin, le vieux Montmorency se voyait dépouillé de sa charge de grand-maître, incompatible, lui dit-on, avec celle de connétable, mais très-compatible avec les charges du duc de Guise, aux mains de qui elle passait[1].

Les Bourbons seuls auraient pu entraver la puissance des Lorrains : mais leur chef, le roi de Navarre, religionnaire peureux, non moins peureux politique, avait été jugé à fond par Catherine lorsqu'elle s'était, sans hésiter, tournée vers le duc de Guise. La partie du Lorrain était belle. Maître de la personne du roi, maître de l'armée, son autorité n'eut bientôt rien à envier à celle des anciens maires du palais. Le premier usage qu'il en fit dut porter malheur au nouveau règne. Trois lettres-patentes avaient jeté aux réformés les plus terribles menaces; le cardinal de Lorraine ramassait contre eux de ridicules dépositions; Catherine elle-même, jusqu'ici leur protectrice occulte, semblait partager l'acharnement de ses nouveaux amis; enfin, à peine assis sur le trône, le nouveau roi, pour gage de joyeux avénement, ordonnait que l'on expédiât le procès du conseiller Du Bourg. Après avoir épuisé, comme il crut de sa dignité de le faire, tous les degrés de juridiction, ce malheureux fut étranglé et brûlé en place de Grève. Atroce et inutile supplice! Des cendres du bûcher les sectaires sortirent par milliers, et tout le sang du *martyr* rejaillit sur la tête des Guises. Le nom de Guise devint exécrable aux oreilles des réformés, aux oreilles de quiconque sentait encore au fond de son cœur un reste de charité chrétienne. Les potences de Fontainebleau, l'insolence et l'avide prodigalité du cardinal de Lorraine, achevèrent de rendre leur pouvoir odieux. Les libelles commencèrent à pleuvoir de toutes parts;

[1] François de Guise fut à la fois lieutenant-général, grand-maître, grand-chambellan, grand-veneur, gouverneur de Champagne et de Brie. Il était chevalier de l'ordre, pair de France, etc., etc.

mais on pendait les libellistes : un seul parti restait à prendre, il fallait se débarrasser violemment de ces insupportables dictateurs.

Les mécontents et les huguenots se conjurèrent, sous le commandement occulte du prince de Condé. L'homme d'action du complot était un gentilhomme du Périgord, le sieur de La Renaudie, autrefois l'obligé du duc de Guise, devenu son mortel ennemi. Les conjurés devaient se rendre à Amboise de tous les points de la France, enlever le roi à la tutelle des Guises, mettre ceux-ci en jugement, et placer les Bourbons à la tête des affaires. Le duc de Guise, informé de tout, aposta ses gens le long des routes. La Renaudie et la plupart des conjurés furent massacrés sur les chemins : ceux qui parvinrent jusqu'à Amboise furent noyés, pendus, décapités sans aucune forme de procès. Il faut lire, dans les mémoires du temps, les détails de cette horrible boucherie. Les principales exécutions étaient réservées expressément par ceux de Guise pour, « après le dîner, donner quelque passe-temps au roi, à ses frères, aux dames de la cour, qu'ils voyoient s'ennuyer si longuement en ce lieu. » La duchesse de Guise, contrainte un jour d'assister à cet affreux spectacle, en revint demi-morte d'horreur (1560).

Mais ce n'était pas tout : le véritable chef, le prince de Condé restait. Le cardinal de Lorraine était d'avis de l'arrêter et de lui faire son procès, mais le duc de Guise voulait attendre qu'on en pût finir avec les princes d'un seul coup. Condé, à qui l'on rapportait ces funèbres conciliabules, jugea prudent d'y couper court. Il vint trouver le roi en audience publique, et là, regardant fixement le duc de Guise : « S'il y a quelqu'un, dit-il, de quelque qualité qu'il soit, qui veuille maintenir que je suis auteur de l'entreprise, je m'offre de le combattre, et là où il me seroit inégal, de l'égaler à moi en toute chose pour cet effect. » — « Et moi, répliqua tranquillement le duc de Guise, je vous suis tant serviteur, ayant cet honneur de vous être parent, que je prendrois les armes pour vous seconder en une si juste défense. » Cette explication, aussi franche de l'un que de l'autre côté, parut satisfaire tout le monde.

Cette conspiration manquée semblait devoir élever plus haut encore la fortune du duc de Guise. Le parlement se hâta de le féliciter et lui décerna le titre de *Conservateur de la patrie*. Toutefois, l'effervescence qui continuait à se manifester parmi les calvinistes parut bientôt d'assez mauvais augure pour que la reine-mère, fatiguée aussi, il faut le dire, de l'insolence des Lorrains, rappelât le connétable et les Châtillons. Une assemblée de notables eut lieu à Fontainebleau. Là, enfin, Coligny se trouva face à face avec le duc de Guise sur un terrain moins inégal. Sa contenance le fit bien voir. Il présenta, au nom des protestants, une requête dont le titre seul souleva de violents murmures. Le duc de Guise ayant fait observer assez brusquement qu'elle n'était point signée : « Je la ferai signer, s'il le faut, par cinquante mille hommes, » répondit l'amiral. — « Cette requête est un piége, répliqua le duc de Guise, bondissant de colère ; répondons aux menaces des hérétiques en écrasant l'hérésie. Si l'on se charge d'en recruter cinquante mille, je me charge, moi, de mener contre eux cent mille catholiques. »

De pareilles délibérations ne pouvaient engendrer que la guerre : déjà, malgré la prochaine réunion des États, plusieurs provinces, le Dauphiné surtout et la Provence, étaient ensanglantées. Ces désordres flagrants, joints à je ne sais quelle fable de conspiration nouvelle, arrivaient à propos pour motiver l'arrestation des Bourbons. Après avoir fait jouer les ressorts les plus bas pour les engager à se rendre sans défiance aux états d'Orléans, les Guises avaient obtenu l'ordre de les arrêter aussitôt leur arrivée. Les plus grands caractères de ce temps-là se piquaient peu de loyauté. Condé fut pris dans le logis du roi, dans la chambre même de la reine-mère, et, quelques jours après, condamné à mort contre toutes les formes de la justice. Le roi de Navarre, gardé à vue, pouvait craindre un sort pareil. Le connétable même et l'amiral avaient été avertis de ne point se rendre aux États ; on avait entendu dire au duc de Guise : « Il faut d'un seul coup abattre toutes les têtes de la rébellion et de l'hérésie. » Le connétable, peu dangereux du reste, avait pris le parti de la prudence ; quant à l'amiral, incapable de crainte, il était venu se mettre sous le couteau de son mortel ennemi. Cependant, malgré la toute-puissance du lieutenant-général, malgré la basse obéissance des juges qui avaient porté l'arrêt, c'était une chose chanceuse, et sur laquelle il y avait à réfléchir, que d'abattre la tête d'un prince du sang. On a dit que, pour éviter l'effet d'une exécution publique, l'assassinat du prince avait été résolu, qu'il devait avoir lieu dans l'appartement même du roi, et que la seule hésitation de François II le sauva. L'ambition est sans doute une rude conseillère ; mais pourtant il en coûte de croire que le duc de Guise ait pu songer à de pareils moyens. Une fois sur ce terrain glissant, où se fût-il arrêté ? Tant qu'un Bourbon restait pour être le fanal, un Châtillon pour être l'âme de la guerre civile, il n'y avait pour lui aucun repos. Toutes ces pensées durent traverser son esprit ; et la mort inopinée de François II, qui remettait en question la puissance du duc de Guise, arriva peut-être fort à propos pour sa gloire (1560).

Pendant que François II, qui avait porté si haut la fortune des Lorrains, gagnait tristement les caveaux de Saint-Denis, sans suite, sans pompe, sans qu'un seul des six frères de Guise l'escortât, au moins par pudeur, il y avait grande rumeur autour de la reine-mère. L'enfant de dix ans sur qui tombait la couronne, façonné de ses mains, la faisait reine à son tour. Elle commença par rappeler le connétable, les Colignys, les Bourbons. Le duc de Guise rassembla ses amis, ses créatures, qui étaient en grand nombre, et fit bonne contenance ; à son exemple, les Bourbons, les Colignys et le connétable ne sortirent plus qu'entourés de gentilshommes armés jusqu'aux dents. Les états-généraux (1561) ne changèrent pas grand chose à cette situation extrême, sinon que ce champ clos de paroles envenima de plus en plus la haine de Guise et de l'amiral. Enfin, le roi de Navarre fut nommé lieutenant-général. Ce fut pour le duc de Guise une déclaration de guerre; mais la partie lui semblait déjà tellement inégale, qu'il chercha du secours dans l'alliance du maréchal de Saint-André, et, le croirait-on, dans celle du connétable. Cette ligue bizarre reçut le nom de *triumvirat*. En même temps qu'elle se formait, le duc de Guise disait un éternel adieu à sa nièce, la triste Marie Stuart, que sa fortune entraînait au delà des mers. Peu de jours après il jouait, devant le roi et toute la cour, une parodie de réconciliation avec le prince de Condé, ne craignant point d'affirmer sur l'honneur qu'il n'avait été ni l'auteur ni l'instigateur de son arrestation.

Il était difficile de prévoir où aboutiraient toutes ces comédies. Le duc de Guise, enfermé à Joinville, semblait s'être retiré de la lutte, tandis qu'en réalité il traitait avec les Espagnols et machinait sous main l'abjuration du roi de Navarre. Ce pitoyable revirement, dont l'effet immédiat était l'éloignement des Châtillons, semblait faire pencher la fortune du côté de Guise, lorsque l'édit de janvier (1562), enregistré à grand' peine après trois lettres de jussion, vint renverser tous les plans des *triumvirs*. Guise, mandé en toute hâte par le connétable, le maréchal et le roi de Navarre, leur nouvel allié, partit de Joinville, le 28 février, avec deux ou trois cents chevaux. Le lendemain, qui était un dimanche, il s'arrêta à Vassy, en Champagne, pour entendre la messe. Depuis quelques mois une église protestante s'était formée dans ce pays. La mère du duc de Guise, retirée à Joinville, avait plus d'une fois prié son fils d'extirper l'hérésie d'un lieu si voisin de son château; et, de l'aveu même des historiens catholiques, le duc n'était parti qu'après lui en avoir fait la promesse formelle. Mais il *espérait* que sa seule présence dissiperait l'impie assemblée. Quoi qu'il en soit, le hasard voulut que ce jour-là, au moment où la messe commençait, les réformés assistassent au prêche dans une grange voisine dont ils avaient fait leur temple. Le duc de Guise sortit de l'église en jurant, et alla droit aux huguenots, dont les chants troublaient le service divin. Il était précédé par plusieurs des siens, qui pénétrèrent de force dans le temple : comme ils venaient d'en enfoncer la porte et se livraient à d'outrageuses violences, une pierre, partie, dit-on, du milieu des huguenots indignés, vint frapper le duc de Guise. Ce fut le signal du massacre. Soixante religionnaires, hommes, femmes et enfants, furent égorgés sur la place; les autres se sauvèrent comme ils purent, poursuivis jusque sur les toits à coups d'arquebuse. Après la tuerie, le duc de Guise fit venir le juge du lieu et lui demanda compte de sa tolérance; celui-ci s'excusa sur l'édit du roi : « Voici, » lui répondit brusquement le duc en frappant sur son épée, « voici qui coupera bientôt cet édit si étroitement lié. »

A la nouvelle du massacre de Vassy, les huguenots poussèrent un cri de rage. Du côté des catholiques, ce fut un hymne universel en l'honneur du *nouveau Moïse*, du *nouveau Jéhu qui venait de consacrer ses mains dans le sang des impies.* Cette sanglante onction suffisait-elle au grand Guise? son âme ambitieuse ne vit-elle, au bout de l'affreuse lutte, que le triomphe d'une croyance? ou plutôt, chose triste à penser, ne prit-il pas la foi comme un masque dont il fallait voiler encore le bandeau qui déjà ceignait son front? Hâtons-nous de dire au moins que l'ambition n'étouffa jamais sans retour la magnanimité de son âme. On sait la réponse qu'il fit à un gentilhomme qui avait tenté de l'assassiner pendant le siége de Rouen : « Apprenez combien la religion que je tiens est plus douce que celle de quoi vous faites profession. La vôtre vous a conseillé de me tuer, n'ayant reçu de moi aucune offense ; et la mienne me commande de vous pardonner, tout convaincu que vous êtes de m'avoir voulu tuer sans raison. » Pourquoi faut-il que la même bouche d'où sortirent ces paroles ait voté l'établissement de l'inquisition, dicté les édits de Romorantin et de Châteaubriant, la condamnation de Condé et celle de Du Bourg?

La main qui le garantissait de la mort sous les murs de Rouen frappait à la même place le roi de Navarre, comme pour lui laisser tout l'honneur de la victoire, mais aussi tout le poids des abominables excès qui la souillèrent. Deux mois après la prise de Rouen, fut livrée cette fameuse bataille de Dreux, où l'on peut dire que chaque parti fut vaincu. Le connétable d'un côté, le prince de Condé de l'autre, commencèrent par commettre fautes sur fautes ; mais Guise et Coligny étaient là pour tout réparer. Telle fut d'abord la furie des huguenots qu'ils renversèrent le corps du connétable, le firent prisonnier, et allèrent d'une course jusqu'aux bagages de M. de Guise, dont ils emportèrent la vaisselle d'argent. Cependant, malgré les supplications du jeune Montmorency, qui venait de voir tuer son frère et emmener son père, le duc de Guise restait immobile, regardant froidement, et non peut-être sans une secrète joie, la déroute du connétable. Mais quand il vit que les huguenots, croyant l'affaire terminée, se débandaient de toutes parts : « Allons, s'écria-t-il, allons, mes compagnons, la bataille est gagnée. » Et tombant sur eux avec ses troupes fraîches, il changea en un clin d'œil la face du combat. Le prince de Condé fut pris à son tour. Cependant « l'obstination de la bataille dura encore par diverses charges et recharges » jusqu'à l'approche de la nuit, qui seule put séparer les combattants. Les huguenots se retirèrent à deux lieues de là. Le duc de Guise les laissa aller, sous prétexte de l'obscurité, et l'on sut qu'au point du jour l'indomptable amiral avait fait de vains efforts pour ramener ses reîtres au combat.

Le gain était aux catholiques, à ce qu'il semblait du moins, puisqu'ils étaient maîtres du terrain. Mais quand vint le jour, et qu'ils purent compter leurs morts, ils n'eurent pas grand cœur à se réjouir. Ils tenaient le prince de Condé; mais le connétable était aux mains des huguenots, le maréchal de Saint-André était tué. Guise seul y devait gagner d'être nommé pour la troisième fois lieutenant-général du royaume. Après la bataille, il vint trouver son prisonnier, le prince de Condé, dont il avait naguère demandé la tête : il l'invita à souper, partagea son lit avec lui, et le traita de tout point comme aurait pu faire le roi le plus magnanime et le plus courtois chevalier.

Il suffisait maintenant d'un seul coup, la prise d'Orléans, pour mettre à bas le parti protestant. Orléans, qui avait vu l'échafaud dressé pour Condé, gardait maintenant le connétable : c'était le dernier boulevard des huguenots. D'Andelot, tout malade, mais intrépide, le défendait avec quelques reîtres. Ceux-ci, qui avaient déjà perdu la bataille de Dreux, allaient perdre de même Orléans, ouvert à moitié après quatre jours de siége, lorsqu'un coup affreux mit la victoire du côté des protestants.

Un soir (18 février 1563) que le duc de Guise devait passer la nuit hors de son quartier, on vint lui annoncer que la duchesse était arrivée au camp : alors il décida de s'en revenir avec deux ou trois gentilshommes. Ils cheminaient paisiblement, à la nuit tombante, sans trop songer à un cavalier de la suite qui venait de prendre les devants, pour prévenir, avait-il dit, madame la duchesse. Quelques minutes après, au détour d'un bois, comme le duc chevauchait le premier, reconnaissable, malgré la brune, à la plume blanche qui flottait sur sa tête, on entendit un coup de feu et le galop d'un cheval qui fuyait à toute bride : « Il y a long-temps qu'on me gardait ce coup, s'écria le duc, et j'aurais dû m'assurer contre lui. » Il avait l'épaule droite fracassée de trois balles. On le rapporta au quartier baigné dans son sang. — Cependant l'assassin, égaré par l'obscurité, plus encore par l'action qu'il venait de commettre, courut toute la nuit dans les détours du bois, et le lendemain on le trouva à une lieue du camp. C'était un gentilhomme de l'Angoumois, Jean Poltrot sieur de Merey, depuis peu dans le camp, calviniste converti soi-disant, en réalité religionnaire fanatique et espion de Coligny. Quelques jours avant son crime il s'était assis à la table du duc de Guise.

Au moment de l'assassinat, Poltrot montait un cheval acheté des deniers de l'amiral. Cette circonstance, jointe aux dépositions vingt fois rétractées du meurtrier, fit soupçonner Coligny, alors en Normandie, d'avoir dirigé son bras. Mais la joie que l'amiral montra de cet événement, dans ses dénégations mêmes, semblerait à elle seule une preuve suffisante de son innocence.

On n'avait pas estimé d'abord que la blessure du duc fût mortelle. Mais bientôt, outre que l'on ne réussit point à extraire les balles, on crut reconnaître qu'elles étaient empoisonnées et qu'il n'y avait aucun remède. Le duc de Guise expira le 24 février 1563, un an, presque jour pour jour, après le massacre de Vassy. Avant de mourir il protesta de son innocence touchant cette malheureuse journée ; et cependant, poursuivi, on peut le croire, par l'image du sang versé, il supplia son fils de pardonner aux auteurs de sa mort, quels qu'ils fussent, comme il leur pardonnait lui-même de tout son cœur.

On sait comment fut respecté ce vœu.

T. Hadot.

CATHERINE DE MÉDICIS.

CATHERINE DE MÉDICIS

NÉE EN 1519, MORTE EN 1589.

Le 28 octobre 1533, on faisait à Marseille des réjouissances extraordinaires qui avaient attiré un immense concours de gens de tous pays. Pour y assister, le Pape s'était embarqué à Livourne dans une galère couverte en drap d'or et tendue de satin cramoisi, et il avait fait à Marseille, le 11 du même mois, une entrée solennelle, porté sur un fauteuil magnifique soutenu par les officiers de sa maison. Le roi François Ier était arrivé le lendemain, et le faste de son cortége avait surpassé celui de Clément VII. A son tour était venue la reine de France, suivie de toutes les dames de la cour, parmi lesquelles on distinguait la comtesse de Châteaubriant et la duchesse d'Étampes.

Cette fête avait lieu à l'occasion d'un mariage, celui du duc d'Orléans, second fils de France, avec Catherine de Médicis, princesse de Florence. Le soir même le mariage était consommé et tout prétexte de rupture impossible.

Les deux époux entraient dans leur quatorzième année. Catherine était une ravissante jeune fille; le prince, « encore qu'il fût un peu mauricaut, » dit Brantôme, en effaçoit bien d'autres plus blancs, et il étoit très-accompli » et fort aimable. » Une alliance qui réunissait un si beau couple devait paraître fort bien assortie. Les médisants de l'époque n'en prétendaient pas moins qu'une dot de cent mille ducats d'or et une valeur égale en meubles et en joyaux, apportés par Catherine, ne rehaussaient pas assez son blason pour qu'il pût paraître dignement à côté de l'écusson de France. D'autres, il est vrai, prétendaient « que, par une clause secrète du contrat, Clément VII » s'engageoit à donner, pour supplément de dot, trois perles d'une valeur » inestimable, Gênes, Milan et Naples. » Quoi qu'il en soit de cette promesse, dont la mort précipitée du Pape eût empêché la réalisation, les fêtes des noces n'en furent pas moins longues et brillantes : Catherine ne vit que des sourires sur les visages, n'entendit que des cris de joie sur son passage. Sa jeune imagination dut s'exalter à un aussi noble accueil. Quel rêve plus enivrant avait pu lui inspirer son palais de Florence? A vrai dire, elle devait être aussi pour la France d'alors une charmante apparition. Depuis les guerres de Charles VIII en Italie, les Français avaient pris le goût des arts, importés dans ce pays par les Grecs chassés de Constantinople. On faisait à ce sujet de merveilleux récits à la cour. On parlait avec admiration de cette langue de la Grèce, dont l'harmonie avait frappé quelques oreilles, de ces chefs-d'œuvre, long-temps ignorés, qu'on découvrait enfin; on savait que la cour des Médicis avait été le refuge ouvert aux poètes, aux philosophes, aux savants qui fuyaient devant les soldats de Mahomet II. Comment n'eût-on pas reçu avec enthousiasme, avec amour, une princesse élevée à cette cour, la fille et la nièce de ceux qu'on appelait les Mécénas de l'époque, qui venait parler de toutes ces choses révélées au delà des monts, et qui semblait elle-même la gracieuse personnification de cet art nouveau qui nous venait d'Italie.

Catherine ne devait pas tromper l'espoir qu'elle faisait naître. Le fastueux Laurent de Médicis, son père, n'avait rien négligé pour son éducation; il avait appelé les maîtres les plus fameux autour de son berceau, et elle avait grandi au milieu d'eux, trouvant en son esprit une rare aptitude à profiter de leurs savantes leçons. Malheureusement cette facilité d'esprit s'appliquait à tout, et les préceptes des Grecs érudits ne furent pas les seuls qui se gravèrent dans sa mémoire. La tortueuse politique des Borgia y laissa des germes trop féconds, et les malheurs mêmes qui frappèrent son enfance ne servirent qu'à les développer.

Arrivée à la cour de François Ier, la plus belle et la plus galante de l'Europe, Catherine de Médicis en fut bientôt un des principaux ornements. « Elle avoit, nous dit Varillas, la taille admirable, et la majesté de son » visage n'en diminuoit pas la douceur; elle surpassoit les autres dames de » son siècle par la blancheur du teint et par la vivacité de ses yeux; quoi- » qu'elle changeât souvent d'habits, toutes sortes de parures lui seyoient si » bien qu'on ne pouvoit discerner celle qui lui étoit la plus avantageuse. » Le beau tour de ses jambes lui faisoit prendre plaisir à porter des bas de » soie bien tirés, et ce fut pour les montrer qu'elle inventa la mode de » mettre une jambe sur le pommeau de la selle, en allant sur des haquenées. » Elle inventoit de temps en temps des modes également galantes et su- » perbes, et, comme on ne vit jamais un si grand nombre de belles dames » qu'elle en eut à sa suite, on ne les vit jamais plus brillantes. » Ces avantages extérieurs, d'autres encore, oubliés par Varillas, mais relevés avec complaisance par le galant Brantôme, sa belle main, par exemple, qui effaçait, dit-il, celle de l'*Aurore* tant louée par les poètes, devaient être fort appréciés par son nouvel entourage : ils pouvaient aussi exciter bien des jalousies, — deux surtout, celles des femmes qui divisaient toute la cour, la duchesse d'Étampes et Diane de Poitiers; la première, appuyée du roi, dont elle avait le cœur; la seconde, soutenue par le duc d'Orléans, qu'elle dominait. Eh bien, au grand étonnement de chacun, la nouvelle épouse vécut en parfaite intelligence avec les deux rivales ennemies; elle se plia à leurs exigences avec une incroyable souplesse, calma son sang italien en face de celle qui lui enlevait le cœur de son mari, et parut toujours se contenter de ce qu'elle lui en laissa.

En 1536, la mort du Dauphin mit le duc d'Orléans et Catherine sur la première marche du trône. Celle-ci resta fidèle à son plan de conduite; elle courtisa le vieux roi, obtint d'être admise en son intimité, et d'être initiée aux mystérieux plaisirs des belles retraites de Madrid, de Chambord et de Fontainebleau, où François Ier allait s'enfermer quelquefois avec la *petite bande des belles dames de la cour*. Là encore on la trouva charmante, et elle devint indispensable au roi, qui la voulut toujours à ses côtés, même à la chasse, où brillait son adresse à monter et à maîtriser le cheval le plus ardent et le plus vigoureux. Cette passion pourtant faillit lui être fatale, car une chute lui cassa la jambe, et une autre la mit dans la nécessité de subir l'opération du trépan; ce qui ne l'empêcha pas de se livrer à ce plaisir avec ardeur. Elle se trouva bientôt, par ses complaisances, immiscée, selon ses désirs, à toutes les intrigues de cour, et elle gagna entièrement la confiance et l'amitié du monarque. L'une et l'autre lui devinrent utiles. Ses ennemis, s'appuyant sur une stérilité de dix années, conseillaient au Dauphin de la répudier. Le roi s'y opposa. Catherine eut recours à la poudre merveilleuse du célèbre médecin Fernel, et obtint enfin cette postérité que le ciel semblait lui refuser à dessein.

Pendant toute la durée du règne de François Ier, Catherine de Médicis ne se trouva mêlée à aucun des grands événements qui remuèrent le monde. Toute son activité s'usa en petites intrigues de cour qui eurent bien peu de retentissement dans ce grand conflit de l'Europe en armes. La mort de ce prince, en lui donnant le titre de reine, changea à peine sa position. Le nouveau roi, Henri II, toujours dominé par sa maîtresse, laissa peu de pouvoir à sa femme; on prétend même qu'il répondit au connétable de Montmorency, qui le sollicitait pour elle : « Mon compère, vous ne connaissez » pas bien le caractère de ma femme; c'est la plus grande brouillonne du » monde : qu'on lui donne entrée au gouvernement, elle gâtera tout. » Ce que le roi appréciait plus volontiers en elle, c'était sa grâce parfaite, son éclat, sa dignité dans les cérémonies où elle paraissait, son goût exquis, sa magnificence dans les fêtes qu'elle préparait : aussi lui permit-il de jeter l'or à pleines mains pour satisfaire à ses royales dépenses. L'ambition déçue de Catherine y trouva quelques dédommagements. Là, au moins, elle était vraiment reine : jamais cour n'avait été aussi brillante, jamais plaisirs aussi nombreux, aussi variés. Les courtisans étaient émerveillés. Le peuple souffrait beaucoup pendant ce temps, mais les grands s'en apercevaient peu ; « et » jamais n'avoit été veue reine de France de qui la noblesse s'esjouît tant. » L'astucieuse Florentine avait déjà bien compris le caractère français ; elle savait quel parti on pouvait tirer de ces futiles amusements chez un peuple élégant et amoureux de nouveauté. Elle crut qu'il suffirait d'éblouir pour captiver.

Catherine put essayer en grand ce système dans les fêtes de son couronnement, qui se fit à Saint-Denis, et de son entrée solennelle dans Paris. Ces cérémonies eurent lieu au mois de juin 1549, la première le 10, la seconde le 17. Le greffier du Tillet nous en a transmis le récit dans un procès-verbal fort détaillé, où il nous montre « la reine assise sur une » *chaise de parement*, vêtue d'un surcot d'hermine couvert de pierreries, » d'un corset dessous, avec le manteau royal, et ayant sur la tête une cou- » ronne enrichie de perles et de diamants. » Un des caractères de ces fêtes, c'est qu'on n'y joua point de mystères. Le goût italien dominait déjà, et les naïves créations du moyen âge allaient se perdant peu à peu devant les rénovations grecques ou romaines favorisées par Catherine.

Henri II sembla perdre un instant ses préventions lors de son expédition d'Allemagne. Il fit déclarer sa femme régente le 25 mars 1552. Ce pouvait être pour la reine une occasion de montrer sa pensée politique : elle en profita pour la cacher fort habilement. Elle administra avec une grande prudence et un rare bonheur. Le plus grand calme régna à l'intérieur, et le roi n'eut jamais à se plaindre d'une imprévoyance dans l'administration de la régente ; il lui dut même, après la malheureuse journée de Saint-Quentin, de voir réparés, autant qu'il était humainement possible, les désordres causés par ce fatal événement.

Au retour du roi, Catherine fut rendue à ses anciennes habitudes, qu'elle dut conserver jusqu'à la mort de ce prince, arrivée en 1559. Ce fut, comme on le sait, dans un tournoi donné par Henri II auprès de la Bastille, en l'honneur de la belle duchesse de Valentinois (Diane de Poitiers), dont il portait ce jour-là les couleurs, qu'il reçut de Montgomery le coup de lance qui le fit périr à l'âge de quarante ans. Marguerite de Valois, fille de Catherine, qui attribue à sa mère le don de prophétie, raconte en ses Mémoires que la reine vit en songe la blessure de son mari, et qu'à son réveil elle le pria de ne pas entrer en lice. Quoi qu'il en soit, Catherine fit éclater les transports de la plus vive douleur. Ses appartements furent tendus de noir ; elle éleva à Henri un riche mausolée dans l'église Saint-Denis, prit pour armes et pour devise une lance brisée sur un écu, avec ces mots : *Hinc dolor, hinc lacrymæ.* Dans tous ses discours, enfin, elle rappelait constamment la mémoire chérie de son époux, et prouvait, par l'exagération même de ses sentiments, leur peu de sincérité.

Le fils aîné de Henri II et de Catherine succède à son père sous le nom de François II. Pauvre prince, sans force, sans volonté, d'une santé débile, qu'avaient affaiblie encore les funestes voluptés que sa mère lui avait rendues faciles, il montait, à peine âgé de seize ans, sur un trône que les novateurs d'alors, sous le nom de réformés, commençaient à miner sourdement, et voyait autour de lui ceux qui devaient être ses appuis naturels se disputer la réalité d'un pouvoir dont ils daignaient à peine lui conserver les honneurs. Deux partis divisaient la cour : celui des princes du sang, à la tête duquel étaient Antoine de Bourbon, roi de Navarre, et le prince de Condé son frère; celui des Guises, dirigé par le duc François de Guise et son frère le cardinal de Lorraine, tous deux oncles de la jeune et belle Marie Stuart, femme de François II. Placée entre ces deux partis, et non moins avide de pouvoir, Catherine voulut les détruire l'un par l'autre, et dominer à leur place. Son premier coup d'œil la trompa; elle crut les princes du sang plus redoutables, et, pour les affaiblir, elle s'unit aux Guises. Ceux-ci obtinrent tout, commandement des armées, administration des finances et direction du clergé : d'un autre côté, maîtres de l'esprit du roi, que dominait entièrement leur nièce, ils éclipsèrent et leurs rivaux et la reine-mère. Celle-ci, prise à son propre piége, résolut d'employer tous les moyens pour renverser les maîtres qu'elle s'était donnés.

La réforme, prêchée par Luther et popularisée par Calvin, avait fait d'innombrables prosélytes en Allemagne, en France, dans les Pays-Bas, en Angleterre et en Écosse. En vain les papes avaient crié anathème; plus vainement encore les rois avaient allumé des bûchers. Chaque année, en France, les nouveaux religionnaires avaient vu grossir leurs rangs, et déjà ils formaient dans l'état une faction puissante. Les princes du sang l'avaient compris, et ils voulaient s'en faire un appui pour lutter contre les Guises, au besoin contre le roi. Catherine, fatiguée des catholiques, à la tête desquels étaient les Guises, s'offrit aux protestants, dont elle favorisa les projets et attisa la haine. Au degré d'exaltation où étaient parvenus les esprits, un soulèvement paraissait inévitable : il éclata bientôt. Voulant mettre le roi de leur côté, ou plutôt s'appuyer de son nom, les protestants marchèrent en armes sur Amboise pour s'emparer de sa personne. La conspiration avait été découverte; la plupart furent arrêtés et massacrés en route. Les Guises, pour en finir d'un seul coup avec leurs rivaux, convoquèrent les états-généraux à Orléans. On y manda le prince de Condé et le roi de Navarre; le premier fut arrêté en arrivant, et, sous prétexte d'une nouvelle conspiration, condamné à mort. La fin prématurée de François II empêcha l'exécution de la sentence, et rétablit la balance entre les deux partis.

Charles, second fils de Henri II, fut appelé au trône à la mort de son frère. Il était à peine âgé de dix ans, il fallut songer à une régence. C'était le poste éminent que convoitait l'ambition de Catherine; mais elle avait des ennemis et des rivaux. Elle sut triompher des uns et des autres; elle y employa toutes les ressources de son imagination, tous les artifices de sa politique. Elle avait autour d'elle une suite nombreuse de jolies filles d'honneur, habiles à comprendre ses desseins et à en faciliter l'exécution. Leur dévouement lui était acquis, il fut souvent mis à l'épreuve : on assure qu'il ne recula devant aucun sacrifice. Ce fut une d'entre elles, la séduisante Du Rouet, qui se chargea de gagner au parti de Catherine son plus redoutable concurrent, le roi de Navarre. Le prince, brave guerrier du reste, mais assez mince politique et voluptueux outre mesure, céda facilement, consentit à voir Catherine régente, et se contenta du titre de lieutenant-général. Le connétable de Montmorency, flatté par elle de l'espoir de rentrer au ministère dont l'avaient écarté les Guises, se prêta volontiers à cet arrangement; il n'y eut pas jusqu'aux protestants qui ne la vissent avec plaisir parvenir à ce haut degré de puissance, éblouis qu'ils étaient des promesses magnifiques qu'elle leur avait faites.

La voilà enfin maîtresse, elle le pense du moins; car que lui importe l'enfant qui occupe le trône! Elle a su vicier déjà ses heureuses qualités, et elle se réserve de féconder les semences funestes qu'elle a mises en lui. Du reste, aux yeux de tous, le prince reçoit les plus sages préceptes de sa mère; elle lui adresse, à son avénement, une lettre où elle l'engage « à se » rendre absolu dans ses états, en faisant par lui-même tout le bien qu'un » grand roi peut faire; à se faire aimer de ses sujets, des grands et des » peuples, en faisant connoître aux uns qu'ils n'existent que par ses bien- » faits, et aux autres qu'ils sont l'objet continuel de ses attentions et de ses » soins; à rendre à la majesté royale cet éclat qu'elle avoit eu sous Louis XII, » sous François Ier et sous Henri II, par l'ordre et la décence de sa vie » privée et de ses actions, depuis son lever jusqu'à son coucher. » La seule chose qu'il faille prendre au sérieux dans tous ces beaux conseils, c'est l'idée d'absolutisme, c'est celle qui a toujours dominé les autres dans la pensée de Catherine : elle a tout fait pour sa réalisation, elle continuera à lui tout sacrifier, et elle ne l'obtiendra jamais complétement.

Le premier acte de la régente fut d'ôter le pouvoir aux Guises et à leurs partisans, mais elle ne sut pas le conserver pour elle. Il n'y avait dans sa politique ni assez de franchise ni assez de conviction. Au lieu de marcher à son but d'un pas ferme, elle louvoyait sans cesse, penchait tantôt à droite, tantôt à gauche, trompait chaque parti tour à tour, et, à force d'incertitude et de détours, perdait la confiance des uns, et n'obtenait que le mépris des autres. Ce fut ainsi qu'au fameux colloque de Poissy, elle parvint à irriter les catholiques et à mécontenter les protestants, tout en prétendant les rallier par la discussion. Guise profita de la disposition des premiers pour se mettre à leur tête, et regagner ainsi une puissance plus dangereuse que celle qu'on lui avait enlevée. Cette fois, la lutte des deux partis va être plus acharnée que jamais. Ils s'y préparent avec une farouche ardeur et dans un sombre silence. Le signal part des deux bouts de la France. A Nismes, les protestants se soulèvent; les catholiques massacrent les huguenots à Vassy en Champagne. Dans cette guerre barbare, toute idée de nationalité, d'humanité même est oubliée, méconnue. On y prélude de part et d'autre par d'horribles massacres; chacun appelle l'étranger à son secours. Les protestants traitent avec l'Allemagne et l'Angleterre, les catholiques avec l'Espagne et Rome.

A la première bataille, la victoire, qui semblait d'abord se déclarer pour les protestants, resta aux catholiques. Le prince de Condé tomba entre les mains du duc de Guise, qui partagea son lit avec son prisonnier.

Catherine, parfaitement indifférente à ce succès, était prête à accueillir de même celui des réformés, et lorsqu'un premier courrier, parti au moment où ils paraissaient vainqueurs, lui annonça cette nouvelle, elle répondit tranquillement : « Eh bien, nous prierons Dieu en françois. » Quelques jours après ce triomphe, Guise était assassiné par un religionnaire devant Orléans, dont il faisait le siége (1563).

Cette mort délivrait Catherine de l'homme qu'elle craignait le plus. Ce fut par reconnaissance, peut-être, qu'elle accorda aux protestants le fameux traité d'Amboise, dont ils semblaient avoir imposé les conditions en vainqueurs. Il est vrai qu'à son insu, quelque habile et dissimulée qu'elle fût, elle subissait l'ascendant d'un autre Guise, du cardinal de Lorraine, qui lui-même n'était qu'un instrument entre les mains du pape. Celui-ci, d'accord avec Philippe II, roi d'Espagne, avait résolu d'éteindre l'hérésie, d'abord à Genève et dans la Navarre, qui semblaient en être les deux foyers, puis en France et dans tout l'empire. Ce fut dans ce but que Pie IV provoqua la célèbre entrevue de Bayonne. Le duc d'Albe y parut au nom du roi d'Espagne; le roi de France et sa mère y vinrent en personne. Là, suivant De Thou, « on délibéra sur les moyens de délivrer la France des protestants, » regardés comme un mal contagieux; et on adopta le sentiment du duc » d'Albe, qui était celui du roi Philippe, sentiment qui consistait à faire » tomber les têtes des principaux chefs, à prendre pour modèle les *vêpres* » *siciliennes*, et à massacrer tous les protestants. » Le prince de Navarre, qui depuis fut Henri IV, alors enfant gâté de Catherine de Médicis, qui aimait ses gentillesses et son esprit, entendit et se rappela une partie des résolutions prises à cette entrevue, et les rapporta à sa mère. Les protestants purent voir quelle était la valeur du traité qu'on avait fait avec eux. Ce traité, d'ailleurs, soulevait trop d'indignation parmi les catholiques pour que son exécution fût jamais possible. On sembla n'en faire aucun cas, et bientôt les huguenots reparurent en armes, sous la conduite de leurs intrépides et malheureux chefs, Condé et Coligny. Après une inutile tentative pour enlever, à Meaux, Charles IX et sa mère, après une nouvelle défaite, ils semblèrent imposer encore une nouvelle paix, celle de Longjumeau, paix *boiteuse et mal assise*, disait-on alors, qui, comme le traité d'Amboise, garantissait aux protestants une amnistie complète, la liberté de leur culte et l'admission des religionnaires à tous les emplois (1568).

Toutes ces promesses, il est vrai, n'étaient qu'un piége tendu aux protestants : « la reine vouloit, à l'exemple de Louis XI, séparer et dissiper les » ennemis, pensant être juste d'attraper ceux qui l'avoient faillie à prendre » à Meaux[1]. » Elle invoqua ces motifs auprès de différentes cours de l'Europe, pour se justifier de la paix qu'elle venait d'accorder. Elle garda auprès d'elle ses troupes suisses et italiennes, répartit les soldats français dans les places de guerre, et leur donna ordre de se tenir prêts à entrer en campagne. De leur côté, les huguenots, que vinrent effrayer les nouveaux massacres commis sur les leurs par les populaces d'Amiens, de Rouen, de Bourges, etc., refusaient, sous différents prétextes, de rendre, comme ils s'y étaient engagés, leurs principales villes aux soldats du roi.

De funestes symptômes se manifestaient encore contre eux à la cour. Catherine, habile à s'entourer de créatures dévouées, éloignait de son conseil intime le vertueux et pacifique L'Hôpital, qu'elle remplaçait par un intrigant milanais nommé Birago. L'Hôpital, frappé de cette première disgrâce, se retira à sa maison de campagne de Vignai. La reine profita de cet exil volontaire pour donner les sceaux à Jean de Morvilliers, alléguant le grand âge du chancelier et le besoin qu'il avait de repos.

Avec lui toute prudence, toute modération sort du conseil. Dans cette cour de fanatiques et de débauchés, on s'abandonne bientôt à tous les excès, on adopte les mesures les plus sanguinaires, les plus impolitiques. On ne craignit pas de rendre publique une bulle du saint-siége qui autorisait la vente des biens d'église jusqu'à la somme d'un million et demi, destinée à l'extinction de la religion réformée et à l'extermination de ceux qui la professaient. Les protestants virent bien qu'ils n'avaient plus de salut que dans la guerre. A défaut de la cour, ils avaient compté sur le peuple, et le peuple avait répondu par le meurtre des prédicateurs. Tout appui leur manquait en haut et en bas. Ils se confièrent de nouveau aux chances de la guerre, et elle recommença horrible de part et d'autre.

Catherine nomma le duc d'Anjou, son second fils, alors âgé de dix-sept ans, lieutenant-général du royaume, et lui donna le commandement de l'armée catholique. Condé et Coligny étaient à la tête des protestants, rassemblés de tous les points des provinces méridionales. Pendant quelque temps, des deux côtés, on ne livra que des combats partiels, où presque toujours l'avantage demeura aux huguenots ; enfin, les deux armées se trouvèrent en présence auprès du village de Jarnac, que cette bataille a rendu fameux. Coligny voulait éviter le combat ; il fut mal obéi, et l'action se trouva enga-

[1] Tavannes.

gée malgré lui. La victoire resta aux catholiques. Le prince de Condé périt assassiné par Montesquiou, capitaine des gardes suisses (1569). Cette défaite n'avait point abattu les religionnaires. *La cause*, comme ils disaient, retrouva dans Henri de Béarn et Henri de Condé, son cousin, l'appui moral qu'elle avait perdu. Ces jeunes princes devinrent les chefs du parti, sous la tutelle de Coligny, et la lutte continua, mêlée de demi-succès et de demi-revers, jusqu'à la sanglante journée de Moncontour, où la victoire, long-temps disputée, demeura encore au duc d'Anjou. Les huguenots, vaincus, mais toujours redoutables, n'en forcèrent pas moins la cour à une nouvelle paix, celle de Saint-Germain (1570). Cette paix, si favorable aux vaincus, à qui elle confirmait les promesses des anciens traités et accordait de nouvelles places de guerre, semblait d'un sombre augure. La cour multipliait les avances auprès des principaux réformés; ils furent conviés aux fêtes du mariage de Charles IX avec Élisabeth d'Autriche. La plupart ne voulurent point y assister; ils allèrent s'enfermer entre les murs de La Rochelle, inquiets de cette paix si flatteuse, et tremblants de cette grande amitié de Catherine.

A l'époque où nous sommes parvenus, Catherine a vieilli, et sa pensée politique a reçu tout son développement; sous les dehors trompeurs d'une scrupuleuse dévotion, elle s'est jouée des catholiques aussi bien que des réformés, tant qu'entre eux la lutte lui a semblé possible; aujourd'hui que le triomphe lui paraît certain, elle n'hésitera plus. Le dernier mot de l'entrevue de Bayonne se présente maintenant à son esprit; au besoin Rome et l'Espagne le lui rappellent. Les fêtes alors deviennent plus splendides et plus nombreuses; on y convie les protestants, on les entoure de séductions, on les comble de faveurs. On rompt ostensiblement avec Philippe II : on veut le combattre dans les Pays-Bas, pour délivrer les religionnaires opprimés, et c'est Coligny qui doit commander l'expédition. Le roi l'appelle à Blois, où se trouve la cour; il lui prodigue les marques de la plus profonde estime et du plus touchant intérêt; le prudent général est ébloui, et lui-même engage sa fidèle amie, la reine de Navarre, à consentir au mariage de Henri de Béarn, son fils, avec Marguerite, sœur de Charles IX. Cette reine, trop justement défiante, avait hésité long-temps à accepter l'offre brillante de Catherine; elle avait comme un instinct du sinistre projet caché dans les replis de cette âme italienne : elle céda pourtant, et le mariage fut résolu. Mais la pauvre mère ne le vit point s'accomplir. Sa mort étrange, dont Catherine et un de ses Florentins avaient, dit-on, le secret, n'arrêta ni Coligny ni les siens. Tous les avertissements qui leur furent donnés les trouvèrent sourds et aveugles : la fatalité semblait les pousser. Ils se rendirent donc en foule à Paris, où devaient se célébrer les noces du jeune Béarnais. Elles eurent lieu le 18 août 1572. Les fêtes données à cette occasion furent d'une magnificence inouïe, et durèrent quatre jours, pendant lesquels Catherine ne sembla occupée qu'à présider aux danses, aux banquets, aux mascarades et aux divertissements de tout genre qu'elle multiplia avec un faste et un luxe merveilleux : en réalité, elle cherchait le moyen d'en finir d'un seul coup avec tout ce qui lui faisait ombrage, avec tout ce qui portait la tête haute en France. Il y eut d'atroces résolutions prises dans ses secrets conciliabules. Un jour, elle opina pour sacrifier à la fois les protestants, les Guise et les Montmorency, en les faisant attaquer les uns par les autres. Le roi, spectateur de la bataille, devait tomber, à la tête de ses troupes réunies au Louvre, sur les vainqueurs affaiblis, et les massacrer tous. Le conseil parut bon, et ce jour-là les fêtes eurent plus d'éclat et d'enivrement. Mais l'évasion du duc de Montmorency fit chercher un autre moyen. L'homme dont avant tout on voulait se défaire, c'était l'amiral de Coligny, le chef et l'âme du parti protestant. On confia ce projet à Henri de Guise, le fils de celui qui avait été assassiné devant Orléans : il se chargea de l'exécution ; et, le vendredi 22 août, dans la rue des Fossés-Saint-Germain-l'Auxerrois, un coup d'arquebuse, parti de la maison d'un ancien précepteur de Guise, frappait Coligny de deux balles, l'une à la main droite, l'autre au bras gauche.

A la nouvelle de cet attentat, les protestants furent saisis d'indignation. Charles IX parut animé d'une violente colère. Il se rendit chez l'amiral avec la reine sa mère, qui venait mêler son hypocrite douleur à ses transports feints ou véritables, et empêcher, par sa présence, l'ascendant de la grande âme de Coligny sur le caractère mobile et passionné de son fils. Grâce à elle, il se tira parfaitement de son rôle. L'amiral crut à la sincérité de ses paroles et de ses promesses ; le jeune Téligni partagea la confiance de son beau-père, il se porta garant du roi auprès de ses amis, qui doutaient et voulaient prendre des mesures de sûreté.

Si Charles et sa mère avaient hésité, au moins est-il vrai que la blessure de l'amiral, et la sourde fermentation qu'elle fit naître, et parmi les siens, et parmi les catholiques, les décidèrent irrévocablement. Il y eut un dernier conseil tenu au Louvre entre Catherine, le roi, le duc d'Anjou, le duc de Nevers, le bâtard d'Angoulême, Tavannes, Retz et Birago. On y décida que deux têtes seraient épargnées, celles du roi de Navarre et du prince de Condé, tous deux du sang royal : aucun autre ne trouva grâce.

Le jour fixé était le dimanche 24 août 1572, jour de la Saint-Barthélemy. A minuit, Catherine descendit dans la chambre du roi, dont elle craignait les hésitations. Ses complices y étaient déjà réunis : Henri de Guise était du nombre. Elle parla quelque temps, et finit par demander à Charles IX, qui paraissait irrésolu, « s'il ne valait pas mieux déchirer des membres pourris que le sein de l'Église, épouse du Seigneur... » Quelques moments après, la cloche de Saint-Germain sonna le tocsin. Guise courut droit chez l'amiral. Celui-ci était en prières : la porte de sa chambre fut brisée ; un Allemand nommé

Besme lui plongea son épée dans la poitrine, et jeta le cadavre par la fenêtre, aux pieds du duc de Guise. Ce fut le signal du massacre. Des soldats étaient répandus dans toutes les rues. Les fenêtres des catholiques s'éclairèrent, et, à ces lueurs funèbres, au cri effrayant des égorgeurs : *Tue, tue!* la boucherie commença.

Tout a été dit sur cet horrible événement, dans lequel Catherine eut la plus large part. Rome frappa des médailles en son honneur; Philippe II lui adressa des félicitations; mais le reste de l'Europe la regarda avec horreur. La politique étroite de la reine n'avait pas vu au delà du meurtre : sans pitié, sans remords, cette femme, hardie dans le crime, était inhabile à en prévoir le résultat. Après les sanglantes journées, sa versatilité reprend le dessus. Le parti qu'elle avait cru abattu sans retour reparaît plus menaçant : elle ose tenter de le tromper encore, et, chose étrange, elle y réussit. C'est même avec le secours des protestants qu'elle parvient à faire nommer roi de Pologne le fils qu'elle paraissait aimer, celui à qui elle avait ménagé les triomphes de Jarnac et de Montcontour.

Depuis la Saint-Barthélemy, Charles IX se sentait mourir dans les angoisses d'une invincible terreur. Sa terrible agonie éloignait de lui ses courtisans épouvantés ; une sueur sanglante sortait de son corps, et Sully rapporte que, « durant l'excès de ses douleurs, il se voyoit tout baigné de sang dans son lit. » Enfin, le 29 mai, sentant que sa fin approchait, il fit proclamer dans toutes les provinces qu'on eût à obéir à sa mère, et, le lendemain, il chargea le chancelier de Birago de dresser les lettres-patentes par lesquelles il lui octroyait la régence en l'absence du roi de Pologne; peu d'instants après il expirait (1574).

Quand mourut Charles IX, Catherine de Médicis avait cinquante-quatre ans : depuis l'avénement de ce prince au trône, elle occupait le rang suprême si long-temps convoité par elle; car, après sa régence, elle avait su conserver tout son ascendant sur ce faible monarque, qu'elle dominait par la jalousie qu'elle lui inspirait en paraissant préférer le duc d'Anjou son frère. Pour abattre la terrible puissance des grands qui la méprisaient, elle avait continué son système de sourdes intrigues : instruite de tous les secrets de la cour, elle les divulguait avec art pour exciter les haines et les rivalités : admirablement aidée par le jeu d'une physionomie mobile, elle cachait, sous une riante enveloppe d'affabilité, les projets les plus sinistres et les plus audacieux; aussi rien de ce que renfermait son âme ne transpirait au dehors, et on en est à douter aujourd'hui si jamais une affection y trouva place ; ceux qui lui ont prêté des galanteries l'ont flattée en paraissant la calomnier. Une seule passion dominait en elle, l'ambition; pour la satisfaire, elle ne s'arrêta jamais, même devant le crime : il est vrai qu'elle lui dut l'éclat qu'ont jeté sur son nom la protection éclairée qu'elle accorda aux arts et la magnificence qu'elle déploya dans les monuments dont elle dota le pays. Aussi l'époque de sa puissance, qui fut celle des duels, des assassinats, des bûchers et des meurtres, fut en même temps celle où les lettres et les sciences reparurent avec le plus d'éclat [1]. Triste temps pour la morale, que celui où toutes les jeunes et nobles femmes de la cour sont changées en autant de courtisanes qui font commerce de prostitution, où toutes les filles d'honneur servent par la débauche les projets de leur maîtresse; et, d'un autre côté, belle période pour l'esprit humain, que celle où, dans la magistrature, dans les arts et dans les sciences, on peut citer les noms des L'Hôpital, des Philippe de Harlay, des Ronsard, des Rabelais, des Marot, des Brantôme, des Montaigne, des Ambroise Paré, des Jean Goujon, des Philibert de Lorme, et de tant d'autres. Il est vrai que, tout en s'entourant de ces illustrations, Catherine réservait ses grâces et ses faveurs à des savants d'un autre ordre, aux astrologues et aux magiciens. Cette femme, qui affrontait sans pâlir les horreurs et les périls d'une bataille, tremblait aux prédictions d'un nécroman. Elle en avait amené plusieurs d'Italie, et elle ne faisait rien d'important sans les consulter. On voit encore, appuyée à la Halle-aux-Blés de Paris, la colonne qu'elle fit élever et qui lui servait d'observatoire dans les heures mystérieuses qu'elle passait avec Côme Ruggieri à interroger les astres. Cette colonne faisait partie du célèbre hôtel de Soissons, qu'elle avait bâti lorsque, sur une effrayante prophétie de son astrologue, elle avait renoncé au palais des Tuileries, que Philibert de Lorme venait de lui construire à grands frais. Un mot avait suffi : « Défiez-vous de *Saint-Germain.* » Les Tuileries étaient dans la paroisse de Saint-Germain-l'Auxerrois. Depuis ce temps, elle évita avec soin tous les lieux qui portaient ce nom. C'est surtout à dater du règne de Henri III que ce goût pour les sciences occultes, partagé au reste par beaucoup d'érudits de l'époque, prend chez elle un prodigieux développement. Elle disparaît peu à peu de la scène politique, et à mesure que son rôle diminue, elle a besoin de donner d'autres élements à son activité. Long-temps encore, cependant, elle lutta d'adresse et d'habileté, avant de laisser échapper ce pouvoir ou plutôt cette apparence de pouvoir qu'elle avait depuis tant d'années.

Les lettres-patentes qui lui confirmaient la régence furent enregistrées au parlement le 5 juillet 1574, mais elle n'avait point attendu cette formalité, et elle en prenait possession le jour où elle écrivait aux gouverneurs de provinces, en leur annonçant la mort de Charles IX : « La perte » que j'ai faite en lui m'attriste et aggrave tellement de douleur, que je ne » désire rien plus que de remettre et quitter tous affaires, pour chercher » quelque tranquillité de vie; néantmoins, vaincue de l'instante prière qu'il » m'a faite dans ses derniers propos.... j'ai été contrainte de me charger de

[1] On doit à Catherine les plus beaux manuscrits de la Bibliothèque royale, précieux trésors sauvés de la barbarie des Turcs par Côme et Laurent de Médicis.

» la régence qu'il m'a commise.... » Elle disait en même temps à son ambassadeur en Angleterre de « se condouloir avec la reine de ce triste et » fâcheux inconvénient, dont elle ne doute pas que ladite reine ne porte » beaucoup de déplaisir. » Mais, dans une instruction secrète, la cauteleuse princesse enjoint à ce ministre d'avoir « l'œil soigneusement ouvert » aux nouvelles délibérations qu'elle (la reine d'Angleterre) prendra, lesquelles, comme elle s'assure, tendront toujours à troubler ce royaume; » pour l'extrême désir qu'elle a de trouver moyen d'y entreprendre, afin » d'y avoir, si elle pouvoit, un autre Calais. »

Elle avait, d'un autre côte, dépèché au duc d'Anjou, qui régnait alors en Pologne, deux courriers, pour lui apprendre qu'un nouveau trône l'attendait, et pour l'engager à hâter son retour en France. La recommandation était bien inutile. La joie fit perdre la tête au pauvre prince, qui s'enfuit précipitamment de son royaume, qu'il eût pu conserver et réunir à celui qu'il allait gouverner. Il vint pour continuer les fautes de son prédécesseur, et aggraver encore une position déjà désespérée.

Ce fut réellement une triste et pitoyable chose que le règne de ce fils favori de Catherine, de celui qui s'était appelé naguère le héros de Jarnac et de Montcontour. Au moment où il a à combattre les mêmes adversaires devenus plus redoutables, car ils ont pour chef un grand capitaine, le roi de Navarre, et ils ont vu leurs rangs s'augmenter de nouveaux partisans, les *politiques*, à la tête desquels se trouve le frère même du roi, Henri III paraît avoir abdiqué sa dignité d'homme; il a les habits et les habitudes d'une femme; en face du danger, il s'occupe à de longues discussions sur le mérite d'une toilette nouvelle, se livre aux ridicules pratiques d'une dévotion affectée, et use sa vie en de sales et dégradantes débauches. Aussi les catholiques, à l'aspect de tant d'impuissance et de bassesse, cherchent-ils ailleurs un appui, poussés par les Guises, qui n'ont pas dit encore leur dernier mot. Ceux-ci forment, sous le nom de *Ligue*, et en dehors du gouvernement, une association pour détruire l'hérésie, — jurant *de procéder contre ceux qui persécuteroient l'Union, sans acception de personne, et de rendre prompte obéissance et fidèle service au chef qui seroit nommé.* Ce chef, tous le désignaient; c'était celui que le peuple appelait le *nouveau Gédéon*, le *nouveau Machabée;* c'était Henri de Guise, dont le regard ne s'arrêtait pas là. Catherine vit l'imminence du péril; elle crut le détourner en faisant déclarer le roi lui-même chef des ligueurs. C'était un premier pas vers l'abdication. Bientôt, en effet, Guise ne cache plus ses projets; il a depuis longtemps rendu publique une fausse généalogie qui le fait descendre de Charlemagne : entre le trône et lui il n'y a donc plus qu'un usurpateur. Guise a pour lui le peuple et une partie de l'armée, et quand, malgré la défense de Henri III, il vient à Paris, la foule se presse au-devant de lui en criant : *Vive le duc de Guise! Hosannah filio David!* On élève des barricades par toute la ville ; un mot du duc, et la garde du roi va être massacrée..... Ce mot, il ne le dit pas : c'est lui qui périra. Catherine trouve encore dans son esprit des ruses pour le retenir, tandis que Henri III se sauve à Chartres.

Pourtant, le terrible moyen de salut, le seul peut-être qui restât au roi, ce ne fut pas la reine-mère qui le conseilla ; et quand Guise tomba assassiné à Blois, elle n'entendit pas sans effroi cette terrible nouvelle que lui en apporta son fils : « Le roi de Paris n'est plus, madame, et je suis roi » désormais. — Dieu veuille, répondit-elle en soupirant, que vous ne soyez » pas roi de rien ! » Toutefois, il lui sembla que son fils secouait le joug qu'elle lui avait imposé. Elle eut peur. Elle gardait le lit depuis quelques jours, elle le quitta pour aller à l'église avec lui. Fidèle, jusqu'à la fin, à sa politique tortueuse, elle voulut encore porter des consolations à l'oncle de Henri de Guise, au cardinal de Bourbon, retenu prisonnier. Il y eut entre eux une scène violente, au sortir de laquelle la reine fut prise de la fièvre. On la remit au lit, mais cette fois elle ne se releva plus. Elle mourut le 5 janvier 1589, entre les bras de l'évêque de Nazareth... Il se nommait SAINT-GERMAIN.

Trois jours après, dans une église de Paris, le prédicateur Lincestre disait à son auditoire : « La reine-mère est morte, laquelle, de son vivant, a » fait beaucoup de bien et de mal, et je crois bien qu'il y a encore plus de » mal que de bien. Aujourd'hui se présente une difficulté, savoir, si l'église » catholique doit prier pour elle, qui a vécu si mal, et soutenu souvent l'hé- » résie, encore que sur sa fin elle ait tenu, dit-on, pour notre droite union, » et n'eût pas consenti à la mort de nos princes. Sur quoi je vous dirai que » si vous voulez lui donner à l'aventure un *Pater* et un *Ave*, il lui servira de » ce qu'il pourra, Je vous le laisse à votre liberté. »

THÉODORE DESCHÈRES.

Dessiné par Bouterweck. Impie Geny Gros, Rue du Plâtre 28, Paris. Gravé par Delaio

RONSARD.

RONSARD

NÉ EN 1524, MORT EN 1585.

Le nom de Ronsard rappelle une gloire immense et une cruelle catastrophe : jamais les gémonies ne furent plus voisines de l'apothéose, ni, pour parler comme Mirabeau, la roche Tarpéienne plus près du Capitole. Mais ce nom ballotté entre la gloire et le ridicule ne saurait être obscur : il marque la date d'une tentative littéraire qui conserve sa place dans l'histoire et dont l'avortement, on nous l'a bien montré, n'a pas été stérile ; car, si Malherbe a pu complétement réussir dans son œuvre, c'est qu'il avait eu des précurseurs, martyrs de la cause dont il a été le héros. Il est juste de ne pas s'associer à l'ingratitude de l'heureux réformateur, impitoyable détracteur de ceux qui ont préparé son triomphe, et il convient de grouper autour de Ronsard les auxiliaires dévoués qui se sont associés à son entreprise. Nous pourrons aussi rendre quelque lumière à cette pléiade jadis si brillante, et dont le temps a fait une nébuleuse. Ronsard entouré de son cortége fera, nous l'espérons, assez bonne figure pour nous justifier de lui avoir donné place dans cette galerie.

Pierre de Ronsard, enfant de noble race, naquit au château paternel de la Poissonnière, dans le Vendômois, quelques mois avant la funeste bataille de Pavie. On a dit depuis que cette naissance providentielle était destinée à faire compensation au désastre qui la suivait de si près. On a aussi raconté, car tous les berceaux glorieux ont leur légende, que, dans le passage du château à l'église de Couture, l'enfant qu'on allait baptiser tomba sur la terre qui se couvrit aussitôt d'un lit de verdure et de fleurs, et qu'une boîte de parfums, épanchée par mégarde, répandit autour de lui une odeur délicieuse qui présageait de loin la douce senteur de sa poésie. Apparemment Ronsard n'avait pas conscience du sens de ces oracles ; car, envoyé au collége de Navarre pour y étudier, il prit peu de goût à l'étude, et il se prépara au métier des armes et à la vie d'homme de cour (les courtisans datent de son siècle), en suivant comme page le duc d'Orléans d'abord, puis Jacques Stuart, roi d'Écosse : il tenta aussi la diplomatie sous Lazare de Baïf. Il était en voie de devenir ou un hardi capitaine ou un habile diplomate, car il avait du cœur et de l'esprit et la nature l'avait doué pour tous les genres de succès, lorsqu'un accident lui ferma la carrière des armes et des affaires : il était devenu sourd. Quand on est sourd, on n'a rien de mieux à faire que de s'enfermer et de causer avec des livres. C'est ce que fit Ronsard ; il détourna vers les lettres l'ardeur et l'intelligence qu'il aurait employées à d'autres desseins. Son infirmité le rendait opiniâtre, et l'opiniâtreté était nécessaire au succès de la nouvelle entreprise qu'il forma dès lors de concert avec Antoine de Baïf, Remi Belleau et Joachim Du Bellay.

Quand la gloire éclata, cette surdité de Ronsard eut la célébrité de la cécité d'Homère : on en fit une dixième muse[1]. Homère avait été grand peintre après avoir perdu la vue ; Ronsard devait être grand harmoniste pour avoir perdu l'ouïe. Il y avait analogie ; dans un autre sens il y eut contagion : la surdité étant poétique, chacun voulut paraître poète en devenant sourd ; c'était à qui n'entendrait pas : aussi le catalogue des sourds illustres est-il long dans Claude Binet, le biographe de Ronsard. Lorsqu'on reçoit un signe extérieur comme marque de talent, on peut être assuré que les prétendants ne manqueront pas. Horace ne nous parle-t-il pas d'une école de poètes reconnaissables à la longueur des ongles et de la barbe : *Non ungues ponere curant, non barbam?* et pendant un certain temps, dans un certain pays, la chevelure n'a-t-elle pas possédé la même vertu? L'unité de l'esprit humain se montre dans l'analogie des travers.

Les archives du seizième siècle sont remplies des témoignages de l'admiration qu'inspira Ronsard pendant les longues années de son règne poétique. On sait que, dans le partage des dépouilles de l'antiquité promises par Du Bellay à ses compagnons, Ronsard s'était fait la part du lion ; il devait reproduire à lui seul Homère, Pindare, Anacréon, et les plus habiles ne doutèrent pas, à la vue de ses œuvres, qu'il n'eût emporté cette triple couronne. Le génie et la vertu de L'Hospital furent éblouis des rayons de sa gloire, le judicieux Étienne Pasquier n'hésite pas à le placer au niveau de ses modèles, et Montaigne, qui a douté de tout, ne doute pas de l'im-

[1] Du Bellay, dans son hymne à la surdité, adressé à Ronsard, énumère ainsi les bienfaits de cette précieuse infirmité :

La surdité, Ronsard, seule t'a fait retraire
Des plaisirs de la cour et du bas populaire,
Pour suyvre par un troc encore non battu
Ce pénible sentier qui mène à la vertu :
Elle seule a tissu l'immortelle couronne
Du myrte paphien qui ton chef environne :
Tu lui dois ton laurier, et la France lui doit
Qu'elle peut désormais se vanter à bon droit
D'un Horace, un Pindare, et d'un Homère encore....

mortalité de Ronsard. Triste retour des choses d'ici-bas! Malherbe, et en dernier lieu Boileau, ont renversé la statue et brisé le piédestal. M. Sainte-Beuve, touché de compassion, a remué pieusement ces débris : ces fouilles ont eu un résultat, mais quel est-il? L'inventaire nous donne bien quelques fragments héroïques de pur et solide métal, mais qui ne peuvent ni s'étendre ni se rejoindre, car il y a tout à côté des scories honteuses et de vils plâtras. Pindare ne rend pas davantage, il ne fournit guère que des moules heureusement façonnés, dans lesquels de plus habiles ont, depuis, coulé le bronze et l'airain. La statue homérique et pindarique reste donc couchée par terre : ce qui se relève pour rester debout, étrange surprise! c'est une gracieuse statuette anacréontique. Oui, Ronsard reparaît, mais dépouillé de sa grande auréole et ramené aux justes proportions d'un poète gracieux et délicat. Le grand Ronsard est bien mort, mais sur sa tombe se lève une petite étoile qui jette encore de doux rayons.

Ce n'était pas en vain qu'à la fin du quinzième siècle, et pendant la première moitié du seizième, l'érudition avait exhumé les trésors de l'antiquité, et que les expéditions guerrières contre l'Italie avaient fait connaître à la France une littérature nouvelle illustrée par Dante et Pétrarque. Le contre-coup de ces études devait se faire sentir un jour; il était impossible que l'érudition ne réagît pas sur la poésie. Le signal de cette révolution fut donné par de jeunes disciples nourris sous la forte discipline des études classiques; leur maître fut Jean Daurat, et, suivant l'expression de Duverdier, on vit de son école une troupe de poètes s'élancer comme du cheval troyen. Ayant savouré à loisir le goût et le parfum des vieux poètes, l'élévation de leur langage, la noblesse de leurs idées, ils prirent en pitié ces riens gracieux que les poètes prodiguaient sous le nom de virelais, triolets et rondeaux; à ces grâces quelquefois naïves, souvent maniérées, ils voulurent substituer de mâles beautés, et remplacer le modeste hautbois par la trompette héroïque. L'*Illustration de la langue françoise*, publiée en 1549 par Du Bellay, nous donne la date historique de ce mouvement littéraire qui se prolongea, pendant près d'un demi-siècle, sous les auspices de Ronsard. Voici ce que disait Du Bellay pour donner du cœur à ses compagnons : « Condamner une langue comme frappée d'impuissance, c'est prononcer avec arrogance et témérité comme font certains de notre nation, qui, n'étant rien moins que Grecs et Latins, déprisent et rejettent d'un sourcil plus que stoïque toutes les choses écrites en français. Si notre langue est plus pauvre que la grecque et la latine, ce n'est pas à son impuissance qu'il faut l'imputer, mais à l'ignorance de nos devanciers, qui l'ont laissée si chétive et si nue qu'elle a besoin des ornements et pour ainsi dire des plumes d'autrui. Qu'on ne perde pourtant pas courage : les langues grecque et latine n'ont pas toujours été ce qu'on les vit du temps de Cicéron et de Démosthène. » Il donne ensuite aux novateurs un conseil qu'ils n'ont pas assez fidèlement suivi : « Les Romains imitaient les meilleurs auteurs grecs, se transformant en eux, les dévorant, et, après les avoir dévorés, les convertissant en sang et en nourriture. » Renouvelant le précepte d'Horace, il ajoute : « Qui veut voler par les bouches des hommes doit longuement demeurer en sa chambre, et qui désire vivre en la mémoire de la postérité doit, comme mort en soi-même, suer et trembler maintes fois ; et autant que nos poètes courtisans boivent, mangent et dorment à leur aise, il doit endurer la faim, la soif et de longues veilles : ce sont les ailes dont les écrits des hommes volent au ciel. Lis donc et relis jour et nuit les exemplaires grecs et latins, et laisse-moi aux jeux floraux de Toulouse et au Puy de Rouen toutes ces vieilles poésies françaises, comme rondeaux, balades, virelais, chants royaux, chansons et telles autres épiceries. » Puis, faisant allusion aux œuvres et aux devises bizarrement puériles des Jean Leblond, des Sagon, des Charles Fontaine, des François Habert et de tous ces faibles successeurs de Marot et de Saint-Gelais, il s'écrie dédaigneusement : « O combien je désire voir sécher ces printemps, rabattre ces coups d'essay, tarir ces fontaines ! Je ne souhaite pas moins que ces dépourvus, ces humbles espérans, ces bannis de liesse, ces esclaves fortunés, ces traverseurs, soient renvoyés à la table ronde, et ces belles petites devises aux gentilshommes et demoiselles dont on les a empruntées. »

Nous avons entendu, de notre temps, des épigrammes du même genre contre l'école de l'empire ; c'était le même dédain du passé, le même élan vers un avenir inconnu. Je n'ose pas dire qu'on préludait ainsi à un dénoûment semblable ; des œuvres durables seraient là pour me démentir. Du Bellay, après avoir ainsi exposé les raisons de la croisade qu'il propose pour s'approprier les richesses des littératures antiques, et les moyens de conquête, sonne enfin la charge dans une conclusion toute martiale et sentant son Tyrtée : « Là doncques, François, marchez courageusement vers cette superbe cité romaine, et des serves dépouilles d'elle (comme vous avez fait plus d'une fois) ornez vos temples et vos autels. Ne craignez plus ces oies criardes, ce fier Manlie et ce traître Camille, qui, sous ombre de bonne foi, vous surprennent tous nuds comptant la rançon du Capitole ; donnez en cette Grèce menteresse et y semez encore un coup la fameuse nation des Gallo-Grecs. Pillez-moi sans conscience les sacrés trésors de ce temple delphique ainsi que vous avez fait autrefois, et ne craignez plus ce muet Apollon, ses faux oracles ni ses flèches rebouchées. Vous souvienne de votre ancienne Marseille, seconde Athènes, et de votre Hercule gallique, tirant les peuples après lui par leurs oreilles avec une chaine d'or attachée à sa langue. » Cette vengeance tardive, provoquée contre les vainqueurs des Gaulois, ne fut pas complète, et ne valut pas celle que tirèrent plus tard nos armées et qu'un peintre spirituel a constatée en peignant un conscrit républicain plumant gaiement une oie sur le sommet du Capitole.

Puisque Du Bellay a si héroïquement sonné la charge et engagé le combat, il est juste de lui donner la première place. Aussi bien, si tous les chefs et les soldats eussent comme lui mesuré leurs efforts, la victoire n'aurait pas été suivie de la catastrophe qui a fait succéder si rapidement le ridicule au sublime. Ni l'oubli ni le ridicule n'ont atteint la mémoire de Du Bellay. Il avait posé des limites qu'il n'a pas franchies, le mouvement qu'il imprimait était légitime, le but qu'il marquait, glorieux. Il avait conseillé de digérer l'antiquité et de s'élever jusqu'à elle, non par la contrefaçon, mais par l'étude et par l'inspiration. Si, au lieu de transformer les anciens, on les a travestis, il n'en est pas responsable. Ses conseils étaient salutaires, et son œuvre personnelle, bien que modeste, a été honorable et sensée. La langue qu'il parle n'est pas un pastiche : il fortifie, il élargit celle que Marot a façonnée, il ne la dénature pas. D'ailleurs, l'estime qu'il mérite comme écrivain se soutient par la sympathie qu'il inspire comme homme et par l'intérêt qui s'attache toujours aux talents moissonnés avant l'âge [1]. L'ambition des honneurs, qui a désenchanté sa courte vie par une vaine attente, lui a été suggérée, car sa nature ne l'y portait pas; et le culte de la muse a toujours adouci pour lui l'amertume des espérances déçues. Il se plaint avec dignité, il gémit et n'accuse pas. Quatre années passées à Rome sous le patronage stérile du cardinal Du Bellay, son parent, et dans une dépendance que l'affection et le dévouement ennoblissaient, ont affligé son âme. Il a eu des regrets, il les a chantés, et ces *Regrets* poétiques l'ont immortalisé. Du Bellay a eu de la dignité dans ses plaintes, une douce mélancolie dans sa douleur, de la délicatesse en amour, du dévouement dans l'amitié, de l'ardeur dans le patriotisme, et il a consacré l'expression de ces sentiments divers par la grâce et par l'énergie du langage. Ronsard, qui l'éclipsa pendant sa vie [2], a payé bien cher l'hyperbolique admiration de ses contemporains; et si la réaction a dépassé les bornes, il faut avouer qu'elle y avait été

[1] Du Bellay (Joachim) n'avait guère que trente-six ans lorsqu'il mourut. Né à Léré, près d'Angers, vers 1524, il mourut à Paris en 1560, au moment où il allait être promu à l'archevêché de Bordeaux par la démission du cardinal Du Bellay.

[2] Du Bellay avait cependant ses partisans, qui le plaçaient au niveau de Ronsard et lui donnaient le surnom d'*Ovide français*. Le poète n'accepte pas cette égalité, mais en repoussant l'éloge, il le constate. Il dit en s'adressant à Ronsard :

> Au reste, quoique ceux qui trop me favorisent,
> Au pair de tes chansons les miennes autorisent,
> Disant, comme tu sçais, pour me mettre en avant,
> Que l'un est plus facile et l'autre plus sçavant,
> Si ma facilité semble avoir quelque grace,
> Si ne suis-je pourtant enflé de telle audace
> De la contrepeser avec la gravité
> Qui sçait à la doulceur mesler l'utilité....

provoquée par une idolâtrie que nous avons bien de la peine à comprendre lorsque nous lisons les œuvres capitales du chef de la pléiade.

La plus considérable des entreprises que méditait Ronsard était la composition d'une épopée. Ce ne fut pas son début, mais c'est par là que nous commencerons la revue de ses œuvres : *ab Jove principium*. Virgile, fidèle à une tradition douteuse, mais accréditée, qui rattachait la fondation de Rome à la chute de Troie et à la venue d'Énée en Italie, avait composé l'Énéide. Ronsard, recueillant une fable qui n'avait plus cours et qui n'avait jamais été une croyance populaire, entreprit de chanter l'établissement du royaume des Francs par le fils d'Hector, qui a perdu son nom d'Astyanax pour devenir Francus[1]. Voilà une première gaucherie dans l'imitation, car la condition vitale de toute épopée est la popularité du sujet. La colère d'Achille et les aventures d'Ulysse étaient l'entretien des peuples de la Grèce, lorsque la poésie les consacra ; le peuple roi s'enorgueillissait d'avoir pour fondateur le fils de Vénus, quand Virgile le choisit pour héros de son poème ; l'Europe catholique, sur les limites du moyen âge, s'effrayait des tourments de l'enfer, se résignait devant les épreuves du purgatoire, s'enivrait des joies ineffables du paradis, et l'imagination de chaque chrétien se représentait ces séjours de gehenne, d'expiation et de félicité, promis aux âmes immortelles, lorsque Dante présenta au monde, dans sa Divine Comédie, le tableau de ces formes diverses de la vie future. Le souvenir des Croisades charmait l'imagination de l'Italie, désormais impuissante à tenter des efforts héroïques, mais fière encore d'en avoir provoqué, lorsque Le Tasse célébra la délivrance de Jérusalem. Camoëns exaltait l'orgueil des Lusitaniens vainqueurs de l'Inde, et Milton racontait la chute de l'homme, éternelle punition, éternel regret de la race humaine, encore aggravé par les terribles doctrines de Luther et de Calvin. Ainsi, tous ces poèmes étaient préparés et attendus ; ils étaient le terme d'un long travail d'imagination fait en commun. Mais en France, au seizième siècle, qui donc songeait à Francus? qui même y avait jamais songé? et Ronsard lui-même s'en serait-il avisé sans l'Énéide?

[1] Ronsard donne l'étymologie de ce mot au premier livre de son poème :

Astyanax en Francus fit changer
Son premier nom, en signe de vaillance,
Et des soldats fut nommé Porte-lance,
Phéré-enchos, nom des peuples vaincus*,
Mal prononcé, et dit depuis Francus.

Ceci rappelle l'épigramme si connue :

Alphana vient d'*Equus* sans doute,
Mais il faut avouer aussi
Qu'en venant de là jusqu'ici
Il a bien changé sur la route.

* Du grec φέρω et ἔγχος.

Voici maintenant ce que fabriqua celui qui se promettait d'égaler Homère et Virgile. Vingt ans se sont écoulés depuis la ruine de Troie : ce souvenir attriste Jupiter, qui convoque le conseil des dieux et leur fait part d'un projet qui doit relever la fortune des Troyens. Le fils d'Hector n'a point péri. Astyanax vit à la cour d'Hélénus, que Ronsard nomme, je ne sais par quelle fantaisie, Hélénin, époux d'Andromaque et roi d'Épire : les destins l'appellent à fonder un nouvel empire, et les temps sont venus. Les dieux consentent, et Mercure part aussitôt pour porter ce message à Hélénus et à Andromaque. Il tombe au milieu d'une fête en l'honneur de Cybèle, qui avait attiré toute la jeunesse de l'Épire. Fidèle aux habitudes homériques, Mercure reproduit littéralement les paroles du roi des dieux. Francus se dispose à partir; Mars, sous la figure d'un vieux guerrier nommé Guisin, par une allusion délicate au duc de Guise, vient fortifier son courage. Une forêt est bientôt abattue sous la cognée des bûcherons; non moins rapidement elle se transforme en vaisseaux qui ne tardent pas à recevoir les compagnons de Francus. Le présage classique du triple coup de tonnerre se fait entendre; un vent favorable gonfle les voiles, et la flotte quitte le port de Butrote. Il est bien entendu qu'Andromaque, avant le départ, n'a pas manqué de faire au fils d'Hector les adieux que vingt ans auparavant elle avait adressés à son époux.

Andromaque n'est pas seule à se souvenir : Neptune et Junon, qui n'avaient rien dit dans le conseil des dieux, n'en pensaient pas moins : Neptune garde sur le cœur le parjure de Laomédon [1], et Junon n'a pas oublié le jugement de Pâris. Or, Éole est toujours dans sa caverne avec les vents qui ont déjà soulevé les flots de la mer contre la flotte d'Énée; nous aurons donc une nouvelle ou plutôt la même tempête : autant de vaisseaux seront engloutis et dispersés; Francus gémira, lèvera ses mains au ciel comme Énée, et ne versera pas moins de larmes. Le vaisseau de Francus, long-temps ballotté par les flots et séparé de ceux que la tempête n'a pas engloutis, est jeté sur le rivage de la Crète. Heureusement un songe a préparé le roi Dicée à l'arrivée de ses nouveaux hôtes, et il va les réveiller dans un bois où, recrus de fatigue, ils se sont endormis. En Crète, un roi doit avoir au moins deux filles, deux filles sujettes à s'éprendre des étrangers. Dicée n'est pas moins bien pourvu que Minos au temps de Thésée; seulement Ariane et Phèdre s'appellent Clymène et Hyante. A défaut du

[1] Voici en quels termes Ronsard rappelle ce méfait du prince troyen :

> Il demandoit justement à ce roy,
> Laomédon prince de nulle foy,
> L'argent promis, d'avoir de sa truelle
> Fait des Troyens la muraille nouvelle.
>
> Liv. II, v. 19.

Minotaure, nous trouvons un géant qui tient de l'ogre et du cyclope, friand comme eux de chair humaine et qui a fait provision de jeunes Crétois, parmi lesquels se trouve le fils du roi, l'aimable Orée, tenu en réserve comme un morceau délicat. Personne n'ose tenter de le délivrer; mais Francus se dévoue. Aussi vaillant, aussi heureux que Thésée, il triomphe du monstre dans un terrible duel.

Cependant Vénus, fidèle à son amitié pour les Troyens et à son goût pour les intrigues d'amour, échauffe le cœur de Clymène et d'Hyante, déjà frappées de la bonne mine de Francus. La défaite du géant les a soumises au vainqueur. Il faut voir dans Ronsard le manége des deux rivales. Hyante a confié son amour à sa sœur, qui lui en montre les dangers, et qui, plus follement éprise elle-même, va sacrifier au temple de l'Amour et le supplier d'amollir en sa faveur le cœur de Francus. Dicée, dans sa reconnaissance, offre au fils d'Hector de choisir entre ses deux filles; mais le jeune héros a d'autres desseins, et d'ailleurs il n'est pas maître de sa destinée. Toutefois, sur le conseil de Leucothoé, qui lui est apparue sur le bord de la mer au moment où il se désolait sur la perte de son vaisseau, il s'est résolu, non à épouser Hyante, mais à s'en faire aimer. C'est alors qu'il reçoit une déclaration écrite par Clymène, qui, surprise par sa nourrice au moment où, vaincue par sa passion et cédant au désespoir, elle allait s'empoisonner, s'est décidée à cette démarche extrême, espérant sauver sa vie au péril de son honneur; mais Francus est inflexible, et Clymène le quitte pour aller se précipiter dans la mer. Ce n'est pas le bûcher de Didon, mais au moins c'est un dénoûment tragique.

Francus ne s'émeut pas autrement de cette catastrophe; mais Dicée, tout débonnaire qu'il soit, en aurait tiré vengeance si un songe ne l'eût apaisé. Le héros se retrouve seul à seul avec Hyante, et il en profite pour lui faire l'aveu de son amour; en échange il lui demande, comme elle est douée du don de prophétie, de lui découvrir l'avenir. Quelques opérations magiques attirent au bord d'une fosse, creusée comme celle de l'Odyssée et arrosée du sang des victimes, une foule d'âmes et de fantômes. Au préalable, Hyante avait exposé le système du monde selon la doctrine de Pythagore. Pendant le défilé des âmes devant Francus, Hyante, qui les reconnaît pour de futurs rois de France, les nomme et raconte leur histoire depuis Pharamond jusqu'à Charlemagne. Elle aurait continué si Ronsard ne se fût pas arrêté après le quatrième chant de ce poème, qui ne pouvait pas en avoir moins de douze. Le poète s'était-il aperçu qu'il faisait fausse route, ou les subsides royaux qui encourageaient son entreprise vinrent-ils à manquer? Cette dernière hypothèse, qui n'exclut pas la première, suffit pour expliquer l'abandon où Ronsard laissa *la Franciade*, puisque nous savons qu'après la mort de Charles IX la faveur royale se porta de préférence sur Desportes, courtisan agréable et délié que les mignons caressèrent aussi bien que le prince; car il fut pour eux, comme pour leur maître, plein d'empressement et de complaisance aussi longtemps qu'ils purent être généreux.

Si notre analyse de *la Franciade* a moins de gravité que d'exactitude, il faut s'en prendre moins à nous qu'au poème, qui serait mortellement ennuyeux si on n'avait pas la ressource de s'en amuser. C'est en effet de tous les avortements de Ronsard le plus considérable et le mieux caractérisé. Nulle part il n'est plus éloigné de la noblesse soutenue qui était son ambition. Sa première erreur était, je l'ai déjà dit, dans le choix du sujet; la seconde fut dans la préférence donnée au vers de dix syllabes sur l'alexandrin. Ce vers, inégalement partagé, qui se prête à merveille au récit badin dans Passerat, La Fontaine, Gresset et Voltaire, n'a pas le moins du monde l'allure héroïque, et Ronsard n'a pu réussir à l'empêcher de sautiller en boitant : il lui a enlevé sa grâce naturelle sans lui donner la noblesse qu'il ne peut recevoir. Les idées et les images sont trop souvent à l'unisson du style. Dans les descriptions, Ronsard multiplie les détails par un procédé familier aux peintres flamands et contraire au génie de la poésie, qui esquisse à traits choisis un tableau qu'achève l'imagination. Ainsi, dans la construction des vaisseaux :

Le manouvrier ayant matière preste
Or' son compas, ore sa ligne appreste,
Soigneux de l'œuvre et coignant à grands coups
Dedans les ais une suite de clous,
D'un art maistrier les vieux sapins transforme...

Voici maintenant la toilette du vieil Hélénin : rien n'y manque :

Incontinent que l'aube aux doigts de roses
Eut du grand ciel les barrières descloses,
Prompt hors du lit ce bon prince sortit,
Sa camisole et son pourpoint vestit,
Puis le sayon, puis sa cape tracée
A fils d'argent sur l'épaule a troussée;
Prit son espée au pomeau cizelé :
Ainsi vestu dans la place est allé,
Le dard au poing....

On est tenté d'ajouter à cet accoutrement *la béquille de Priamus*, si plaisamment introduite par Scarron dans son travestissement de l'Énéide. Les exemples de ce genre abondent; ainsi, Mars allant trouver Francus,

En sa faveur fit son char atteler,
Puis, fouettant ses chevaux parmi l'air,
. . . .
Vint s'abaisser sous le pied d'un rocher
Près du rivage, où faisant détacher
Ses beaux coursiers le long d'une verdure,
Trèfle et sain-foin leur donna pour pasture.

J'ajouterai, comme dernier échantillon, les préparatifs d'un repas homérique :

Tandis la troupe au travail non oisive
Le taureau mort renverse sur la rive :
Ils ont le cœur en tirant escorché,
Puis estrippé, puis menu déhaché
A morceaux crus : ils ont d'une partie
Sur les charbons fait de la chair rostie,
Embroché l'autre et cuite peu à peu
De tous costez à la chaleur du feu,
L'ont débrochée, en des paniers l'ont mise,
L'ont découpée et sur la table assise,
Ont pris leur siége, ont détranché le pain,
Ont fait tourner le vin de main en main. ..

Les comparaisons dont Ronsard a semé son récit sont aussi de bien pauvres ornements. Je n'en détacherai qu'une seule :

Ceste navire également tirée
S'allait traînant dessus l'onde azurée,
A dos rompu, ainsi que par les bois
(Sur le printemps au retour des beaux mois)
Va la chenille errante à toute force,
Avec cent pieds, sur les plis d'une escorce.

Faut-il après cela parler des enjambements dont Ronsard avait certainement le droit d'user, mais dont il abuse au point de donner souvent à ses vers la languissante démarche de la prose? Je me contenterai d'un seul exemple. Notre jeune école, qui s'est fort émancipée de ce côté, est restée en arrière du maître. Voyez, en effet, les vers suivants, qui nous donnent une date fort suspecte pour l'introduction des fleurs-de-lis sur le drapeau français. Il s'agit de Clovis :

Ses estendards, deshonorez de trois
Crapauds, prendront pour marques honorées
En champ d'azur des fleurs-de-lis dorées.

Voilà le sublime du rejet. Pouvait-on précipiter avec plus de mépris d'un vers à l'autre ces immondes emblèmes qui souillaient le drapeau des premiers Mérovingiens?

Nous voyons déjà à quel point Ronsard a trébuché en marchant sur les traces de Virgile et d'Homère, qu'il espérait suivre de près, quoique dans sa feinte modestie, imitée de Stace, car il imitait tout, il se soit écrié :

A genoux, *Franciade!*
Adore l'*Énéide*, adore l'*Iliade*.

Il n'en croit rien. Aussi se laisse-t-il dire par Daurat qu'il a égalé Jupiter, sauveur de la vie d'Astyanax, en tirant de l'oubli la gloire du prince troyen, et il permet à Passerat de le féliciter d'avoir terminé le procès de prééminence entre Homère et Virgile, en se plaçant au-dessus d'eux :

> Sustulit ambiguæ tandem certamina palmæ
> Francias, et veterem litem interjecta diremit.

Voilà quel encens la flatterie des contemporains faisait respirer à Ronsard, qui s'en est enivré. Dans son ivresse il a continué de s'égarer, et l'illusion, entretenue par ce nuage odorant répandu autour de lui, le poussa vers l'abîme. Ronsard eut de bonne heure tout ce qui perd les rois : un pouvoir sans limites et des flatteurs. Il est fâcheux pour lui qu'une réconciliation ait imposé silence aux railleries de Mellin de Saint-Gelais, et que, grâce à l'entremise de Guillaume des Autels, cette prière, qu'il adressait au ciel, ait été exaucée :

> Écarte, *disait-il*, loin de mon chef
> Tout malheur et tout meschef,
> Préserve moy d'infamie
> De toute langue ennemie,
> Et de tout acte malin :
> Et fay que devant mon prince
> Désormais plus ne me pince
> La tenaille de Mellin !

A défaut d'avertissement contemporain, Ronsard, dans ses tentatives lyriques, aurait pu se souvenir d'Horace annonçant malheur aux émules de Pindare : *Pindarum quisquis studet æmulari...* Cette voix autorisée ne l'arrêta point, et, au risque de donner son nom à quelque mer malencontreuse, il s'envola sur les ailes d'Icare. A la hauteur où il s'éleva dans les nues, il put encore entendre et il entendit les acclamations de ses admirateurs tant elles étaient véhémentes; mais aussi, en retour, l'*aigu des sifflets,* comme il aurait dit, a dû le réveiller dans la tombe, tant les notes en ont été perçantes. C'est vraiment pitié, car ce labeur ingrat et héroïque ne méritait

> Ni cet excès d'honneur, ni cette indignité.

Ronsard déploya tout l'appareil pindarique. Extérieurement rien ne manque à la contrefaçon : strophes, antistrophes, épodes, mouvements désordonnés, digressions démesurées, hyperboles, images, tout s'y trouve à souhait. C'est surtout à propos de l'ode au chancelier l'Hospital que l'admiration alla jusqu'à l'extase. Il faut bien en dire quelque chose : « C'est, » dit Richelet, un chef-d'œuvre de poésie que cette ode faite en l'hon- » neur de la poésie et d'un grandissime personnage. » Le but du poète est de faire savoir que Michel de l'Hospital a ramené les Muses sur la terre. Pour y arriver il commence par raconter la naissance des filles de Mémoire, puis il les conduit, à travers la mer, au palais de l'Océan, où elles doivent trouver Jupiter leur père. Elles y arrivent pendant le souper, et au dessert, pour essai de leurs voix enfantines, elles chantent à l'unisson trois aventures, « qui représentent trois styles divers, relevez d'une infinité de » vives descriptions et remplis de plusieurs doctes singularitez philoso- » phiques. » Comme elles n'ont que sept ans, ce coup d'essai est un grand argument de précocité, et il n'y a pas à douter de leur vocation. Aussi seront-elles chargées de répandre parmi les hommes l'inspiration poétique. En conséquence, Ronsard traite doctement de la poésie, du caractère et des devoirs du poète, ce qui fournit bon nombre de strophes et d'antistrophes, non sans épodes. Les Muses arrivent enfin sur la terre, et ce qu'elles y font amène une revue lyrique des poètes qu'elles ont inspirés en Grèce et en Italie; mais chassées enfin par la barbarie, elles se sont réfugiées dans l'Olympe, auprès de leur père. Toutefois, un protecteur leur est né; elles reviennent donc parmi les hommes par l'ordre de Jupiter et à la voix de l'Hospital, dont le panégyrique long-temps attendu et indéfiniment prolongé met un terme à ce formidable enfantement pindarique.

Ici, comme pour l'épopée, nous avons encore un grand désastre à constater. Ronsard a beau se guinder sur les échasses de l'antiquité, s'il s'élève, il ne se soutient pas : le souffle poétique lui manque, sa voix s'enfle pour détonner. J'hésite à fournir quelques exemples de cette poésie avortée, dans la crainte d'être accusé de choisir avec malveillance. Cependant je prends au hasard, et ceux qui seraient tentés de me contrôler, je les en avertis, affronteraient inutilement un ennui dont ils ne soupçonnent pas la pesanteur. Voici pour échantillon la naissance des Muses :

Mémoire, royne d'Eleuthère,
Par neuf baisers qu'elle receut
De Jupiter qui la fit mère,
D'un seul coup neuf filles conceut.
Mais quand la lune vagabonde
Eut courbé douze fois en rond
(Pour renflammer l'obscur du monde)
La double voûte de son front,
Mémoire de douleur outrée
Dessous Olympe se coucha,
Et, criant Lucine, accoucha
De neuf filles d'une ventrée.

Quel style et quelles images! Comment d'habiles gens, nourris des modèles antiques, ont-ils pu se méprendre si complétement et si long-temps? Plus loin, Ronsard pense être gracieux, et il est aussi éloigné de la grâce que de la noblesse :

Le sang naturel qui commande
De voir ses parents, vint saisir

Le cœur de cette jeune bande
Chatouillé d'un noble désir :
Si qu'elles, mignardant leur mère,
Neuf et neuf bras furent pliant
Autour de son col, la priant
De voir la face de leur père.

Singulier tableau que ces dix-huit petits bras pliés autour d'un seul col ! Le pinceau le plus habile serait bien empêché à en faire une gracieuse image.

Ronsard comptait beaucoup sur cette neuvaine de jeunes filles pour introduire la grâce à côté du sublime. Nous avons déjà vu ce que produisait l'enlacement de neuf et neuf petits bras autour du col de Mnémosyne. Voici maintenant une autre évolution dont l'effet n'est guère plus heureux. Lorsque le vaisseau qui les porte est arrivé à la hauteur du palais de l'Océan, placé sous les abîmes de la mer, il faut plonger sous les flots. Leur mère saute la première, et les enfants suivent son exemple. Un nageur dirait qu'elles piquent une tête, c'est le mot technique et consacré :

Elles adonc voyant la trace
De leur mère, qui jà sondoit
Le creux du plus humide espace
Qu'à coups de bras elle fendoit,
A chef baissé sont dévalées,
Penchant bas la teste et les yeux,
Dans le sein des plaines salées.
L'eau qui jaillit jusques aux cieux
Grondant sus elles se regorge ;
Et, faisant deçà et delà
Mille tortis, les avala
Dedans le gouffre de sa gorge.

Il faut renoncer à multiplier ces citations où le rhythme seul a quelque charme pour l'oreille, mais où la langue, pleine de mots sans propriété et sans précision, exprime des images qui n'ont rien d'agréable. Le vrai mérite de Ronsard, dans ces essais ambitieux, est d'avoir donné des modèles de strophes lyriques et rencontré par intervalles le vrai ton de l'ode, qu'il ne soutient pas. Les formes de langage qu'il emprunte aux langues anciennes, les mots qu'il forge trop souvent à l'imitation des composés grecs et qui n'ont plus cours parce que le génie de la langue les repousse, forment aujourd'hui des disparates et des dissonances choquantes : de sorte que l'harmonie même du rhythme est compromise par les secousses qui déroutent l'esprit le plus bienveillant et le mieux disposé à suivre l'essor du poète.

On le voit, ce n'est ni par l'épopée ni par l'ode pindarique que Ronsard peut être relevé de sa chute profonde. Nos ressources sont ailleurs. C'est pour le rival d'Homère et de Pindare que se trouve vérifié ce présage que Ronsard mettait dans la bouche de sa maîtresse, qu'il avait décorée du nom de Cassandre, et à laquelle il donne les attributs prophétiques de la fille de Priam :

« Avant le temps tes temples fleuriront,
De peu de jours ta fin sera bornée :
Avant le soir se clorra ta journée :
Trahis d'espoir tes pensers périront.

» Sans me fléchir tes escrits flétriront;
En ton désastre ira ma destinée;
Pour abuser les poëtes je suis née :
De tes souspirs nos neveux se riront :

» Tu seras fait du vulgaire la fable;
Tu bastiras sur l'incertain du sable
Et vainement tu peindras dans les cieux. »

— Ainsi disoit la nymphe qui m'affole,
Lorsque le ciel témoin de sa parole
D'un dextre esclair fut présage à mes yeux.

Pendant que Ronsard, se faisant hardiment la part du lion, mettait la main sur l'héritage d'Homère et de Pindare, Jodelle se porta le continuateur de Sophocle et de Térence. L'heure de la réforme dramatique étant venue, deux chefs-d'œuvre furent prêts; c'étaient *Cléopâtre captive* et *Eugène ou la Rencontre*. Quinze jours avaient suffi pour mettre la tragédie sur pied, et la comédie avait été la besogne de quatre matinées. Mais il fallait inaugurer le théâtre renaissant. Où trouver de dignes interprètes? L'embarras des réformateurs ne fut pas de longue durée; ils savaient que, chez les Grecs et chez les Romains, les auteurs étaient souvent acteurs dans leurs propres drames, et qu'à défaut d'actrices les rôles de femmes étaient joués par de jeunes hommes. Aussitôt la pléiade s'exécute de bonne grâce; elle se transforme en troupe tragique et comique, rendant ainsi un nouvel hommage à l'antiquité qu'elle voulait ressusciter. Remy Belleau, Jean de la Péruse et Jodelle se chargent des rôles principaux; une première épreuve se fait en famille, dans l'enceinte du collége de Boncour, devant les régents et les élèves. Puis, ce succès dramatique encourageant l'auteur et ses compagnons, l'hôtel de Reims reçoit enfin, pour la grande fête dramatique, Henri II, escorté de ses courtisans, Jean Daurat, le grand Turnèbe, et tous les autres illustres de la science. C'était pendant le carnaval de 1552, époque heureusement choisie, puisque les représentations des anciens avaient lieu pendant les fêtes de Bacchus. L'imitation était donc complète. Le succès ne fut pas douteux, et ce dut être une grande joie parmi nos jeunes novateurs que ce triomphe incontesté. Il leur sembla que l'antiquité renaissait pour se voir vaincue. De plus sages auraient perdu le sens ; aussi la pléiade se mit-elle en pleine orgie. Jodelle, escorté de ses admirateurs, est ramené en triomphe à Arcueil ; le joyeux cortége s'empare d'un bouc, le décore de lierre et de bandelettes, l'entraîne dans la salle du festin, où Ronsard improvise un péan en l'honneur de Bacchus, et la victime est immolée à l'heureux triomphateur. Ce sacrifice, renouvelé des Grecs, scandalisa les pieux habitants d'Arcueil, qui crièrent à l'idolâtrie, et qui auraient fait justice de ces hardis païens si la royauté ne les eût pris sous sa protection. Cent ans plus tard, un parterre de bourgeois, dupe d'un latinisme amené par les besoins de la mesure, témoigna une égale fureur lorsque, dans l'*Agrippine* de Cyrano, Séjan s'écrie, en présence des conjurés qui doivent assassiner Tibère : « Allons frapper l'hostie. » Les contemporains de Corneille virent dans ces mots un outrage aux saints mystères de la religion, comme les paysans d'Arcueil prirent une réminiscence poétique pour une résurrection du paganisme. Ce fut ainsi que s'inaugura la tragédie française.

Voyons maintenant ce que valaient ces pièces, qui firent tant de bruit au milieu du seizième siècle. Dans la forme, c'était bien le calque de la tragédie antique ; au fond, c'en était la parodie. Les caractères, les mœurs, le langage tragique n'étaient qu'ébauchés, ils aspiraient à être, ils n'étaient pas encore. Une analyse rapide de la *Cléopâtre* et quelques citations suffiront à prouver que le triomphe de Jodelle n'était qu'un coup de parti.

I. L'ombre d'Antoine vient gémir sur ses malheurs et annoncer la mort de Cléopâtre, comme dans *Hécube* l'ombre de Polydore prophétise le sacrifice de Polyxène. — Cléopâtre, décidée à mourir, paraît ensuite accompagnée de deux esclaves qui essaient vainement de la détourner de son funeste dessein. — Le chœur, composé de femmes d'Alexandrie, déplore les maux attachés à l'humanité et la fragilité des plaisirs d'ici-bas. — II. Octave tient conseil avec Agrippa et Proculée, et après avoir donné quelques regrets à la chute d'Antoine, autrefois son compagnon d'armes, il rejette bien loin toute idée de pitié et se détermine à user des droits qu'il tient de la victoire. Sa seule crainte est de ne pouvoir donner le change à Cléopâtre pour en faire l'ornement de son triomphe. — Le chœur chante d'après Sophocle ses strophes et ses anti-strophes sur les désordres qu'enfante l'orgueil. — III. Entrevue d'Octave et de Cléopâtre dans laquelle la reine d'Égypte essaie de fléchir le vainqueur et rejette ses torts sur l'excès même de son amour. Mais, le voyant inflexible, elle propose de lui découvrir les trésors enfouis dans le palais d'Alexandrie. Séleucus, présent à cet entretien, accuse Cléopâtre de ne révéler qu'une partie de ses richesses, et provoque par cette accusation la fureur de la reine. Octave joue le magnanime et refuse les dons de Cléopâtre. — Le chœur moralise derechef sur les avantages de la médiocrité et l'ingratitude des courtisans. — IV. Cléopâtre demeure toujours ferme dans son dessein, malgré les promesses d'Octave; la vie et l'opulence ne sont rien à ses yeux si elle doit être menée en triomphe derrière le char du vainqueur. Elle jure devant le tombeau d'Antoine qu'elle va bientôt rejoindre son ombre. — Le chœur, dans un chant plaintif, s'associe aux douleurs de la reine. — V. Proculée vient raconter les circonstances du suicide de Cléopâtre. — Le chœur entonne un hymne en son honneur et lui présage une gloire immortelle.

Ce canevas montre qu'il n'y a ni action ni péripétie. Cette extrême simplicité, justifiée dans les pièces grecques, où les personnages, instruments de la fatalité, ne peuvent pas donner cours à leurs passions, et dans les pièces de Sénèque, thèses philosophiques qui n'étaient pas destinées à la représentation, accuse ici l'inexpérience du théâtre et la stérilité d'imagination. En outre, la nudité de l'action n'est point couverte par les ornements du style. Le langage de Jodelle porte les traces d'une composition précipitée; on y trouve tous les vices de l'improvisation, le vague des pensées, les longueurs et les répétitions. Le premier et le quatrième acte sont écrits en vers alexandrins, et les trois autres en vers de dix syllabes. Je n'ai guère découvert qu'un seul trait qui mérite d'être conservé. C'est au troisième acte, lorsque Séleucus accuse Cléopâtre de cacher une partie de ses trésors. La reine s'indigne et s'écrie :

> De quoi m'accuses-tu?
> Me crois-tu donc veuve de ma vertu
> Comme d'Antoine? Ah! traitre....

Le mouvement et l'expression sont également remarquables. Ajoutons à ce trait l'énergique exclamation de Cléopâtre lorsque, dans l'orgueil que lui donne sa ferme résolution de mourir [1], elle s'écrie :

> La parque et non César aura sur moi le prix,
> La parque et non César soulage mes esprits,
> La parque et non César triomphera de moi,
> La parque et non César finira mon émoi.

On pourrait encore signaler çà et là d'heureuses intentions, mais tous ces germes avortent par la précipitation du travail. Jodelle est bien en cela l'aïeul des Théophile et des Scudéry, que M. Sainte-Beuve, avec son habituelle sagacité, nous donne comme les continuateurs du mouvement littéraire interrompu par Malherbe. Le temps a décidé la question contre tous ces poëtes, qui n'ont pas cru que le travail de la lime fût nécessaire à la durée de leurs œuvres.

[1] Deliberata morte ferocior. *Horace.*

Comment des vers tels que ceux-ci ne s'arrêteraient-ils pas dans leur course vers la postérité :

Me voilà jà croyant ma roine, ains ma ruine;
Me voilà bataillant en la plaine marine;
Me voilà jà fuyant oublieux de la guerre;
Me voilà dans sa ville, où j'yvrogne et....
. . . .

Ainsi sa vie, heureusement traitée,
Ne pourra voir sa quenouille arrêtée;
Ainsi, ainsi, jusqu'à Rome elle ira;
Ainsi, ainsi, ton souci finira.

Voilà ce que laissent tomber ces poètes emportés qui ont foi à leur génie. L'avenir est de plus difficile conquête. Il dédaigne à juste titre ces œuvres conçues, portées et produites sans peine, et il ne partage pas l'illusion du poète qui pense que la chaleur matérielle de son cerveau a passé dans ses rimes jetées pêle-mêle au dehors. La *Didon* du même poète n'est guère supérieure à la *Cléopâtre;* j'y trouve cependant un essai de dialogue antithétique qui n'est pas sans mérite. Le chœur, composé de Phéniciennes, veut retenir Énée qui se dispose à partir :

ÉNÉE.
O bienheureux départ! ô départ malheureux!
LE CHOEUR.
Quel heur en ton départ?
ÉNÉE.
L'heur que les miens attendent.
LE CHOEUR.
Les Dieux nous ont fait tiens.
ÉNÉE.
Les Dieux aux miens me rendent.
LE CHOEUR.
La seule impiété t'éloigne de ces lieux.
ÉNÉE.
La piété destine autre siége à mes Dieux.
LE CHOEUR.
Quiconque rompt la foi, des grands Dieux encourt l'ire.
ÉNÉE.
De la foi des amants les Dieux ne font que rire.
LE CHOEUR.
La piété ne peut mettre la pitié bas.
ÉNÉE.
La pitié m'assaut bien, vaincre ne me peut pas.
LE CHOEUR.
Par la seule pitié les durs destins s'émeuvent.
ÉNÉE.
Ce ne sont pas Destins si fléchir ils se peuvent.

Cet assaut d'antithèses ou plutôt cette escrime se continue avec une égale adresse. Mais, à part quelques traits de ce genre, où le mouvement du dialogue se précipite outre mesure, la pièce ne se compose guère que de monologues et de longues tirades, comme dans Sénèque, qui est le véritable modèle de Jodelle, comme il a été celui de Garnier.

La comédie, quoique supérieure à ces essais tragiques, est encore bien imparfaite, et, de plus, on peut lui reprocher de n'être pas restée beaucoup en deçà de l'immoralité des farces que jouaient les Bazochiens. L'analyse d'*Eugène* peut se faire en quelques mots. L'intrigue d'un riche abbé avec la femme d'un lourdaud est traversée par le retour d'un amant de date plus ancienne. Cet amant, homme d'armes, effraie l'abbé, qui se débarrasse de ses poursuites par la complaisance de sa sœur. Les créanciers du débonnaire époux de sa maîtresse, autre obstacle, sont éconduits ensuite par ses largesses; de sorte que l'heureux abbé met ses amours en sûreté en livrant sa sœur d'un côté et de l'autre son argent. Jodelle a jeté sur ce canevas un dialogue facile, quelquefois spirituel, et dont la mesure (le vers de huit syllabes) se prête assez bien aux libres allures de la conversation. Quoique les caractères ne soient pas vigoureusement tracés, on reconnaît que l'abbé est de la famille de ce gras chanoine que Villon aperçut par un trou de mortaise,

> Lez un brasier, en chambre bien nattée,
> A son côté gisant dame Sidoine.

Le Florimond a bien quelques airs de matamore, et messire Jean, chapelain de l'abbé et son compère, est un entremetteur assez habile. Mais on chercherait en vain dans cette nouvelle dialoguée le comique de mots et de situations.

Après le succès de ses tentatives dramatiques, Jodelle devint le poète de la cour; il fut pendant quelques années l'*impresario* des fêtes royales. L'universalité de ses talents comme architecte, décorateur, mécanicien, musicien et poète, mettait sous sa direction toutes les parties de l'entreprise. Grâce à ce cumul, la cour pouvait se divertir au rabais. Les fêtes de 1557, données à l'Hôtel-de-Ville, marquent l'apogée de la faveur de Jodelle et le commencement de sa décadence. Les mascarades réussirent fort mal. La première représentait le navire des Argonautes avec personnages parlants. Jodelle jouait le rôle de Jason. Le vaisseau, porté à dos d'homme, devait voguer en présence des spectateurs. Orphée, jouant sur sa lyre la musique de Jodelle, aurait renouvelé ses miracles; deux rochers sensibles à l'harmonie devaient suivre la course du navire. Mais les porteurs plièrent sous le faix; les Argonautes s'enrouèrent en chantant faux, et, pour comble de malheur, deux clochers (funeste méprise!) se présentèrent à la place des rochers. Les murmures de l'assemblée troublèrent Jodelle, qui n'eut plus assez de sang-froid pour prendre sa revanche dans les autres tableaux.

Jodelle, outre son esprit, prodiguait aussi son argent et sa santé. Il était homme de plaisir, toujours en quête de voluptés nouvelles. Ce n'était pas le moyen de briller long-temps; aussi, malgré la puissance de ses facultés, malgré l'heureux concours des circonstances, la bonne volonté de deux rois et de quelques grands seigneurs, Jodelle à quarante ans avait tout épuisé, son esprit, son corps et sa bourse. L'astre de Garnier qui s'élevait faisait pâlir sa gloire mourante. Ronsard chantait son rival, dont il proclamait le triomphe. La journée d'Arcueil n'était plus qu'un souvenir effacé qui retraçait vaguement des promesses mensongères; la faveur royale s'était retirée, et le dernier soupir du poète fut un cri de détresse et de reproche :

> Qui se sert de la lampe au moins de l'huile y met!

N'oublions pas tout à fait les autres astres subalternes de la pléiade, mais passons rapidement et pour n'y plus revenir. Daurat nous échappe, étant resté purement grec ou latin. Pontus de Thyard ne fit que traverser la poésie; visant au solide, il cultiva les sciences, non sans succès, et gagna un évêché. Amadys Jamyn, l'élève chéri de Ronsard, ne se recommande plus que par cette illustre amitié; sa médiocrité docile ne fit jamais ombrage au maître, qui lui conserva sa faveur : tous ses vers dorment paisiblement dans l'immense nécropole que chaque siècle peuple de ses rimeurs. Remi Belleau est la plus gracieuse figure de ce groupe poétique : rien ne le rattache au pédantisme qui enveloppe le voisinage; il n'a pas visé haut et s'est contenté d'exprimer avec grâce et de peindre avec délicatesse ce qu'il a senti. On l'appelait le gentil Belleau : sa gentillesse s'est un peu ridée avec le temps, sa mignardise a légèrement grimacé; mais, parmi les fleurs de sa guirlande, il y en a une qui a conservé de la fraîcheur : c'est son *Avril*, dont le rhythme sautillant a surtout fait la fortune. Quant à Baïf, c'est le pédantisme incarné; il est rare qu'il ne soit pas lourd et tendu, quoiqu'il ait eu quelques bonnes fortunes en imitant Moschus et Théocrite. C'est toutefois un personnage important : associé aux premiers labeurs de Ronsard, bâtard légitimé d'un grand seigneur, il a joui d'une haute considération. Dans la réforme générale, il a eu l'initiative de deux réformes partielles qui ont complétement avorté : je veux parler de l'essai des vers métriques et de l'introduction des comparatifs et superlatifs *latiniformes*, dernière fantaisie qui lui a attiré l'ironique sonnet de Du Bellay, qui se termine par ce vers :

> Docte, doctieur et doctime Baïf.

Revenons à Ronsard pour compenser enfin par des éloges mérités nos premières rigueurs. Nous verrons que si la haute inspiration lyrique et le génie de l'épopée lui ont fait défaut, il a dans d'autres œuvres d'un ton élevé, au moins par intervalles, atteint la noblesse du style et l'harmonie du rhythme; mais c'est surtout dans le genre gracieux et sur les traces d'Anacréon qu'il a réussi. Il serait difficile, en effet, de rencontrer un tableau plus gracieux que celui de l'Amour piqué par une abeille tel que Ronsard l'a reproduit par une libre imitation du modèle qu'il égale. Le poète n'a pas été moins habile ni moins heureux en traitant l'Amour mouillé par le même procédé d'imitation originale que La Fontaine a appliqué depuis au même sujet sans faire oublier Ronsard. On a souvent cité, mais comment ne pas citer encore les stances gracieuses où, rival d'Horace, il convie sa maîtresse au plaisir par l'image de la rose sitôt flétrie :

Mignonne, allons voir si la rose
Qui ce matin avoit desclose
Sa robe de pourpre au soleil,
A point perdu ceste vesprée
Les plis de sa robe pourprée
Et son teint au vostre pareil.

Las! voyez comme en peu d'espace,
Mignonne, elle a dessus la place,
Las! las! ses beautez laissé cheoir!
O vrayment marastre nature
Puisqu'une telle fleur ne dure
Que du matin jusques au soir!

Donc si vous me croyez, mignonne,
Tandis que votre âge fleuronne
En sa plus verte nouveauté,
Cueillez, cueillez vostre jeunesse:
Comme à ceste fleur la vieillesse
Fera ternir vostre beauté.

Voici maintenant la même pensée présentée sous une autre forme et avec un charme plus sévère :

Quand vous serez bien vieille, au soir, à la chandelle,
Assise auprès du feu devisant et filant,
Direz chantant mes vers et vous esmerveillant,
Ronsard me célébroit du temps que j'estois belle.

Lors vous n'aurez servante oyant telle nouvelle,
Desjà sous le labeur à demi sommeillant,
Qui au bruit de mon nom ne s'aille resveillant,
Bénissant vostre nom de louange immortelle.

Je serai sous la terre et, fantosme sans os,
Par les ombres myrteux je prendray mon repos :
Vous serez au fouyer une vieille accroupie,

Regrettant mon amour et vostre fier desdain.
Vivez, si m'en croyez, n'attendez à demain :
Cueillez dès aujourd'hui les roses de la vie.

Notre Béranger, qui se trouve ici en concurrence avec Ronsard, n'a pas mieux fait, et il n'y a pas à en rougir. Ajoutons encore à ces exemples, qu'il serait facile de multiplier, ces deux tercets qui terminent un sonnet irréprochable :

Icy chanter, là pleurer je la vy,
Icy sourire, et là je fus ravy
De ses discours par lesquels je desvie :

Icy s'asseoir, là je la vy danser :
Sur le mestier d'un si vague penser
Amour ourdit la trame de ma vie.

Ce côté gracieux fait revivre Ronsard, mais il serait injuste de méconnaître que s'il n'a pas fondé définitivement la langue noble de la poésie, à laquelle tendaient ses principaux efforts, il a cependant donné le diapason auquel Malherbe a su la maintenir. J'avouerai sans détour que dans le genre élevé Ronsard est mortellement ennuyeux, j'ai le droit de le dire après l'épreuve héroïque que j'ai supportée en le lisant; mais la poésie éclate çà et là dans ce fatras monotone. Ainsi, dans le discours qui ouvre le *Bocage royal*, et qui est adressé à Henri III, le poète, après avoir dit que dans la politique la douceur fait plus que la violence, traduit et éclaire sa pensée par la comparaison suivante :

Ne vois-tu ces rochers remparts de la marine?
Grondant contre leurs pieds toujours le flot les mine,
Et, d'un bruit écumeux à l'entour aboyant,
Forcené de courroux, en vagues tournoyant,
Ne cesse de les battre, et d'obstinés murmures
S'opposer à l'effort de leurs plantes si dures,
S'irritant de les voir ne céder à son eau.
Mais quand un mol sablon par un petit monceau
Se couche entre les deux, il fléchit la rudesse
De la mer, et l'invite, ainsi que son hôtesse,
A loger en son sein : alors le flot, qui voit
Que le bord lui fait place, en glissant se reçoit
Au giron de la terre, apaise son courage,
La caresse, et se joue aux abords du rivage.

Cette période de quatorze alexandrins n'est-elle pas bien conduite, ne se soutient-elle pas par l'heureuse variété des coupes, par la beauté des images et la pureté continue de l'expression? Les vers de ce genre ne sont pas rares dans le *Bocage royal*. M. Sainte-Beuve, dans le choix judicieux qu'il a publié des poésies de Ronsard, fournit plusieurs passages d'une grande beauté. M. Philarète Chasles a extrait des hymnes, et notamment de l'hymne sur l'éternité, quelques traits sublimes. Les discours sur les misères du temps, où Ronsard se montre bon chrétien plus encore que catholique sincère et citoyen zélé, présentent à chaque page des vers de noble facture et des périodes bien soutenues. Ce n'est pas à cette partie des œuvres de Ronsard que peut s'appliquer la définition, piquante d'ailleurs et juste en partie, que M. Nisard a donnée de la langue de Ronsard : « Tout cela forma une langue bariolée, pédante, inintelligible : langue vague, sans unité, sans analogie, pauvre et maigre par dessous, par dessus recouverte d'une façon de manteau antique; jargon mi-parti de patois vivants et de langues mortes, d'italien, de latin, de grec, chargé d'épithètes homériques, descriptif à l'excès, novateur sans nécessité, sans choix et sans goût, courtisanesque et populaire, érudit et sauvage; vrai pêle-mêle d'audace et d'impuissance, de stérilité et de facilité formidable, de puérilité et d'emphase, d'inexpérience grossière et de raffinement, de paresse et de labeur. » Je ne veux pas faire pièce au spirituel critique; mais, pour restreindre dans ses vraies limites l'application de son anathème, je dois encore faire une citation, qui sera la dernière : c'est un fragment de l'imprécation contre les bûcherons destructeurs de la forêt de Gastin si chère à Ronsard :

Forêt, haute maison des oiseaux bocagers!
Plus le cerf solitaire et les chevreuils légers
Ne paistront sous ton ombre, et ta verte crinière
Plus du soleil d'été ne rompra la lumière;
Plus l'amoureux pasteur, sur un tronc adossé,
Enflant son flageolet à quatre trous percé,
Son mastin à ses pieds, à son flanc sa houlette,
Ne dira plus l'ardeur de sa belle Janette.
Tout deviendra muet, écho sera sans voix :
Tu deviendras campagne, et au lieu de tes bois
Dont l'ombrage incertain lentement se remue,
Tu sentiras le soc, le coutre et la charrue;
Tu perdras ton silence et satyres et pans,
Et plus le cerf chez toi ne cachera ses fans.

Ronsard méritait de ne pas échouer complétement, et il a en partie réussi. La générosité et l'utilité de son entreprise auraient dû le préserver du dédain; car il voulait honorer son pays et il avait de la mission et du caractère du poète une haute idée. « Sur toutes choses, disait-il au poète, tu auras les Muses en révérence, voire en singulière vénération, et ne les feras jamais servir à choses déshonestes, à risées, ni à libelles injurieux, mais les tiendras chères et sacrées, comme les filles de Jupiter, c'est-à-dire de Dieu qui de sa sainte grace a premièrement par elles fait connoistre aux peuples ignorants l'excellence de sa majesté. » Il ajoutait : « Pour ce que les Muses ne veulent loger en une ame, si elle n'est bonne, sainte et vertueuse, tu seras de bonne nature, non meschant, renfrongé ni chagrin, mais animé d'un gentil esprit, ne laisseras rien entrer en ton entendement qui ne soit surhumain et divin. Tu auras les conceptions hautes, grandes, belles, tu te montreras religieux et craignant Dieu, tu converseras doucement avec les poètes de ton temps, tu honoreras les plus vieux comme tes pères, tes pareils comme tes frères, les moindres comme tes enfants. » Félicitons-le encore d'avoir aimé passionnément cette langue, qu'il a servie avec emportement sans doute et qu'il a dénaturée en croyant l'embellir, mais qu'il a du moins dirigée vers de plus nobles desseins et de brillantes destinées.

Ne lui envions pas les hommages de ses contemporains si cruellement expiés, ni les largesses royales qui lui ont fait des loisirs consacrés à la poésie. Ronsard attira sur lui et il étendit sur les lettres la faveur de Henri et de François II. Cette faveur alla pour lui jusqu'à la familiarité sous Charles IX, qui ne dédaigna pas de lui adresser des vers, et qui les fit si bons qu'on doit regretter qu'il ne se soit pas arrêté à cette vocation. On sait par cœur ceux par lesquels il place au-dessus des couronnes royales la couronne de poète :

> L'art de faire des vers, dût-on s'en indigner,
> Doit estre à plus haut prix que celui de régner.
> Tous deux également nous portons des couronnes,
> Mais roi je les reçois, poëte tu les donnes :
> Ta lyre qui ravit par de si doux accords,
> T'asservit les esprits dont je n'ai que les corps,
> Elle t'en rend le maître et te fait introduire
> Où le plus fier tyran ne peut avoir d'empire.

L'affection de Charles IX pour Ronsard était sans doute un souvenir de la part que celui-ci avait prise à son éducation, sous les auspices de L'Hospital et de Catherine de Médicis[1]. Quoi qu'il en soit, elle dura jusqu'à la mort de ce malheureux roi, dont le successeur, je l'ai déjà dit, fut moins favorable à Ronsard qu'à Desportes. D'ailleurs il vieillissait, et son infirmité aggravée par l'âge devait lui faire aimer la solitude. Au reste, elle lui était douce ; et il avait à choisir entre plusieurs séjours que lui avait ménagés la libéralité des rois. Ses bénéfices étaient dans cette province qu'on a surnommée le jardin de la France. Celui qu'il préférait était le prieuré de Saint-Côme, dans le voisinage de Tours. C'est là qu'il mourut le 27 décembre 1585, dans la pleine possession de sa renommée, et n'ayant eu d'autre inquiétude, sur sa royauté littéraire que le bruit de la *Semaine* de Du Bartas. Mais cette alerte fut aussi courte qu'elle avait été vive. Il s'éteignit donc sans funeste

[1] La participation de Ronsard à l'éducation de Charles IX, fait dont je ne vois la trace nulle part, ressort évidemment d'un manuscrit qui m'a été communiqué par mon savant ami M. Paulin-Pâris, et qui contient le texte même des conférences morales tenues en présence du roi. Les questions étaient débattues de vive voix par Ronsard, Baïf, Amadis Jamin et Desportes. Ce fait vient à la décharge de Catherine de Médicis, qu'on accuse d'avoir, par calcul d'ambition, négligé l'éducation de ses fils.

pressentiment : et cependant Malherbe tenait déjà la plume impitoyable qui devait biffer son œuvre tout entière et l'éclipser ; Malherbe, appelé quelques années plus tard à la cour par le conseil de ce même Du Perron, depuis évêque et cardinal, qui fit, avec tant d'apparat, l'oraison funèbre de Ronsard dans la chapelle du collége de Boncour.

Malherbe ruina la gloire de Ronsard sans décourager cependant tous ses admirateurs ; mais ce fut une religion privée et non plus un culte public. Régnier le nomme encore à côté de Virgile et d'Homère ; mademoiselle de Gournay regarde ses détracteurs comme des impies ; Balzac, qui sait à quoi s'en tenir, n'ose se prononcer ouvertement pour ne pas se mettre sur les bras les vieux parlementaires, l'Université, et bon nombre de jésuites qui s'indignent des sarcasmes de la cour et de l'Académie, où dominent les partisans de Malherbe. Enfin, au milieu du dix-septième siècle, mademoiselle de Scudéry lui donnait place dans le songe d'Hésiode, au tome VIII de la Clélie, où Calliope le désigne en termes honorables : « Regarde, dit la Muse, le prince des poètes français : il sera beau, bien fait et de bonne mine ; il s'appellera Ronsard ; sa naissance sera noble ; il sera extraordinairement estimé et méritera de l'être en son temps. Il sera même assez savant ; mais, comme il sera le premier en France qui entreprendra de vouloir faire de beaux vers, il ne pourra donner à ses ouvrages la perfection nécessaire pour être loués long-temps. On connoîtra pourtant bien toujours par quelques-unes de ses hymnes que la nature lui aura beaucoup donné et qu'il aura mérité sa réputation. » Boileau effaça les derniers vestiges de cette idolâtrie ; et Ronsard était resté jusqu'à nos jours sous le poids de la sentence qui le vouait au ridicule. Heureusement l'Académie française, en 1826, eut l'idée de proposer pour le prix d'éloquence le tableau littéraire du seizième siècle. A cette occasion, trois écrivains d'un rare talent, critiques habiles et intrépides, MM. Sainte-Beuve, Saint-Marc Girardin et Philarète Chasles, affrontèrent deux énormes in-folios depuis long-temps délaissés, et maintenant on ne rit plus en prononçant le nom de Ronsard.

GERUZEZ,

Professeur agrégé d'éloquence française à la Sorbonne,
maître de conférences à l'École normale.

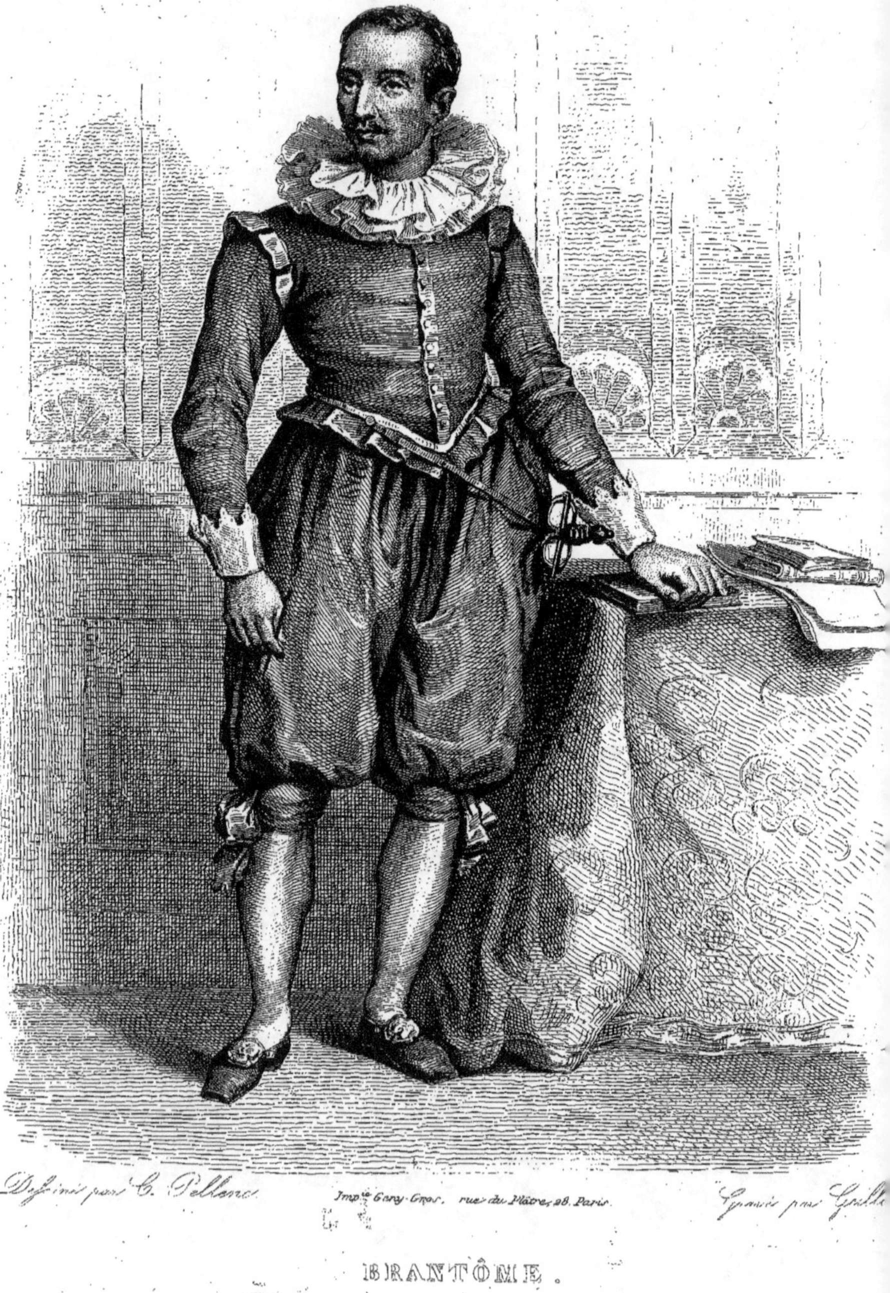

Dessiné par C. Pellené   Impie Geny-Gros, rue du Plâtre, 28. Paris   Gravé par Geille

BRANTÔME.

BL. ARSENAL

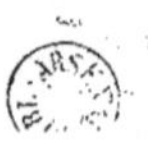

BRANTOME

NÉ VERS 1527, MORT EN 1614.

La France n'a pas toujours été le pays des belles manières. Cette excessive politesse dans les formes et dans le langage, qui semble constituer son caractère primitif, ne lui est pas naturelle. Elle la doit à une nation qui nous a devancés en galanterie, comme en politique, comme en connaissance raisonnée de toutes choses; elle la doit à cette source d'où découlèrent les sciences et les arts, à cette mine de tous les trésors chers à l'humanité que ses filons interrompus nous font croire depuis longtemps épuisée, à l'Italie enfin.

L'Italie, qui, par ses droits et par sa position, devait être la légataire universelle des génies de l'antiquité, ne fut, à vrai dire, que l'entrepositaire de toutes leurs richesses. Il suffit de jeter les yeux sur l'histoire pour voir qu'elle ne les exploita en aucune manière, et qu'elle nous les transmit comme elle les avait reçues. C'est que la patrie de Dante et de Michel-Ange portait en elle une sève puissante et forte, une sève génératrice, qui lui permit de se passer de modèles et de faire oublier un moment tout ce qui avait existé de grand et de beau.

Vers le commencement du seizième siècle, elle épancha au dehors une surabondance de vitalité qu'elle ne pouvait plus contenir, de même qu'un bassin trop fortement alimenté rejette, à un jour donné, l'excédant de liquide dont le volume dépasse ses bords. De divers points de l'Italie s'échappèrent des peintres, des musiciens, des savants de toute espèce, qui colportèrent leurs connaissances et leur savoir dans mille directions différentes. Les uns prirent route vers l'Orient, pour y soutenir de leur autorité la religion chrétienne ébranlée dans sa base; d'autres, imbus du même esprit, s'acheminèrent vers le Nord, pour attaquer le mal dans sa racine, et défendre la sainteté du pape contre les attaques de Luther; d'autres enfin, suivant leurs caprices bien plus que les conseils de la raison, se rendirent en Espagne, où les avait précédés Christophe Colomb, en Angleterre, où le goût des arts commençait à se répandre, et en France, où l'esprit chevaleresque, s'éteignant de jour en jour, faisait place à cet amour du luxe et des choses futiles que nous avons depuis porté si loin.

C'est en France surtout qu'affluèrent les chanteurs et les danseurs, les comédiens et les nécromanciens. Ce pays devint même le refuge d'une multitude d'artistes de bas étage, d'une foule de bateleurs qui étaient sûrs d'y être accueillis, parce que nos rois avaient du sang italien dans les veines, parce qu'ils étaient des enfants qu'on voulait amuser à tout prix ; d'où il arriva que le peuple et la noblesse contractèrent simultanément un vernis d'*italianisme*, qui, du reste, s'alliait assez mal avec le ton sombre et sévère de nos vieilles couleurs celtiques.

Plus tard, au lieu de donner simplement asile aux émigrants italiens, on les alla chercher, on les fit venir à grands frais, et l'étrangère Catherine, entourée de tous nos gentilshommes façonnés aux manières de Florence, put encore respirer à Paris l'atmosphère de sa ville natale.

Brantôme nous a bien dépeint ce siècle remarquable.

Pierre de Bourdeilles, qui fut seigneur de l'abbaye de Brantôme, dont le nom lui resta, naquit en 1527, alors qu'il n'était déjà plus possible, en admettant qu'on l'eût voulu, de s'opposer à cet élan général dont le résultat fut de refondre notre caractère, mais qui, avant le jour où l'on put en ressentir les avantages, en recueillir les bénéfices, c'est-à-dire avant le jour où la fusion entière du principe italien avec le principe gaulois se trouva consommée, n'eut d'autre effet que de corrompre la virginité nationale que nous avions si long-temps conservée.

Aussi chercherait-on en vain, sous les derniers représentants de la maison de Valois, la probité, l'austérité et l'honneur des générations précédentes. On ne trouverait à leur place qu'immoralité et corruption, déloyauté, infidélité, égoïsme ; et par-dessus tout cela une affectation de légèreté, d'autant plus coupable qu'elle servait d'excuse à toutes les mauvaises actions.

Entre la France de François Ier et la France de Charles IX, il y a la différence de plusieurs milliers d'années, il y a la distance qui sépare un peuple neuf d'un peuple usé par la civilisation, le courage du roi chevalier combattant à Pavie comme un simple homme d'armes de la barbare complaisance du prince efféminé qui, du fond de son palais, dirige les massacres de la Saint-Barthélemy. Les mœurs se trouvaient complétement changées, et l'État n'avait subi aucune transformation ; le langage était tout autre, et l'art d'écrire ou de s'exprimer n'avait passé par aucun progrès. Point de chaînon intermédiaire, point de personnage de transition entre Bayard et *le Balafré*, entre Froissart et Brantôme : la politique et la littérature avaient subi les mêmes atteintes, et l'invasion ultramontaine, autorisée par les actes de toute une cour, avait tout attaqué avec une égale rapidité.

Brantôme appartenait à une ancienne famille du Périgord. Les seuls détails qu'on possède à cet égard se trouvent consignés dans le long testament qu'il a laissé ; testament où il prodigue lui-même à sa mémoire des éloges assez mal placés dans sa bouche, et où il se plaint de ce qu'on n'ait pas su l'apprécier suivant ses mérites. Nous en extrayons le passage suivant, qu'il avait ordonné d'inscrire sur sa tombe en manière d'épitaphe ; c'est à peu près l'histoire de sa vie :

« Passant, si par cas ta curiosité s'étend de sçavoir qui gît sous cette » tombe, c'est le corps de Pierre de Bourdeilles, en son vivant chevalier, » seigneur et baron de Richemond, etc., etc., etc., conseigneur de Bran- » tôme : extrait du côté du père de la très-noble et antique race de Bour- » deilles, renommée de l'empereur Charlemagne, comme les histoires an- » ciennes et vieux romans français, italiens, espagnols, titres vieux et » antiques de la maison le témoignent, de père en fils jusques aujourd'hui ; » et du côté de la mère, il fut sorti de cette grande et illustre race de » Vivonne et de Bretagne. Il n'a dégénéré, grâce à Dieu, de ses prédéces- » seurs ; il fut homme de bien, d'honneur et de valeur comme eux, aven- » turier en plusieurs guerres et voyages étrangers et hazardeux. — Il fit » son premier apprentissage d'armes sous ce grand capitaine monsieur » François de Guise, et pour tel apprentissage il ne désire autre gloire et » los ; donc cela lui suffit. — Il apprit très-bien sous lui de bonnes leçons, » qu'il pratiqua avec beaucoup de réputation pour le service des rois ses » maîtres. — Il eut sous eux charge de deux compagnies de gens de pied. » — Il fut en son vivant chevalier de l'ordre du roi de France, et, de plus, » chevalier de l'ordre de Portugal, qu'il alla quérir et recevoir là lui-même » du roi *don Sébastien*, qui l'en honora au retour de la conquête de la ville » de *Bélis* en Barbarie, où ce grand roi d'Espagne *don Philippe* avait en- » voyé une armée de cent galères et douze mille hommes de pied. — Il fut » après gentilhomme ordinaire de la chambre des deux rois Charles IX et » Henri III, et chambellan de monsieur d'Alençon, et outre fut pension- » naire de deux mille livres par an du dit roi *Charles*, dont en fut très-bien » payé tant qu'il vécut ; car il l'aimait fort et l'eût fort avancé s'il eût vécu » plus que le dit *Henri*. Bien qu'il les eût tous deux très bien servis, l'hu- » meur du premier s'adonna plus à lui faire du bien et des grâces plus que » l'autre ; aussi la fortune ainsi le voulait. Plusieurs de ses compagnons, » non égaux à lui, le surpassèrent en bienfaits, états et grades, mais non » jamais en valeur et en mérite ; le contentement et le plaisir ne lui en » sont pas moindres. — Adieu, passant ; retire-toi ! Je ne puis t'en dire » plus, sinon que tu laisses jouir de repos celui qui, en son vivant, n'en » eut ni d'aise, ni de plaisir, ni de contentement. — Dieu soit loué, pour- » tant, du tout et de sa sainte grâce. »

Quoi qu'en dise Pierre de Bourdeilles, et malgré ses prétentions à faire croire qu'il fut un personnage considérable, il est constant que sa vie se passa entièrement en dehors des grands événements qui tourmentèrent son époque. Tout dévoué, comme il l'écrit lui-même, aux rois ses maîtres, il s'occupa bien plus des intrigues de cour que des affaires publiques. Et ce fut peut-être un grand tort de sa part de compter trop sur la faveur et pas assez sur les services rendus; car il avait du courage et beaucoup de qualités propres à le mettre en évidence, tandis qu'il manquait de souplesse, et ne possédait point le cynisme nécessaire aux complaisants du prince. Si nous le voyons un moment le favori de Charles IX, il dut cette position à l'amour que celui-ci professait pour les lettres, et non à l'attachement qu'il lui avait voué. Ainsi l'ambition du courtisan ne fut point satisfaite. Il mena, dans un cercle très-étroit, une existence agitée, et n'obtint jamais, comme soldat, que des charges peu importantes, et des missions dénuées d'intérêt. Des compagnons plus habiles ou plus ambitieux le surpassèrent *en bienfaits, états et grades;* pour lui, il ne retira de toutes ses démarches et de toutes ses manœuvres que l'avantage d'être initié à certains secrets dont il tira parti dans la suite pour la composition de ses livres.

On ignore, lorsqu'il poursuivait un genre de gloire plus étourdissant, si la pensée d'écrire l'occupait déjà, s'il faisait à dessein des observations, s'il prenait des notes dans le but de les rédiger plus tard; mais il est certain qu'il les retrouva, ou sur le papier, ou dans sa mémoire, quand le dégoût, s'emparant de sa personne, lui fit sacrifier au besoin du repos et de la solitude les rêves chers à sa jeunesse.

Peu de temps après la mort de Charles IX, Brantôme se retira dans ses terres. Il quitta la cour de Henri III, dont il était aussi gentilhomme, et cette désertion toute volontaire, dans un moment où, en redoublant de servilité, il eût peut-être atteint un poste éminent, cette désertion, dis-je, qu'on n'a pas encore expliquée à son honneur, prouve bien qu'il avait suivi jusque-là une mauvaise voie, et qu'il aurait dû s'accuser lui-même, au lieu de se plaindre de l'instabilité du sort et de l'injustice des hommes. Brantôme manquait de conviction, mais il avait, nous osons dire, trop de conscience pour faire abnégation entière de sa personne, et pour se résoudre à vivre dans la fange dont Catherine avait eu soin d'entourer le trône de son troisième fils. D'ailleurs, ce fils libertin et fanatique n'avait pas même le sentiment littéraire qui distingua son prédécesseur et rendit excusable le séjour que firent auprès de lui quelques hommes de talent. Sans cesse plongé dans l'orgie, et croyant racheter ses excès par un faux-semblant de dévotion, il fallait au duc d'Anjou, devenu roi de France, un entourage de seigneurs corrompus comme leur maître, et susceptibles de prendre au besoin le masque de l'hypocrisie, susceptibles, en sortant d'une fête où tout ce que la débauche peut offrir de plus raffiné avait été épuisé, d'endosser un sac de toile grossière, de s'armer d'un chapelet et d'une discipline, et de se donner ainsi en spectacle à la multitude, tantôt seuls, tantôt à la tête d'une procession de pénitents bleus, noirs ou blancs.

Ces pénitents nous venaient encore d'Italie, et, de même qu'on n'avait jusqu'alors tiré de ce pays, en fait de sciences, que ce qu'il possédait d'erroné, de même on n'en tirait, en fait de religion, que ce qui était condamnable.

La destinée des peuples ressemble à celle des individus : quand ils prennent un modèle, c'est toujours par son mauvais côté qu'ils commencent à le copier.

Mais, sous le règne de Henri III, il y avait plus que le penchant ordinaire du peuple, il y avait une volonté supérieure qui encourageait la dégradation et qui l'organisait ; il y avait l'infernale politique de cette Médicis qui ne reculait devant aucun moyen pour conserver la toute-puissance. Les maux qui pesaient sur la France ne pouvaient plus se compter ; c'était fait de son honneur et de sa gloire, si le coup dont le roi fut frappé en 1589 n'eût anéanti avec lui tous les funestes projets conçus dans le cerveau de sa mère. Celle-ci était morte peu de mois auparavant.

Le duc d'Alençon avait aussi cessé de vivre, et la couronne revenait de droit à la maison de Bourbon. Avec elle reparurent l'antique rudesse et l'antique probité de la nation. Cela devait être. Il devait s'opérer dans les esprits, après un débordement monstrueux, une réaction dans un sens quelconque, et cette réaction se fit en faveur de l'ancien état de choses. Mais il devait arriver encore que les semences italiennes, jetées sur le sol français, germassent de nouveau et produisissent enfin d'heureux fruits. On commença à s'en apercevoir après le règne de Henri IV : car ce prince fut, comme l'a très-bien dit un critique moderne, la dernière expression du caractère gaulois.

A compter du jour où il renonça aux vanités du monde, Brantôme voulut occuper une place parmi les écrivains célèbres. Dégagé de tout lien et de toute considération personnelle, il entreprit de transmettre à la postérité l'histoire de ses contemporains, en retraçant ce qu'il avait vu pendant les premières années de sa vie. On lui fait le reproche de s'être laissé trop souvent prévenir en faveur de son sujet ou contre lui, d'avoir été mal instruit ou de n'avoir pas voulu prendre la peine de se renseigner convenablement ; mais ce reproche n'est pas toujours fondé. Il le mérite quand il se pose en simple narrateur et qu'il affiche une profonde indifférence pour l'honneur des femmes et la morale des hommes, il le mérite quand il se laisse aller au malin plaisir de publier les faiblesses et les désordres de certains grands seigneurs, parce qu'alors il semble écrire sous une coupable influence : on dirait un homme qui se venge à tort et à travers des nombreuses déceptions dont il a été victime. Son but cependant n'est point tant de chercher à déconsidérer tel ou tel individu qu'à vilipender la société tout entière. Pourvu qu'il dise des vérités, peu lui importe le personnage qu'il sacrifie ; si ce personnage n'est pas coupable aujourd'hui à ses yeux, il le sera demain. Or, ici surtout, Brantôme se ressent de la corruption de son siècle.

Mais, lorsqu'une pensée noble le domine, lorsqu'il veut apprécier le caractère du connétable de Montmorency ou du chancelier de L'Hospital, rendre hommage au courage de Bayard ou à la vertu de Marie Stuart, oh ! dans ce cas, il est grand et généreux, il ne donne plus aucun éloge, il ne déverse plus aucun blâme qui ne soit réellement mérité. Son style, en général plaisant et naïf, contracte une allure grave et devient éloquent sans rien perdre de sa simplicité. Ses remarques sont fines, ses inductions sont justes, toutes ses paroles enfin portent ce cachet de franchise qui accuse un homme de cœur, un historien impartial, un philosophe pénétré de l'importance de sa tâche.

Brantôme était fort instruit ; il savait l'italien et l'espagnol, et connaissait surtout parfaitement sa langue maternelle. Il fut l'ami et l'admirateur de Ronsard, et, comme ce poète tant vanté et tant décrié, il n'hésita pas à s'affranchir des règles absurdes dans lesquelles on avait voulu jusqu'alors renfermer l'art d'écrire. La plupart de ses ouvrages ne furent imprimés qu'après sa mort, ce dont fait foi le testament déjà cité, en des termes qui expriment la bonne opinion qu'en avait leur auteur et la sollicitude dont il se sentait travaillé au sujet de leur sort à venir.

« Je veux aussi et charge expressément mes héritiers de faire imprimer » mes livres que j'ai faits et composés de mon esprit et invention....., les- » quels on trouvera couverts de velours tant noir que vert et bleu, et un » grand volume, qui est celui des *Dames*, couvert de velours vert, et un » autre doré par-dessus qui est celui des *Rodomontades*....., curieusement » gardés, qui sont très-bien corrigés..... L'on y verra de belles choses, » comme contes, histoires, discours et beaux mots, qu'on ne dédaignera pas, » s'il me semble, lire, si on y a mis une fois la vue. Qu'on prenne sur mon » héridité l'argent qu'en pourra valoir l'impression, qui, certes, ne se » pourra monter à beaucoup ; car j'ai vu force imprimeurs qui donneront » plutôt pour les imprimer qu'ils ne voudront recevoir ; ils en impriment » plusieurs gratis qui ne valent pas les miens.... Je veux que ladite impres- » sion en soit en belle et grande lettre pour mieux paroître, et avec privi- » lége du Roi, qui l'octroyera facilement. Aussi prendre garde que l'impri- » meur ne suppose pas un autre nom que le mien, autrement je serai » frustré de la gloire qui m'est due.... »

Outre le livre des *Rodomontades* et celui des *Dames galantes*, nous avons encore de Brantôme la *Vie des Hommes illustres et des grands Capitaines français*, la *Vie des grands Capitaines étrangers*, la *Vie des Dames illustres*, les *Anecdotes touchant les duels*, les *Discours sur les belles retraites d'armées de diverses nations*, le commencement de la vie de son père, et divers fragments, entre autres une traduction inachevée de Lucain, à laquelle il attachait beaucoup de prix. La première édition de ses œuvres parut à Leyde, 1666-67, dix volumes in-12; une autre, plus complète, parut à La Haye, 1740-41, quinze volumes petit in-12, et fut réimprimée à Londres en 1779, puis à Paris en 1787, huit volumes in-8°, pour faire partie de la collection des Mémoires pour servir à l'histoire de France.

En 1834, les *Dames galantes* ont été éditées séparément, et cet ouvrage, qu'il ne convient pas à tout le monde de connaître, se trouve aujourd'hui dans toutes les bibliothèques. Brantôme avait raison quand il écrivait : « On » ne dédaignera pas de le lire, si on y a mis une fois la vue. » Le temps a sanctionné sa prophétie, et le succès de l'éditeur moderne, en rendant cette sanction plus complète, nous a démontré que la lecture des histoires scandaleuses sera toujours préférée par le plus grand nombre à la lecture des livres dont l'intérêt ne part pas de la même source. Toutefois, celui-ci a de plus l'avantage d'offrir un monument sans égal dans son époque, et, par cette raison, digne d'être conservé.

Le descendant de la *très-noble et antique race de Bourdeille*, pour nous servir de ses propres expressions, semble s'être plu à dire du bien de ses œuvres, il a recommandé qu'en les imprimant on ne supposât point un autre nom que le sien, de peur d'être frustré de la gloire qui lui était due; et sur cela quelques biographes ont pensé qu'il manquait de modestie, de même qu'ils l'ont cru enclin au péché de vanterie gasconne quand il a, dans certaines occasions, parlé de sa famille et de sa personne avec complaisance et avec orgueil. Nous allons le défendre contre cette double accusation.

Si nous avons réussi à prouver que Brantôme n'était point fait pour tirer profit de la faveur des rois Charles IX et Henri III, malgré l'ambition qu'il eut de parvenir; si nous avons réussi à expliquer que ce fut le dégoût de la vie de courtisan qui le détermina à vivre dans la retraite, il doit paraître naturel que ce seigneur, froissé dans son amour-propre, déçu dans ses espérances, ait senti le besoin de se plaindre, et qu'il ait été conduit à parler de ses mérites quand on lui préférait des gens qui n'en avaient aucun. Les éloges qu'il se donne sont mal placés dans sa bouche, nous en sommes déjà convenu; mais quel est l'homme qui, ayant en son pouvoir le moyen de fournir à la postérité une sorte de justification, n'agirait pas comme lui? Quel est l'homme qui, à ce prix, n'eût pas encouru même la réputation de fanfaron et de vantard que nous repoussons ici?

Pour ce qui regarde ses livres, personne ne s'était chargé de les faire valoir, et peut-être sans la persévérance dont il fit preuve, sans l'expression énergique de ses dernières volontés, eussent-ils été perdus pour nous;

car l'esprit public, tendu vers la politique et occupé de guerre civile, visait à un tout autre triomphe qu'au triomphe de la chose littéraire.

En supposant que la crainte d'avoir travaillé inutilement n'expliquât pas la conduite de Brantôme, ne devrait-on pas faire la part de la juste vanité d'un auteur convaincu de son importance, et, par conséquent, jaloux de produire ses ouvrages dans le monde comme un père y produit ses enfants, surtout si l'on sait qu'il s'exprime d'une façon toute différente quand la même pensée ne l'occupe plus, qu'il devient très-retenu et très-modeste, et se montre aux yeux de tous ce qu'il aurait toujours été s'il eût vécu dans un autre temps?

« J'écris cecy, » dit-il dans l'avertissement qui précède ses *Discours d'aucunes Rodomontades et gentilles Rencontres espagnoles* [1], « estant dans » une chambre et un lit, assailli d'une maladie si cruelle ennemie qu'elle » m'a donné plus de mal, plus de douleurs et tourments que ne receut ja- » mais un pauvre criminel étendu à la gesne. Hélas! ce fut un cheval mal- » heureux, dont le poil blanc ne me présagea jamais de bien, qui, s'estant » renversé sur moi, contre terre, par une très-rude cheute, m'avoit brisé » et fracassé tous les reins..... Je prie donc tous ceux et celles qui me li- » ront excuser les fautes qu'on connoîtra ici sur ma maladie, qui me rend, » comme le corps, mon esprit imbécile, bien que tel je ne l'aye de nature. »

L'orgueil qui affecterait une semblable simplicité ne serait plus de l'orgueil, et tout le monde aurait droit de s'y méprendre.

Cet aveu de Brantôme vient donc à l'appui de ce que nous avons avancé; mais il est surtout curieux en ce sens qu'il décèle une faiblesse qu'on est étonné de rencontrer dans un esprit judicieux et éclairé. Lors même qu'il eût, comme tant d'autres, cru à l'astrologie, à la sorcellerie et aux sciences occultes, dont Catherine de Médicis avait fait venir la mode, nous ne saurions lui pardonner d'avoir attribué la rude chute qui lui brisa les reins à la couleur blanche du poil de son malheureux cheval. Un écrivain placé au-dessus de la société ne devait partager ni les coupables travers des grands, ni les grossiers préjugés des petits. Il lui revenait de combattre ces préjugés au lieu d'en être partisan, et, dût sa réputation de bonhomie en souffrir, de dénoncer publiquement toutes les faiblesses, toutes les turpitudes.

Je dis sa réputation de bonhomie, je devrais dire plutôt sa réputation de bonté; car il est reconnu que Brantôme avait un excellent naturel. Lorsqu'il eut formé le projet de vivre éloigné de Paris, la pensée d'être utile à sa famille lui en fit hâter l'exécution. Il avait à cœur de remplacer auprès d'elle son frère aîné, André de Bourdeilles, qui venait de mourir prématu-

[1] Brantôme écrivit ces discours en espagnol, et les dédia à la reine Marguerite de France, duchesse de Valois. La traduction en fut ensuite faite par Marc Phrasendorp.

rément, et qui s'était toujours rendu digne de l'estime générale. Ce frère, célèbre aussi sous le règne de Charles IX, nous a laissé un *Traité sur l'Art de s'apprêter à la guerre*, dédié à ce monarque et réuni à la collection des ouvrages de l'auteur des *Grands capitaines français*.

Pierre de Bourdeilles de Brantôme, quoique sa santé fût depuis longtemps détériorée, ne mourut qu'en 1614, à l'âge de quatre-vingt-sept ans. Il n'était point marié; mais, si un ami lui eût témoigné le chagrin de le voir quitter ce monde sans laisser de postérité, il eût certes pu répondre comme ce général grec à qui l'on faisait la même objection : *Mes enfans, ce sont les travaux que j'ai exécutés.*

JULES AMIC.

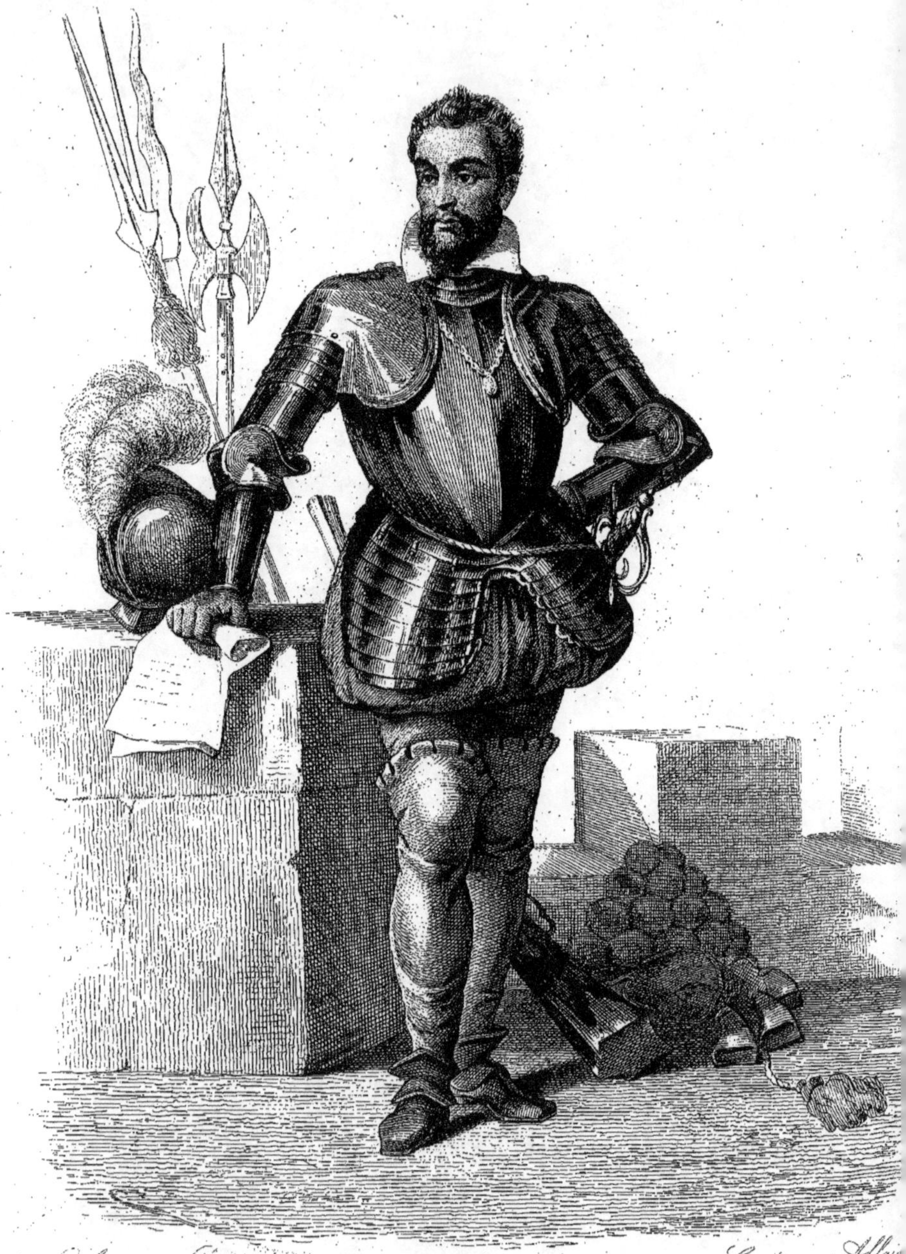

Dessiné par Dupré   Imp Genty Gros r. S. Jacques. 33 Paris   Gravé par Allais

CONDÉ.

(Louis I Prince de)

LE PRINCE DE CONDÉ

NÉ EN 1530, MORT EN 1569.

Les siècles les plus fertiles en grands hommes, en personnages illustres et puissants, offrent sans doute à l'histoire ses peintures les plus animées et les plus brillantes : c'est alors, en effet, qu'elle retrace avec orgueil les faits merveilleux enfantés par le génie et l'héroïsme. Mais étudiez le fond de ces tableaux ; les couleurs en sont presque toujours broyées dans le sang et les larmes des peuples ; et l'on serait presque tenté d'affirmer qu'il n'est point de plus grand malheur pour les États que ce concours de talents illustres, qui, toujours accompagnés de grandes ambitions, commencent par diviser l'autorité légitime, pour peu qu'elle se montre faible, et finissent par l'anéantir. — C'est l'histoire du règne si court à la fois et si important du roi François II.

Ce prince, à peine âgé de seize ans lorsqu'il succéda à Henri II, en 1559, était uni déjà, par les liens du mariage, à Marie Stuart, reine d'Écosse. Ces jeunes époux, que surchargeait le poids de deux couronnes trop pesantes à leur front, laissèrent tomber le pouvoir aux mains des ambitieux les plus habiles. La faction des Guise l'emporta bientôt sur les princes de la maison de Bourbon : oncles de la jeune reine, par elle ils captivèrent le roi ; leur crédit, déjà si élevé sous le règne précédent, grandit encore, et leur puissance ne connut pas plus de bornes que leur ambition.

De tous les princes du sang royal, un seul se montrait le digne rival du grand Guise : c'était Louis Ier de Bourbon, prince de Condé. Il était né à Vendôme, le 7 mai 1530, de Charles de Bourbon, duc de Vendôme, et de Françoise d'Alençon. Génie ardent, âme noble et intrépide, il devait se montrer plus illustre encore par ses talents et ses hautes vertus que par le sang qui coulait dans ses veines. Jusqu'au règne de François II, il ne s'était fait connaître que par une valeur brillante, de belles actions à la guerre, d'heureuses et spirituelles saillies, et par son goût pour la magnificence et le plaisir. Maintenant qu'il s'agira de revendiquer les droits de son sang, de défendre sa religion, il déploiera, dans l'exécution de ses projets, une constance aussi inébranlable que son courage, et toutes les qualités qui surent lui gagner et lui conserver tant de zélés partisans : je veux dire l'affabilité, la libéralité, l'éloquence.

Ambitieux, mais trop fier pour rechercher la protection des Guise, il n'avait obtenu, pour récompense de ses services, que l'ingratitude et les injustices de la cour; trop jeune encore, et surtout trop pauvre pour exercer dans l'état une haute influence, mal secondé d'ailleurs par son frère le roi de Navarre, il ne put que témoigner sa peine de voir les droits de sa maison sacrifiés à l'ambition de princes étrangers. On l'éloigna bientôt sous le prétexte d'une ambassade : il fut envoyé à Bruxelles pour y jurer, au nom du roi, la paix conclue à Cateau-Cambrésis, et recevoir le serment du roi d'Espagne. La dignité de Condé, celle du souverain qu'il représentait exigeaient qu'il parût avec éclat dans cette circonstance. Toutefois le cardinal de Lorraine, surintendant des finances, prétextant l'épuisement du trésor royal, n'eut pas honte de lui accorder dédaigneusement une ordonnance de mille écus d'or. Condé, sans se plaindre, emprunta une somme considérable et ne se distingua pas moins, à la cour du plus riche monarque de l'Europe, par sa magnificence que par son esprit.

A son retour de Bruxelles, de nouvelles injures, de nouveaux mépris l'attendaient. Ne pouvant les dévorer plus long-temps en silence, il se retira aussitôt après le sacre du roi sur la frontière de Picardie, dans son château de la Ferté-sous-Jouarre, où il manda ses principaux amis (1559). Parmi les seigneurs mécontents se trouvaient en première ligne l'amiral de Coligny et ses deux frères, d'Andelot, colonel de l'infanterie française, et le cardinal de Châtillon, évêque de Beauvais. A leur parti se joignit alors celui des réformés, dont chaque jour la persécution grossissait le nombre, et qui épiaient l'occasion d'obtenir enfin par la force les concessions jusqu'ici refusées à leurs prières. Dans les assemblées qui furent tenues, l'amiral, en démontrant qu'il y avait en France plus de deux millions de réformés en état de porter les armes, fit ainsi concevoir l'idée de l'entreprise hardie connue sous le nom de *conjuration d'Amboise*.

Il s'agissait d'enlever le roi entre ses deux ministres, le duc de Guise et le cardinal de Lorraine, d'arrêter ceux-ci et de leur faire leur procès. Un sieur de La Renaudie, d'une bonne maison de Périgord, homme de main et d'exécution, familiarisé avec les périls, et qui ne manquait d'ailleurs ni d'éloquence ni d'enthousiasme, fut choisi pour chef apparent de l'entreprise. On lui traça un plan d'opérations ; tous les obstacles y étaient prévus et le succès rendu infaillible. On lui permit enfin de laisser deviner que le prince de Condé se mettrait à la tête des conjurés au moment de l'exécution, » pourvu que rien ne se fît contre Dieu, le roi, ses frères, les princes ou » l'État. »

On se rappelle qu'il s'en fallut bien peu que cette conjuration audacieuse ne fût couronnée d'un entier succès. Elle fut découverte par suite d'une imprudence de La Renaudie lui-même; et, après la déroute des conjurés, La Bigne, secrétaire de La Renaudie, ayant été mis à la question, désigna le prince de Condé comme chef réel de l'entreprise. D'autres témoignages vinrent appuyer cette déclaration, et Condé, gardé à vue, fut obligé de se justifier. Le roi lui donna audience en présence de toute la cour et des ambassadeurs mandés à ce sujet. Après s'être plaint vivement des soupçons élevés contre lui, et avoir plaidé sa cause avec l'assurance d'un innocent calomnié, Condé ajouta : « Si quelqu'un est assez hardi pour m'ac- » cuser d'avoir soulevé les Français contre la personne sacrée du roi, je » déclare que cet accusateur, à moins qu'il ne soit le roi lui-même, une » des reines ou un des enfants de France, en a faussement et malheureu- » sement menti. Mettant à part ma dignité de prince, que je ne tiens que » de Dieu, je suis prêt à le démentir par un combat singulier. » — « Et » moi, » reprit le duc de Guise, à qui s'adressait surtout ce défi, et qui, faute de preuves suffisantes, désirait assoupir cette affaire, « je ne souf- » frirai pas qu'un si grand prince soit noirci d'un pareil crime, et je vous » supplie de me prendre pour second. » — C'est ainsi que se termina par une scène presque comique un des événements les plus tragiques de notre histoire.

Toutefois Condé n'échappa aux dangers qui le menacèrent après la conjuration d'Amboise qu'à force de résolution et de vigueur. Il parvint à se réfugier à Nérac, auprès de son frère le roi de Navarre; et il y fit ouvertement profession de Calvinisme. Bientôt ceux des seigneurs mécontents qui lui étaient attachés vinrent le visiter; un nouveau plan fut arrêté entre eux pour chasser les Guise du royaume. Mais ces projets furent encore dévoilés par des lettres surprises à un gentilhomme gascon nommé La Sague, que le prince de Condé avait envoyé à l'assemblée de Fontainebleau, où l'on avait inutilement essayé de l'attirer lui-même. La Sague, menacé de la torture, avoua « qu'il y avait une nouvelle entreprise formée pour le temps des états-généraux convoqués à Orléans; que le roi de Navarre et le prince de Condé devaient y venir bien armés, s'emparer en chemin de Poitiers et de Tours, faire en même temps soulever Paris, la Picardie, la Bretagne et la Provence, enfin exciter un cri général qui demanderait la disgrâce des Guise ou leur mort. » — On résolut de garder le secret sur ces révélations jusqu'à l'arrestation de Condé.

Les états-généraux, convoqués à Orléans, devaient se réunir vers la fin d'octobre 1560. En résistant aux ordres réitérés du roi, qui les pressait de s'y rendre, les princes de Bourbon s'exposaient à être poursuivis comme rebelles. On délibéra long-temps; on pesa long-temps les chances diverses; enfin, après bien des hésitations, et sans avoir pris toutes les sûretés qui s'offraient à eux et que leur conseillait une sage défiance, les Bourbons, trop confiants dans la parole du roi, se mirent en route pour Orléans.

Tous les cœurs y étaient glacés par l'appareil menaçant qui accompagnait François II; la ville était remplie de soldats; on avait placé des corps-de-garde à toutes les portes, et des patrouilles réglées parcouraient sans cesse les rues et les places publiques.

Pour accroître la confiance des princes, le roi avait envoyé au-devant d'eux Charles, cardinal de Bourbon, leur frère, qui leur jura, au nom de la reine-mère, qu'il ne leur serait fait aucun dommage. Mais si, d'un côté, cette assurance les encourageait, de l'autre les avis qu'ils recevaient en route dûrent les effrayer encore davantage, surtout quand ils remarquèrent que des compagnies de cavalerie les cernaient de tous côtés et leur coupaient toute retraite.

A peine arrivés à Orléans, tout leur annonce la colère du souverain : les courtisans les évitent; les ministres les regardent avec froideur. Le roi commence par reprocher à Condé les crimes dont on l'accuse. Ce prince, dont la contenance n'avait jamais été plus ferme, voulut se justifier; mais le roi, lui fermant la bouche : « Je ferai, dit-il, tout examiner par les voies ordinaires de la justice. » Et Condé fut aussitôt mené en prison.

Il ne s'agissait plus que de le juger. A cet effet on établit une commission choisie dans le parlement, à laquelle s'adjoignirent bientôt le chancelier, quelques maîtres des requêtes et des chevaliers de l'ordre qui se trouvaient alors à Orléans. Vainement Condé réclama le droit d'être jugé par le roi et les pairs du royaume; on lui déclara que, s'il refusait de répondre, il serait regardé criminel de lèse-majesté et jugé comme tel. Il demanda un conseil. Cette grâce, qu'on ne pouvait lui refuser, on la fit tourner à sa perte; on abusa de son ignorance en matière de procédure; on lui fit signer les moyens de défense qu'il fournissait à ses avocats : ces pièces furent, par ordre du roi, considérées comme une réponse judiciaire, et le tribunal dut prononcer sur leur contenu.

Cependant les parents et les amis du prince réunissaient leurs efforts pour prévenir le coup qui le menaçait. Éléonore de Roye, sa jeune épouse, mère de plusieurs enfants, se jetait en larmes aux pieds du roi, qui lui répondait : « Votre mari a voulu m'ôter la couronne et la vie. » On allait aux Guise, ils disaient : « Il faut d'un seul coup trancher la tête à l'hérésie et à la rebellion. » Le roi de Navarre lui-même s'humilia vainement devant le cardinal de Lorraine, qui, assis et couvert, recevait le prince debout et tête nue.

Pour toute réponse à ces supplications, un arrêt de mort vint frapper le prince de Condé : l'exécution en fut fixée au 10 décembre, jour de l'ouverture des états-généraux. Déjà quelques-uns des commissaires avaient signé la sentence, quand le bruit se répandit que le roi, qui languissait depuis un mois, se trouvait à l'extrémité.

Cette nouvelle tint en suspens les partisans et les ennemis du prince. Pour lui, dont le sacrifice était déjà fait, il n'avait cessé de montrer dans sa prison une tranquillité d'âme au-dessus de toutes les épreuves du malheur. Privé de sa liberté, de la vue de ses enfants et de sa femme, à laquelle il adressait des lettres pleines de tendres consolations, soumis à une étroite surveillance, entouré de domestiques étrangers, il semblait n'avoir rien perdu de sa gaieté ordinaire, et jamais ses ennemis n'eurent la joie de saisir sur son visage ou dans ses paroles le moindre signe de crainte ou d'abattement. Si par instants on le pressait de consentir à quelque accommodement avec les Guise, il répondait, avec autant de fierté que s'il eût commandé une armée victorieuse : « Il n'y a meilleur moyen d'appointement entre nous qu'avec la pointe de la lance! » Nul doute qu'il n'eût payé de sa vie ce témoignage sincère de la haine que lui inspiraient ses ennemis, si la mort de François II n'eût rendu leur vengeance impuissante.

Dans la crainte des changements que pouvait amener un nouveau règne, les Guise, après avoir tout fait pour la ruine de Condé, eurent encore assez d'influence sur l'esprit du roi mourant pour obtenir une déclaration mensongère qui les affranchissait de toute participation à l'emprisonnement du prince : ils parurent même avoir sollicité sa grâce.

Condé, sorti de prison peu de jours après la mort de François II, reparut bientôt à la cour et y fut accueilli avec faveur. Un arrêt du conseil le justifia de tous les griefs élevés contre lui sous le règne précédent, et il lui fut permis de poursuivre auprès du parlement une plus ample déclaration de son innocence. Charles IX exigeait cependant qu'il se réconciliât publiquement avec le duc de Guise, sur l'assurance donnée par celui-ci que les princes lorrains n'avaient en rien contribué à sa disgrâce. « Quiconque m'a fait cet affront, dit alors Condé en se tournant vers le duc, je le prends pour un méchant homme et un scélérat. » — « Et moi aussi, reprit le duc; mais cela ne me regarde pas. » — Là-dessus, les deux rivaux s'embrassèrent, mangèrent ensemble, se jurèrent amitié, et ne se pardonnèrent jamais.

Deux partis bien distincts ne tardèrent pas à se former dans l'État : l'un, connu sous le nom de *triumvirat*, composé du connétable de Montmorency, du duc de Guise et du maréchal de Saint-André, s'appuyait sur les catholiques; l'autre, ayant Condé pour chef, se composait des mécontents et des réformés.

Ces deux partis, pour s'attaquer, n'attendaient qu'une occasion de rupture : elle leur fut offerte par le massacre de Vassy (1562). Les protestants s'indignèrent; ils empruntèrent la voix du prince de Condé et celle de leurs ministres, qui portèrent leurs remontrances à Monceaux, où le roi et la reine-mère passaient les premiers beaux jours. Vainement Catherine de Médicis espéra maintenir la paix en rapprochant les partis. Guise, mandé par elle, répondit que l'honneur ne lui permettait pas d'abandonner ses amis qui l'appelaient à Paris; et bientôt, en effet, il parut dans la capitale, entouré d'un nombreux cortége et de toute la pompe qui accompagne d'ordinaire la majesté royale.

A cette nouvelle, Catherine frémit de dépit; elle lisait dans le triomphe des Guise la chute de sa puissance. Elle accepta les secours que lui offraient les calvinistes, et écrivit à Condé de « sauver la mère et l'enfant. »

Ce prince était retourné à Paris pour essayer d'y balancer l'influence du duc de Guise, mais il s'efforça vainement de déterminer le peuple en sa faveur. Les Parisiens, attachés à la religion romaine, reçurent ses avances avec indignation; tout leur enthousiasme, tout leur dévouement était pour son rival. Il ne restait à Condé d'autre parti que de se retirer à Meaux, et d'y appeler les mécontents. Il écrivit à l'amiral et à d'Andelot de venir le joindre en toute hâte : « Non-seulement, leur disait-il, César a passé le Rubicon, mais déjà ses étendards commencent à branler par les campagnes. »

Aussitôt qu'il eut réuni quelques troupes, il se mit en chemin pour Fontainebleau, où la reine-mère se trouvait alors avec son fils; mais il fut prévenu de quelques heures par les *triumvirs :* comprenant l'avantage de combattre sous les drapeaux du roi, ils avaient quitté brusquement Paris avec une cavalerie nombreuse; ils y retournaient emmenant avec eux Charles IX. Catherine écrivit au prince de Condé pour l'assurer qu'elle ne cédait qu'à la violence; que d'ailleurs son courage n'était pas abattu, et qu'elle espérait en lui. A la lecture de cette lettre, où il apprend que le roi est au pouvoir des Guise, Condé s'arrête comme frappé de la foudre; l'amiral l'aborde en ce moment; ils délibèrent en peu de mots : « C'en est fait, s'écrie le prince après quelques instants de rêverie profonde, nous sommes plongés si avant qu'il faut boire ou se noyer. » Et, sans plus attendre, il se rend en toute hâte à Orléans, et s'y établit comme dans une place d'armes, qui devait à la fois lui servir de retraite et devenir le centre de ses opérations.

Aucun des deux partis ne se trouvant prêt à entrer en campagne, on s'attaqua d'abord par des manifestes. Ces lenteurs donnèrent au prince de Condé tout le temps de se fortifier. Par suite de ses menées, un soulèvement presque général éclata dans le royaume, surtout en Normandie. Les réformés s'emparèrent de quantités de villes plus ou moins importantes. Tout présageait une guerre longue et opiniâtre : il ne s'agissait plus de quelques détachements faciles à disperser; c'était une armée qui se formait dans les murs d'Orléans, aussi nombreuse que l'*armée royaliste*, rassemblée à Paris sous les yeux des triumvirs. Fortes chacune de huit à dix mille hommes, elles s'ébranlèrent aux premiers jours de juin 1562. Le prince publiait qu'il allait à Paris délivrer le roi ; les triumvirs et le roi de Navarre, que de séduisantes promesses avaient attaché à leur fortune, annonçaient l'intention d'enfermer le prince dans Orléans et de l'y assiéger. Enfin les hostilités commencèrent, accompagnées de part et d'autre d'affreux excès de cruauté et de fanatisme.

Mais, tandis que de nombreuses recrues grossissaient chaque jour l'armée royaliste, celle de Condé s'épuisait par de continuelles désertions. Forcé de se renfermer dans Orléans, le prince résolut d'y attendre le succès des négociations ouvertes en Angleterre et en Allemagne, d'où il espérait tirer de l'argent et des troupes.

Dans l'intervalle, les troupes royales allèrent faire le siége de Rouen, où le roi de Navarre devait trouver la mort. Ce fut peu de temps après que le prince de Condé, à la suite de longues alternatives de crainte et d'espérance, reçut enfin la nouvelle que d'Andelot, ayant surmonté avec bonheur des difficultés sans cesse renaissantes, était sur le point de le joindre avec une armée de sept à huit mille Allemands. « Nos ennemis, dit alors Condé, nous » ont donné deux mauvais échecs, ayant pris nos rocs (Bourges et Rouen); » j'espère qu'à ce coup nous aurons leurs chevaliers, s'ils sortent en cam» pagne. »

Dans cet espoir, il marche droit à Paris, laissant à d'Andelot la garde d'Orléans. Son intention était d'épouvanter la capitale en pillant les faubourgs, ou de brusquer un combat ; mais là aussi des négociations l'attendaient, et, comme aucun des partis ne voulait rien sacrifier de ses exigences, elles ne devaient aboutir qu'à faire perdre un temps précieux au prince de Condé, dont l'armée avait à souffrir les rigueurs du mois de décembre, tandis que celle du roi, abritée dans la ville, se fortifiait de jour en jour. Condé se vit donc forcé de lever le camp. Il se dirigea vers la Normandie, allant au-devant des secours en troupes et en argent que lui envoyait la reine d'Angleterre ; mais l'armée royale le poursuivit et l'atteignit près de Dreux, où s'engagea, le 19 décembre, une bataille célèbre. Les protestants y obtinrent d'abord l'avantage : dès les premières charges, le connétable de Montmorency, blessé et renversé de cheval, tomba entre les mains des réformés ; bientôt après, le maréchal de Saint-André, qui s'était avancé pour réparer cet échec, fut tué lui-même d'un coup de pistolet ; mais enfin, un corps de réserve, conduit par le duc de Guise, tombant sur les vainqueurs affaiblis par leurs propres succès et par le désordre de la poursuite, changea la face du combat. Condé, deux fois victorieux, essaya de tenir ferme, espérant du secours ; mais bientôt sa troupe fut enfoncée, son cheval renversé, et lui-même se trouva à la merci de l'ennemi. Le duc de Guise, toujours modéré dans le succès, accueillit son prisonnier avec les plus grands témoignages d'estime et de déférence. Le soir de la bataille ils soupèrent ensemble et couchèrent dans le même lit.

La paix de 1563, conclue après la mort du duc de Guise, assassiné au siége d'Orléans, vint rendre la liberté à Condé. Il fut alors résolu qu'on expulserait les Anglais du Havre : Condé, qui leur avait cédé cette place, en garantie des sommes à lui prêtées, voulut que la même main qui les avait introduits les chassât aussi du royaume. Le siége fut poussé avec vigueur, et la ville retourna bientôt au pouvoir des Français.

La reine-mère avait entrepris de retenir Condé à la cour ; elle n'épargnait rien pour y réussir. Ce prince, au sein des plaisirs dont on l'enivrait, ne tarda pas à dépouiller la contrainte que lui imposait naguère la faction dont il avait été le chef. Il se livrait à son penchant voluptueux avec une vivacité naturelle qui ne lui permettait pas de dissimuler ses galanteries. La princesse son épouse en fut instruite et en mourut de chagrin. Condé, qui n'avait pas cessé de l'aimer, versa des larmes de douleur et de remords ; mais bientôt ses passions l'entraînèrent, et il reprit le cours de ses plaisirs.

Les mémoires du temps le représentent « petit, mais bien pris dans sa taille ; la tête belle, les yeux vifs, un air ouvert, enjoué, caressant, propre à donner de la tendresse et à en prendre. » — Deux femmes, entre les autres, se disputaient surtout sa conquête : Marguerite de Lustrac, veuve du maréchal de Saint-André, et la belle Limeuil, Isabelle de La Tour de Turenne ; toutes deux attachées à la personne de la reine-mère. Dans l'espoir d'épouser le prince, la veuve lui fit présent de la terre de Valleri et du riche ameublement qui ornait le château. Isabelle, séduite peut-être par une illusion semblable, lui fit de plus graves sacrifices dont les marques trop publiques l'obligèrent à quitter la cour.

Cependant deux nouveaux édits étaient venus restreindre les priviléges accordés aux protestants. Condé en fit des plaintes ; on lui répondit avec une hauteur qui trahissait une pensée hostile. La lieutenance générale du royaume était vacante ; Condé, premier prince du sang par la mort du roi de Navarre, y avait des droits incontestables ; elle lui fut refusée, et le duc d'Anjou l'insulta même grièvement en cette occasion.

En même temps les seigneurs calvinistes surent de source certaine, qu'à la suite de traités conclus avec les Espagnols, il avait été résolu dans un conseil secret « d'arrêter le prince de Condé et l'amiral, de confiner le premier dans une prison perpétuelle, et de se défaire de l'autre ; de mettre deux mille Suisses dans Paris, deux mille dans Orléans, et deux mille dans Poitiers ; de faire entrer dans toutes les places suspectes de bonnes garnisons ; de révoquer l'édit de pacification, et de défendre partout l'exercice de la religion nouvelle. »

Les protestants en appelèrent de nouveau aux chances de la guerre. Le prince de Condé, ayant échoué dans le dessein de surprendre la cour à Monceaux, alla camper aux portes de Paris. Après quelques négociations sans résultat, mais dont les lenteurs permirent à Condé de se fortifier dans les postes qu'il avait saisis, le connétable de Montmorency vint, le 10 novembre 1567, lui présenter la bataille dans la plaine de Saint-Denis. Les calvinistes, très-inférieurs en nombre, et n'ayant que quelques canons à opposer à l'artillerie nombreuse de l'armée royale, osèrent cependant accepter le défi : ils se battirent avec une vigueur qui fit d'abord hésiter la victoire ; mais enfin le nombre l'emporta, les catholiques restèrent maîtres du champ de bataille. Ils l'avaient chèrement acheté ; plusieurs seigneurs de marque périrent dans l'action, et le connétable y fut tué d'un coup de pistolet.

Dès le lendemain de leur défaite, qu'ils n'avouaient pourtant pas, les calvinistes décampèrent et se dirigèrent rapidement vers les frontières de la Lorraine, poursuivis durant leur retraite par l'armée royale, qui ne put les atteindre. Enfin ils se trouvèrent en sûreté au delà de la Meuse. On était alors à la fin de décembre. Les troupes auxiliaires de Jean Casimir, second fils de l'électeur palatin, qu'on s'était flatté de joindre, ne paraissaient pas. Après cinq jours d'inutile attente, des murmures éclatèrent. « Le prince de Condé, *d'une nature joyeuse*, se moquait si à propos de ces gens *colères et appréhensifs*, qu'il les forçait à rire eux-mêmes : l'amiral, *avec ses paroles graves*, leur faisait honte et les obligeait à se taire. »

Lorsqu'enfin les troupes allemandes furent arrivées, l'embarras fut de les payer. Condé vendit sa vaisselle et ses bijoux ; les autres seigneurs suivirent cet exemple ; chaque soldat de l'armée apporta son obole : on réunit de cette façon une partie de l'argent nécessaire, et les confédérés rentrèrent en France, pleins de confiance et de force.

Cependant Catherine de Médicis n'avait cessé d'entretenir les négociations, sa ressource ordinaire. Elles amenèrent enfin la *paix boiteuse et mal-assise*, qui fut publiée le 23 mars 1568. Le roi promettait de tout pardonner, de rendre aux confédérés ses bonnes grâces, de renouveler et de faire exécuter l'édit de pacification de 1563, sans aucune restriction. « Ceux qui ne s'y fièrent pas furent les plus habiles. »

En effet, la cour avait pris le parti de ne plus rien ménager.

Le prince de Condé, qui s'était retiré dans son château de Noyers, en Bourgogne, y fut averti que Tavannes, commandant pour le roi dans cette province, avait reçu l'ordre de le surprendre et de l'arrêter. Les moments étaient trop précieux pour les perdre : à la fin du mois d'août, le prince de Condé et l'amiral, qui l'était venu joindre, sortirent de Noyers aussi secrètement que possible. Ils menaient avec eux, partie à cheval, partie en litière, la fille aînée du prince, plusieurs jeunes enfants, la femme de d'Andelot, un enfant à la mamelle, des nourrices et d'autres femmes, le tout sous une escorte de cent cinquante hommes. Cette troupe, trop faible pour se défendre, trop nombreuse pour n'être pas remarquée, franchit les gorges des montagnes, passe la Loire près de Sancerre, à un gué jusqu'alors inconnu et qui le lendemain cessait d'être praticable ; enfin, sans être arrêtée par aucun des corps d'armée échelonnés de tous côtés sur la route, elle arrive sans accident à La Rochelle le 18 septembre. C'est alors que le prince de Condé, dont un si rare bonheur excitait sans doute l'enjouement naturel, écrivit au maréchal de La Vieilleville, qui, peut-être, malgré les ordres de la cour, avait lui-même favorisé sa retraite : « J'ai fui » tant que j'ai pu et que terre m'a duré; mais, étant à La Rochelle, j'ai » trouvé la mer, et, d'autant que je ne sais pas nager, j'ai été contraint de » tourner la tête. »

Tandis que de nouveaux édits révoquaient en entier l'édit de pacification de 1563, et proscrivaient l'exercice de la religion réformée, La Rochelle, approvisionnée de vivres, d'armes et de munitions de toute espèce, devenait le rendez-vous général de tous les seigneurs mécontents. Ils ouvrirent aussitôt des négociations en Angleterre, en Allemagne, partout où ils pouvaient espérer des secours. La guerre devenait plus que jamais une guerre de religion : aussi les calvinistes accouraient en foule se ranger sous les drapeaux du prince de Condé. Des armées arrivaient à son secours des extrémités du royaume. Poussées par le fanatisme, elles semaient partout l'épouvante; le pillage, le massacre, l'incendie changeaient en solitudes tous les lieux de leur passage. Des cruautés semblables marquaient les pas de l'armée catholique, et l'on vit se renouveler toutes les horreurs, toutes les atrocités commises durant les premiers troubles. Les deux armées s'étaient mises en mouvement vers la fin de l'année. Déjà celle des calvinistes avait obtenu quelques avantages; mais le froid, devenu intolérable, glaça bientôt les courages, et vint interrompre la campagne.

Elle fut reprise l'année suivante (1569) avec une nouvelle ardeur. Les princes d'Italie envoyaient des troupes au roi, tandis qu'une armée d'Allemands, partie des bords du Rhin, et commandée par un prince de la maison palatine de Bavière, s'avançait au secours de Condé : sa prochaine jonction avec l'armée des confédérés occupait l'attention des deux partis, qui n'étaient séparés que par la Charente.

Déjà un corps considérable de troupes calvinistes s'était ébranlé pour marcher à la rencontre des Allemands; Condé se disposait à faire suivre le reste, espérant gagner plusieurs marches sur l'armée royale avant qu'elle eût le temps de jeter un pont sur la rivière et d'effectuer son passage. Mais l'événement trompa ses prévisions. Au lieu d'un pont, les catholiques en jetèrent deux, et le passage s'opéra, dans la nuit du 12 au 13 mars, avec le plus grand secret. Les chefs calvinistes, surpris tout à coup lorsqu'ils s'y attendaient le moins, n'eurent point le temps de rassembler leur infanterie, et Condé, avec une partie de sa cavalerie seulement, vivement poursuivi par les royalistes, se vit forcé de combattre. On était alors près de Jarnac, petite ville frontière du Limousin et de l'Angoumois, qui a donné son nom à cette bataille.

Avant d'en venir aux mains, Condé, qui avait le bras en écharpe par suite d'une chute de cheval, adressa à ses compagnons une courte harangue pour exciter leur ardeur. A peine a-t-il achevé de parler que le cheval du duc de Larochefoucauld lui casse la jambe d'un coup de pied : « Noblesse française, dit-il alors aux gentilshommes qui l'entouraient, souvenez-vous que Condé, le bras en écharpe et la jambe fracassée, ne craint pas encore de donner bataille pour sa religion et pour sa patrie. » Il fond ensuite, tête baissée, sur l'ennemi, et culbute quelques escadrons; mais bientôt le nombre l'accable, il est assailli de tous côtés. Renversé de cheval, il continue à se battre un genou en terre. Autour de lui la mêlée était furieuse, et de part et d'autre on faisait des prodiges de valeur; mais nul ne se distingua davantage qu'un vieux gentilhomme du nom de La Vergne de Tressan : à la tête de vingt-cinq de ses fils et neveux, il couvrit le prince de son corps et de son épée tant qu'il lui resta un souffle de vie; il fut tué enfin, quinze des siens éprouvèrent le même sort, les dix autres, percés de coups, tombèrent aux mains de l'ennemi.

Seul, et sans autre rempart que celui des morts et des mourants couchés autour de lui, Condé se roidissait encore contre la fortune; mais il voit sa cornette disparaître avec vingt cavaliers bien montés : il ne lui reste plus aucun espoir de secours. Levant alors la visière de son casque, il présente à d'Argence, gentilhomme catholique, son gantelet gauche comme gage de sa foi. D'Argence lui promet la vie, le relève et le conduit sous un arbre pour le laisser reposer; mais dans l'instant Montesquiou, capitaine des gardes du duc d'Anjou, apprenant que Condé est prisonnier, accourt en criant : « Tue, tue, mordieu! » et il lui casse la tête d'un coup de pistolet tiré par derrière.

Condé avait trente-neuf ans.

On assure que Montesquiou, ainsi que les autres favoris de Monsieur, avaient reçu de celui-ci l'ordre secret de tuer le chef des huguenots partout où ils le rencontreraient. La façon dont le duc d'Anjou traita son ennemi mort n'autorise que trop les soupçons déshonorants élevés contre lui : il parut moins joyeux de la victoire que de la mort du prince de Condé.

M.-L. Boutteville.

Dessiné par Henriquel Dupont. Impr. Geny-Gros, rue du Plâtre, 28 Paris. Gravé par Langlois

MONTAIGNE.

BIBL. ARSENAL

MONTAIGNE

NÉ EN 1533, MORT EN 1592.

Je voudrais retracer cette étrange physionomie de Montaigne, vive et naïve, calme et mobile, avenante et grave ; il y a bien de la difficulté, au moins pour moi. Je la voudrais montrer telle que je la vois, que je la sais, que je l'aime ; il y faudrait, outre les loisirs, qui ne me font faute, une habileté dont je ne fus pas aussi libéralement pourvu. Puis la lice est courte, et j'aurais besoin de trente stades. A peine quelques feuillets pour une besogne qu'on ne saurait quitter si on la commence, ni finir non plus, car ce serait la quitter. Pour raconter Montaigne, il faudrait un livre ; un livre ! et il est fait.

Ce livre est le sien : Montaigne n'est que son livre ; le livre de Montaigne est lui tout entier.

Ceci, pourtant, est une bonne fortune pour moi dans mon entreprise. Si pauvrement et étroitement logé que je suis, on pense bien que je n'ai pas foison d'autres livres outre celui-là. C'est donc merveille et bonheur que celui-là me suffise, puisque aussi bien le reste me manque. Le château de Ham n'est pas un bien riche dépôt des humaines lettres ; les humanités, en quelque façon qu'on le prenne, n'ont pas grand'chose à démêler avec lui.

J'en serais volontiers d'accord, peu s'en faut, avec mademoiselle de Gournay, que ce n'est guère la peine d'écrire la vie de l'auteur, « puis- » qu'elle est complète dans l'ouvrage [1]. » Et oui, certes, la vie explique l'ouvrage, et l'ouvrage la vie. « C'est luy qu'il a peinct.... il est luy mesme » la matière de son livre [2]. » Il semble qu'il n'y ait qu'à transcrire et qu'il n'y manque plus que la mort. Car il est candide et homme de foi : il va droit et à découvert en ce chemin qu'il s'est fait. On ne saurait gauchir ni se mécompter à le suivre. « Il se dict luy-mesme.... et ne se présente poinct

[1] *Préface des Essais.*
[2] *Avertissement des Essais.*

» en deux endroicts, les actions d'une façon, les discours de l'aultre; il faut » qu'il aille de la plume comme des pieds... Moulant sur soy cette figure... » il s'est peinct en soy.... et n'a pas plus faict son livre que son livre l'a » faict; livre consubstantiel à son auteur, membre de sa vie[1]. » Jamais écrivain ne fit meilleur marché de lui-même; plutôt y aurait-il en lui surabondance que défaut de sincérité. « Il ne laisse rien à désirer et deviner de » soy.... il reviendroit volontiers de l'aultre monde pour desmentir celuy » qui le formeroit aultre qu'il n'estoit, feut-ce pour l'honorer. »

Il est véritable; mais, encore que l'homme soit dans le livre, faut-il pourtant l'en faire sortir. Leur mélange ne les empêche pas d'être deux : à qui les veut bien juger, il est besoin de les mettre à part et de prendre chacun en son rang.

Ce fut donc dans le Périgord, et à dix lieues de ma bonne ville de Bordeaux, que « nasquit, entre unze heures et midi, le dernier iour de febvrier mil cinq cents trente trois, comme nous comptons à cette heure, » Michel, fils de Pierre Eyquem, seigneur de Montaigne, « le troisième de » ses enfants en reng de naissance. » Ce fut dans la maison de son père, maison noble, « et iuchée sur un tertre, comme dict son nom; » ornée, sinon protégée, de quatre hautes et épaisses tours, et où Pierre Eyquem, « qui y estoit nay aussi, et qui aimoit à y bastir, avoit laissé de beaux com» mencements, que Michel, par faineance, n'a pas oultré à parfaire. »

Sa famille était riche et ancienne, mais point illustre. « Elle avoit coulé » sans esclat et sans tumulte, et de longue mémoire particulièrement ambi» tieuse de prud'hommie. Ses armoiries estoient d'azur, semé de trèfles » d'or, à une patte de lyon de mesme, armée de gueule, mise en fasce. » Un de ses oncles, le sieur de Bussaguet, avait une charge de conseiller au Parlement de Bordeaux. De ses deux frères, l'un, le capitaine Saint-Martin, « âgé de vingt trois ans, et qui avoit desia faict assez bonne preuve de » sa valeur, iouant à la paulme, reçeut un coup d'esteuf qui l'asséna un peu » au dessus de l'aureille droicte, sans aucune apparence de contusion ny » de bleceure; il ne s'en assit ny reposa, mais cinq ou six heures aprez, » il mourut d'une apoplexie que ce coup luy donna. » L'autre, qui mourut jeune aussi, et qu'on appelait le sieur de Matecoulom et d'Arsac, « feut » convié, à Rome, à seconder un gentilhomme qu'il ne cognoissoit guère, » lequel estoit deffendeur et appelé par un aultre. En ce combat, il se » treuva de fortune avoir en teste un qui luy estoit plus voisin et plus co» gneu. Aprez s'estre desfaict de son homme, voyant les deux maistres de » la querelle en pieds encore et entiers, il alla descharger son compai» gnon. » La justice du lieu s'en formalisa; mais il eut pour lui celle qui se

[1] Ce passage, et tous les fragments entre guillemets dont la source n'est pas indiquée en note, sont tirés du livre des *Essais*.

pratiquait alors en France entre gentilshommes. « Aussi feut-il délivré des » prisons d'Italie par une bien soubdaine et solemnelle recommandation » du roi. »

Le père de Montaigne avait vécu presque toute sa vie dans la retraite. Seulement, vers la fin, les bourgeois de Bordeaux l'élurent maire de leur ville, et « c'estoit une charge qui doibt sembler d'autant plus belle, qu'elle » n'avoit ny loyer ny gaing aultre que l'honneur de son exécution. » Il souvenait à Michel « de l'avoir vu vieil, en son enfance, l'âme cruellement » agitée de cette tracasserie publicque, oubliant le doulx air de sa maison, » où la foiblesse des ans l'avoit attaché long temps avant, et son mesnage, » et sa santé, et mesprisant certes sa vie, qu'il y cuyda perdre, engagé pour » eulx à de longs et pénibles voyages. Il estoit tel, et lui partoit cette » humeur d'une grande bonté de nature. Il ne feut iamais ame plus chari- » table et populaire. »

A la vérité, car puisque j'en ai l'occasion je ne ferai faute de le répéter, moi qui n'en suis pas moins véridique témoin que Montaigne, « c'est un bon » peuple, guerrier et généreux, capable pourtant d'obéissance et discipline, » et de servir à quelque bon usage s'il y est bien guidé ; je lui veulx tout le » bien qui se peult. »

Ce père de Montaigne, homme de peu d'étude, mais d'une forte et haute raison, avait d'étranges idées pour son temps et pour son rang. Il lui plut et lui sembla sage que son fils fût « dressé à la plus basse et commune » façon de vivre, » si bien « qu'il l'envoya dez le berceau nourrir à un pauvre » village des siens, et l'y teint aultant qu'il feut en nourrice, et encore au » delà. » Il fit même une chose plus remarquable peut-être et plus extraordinaire en ce temps : « comme il visoit de le rallier avecques le peuple et » cette condition d'hommes qui a besoing de nostre ayde, et estimoit qu'il » feut tenu de regarder plustôt vers celuy qui tend les bras que vers celui » qui tourne le dos, il le donna à tenir sur les fonts à des personnes de la » plus abiecte fortune, pour l'y obliger et attacher. »

Son éducation commençait ainsi en même temps que sa vie. Les premiers spectacles qui frappèrent ses yeux, sitôt qu'il les eut ouverts, lui furent de vivantes leçons de simplicité et de modestie. Il allait apprendre le monde, au rebours de ce qui se fait ordinairement, en partant des plus humbles et plus bas degrés. Son père faisait peu de fond sur l'enseignement direct qui s'impose et se montre à nu; il se fiait davantage à l'influence des impressions successives et de l'habitude. Il était d'avis qu'on fît « gouster aux » enfants la science et le debvoir par une volonté non forcée, et de leur » propre désir ; » il prétendait même que l'on ménageât leurs organes à l'égal de leur intelligence et de leur humeur : jusque-là, « et à telle super- » stition que, parce que aulcuns tiennent que cela trouble la cervelle tendre » des enfants, de les esveiller le matin en sursault, et de les arracher du som-

» meil tout à coup et par violence, il fesoit esveiller son fils par le son de quelque » instrument, et ne feut iamais sans homme qui luy en servist. » Des châtiments, il n'en faisait ni cas ni usage; « et disent-ils qu'à tout son premier » âge, encore qu'il eût l'esprit lent, l'appréhension tardive, l'invention lasche » et un incroyable défaut de mémoire, Michel ne tasta des verges qu'à deux » coups, et bien mollement. » Mais en revanche, il prenait grand soin qu'on l'exerçât à la sincérité et à la droiture; tellement que « pour s'estre duict, » en sa puérilité, de marcher touiours son grand et plain chemin, et avoir » eu à contre cœur de mesler ny tricotterie ny finesse en ses ieux enfantins, » par aprez il n'estoit passe temps si légier où Montaigne n'apportast du » dedans, et d'une propension naturelle et sans estude, une extrême con- » tradiction à tromper. »

Pierre Eyquem avait dans l'esprit que le long temps qui se perd à l'étude des langues anciennes était à la fois un obstacle au développement de l'intelligence et de l'âme. Il imagina de changer artificiellement la langue maternelle de son fils, et de lui donner pour telle, au lieu du français, le latin. Et voici comme il s'y prit : « En nourrice, et avant le premier dénoûment » de la langue, il le donna en charge à un Allemand, du tout ignorant de » nostre langue, et trez bien versé en la latine; cettuy-ci, qu'il avoit » faict venir exprez, et qui estoit bien chèrement gagé, l'avoit continuelle- » ment entre les bras. Il en eust aussi avecques luy deux aultres moindres » en savoir pour suyvre l'enfant et soulager le premier. Ceulx-ci ne l'en- » tretenoient d'aultre langue que latine. Quant au reste de sa maison, » c'estoit une règle inviolable que ny lui-mesme, ny sa femme, ny valet, » ny chambrière, ne parloient en la compaignie de Michel qu'aultant de » mots de latin que chascun avoit apprins pour jargonner avecques luy. C'est » merveille du fruict que chascun y feit; et somme, ils se latinizèrent tant » qu'il en regorgea jusques à leurs villages tout à l'entour. De luy, il avoit » plus de six ans avant qu'il entendist non plus de françois ou de péri- » gordin que d'arabesque; et sans art, sans livre, sans grammaire ou pré- » cepte, sans fouet et sans larmes, il avoit apprins du latin tout aussi pur » que son maistre d'eschole le sçavoit. »

C'était un grand point; mais restait le grec. Pour celui-ci les succès furent moins heureux, et l'élève n'en acquit « quasi du tout point d'intelli- » gence. » Il est vrai qu'on n'y usa pas des mêmes moyens; on y voulut faire un essai de cette téméraire méthode qu'on a préconisée de nos jours comme une découverte de la veille, et qui ne prétend à rien moins qu'à enseigner toute chose sans qu'on ait jamais la peine de rien étudier, jouant pour instruire, et inspirant la science par manière d'amusement; d'où il arrive que les enfants qui se plaisent médiocrement aux plaisirs sérieux, et qui ne prennent point au sérieux les leçons données en jouant, ne sont au bout du compte ni amusés ni instruits. Pierre Eyquem « desseigna de luy

» faire apprendre cette aultre langue par art; mais d'une voye nouvelle, par » forme d'esbat et d'exercice. Ils pelotoient leurs déclinaisons, à la manière » de ceulx qui, par certains ieux de tablier, apprennent l'arithmétique et » la géométrie. » Tant y firent-ils, et tant pelotèrent, que Montaigne, l'esprit le plus souple et le plus pénétrant de son siècle, « qui veoyait bien » ce qu'il veoyait, et soubs sa complexion lourde, nourrissoit des imagi- » nations hardies et des opinions au-dessus de son âge, » ne sut jamais rien des choses qui lui furent montrées de cette merveilleuse façon. Et si pourtant avait-il alors « pour ses précepteurs domestiques Nicholas Grou- » chi, qui a escript *de Comitiis Romanorum;* Guillaume Guérente, qui a » commenté Aristote; George Buchanan, ce grand poëte écossois, et Marc- » Antoine Muret, que la France et l'Italie recognoist pour le meilleur ora- » teur du temps. »

Il fallut enfin renoncer à toutes ces expériences, dont l'invention « leur » avoit esté apportée d'Italie; » et l'on envoya le jeune Michel, « environ ses » six ans, au collége de Guyenne, très florissant pour lors, et le meilleur » de France, duquel Andréas Goveanus estoit principal.... et ne servit à » l'enfant, cette sienne inaccoustumée institution, que de le faire eniamber » d'arrivée aux premières classes. » Ses succès n'y furent pas éclatants. Son père l'avait fait suivre dans ce collége par un précepteur d'humeur indulgente, « qui le tenoit doulcement en office pour les estudes de la règle. » Mais en revanche, à peine avait-il sept ou huit ans, qu'il prit le goût le plus vif pour les *Métamorphoses d'Ovide.* « Il se desroboit de tout aultre » plaisir pour les lire, et s'en rendoyt plus nonchalant à l'estude des » aultres leçons prescrites... Le précepteur, qui avoit de l'entendement, » sceut dextrement conniver à cette sienne desbauche et aultres pareilles; » tant que par là l'enfant enfila tout d'un train Virgile en l'Œnéide, et » puis Térence, et puis Plaute, et des comédies italiennes, leurré tou- » iours par la douceur du subiect. » Ce furent probablement ces dernières lectures qui développèrent si prématurément en lui son aptitude aux représentations scéniques. Tout au plus avait-il atteint sa douzième année, qu'il remplissait déjà, dans les solennités de son collége, les premiers personnages des tragédies latines de Buchanan, de Guérente et de Muret; « et l'en tenoit on pour maistre ouvrier. » A treize ans, on le retira du collége; « car il avoit achevé son cours, qu'ils appellent; » mais, à la vérité, sans aulcun fruict qu'il peut par aprez mettre en » compte. »

Bientôt, l'âge requis lui étant venu, on le fit entrer dans les charges publiques. Il eut, comme son oncle, un office de conseiller au parlement de Bordeaux. Mais « la liberté et l'oysiveté qui estoient ses maistresses qua- » litez, sont qualitez diamétralement opposées à ce mestier là. » Aussi ne tarda-t-il guère à s'en dégoûter. « Enfant, on l'y plongea iusques aux

» aureilles, et il succédoit : si s'en despreint il de belle heure. » Toutefois il y était encore à trente ans[1].

Il y avait alors un autre conseiller dans la même cour, que l'on nommait Étienne de La Boëtie; un personnage plein de gravité, de doctrine et de suffisance, et qui, « en l'âge de trente-deux ans qu'il mourut, avoit acquis » plus de vraye réputation en ce reng là que nul aultre avant luy..... [2] » « C'estoit vrayement une ame pleine et qui montroit un beau visage à tout » sens; une ame à la vieille marque, ayant beaucoup aiousté à ce riche na- » turel par science et par estude. » Il s'était annoncé, dès l'âge de seize ans[3], dans le monde, par un traité de la Servitude volontaire, ouvrage moins étonnant en soi que n'a dit Montaigne, mais fort étonnant toutefois par l'extrême jeunesse de l'auteur. Le livre tomba de bonne heure aux mains de Montaigne, qui se prit aussitôt d'une vive estime pour La Boëtie. « Ce feust le moyen de leur première accointance, et l'acheminement de » cette amitié qu'ils ont nourrie entre eux si entière et si parfaicte, que cer- » certainement il ne s'en peult guère lire de pareilles. » Il se passa quelque temps; mais enfin « ils se rencontrèrent par hazard en une grande feste » et compaignie de ville, et, dez cette première rencontre, ils se treu- » vèrent si prins, si cogneus, si obligez entre eulx, que nul dez lors ne leur » feust si proche de l'un à l'aultre. » Rien de si merveilleux que cette amitié, ni de si touchant que ce que Montaigne en raconte. Rien de plus sincère pourtant, et on le voit bien à cette naïve et saisissante peinture où il a dépassé de si loin et Cicéron, et Plutarque, et tous ceux qui nous avaient voulu parler de ce sentiment plus parfait qu'aucun, mais aussi plus rare[4]. Demandez-lui comment se forma leur union? « Nous nous cherchions avant » de nous estre veus.... Nous nous embrassions par nos noms. » Demandez pourquoi? « Parce que c'estoit luy, parce que c'estoit moy. » Demandez jusqu'où? « Nos ames se meslent et confondent l'une en l'aultre » d'un meslange si universel qu'elles effacent et ne retrouvent plus la cous- » ture qui les a ioinctes. » Demandez sur quel exemple et sur quel modèle? « Celle cy n'a point d'aultre idée que d'elle mesme, et ne se peult rapporter » qu'à soy. Ce n'est pas une spéciale considération, ny deux, ny trois, ny » quatre, ny mille; c'est ie ne sçais quelle quintessence de tout ce mes- » lange, qui, ayant saisi toute ma volonté, l'amena se plonger et se perdre » en la sienne, d'une concurrence pareille. Ie dis perdre, à la vérité, ne » nous réservant rien qui nous feust propre, ny qui feust ou sien, ou

[1] « Comme ie revenois du palais. » Lettre d'août 1563.

[2] Lettre au chancelier L'Hospital.

[3] « Mais oyons un peu parler ce garson de seize ans. » *Essais*.

[4] « Les discours mesmes que l'antiquité nous a laissés sur ce subiect, me semblent lasches au prix du sentiment que i'en ay. » *Essais*.

» mien.... Ie me feusse certainement plus volontiers fié à luy de moi, qu'à » moy. »

Mais cette parfaite et incomparable amitié eut le sort de toutes les heureuses choses : elle fut de courte durée. La dyssenterie enleva La Boëtie à trente-deux ans, quatre ans après que Montaigne et lui eurent commencé de s'aimer. Leur union reçut l'inviolable sceau de la mort : il lui a manqué celui que d'autres ont eu, le sceau du malheur.

Montaigne, dont la vie égale et paisible ne fut guère troublée que par cette seule affliction, en ressentit profondément l'amertume. « Il ne faisoit » que traisner languissant, et les plaisirs mesmes qui s'offroient à luy, au lieu » de le consoler, luy redoubloient le regret de sa perte. Ils estoient de » moitié de tout; il lui sembloit qu'il lui desrobbast sa part. Il estoit desià » si faict et accoustumé d'estre deuxième partout qu'il lui sembloit n'estre » plus qu'à demy. »

Il s'apaisa cependant, mais par un procédé plus efficace peut-être que sage, en se précipitant délibérément d'une affection dans une autre, en s'imposant, d'une résolution froide et préméditée, de plus vives et plus dangereuses passions. Mais aussi, c'est « qu'à nostre ame on luy faict peu chocquer les maulx de droict fil.... Si luy en faict on bien descliner et gauchir » l'attaincte.... Touché de ce puissant desplaisir, il s'y feut perdu à l'adventure, s'il se feut simplement fié à ses forces. Ayant besoing d'une véhémente diversion pour s'en distraire, il se feit par art amoureux, et par » estude.... L'amour le soulagea et retira du mal qui luy estoit causé par » l'amitié. » Sans doute; mais qui le soulagea de l'amour?

Son humeur facile, mais pourtant ennemie de toute contrainte, lui inspirait moins de goût que d'éloignement pour les devoirs sérieux et qu'on ne peut rompre. Il aimait à vivre plus négligemment et d'une vie maîtresse de soi. Aussi montrait-il peu d'empressement pour le mariage. « De son desseing il eust fuy d'espouser la sagesse mesme, si elle l'eust voulu. » Il se maria cependant, à l'âge de trente-trois ans, avec Françoise de La Chassaigne, fille d'un conseiller au parlement de Bordeaux. Il est vrai « qu'il » ne s'y convia pas proprement; on l'y mena.... Mais nous avons beau dire, » la coustume et l'usage de la vie commune nous emporte. » Cette union ne laissa pas néanmoins d'être heureuse. L'embarrassant, avec un esprit tel que Montaigne, n'était pas qu'il remplît un devoir, mais qu'il l'acceptât. « Tout licencieux qu'on le teint, il a, en vérité, plus sévèrement observé » les lois de mariage qu'il n'avoit ny promis, ny espéré. »

Montaigne ne put conserver qu'un enfant; « ils lui mouroient tous en nourrice. » Encore était-ce une fille, et « d'une complexion tardive, mince et molle. » Elle portait le nom de Léonor, et fut mariée à un vicomte de Gamache. On eût excusé Montaigne, riche et considérable comme il était, s'il eût regretté de n'avoir point de fils à qui transmettre son nom et son rang. Mais sa froide et rigoureuse raison l'avait préservé de cette faiblesse. « Il se consoloit aysément de n'avoir poinct cette forte liaison qu'on dict » attacher les hommes à l'advenir par les enfants qui portent leur nom et » leur honneur.... Il ne tenoit que trop au monde et à cette vie par soy- » mesme, et n'estimoit poinct qu'estre sans enfants feut un défault qui deut » rendre la vie moins complète et moins contente. »

Le siècle où vivait Montaigne n'était pas un heureux siècle, non plus que le nôtre. Les apôtres de la réforme avaient apporté en France, pour premier gage de la sainteté de leur mission, la guerre civile et toutes les désolations qui vont avec elle. Montaigne, que ces nouveautés ne séduisaient point, n'approuvait pas non plus les emportements de ceux qui les combattaient. De quelque côté que vinssent les persécutions et les violences, il les déplorait et les condamnait uniformément. Aussi « encourut-il les inconvénients que la modération apporte en telles maladies. » En chaque parti on le tenait pour être du parti contraire. « Au Gibelin, il estoit Guelphe; au Guelphe, Gibelin. » Mal lui prit, comme il est d'habitude, de sa courageuse impartialité. « Mille diverses sortes de maulx accoururent à luy à la file... Et de ce » qui luy advint lors, un ambitieux s'en feust pendu; si eust faict un ava- » ricieux. »

Encore s'il en eût été quitte pour des inimitiés et des disgrâces. Mais il était difficile, quand la guerre parcourait de l'un à l'autre bout le royaume, que ce canton de Montaigne, si écarté et peu important qu'il fût, n'eût jamais sa part de dévastation et de meurtre. Le moment vint donc « qu'une » forte charge des troubles se croupit plusieurs moys, de tout son poids, » droict sur luy. Il avoit d'une part, les ennemis à sa porte; d'aultre part, » les picoreurs, pires ennemis; et essuyoit toutes sortes d'iniures militaires » à la fois... Le peuple y souffrit bien largement lors : on le pilla, et luy par » conséquent iusques à l'espérance, luy ravissant tout ce qu'il avoit à s'ap- » prester à vivre pour longues années. »

La guerre leur avait laissé la famine; la famine leur mena la peste. Elle fut affreuse. « Du monde des environs, la centième partie des ames ne s'en » peust sauver. Chascun renonceoit au soing de sa vie... Tous indifférem- » ment se préparant et attendant la mort à ce soir, ou au lendemain... Pour » ce qu'ils meurent au mesme moys, enfants, jeunes, vieillards, ils ne s'eston- » nent plus, ils ne se pleurent plus. On en veit qui craignoient de demeurer » derrière comme en une triste solitude. Tel sain fesoit desià sa fosse; » d'aultres s'y couchoient encore vivant, et y eut-il un manœuvre des siens, » qui, avecque ses mains et ses pieds, attira sur soy la terre, en mourant. » Montaigne fut contraint de fuir avec sa famille. « Tout ce qui estoit dans sa » maison demeura sans garde, et à la mercy de qui en avoit envie. » Mais où trouver une retraite pour « cette famille esgarée faisant peur à ses amis et » à soy mesme, et horreur où qu'elle cherchast à se placer? » Ils errèrent de cette façon six mois durant, toujours sans asile; car, à la moindre apparence de mal qui survenait à l'un d'eux, l'effroi de leurs hôtes se montrait si violent qu'il fallait aussitôt se remettre en quête d'un autre refuge.

Ce fut une douloureuse épreuve pour Montaigne, qui eût aisément souffert sa propre détresse sans le surcroît qu'y ajoutait celle des siens. Car il avait, quant à lui, une philosophie d'effet et d'action, autant au moins que de spéculation et de langage. Il le fit bien voir dans les périls où il se trouva isolément engagé. Il arriva, chose qui n'était pas sans exemple en ce triste temps, qu'un gentilhomme forma le dessein de le surprendre et de s'emparer de son château. Voici quelle fut sa ruse. Il se présente seul à Montaigne, feignant l'effrayé, son cheval couvert de sueur et hors d'haleine. A une demi-lieue de là, disait-il, un sien ennemi l'avait rencontré, qui lui avait merveilleusement chaussé les éperons. Si bien que, se trouvant plus faible en nombre, force lui avait été de quitter là ses gens, dont il était au demeurant en grand'peine, et de se jeter à sauveté à la porte de son voisin. Montaigne, « quoique ce mystère commençast, vu le temps, à taster un peu » son souspeçon », ne laissa pas de lui faire ouvrir. Mais, « tantost après » voilà quatre ou cinq de ses soldats qui se présentent, en mesme conte- » tenance et effroy; et puis d'aultres, et d'aultres encore, bien équipez et » armez, feignant d'avoir leurs ennemis aux talons. » L'embarras était grand, et le piége assez manifeste. Montaigne imagina de s'y précipiter pour en mieux sortir, et de montrer tant de confiance à son gentilhomme, que celui-ci n'eût aucune occasion de faire querelle, et ne sût plus par où mettre l'entreprise à fin. Il fit donc ouvrir aux soldats, ainsi qu'il avait fait à leur chef. Eux de se ranger aussitôt en file et à cheval dans la cour, « ayant continuellement les yeux attachés sur le maistre pour veoir quel » signal il leur donneroit. » Mais le signal ne leur venait point, et quelque peu de temps passé, le maître remonte à cheval, et s'en va, confessant aux siens, « que le visage et la franchise de Montaigne luy avoient arraché la » trahison des poings. »

Dans une autre occasion, on venait de publier une trêve. Montaigne s'y fie, et se met témérairement en voyage. « On ne l'eust pas si tost esventé, » que voilà trois ou quatre chevaulchées de divers lieux à ses trousses. » A la troisième journée, on l'atteint. C'était une vingtaine de gentilshommes masqués, suivis d'une ondée d'argoulets. Tout aussitôt ils le chargent, le démontent, pillent son bagage, et emmènent le pauvre homme dans le plus épais d'une forêt qui était proche. Là, se mirent les assaillants en grande contestation de sa vie et de sa rançon. Pour ce qui était de la vie, Montaigne n'y avait pas voix; mais pour la rançon, il se fallait bien résoudre à le questionner : rien ne se pouvait conclure sans lui. Mais lui n'y voulut entendre d'aucune façon, et sachant bien son péril, il ne laissa pas de s'opiniâtrer à la trêve, et de refuser, sans en démordre jamais, toute promesse et condition pour se racheter de leurs mains. Qui l'emporta? Vraiment ce fut lui. Il n'y avait guère moins de trois heures qu'avait commencé cette hasardeuse négociation; déjà même ils acheminaient leur captif sous la conduite de quinze ou vingt argoulets, et « sur un cheval qui n'avoit garde de leur » échapper », quand tout à coup, subjugués par sa gravité et par sa persévérance, ils se ravisèrent, et prirent inopinément un tout contraire dessein; tellement que, non contents de lui rendre sa liberté, ils lui restituèrent même son bagage. Et ainsi fit-il par deux fois l'expérience de ce qui est écrit en son livre : « Que la braverie, la constance et la résolution ont sou» vent servy à cet effect, d'amollir le cœur de ceulx qui nous tiennent à » leur mercy. »

Montaigne était venu à la cour pendant la minorité de Charles IX : quelques affaires de sa province l'y avaient fait envoyer. Il la suivit à Paris, à Rouen, à Chartres [1], et ne tarda guère d'y être jugé et estimé pour ce qu'il valait, aussi bien par Catherine de Médicis, que par le chancelier L'Hospital. Il fut chargé par la reine de rédiger pour son fils des instructions sur l'art si variable et si difficile de régner. Il fut employé comme médiateur entre le roi de Navarre et le duc de Guise [2]. Enfin on le fit gentilhomme de la chambre du roi [3], et on lui donna l'ordre de Saint-Michel, si considérable encore en ce temps « qu'il n'y avoit ny charge, ny estat, quel qu'il feust, » auquel la noblesse prétendist avecques tant de désir et d'affection. » Puis, quand éclatèrent les troubles de la Guyenne, il fut du conseil du maréchal de Matignon, qui avait le gouvernement de cette province [4].

Les voyages étaient pour lui comme une sorte de besoin et de passion. « De se plaire plus aux choses estrangieres qu'aux nostres, et d'aimer le re» meuement et le changement, il en tenoit sa part. » Il voulut donc aller visiter l'Italie, principalement « cette vieille Rome, métropolitaine de tou» tes les nations chrestiennes, dont la ruyne mesme est glorieuse et enflée, » et qui retient au tombeau des marques et images d'empire. » Il y reçut un accueil qui flatta singulièrement sa vénération pour cette cité plutôt transformée que déchue, et qui n'a guère fait que changer de puissance. Rien ne plut tant « à cette niaise humeur qui s'en paissoit chez luy, qu'une » bulle authentique de bourgeoisie romaine, qui luy feust octroyée du temps » qu'il y estoit, pompeuse en sceaux et lettres dorées, et octroyée avec toute » gracieuse libéralité. » Peut-être le blâmera-t-on d'une joie si vive pour une chose si vaine. Mais « si les aultres se regardoient attentivement,

[1] Mém. de de Thou, liv. III.

[2] *Eodem.*

[3] Voir le titre de la traduction de la *Théologie* de Jean Sebond, à Rouen, chez Jean de la Mère, 1641.

[4] Histoire de de Thou, liv. CIV.

» comme il faict, ils se treuveroient, comme il faict, pleins d'inanité et de » fadèze. »

Au retour, il s'arrêta à Venise, et pendant qu'il y était il fut élu maire de Bordeaux. Il succédait au maréchal de Biron, et ce fut le maréchal de Matignon qui lui succéda. Sa première pensée fut de refuser. Mais « le commandement du roi s'y interposant, » il n'hésita plus. La règle était qu'on ne gardât cette charge que pendant deux ans. On pouvait cependant être réélu, mais seulement une fois, et il n'y en avait eu que deux exemples. Montaigne en fut un troisième. Ce n'est pas pourtant qu'il fît grand effort pour se concilier les suffrages, ni pour les séduire par les faux semblants d'une administration empressée et entreprenante. « Aulcuns disoient qu'il s'y estoit » porté en homme qui s'esmeut trop laschement, et d'une affection languis» sante... et disoient d'aultres aussi cette sienne vacation s'estre passée sans » marque et sans trace... Si ne laissa-t-il aulcun mouvement que le debvoir » requist en bon escient de luy. Mais facilement oublioit il ceulx que l'am» bition mesle au debvoir et couvre de son tiltre... Qui ne lui vouldra sça» voir gré de l'ordre, de la doulce et muette tranquillité qui a accompaigné » sa conduite, au moins ne peult il le priver de la part qui lui en appartient » par le tiltre de sa bonne fortune. » Il avait franchement et ouvertement averti ses gens, dès le jour qu'il entra en charge, et ce n'est pas l'un des moins remarquables traits de sa vie que cette parfaite candeur avec laquelle, « à son arrivée, il se deschiffra à eulx fidèlement et consciencieusement tout » tel qu'il se sentoit estre; sans mémoire, sans vigilance, sans expérience » et sans vigueur; sans haine aussi, sans ambition, sans avarice et sans » violence. »

Montaigne avait fait une première épreuve de ses forces dans la traduction, qu'il n'entreprit qu'à regret et pour obéir à son père, de la Théologie naturelle de Jean Sebond. Beaucoup plus tard, et après son voyage en Italie, il en écrivit également le récit[1]. Mais, de ces deux ouvrages, on n'en parle guère, et je ne trouve non plus, quant à moi, aucune raison d'en parler. Tout le génie et toute la gloire de Montaigne sont enfermés dans ses *Essais*. Il avait déjà trente-neuf ans quand il en composa les premiers chapitres[2]. Il y travaillait sans suite et à de longs intervalles, selon que l'y poussaient l'occasion et sa fantaisie. Ce ne fut point un livre fait de dessein réfléchi et prémédité, mais d'entraînement, d'abandon, presque de hasard. S'il y eut jamais du dessein, ce fut son exécution même qui l'inspira; il ne fut conçu qu'achevé. « Ce fagotage de diverses pièces s'est faict en telle con» dition que l'ouvrier n'y mettait la main que lorsqu'une trop lasche oysiveté

[1] Cet écrit ne fut découvert que cent quatre-vingts ans après la mort de Montaigne.

[2] « D'avoir vescu quarante-sept ans pour ma part, n'est-ce point assez?... Ie me suis envieilli de sept ou huit ans depuis que ie commençai. » *Essais*.

» le pressoit, et non ailleurs que chez soy. » Il en prenait même si peu de souci, qu'il s'en laissa enlever fort indifféremment d'assez importantes parties. « Un valet qui le servoit à les escrire soubs luy pensa faire un grand » butin de luy en desrobber plusieurs pièces choisies à sa poste... Mais cela » me console, disait-il, qu'il n'y fera pas plus de gaing que ie n'y ai faict » de perte. »

Ce ne fut qu'en 1580 qu'il se détermina à publier cet ouvrage. Encore n'en donna-t-il d'abord que deux livres; le troisième ne vint que plusieurs années après. Le succès fut du commencement assez équivoque, principalement en province, et dans la sienne, comme il arrive à bien d'autres, plus qu'en aucune. Il le disait fort gaiement lui-même, « qu'en son climat de Gas- » coigne on tenoit pour drôlerie de le veoir imprimer : d'aultant, continuait- » il, que la cognoissance qu'on prend de moy s'esloigne de mon giste, i'en » vaulx d'aultant mieulx. I'achète les imprimeurs en Guyenne; ailleurs, ils » m'achètent. » Il en alla quelque temps ainsi, jusqu'à ce qu'enfin Juste Lipse, dont l'autorité était alors fort considérable, avertit le public de l'excellence de ce livre, et fit, à bien dire, sa réputation. Tant est hasardeuse et précaire la fortune même des meilleurs écrits !

Un peu avant les États de Blois, Montaigne alla de nouveau à Paris pour faire imprimer son troisième livre. Ce fut où il rencontra Marie Lejars de Gournay, jeune fille de maison noble [1], qui n'avait guère alors que vingt ans [2], et qui bien auparavant, presqu'au sortir de l'enfance, dans la solitude du château de son père, avait si bien compris le mérite des *Essais*, « qu'ils » la transirent d'admiration [3]. » Montaigne, quand il l'eut connue, en conçut la plus favorable espérance; et elle, à son tour, se prit pour lui du plus vif enthousiasme et de la vénération la plus tendre. Privée de son père, elle le sollicita d'en accepter le titre et de lui accorder celui de sa fille. Un vœu si touchant ne pouvait pas être repoussé : ils s'unirent d'une généreuse et noble adoption, d'une filiation volontaire, formée des seuls rapports de l'esprit. Cet attachement, qui occupait et flattait son cœur, répandit un doux intérêt sur les dernières années de Montaigne. « Sa fille d'alliance estoit » certes aymée de luy beaucoup plus que paternellement, et enveloppée, en » sa retraicte et solitude, comme l'une des meilleures parties de son estre; » il ne regardoit plus qu'elle au monde. »

Mais il n'y devait plus rester bien long-temps. Son père était mort, à soixante-quatorze ans, de la pierre; il fut attaqué du même mal, à son tour, dès l'âge de quarante-cinq ans. Ce ne fut pourtant pas la cause immédiate

[1] « C'était une personne bien née... Elle savait, et faisait des vers, mais méchants. » *Mémoires de Tallemant*, tome II.

[2] Elle était née à la fin de 1566.

[3] Préface de mademoiselle de Gournay. *Essais*, liv. II, ch. 17.

de sa mort. Frappé d'une esquinancie, la paralysie survint, qui lui ôta l'usage de la langue. Mais le cerveau n'en fut pas atteint; et jugeant, comme il n'était que trop vrai, qu'il allait mourir, il demanda par écrit à sa femme de convier quelques gentilshommes, ses voisins, à le venir assister en sa dernière heure. Eux venus, il voulut qu'on célébrât la messe dans sa chambre; et au moment de l'élévation, pendant qu'il faisait effort pour se relever sur son séant, une défaillance le prit, et il expira. C'était le 13 septembre 1592; il n'avait pas encore achevé sa cinquante-neuvième année.

Montaigne était d'une assez petite stature, « un peu au-dessoubs de la » moyenne; » la taille forte et ramassée; « le visage non pas gras, mais » plein; » l'humeur moitié gaie, moitié sérieuse; le tempérament modérément vif et sanguin; la constitution saine; la santé rarement troublée; l'allure et le geste témoignant de quelque fierté; la démarche prompte et ferme; la vue étendue, mais qui se fatiguait aisément; dormant, même au déclin de son âge, sept ou huit heures tout d'une haleine; « l'estomach » commodément bon comme estoit la teste; » indifférent sur le choix des mets à sa table; ignorant du plaisir de boire; se vêtissant des mêmes habits en toute saison; malhabile aux exercices du corps, la danse, la paume, la lutte, la chasse, l'escrime; à la musique aussi, malhabile; écrivant gauchement, et ne lisant guère mieux; capable de résister aux plus dangereuses tentations de la volupté; se découvrant et révélant lui-même du premier mouvement de son visage et de son regard; sans mémoire, sans promptitude d'esprit, mais pénétrant jusqu'au plus profond des choses quand il les avait saisies.

Il avait de la modération en toute affection et en toute affaire, de la loyauté, de l'abandon, un invincible penchant à la confiance, mais en même temps de l'indifférence et du nonchaloir; il ne se passionnait pour quoi que ce fût, et bien qu'assez détaché de lui-même, encore était-il peut-être sa principale préoccupation. Une je ne sais quelle complaisance de soi domine en sa vie; « il se compassionnoit toutefois fort tendrement des afflic- » tions d'aultruy.... Mais sa vertu estoit, pour bien dire, accidentale et for- » tuite.... il la debvoit plus à sa fortune qu'à sa raison ... Il y avoit moins » d'arrest et de règle en son opinion qu'en ses mœurs. » Cet esprit si pénétrant et si étendu n'était pas exempt de variation et d'incertitude. « Il » ne fesoit qu'aller et venir; son jugement ne tire pas touiours avant; il » flotte, il vague. » Non pas toutefois aux choses principales et essentielles; car « de la cognoissance de cette sienne volubilité, il avoit par acci- » dent engendré en luy quelque constance d'opinion.... et puisqu'il n'estoit » pas capable de choisir, il prenoit le choix d'aultruy, et se tenoit en l'as- » sieste où Dieu l'avoit mis : aultrement n'auroit-il sceu se garder de rouler » sans cesse. » Sincère autant qu'homme l'ait jamais été, « il ne haïssoit » pas seulement à piper, mais qu'on se pipât en luy.... Cette nouvelle

» vertu de feinctise et dissimulation, qui est à cette heure si fort en crédit, » il la haïssoit capitalement. » Ami du bien-être et des aisances de la vie, mais sans nul souci d'accroître son bien : non que ce fût « un mespris philosophique des choses transitoires et mondaines, qu'il prisoit pour le » moins ce qu'elles valent; mais certes c'estoit négligence et paresse... Il » est requis trop de parties à amasser; il n'y entendoit rien. » Pour l'ambition, il n'en était guère moins dégagé que de l'avarice, « et luy tenoit-il » le dos tourné... Il eust fallu, pour l'advancer, que la fortune le feust » venu quérir par le poing. » Libre avec les grands, et leur présentant « cette mesme licence de langue et de contenance qu'il apportoit en sa » propre maison. » Équitable envers tous indistinctement, et « tesmoi» gnant voluntiers de ses amis.... voire à ses ennemis, rendant nettement » ce qu'il debvoit de tesmoignage d'honneur. » Se réglant et gouvernant toujours par lui-même, « d'aultant que il prisoit peu ses opinions; mais » prisoit-il aussi peu celles des aultres. »

Cette philosophie était douce, facile, indulgente, accommodée à notre faiblesse. Elle était étendue plutôt que profonde; générale, non universelle; complète, mais dans le seul objet qu'elle s'était proposé. De la vie même, elle en découvre parfaitement tout ce qu'il en faut; du monde où l'on est, elle enseigne merveilleusement ce qu'on en doit prendre; du bonheur humain, elle en donne de très-profitables leçons. Mais hors de là, ne lui demandez plus rien; c'est une sagesse toute de la terre, qui enseigne à vivre et même à mourir, mais qui s'arrête à la tombe et y reste muette. Vous y retrouvez une forte et profonde empreinte des plus généreuses doctrines de l'antiquité; celle du catholicisme y est à peine. Vous vous croiriez à l'Académie ou au Portique. Vous entendez Socrate et Platon, Sénèque et Plutarque; vous attendez le chrétien. On ne dirait point qu'il soit rien survenu dans le monde, ni que la science de Dieu ait fait le moindre progrès.

Ce n'est pas qu'entraîné par tant d'exemples fameux, Montaigne se fût laissé aller aux nouvelles opinions qui désolaient alors notre France. Non certes, et « il s'estoit, par la grâce de Dieu, conservé entier, sans » agitation et trouble de conscience, aux anciennes créances de nostre » religion, au travers de tant de sectes et de division que son siècle a » produites[1]. » Ni dans sa foi religieuse, ni dans ses devoirs politiques, il ne faillit ni ne chancela. « Il n'avoit goust à la nouvelleté, quelque » figure qu'elle porte..... et si n'estoit-il facile au change, notament aux » affaires politiques..... Il est bien aysé, disait-il, d'accuser d'imperfection » une police, car toutes choses mortelles en sont plaines; il est bien aysé

[1] *Essais*, liv. II, ch. 12. « Il avoit le signe de la croix en révérence et continuel usage. » Liv. I, ch. 56.

» d'engendrer à un peuple le mespris de ses anciennes observances : iamais » homme n'entreprist cela qu'il n'en veint à bout. Mais d'y restablir un » meilleur estat en la place de celuy qu'on a ruyné, à cecy plusieurs se sont » morfondus de ceulx qui l'avoient entreprins..... Ceulx qui donnent le » branle à un estat sont voluntiers les premiers absorbez en sa ruyne. »

Ce livre est un livre étrange et unique en sa forme comme en son sujet. C'est l'étude exacte et universelle de l'homme, faite pourtant sur un seul modèle, l'auteur lui-même; c'est le portrait de tous en un seul portrait, toutes les physionomies d'homme dans la même image. C'est un livre simple et divers, varié et toujours semblable. Partout même ton, même façon, même allure, même langage, même gravité, même licence. C'est de l'uniformité qui ne se laisse pas reconnaître, et qui toutefois ne se cache point; c'est de la diversité presque déréglée, et qui se vient ranger d'elle-même à la plus exacte uniformité. Familier, naturel, facile, abondant, qui pénètre en vous sans que vous songiez à vous en défendre, qui vous persuade sans que vous ayez seulement l'idée de contester avec lui, qui vous entraîne où il veut sans que vous délibériez jamais pour le suivre. Est-ce donc qu'il vous subjugue et qu'il vous impose? nullement. Est-ce qu'il vous ploie et contraint l'esprit par la puissance de ses convictions? au contraire. Il ne décide point, il expose; il ne professe point la vérité, il la cherche; il n'affirme rien, il examine et il délibère. C'est un disciple qui ne vous enseigne quelque chose que parce qu'il vous étudie; il apprend de vous, comme vous de lui. C'est votre commensal, votre familier, votre frère. Il ne vous écrit pas, il vous parle; il ne vous parle pas, il jase avec vous. L'apprêt lui glacerait et étoufferait ses paroles; il n'en a aucun. Le soin de bien dire l'empêcherait même de dire; il ne prend d'autre soin que de n'en pas prendre. Aussi d'un peu regrettables digressions rompent-elles trop fréquemment le fil de sa trame; aussi de trop libres et immodestes détails choquent-ils par aventure les esprits délicats et chastes. Ce livre a charmé nos pères, et il a pour nous un charme de plus : la naïveté de son vieux langage, qui donne à la pensée elle-même encore plus de naïveté.

Qui l'eût soupçonné, qu'un si droit esprit, un si inexorable censeur de tant de folles imaginations des siècles passés et du sien, dût pourtant faillir à son tour en un même lieu, et se laisser gagner et troubler de visions toutes pareilles? Qui ne s'émerveillerait d'entendre dire à ce sage : « qu'il » lui semble estre excusable s'il accepte plustost le numbre impair; le » ieudy au prix du vendredy; s'il s'aime mieulx douzième ou quatorzième, » que treizième à table; s'il veoit plus voluntiers un lièvre costoyant que » traversant son chemin, quand il voyage, et donne plustost le pied gauche » que le droict à chausser? » puis ajouter, pour conclure un si étrange discours, « que toutes telles ravasseries qui sont en crédit autour de nous mé-

» ritent au moins qu'on les escoute, et que pour luy elles emportent seule-
» ment l'inanité, mais elles l'emportent... » Que dire à cela? que tout homme, si peu qu'il le soit, est toujours homme par quelque côté.

Au moins ces chimères-ci sont-elles peu dangereuses. J'ai bien de plus graves reproches à lui infliger : il a parlé de la mort volontaire comme faisaient dans Rome païenne ses sophistes et ses patriciens; il a parlé sèchement et presque dédaigneusement de la prière; on dirait qu'il n'en savait pas les consolations, ni combien la salutaire habitude de ces pieuses communications avec Dieu favorise, en ceux qui ont succombé, leur retour au bien. Laissez prier même les faibles; cela leur fait souvenir du maître. Laissez prier ceux qui souffrent..... Mais quoi, il n'avait pas été malheureux!

De Peyronnet.

Château de Ham, septembre 1834.

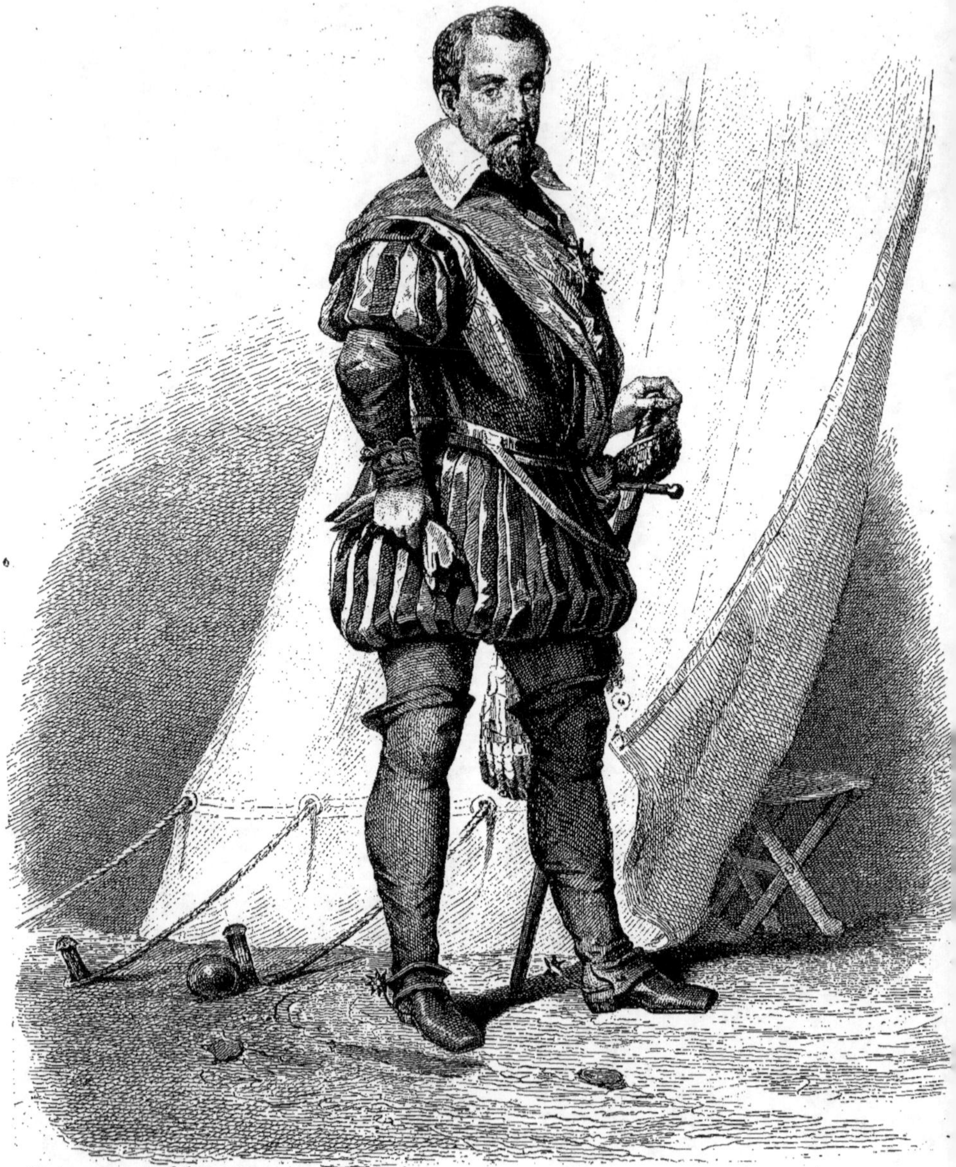

Dessiné par Chasselat

Gravé par Nargeot

CRILLON

CRILLON

NÉ EN 1541, MORT EN 1615.

Parmi les hommes illustres, la plupart de ceux qui semblent, entre tous, avoir mérité ce titre, loin de marcher, comme on dit, avec leur siècle, et de se laisser emporter aux opinions nouvelles qui surgissaient autour d'eux, les dominèrent constamment de toute la puissance de leur caractère. C'est par là qu'ils se dessinèrent si grands, si vigoureux, dans cette atmosphère de révolutions qui les environnait : aussi leur image se dresse encore aujourd'hui devant nous, debout et majestueuse, au milieu des débris d'hommes et d'opinions renversés par le temps. On en peut donner pour preuve la vie du héros qui va nous occuper.

Louis de Balbe ou Balbis de Berton, naquit à Murs en Provence, d'une famille originaire du Piémont et alliée à la maison de Valois. Reçu chevalier de Malte au berceau, il prit, comme cadet, le nom de *Grillon* ou *Crillon*, d'une terre qui appartenait à son père; et ce nom, sur lequel il répandit un si vif éclat, fut adopté dans la suite par les chefs de sa maison. Son père, Gilles de Balbe, comte de Berton, l'envoya étudier au collége d'Avignon. L'histoire des guerriers et des conquérants devint l'objet favori de ses études. La course, la lutte, l'équitation, le maniement des armes, tous les exercices qui pouvaient fortifier son corps, lui donner de l'adresse et animer son courage, furent les jeux de son enfance. Il se préparait ainsi à parcourir la carrière de gloire qui s'ouvrait déjà devant ses yeux.

Henri II régnait depuis onze ans. En présence de son étoile, celle de Charles-Quint avait semblé pâlir : le grand empereur s'était retiré dans le couvent de Saint-Just, de l'ordre des hiéronimites. Il avait en même temps légué à son fils son trône d'Espagne et sa haine pour la France. La victoire avait favorisé d'abord les armes de Philippe II. La perte de la bataille de Saint-Quentin et de plusieurs villes de Picardie venait de jeter la consternation en France; Paris était en péril; rien, ni armées ni remparts, n'empêchait plus l'ennemi d'y pénétrer. François de Lorraine, duc de Guise, est aussitôt rappelé d'Italie; il vient ranimer le courage des Français et faire tourner la fortune.

Ce fut dans ces circonstances que le jeune chevalier de Crillon, alors âgé de seize ans, obtint d'aller faire ses premières armes sous un capitaine que sa réputation élevait au rang des plus illustres guerriers. Il vint à Paris, où le duc de Guise, ami de son père, l'accueillit aussitôt avec toute la distinction que méritaient sa naissance, sa bonne mine et l'ardeur qu'il manifestait : le duc de Guise le fit son aide de camp.

Le siége de Calais avait été résolu. Depuis plus de deux cents ans, Calais était au pouvoir des Anglais. La prise de cette ville doit venger le désastre de Saint-Quentin. Le succès dépend de la prise des forts. Déjà ceux de Sainte-Agathe et de Niculay sont tombés au pouvoir des Français; le Risban doit avoir son tour : ce poste important est défendu par les meilleurs soldats de la garnison; il est pourvu d'abondantes munitions. L'ordre est donné cependant de l'emporter d'assaut. Malgré le feu terrible des assiégés, Crillon s'élance, et déploie d'abord cette intrépidité, ce mépris de la mort, dont il donnera tant de preuves dans la suite. Le premier à la brèche, il s'y maintient presque seul contre les efforts de l'ennemi. Le commandant anglais veut punir tant d'audace : il s'avance contre le jeune chevalier, il va le précipiter; mais Crillon le prévient, l'attaque, lui arrache sa pique des mains, le jette dans le fossé, et, redoublant d'ardeur, il pénètre aussitôt dans le fort, et renverse tout ce qui se présente. Ainsi le fort fut emporté, et la ville, n'étant plus défendue, se rendit. Le siége avait duré huit jours. Autrefois les Anglais étaient demeurés onze mois sous ses murs avant de réussir à s'en emparer.

Après cette belle conquête, à laquelle il avait puissamment contribué, Crillon reçut les éloges de tous les officiers de l'armée. Le duc de Guise lui prodigua les félicitations les plus flatteuses : il avait reconnu dans Crillon un de ces guerriers qui n'ont pas besoin de modèles, et que leur mérite singulier élève tout d'abord au premier rang.

Fidèle à la promesse qu'il avait faite au jeune chevalier de seconder son ardeur en lui procurant toutes les occasions de s'instruire au métier de la guerre, le duc de Guise le mena bientôt avec lui au siége de Guines. Là, comme à Calais, il vit Crillon s'élancer le premier sur la brèche, et se distinguer par des prodiges de valeur et d'expérience militaire.

A l'issue de la campagne, le duc de Guise revint à la cour, et, présentant Crillon à Henri II : « Ce gentilhomme, dit-il au roi, n'a d'autre fortune que » son épée; mais je me fais fort qu'elle deviendra un jour redoutable aux » ennemis de Votre Majesté. » Le roi accueillit le jeune héros avec distinction, et lui donna un bénéfice. Crillon eut dans la suite l'archevêché d'Arles, les évêchés de Fréjus, de Toulon, de Sens, de Saint-Papoul, et l'ancienne abbaye de l'île Barbe. On sait qu'à cette époque on donnait aux laïques des bénéfices religieux, qu'ils faisaient desservir par des ecclésiastiques appelés *custodinos*.

Bientôt après, le roi nomma Crillon capitaine de cinq cents hommes d'armes dans une légion de nouvelle levée, que commandait le baron des Adrets. Mais la droiture et la franchise du jeune chevalier ne pouvaient sympathiser avec le caractère du terrible baron : l'oisiveté où le retenait son commandement contrariait d'ailleurs son humeur bouillante et son amour de la gloire. Il obtint bientôt du roi la permission de revenir auprès de sa personne, pour y servir en qualité de simple volontaire.

La paix venait d'être conclue cependant entre la France, l'Empire, l'Espagne et l'Angleterre; un double mariage la cimentait. On sait comment les réjouissances qui accompagnèrent les noces de la fille et de la sœur du roi furent tout à coup changées en deuil par la mort tragique de ce prince. Cet événement fit éclore toutes les ambitions, toutes les guerres civiles, qui, sous les règnes suivants, déchirèrent si cruellement la France. La conjuration d'Amboise ne tarda point à éclater : elle menaçait la vie des Guise, la liberté du roi François II, et devait procurer aux calvinistes le libre exercice de leur religion. Mais le duc de Guise, averti, prit aussitôt de promptes et vigoureuses mesures, et choisit Crillon pour les exécuter. Le jeune chevalier attaque par son ordre les conjurés sans défense, et la plupart sont tués ou pris; le reste s'enfuit et se disperse. Malgré son dévouement au duc, Crillon n'avait pas accepté cette commission sans répugnance.

Le règne de François II fut de courte durée. La minorité de Charles IX échauffa encore les ambitions déjà excitées : les Guise, les Condé, les Châtillon et les Montmorency, les questions religieuses et les intrigues de la cour, agitaient, divisaient toute la France. Crillon ne connut jamais d'autre parti que celui du roi; ni les offres avantageuses qu'on lui fit, ni la séduction de l'exemple, ni son penchant naturel pour le prince de Condé, n'ébranlèrent sa fidélité à la cause et aux principes d'honneur qu'il avait embrassés.

Au siége de Rouen, en 1562, il pénétra le premier dans cette ville prise d'assaut. A la bataille de Dreux, après que le connétable eut été fait prisonnier, le prince de Condé, qui se croyait déjà victorieux, apprend que le maréchal de Saint-André s'apprête à fondre sur lui, que ce général a défait et mis en déroute les troupes qu'il avait en tête. La frayeur gagne aussitôt ceux qui l'entourent : en vain il veut les arrêter, les pousser au combat; ils n'écoutent ni menaces ni prières. Abandonné de tous, le prince lui-même est réduit à fuir; mais son cheval, blessé, s'abat tout à coup, et dans ce moment Crillon arrive, suivi de quelques gentilshommes. Crillon reconnaît le prince de Condé renversé par terre; et, lui tendant la main pour l'aider à se relever : « Avance, Damville, crie-t-il » aussitôt au fils du connétable ; c'est à toi d'échanger ton père contre ce » prince ; à moi de respecter le sang de nos rois. » Il fond ensuite sur l'infanterie des calvinistes, l'enfonce, la taille en pièces, reçoit, dans cette charge, deux blessures, et ramène la victoire dans les rangs de l'armée catholique. Le duc de Guise fut assez grand pour ne pas s'attribuer tout le succès de cette journée ; il avoua hautement qu'il en revenait à Crillon une forte part.

Après le moment de calme qu'avaient amené la mort du duc de Guise et l'accroissement du pouvoir de Catherine, Crillon reparut et versa de nouveau son sang sur les champs de bataille de Saint-Denis et de Jarnac. Il fut aussi blessé au siége de Poitiers, qu'il défendait contre les calvinistes : ses fréquentes sorties, presque toujours couronnées de succès, décidèrent enfin Coligny à se retirer. Bientôt après, il se trouva aux plaines de Moncontour, et se mit à la tête du corps qui poursuivait les fuyards, dont il fit un grand carnage. Ce fut dans cette journée, qu'après avoir donné des preuves d'une rare intrépidité, il fit voir une générosité plus rare encore. Un soldat calviniste, qui croyait frapper en lui un des plus fermes soutiens de la cause catholique, s'étant embusqué dans un endroit favorable, lui tira un coup d'arquebuse, dont il le blessa au bras. Crillon, furieux, courut aussitôt sur lui, et il allait le percer de son épée, quand l'assassin, se jetant à ses pieds, lui cria miséricorde : « Rends grâce à ma religion, dit le héros, et rougis » de n'en être pas ; va, je te donne la vie. » Crillon se rappelait sans doute alors les paroles du duc de Guise, au siége de Rouen, dans une circonstance à peu près semblable.

Vainqueur à Moncontour, le duc d'Anjou s'en alla assiéger Saint-Jean-d'Angely. Là, suivant son usage, Crillon monte le premier à l'assaut, cette fois sous les yeux de Charles IX et de Catherine ; sa valeur étonne, épouvante les assiégés : enfin il est maître de la place ; mais il est dangereusement blessé. A peine en possession de la ville, le roi vient le visiter, le comble de louanges, lui tend la main, l'embrasse, et, en le quittant, lui dit : « Adieu, brave Crillon. » Depuis lors, cette glorieuse épithète, qu'il méritait si bien, ne fut jamais séparée de son nom.

Durant la courte paix qui fut signée à Saint-Germain-en-Laye, en 1570, la valeur de Crillon ne resta pas oisive. Sélim II avait conquis l'île de Chypre sur les Vénitiens, et cette entreprise de la Porte avait jeté l'épouvante parmi les princes chrétiens, qui parlaient de négocier au lieu de combattre. Crillon, que son devoir avait conduit à Malte, et que son ardeur poussait partout où il y avait de la gloire à acquérir, se met alors à parcourir l'Italie, allant de cour en cour et de prince en prince, combattant les sophismes de leur fausse prudence, les pressant d'arrêter par les armes les progrès des barbares : il les entraîne enfin. Bientôt une ligue est conclue, une grande flotte réunie, et la fameuse bataille de Lépante est livrée (1571).

Crillon, simple chevalier sur les galères de Malte, ne restera point obscur dans cette action. Quelques barques en mauvais état, mal armées et sans chef, suivaient à l'écart la flotte, qu'elles auraient pu embarrasser : Crillon en demande le commandement à D. Juan ; il l'obtient, et, promettant de trouver sur ces frêles bâtiments la mort ou la victoire, il se présente au combat, debout sur le bord de celui qu'il monte. A la vue de ces barques, les Turcs s'approchent dédaigneusement, et croient n'avoir qu'à mettre la main dessus ; c'est alors qu'éclatent la résolution, l'intrépidité, le sang-froid de Crillon. Il étonne les plus hardis, et les Turcs tombent bientôt en foule sous ses coups ; chacun des soldats qui l'environnent, excité par son exemple, l'imite, frappe et tue. Tous les coups de l'ennemi se dirigent alors contre Crillon ; une flèche lui perce le bras, il l'en arrache, et, plus animé encore par cette blessure, il redouble d'efforts. Les Turcs et les chrétiens regardent avec une admiration presque égale ce prodige de valeur. Cependant les corsaires d'Alger et de Tripoli venaient de s'emparer du vaisseau qui portait le commandant des galères de Malte ; Crillon s'en aperçoit, attaque aussitôt les barbaresques, et les force à lâcher leur proie. Enfin la victoire est complète, et D. Juan charge Crillon d'en porter la nouvelle à Rome et à la cour de France.

Pie V, instruit de la part glorieuse que Crillon avait prise à ce grand événement, le combla d'éloges et de caresses, et accorda à sa maison le droit de posséder à Rome une chapelle ayant les mêmes priviléges que celles des papes. En France, où le bruit de ces exploits l'avait précédé, il fut accueilli par ces paroles de Charles IX : « Vous êtes Crillon partout ; » et Catherine s'empressa de l'attacher à la personne du duc d'Anjou, son fils.

« A cette époque, » disent les Mémoires de mademoiselle de Lussan, « une des premières démarches des jeunes seigneurs de la cour était d'y » faire choix d'une dame, à laquelle ils rendaient des soins qu'ils s'efforçaient de lui faire agréer. La dame, de son côté, entrait dans les intérêts » de son chevalier. Elle le choisissait quelquefois elle-même. Ce commerce » de galanterie était regardé comme sans conséquence, et n'intéressait ni » la vertu ni la réputation de la dame. Mais souvent l'amour arrivait en » tiers ; alors la simple politesse du chevalier prenait les nuances de l'empressement, et les complaisances de la dame, ayant pour cause la tendresse, faisaient le bonheur du chevalier qui la lui avait inspirée. »

Sans affaiblir son penchant pour les armes, sans altérer jamais le désir de gloire qui le possédait, l'amour trouvait place quelquefois dans le cœur de Crillon. Il était alors dans sa trente-unième année ; sa taille était haute et proportionnée ; il avait le visage beau, les yeux vifs, le regard fier ; à des manières nobles et grandes il joignait un certain air de popularité militaire qui le faisait adorer des troupes et lui gagnait aisément les cœurs. Celui de madame de Bonneval n'y fut pas insensible : objet des soins de notre héros, elle lui accordait sur ses nombreux rivaux une préférence marquée. Crillon eut souvent à les combattre ; mais tous éprouvèrent qu'il n'était pas moins redoutable en champ clos qu'à l'attaque d'un retranchement, à l'assaut d'une ville ou sur un champ de bataille, et bientôt il fut regardé comme la plus fine lame de France. Bussy d'Amboise, l'un des hommes de la cour les plus estimés pour leur bravoure, et qui se croyait le cavalier le plus brave du royaume, offensé de ce que Crillon lui ravissait cette gloire, résolut de la lui disputer les armes à la main. Son caractère pointilleux et querelleur rendait son commerce dangereux : un mot, un regard, tout lui était défi. Crillon n'était guère moins jaloux de cette réputation de bravoure, acquise tant de fois au prix de son sang. De ces prétentions réciproques devait résulter tôt ou tard une collision. Bussy commença la querelle. Il rencontre un jour Crillon dans la rue Saint-Honoré, et lui demande avec une fierté de ton et de regard insultante : « Quelle heure est-il ? — L'heure de ta mort, » répond Crillon en mettant l'épée à la main. Le combat fut terrible, et il en eût coûté la vie à l'un ou à l'autre, peut-être à tous les deux, si quelques seigneurs ne les eussent séparés. — Toutefois, dès ce moment, on cessa de regarder Bussy comme invincible, et la haine de ce dernier pour Crillon n'en fut que plus animée.

Quelque temps après arrivèrent les massacres de la Saint-Barthélemy. A la cour, on savait trop quel homme était Crillon pour l'instruire de ce crime d'État avant son exécution : sa franchise ordinaire ne lui permit pas de s'en taire ; il le blâma hautement, disant qu'il offrait aux religionnaires un juste sujet de révolte.

Au siége de La Rochelle, que La Noue défendait contre le duc d'Anjou, notre héros fit de nouveaux prodiges de valeur, et fut encore blessé.

Tandis que le duc d'Anjou était occupé de ce siége et au moment qu'il désespérait du succès, il reçut la nouvelle de son élection au trône de Pologne et l'ordre exprès de se rendre à la cour ; il partit : Crillon et Bussy l'accompagnèrent dans son voyage. L'Allemagne, qu'il fallait traverser, était remplie de réfugiés mécontents et de princes que les derniers massacres avaient indignés. Crillon fit partout respecter la dignité royale. Une fois, cependant, on arrêta un des favoris du prince, et le roi, malgré ses instances, ne put obtenir la liberté du prisonnier. Le chagrin qu'il en témoigna fit concevoir à Crillon la résolution d'enlever le captif. Il part suivi de quelques gentilshommes ; il se rend à la prison, enfonce les portes, et, en présence des gardiens que sa résolution étonne et que son regard intimide, il se saisit du prisonnier, le fait monter à cheval, et traverse la ville avec lui comme en triomphe.

Ce coup hardi et les éloges dont il fut l'objet de la part du prince irritèrent la jalousie de Bussy, qui, sortant un jour de la chambre du Roi, lança sur Crillon un regard de défi. — Notre héros l'avait compris.

Le lendemain, le Roi arriva dans une ville où il devait séjourner quelque temps. Dès le premier jour, Bussy, se trouvant, à la suite d'une débauche de table, offensé de quelques propos, tira son épée, et en frappa plusieurs gentilshommes saxons. Il fut arrêté, et jugé digne de mort comme assassin. Crillon, qui voulait avoir raison de son muet défi, et qui, surtout, regardait comme une honte pour la noblesse française qu'un homme tel que Bussy pérît d'une mort infamante, sollicita et obtint la liberté de son rival à qui il envoya en même temps un cartel. Bussy monte aussitôt à cheval, et se rend auprès de Crillon : « Je vous dois la vie, lui dit-il, et ma reconnaissance me la fera toujours sacrifier pour vous; je me déshonorerais si je tirais l'épée contre mon bienfaiteur. » Et, les yeux mouillés de larmes, il tend la main à Crillon, qui l'embrasse, et tous deux se jurent une amitié éternelle.

Lorsque, après la mort de Charles IX, Henri III quitta la Pologne pour venir occuper le trône de France, il s'arrêta à Venise. Le sénat se souvint alors des grandes actions que Crillon avait faites à Lépante, et l'admit au nombre des nobles citoyens de la république, honneur dont avait joui déjà un des ancêtres de notre héros. En arrivant à Lyon, Henri III le nomma gouverneur de Boulogne et du Boulonnais, et le fit mestre-de-camp d'un régiment qui porta le nom de Crillon.

On se rappelle que Henri III, monté sur le trône de France, oublia bientôt et fit oublier la renommée, légitime ou imméritée, du duc d'Anjou. Crillon essaya de réveiller dans le cœur de son roi l'amour de la vraie gloire; il fut écouté sans colère, mais non sans déplaisir. L'estime dont il jouissait le préserva seule de la disgrâce, et pour prix de son zèle il n'obtint que l'indifférence du prince, la froideur des courtisans, la haine des favoris.

Vers le même temps, Fervaques fut soupçonné d'intelligence avec le roi de Navarre. Henri III, toujours extrême dans ses passions, souvent furieux dans sa faiblesse, avait juré devant ses courtisans la mort de Fervaques, en protestant que celui qui avertirait ce traître lui en répondrait sur sa tête. Crillon, que sa vertu conseille et qui veut épargner un crime à son maître, va chez Fervaques : « Je ne vous demande, dit-il, aucun aveu; je veux même, pour justifier ma démarche, vous croire innocent. Le roi a juré votre mort; sauvez-vous. » Fervaques l'embrasse, fuit aussitôt, et va se joindre au roi de Navarre. Henri, instruit de son départ, soupçonne bientôt Crillon; et dès que celui-ci paraît devant lui : « Fervaques, lui dit-il avec un regard sombre, vient de s'échapper; connaissez-vous celui qui l'a soustrait à ma vengeance? — Oui, sire. — Nommez-le. — Je ne serai jamais le délateur que de moi-même. Je me serais cru l'assassin de Fervaques si j'eusse gardé

» un secret qui lui eût coûté la vie. Que Votre Majesté dispose de la mienne; » elle m'est moins précieuse que l'honneur d'avoir sauvé celle d'un sujet » peut-être innocent, et dont le sang pourra un jour être utilement répandu » pour le service de Votre Majesté. » — Le roi, étonné, garda quelque temps le silence, les yeux fixés sur Crillon; enfin il s'écria : « Comme il n'est qu'un » Crillon dans le monde, ma clémence en sa faveur ne fait pas exemple. »

Le duc d'Alençon s'étant bientôt après réuni au roi de Navarre, Henri soupçonna Marguerite, sa sœur, d'être d'intelligence avec ces deux princes. Il la tint prisonnière dans son appartement, et lui donna des gardes auxquels il fut enjoint, sous peine de la vie, de ne laisser entrer personne chez la princesse. « Je demeurai en cet état quelques mois, » dit Marguerite dans ses Mémoires, « sans que personne, ni même mes plus privés amis, m'osassent venir voir, craignant de se ruiner. A la cour l'adversité est toujours » seule. Le seul brave Crillon fut celui qui, méprisant toutes les défenses et » toutes les défaveurs, vint cinq ou six fois en ma chambre, étonnant telle» ment les cerbères que l'on avait mis à ma porte, qu'ils n'osèrent jamais » le dire ni lui refuser le passage. »

La guerre de la Ligue avait éclaté : Crillon s'y distingua par son courage et aussi par ses vertus. Henri le nomma sergent-général de bataille, au siége de La Fère, en 1580; il commanda l'attaque, qui fut suivie de la reddition de cette place, et y reçut plusieurs blessures. L'année suivante, Henri lui donna le régiment de ses gardes, et le nomma chevalier de l'ordre du Saint-Esprit. « Puisque Crillon, lui dit-il alors, est obligé de quitter la » croix de Malte, on ne l'appellera plus le chevalier de Crillon, mais on » l'appellera toujours *le brave.* » Bientôt après il fut admis dans le conseil du roi, et nommé lieutenant-colonel-général de l'infanterie française, charge qui fut créée pour lui, et supprimée après sa mort.

En 1586, Crillon commanda, sous d'Épernon, l'armée royale en Provence, monta le premier à l'assaut de La Réole, et y fut grièvement blessé. La Provence fut bientôt soumise, et la cour lui en attribua tout l'honneur. Tandis qu'il attendait, au sein de sa famille, la guérison de ses blessures, un soldat de la Ligue, qui s'était chargé de l'assassiner, se trouva si fort intimidé à son aspect, qu'il ne lui porta qu'un coup d'épée mal assuré. Le mépris de Crillon lui permit de s'échapper.

Crillon se trouvait dans Paris à la fameuse journée des Barricades. Il voulait faire respecter la majesté royale, et opposer partout la force à la sédition; mais le prince, dans sa pusillanimité, laissa pousser les barricades jusqu'à cinquante pas du Louvre. Lorsque le duc de Guise y parut en maître, venant dicter la loi à son souverain, un regard de Crillon fit rougir et déconcerta ce chef audacieux.

Bientôt Henri, méprisé, haï, abandonné de ses sujets, sortit précipitamment de Paris, et Crillon, toujours fidèle, le suivit dans sa fuite. Quatre mille Suisses et cinq cents gardes-françaises étaient la seule armée qui protégeât encore le monarque. Arrivés à Étampes, les Suisses conçoivent la pensée de se retirer. Leur exemple pouvait ébranler les gardes. Crillon fait faire halte à son régiment; il se place au centre, harangue les soldats, qui jurent de ne jamais l'abandonner: puis il marche avec eux vers les Suisses, qui étaient sous les armes; et, s'adressant à leur colonel, il lui fait part des bruits qui se sont répandus, injurieux pour lui et pour le corps qu'il commande, il affecte de ne point y donner confiance : « Mais, ajoute-t-il avec fermeté, » vous allez jurer de rester fidèle au roi, vous et vos soldats, ou vous allez » vous battre avec moi à l'instant même. » Le colonel et les Suisses promettent avec serment qu'ils n'abandonneront point la cause de Henri, et tous vont rejoindre le roi à Chartres. Ce prince, instruit de l'action généreuse de Crillon, lui dit alors en l'embrassant : « Je vous remercie, mon brave, » de la liberté, du trône et de la vie, que je vous dois; sans vous, abandonné et trahi, j'étais en la puissance du duc de Guise. »

Cependant Henri fit la paix avec la Ligue, et le duc de Guise fut nommé généralissime. Les États s'assemblèrent à Blois. Là, le meurtre de Henri de Guise ayant été résolu, Henri fit venir Crillon dans son cabinet : « Croyez- » vous que le duc de Guise mérite la mort? — Oui, sire. — Eh bien! c'est » vous que je choisis pour la lui donner. — J'y cours, sire. » Et Crillon de s'élancer vers la porte du cabinet. — « Arrêtez, dit Henri; écoutez-moi : » vous battre avec le duc de Guise n'est pas ce que je veux; le titre seul de » chef de la Ligue le rend criminel de lèse-majesté. — Eh bien! sire, qu'il » soit jugé et exécuté. — Mais, Crillon, sentez-vous le risque que je cours? » Je ne puis juridiquement punir cet ennemi plus puissant que moi; c'est » un coup non prévu qui doit lui arracher la vie, et c'est de vous que j'at- » tends cet important service : la récompense en sera l'épée de connétable, » que je verrai dans vos mains sans jamais craindre que vous abusiez de » l'excessive puissance qu'elle donne. » Crillon reste un instant muet de honte et de colère; enfin il répond : « La preuve que me donne Votre » Majesté que ma conduite, jusqu'à ce jour irréprochable, n'a pu me gagner » son estime, m'engage à me retirer dans ma famille, dont je ne flétrirai » point le nom par une infamie. — Je vous connais, Crillon, et personne » n'a plus de part que vous dans mon estime; mais songez que de la mort » du duc de Guise dépend ma sûreté, que je ne puis me défaire de lui que » par surprise, et que vous seul.... — N'achevez pas, sire; permettez que » j'aille, loin de la cour, rougir d'avoir entendu mon roi, pour qui je don- » nerais mille fois ma vie, me demander le sacrifice de ma gloire. Ah! sire, » j'en mourrai de douleur. — C'est assez, dit le roi : je vous connais, je » vous estime, je vous aime; donnez-moi votre parole que vous n'avertirez » point le duc, comme vous avertîtes Fervaques, et votre parole me » suffira. »

L'inutile assassinat des Guise étonna un instant la Ligue, mais tout aussitôt redoubla ses fureurs. Catherine l'avait, dit-on, prévu; et quelques-uns prétendent qu'elle en mourut de chagrin. D'Aumale fut fait gouverneur de Paris, Mayenne lieutenant-général du royaume. Le duc d'Alençon était mort, Henri III n'avait point d'enfants, et le sceptre, qu'il portait sans honneur, semblait près de passer dans des mains étrangères, quand le roi de Navarre se prépara à réunir ses forces à celles du roi de France.

Henri, ne se trouvant plus en sûreté à Blois, s'était retiré à Tours. Mayenne conçut le projet de l'y surprendre et de l'enlever. La ruse ne lui ayant pas réussi, il eut recours à la force, et bientôt les ligueurs attaquèrent avec furie le faubourg de la ville. Crillon, chargé seul de la défense, soutint pendant six heures un combat acharné; mais il luttait avec des forces trop inégales, et les ligueurs pénétrèrent enfin jusqu'au pont. Henri avait retrouvé dans ce jour de danger tout le courage de sa jeunesse; il combattait avec ses soldats: « Brave Crillon, dit-il alors, c'est de votre valeur que » dépend aujourd'hui le sort de votre malheureux roi. » Crillon fit des prodiges. Engagé dans la mêlée, le roi allait être frappé d'un coup de pertuisane; un jeune gentilhomme se précipite aussitôt, reçoit le coup mortel, et tombe aux pieds de son maître qu'il a sauvé : c'était le chevalier de Berton, neveu de Crillon. Les troupes de Mayenne, dont le nombre augmentait sans cesse, redoublaient aussi d'efforts, et le pont allait être emporté. Crillon n'avait qu'une poignée de soldats. Couvert de sang et accablé par le nombre, il recule en frémissant vers la tête du pont : il en tient la porte entr'ouverte, fait rentrer ses gens, reçoit deux coups d'épée et une balle à travers le corps, et trouve encore dans son courage assez de force pour passer le dernier et refermer aussitôt la porte. Le combat continuait encore avec acharnement, lorsque arrivèrent les troupes du roi de Navarre, qui forcèrent Mayenne à se retirer.

Ainsi, dans cette fameuse journée, on vit un Crillon sauver la vie à son roi, et un autre Crillon sauver sa couronne.

En combattant pour le roi de France, Crillon avait aussi combattu pour le roi de Navarre. Les deux rois, sachant qu'il était blessé dangereusement, le visitèrent, et il reçut de touchants témoignages de leur affection. C'est alors que le roi de Navarre dit cette parole mémorable, qu'on lui entendit répéter lorsqu'il fut monté sur le trône de France : « Je n'ai jamais craint que Cril- » lon. » Lorsque les deux rois vinrent prendre congé de lui pour aller mettre le siége devant Paris : « Adieu, mon brave, lui dirent-ils; comptez toujours » sur notre amitié. »

Après la mort du dernier des Valois, en 1589, Henri IV se hâta d'écrire à Crillon : « Parmy la presse de mille et mille affaires, si aurez-vous ce mot de » ma main pour vous assurer combien je prise l'affection que vous m'avez » toujours gardée. Vous aurez beaucoup de regret à notre commune perte.

» Vous avez perdu un bon maistre; mais vous éprouverez que j'ay succédé » en la volonté qu'il vous portoit. Adieu, brave Crillon. » Après le combat d'Arques en Normandie, le roi, vainqueur, écrivait à Crillon ce billet si fameux : « Pends-toi, brave Crillon, nous avons combattu à Arques, et tu » n'y étois pas. Adieu, brave Crillon, je vous aime à tort et à travers. »

Bientôt les ligueurs perdirent la Normandie. Honfleur était la seule place qui leur restât encore : elle était défendue par Gérard Balbe de Berton, commandeur de Malte, et frère de notre héros. C'était un guerrier intrépide, rempli d'honneur, et la Ligue se glorifiait d'avoir aussi son Crillon. Henri assiégea Honfleur; il offrit au commandeur le bâton de maréchal, sans réussir à le détacher d'un parti où il croyait sa religion intéressée.

Cependant Henri écrivit deux lettres à Crillon pour l'assurer « de plus » en plus de la continuation de son amitié. » Il vint deux fois à Tours pour le visiter. Enfin, Crillon, convalescent, après dix-huit mois de souffrances, alla rejoindre son maître, et Henri ne tarda pas à s'avancer dans les plaines d'Ivry. Crillon combattit d'abord à l'aile gauche de l'armée, puis au centre, pour veiller de plus près sur la personne du roi. Le siége de Paris ayant été résolu, il fut chargé d'occuper le faubourg Saint-Honoré : ce poste, qui n'était pas le plus facile à prendre, fut le premier enlevé, et Crillon se fortifia aussitôt dans le quartier des Tuileries; mais le duc de Parme, qui s'avançait avec une armée considérable, fit lever le siége. Henri IV ne fut pas plus heureux devant Rouen, et le maréchal de Biron, qui avait conduit cette entreprise, voulut en imputer le mauvais succès à Crillon; il l'accusa même d'avoir imprudemment quitté son poste. A cette nouvelle, Crillon court chercher le maréchal; il le trouve chez le roi, et, sans respect pour la présence de son maître, il s'abandonne à toute son indignation. Henri lui ordonne de sortir; il obéit avec peine, et revient plusieurs fois sur ses pas, le blasphème à la bouche, la fureur dans les yeux. Le lendemain, plus calme, il s'aperçoit qu'il a manqué à son roi; il va le trouver, et, près de se jeter à ses pieds, il en est empêché par Henri, qui l'embrasse, et lui dit : « Je » vous aime, vous le savez bien; mais le maréchal est un grand homme de » guerre. On le sollicite sans cesse de changer de parti; je dois le ménager. » Je veux qu'il vous rende son amitié, il me l'a promis; j'exige que vous lui » rendiez la vôtre, et que tout soit oublié. Vous m'êtes chers et l'un et l'autre » nécessaires; je veux vous conserver. » Dans ce moment Biron entre, et les deux guerriers s'embrassent sous les yeux du roi.

Peu de jours après, Crillon, dans l'intention de secourir Quillebeuf, qu'assiégeait André de Villars, se jette dans une barque chargée de provisions, brave tous les obstacles, tous les périls, et parvient à entrer dans la place, qui n'était défendue que par quarante-cinq soldats et dix gentilshommes. Villars lui représente que, n'ayant ni fortifications, ni munitions, ni garnison, il ne peut arrêter une armée; il le somme de se rendre. Le héros se contente de répondre : « Villars est dehors, et Crillon est dedans. » Villars, que ce mot offense, ordonne l'assaut; mais Crillon est présent partout, partout il exalte le courage des soldats, partout il oppose une résistance héroïque; il taille en pièces les ennemis qui pénètrent dans la ville, précipite les autres du haut des murailles, encloue les canons des assiégeants, comble leurs tranchées; enfin il les force à lever le siége après dix-sept jours de combats.

Lorsque Henri eut été sacré roi, il ne songea plus qu'à gagner les ligueurs par ses bienfaits. Il ne fit rien pour Crillon. « J'étois sûr du brave Crillon, » disait-il dans la suite, et j'avois à gagner tous ceux qui me persécutoient. » Le héros se trouvait d'ailleurs assez payé par l'amitié du roi.

Crillon se distingua encore au siége de Laon, et contribua puissamment à faire tomber ce rempart de la Ligue.

Quand Marseille eut été délivrée de la tyrannie des décemvirs, le jeune duc de Guise, nommé gouverneur de Provence, entra dans cette ville; Crillon l'accompagnait. Une flotte espagnole croisait devant le port, et cette circonstance jeta dans l'esprit du duc de Guise et de quelques jeunes seigneurs la pensée d'éprouver encore le courage de celui que les soldats appelaient *l'homme sans peur*. Ils entrent brusquement à minuit dans sa chambre; ils l'éveillent et s'écrient que tout est perdu, que les Espagnols sont maîtres du port, et occupent les principaux postes de la ville. « Des chevaux nous » attendent, ajoute le duc de Guise; il n'y a pas de temps à perdre, sauvez-» vous avec nous. » Mais Crillon, sans s'émouvoir, répond « qu'il vaut mieux » mourir les armes à la main que de survivre à la perte de cette place. » Il prend aussitôt ses armes, sort de sa chambre, et descendait l'escalier, lorsque le duc éclate enfin de rire. « Jeune homme, » lui dit Crillon d'une voix sévère, en lui serrant le bras avec force, « ne te joue jamais à sonder le cœur » d'un homme de bien. *Harnibieu!* si tu m'avois trouvé foible, je te donne-» rois de mon poignard dans le cœur. »

Après la prise d'Amiens et l'anéantissement de la Ligue, Crillon commanda une armée en Savoie (1600). Il s'empara du fort de l'Écluse, de Chambéry, de Montmélian, d'une foule d'autres places, et Henri, dans son enthousiasme, le surnomma *le brave des braves*.

Sully, dans cette campagne, commandait l'artillerie. Un jour que Crillon était auprès de lui, dans une prairie à la portée du canon du fort d'Aiguebelle, qui tirait sans relâche, et que Sully manifestait l'intention d'attendre la chute du jour avant d'aller reconnaître où il pourrait dresser une batterie : « Quoi! morbleu, mon grand-maître! lui dit le héros, craignez-vous les ar-» quebusades en la compagnie de Crillon? Harnibieu! puisque je suis ici, elles » n'oseront approcher : allons, allons jusqu'à ces arbres que je vois à deux » cents pas d'ici, nous reconnoîtrons de là plus aisément. — Eh bien! allons, » répond Sully en riant : nous jouons à qui se montrera le plus fou; mais

» vous êtes le plus vieux, je veux faire voir aussi que vous êtes le plus sage. » Et prenant Crillon par la main, il le mena si loin encore au delà des arbres que le plomb commença à siffler à leurs oreilles. « Harnibieu! dit Crillon, » ces coquins-là n'ont d'égard ni pour le bâton de grand-maître, ni pour la » croix du Saint-Esprit, ils pourroient bien nous estropier. Gagnons cette » rangée d'arbres et ces haies qui nous mettront plus à couvert; car, par la » corbieu! je vois bien que vous êtes un bon compagnon et digne d'être grand-» maître; je veux être toute ma vie votre serviteur, et que nous fassions une » amitié inviolable; ne me le promettez-vous pas? » — Sully mit sa main dans celle que lui tendait Crillon; et dès ce moment ces deux hommes, qui s'estimaient sans s'aimer, furent liés d'une amitié sincère.

La paix ayant été signée avec la Savoie, toute la cour se rendit à Lyon pour y recevoir Marie de Médicis. Ce fut là, qu'entouré des grands de sa suite et des ministres étrangers, Henri dit, en mettant la main sur l'épaule de Crillon : « Messieurs, voilà le premier capitaine du monde. — Vous en » avez menti, sire, répondit vivement Crillon; je ne suis que le second, » vous êtes le premier. »

Henri voulut plusieurs fois récompenser ses services par le bâton de maréchal; mais il en fut détourné par la duchesse de Beaufort, que Crillon et Sully empêchaient d'être reine, et ensuite par la marquise de Verneuil, qui trouvait dans Crillon un censeur trop sévère.

Crillon ne pouvait se plaire à la cour; son âge et ses infirmités lui faisaient d'ailleurs désirer le repos. A la nouvelle de sa prochaine retraite, l'ambition s'éveilla; d'Épernon et Créqui prétendaient obtenir son régiment des gardes. Crillon ne voulut le céder qu'au plus digne, et son choix tomba sur Créqui.

Retiré dans son pays natal, Crillon ne fut plus qu'un citoyen simple et modeste. Quand il apprit la fin déplorable de son maître chéri, la douleur le plongea dans un état de mélancolie qui ne finit qu'avec sa vie. Le nom de Henri ne pouvait passer sur ses lèvres sans que ses yeux fussent mouillés de larmes.

Crillon partageait sa fortune avec les pauvres, auxquels il faisait distribuer mille livres par mois; ses aumônes secrètes étaient plus considérables encore. Il s'était dépouillé, pour les rendre à l'église, de quatre évêchés qu'on lui avait donnés en récompense de ses services. Il puisait dans la religion ce courage contre les infirmités du corps et les douleurs de l'âme, que ne donnent ni le rang ni l'honneur. Un jour qu'il entendait prêcher la Passion dans l'église de Saint-Agricol d'Avignon, au moment où l'orateur peignait la cruauté des bourreaux et les souffrances du Christ, Crillon, transporté, hors de lui, se leva tout à coup, et, la main sur son épée, s'écria au milieu du peuple étonné : « Où étois-tu, Crillon? »

Marie de Médicis essaya vainement de le rappeler à Paris. La disgrâce de Sully et la faveur de Concini lui firent assez comprendre que sa présence à la cour serait inutile. Bientôt d'ailleurs ses infirmités l'accablèrent, mais sans ébranler son courage. Dans ses derniers moments, il cherchait encore à calmer la douleur de ses parents et de ses amis : « Ne pleurez pas ma » mort, disait-il ; ma vie est désormais inutile à l'État. » Il expira le 2 décembre 1615, âgé de soixante-quinze ans.

On lit dans l'épitaphe de Crillon que son corps portait les cicatrices de vingt-deux blessures. Le P. Béning, jésuite, qui prononça son oraison funèbre, s'écriait à ce propos, dans son éloquence toute burlesque : « Ces vingt » et deux plaies qu'il avoit sur son corps, comme autant de bouches pour» prines, prêcheront et haut loueront sa valeur, sa force et sa constance. » Car qu'est-ce que sont les blessures, sinon les armoiries, les écussons, » les panonceaux, les oriflammes du courage? Qu'est-ce que sont vingt et » deux plaies, fors que vingt et deux orateurs exaltans sa magnanimité ; vingt » et deux hérauts proclamans sa force ; vingt et deux présidens en robes » rouges prononçans arrêt en faveur de sa générosité ? »

Plein de courage et de feu dans les combats, sage dans le conseil, esclave de sa parole et de ses devoirs, fidèle à Henri III quand la couronne allait lui échapper, fidèle à Henri IV quand celui-ci avait encore tout à conquérir, en toutes circonstances généreux et désintéressé, Crillon ne fut pas moins célèbre par ses vertus que par ses exploits. — Il avait d'ailleurs les défauts de ses qualités. Il portait la franchise jusqu'à la rudesse ; il était pointilleux ; un mot, un regard équivoques lui faisaient mettre l'épée à la main. Il était tant soit peu prodigue de jurons et autres grosses paroles ; et, même vers la fin de sa vie, prosterné au pied des autels, il jurait encore en promettant de ne plus jurer.

Tel fut le brave Crillon, celui de tous les Français qui eut le plus de ressemblance avec Bayard, le chevalier sans peur et sans reproche.

M.-L. BOUTTEVILLE.

Dessiné par Gaultier. Gény-Gros, imp. rue du Plâtre 26. Paris Gravé par Allais.

PHILIPPE DE MORNAY.

PHILIPPE DE MORNAY

NÉ EN 1549, MORT EN 1623.

Il y a des hommes dont la vie est tellement liée aux événements de leur siècle, soit par l'influence qu'ils y ont apportée, soit par la direction qu'ils en ont reçue, que difficilement peut-on l'en séparer pour la réduire aux proportions de la biographie. A ce compte, c'est l'histoire qui devrait se charger de les reproduire tout entiers. Mais l'histoire, même lorsqu'elle veut remplir sa sainte et difficile mission, est dédaigneuse de tout ce qui ne peut pas se traduire en faits et en résultats. De là il suit qu'après s'être servie de ses personnages tant qu'ils prennent une part effective aux actions qu'elle raconte, elle ne saurait les suivre dans leurs efforts impuissants, dans leur résignation passive, dans les divers accidents de leur fortune. Obligée sans cesse de crayonner les nouvelles figures qui apparaissent sur le théâtre changeant du monde, elle achève rarement ses portraits, elle nous livre des renommées incomplètes, elle n'a nul souci des existences désormais reléguées hors du bruit et du mouvement où d'autres les ont remplacées. Ainsi est-il arrivé pour l'homme dont nous venons d'écrire le nom. La postérité l'a traité comme avait déjà fait Henri IV. Associée dans nos souvenirs à toutes les traverses du roi de Navarre, alors qu'il combattait pour la conservation de sa foi et la conquête de son héritage, elle l'oublie quand la lutte est terminée, et ne reconnaît plus au roi victorieux, maître de sa couronne, qu'un seul ami, celui des jours heureux. Nous entreprenons ici de raconter, dans le court espace qui nous est donné, toute cette vie si longue, si occupée, si pleine des événements publics, si remarquable par la singulière constance du caractère à travers tant de mutations, et nous avons la volonté de n'en rien omettre.

Philippe de Mornay, seigneur du Plessis-Marly, baron de la Forêt-sur-Sèvre, second fils de Jacques de Mornay et de Françoise du Bec-Crespin, naquit le 5 novembre 1549 en la maison de son père, appelée Buhy, sur le chemin de Paris à Rouen, assez près de Magny. Jacques de Mornay, descendant d'une ancienne famille qui se vantait d'une alliance avec le sang royal, ne hantait pas la cour, et, sauf les occasions de guerre, demeurait noblement dans son domaine. Du reste il était bon catholique, et prêtait peu l'oreille aux doctrines de la réforme, qui, obtenant peu de crédit dans les villes, se réfugiaient alors dans les manoirs des gentilshommes. Cependant elles étaient entrées chez lui à son insu. Sa femme avait pris parti contre la messe, et un précepteur choisi par elle épiait le moment de glisser dans le cœur de son jeune fils les semences de la religion nouvelle. En attendan on le destinait à l'Église, sur la promesse d'un oncle pourvu de bons bénéfices, qui mourut toutefois sans les lui avoir résignés. A huit ans, il fut conduit à Paris pour étudier au collége de Lisieux. En 1560, sa mère le rappela pour assister aux funérailles de son père, qu'elle avait eu le bonheur de voir mourir sans confession. Son frère aîné s'était aussi séparé du catholicisme, et tous deux le pressaient d'en faire autant. Il voulut examiner, lut le Nouveau Testament « dans une édition non suspecte, » compara l'un à l'autre quelques livres du temps sur la dispute de « la transsubstan- » tiation, » et se trouva bientôt, à l'âge de douze ans, assez éclairé pour disposer de sa croyance. Alors toute la famille étant unie dans une même foi, la maison de Buby fut publiquement ouverte « au prêche évangélique. »

Bien que traversé en ses études par de graves maladies et par les premiers mouvements de la guerre civile, il fit de rapides progrès dans toutes les parties de la science. Il apprit le grec, l'hébreu, la philosophie, « la » mathématique, » sous les meilleurs maîtres, et employa dès lors ce qu'il acquérait d'instruction à soutenir la cause de sa religion dans les disputes. Bientôt le temps arriva (1567) où on la défendit pour la seconde fois par les armes. Il avait un oncle maternel dans l'armée du prince Louis de Condé, où servait déjà son frère. Il voulut aller le joindre; mais une chute de cheval faite au sortir de sa maison arrêta cette ardeur guerrière, et le réduisit à célébrer en vers les exploits dont il ne pouvait prendre sa part. La paix s'étant faite après un an, il se mit à voyager. Il visita la Suisse, une partie de l'Allemagne et de l'Italie, toujours cherchant le commerce des hommes doctes, partout apprenant quelque chose, souvent inquiété à cause de sa croyance, et ne la reniant nulle part. Il se rendit ensuite en Flandre, en Angleterre, et revint dans son pays après quatre ans d'absence, rapportant à l'amiral de Coligny, comme le meilleur produit de son voyage, des renseignements utiles pour faire la guerre à l'Espagnol dans les Pays-Bas (1572). Alors le roi Charles IX feignait d'écouter ce projet; il était question d'envoyer vers le prince d'Orange le jeune Du Plessis, qui s'était déjà fait connaître par ses lettres et ses écrits politiques au héros de la Hollande. Toute cette espérance des huguenots, tout ce concert avec leurs chefs, aboutit à la Saint-Barthélemi. Du Plessis échappa « aux bourgeois, artisans et ou- » vriers de Paris, » armés pour le massacre comme pour une chose sainte et populaire, grâce à un huissier qui le fit passer pour son clerc. Il trouva le moyen de se rendre en Angleterre, où la reine Élisabeth lui renouvela ses bonnes grâces. Tous ces voyages, ses relations avec les principaux personnages de la religion en Europe, le signalaient déjà, quoique fort jeune, comme un homme d'expérience et d'habileté, capable de négociation et de conseil, ce dont les partis ont plus besoin encore que de braves et hardis capitaines. Après la levée du siége de La Rochelle et la paix qui suivit l'élection du duc d'Anjou au trône de Pologne (1574), il retourna en France, se laissa entraîner, moins par raison que par honneur, dans une folle entreprise du duc d'Alençon, et, la voyant manquée, se retira de nouveau à Sedan, chez le duc de Bouillon. Au même lieu se trouvait une jeune femme, veuve depuis cinq ans du seigneur de Feuquières, s'appelant de son nom Charlotte Arbaleste, qui s'était enfuie de Paris durant le massacre, déguisée en chambrière, montée sur un âne, et en cet équipage avait traversé la France jusqu'aux Ardennes. Elle vivait à Sedan avec grande piété et peu de biens. Du Plessis la rechercha en mariage, et telle était la nature de leur affection mutuelle, qu'il composa, pour lui plaire un « Traité de la Vie » et de la Mort ; » après quoi ils furent fiancés. Les noces n'étaient pas encore célébrées que la guerre se ralluma (1575). Du Plessis se hâta d'y courir ; à la première rencontre, il fut blessé et fait prisonnier. Son bonheur ayant permis que personne ne le reconnût, on le relâcha bientôt moyennant une modique rançon. Il y allait pour lui de la vie si l'on eût découvert son nom ; car on traitait plus rigoureusement dès lors, et non sans justice, les hommes de science politique que les simples gens d'armes. Échappé à ce péril, il épousa, le 3 janvier 1576, en terre de refuge et en maison d'emprunt, la dame Charlotte Arbaleste.

Tôt après il fut obligé de traverser la France et Paris pour aller rejoindre en Bourgogne le prince Henri de Condé, qui s'était mis en campagne avec le duc d'Alençon. Il y arriva tout à temps pour voir la paix se conclure au profit du frère du roi, qui le fit gentilhomme de sa chambre. Cette paix semblait assurer aux réformés une tolérance assez douce ; mais, de ce moment, la querelle des deux religions, jusque-là capricieuse et s'animant ou se calmant au gré de la cour, s'organisa d'une manière plus sérieuse. Les partis voulurent se mêler de leurs affaires ; à l'union des huguenots, les catholiques opposèrent leur sainte ligue. Le roi avait transigé, les états-généraux proscrivirent. Du Plessis, qui avait refusé d'y paraître comme député, essaya pourtant d'agir sur l'assemblée au moyen d'un discours, écrit en apparence par un gentilhomme catholique, impartial, éclairé, sans autre passion que le bien de l'État. Ce discours, dit-on, fit remarquer son style particulier : aussi était-il assez différent de celui dont on usait alors, bref, simple, net, « facile et aigu, » comme le jugèrent les contemporains, plein d'images familières et de locutions proverbiales. Tout ce qu'il en retira fut qu'on lui courut sus entre Châteaudun et Blois, où il faillit perdre la vie. Les états-généraux avaient donné le signal d'une guerre nouvelle. Du Plessis alla se ranger auprès de celui que les huguenots reconnaissaient pour leur chef, un jeune et pauvre roi, sortant de captivité, dont le mariage avec la sœur du roi de France avait préparé la Saint-Barthélemi, qui avait abjuré sa religion pour sauver sa vie, et à qui l'on reprochait une scandaleuse liberté de mœurs : c'était Henri de Bourbon, roi de Navarre.

Dès lors (1577) Du Plessis devint un de ses conseillers, chargé de lui chercher des amis, de pratiquer des intelligences pour son service, employant tour à tour sa plume à dresser des manifestes, sa personne à porter des propositions, et son épée à combattre. Le roi de Navarre l'envoya en Angleterre solliciter les secours d'Élisabeth. A son départ de La Rochelle, il fut pris par la flotte ennemie, qui pilla son navire, en arracha les voiles, les ancres et les câbles, et l'y laissa avec les siens à la merci des flots. Un heureux vent le rejeta dans le port, d'où il se rembarqua, et mit à fin son voyage. Il avait obtenu de la reine d'Angleterre quatre-vingt mille écus à employer en levée de reîtres, lorsqu'un édit royal termina les hostilités. Aussitôt, sans quitter l'Angleterre, il reprit ses livres, et publia un « Traité » de l'Église, » duquel on raconte ce curieux succès, qu'un théologien de Sorbonne, à force de le lire pour le réfuter, y perdit sa propre conviction, et se fit huguenot.

Faute d'occupation en France, il se rendit aux Pays-Bas, où il servit utilement le prince d'Orange. Là encore il écrivit un livre, bien des fois interrompu par des négociations et des accidents de guerre. Il y soutenait « la Vérité de la religion chrétienne contre les athées, païens, juifs, ma- » humédistes et autres infidèles. » Il ne s'y trouvait rien qui touchât à la séparation actuelle des deux églises; l'une et l'autre pouvaient s'en servir à combattre les incrédules qui triomphaient de leurs discords. C'était œuvre, non de polémique actuelle, mais de foi antique. Du Plessis se reportait à la naissance du christianisme pour continuer les saints pères, et ne connaissait plus d'adversaires en ce monde que les gentils. L'année suivante, il le traduisit en latin. Le roi de Navarre, à qui cet ouvrage était dédié, ne le lut sans doute pas, même en français; mais il écrivit à l'auteur que son livre avait été « grandement loué des meilleurs esprits. »

En même temps il le rappelait auprès de lui pour autre emploi, et les gens des Pays-Bas voulaient le garder. Ceux-ci, qui avaient déjà un chef, un libérateur, venaient de se donner un maître. Le duc d'Alençon, maintenant duc d'Anjou, ce jeune étourdi dont on ne savait que faire à la cour de son frère, arrivait avec un cortége de nobles aventuriers pour prendre possession des provinces enlevées à l'Espagne (1582). Du Plessis s'aperçut bientôt que ce n'était pas là un homme à conseiller, et le duc, de son côté, s'ennuya bien vite d'un pareil surveillant. On lui trouva une mission honorable qui ne pouvait s'exécuter, et il retourna enfin auprès du roi de Navarre à Nérac. Là son temps fut encore occupé à écrire, à tracer des plans de conduite et des instructions, à correspondre avec les cours étrangères. Cette petite royauté, veuve d'une partie de son domaine, renfermée dans un pays étroit et pauvre, tenait cependant à la couronne de France par une espérance de succession encore bien incertaine, et, ce qui était plus, elle représentait un parti. Il convenait donc qu'elle traitât d'égal à égal avec toutes les puissances, qu'elle se mêlât de toutes les affaires, qu'elle enflât sa voix et grandît sa taille pour n'être pas oubliée. Du Plessis contribua surtout à relever cette position, vantant son maître à ses amis de tous les pays, et produisant son nom partout où il se remuait quelque dessein, où l'on faisait union de quelques forces. Il voulut même que la personne du roi prît une dignité conforme à ce rôle. Dans un avis donné au roi de Navarre en 1583, il lui recommandait « de disposer ses actions et de régler » sa conduite pour se rendre prêt aux grandes occasions qui pouvaient sur- » venir. » Il allait jusqu'à distribuer sa journée; il fixait l'heure de son lever, de ses repas, de ses prières, et lui mesurait le temps de ses récréations. Henri, roi de Navarre, avait alors trente ans, et, tel que nous le connaissons, il est probable qu'il dérangea souvent « l'ordre établi dans sa » chambre. » Mais ce n'était pas seulement à Nérac qu'il y avait du scandale à réparer. La reine de Navarre, sœur de Henri III, était alors à Paris; son frère s'avisa de trouver faute en sa conduite, et de la renvoyer avec affront à son mari. Du Plessis fut chargé d'aller savoir ce qu'elle avait fait pour encourir pareil traitement; difficile ambassade, dans laquelle il y avait également à craindre de ne pas obtenir satisfaction ou de l'avoir trop complète. Par bonheur le roi Henri III fut discret, et Du Plessis put sans crainte le presser de parler. Il s'en retourna donc, emportant une réponse obscure; et le roi de Navarre, menacé par les armes de son beau-frère, fut obligé de recevoir sa femme telle quelle.

Cependant tout marchait à la guerre; de toute part on négociait, on conspirait, on dénonçait des complots. Le roi de Navarre, grâce à l'importance qu'il avait prise, était recherché de l'Espagnol, et se servait de ces avances pour exciter son beau-frère contre l'Espagne. Il avait découvert quelque fil des projets du duc de Guise. Du Plessis alla en porter la révélation et la preuve. Ce fut là une mission d'où pouvait dépendre le sort de la France. Il s'agissait d'unir les deux rois dans le même intérêt, et cela quand les choses étaient encore entières, quand toute la puissance du royaume était en une seule main. Rallier les grands, chasser les Lorrains, et porter la guerre chez l'Espagnol, voilà ce que Du Plessis avait à proposer. Il s'y prit en homme habile et prudent, soigneux de rassurer, par des écrits adroitement répandus, les réformés prêts, et non sans cause, à s'effrayer de tout. Pendant qu'on délibérait et qu'on gagnait du temps, le frère du roi mourut (1584), et sa mort précipita les événements en rapprochant du trône le roi de Navarre. Le duc d'Anjou était encore dans son lit, que Du Plessis préparait déjà son maître à sa prochaine destinée. « Les yeux » d'un chacun sont arrêtés sur vous, lui écrivait-il ; faites qu'il n'y ait rien » à reprendre en votre vie, mais surtout que vous embrassiez à bon escient » la crainte de Dieu. Qu'on voie en votre maison quelque splendeur, en » votre conseil de la dignité, en votre personne de la gravité. Ces amours » si découverts, et auxquels vous donnez tant de temps, ne semblent plus » de saison ; il est temps que vous fassiez l'amour à toute la chrétienté, et » particulièrement à la France. »

Il n'est besoin de raconter par le menu toutes les affaires et commissions dont Du Plessis fut chargé, tout ce qu'il faisait de lui-même pour l'intérêt commun, ayant sans cesse à écrire, à voyager, à discourir, et trouvant encore du temps pour commenter les Psaumes : conseiller d'un roi, député d'un parti, confesseur d'une religion. Le temps vint où cette activité se concentra sur un seul objet. La Ligue venait d'être proclamée (1585). La maison de Guise, unie à l'Espagnol, et entraînant avec elle, au nom de la religion, les passions populaires, menaçait le trône d'un roi jeune encore, pour qu'il n'échût pas après sa mort à son successeur hérétique. Maintenant Henri de Bourbon était en cause, et ne devait pas laisser toute la défense de son droit aux mains faibles et suspectes qui le gardaient. Pendant que, comme surintendant de sa maison, Du Plessis faisait amas d'argent et préparatifs d'armes, il écrivait sous le nom de son maître au roi de France, à la reine d'Angleterre, aux seigneurs anglais, aux princes protestants, pour leur recommander ses intérêts. Il s'adressait aussi au public, juge partial du débat ; puis enfin, voyant faiblir Henri III, il rédigeait pour la France, toujours sensible aux choses d'honneur, un démenti solennel des calomnies publiées contre le roi de Navarre par ceux de la Ligue, « pour le soutien » duquel Henri de Bourbon offrait de se battre avec le duc de Guise, un à » un, deux à deux, dix à dix, vingt à vingt, plus ou moins, » et celui qui minutait le défi devait être des combattants.

Au lieu de s'armer contre la Ligue, Henri III aima mieux se livrer à elle. Les édits de paix furent révoqués, le nom du roi autorisa les armes du duc de Guise, et le roi de Navarre se vit exposé à toutes les forces de la France. La plume de Du Plessis servit aux manifestes et aux instructions ; puis, lorsqu'on se mit aux champs, l'homme du cabinet endossa la cuirasse, et alla rejoindre le roi de Navarre à La Rochelle (1587). C'est à cette époque que commence véritablement pour nous la gloire populaire de ce vaillant et bon prince, au pourpoint usé, au panache poudreux, faisant métier de soldat pour conquérir son titre de roi, et à côté de lui, jusqu'au jour du succès, se trouvera toujours le seigneur Du Plessis, ayant seulement quatre ans de plus que son maître ; mais si austère dans ses mœurs, si grave dans ses conseils, si sérieux dans sa vie, qu'il semble dans cette jeune cour porter déjà une figure de vieillard. Henri disait alors « qu'il ne pouvait se passer » de lui plus que de sa chemise. » C'était par lui qu'il s'adressait aux étrangers, par lui qu'il parlait au peuple; il prenait volontiers ses avis pour la guerre, et son honneur s'en trouvait bien. Le seul inconvénient de cette compagnie était de s'entendre reprocher sévèrement des fautes où il mettait sa joie. Un jour entre autres, comme le roi de Navarre marchait à la rencontre du duc de Joyeuse, Du Plessis lui rappela que, le sort des armes étant incertain, il était bon de régler les comptes de sa conscience. Son dernier tort se trouva être la naissance d'un enfant que lui avait donné à La Rochelle la fille d'un homme de robe longue, et Du Plessis obtint de Henri qu'il en demanderait pardon publiquement au prêche. Cela fait, il livra bataille à Coutras. Du Plessis, qui avait combattu auprès de lui, qui lui avait apporté une cornette de l'ennemi, encore tout couvert de sueur et de poussière, rédigea, sans délacer son armure, le récit de la journée. Le soir, les chefs des deux armées étaient dans son logis : en bas, le duc de Joyeuse étendu mort sur un lit; audessus, le roi de Navarre soupant gaiement avec les compagnons de sa victoire.

Tandis que le roi de Navarre tenait la campagne, les bourgeois de Paris chassaient le roi de France, qui n'était plus assez catholique pour eux (1588). C'était le cas pour Henri III de donner la main à son beau-frère victorieux. Il fit un édit, convoqua les états, pria le roi de Navarre de se convertir, enfin se mit en tel embarras qu'il ne pouvait en sortir que par un crime. Du château de Blois partit la nouvelle que le duc et le cardinal de Guise étaient morts. Le roi de Navarre, bien tenté d'en être joyeux, l'annonça à Du Plessis, qui lui répondit : « Les jugements de Dieu » sont grands, et la grâce qu'il vous fait non petite, d'être vengé de vos » ennemis sans en souiller vos mains. L'Église reconnaîtra cette œuvre de » Dieu publiquement, mais avec la modération requise, plutôt pour s'hu- » milier que pour se réjouir; » et il lui conseilla de ne rien changer à sa conduite, de s'armer plus que jamais, pour que Henri III ne pût pas se faire absoudre à ses dépens. En effet, c'était l'épée au poing qu'il fallait aller chercher un allié, une succession. Henri de Bourbon voulait assiéger je ne sais quelle bicoque : « Cela est bon, lui dit Du Plessis, si vous avez » quelque autre envie que d'être roi de France; » et il le poussa dans l'intérieur du royaume, à la rencontre de son beau-frère. Certain soir, le roi Henri III, étant à Tours, vit tomber dans son logis, au milieu de ses catholiques, un huguenot obstiné, émissaire du roi de Navarre, qui avait traversé son armée sans passeport et sans héraut, « mais sous un habit dissi- » mulé. » Cet homme était Du Plessis, qu'il fallut cacher bien vite au légat du pape, et qui ne repartit qu'après avoir conclu la trêve entre les deux

Henri (1589). Le roi de Navarre obtint pour sa sûreté un passage sur la Loire, et ce lieu fut Saumur, dont Du Plessis fut nommé gouverneur pour les deux rois; dépôt important confié, dès le commencement d'une alliance, à l'honneur le plus pur, à la plus ferme loyauté que l'on connût. Peu de jours après, les deux beaux-frères se tenaient embrassés dans la ville de Tours, et Du Plessis écrivait à son maître, qui s'était risqué à cette entrevue contre l'avis de quelques-uns des siens : « Vous avez fait ce que vous de- » viez faire, et ce que nul ne devait vous conseiller. »

Contre cette union, la Ligue avait encore des armées, des villes, de l'argent, la faveur du peuple; elle se servit d'un poignard. Henri III mort, c'était un roi de France que Du Plessis avait à servir, mais un roi bien empêché, ayant à combattre la moitié de ses sujets, voyant l'autre pleine de divisions et de défiances, ayant deux religions ennemies dans son camp, tenant sa cour sous la tente, sans palais et sans trésor. Et pourtant il avait un compétiteur; la Ligue lui opposait un nom de roi, dont la personne pacifique et chargée d'années était retenue à Chinon sous la garde d'un officier de Henri III. Il fallait avoir en sa possession cette ombre de rival, et Du Plessis eut commission de l'acheter, ce qu'il fit au meilleur marché possible et en grande hâte; car déjà les enchères arrivaient. Le cardinal de Bourbon fut remis entre ses mains, ce qui lui valut un complot de trois cordeliers contre sa vie.

Mais déjà commençait une position pleine d'embarras entre le maître et le serviteur. Le roi de France avait besoin des catholiques, et bien droite était la ligne qu'il fallait suivre pour ne pas mécontenter ses anciens amis en cherchant à s'en faire de nouveaux. Du Plessis était celui des huguenots qui s'en éloignait le moins. Toutefois, en se prêtant aux nécessités de la politique, il entendait toujours que ce fût sauf les intérêts de sa religion. Dès les premiers jours, Henri IV avait parlé de sa conversion comme d'une chose possible, et il était obligé, en s'adressant à Du Plessis, de s'en justifier, de protester le contraire, de lui demander qu'il se portât caution pour lui envers son parti, chose que les rois les meilleurs ne font jamais volontiers et sans ressentiment. Cependant il ne paraissait plus de mésintelligence dès qu'il y avait à tirer l'épée. Quand Henri IV écrivait à Du Plessis : « Mon- » tez à cheval et amenez-moi votre compagnie, car j'espère que nous allons » combattre l'ennemi, » Du Plessis ne se laissait pas attendre, et il eut sa belle part de la victoire d'Ivry (1590). Le roi, l'ayant auprès de lui, le fit conseiller d'état, et le mena au siége de Paris. Là il ne paraît pas que Du Plessis ait approuvé beaucoup cette générosité fort vantée du roi, qui faisait passer des vivres aux Parisiens affamés. Du Plessis y allait de franc jeu; et puisqu'on perdait du temps, des hommes et de l'argent à bloquer une ville, il pensait qu'on devait vouloir le succès par les moyens. Le siége étant levé, il retourna quelque temps à Saumur, après avoir pressé le roi d'abolir les derniers édits rendus contre les réformés. Henri IV le lui promit, mais il n'osa s'y décider; et Du Plessis, en lui rappelant de loin sa promesse, lui disait hardiment qu'il fallait « ou faire compte de sa religion » s'il en avait, ou en changer s'il n'y tenait pas (1591). »

Cependant il avait à fortifier sa ville, à traiter avec Villeroy, chargé des propositions du duc de Mayenne, à faire des fonds pour l'armée levée en Allemagne, à défendre cet argent contre le roi lui-même, qui voulait en détourner une partie, à continuer ses méditations sur les Psaumes, « bien » fâché de ne pouvoir se donner tout entier à un plus grand ouvrage, » à étouffer les germes d'un nouveau parti qui se formait auprès du roi. Il pourvut à tous ces soins, et, quand les étrangers parurent, il se trouva en état de les payer. Bientôt après, quittant le siége de Rouen où il avait rejoint le roi, il lui fallut aller en Angleterre pour apaiser la reine Élisabeth, fort en courroux contre Henri IV, et lui demander de nouveaux secours. C'était là une mission délicate : la reine avait en vain rappelé le comte d'Essex, venu en France, malgré ses ordres, avec une petite armée, pour combattre à côté du roi. Elle trouvait qu'il y avait là trop de péril pour un homme aimé; ses alarmes de femme se joignaient à son ressentiment de reine offensée par une désobéissance. Elle reprochait à Henri IV d'être toujours dans les tranchées, d'exposer sa propre vie et celle de ses amis, de vouloir se perdre, et elle protestait qu'elle se contenterait dorénavant de prier pour lui. Du Plessis tint ferme contre cette colère; il opposa des raisons à des emportements, et ne put d'abord obtenir l'aide qu'il venait chercher. Mais le comte d'Essex ayant obéi, la reine envoya deux mille hommes en France, et déclara qu'elle le faisait « en considération de ce que mon» sieur Du Plessis lui avait dit et remontré. »

Revenu de son ambassade, ce fut la paix qu'on lui donna à traiter, savoir, la réconciliation du royaume et les contrats particuliers. Il devait pour cela s'aboucher encore avec Villeroy, véritable type de ce qu'on appelle les hommes politiques dans les temps de parti, serviteurs de tout pouvoir, liens de toute transaction, déserteurs de toute cause qui faiblit, proclamateurs de tout changement. Mais la première condition de la paix étant dès lors la conversion du roi, Du Plessis ne pouvait, quelque probité qu'il y portât, y procéder sans soupçon et sans entrave. La négociation tira en longueur et se rompit. En même temps, il avait à mener de front une correspondance avec la femme du roi pour qu'elle consentît à se démarier, et avec la sœur du roi pour qu'elle ne se mariât pas contre son gré. Cependant les embarras croissaient; le pape ne voulait rien entendre; les catholiques pressaient le roi d'en finir; le traité préparé par Du Plessis promettait seulement que le roi « se ferait instruire par moyens convenables à sa » dignité, » et Du Plessis entendait par là qu'il serait fait une solennelle conférence des deux religions, en laquelle paraîtraient les plus savants défenseurs de sa croyance. Les nouveaux amis du roi voulaient un enseignement pour la forme, sans contradiction, et une conversion d'avance résolue. Du Plessis vit bien de quel côté penchait le roi quand ce prince vint rejoindre sa sœur Catherine à Saumur (1593). Il s'aperçut qu'on esquivait ses conseils, qu'on le payait de paroles et de colères feintes. On lui rapporta que, parmi les seigneurs catholiques, il avait été question « de le » faire assommer; » cela ne l'empêcha pas de s'offrir lui-même pour la dispute, si elle avait lieu publiquement et avec toute liberté, « promettant d'y » porter un front d'airain. » Mais le roi se trouvait assez fort pour la résistance qu'il voulait faire. Du Plessis resta dans Saumur, et Henri IV entendit la messe. Huit jours après son abjuration, le roi adressait la lettre suivante à son fidèle serviteur : « Je vous ai déjà maintefois écrit que vous me » veniez trouver, et vous n'en avez rien fait. Je ne vous le veux plus écrire » que cette fois pour voir si je serai obéi. Vous entendrez de mes nouvelles » par le porteur, que vous croirez comme moi-même. Venez, venez, ve- » nez. — De Saint-Denis. »

Du Plessis se fit attendre deux mois. Il voulut d'abord prendre le rôle qui lui convenait désormais, non plus celui de conseiller ayant influence dans les actions, mais celui d'un homme qui parle pour son parti, qui réclame la foi promise et le redressement des torts. Les plaintes des réformés, rédigées de sa main, forment la remontrance la plus hardie qu'un sujet ait jamais adressée à son roi. Cela fait, il parut à la cour, où sa présence fut comme un remords; il y fit recevoir les députés de sa religion, obtint l'assurance positive d'un meilleur traitement, donna ses avis dans le conseil, et se retira. Après la prise de Paris, qu'il aurait voulu voir s'opérer par force et non par trafic (1594), on le revit auprès du roi, mais cette fois encore avec les députés de sa religion, et comme organe de leurs demandes; il n'y resta que peu de temps, et alla traiter avec le duc de Mercœur pour la soumission de la Bretagne : car il fallait ainsi racheter chaque province de chaque chef; Paris alors ne faisait que pour son compte. Là il apprit l'attentat de Châtel, et en profita pour supplier de nouveau le roi de régler sa vie, de se marier. Il l'en pressa plus vivement dans un voyage qu'il fit à Paris (1595); mais cela se disait trop près du logis de Gabrielle. Le traité de Bretagne ne finissant point, Du Plessis, qui jouissait dans son voisinage de quelque trêve, crut que ce lui serait un reproche s'il n'employait pas son loisir à chose utile pour la foi. Il écrivit donc un nouveau livre de théologie, encore un gros volume. Cette fois il prenait la religion catholique au cœur; il s'attaquait à la messe, recherchant dans les Pères de l'Église et l'histoire des premiers temps ce qu'avait été et ce qu'était devenue « l'Institution de l'Eucharistie. »

Cependant le roi avait reçu l'absolution du pape (1595), et les huguenots craignaient fort qu'on ne la leur fît payer. Du Plessis se servit habilement de leurs alarmes pour forcer le roi à s'occuper d'eux, et les réduire eux-mêmes à la modération. Des commissaires furent nommés pour s'entendre avec les députés d'une assemblée de réformés convoquée à Loudun, et ce n'était pas sur un ton très-haut que Henri IV réclamait l'intervention de Du Plessis dans cette négociation. « Si vous connaissiez l'état de mes af- » faires, » lui écrivait-il en 1597, « vous verriez que je ne puis accorder » davantage. Si on ne s'en veut contenter, je serai contraint de faire la » paix avec les Espagnols. Je serais très-aise de vous avoir près de moi; en » voyant ma condition, vous la trouveriez pire que du roi de Navarre; car » je ne suis assisté de personne. » Sur ces entrefaites, un événement cruel vint atteindre Du Plessis en son honneur. Il était à Angers avec les généraux du roi, toujours travaillant au traité de Bretagne. Un jeune gentilhomme, qui croyait avoir à se plaindre de lui pour quelque fait de sa charge, l'aborda en pleine rue, et, mal satisfait de sa réponse, le frappa traîtreusement d'un coup de bâton sur la tête; puis il s'enfuit, le laissant aux prises avec ses compagnons. Le roi lui écrivit aussitôt : « Si je n'étais » que votre ami, vous n'en avez nul de qui l'épée fût plus prête à dégainer » que la mienne, ni qui vous portât sa vie plus gaiement que moi; mais » comme roi je vous ferai justice et à moi aussi. » Cette affaire se termina long-temps après par une vaine satisfaction; mais Du Plessis y reçut amples témoignages d'estime et de respect, chacun s'empressant de lui offrir service, encore bien que son adversaire fût jugé s'être placé hors de la loi des combats singuliers. Ce chagrin, du reste, ne troubla en rien les affaires dont il était chargé; il continua de donner ses soins aux intérêts du roi et à ceux de sa religion, et il en reçut le prix lorsqu'il vit le roi passer par sa ville pour se rendre en Bretagne, portant avec lui cet édit qui garde dans l'histoire la date de Nantes, dernière conquête de Henri IV dans son royaume (1598).

Alors Du Plessis aurait pu croire que pour lui aussi le temps du repos était arrivé, s'il n'avait été qu'homme d'état et capitaine; mais il était théologien, auteur, et il avait un livre à publier, ce qui est rarement un bonheur. Son ouvrage sur l'Eucharistie parut imprimé. Aussitôt la dispute, qui survivait à la guerre, s'empara de cette proie; il pleuvait des réponses, des démentis ou sérieux ou grotesques; « toute la catholicité était émue. » Il ne s'en rendit pas moins à Paris, où les chaires tonnaient à l'envi contre son livre, où l'on voulait ameuter le peuple sur sa personne, « sans qu'il crût » devoir marcher plus vite d'un pas. » Il affecta même de suivre plus assidûment la cour, pendant qu'en quelques provinces les juges condamnaient son ouvrage au feu. Mais, comme il se disait, en maintes réunions de belles et nobles dames, que cet ouvrage contenait grand nombre de citations latines et grecques, ou fausses de tout point, ou altérées à dessein, il crut sa foi de gentilhomme compromise, et s'engagea par écrit à soutenir contre tout venant, pourvu qu'il fût de sa condition, l'exactitude de chaque ligne qu'il avait transcrite. Un débat public s'engagea ainsi, où on lui donna pour contradicteur ce qu'il y avait alors de plus éloquent, de plus agréablement érudit dans le clergé français, l'évêque d'Évreux, Davy du Perron. Le jour fut pris pour cette épreuve au 4 mai 1600, le lieu à Fontainebleau, et pour juge le roi, qui n'y connaissait rien. Là, en présence de toute la cour, Du Plessis, qui balbutiait, qui lisait mal à cause de sa vue basse, fut rudement mené par son antagoniste, le roi aidant contre lui, lequel se vanta au duc d'Épernon « d'y avoir fait merveille : » aussi, sans attendre la seconde journée, il retourna bien vite en son gouvernement. Le marquis de Rosny, depuis duc de Sully, qui savait aussi faire des bons mots, dit alors à son maître : « Du Plessis n'a pas été malavisé ; il vient d'abandonner tous les » passages des Saints Pères pour garder celui de Saumur. »

Là il demeura plus de cinq ans sans voir le roi, s'occupant à traduire en latin son livre de l'Eucharistie, à prévenir ou assoupir les différends entre ceux de sa religion, à diriger leur conduite, à les réunir sur tous les points contestés de la foi commune, ce qui le fit appeler « le pape des huguenots. » Cette autorité spirituelle lui attira des dangers. Dès la seconde année de sa retraite, il courut risque d'être assassiné par quelques-uns de ces misérables qu'on trouve au fond de toutes les sociétés, et qui exploitaient alors la facile hospitalité des couvents. Il eut occasion de se présenter au roi en 1605, lorsqu'il passait par Châtellerault pour se rendre en Limousin, et en reçut l'invitation pressante de venir faire quelque séjour auprès de lui. Peu après, il eut la nouvelle que son seul fils, âgé de vingt-six ans, dont la jeunesse lui avait coûté tant de soins et donné tant d'espérances, qu'il « avait élevé » demi-écolier et demi-gendarme, selon le temps, » étant allé chercher la guerre en Hollande, venait de succomber devant Gueldres d'un coup de fauconneau. Sa douleur fut profonde, bien qu'il ait pu l'exprimer en vers, et elle fut presque aussitôt renouvelée (1606) par la perte de sa femme, non moins ardente que lui dans sa croyance. Vers ce temps, il fut appelé à la cour pour y régler des comptes relatifs aux domaines de Navarre. On l'y traita avec toute sorte d'égards; mais il s'aperçut bien qu'il n'était plus nécessaire. Tout ce que le roi trouva de plus tendre à lui dire, c'est « qu'il » regrettait de ne plus pouvoir se servir de lui pour la cause qu'il savait » bien. » Cette cause, c'était qu'il avait publié des livres contre le pouvoir du pape, et, bien loin de s'amender, à peine fut-il de retour à Saumur qu'il se mit à en composer un nouveau tout expressément contre la papauté. Il n'avait encore fait que le dicter, en français d'abord, puis en latin, à ses secrétaires, lorsqu'une lettre du 14 mai 1610, signée Louis, vint lui apprendre la mort de Henri IV. Du Plessis put dire avec vérité qu'il avait toujours redouté pareil attentat, et, comme il était de son temps, il en accusa aussitôt les jésuites.

Du Plessis fut des premiers à protester de sa fidélité envers le roi Louis XIII et la régente sa mère. Il maintint dans le devoir son gouvernement, et y confirma son parti. L'établissement de la régence ne trouvait partout que dispositions bienveillantes et oubli des anciennes discordes. « Ce sont disait » Du Plessis, Ésaü et Jacob aux funérailles d'Isaac; ils s'embrassent et » pleurent ensemble : mais, quand ils en viendront aux partages, ils se pren- » dront au poil pour un double. » Il eut bientôt à faire l'expérience de sa prédiction. Les réformés avaient obtenu permission de s'assembler par députés à Saumur. Du Plessis y fut élu président, et il y avait lieu d'espérer quelque avantage pour sa religion de cette convocation faite au commencement d'une minorité, alors qu'on était facile envers tout ce qui se faisait craindre. Au lieu de l'accord de tous pour le bien commun, on vit des ambitions particulières semer le trouble à leur profit. Du Plessis, qui leur avait été un obstacle, fut rendu suspect à la cour, qu'il n'avait pas voulu rançonner comme les autres. Ce fut alors qu'emporté par cette conscience un peu querelleuse qui lui faisait mépriser son avancement ou son repos, il fit imprimer son dernier livre, lequel avait ce titre effrayant : « le Mystère » d'iniquité, ou l'Histoire de la papauté. » On y voyait, en tête de mille quatre cents pages d'impression, une vignette représentant une tour élevée jusqu'au ciel, et bâtie sur des pilotis auxquels un gentilhomme mettait le feu. La Sorbonne déclara ce livre abominable; des pamphlets injurieux furent publiés partout contre l'auteur. Un de ses adversaires eut la malice heureuse de montrer cinq fois écrit dans le nom de Du Plessis celui de la bête mystérieuse de l'Apocalypse, que celui-ci avait découvert une fois seulement dans le nom du pape Paul V; ce qui, de part et d'autre, avançait fort la question.

Toutefois Du Plessis n'était violent que dans ses livres. Son rôle politique, il faut en convenir, valait mieux que ses ouvrages; il consistait alors à retenir ceux de son parti qui voulaient pousser les choses jusqu'à la guerre civile. Du Plessis s'en tenait à l'édit de Nantes, pourvu qu'il fût exécuté fidèlement, et il poursuivait cette exécution par moyens doux et pacifiques, non par soulèvements et menaces. S'il y avait dans cette préférence quelque effet d'un âge plus calme et d'un sang refroidi, il s'y trouvait aussi une sage appréciation de ce que peut un parti dont toute l'ardeur s'est usée, qui a fait tous ses efforts et tous ses sacrifices. Dès les premières brouilleries, les mécontents avaient voulu mettre les réformés dans leurs intérêts. Du Plessis arrêta quelque temps les plus emportés, mais enfin ils lui échappèrent. En 1615 le prince de Condé ayant pris les armes, l'assemblée de la religion, qui était alors convoquée, déclara se joindre à sa révolte. Le duc de Rohan, trop jeune pour avoir vu le bon temps des huguenots, et le croyant revenu, entra en campagne. Du Plessis se renferma dans sa ville, et sommé par le duc de la Trémouille, son pupille, de suivre les résolutions prises par le corps du parti, il s'en excusa noblement : il prévoyait que toute la sollicitude du prince de Condé pour le bien du royaume s'éteindrait dans un traité où il trouverait ses avantages, et que les réformés porteraient tout le faix du ressentiment. Ce qu'il avait prévu arriva. Au moment où on le pressait de proclamer la guerre en sa province, la paix était déjà conclue, le prince satisfait, les seigneurs indemnisés des frais de leur rébellion; les réformés restaient seuls sous le poids d'une faute impuissante et pardonnée.

De nouveaux troubles advenus dans la cour donnèrent aux zélés du parti hardiesse de s'agiter encore, et Du Plessis eut à reprendre cet emploi difficile de modérateur auquel il s'était résigné. Les réformés, malgré tout ce qu'il faisait pour pallier leurs torts, étaient en pleine désobéissance lorsqu'arriva la mort du maréchal d'Ancre (1617). Ce fut un prétexte de joie et de bienveillance générale. Du Plessis, comme tout le monde, félicita le roi de ce sanglant coup d'état. Une assemblée qui s'était formée à La Rochelle contre la volonté du roi se dissipa aussitôt; ce ne fut partout qu'un échange de congratulations et de douces promesses; aussi appelait-on cette révolution de la faveur « un avénement. » Pour que le peuple en eût sa part, on voulut lui donner le plaisir de voir des gens appelés de divers côtés délibérant sur ses affaires. On convoqua une assemblée des notables à Rouen. Du Plessis y fut mandé, et s'y rendit malgré la mauvaise saison, son grand âge, la faiblesse de sa vue et de sa voix. Là on parla durant dix-huit jours sur toutes les parties de l'État sans se quereller, parce qu'il n'y avait pas de résolution à prendre; on se sépara bien poliment et en bonne intelligence : le cardinal du Perron notamment fit de grandes civilités à son ancien antagoniste, « qu'il ne fallait pas, disait-il, laisser retourner à Saumur, mais bien le contraindre à siéger dans le conseil. »

Deux ans après, tout était plus que jamais brouillé. Une assemblée de réformés, convoquée cette fois par ordre du roi, montrait un esprit d'insubordination que Du Plessis tâchait en vain de calmer. « C'est tenter Dieu, » disait-il, et abuser des délivrances qu'il nous a données; il n'y a pas tous » les jours un maréchal d'Ancre à tuer pour nous tirer d'affaire. La faveur » se fera valoir, et les mécontentements s'apaiseront en s'employant contre » nous. » Aux ministres du roi, il parlait d'un autre style, leur montrant une guerre sans fin dont ils auraient à répondre. Il ne réussit qu'à retarder l'explosion des défiances, des rancunes et des ambitions qui fermentaient depuis long-temps. Quand la paix fut rétablie partout, les princes unis, les différends de la cour éteints, le crédit du nouveau favori puissant et reconnu, les réformés voulurent avoir l'honneur d'une guerre à eux, où nul autre intérêt ne serait confondu : en conséquence, leur assemblée se forma de nouveau sans permission (1620). Du Plessis se donna mille peines pour la rendre innocente, tandis qu'elle faisait tout pour paraître coupable « Le

» roi, écrivait-il, doit être plus raisonnable que nous : » et l'assemblée redoublait d'audace jusqu'à désavouer ceux qui parlaient pour elle un langage de soumission et de prière. Enfin, le roi conduisit une armée contre les provinces où la rébellion s'agitait en paroles, et l'épée fut tirée encore une fois pour la religion. L'assemblée accepta fièrement cette déclaration de guerre; n'ayant encore ni soldats, ni chefs, ni argent, elle se mit à écrire une constitution complète du parti en forme de république, sur le modèle de celle des Provinces-Unies, ce qu'il y avait alors de plus nouveau.

Alors Du Plessis se trouva au bout du rôle que jouent dans les discordes civiles les hommes de conciliation. Il tomba en la disgrâce de l'assemblée, et son gendre même y courut risque de mauvais traitement. En même temps, le roi s'était approché de Saumur. Ce gouvernement, confié trente-deux ans auparavant à son honneur par deux rois, maintenu par lui dans une constante obéissance à travers tant de mouvements, ce gouvernement étroit et borné, mais qui ne relevait de personne dans le royaume, sur lequel les princes et les grands n'avaient jamais eu prise, où florissaient, sans trouble et sans jalousie, une église et une académie de réformés au milieu d'une majorité d'habitants catholiques, Saumur, cette ville de Du Plessis-Mornay, avait fixé à la fois l'attention de l'assemblée rebelle et celle du roi armé pour punir. L'assemblée, en distribuant des provinces qui ne lui obéissaient pas à des chefs qui lui manquaient, avait placé Saumur sous les ordres d'un de ses lieutenants, et lui destinait une garnison. Quant au roi, il y venait tout droit comme chez lui, annonçant qu'il n'y voulait rien changer. Pour commencer, on marqua son logis au château contre l'usage, les clefs furent demandées par ses officiers, la garnison exclue, tous les postes occupés, le gouverneur lui-même logé en ville; puis on lui proposa de se démettre moyennant cent mille écus et un état de maréchal de France. Ne pouvant lui acheter cette place, et ne voulant pas la lui laisser, le roi résolut de l'emprunter pour trois mois, engageant sa parole à la restituer entre ses mains après ce délai. Le contrat en fut passé, et Du Plessis se retira dans sa maison de la Forêt-sur-Sèvre avec sa garnison de soixante hommes (1621).

Ainsi fut-il dépossédé, non par autorité, mais par surprise et par leurre, de son gouvernement. Les trois mois s'écoulèrent, puis beaucoup d'autres, sans que le roi, pressé par maintes requêtes d'avoir souvenance de sa parole, se souciât de la tenir. Le prétexte était que la guerre durait toujours, et Du Plessis, du fond de sa retraite, travaillait de tout son cœur à la faire cesser. Mais il prétendait que ce n'était pas là le terme auquel on l'avait remis, la condition qu'il avait acceptée; il disait même avec grande raison que ce manque de foi envers un serviteur fidèle n'était pas fait pour désarmer des ennemis. Le duc de Lesdiguières, témoin et garant de la promesse royale, était celui surtout dont il réclamait le secours pour rentrer dans son bien. Une de ses instances les plus vives fut portée en Dauphiné à ce vieux soldat de l'église réformée, son compagnon d'âge, de fortune, de croyance; et elle le trouva catholique. On remit cette affaire à la conclusion de la paix qui paraissait prochaine, et, la paix faite, on lui dit que la question était décidée par un article obscur du traité. On lui offrit donc de le récompenser de sa charge, suivant l'usage et la règle du temps. Il refusa d'abord d'entrer en pareil marché; mais enfin il fallut bien recevoir ce qu'on lui proposait pour ne pas tout perdre. L'indemnité payée par le roi fut employée à solder les dettes qu'il avait contractées pour son service; il retira du château ses meubles à moitié détruits, ses livres et ses manuscrits endommagés; il ne laissait plus à Saumur que deux tombeaux. Alors il songea tout à fait à sa fin. Il renouvela le testament qu'il avait fait en commun avec sa femme dix-sept ans auparavant; il y fit les changements convenables à sa nouvelle condition; il ordonna que le corps de sa femme et celui de son fils fussent tirés de Saumur pour être transportés à la Forêt-sur-Sèvre, « et là attendre, avec le sien, le jour de la bienheu-» reuse résurrection. » Cet acte était du 24 octobre 1623. Le 30, il écrivit à la mère du duc de Rohan, lui donnant son avis sur tout ce qui était alors nouvelles de l'Europe; le 9 novembre, on lui annonça l'approche de la mort, et le 11 au matin il expira, à l'âge de soixante-quatorze ans et six jours, sans agonie, sans délire, après avoir, pendant quarante-huit heures, fourni aux pasteurs de sa religion, plutôt que reçu d'eux, les paroles qui servent de consolation aux mourants. A la cour du fils de Henri IV, on fit pour lui cette épitaphe, qui fut trouvée fort ingénieuse :

Ici gît de Mornay, l'hérétique de France,
Heureux s'il fût mort-né, ou mort dès son enfance.

A. Bazin.

Dessiné par de Triqueti. Imp^ie Geny-Gros, rue du Plâtre, 26. Paris. Gravé par Allais.

HENRI DE GUISE.

HENRI DE GUISE

NÉ EN 1550, MORT EN 1588.

Henri de Guise naquit en 1550. Il porta d'abord le nom de comte de Joinville. Son père, François, était le fils aîné de Claude de Lorraine, maréchal de France et duc de Guise, lequel était lui-même le cinquième fils de René II, duc de Lorraine.

Henri, âgé de treize ans, faisait ses premières armes à ce siége où son père perdit la vie, assassiné par Poltrot. Il voua dès lors une haine à mort au chef du parti protestant, l'amiral de Coligny, et n'attendit qu'une occasion favorable pour lui en faire éprouver les effets.

La paix de 1563 l'obligea d'ajourner ses projets de vengeance. L'héritier du nom de Guise ne pouvait rester inactif lorsqu'il y avait guerre dans une partie de l'Europe. Il alla combattre les Turcs en Hongrie, et dans cette campagne il montra l'espèce de courage la plus rare dans un jeune homme et dans un Français. Il demeurait calme en face des dangers, et le tumulte d'un champ de bataille semblait doubler les ressources de son esprit.

La guerre civile, rallumée par les protestants, le ramena en France. Il se signala à la bataille de Jarnac, où le prince de Condé fut tué; au siége de Poitiers, qu'il défendit avec succès contre l'amiral; à Moncontour, — enfin au combat de Dormans, où il fut grièvement blessé d'un coup de feu à la joue. C'est de cette blessure, qui laissa une profonde cicatrice, qu'il prit le surnom de *Balafré*, sobriquet qui, pour une cause semblable, avait été également donné à son père François.

A dix-neuf ans, Henri, par le souvenir des exploits de son père, la puissance de sa famille, et sa valeur personnelle, se trouvait à la tête d'un parti considérable. Il se composait surtout des fanatiques qui voulaient exterminer l'hérésie en France, et qui ne voyaient dans la paix accordée aux protestants qu'une concession honteuse, preuve de la faiblesse du roi et de son indifférence pour les intérêts de la religion catholique. L'expérience et la connaissance des hommes s'acquièrent vite dans un temps de trouble et dans une position élevée ; Henri, malgré sa jeunesse, ne parut pas au-dessous du rôle qu'il était appelé à jouer. Habile à dissimuler, prodigue de ses richesses pour se faire des créatures, prudent et circonspect dans sa conduite, mais suivant toujours avec persévérance ses projets ambitieux, il eut toutes les qualités d'un chef de parti. Il aspirait au trône, et il y serait sans doute parvenu s'il eût vécu dans un temps où le respect des races royales eût été moins enraciné dans l'esprit des masses.

Cromwell, au début de sa carrière, disait souvent : « Je ne sais pas encore tout ce que je veux. » Jusqu'à ce que les circonstances lui offrent une route bien nettement tracée, l'ambition essaie des sentiers différents, qu'elle abandonne tour à tour en reconnaissant qu'ils sont ou trop détournés ou bien inaccessibles. Le duc de Guise, que le retour de la tranquillité obligeait à un repos forcé, chercha autre part que dans la guerre le moyen d'accroître sa puissance. C'était un des plus beaux hommes de son temps. Il plut à Marguerite, sœur du roi Charles IX, et se flatta quelque temps de pouvoir l'épouser. Cette alliance l'aurait amené bien près du trône. Mais Charles avait d'autres desseins sur sa sœur ; il savait en outre le danger d'élever un sujet trop à son niveau. Il menaça le duc de Guise de sa colère et le força d'abandonner son projet.

La paix, qui interrompait pour peu de temps les guerres civiles, n'était, à vrai dire, qu'une trêve arrachée à l'épuisement des deux partis, et qu'ils n'observaient que jusqu'au moment où ils se croyaient assez forts pour la rompre. En 1570, la paix fut jurée *du bout des lèvres*, pour me servir de l'expression de d'Aubigné. Cette paix était la troisième, mais il était facile de prévoir qu'elle ne serait pas la dernière. Catholiques et protestants avaient fait des pertes à peu près égales, sans que les uns ou les autres eussent obtenu une supériorité décidée. Les premiers étaient plus nombreux, mais leurs adversaires comptaient dans leurs rangs les familles les plus riches et les plus influentes de la France.

Charles IX et sa mère, la fameuse Catherine, ne partageaient certainement pas le fanatisme religieux de la plupart de leurs sujets. Les chefs des deux factions rivales leur étaient également suspects, également odieux. La politique du roi avait été de pencher alternativement pour l'un ou pour l'autre, d'empêcher surtout l'anéantissement de l'un des deux partis, n'espérant que dans leur division pour conserver l'autorité royale. Pendant la vie du duc François, l'ascendant de ce grand capitaine alarma Catherine, et l'obligea à favoriser en secret les protestants. Après la mort de François, son fils, à cause de sa jeunesse, n'inspirait plus les mêmes craintes, et Coligny devenait l'homme le plus dangereux pour le roi. La force ouverte n'avait pas réussi : il fallut temporiser pour essayer de la trahison. Le roi attira à Paris l'amiral et les principaux seigneurs calvinistes, et parvint à endormir leur méfiance à force de caresses et de bons procédés. Rien ne prouve que l'exécrable massacre du 24 août 1572 ait été préparé de longue main, mais tout porte à croire que Coligny, et probablement quelques seigneurs influents de son parti, étaient depuis long-temps condamnés en secret. Le duc de Guise, devinant peut-être les projets de la cour du Louvre, ne perdait pas de vue l'ennemi de sa famille. Adoré du peuple de Paris, disposant d'un grand nombre de gentilshommes dévoués, il s'appliquait à entretenir la haine des Parisiens contre les protestants, qui deux fois s'étaient approchés en ennemis de leurs murailles.

Tout d'un coup, au moment où Coligny semblait jouir de la plus haute faveur, un misérable, nommé Maurevel, tente de l'assassiner, et le blesse grièvement d'un coup d'arquebuse. Maurevel était-il, comme on l'a cru, « l'assassin du roi? » Était-il aposté par le duc de Guise? Tous deux, sans doute, avaient trempé dans cet attentat. Quoi qu'il en soit, Henri parut s'en déclarer l'auteur; car il quitta Paris aussitôt, comme pour se soustraire aux poursuites. Le coup qui devait priver les protestants de leur chef était manqué. L'alarme était donnée; ils pouvaient recommencer la guerre. Les catholiques voyaient avec effroi que cette imprudente tentative allait accroître les forces de leurs adversaires. Ils entourent le roi, lui disent que sa vie est menacée, et qu'il ne peut se défendre qu'en prévenant ses ennemis. C'est de ce moment seulement que le massacre des huguenots rassemblés dans la capitale paraît avoir été résolu. Guise, revenu en secret à Paris, arme ses partisans, soulève le peuple, et lorsque les épées sont tirées, que le sang a commencé à couler, il dit au roi : « Rien ne peut arrêter la justice populaire; si vous la désavouez, vous risquez votre couronne. » Charles IX, porté d'ailleurs par caractère aux mesures violentes et sanguinaires, fit ce que ses prédécesseurs avaient fait; il se mit à la tête du mouvement qu'il ne pouvait empêcher.

Le premier soin du duc de Guise dans cette sanglante journée fut d'assurer sa vengeance particulière. Il présida à l'assassinat de Coligny. Il voulut voir son cadavre, et le foula aux pieds; mais lorsqu'il eut assouvi sa haine, s'il fut cruel pour ses adversaires en masse, il montra de l'humanité dans quelques cas particuliers, et plusieurs huguenots lui durent la vie.

Après ce grand désastre, les protestants demeurèrent quelque temps plongés dans un abattement stupide. Si leurs débris avaient été attaqués avec vigueur, il est hors de doute qu'ils eussent succombé presque sans résistance; mais on leur laissa le temps de se rassurer, de se réunir, et de pourvoir à la défense de la Rochelle, leur principale place de sûreté, contre laquelle on ne tenta même pas un coup de main. Ce ne fut que lorsque les habitants eurent préparé leur défense à loisir, que le frère du roi vint les assiéger. Ils se défendirent avec énergie et succès. Le prince catholique, apprenant qu'il venait d'être élu roi de Pologne, abandonna précipitamment la place qu'il désespérait de prendre, et son armée, privée de chef, ne tarda pas à lever le siége. Guise avait accompagné le prince devant La Rochelle. Alors ils paraissaient unis par une étroite amitié ; ils avaient la même tente et se traitaient avec la plus grande familiarité. Mais l'amitié des grands est toujours subordonnée aux intérêts de leur ambition : celle-ci ne devait pas être de longue durée.

La cour, poursuivant son système, fit bientôt cesser les hostilités, et Charles IX mourant signa le quatrième édit de pacification. Aussitôt Henri, son frère, déjà dégoûté de son nouveau royaume, quitta furtivement la Pologne pour venir régner en France. Dès lors le duc de Guise put apercevoir clairement le but vers lequel devaient tendre tous ses efforts ; et l'accomplissement de ses projets ambitieux ne se présenta plus que dans un avenir peu éloigné.

Henri III n'avait pas d'enfants ; son frère et son successeur naturel, le duc d'Alençon, rêvait un mariage impossible avec la reine Élisabeth. Après lui il n'y avait d'autre héritier à la couronne que le roi de Navarre, prince calviniste. Mais était-il probable que le peuple qui venait de massacrer les huguenots voulût obéir à un hérétique? On commençait à se demander qui régnerait en France, si, comme il était vraisemblable, le roi et son frère mouraient sans postérité. Le duc de Guise vit qu'il n'y avait que deux hommes entre le trône et lui. Déjà, depuis plusieurs années, et à tout événement, il s'était fabriqué une généalogie qui le faisait descendre de Charlemagne. Cette invention trouvait des dupes, et l'éclat de sa gloire, aux yeux des plus fervents catholiques, légitimait assez son usurpation.

De retour en France, Henri III recommença à guerroyer contre les protestants, probablement pour flatter le fanatisme du peuple. Cette guerre fut malheureuse pour ses armes ; après deux ans de revers, il la termina brusquement par une cinquième paix dont les conditions furent les plus avantageuses que les réformés eussent encore obtenues. Les catholiques jetèrent les hauts cris, et l'indignation fut générale. Guise crut que le moment était favorable pour agir.

Dès l'année 1568, étant gouverneur de Champagne et de Brie, il avait organisé dans ces provinces une association dont le but apparent était de défendre la religion catholique envers et contre tous, excepté *le roi et la famille royale*. Les affiliés avaient signé une formule de serment, et l'association portait le nom de sainte Ligue catholique et royale ; d'ailleurs elle était restée à peu près secrète et ne s'était pas étendue au delà des provinces dont le duc de Guise était gouverneur.

Exploitant avec adresse le mécontentement causé par la paix de 1576, Guise ranima cette association et l'étendit. Il changea aussi la formule du serment et voulut que les initiés s'engageassent à combattre *tous* les ennemis de la religion catholique sans acception de personne. Elle se répandit avec une étonnante rapidité par toute la France. Paris surtout compta bientôt un grand nombre de ligueurs, gens de basse condition pour la plupart, n'ayant rien à perdre, et disposés à tout tenter.

Henri III comprit quelle allait être la puissance du duc de Guise, s'il le laissait gouverner la Ligue. Il pensa que le meilleur moyen de l'annuler c'était de se substituer à sa place. En conséquence, il signa le serment de la Ligue, s'en déclara le chef, et engagea sa cour à s'y enrôler. Cette mesure lui réussit pour le moment, tout en achevant de le déconsidérer, car il n'y avait personne qui ne fût choqué de voir un roi se proclamer le chef d'une faction. Mais ce qui porta un coup plus funeste à la Ligue, ce fut le refus du pape Grégoire XIII de la sanctionner; non-seulement les ligueurs n'osèrent rien entreprendre, mais leur association parut complétement oubliée. Huit années s'écoulèrent sans qu'elle donnât signe de vie.

Cependant le duc de Guise ne s'endormait pas. Il cherchait et trouvait des alliés hors de France. Il offrait de garantir la couronne des Pays-Bas à don Juan d'Autriche, qui s'engageait de son côté à soutenir ses prétentions au trône de France. Après la mort de don Juan, cette négociation fut reprise par Philippe II, qui conclut un traité du même genre avec le duc de Guise; en même temps celui-ci grossissait toujours le nombre de ses partisans, excitait le mécontentement des provinces, et ne négligeait aucun moyen pour rendre le roi odieux ou ridicule.

Il était puissamment secondé par les fautes continuelles de ce prince, mélange indéfinissable de tous les vices et de plusieurs vertus. Tantôt livré aux plus honteuses débauches, tantôt affectant une dévotion dont les pratiques ridicules semblaient méprisables même aux plus superstitieux, Henri ne paraissait pas avoir deux jours de suite le même caractère. Il était brave dans un combat, mais timide à l'excès pour les dangers qui ne se présentaient pas sous une forme bien définie. Sa politique offrait une suite de mesures contradictoires, d'imprudences et de faiblesses, sujet continuel de découragement pour le petit nombre de serviteurs qui lui restaient fidèles. Tel était le prince que Henri de Guise voulait détrôner.

Le duc d'Anjou, le seul prince du sang qui pût continuer la race des Valois, mourut le 10 juin 1584, d'un flux de sang suivant les uns, par le poison suivant les autres. Dès ce moment commença entre Henri III et le duc de Guise une lutte acharnée qui ne pouvait finir qu'avec la vie de l'un ou de l'autre. Cet événement ressuscita la Ligue. Tous les catholiques ardents jurèrent que le Béarnais ne régnerait pas en France, mais le duc de Guise ne voulait pas attendre la mort de Henri III pour mettre la couronne sur sa tête. Déjà ses émissaires ne faisaient plus mystère de ses projets. Désormais le but de la Ligue n'était plus de défendre la religion contre des dangers à venir, elle était devenue une conjuration patente contre le roi. Les plus modérés d'entre les ligueurs voulaient le déposer et l'enfermer dans un cloître, tandis que d'autres conseillaient la guerre ouverte ou l'assassinat.

Le point le plus important pour le duc de Guise était de s'assurer de la capitale. Il y envoya quelques gentilshommes dévoués pour y organiser un comité central qui devait correspondre directement avec lui, et auquel tous les ligueurs seraient tenus d'obéir. Les émissaires du duc jetaient l'or à pleines mains, secondés d'ailleurs par l'ambassadeur d'Espagne, dont le maître, Philippe II, ayant aussi des prétentions à faire valoir sur la couronne de France, comprenait bien qu'il n'y avait de chances pour lui qu'au milieu de l'anarchie générale. Le comité central fut promptement organisé ; il se composait de bourgeois, de massacreurs de la Saint-Barthélemy, de curés fanatiques, et de professeurs de l'Université. Des chefs furent donnés à tous les quartiers de Paris. On acheta des armes, on assigna des commandants militaires aux différentes subdivisions des conjurés. A cet effet, le duc envoya à Paris un grand nombre d'officiers lorrains ou espagnols, qui, au besoin, devaient guider toute cette multitude sans discipline ; en même temps le comité de Paris envoyait dans les provinces des affidés pour y organiser d'autres comités, et établir des correspondances directes et régulières. La Ligue, comme un immense réseau, enveloppait toute la France. Il ne restait au roi qu'un petit nombre de soldats sur lesquels il pût compter, et l'appui incertain et timide du parti des *politiques ;* on appelait ainsi tous ceux qu'effrayait l'ambition du duc de Guise, et surtout l'audace de la multitude factieuse et turbulente dont il s'entourait. Si Henri de Guise était remarquable par la suite et la constance de ses projets, son caractère offrait aussi quelque analogie avec celui de son rival, par la lenteur souvent inutile qui présidait à toutes ses démarches. Il semblait se défier toujours de ses forces, ne voulait rien confier à la fortune, et ne se trouvait jamais en mesure pour tenter un coup décisif. Le modèle qu'il se proposait d'imiter, c'était Pépin d'Héristal, dont l'usurpation avait été si habilement graduée, qu'il était devenu maître absolu presque sans secousse, et sans avoir besoin de recourir à la force ouverte.

Guise, avec cette disposition à temporiser, éprouva combien il est difficile de gouverner une faction. Les ligueurs, ceux de Paris surtout, étaient impatients de ses lenteurs continuelles ; ils voulaient à tout moment prendre les armes, attaquer le Louvre, et tout terminer en un jour. De son côté, le duc prévoyait avec inquiétude les difficultés qu'après la victoire il éprouverait à régner sur une populace indisciplinée et à qui il devrait tout ; chaque jour il inventait de nouveaux prétextes pour différer l'explosion du complot, et retardait à dessein son arrivée à Paris, où sa dignité se serait peut-être trouvée compromise avec les amis grossiers qu'il s'était donnés. Il leur envoya son frère, le duc de Mayenne, pour leur faire prendre patience autant que pour retenir leur ardeur. Mayenne devait en outre examiner de près les chances de succès que présenterait un coup de main sur le Louvre.

A peine arrivé à Paris, Mayenne fut séduit par l'audace, le nombre et la bonne volonté des ligueurs ; il partagea bientôt leurs espérances, et donna les mains à leur projet. Un plan d'insurrection fut adopté. Les listes de proscription, accompagnement alors obligé de tout mouvement politique, furent dressées avec une épouvantable profusion. Mayenne donna le mot d'ordre, assigna les postes, désigna les lieux où des barricades seraient élevées, car il y a bien long-temps que les Parisiens connaissent ce moyen terrible de combattre des troupes régulières.

Mais le roi avait des espions parmi les ligueurs, au sein même du comité central. La veille de l'exécution, des troupes fidèles garnissaient les points principaux où les ligueurs devaient opérer. En voyant le nombre et la contenance de ces soldats, ils désespérèrent du succès, et pour cette fois renoncèrent à leur entreprise.

Mayenne, un peu honteux de son imprudence, retourna auprès de son frère, qui tança vertement le comité central, et en obtint la promesse de plus de patience, surtout de plus de docilité pour l'avenir ; d'ailleurs le roi ne sut ou ne voulut pas profiter du découragement momentané des ligueurs. Au lieu d'arrêter les chefs du complot, qui lui étaient connus, et de prendre vigoureusement l'offensive contre le grand agitateur, il laissa les conjurés se remettre de leurs frayeurs, se recruter de Lorrains et d'Espagnols, et concerter leurs mesures avec plus de réflexion ; quant au duc, il le crut trop puissant pour essayer de le punir, ou même pour lui faire sentir que ses projets lui étaient connus.

Henri III était alors en guerre contre le roi de Navarre, qui l'attaquait au midi ; en même temps une armée nombreuse de reîtres envoyés par les princes protestants d'au delà du Rhin pénétrait en France à l'orient, et manœuvrait pour opérer sa jonction avec le Navarrois. Le duc de Guise, qui passait pour le plus habile capitaine du parti catholique, était désigné par toute la nation pour commander l'armée qui devait s'opposer à l'invasion des Allemands. Ce fut aussi lui que choisit Henri III ; mais il ne lui donna que peu de troupes, tandis qu'il envoyait contre le roi de Navarre son favori Joyeuse avec une armée formidable. Il espérait que le duc de Guise serait battu, et que sa défaite, en le couvrant de honte, le déconsidérerait dans son parti.

Contre ses espérances et aussi contre les probabilités, Joyeuse fut battu et tué à Coutras, tandis que le duc de Guise obtint des succès décisifs. Par une suite de marches habiles, il voltigea autour de l'armée allemande sans se laisser entamer ; il la battit en détail, et lorsque plusieurs petits combats eurent diminué la supériorité numérique des reîtres, il les attaqua franchement et les tailla en pièces à Vimori et à Aulneau. Toute la France le nomma son sauveur, et il retourna dans son gouvernement plus puissant que jamais.

La nouvelle de ses victoires rendit aux ligueurs de Paris toute leur audace; ils reprirent leurs projets de surprises et d'assassinat; mais toujours trahis par les espions du roi, et désespérant de triompher sans leur chef, ils écrivirent au duc de venir se mettre à leur tête, menaçant, sur son refus, de donner un autre chef à l'union.

Cette menace fit cesser enfin ses irrésolutions, et le décida à venir à Paris. Le roi, sur la première nouvelle qu'il en avait eue, lui avait envoyé l'ordre de demeurer dans son gouvernement; mais de désobéir au roi il s'en souciait peu; toute la question pour lui, c'était de savoir s'il était temps de risquer une tentative qu'il n'aurait voulu entreprendre qu'à coup sûr. En effet, il était douteux que ses partisans pussent tenir tête à la garnison royale, composée de soldats aguerris. Un général habitué à une guerre régulière a peu de confiance dans une multitude indisciplinée qu'une résistance sérieuse décourage, et qui passe dans un instant d'une confiance immodérée à une terreur aveugle. Mais le sort en était jeté, et, pour me servir d'une expression du duc de Guise, « il avait tiré l'épée contre son » souverain, il fallait en jeter le fourreau. » Il partit donc pour diriger lui-même la révolution qui devait lui coûter la tête ou lui donner une couronne.

Pour opérer un grand mouvement populaire, il faut nécessairement mettre de son côté une apparence de justice, car il serait impossible d'entraîner la grande masse flottante qui décide du succès, si l'agression qu'on médite n'avait pas l'air d'être provoquée par le parti contraire. C'est cette idée qui explique la démarche singulière du duc aussitôt après son arrivée à Paris.

Il se rendit seul au Louvre, et se présenta devant le roi au moment où celui-ci venait d'apprendre qu'il avait quitté Soissons. Suivant toute apparence, son plan était d'irriter le roi, de le pousser à bout par son insolence, et de l'obliger à des menaces que ses partisans auraient ensuite exploitées. Il est vrai qu'il s'exposait beaucoup en se présentant seul devant un prince irrité, qui d'un mot pouvait faire tomber cent épées sur sa tête; mais il avait calculé que parmi les courtisans il y en avait un grand nombre qui hésitait, encore incertain entre la Ligue et le roi, attendant pour se décider que la victoire se déclarât pour l'un ou pour l'autre. Connaissant le caractère timide et irrésolu de Henri III, il se persuadait que ce prince ne pourrait jamais se déterminer de lui-même à un parti violent; il espérait que sa témérité même lui imposerait; enfin, il avait besoin de montrer de l'audace pour regagner la confiance des ligueurs, que ses lenteurs avaient un peu refroidis.

Le roi, en le voyant, s'emporta d'abord contre sa désobéissance à ses ordres; puis, s'échauffant à mesure qu'il parlait, il lui reprocha vivement ses menées factieuses. Il l'accusa d'ameuter le peuple, de remplir Paris de gens sans aveu et d'étrangers suspects. « Sa patience était lassée, disait-il, et le temps était venu de faire justice des coupables. »

Un instant le duc de Guise se crut perdu; on le vit pâlir et perdre contenance, il balbutia quelques mots d'excuse. Henri, satisfait peut-être de l'avoir humilié, et fier comme tous les petits esprits d'un avantage momentané, crut en avoir assez fait, et parut se contenter de quelques protestations vagues que la position du duc lui avait arrachées; peut-être aussi la multitude rassemblée autour du Louvre, sur le bruit de l'arrivée de Guise, l'intimida-t-elle lui-même, et lui fit-elle craindre de précipiter une émeute qu'il ne pourrait plus arrêter. Le duc sortit du Louvre sans obstacles, et respira plus à l'aise au milieu de la foule qui le reconduisait à son hôtel en le saluant de ses acclamations. La garde bourgeoise de Paris vint lui demander le mot d'ordre, refusant celui du roi; des députations de toutes les corporations s'empressèrent de le complimenter et de lui faire des offres de service. Le Louvre paraissait désert auprès de son palais; enfin, l'enthousiasme du peuple, la confiance des ligueurs, les dispositions belliqueuses des Parisiens, tout lui prouva que le moment était venu de tenter un grand coup, et qu'il n'avait qu'à vouloir pour être maître de Paris.

Après plusieurs jours de pourparlers sans résultat, le roi, se repentant un peu tard d'avoir laissé échapper un ennemi qu'il tenait entre ses mains, voulut faire montre de vigueur. Le 12 mai 1588, au matin, les troupes qu'il avait réunies prirent les armes et se répandirent dans la ville pour opérer quelques arrestations et faire des visites domiciliaires chez les habitants qui cachaient des étrangers ou des dépôts d'armes. Ces vaines démonstrations n'eurent d'autre effet que d'irriter les Parisiens. Le signal de l'émeute est donné, en un instant des barricades s'élèvent, des chaînes sont tendues dans les rues, et de tous côtés sortent des maisons des gens armés pour les défendre. Les troupes royales avaient été disposées avec la plus grande imprévoyance ; elles étaient dispersées, et n'occupaient que des points d'une importance secondaire; d'ailleurs, le roi, aussitôt qu'il eut connaissance du premier tumulte, retomba dans ses éternelles irrésolutions. Il défend d'attaquer, et laisse tranquillement cerner et désarmer ses soldats éparpillés au hasard. C'est en vain que d'heure en heure on lui annonce la prise de quelque poste important; en vain ses généraux le supplient de leur donner l'ordre de charger les rebelles, rien ne peut le tirer de la stupeur où il est plongé. Déjà les ligueurs avaient poussé leurs barricades jusqu'au Louvre sans qu'il eût pris un parti. Le duc de Guise cependant, qui avait laissé engager l'affaire sans y prendre part, commençait à parcourir les rues, animait le peuple par sa présence, tout en lui recommandant la modération, et faisait mettre en liberté les soldats du roi que les insurgés avaient faits prisonniers.

Vers la fin de la journée, toute la ville, à l'exception du Louvre, de la Bastille et de l'Arsenal, était au pouvoir des ligueurs. Il y avait encore au Louvre assez de troupes pour qu'on pût tenter un effort, mais le roi était trop abattu pour y songer. On dit que le duc lui fit offrir alors d'apaiser l'insurrection, à condition qu'il le désignerait pour son héritier, et le nommerait son lieutenant-général avec les pleins pouvoirs que son père François de Guise avait eus sous François II. Henri comprit que c'était une abdication qu'on lui demandait : il refusa. Mais s'il ne voulait pas soutenir les hasards d'un siége dans le Louvre, il n'avait plus qu'un seul parti à prendre, c'était de fuir, si toutefois il en avait encore le moyen. A la faveur de la nuit et du désordre, il sortit du Louvre, traversa au galop le faubourg Saint-Honoré, et gagna Saint-Cloud, qu'il abandonna bientôt pour chercher un asile plus sûr à Chartres.

Cette fuite déconcerta d'abord le duc de Guise. Il avait espéré faire le roi prisonnier et lui dicter des conditions. Son départ dérangeait ses calculs; au lieu d'une émeute, c'était une guerre civile qui venait de commencer, et quoique les chances fussent en sa faveur, il voyait avec douleur remettre à la fortune la décision d'une entreprise dont il avait cru le succès assuré. Ne voulant pas arborer ouvertement l'étendard de la révolte, il reprit son système favori de temporisation, et ouvrit des négociations avec le roi. Cependant, de tous côtés les ligueurs s'armaient, s'emparaient des villes, achetaient les gouverneurs et embauchaient les soldats; en même temps, pour s'assurer encore davantage de Paris, le duc de Guise faisait changer la plupart des officiers de la garde bourgeoise, et les remplaçait par des créatures de sa maison; en un mot, il prenait toutes les mesures capables de lui assurer la victoire s'il était obligé d'avoir recours à la voie des armes. La reine-mère était restée à Paris; il affecta de l'entourer de respects tout en lui faisant voir la force de son parti et l'impuissance du roi pour lui résister; il ne doutait pas qu'elle n'instruisît son fils de l'état des esprits, et il pensait avec raison que ce prince pusillanime consentirait à acheter la paix par toutes les concessions qu'il voudrait lui dicter.

Henri, qui redoutait la guerre encore plus que le duc de Guise, rejeta pourtant les premières propositions qui lui furent faites; mais bientôt le découragement et l'inconstance de son caractère lui firent prêter l'oreille aux envoyés de la Ligue. Le 15 juillet, il signa le traité de paix auquel il avait d'abord refusé de souscrire; il s'engageait à ne faire aucune recherche contre les auteurs des barricades, à donner aux ligueurs, comme places de sûreté, Orléans et six autres villes, à nommer le duc de Guise lieutenant-général du royaume, enfin à exiler le duc d'Épernon, son favori.

De toutes les clauses du traité, la dernière fut la plus promptement exécutée; le roi n'aimait personne, et ce n'était rien pour lui que de sacrifier ses plus fidèles serviteurs. Quant aux autres promesses que la nécessité lui avait arrachées, il est certain qu'il se réservait de ne les exécuter que le plus tard qu'il pourrait. Il trouva en effet mille prétextes pour ne pas envoyer au duc les lettres patentes de sa nouvelle dignité, et il fallut la crainte sérieuse d'une rupture pour qu'il s'y décidât. Un mot mal écrit à dessein dans le traité lui fournit l'occasion de chicanes interminables, et lui permit enfin de refuser tout à fait la remise d'Orléans, place qu'il regardait avec raison comme la clef du royaume.

Après une commotion aussi violente, suivie d'un traité consenti avec répugnance, et exécuté avec mauvaise foi, toute la France désirait voir finir un état de choses aussi précaire, qui ne promettait que la continuation des troubles qui la désolaient depuis si long-temps. La convocation des États-Généraux était universellement demandée ; on espérait que leurs délibérations apporteraient enfin la solution des importantes questions qui agitaient tous les esprits ; on se flattait que les partis respecteraient des décisions sanctionnées par la volonté des trois ordres de l'État. Le duc de Guise, assuré que la majorité des députés serait composée d'ardents ligueurs, hâtait de tous ses efforts la convocation de cette assemblée. De son côté, Henri montrait le même empressement. Il avait la réputation d'habile orateur, et il aimait les grandes cérémonies où ses manières pleines de noblesse frappaient la foule, et lui attiraient un respect qui lui prouvait qu'il était encore roi ; peut-être espérait-il influencer les délibérations des États, et ressaisir dans cette assemblée l'autorité qu'il avait perdue dans son royaume.

La ville de Blois fut choisie pour lieu de réunion des États, et leur ouverture fut fixée au 15 octobre 1588. Le roi s'y rendit le premier ; sa cour était encore nombreuse, et il menait avec lui ses gardes et beaucoup de gentilshommes dévoués. Cette suite ne pouvait pas inspirer de soupçons, car dans ce temps de troubles il était naturel que le roi pourvût à sa sûreté ; d'ailleurs, le duc de Guise se rendait de son côté à Blois avec un cortége de ligueurs et de gentilshommes lorrains qui lui formaient une cour à peu près aussi nombreuse que celle du roi. Il logeait dans une aile du château, entouré de sa maison ; Henri était dans une autre avec ses gardes et sa cour ; de part et d'autre on fut d'abord sur le qui-vive, et tout en observant les apparences de la confiance, on ne négligeait aucune précaution contre les surprises et la trahison.

Le roi ouvrit les États par un discours d'apparat qui fit une grande impression sur l'assemblée, bien qu'elle fût prévenue contre lui. Après tant de concessions, tant de faiblesses, il retrouvait, à la surprise générale, des paroles pleines de raison et de dignité. Il exposa la situation du royaume, parla sans amertume des atteintes portées à son autorité, déclara qu'il voulait oublier le passé ; mais il demanda d'un ton ferme plus d'obéissance pour l'avenir.

Cette velléité de fermeté déplut fort au duc et l'alarma. Il se plaignit au roi de quelques expressions de son discours, et lui demanda de les supprimer dans le procès-verbal de la séance qu'on allait imprimer. Henri céda encore sans se faire trop prier. S'il lui restait des partisans dans l'assemblée des États, il était évident qu'ils devaient renoncer à soutenir les intérêts d'un prince qui de gaieté de cœur s'humiliait ainsi devant son ennemi. Dès lors les plus fougueux ligueurs eurent le champ libre pour faire à l'envi les propositions les plus incendiaires. Henri avait exprimé le désir qu'avant de déclarer le roi de Navarre déchu de ses droits éventuels au trône de France, on le sommât préalablement d'abjurer son hérésie. La chambre du clergé le déclara purement et simplement déchu. Cet exemple allait être suivi par les autres chambres, qui annonçaient hautement l'intention de procéder, non pas par *représentations*, comme il était d'usage alors, mais bien par *résolutions*. Il n'y avait plus de prérogative royale. Déclarer le roi de Navarre déchu, c'était obliger Henri III à désigner son successeur; or, ce successeur ne pouvait être autre que le duc de Guise. Combien de temps Henri aurait-il régné même de nom, ayant auprès de lui un successeur tel que celui qu'on allait lui donner?

Sa situation était, on le voit, désespérée. Attendre les décisions des États et s'y soumettre, c'était s'abandonner au courant d'un fleuve qui se précipitait dans un abîme. Casser les États ou refuser de sanctionner leurs délibérations, c'était rallumer une guerre civile dans laquelle il devait succomber. Il n'avait ni argent ni armée. Une grande partie des places fortes de France était entre les mains de son rival. Tout obéissait au duc de Guise; il levait lui-même les impôts et en fixait l'emploi; ses créatures occupaient les charges les plus importantes, les soldats l'adoraient. Quel parti restait au malheureux monarque? Un seul; c'était de se débarrasser de son adversaire par un coup de poignard.

Cette ressource était tellement unique, elle était tellement indiquée par la situation, qu'il est surprenant que le duc de Guise n'ait pas pris de mesures pour sa sûreté personnelle. Mais il méprisait trop son ennemi. Il était si bien accoutumé à le voir céder, qu'il ne pouvait croire qu'il pensât à briser la chaîne dont il resserrait les anneaux tous les jours. Le succès de la démarche hardie qui avait précédé les barricades lui faisait illusion. Une heure il était demeuré au pouvoir du roi, qui n'avait pas osé profiter de ses avantages. On ne peut se persuader que ce qui a réussi une fois ne réussira pas toujours, et l'on dort tranquille sur le bord d'un courant de lave refroidie, comme si la lave d'une nouvelle éruption ne pouvait pas franchir les limites de l'ancienne. D'ailleurs le duc de Guise éprouvait, comme tous les hommes occupés de grands projets, un dégoût profond pour ces précautions de tous les instants, qui suffiraient seules pour empêcher de suivre une grande idée. Qui voudrait d'une vie qui ne serait employée qu'à réfléchir aux moyens de la prolonger? Guise recevait avec distraction les avertissements prophétiques des plus timides de ses partisans. Il se fiait à sa fortune, et ne répondait aux prédictions sinistres de ses amis que par ces mots : « On n'oserait. »

Le roi s'étudiait de son côté à augmenter sa sécurité. Il était pour lui prodigue de prévenances; il affectait même avec lui une familiarité de bonhomie, et semblait chercher à soulager la mauvaise humeur que devait lui causer sa position, par des épigrammes et des plaisanteries qui déguisaient mieux ses projets que des caresses affectées; enfin, et pour preuve solennelle de sa sincérité, il communia publiquement avec lui, et jura sur les Évangiles de maintenir le traité d'union.

Le vendredi 23 décembre, le duc est mandé par le roi de grand matin pour assister au conseil. Comme il traversait la cour du château, des soldats de la garde écossaise s'approchent de lui, et le prient de leur faire payer leur solde arriérée. Il voit avec plaisir que les propres serviteurs du roi s'adressent à lui de préférence à leur maître. Mais lorsqu'il est entré dans la salle du conseil, l'expression sinistre de quelques courtisans le surprend et l'inquiète. Une haie de soldats occupe la porte qu'il vient de franchir. Il s'arrête un instant incertain et troublé. Il cherche en vain quelque prétexte pour sortir. Le roi ne paraît point, et son anxiété redouble. Saisi d'un éblouissement subit, il est obligé de s'asseoir; bientôt, reprenant son courage et sa sérénité, il s'avance d'un pas ferme vers le cabinet du roi. Au moment où il soulevait la portière en tapisserie, quelques assassins apostés se jettent sur lui et le frappent à coups redoublés. Il expira presque aussitôt.

En tuant son ennemi, Henri III se condamnait lui-même à une fin semblable. Jusqu'alors le mépris des ligueurs avait en quelque sorte adouci leur haine. Lorsqu'ils virent ce qu'il avait osé, ils osèrent eux-mêmes davantage. Guise était devenu pour eux un martyr dont le sang criait vengeance. Jacques Clément se chargea d'apaiser ses mânes.

François, Henri de Guise, Coligny, Henri de Valois périrent assassinés tous les quatre dans une période de vingt-six ans. L'histoire de leur époque n'est guère qu'une longue série de meurtres. Le poignard ou le poison, tels étaient au seizième siècle les moyens les plus fréquemment employés contre un ennemi politique ou particulier. A vrai dire, il n'y en avait guère d'autres auxquels on pût avoir recours. Quelle ressource avait le faible contre le fort? Puissance était un synonyme de tyrannie. Des lois, il y en avait dans des recueils écrits, mais qui avait le pouvoir où la volonté de les faire exécuter? Faut-il s'étonner que des hommes élevés au milieu des discordes civiles, habitués aux armes, et regardant le courage comme la seule vertu, ne confiassent qu'à leur épée le soin de leur honneur ou la réussite de leurs projets?

La religion, qui s'allie aisément avec toutes les passions humaines, ne tempérait pas ces mœurs brutales. Les uns ne la faisaient consister que dans des pratiques faciles à observer, et trouvaient dans leur accomplissement une excuse et une suffisante compensation à tous leurs excès. Les autres, choqués de la puérilité de ces pratiques, les rejetaient avec mépris, et avaient simplifié leur croyance, mais ils n'en avaient pas plus d'égards pour la morale que l'on peut tirer des livres saints.

Je suis assez porté à croire que la masse de vice et de vertu a été la même à toutes les époques; aussi, je ne pense pas que nous valions beaucoup mieux que nos pères, bien que nous n'assassinions plus. L'assassinat était une forme de leurs passions; leurs passions sont encore les nôtres, mais elles ont d'autres formes; seulement je crois que nous devons nous féliciter de vivre dans un temps où ces formes sont sensiblement adoucies.

P. Mérimée,

de l'Académie française.

Dessiné par Chasselat. Geny-Gros imp. rue du Plâtre, 28. Paris. *Gravé par Mauduison.*

DE THOU.

DE THOU

NÉ EN 1553, MORT EN 1617.

La famille de Thou tirait son origine de la Champagne. Une de ses branches s'était fixée à Orléans dans le courant du quatorzième siècle. Au quinzième (vers l'année 1460), Jacques de Thou vint s'établir à Paris, où il devint avocat général à la cour des aides. Son fils fut président à mortier au parlement de Paris, et le fils de celui-ci fut le premier président Christophe de Thou. Trois générations suffirent pour que le fils d'un échevin d'Orléans prît rang à la cour souveraine, non loin du monarque, et devant les pairs du royaume. La famille de Thou avait promptement contracté de nobles et d'utiles alliances; les grandes charges y avaient amené une fortune considérable. La faveur des princes et la bonté du roi présageaient aux enfants qui pourraient y naître un avenir rempli de prospérités. Christophe de Thou avait déjà deux fils : Jacques-Auguste de Thou fut le troisième; il naquit le 8 octobre 1553, dans la maison de ses pères, comme il le dit lui-même dans ses Mémoires. Ce n'était pas un inutile souvenir que celui de la maison paternelle, d'où l'on sortait jeune, avec les exemples et les leçons de celui qui vous avait donné le jour, où l'on revenait homme et magistrat pour demander la bénédiction de son père, où enfin l'on achevait sa vie sous le même toit, dans les mêmes occupations, en récitant les mêmes prières que celui qu'on allait rejoindre. Tout était important alors, les devoirs, l'éducation, l'avenir : les hommes, dans quelque rang qu'ils fussent élevés, n'étaient rien que par eux-mêmes, et ne s'estimaient qu'à leur valeur personnelle.

Toutes les études étaient nécessaires parce que toutes elles étaient profitables, et dans les familles de magistrature, un devoir sacré les rendait plus sérieuses et plus profondes encore : ce n'était pas seulement au savoir, c'était à la vertu qu'on formait les jeunes enfants où le parlement attachait son espérance; l'hérédité presque établie des lois n'était pas un droit pour eux; s'il n'y allait pas de leur fortune à mal remplir leur charge, il y allait de la bénédiction de leur père, et dès leur enfance ils apprenaient à s'en rendre dignes. Jacques-Auguste de Thou mérita toute la bonté du sien. Jeune écolier, il était lié d'émulation et d'études avec Ronsard, avec Remi Belleau, avec Jean-Antoine de Baïf, hommes peu estimés aujourd'hui sans doute, mais qui, à l'époque où ils parurent, donnèrent l'exemple, et tracèrent la voie par où nos grands écrivains ont surpassé leurs modèles. Étudiant en droit, il mérita l'amitié de Joseph Scaliger et l'approbation de Cujas. Sa destinée semblait être déjà marquée : on eût dit qu'en l'attachant par les souvenirs et les affections de la jeunesse à tout ce qu'il y avait alors d'illustre dans les lettres françaises, le ciel l'appelait d'avance à consacrer la mémoire de tant de grands hommes qu'il aurait connus, de tant de si éclatantes actions où il aurait eu part.

Mais de ces actions faites pour attirer les regards de la postérité, la plus fameuse, la plus horrible peut-être allait être commise. On était au mois d'août 1572. Coligny et les chefs protestants, rentrés dans Paris, pressaient ouvertement les entreprises projetées sur la Flandre. Méditaient-ils en secret d'anciens desseins? Cachaient-ils aux yeux des catholiques les armes dont on se servit pour les frapper? L'histoire ne peut le dire. Leur sang, quand il a coulé, a proclamé leur innocence, et leur mort a répondu pour leur vie. Quoi qu'il soit de ce sanglant mystère, Paris semblait tranquille, la cour apaisée, les protestants soumis; le mariage du roi de Navarre venait d'être célébré, et Jacques de Thou, plein de l'ardeur curieuse de son âge, courait aux fêtes, assistait aux cérémonies, et se complaisait à ces magnifiques solennités, dont les récits amusaient à souper ses jeunes sœurs et sa mère. Le 23 août au soir, il s'endormit tranquille; le son de la cloche du Palais, le tocsin de Saint-Germain-l'Auxerrois ne purent troubler son sommeil : il dormait, et partout autour de lui le sang coulait, la mort frappait au hasard. Vers le matin, le jeune homme se leva; il prit son livre de prières, et sortit pour aller entendre la messe du dimanche. O surprise! ô douleur! le premier objet qui frappe sa vue est un cadavre sanglant! Il fait quelques pas; des meurtriers, ivres de carnage, traînent devant lui des corps percés de coups, qu'ils précipitent dans les flots. Il veut parler; mille cris qui s'élèvent, des armes à feu qui éclatent, des gémissements mêlés à des blasphèmes couvrent sa voix expirante. Il rentre; il veut prier Dieu, et ne sait plus comment il doit le faire; il se jette au cou de son père, il le tient embrassé; mais le bruit approche, on frappe, on appelle Christophe de Thou! Ce n'était point des meurtriers; c'était un ordre du roi de disposer un lit de justice, et de préparer un discours d'approbation et de louange. Alors le cardinal de Lorraine appelait ce grand crime une exécution aussi chrétienne qu'héroïque; au siècle suivant, Naudé Bentivoglio la célébra. Où l'homme ne laisse-t-il pas égarer son opinion quand il a cessé d'écouter sa conscience! A quelques jours de là, Jacques de Thou, seul avec l'aîné de ses frères, était allé chercher dans la campagne un spectacle plus doux et des scènes plus tranquilles : ils gravissaient les collines qui dominent Paris du côté du nord, et le jeune homme racontait à son frère, non le carnage sur lequel il craignait d'arrêter sa pensée, mais les pompes qui l'avaient précédé, les magnificences de la cour, ce mariage où Coligny avait servi de père au roi de Navarre, les solennités de Notre-Dame, où Coligny, entouré de trois cents gentilshommes et soutenu par deux princes du sang, avait conduit le jeune Henri à l'autel ; les regards de vengeance qu'il avait jetés sur les étendards protestants dont le vainqueur de Moncontour avait paré la basilique parisienne ; la magnificence, l'air vénérable, la démarche imposante de l'amiral. Tout à coup il s'arrêta non loin de deux énormes piliers de pierre auxquels un cadavre était attaché. « Qu'est ceci? s'écria-t-il. — Le gibet de Montfaucon, répondit son frère, et ce cadavre est Coligny. »

Peu de temps après, un négociateur célèbre, Paul de Foix, partit pour l'Italie, chargé d'aller complimenter au nom du roi les petits souverains de cette contrée, et le premier président obtint pour son fils la permission de le suivre. Trop d'incertitudes, trop de dangers peut-être l'eussent entouré en France, et la tendresse d'un père devient de la prudence lorsqu'il s'agit des dangers que son fils peut courir. Trois années furent consacrées aux voyages. Tantôt seul, tantôt avec d'Ossat, déjà si habile et bientôt après si célèbre, Jacques de Thou parcourut l'Italie, les Pays-Bas, une partie de l'Allemagne. Les voyages alors étaient loin de ce que nous nous plaisons à imaginer aujourd'hui : les plus grands seigneurs, les princes, les reines, suivaient à cheval des routes inégalement tracées, et que n'annonçaient point encore ces beaux arbres auxquels resta long-temps attaché le nom de Rosny. De longues files de mules ou de chevaux suivaient, portant les gens de leur suite, les coffres de leur bagage. Parmi ces gens de la suite, il y avait toujours des savants ou des poètes; parmi ces coffres de bagage, il y en avait toujours un ou deux pour les livres. On causait en marchant : à peine arrivés, les hommes se mettaient à l'étude, à moins qu'ils ne fussent obligés de s'occuper d'affaires. Les récits d'histoire, *les belles et plaisantes paroles*, comme les appelle Brantôme, avaient charmé la longueur de la route ; ils animaient encore le repas et les conversations du soir ; chacun racontait tour à tour ce qu'il était, ce qu'il avait étudié, ce qu'il avait vu ; on lisait les écrivains anciens avec ceux qui les mettaient en lumière ; on apprenait l'histoire contemporaine de la bouche de ceux qui s'étaient trouvés y avoir part. Ainsi voyagea de Thou.

Mais au retour, des devoirs impérieux l'attendaient. Le roi l'avait désigné pour aller en Guienne siéger dans la chambre mi-partie composée de protestants et de catholiques ; c'était la seconde mission dont on le chargeait. Il avait naguère été présenté au parlement par Bellièvre, reçu par

Séguier, placé entre Sillery et Marillac; il allait pour lors partager les travaux de ce même Séguier, de Loysel, de Pithou, de Haumette, de l'Hospital. La jeunesse finissait pour lui, la jeunesse, qui n'avait été qu'un temps d'efforts et d'études. Dieu et le roi lui envoyaient maintenant des devoirs austères, car c'était la justice de Dieu et du roi qu'il fallait rendre à ceux qui combattaient au nom de l'un et de l'autre. Son ambition, il le dit lui-même, n'était pourtant que d'obtenir quelque ambassade pour continuer ses voyages. Mais il y avait en Guienne des dangers et des devoirs; il n'était pas possible d'hésiter, et de Thou partit pour s'y rendre.

Au milieu de tant de négociations et de guerres, la Ligue était née. Les princes du sang, dans tous leurs manifestes, affirmaient qu'ils voulaient défendre l'autorité royale contre les envahissements de la maison de Lorraine. Les Guise, qui ne se montrèrent jamais en rébellion ouverte, imaginèrent la Ligue, formée pour le maintien de la foi catholique. On peut voir ici un exemple de plus de l'empire des mots sur les choses. Les protestants marchaient à la république, et, comme ils s'étaient toujours fait un titre apparent de leur fidélité à la cause royale, le jour où le roi les appela une partie d'entre eux se crut obligée d'obéir. Les princes lorrains aspiraient à la couronne, mais, pour en dépouiller le roi légitime, ils n'eurent de moyen que d'en appeler à Dieu même; et le jour où le roi se soumit à la voix de Dieu qui l'appelait, ils virent leurs propres serviteurs saluer cette couronne sur le front du prince qui avait droit de la porter.

Plus d'une fois, dans le cours de ses voyages, de Thou avait été à portée de connaître et d'apprécier ces opinions nouvelles. Scaliger, son ancien ami, passait pour leur être favorable; Hubert Languet, qu'il avait connu en Allemagne, et pour qui son affection ne s'était point démentie, était un des apôtres de la cause politique des religionnaires. Un grand nombre des savants avec lesquels il était demeuré en correspondance professaient les doctrines de la réforme. C'était un siècle de doute, d'examen, de relâchement. Nous ne pouvons savoir si de Thou pencha jamais pour les opinions de la nouvelle église : écrivain, il a pu en laisser naître le soupçon; magistrat, il ne fut jamais que juste entre les partis français, il ne crut jamais qu'il y eût d'honneur sans fidélité, de gouvernement que celui du roi, à qui il avait juré d'obéir.

Deux années s'écoulèrent pendant lesquelles de Thou, livré aux fonctions difficiles qui lui étaient confiées, contribua de ses efforts et de ses lumières à l'administration de la justice dans une province où les partis avaient causé tant de désordres et préparé tant de haines. Des travaux d'un autre genre, la recherche des matériaux nécessaires pour préparer son histoire, la composition longue et soignée de quelques poésies latines, la conversation des vieillards, une correspondance très-active avec ce qu'il y avait de plus savant en Europe, tout ce qui nous semblerait une étude, et une étude sérieuse, lui tenait lieu de délassement; et, lorsque les affaires moins pressées lui laissèrent quelques semaines de repos, des excursions dans les provinces voisines, des voyages dans le Midi lui semblaient une récompense à peine méritée, que, par excès d'indulgence, il s'accordait à lui-même. La plus grande chose du monde, dit Montaigne, c'est de savoir être à soi, et c'était pour être à lui-même que de Thou s'éloignait ainsi de la ville, des affaires, et de ce *milieu des guerres civiles* où il était placé. Le sage Loysel, l'ingénieux Pithou l'accompagnaient : ils allaient de concert, à cheval, suivis de quelques hommes armés, car les armes étaient partout nécessaires; s'arrêtant également chez les gouverneurs des villes ou chez les pêcheurs de la côte; examinant ces provinces françaises comme s'ils eussent parcouru les contrées les plus éloignées; simples de manières, et ne croyant pas qu'il leur convînt d'en avoir d'autres; visitant les châteaux de monseigneur de Candole ou le manoir de ce bon M. de Brantôme; revenant ensuite se reposer auprès d'un ami qu'ils avaient acquis à Bordeaux, homme de sens, d'esprit, de cœur, qui venait de publier un livre, et qui était plus spirituel que son livre même, — et cet ami, c'était Michel de Montaigne!

Cependant Christophe de Thou sentait ses forces décroître : il demanda et obtint le retour de son fils; le jeune homme revint, mais son voyage n'était pas achevé lorsque le premier président cessa de vivre. Il mourut plein de vertus et de jours, entouré de sa famille, au milieu de laquelle il regrettait de ne pas voir son fils, occupé ailleurs des dangers de l'État, et demandant à Dieu, comme dernier gage de clémence, de protéger son fils, de sauver son prince, et de conserver sa patrie. Le roi et les deux reines vinrent visiter la première présidente : ils avaient méconnu quelquefois celui qu'ils venaient de perdre, mais la reconnaissance est au nombre des vertus que la mort réveille. Le roi demanda plusieurs fois à madame de Thou s'il pouvait faire quelque chose pour elle : « Rien, sire, lui répondit-elle; ici-bas sont mes douleurs, et là-haut est mon espérance! Dieu, qui nous a ôté ce que nous pleurons, pourvoira bien à ce qui nous manque. » Jacques-Auguste de Thou arriva presque le jour même; il n'y avait que peu de moments qu'il savait son malheur : il voulut consoler sa mère, elle lui fit signe de prier. Jacques de Thou se trouvait alors le chef de la famille. L'aîné de ses frères était mort depuis trois années, le second avait péri dans les premiers troubles civils.

Le nouveau chef de la famille accepta tous les devoirs, adopta toutes les vertus dont le premier président lui laissait en quelque sorte l'héritage, et depuis lors, jusqu'aux derniers jours d'une longue vie, de Thou alla chaque matin, au sortir de la messe, s'agenouiller au tombeau de son père, comme pour lui demander s'il était content de lui.

Ainsi s'enchaînent, dans ces cœurs pieux, toutes les sages espérances et tous les nobles souvenirs. Ainsi, le fils qui venait chaque jour rendre compte de sa vie à l'ombre de son père devait être un sujet fidèle, un magistrat intègre, un citoyen vertueux, et jamais peut-être l'exercice de ces hautes qualités ne fut plus difficile! Depuis plusieurs siècles, la magistrature française avait accoutumé les peuples et la cour elle-même au respect et à la déférence. Les habitudes simples et graves des magistrats, leurs vêtements sans faste, le soin qu'ils mettaient à ne se montrer chez le roi que lorsqu'ils y étaient appelés, l'emploi de toutes les heures, partagées entre les affaires, l'étude et les pratiques religieuses, les plaçaient en quelque sorte à part dans l'État, et, comme les ministres des autels, ils semblaient dépositaires d'un pouvoir au-dessus de celui des hommes. Mais au temps où Jacques-Auguste de Thou commença d'exercer à Paris les fonctions de conseiller au parlement, et celles de maître des requêtes qui lui furent confiées bientôt après, ce n'était plus assez de cette gravité de mœurs, de cette austérité de principes. Les passions des hommes, déguisées sous les noms les plus saints, agitaient le royaume : la religion semblait en péril ; et qui se fût aveuglément résolu à la défendre aurait couru risque d'attaquer le pouvoir royal. Les droits du souverain s'affaiblissaient, et le dévouement des sujets fidèles avait besoin d'être éclairé pour ne pas les détruire en cherchant à les défendre. La Ligue voulut changer le roi, les protestants abattre la royauté ; et les princes, la reine-mère, le roi lui-même, flottant entre les factions, égarés entre les dangers, changeaient alternativement d'ennemi et d'alliance, et désertaient quelquefois leur propre cause. Pendant ces années de trouble et de misère, le magistrat n'avait plus que sa conscience pour guide et Dieu pour appui. De Thou ne cessa jamais d'écouter l'une et d'implorer l'autre : l'une lui donna du repos, l'autre lui révéla son devoir, et il marcha sans crainte au milieu de la révolution menaçante.

Henri III, en s'éloignant de Paris, avait appelé près de lui tout ce qui restait fidèle à l'autorité royale. Jacques de Thou n'hésita point à l'aller rejoindre. Pour lui, lorsqu'il sortit de la ville révoltée, séparé quelque temps de sa jeune femme, retenue prisonnière, enlevé à ses études, à ses occupations, à sa famille, il s'efforça de ne songer qu'au devoir qu'il venait remplir. Dès ce moment commença pour lui une vie toute nouvelle. La nécessité des temps le rendit en quelque sorte à ce qui avait été l'inclination de sa jeunesse. Chargé tour à tour de négocier avec les chefs du parti royal en Picardie et en Normandie, pour les maintenir dans leur foi, avec Duplessis Mornay, pour obtenir l'alliance du roi de Navarre, avec les princes allemands et la république de Venise, pour en tirer des secours, il porta dans ces négociations diverses l'honnêteté de ses sentiments, la droiture de son esprit et de son caractère : il fut vrai parce qu'il ne savait pas être autrement, éloquent parce qu'il était persuadé ; il ne trompa personne, et il réussit partout. C'était un spectacle assez curieux peut-être que de voir Jacques de Thou, déjà conseiller d'état, et président à mortier en survivance, traverser seul, à cheval, les forêts allemandes et les Alpes italiennes comme l'eût fait un homme d'armes, passant au milieu des soldats en marche ou des paysans insurgés, et ne songeant au danger non plus que s'il eût prononcé des arrêts à la cour de Paris. Lorsqu'il revint à l'armée royale, Henri de Navarre avait pris la place du dernier Valois. Le nouveau roi se regarda tout d'abord comme dépositaire de la reconnaissance que ses prédécesseurs et la France devaient aux services utiles : il accueillit de Thou comme il savait accueillir ceux qu'il estimait, et de Thou trouva dans l'estime du roi la plus belle récompense qu'il eût ambitionnée. Il y a dans les cœurs généreux de secrets sentiments par où ils se rapprochent et s'entendent. Henri-le-Grand était digne d'avoir un serviteur comme de Thou, et de Thou d'avoir un roi comme Henri-le-Grand.

Toutefois, cette succession de fatigues imprévues et d'oisiveté prolongée, qui compose le métier de la guerre, ne pouvait convenir à l'esprit laborieux ni aux habitudes régulières de Jacques de Thou. Une seule chose l'attachait à la vie des camps, c'était la possibilité d'y rencontrer les hommes qui avaient eu part aux affaires de cette époque, d'apprendre d'eux le détail de leurs expéditions, la cause de leurs revers, la suite et l'enchaînement des événements qui pouvaient s'y rapporter. Depuis quinze années environ, il avait résolu d'écrire l'histoire de son temps, de raconter les règnes des fils de Catherine et la longue révolution qui agitait la France. Mais, pour composer une pareille histoire, il fallait questionner les vieillards, recueillir sur les lieux des traditions ou des souvenirs, demander à ceux qui survivaient leur opinion sur les hommes et sur les choses, et puis, comparant ces récits, les réunir en un corps, les soumettre à une marche régulière. Jacques de Thou chercha avant tout la vérité, parce qu'un homme qui est fidèle à tous ses devoirs a besoin d'être vrai avec lui-même : il la demandait aux guerriers dont il partageait les travaux, aux négociateurs vers qui le conduisaient les affaires, aux secrétaires d'état, dont il obtenait des mémoires. Partout, dans le récit qu'il a laissé des cinquante premières années de sa vie, on le voit occupé de solliciter et d'obtenir les matériaux de son ouvrage. Dans les pays étrangers aussi bien qu'en France, parmi les troubles comme dans sa retraite d'Esclimont, il interroge, il recueille, il surprend quelquefois les souvenirs de ses compagnons, de ses adversaires, de Villeroy, de d'Ossat, du chancelier de Chiverny lui-même. Il semblait que ce fût une dette encore qu'il voulût acquitter envers la France!

On était au commencement de 1593 : Henri IV marchait à grands pas vers le rétablissement de l'autorité monarchique et régulière ; mais sa conversion, différée encore, quoiqu'il l'eût désirée vingt années auparavant, et dans un âge où nulle raison politique ne pouvait la lui faire souhaiter, empêchait les portes de Paris de s'ouvrir devant lui : ses troupes victorieuses tenaient la campagne. De Thou, moins employé parce qu'il y avait de moins grandes difficultés à vaincre, vint s'établir à Tours avec ce qu'il avait pu réunir de papiers et de livres. C'est là qu'il commença d'écrire son histoire. « Je fis alors, — dit-il, en empruntant de Salluste une tournure et même une expression remarquable, — ce qu'un juge intègre doit faire lorsqu'il s'agit de la fortune et de la vie des hommes. J'éloignai de moi la haine et l'amitié; je m'armai d'une indulgence nécessaire dans l'expression de mes jugements; je consultai ma conscience et je marchai guidé par elle. » L'histoire est une magistrature, a dit un ancien, et ce fut avec une pureté d'intention, on pourrait dire avec une solennité de vertu toute magistrale, que de Thou prit la plume pour juger ses contemporains et raconter aux enfants les actions des pères.

Mais la voix du roi se fit entendre. Deux fois, à des époques assez rapprochées, il enleva Jacques de Thou à ses occupations chéries pour lui confier le soin des négociations que l'état du royaume rendait nécessaires. Le jeune duc de Guise songeait à traiter enfin avec le roi; fatigué d'une guerre inégale, abandonné des Espagnols, délaissé par ceux qui avaient pris jadis les couleurs de sa famille, il consentait à rentrer dans l'obéissance. Le roi lui envoya Sully; mais alors, quel que fût le ministre chargé d'une négociation de ce genre, il semblait que la présence d'un magistrat donnât un autre poids à ses paroles, à ses engagements une autre assurance. De Thou et Sully menèrent aux pieds du roi le chef de la maison de Lorraine; et le prince qui avait touché de si près le trône, vint embrasser les genoux du roi, qui lui conféra le gouvernement de Provence.

Henri était rentré dans Paris, les provinces se soumettaient, l'ordre commençait à reparaître. Il rappela dans son conseil l'édit de pacification accordé en 1576 par Henri III, et les conventions résolues à Nantes, en 1598, avec les principaux chefs du parti protestant; il ordonna qu'on se réunît de nouveau, qu'on discutât les articles d'un édit général, qu'on entendît toutes les objections et toutes les demandes, mais que surtout on conservât l'établissement de la religon et les droits du souverain. De Thou était, à cette époque, président à mortier au parlement de Paris; le roi le choisit, avec Schomberg, Jeannin et Colignon, pour soutenir la discussion de cet acte solennel. L'homme qui avait ramené au roi le chef des ligueurs catholiques avait quelque droit d'être choisi pour assurer la soumission des derniers chefs protestants. Ces conférences s'ouvrirent. D'Aubigné prétend que de Thou y laissa percer son attachement pour les opinions calvinistes; mais d'Aubigné n'a jamais ménagé que lui-même. Faut-il dire cependant ce que la lecture attentive des ouvrages de Jacques de Thou laisse quelquefois dans l'esprit? C'est que sans le lien du devoir, sans le cri de son cœur, il eût incliné peut-être vers la réforme : mais son père était catholique, et de Thou n'était pas homme à déserter la religion de son père; mais les protestants cachaient des plans républicains sous leurs opinions religieuses, et de Thou condamnait absolument ceux qui pensaient à contester les droits de la royauté. Il soutint ces droits dans les conférences tenues pour la rédaction de l'édit; il soutint les doctrines de la foi catholique dans la réforme de l'Université de Paris, où il présida ensuite. L'Université fut rétablie; Henri IV donna l'édit de Nantes : et de Thou revint dans sa retraite écrire l'histoire du grand roi dont il avait exécuté les desseins.

Depuis le jour où Pibrac lui conseilla ce grand travail, il s'y dévoua tout entier avec une constance de volonté dont il faudrait s'étonner si la constance de volonté n'était pas l'élément nécessaire des hautes entreprises. Nous avons dit tout à l'heure comment il en avait rassemblé les matériaux : il ne passa pas un jour sans chercher à les accroître, à les épurer, à rendre plus digne du sujet et de l'auteur un ouvrage qui devait être *composé sans haine et sans flatterie, à la gloire de Dieu et à l'utilité publique*. Enfin, en 1604, les dix-huit premiers Livres parurent, et, dans l'espace des cinq années suivantes, ceux qui conduisent le récit des événements jusqu'en 1584. « Cette histoire est l'histoire de notre roy et de sa maison, contre les vieux titres et prétentions des ennemis de cette couronne, » écrivit presque aussitôt Pierre de l'Étoile, qui avait été un des premiers à la lire. « Vous avez banni de vos écrits toute partialité, » mandait à l'auteur le roi Jacques d'Angleterre. « J'y ai reconnu, » disait Guillaume du Vair, « cette belle et vigoureuse vertu qui vous anima tout votre âge aux actions belles et généreuses. » Et bientôt un concert unanime de louanges se joignit à la voix du citoyen, du magistrat et du prince, pour attester au président de Thou l'admiration qu'inspirait son ouvrage. Examinée sous le rapport de la composition littéraire, l'Histoire de Jacques de Thou donne matière à des observations de plus d'un genre : les récits manquent assez souvent de chaleur; les discours sont trop multipliés; le style, correct et facile en général, laisse cependant apercevoir tour à tour l'imitation fréquente des anciens et l'habitude des tournures de la latinité moderne : mais la bonne foi de l'écrivain, son indignation contre tout ce qui est injustice ou violence, son profond respect pour la loyauté, pour l'équité, sa grande connaissance des lieux, des hommes et des choses, placent son Histoire au premier rang entre toutes celles qui ont été écrites depuis quatre siècles. De Thou a quelquefois la manière de Tite-Live, il a toujours la vertu de Tacite : on le lit avec confiance; on aime à penser comme lui. Il réunit à une science immense, à une étude approfondie des temps et des faits, la variété, la chaleur du cœur, le sentiment tout français de nos chroniques nationales.

Un an après l'assassinat de Henri IV, la charge de premier président au parlement de Paris vint à vaquer, par la mort d'Achille de Harlay : de Thou la demanda; il en avait le droit, et l'ombre de Christophe de Thou eût tressailli de joie en voyant son fils assis à la place qu'il avait occupée.

La reine régente eut l'idée singulière de consulter le pape. Le pape répondit que de Thou était un hérétique, et la première présidence passa en d'autres mains. « L'injustice qu'on me fait, écrivit alors de Thou au président Jeannin, est plus sensible peut-être à l'État qu'elle ne me l'est à moi-même. Magistrat, et nourri dans les études de mes pères, on me dénie la faculté de les remplacer sur leur siége. On m'appelle au conseil des finances, tandis qu'un autre conduira la compagnie auguste dont j'ai fait si long-temps partie. J'obéirai toutefois, pour ôter à mes ennemis la possibilité de présenter mon refus comme un crime : j'obéirai ; mais le seul parti qui me restera bientôt à prendre, ce sera de me retirer, et d'aller chercher un asile au sein des études que j'ai quittées dans ma jeunesse, pour servir l'État et le roi. »

Des dangers nouveaux menacèrent la France, qui commençait à s'accoutumer à la paix que Henri-le-Grand lui avait donnée. Il n'y avait plus de grands vassaux dans l'État comme au temps de Charles V, plus de grands chefs de parti comme sous les Valois ; mais il y avait des grands seigneurs, dans toute l'étendue que ce mot peut avoir. Le prince de Condé, le duc de Bouillon, le duc de Vendôme, quand ils étaient retirés dans leurs gouvernements, pouvaient s'y mettre en défense, ce qui voulait dire en hostilité déclarée ; et ils s'y retirèrent, parce qu'ils virent la régente assez embarrassée pour être obligée de composer avec eux. Ils demandaient, disaient-ils, la réforme de l'État, la diminution des tailles, le licenciement des gens de guerre ; et cependant ils armaient des soldats, levaient des contributions, et mettaient le trouble dans le royaume. La reine fit appeler de Thou, qu'elle envoya vers M. le prince. Il parut, il négocia : Jeannin, Baliron, le duc de Ventadour, se joignirent à lui, et, le 5 mai, la paix fut signée à Sainte-Menehould ; paix admirée pour lors, mais sans durée, parce qu'elle était sans garantie, que la reine consentit par crainte et les princes par avidité, que les états-généraux furent au moment de contester, et qui, en moins de deux années, ramena un duc de Guise à la tête des armées royales, un prince de Condé à la tête du parti protestant, et, dans toute la France, le désordre et la guerre civile. C'était environ le moment où on était le plus occupé du mariage du jeune roi : Marie de Médicis se résolut à négocier encore, et ce fut encore de Thou qu'elle choisit pour cet emploi. Richelieu, qui s'élevait alors, entre tant d'hommes et de partis qu'il devait bientôt réduire au silence, prétend qu'on faisait peu de fond sur son habileté diplomatique. Peut-être Richelieu a-t-il raison ; peut-être Villeroy, Brissac, Pontchartrain, qui furent envoyés avec lui, connaissaient-ils mieux l'art de déguiser leurs projets, d'atténuer les raisons qui leur étaient opposées, de donner le change aux desseins de leurs adversaires. Mais de Thou se présentait aux négociations comme au conseil, avec la rigidité de sa vie, la sincérité de ses paroles, la pureté de son intention, tout à l'État et au service du roi; et Villeroy, Pontchartrain, le prince de Condé, Sillery, le maréchal d'Ancre eux-mêmes, écoutaient avec une sorte de respect involontaire cet homme qui voulait toujours le bien, suivait toujours son devoir et disait toujours la vérité.

Enfin la paix fut conclue; Louis XIII et la jeune reine firent leur entrée dans Paris tout en liesse. Les grands du royaume s'y montraient soumis; un règne nouveau faisait naître d'heureuses espérances. Le président de Thou retourna dans sa retraite, où l'accompagnait l'étude. Il avait naguère, et parmi de longues traverses, achevé la troisième partie de son Histoire; il pensait à en donner une édition nouvelle : mais les années se pressaient sur sa tête; désormais les jours étaient comptés, la vie incertaine, et le vieillard voulait, comme il le dit lui-même, *se consoler en sa conscience, et placer son espérance en la postérité.* Il mit la dernière main aux Mémoires qu'il avait commencés de sa jeunesse et de sa vie; il rectifia quelques parties de son Histoire; il corrigea ses poésies latines, objet de sa prédilection particulière, poésies assez médiocres peut-être, mais d'un bon style, et d'une facilité assez élégante pour cette époque; et puis il se recueillit en lui-même, seul au terme de sa carrière, privé tout à coup d'une épouse aimable et pieuse qui lui avait adouci la vie, *pensant à la mort comme si le Seigneur était proche.* Il écrivit son testament, et quand il l'eut scellé, il vint prier au tombeau de son père, comme pour lui dire : Je suis prêt à vous aller rejoindre.

Quelques mois après, une maladie assez grave dont il était tourmenté prit un caractère alarmant; et le 8 mai 1617, comme le roi entrait au conseil, on lui annonça la mort de Jacques-Auguste de Thou, président à mortier au parlement de Paris. C'était un savant homme, dit le garde des sceaux, du Vair; un grand magistrat, dit Puisieulx; un bon et vrai Français, ajouta le vieux président Jeannin. « Sire, dit Villeroy, il serait digne de votre bonté de protéger à jamais son fils. » Le roi inclina la tête. Ce fils était François de Thou, et le successeur de Villeroy fut Richelieu.

Le Mis de Pastoret,

de l'Institut.

Dessiné par Boutcrwek   Impr. Geny-Gros, rue du Plâtre, 28. Paris   Gravé par Boilly

HENRY IV.

HENRI IV

NÉ EN 1553, MORT EN 1610.

A une époque où toutes les passions étaient mises en jeu par la Réforme, où la maison de Guise grandissait de tout l'abaissement de la maison de Valois, où le protestantisme et le catholicisme, comme deux ennemis mortels descendus en champ clos, s'entre-regardaient avec des yeux de colère et de haine, tandis que Henri II régnait en France, que l'Espagne et l'Empire reconnaissaient le sceptre de Charles-Quint, le monarque au double royaume, cinq ans après la mort de Henri VIII, qui sépara l'Angleterre de l'Église romaine, il se passait, dans un château du Béarn, une scène d'une majesté naïve qui servait de cadre à un événement dont l'influence devait être grande sur la situation. Nous voulons parler de la naissance de Henri de Béarn, prédestiné à élever un jour la maison de Bourbon au trône de France, où il monta sous le nom de Henri IV.

Henri de Béarn naquit le 13 décembre 1553. Il eut pour père Antoine de Bourbon, prince d'un caractère sans fermeté et d'un esprit indécis, dont la vie, obscurément inutile, flotta, tristement inconstante, au milieu des troubles de l'époque, et pour mère cette Jeanne d'Albret, caractère taillé en force et en grandeur, fille de roi et reine elle-même, qui apporta à son mari le droit de mettre une couronne sur sa tête et de reconquérir un royaume. On sait les traditions que répète encore le Béarn sur cette royale naissance. Henri arrivait après deux frères qui, élevés dans toutes les délicatesses princières, étaient morts en bas âge. Son aïeul sentait que le Béarn avait encore plus besoin d'un soldat que d'un prince, et par cette idée, en croyant servir seulement les intérêts de sa principauté, il servit ceux de la France. Qui ne se rappelle sa recommandation à sa fille, de chanter, au milieu des douleurs de l'enfantement, une chanson béarnaise, « afin, disait-il, qu'elle ne fît pas une fille pleureuse ou un garçon rechigné. » L'aïeul entrant dans la chambre de l'accouchée, et aux premières paroles du célèbre cantique béarnais :

Nouste Dame dou cap d'Oüpoun,
Adyudat-me ad aquest' hore,

lui remettant une chaîne et un coffret dans lequel était son testament, puis lui disant : « Voilà qui est à vous, » et en prenant le nouveau-né, « mais ceci est à moi ; » la gousse d'ail historique et la goutte de vin de Jurançon, ce sont là les traits d'une scène qui, du castel de Pau où elle se passa, est venue se graver dans tous les souvenirs.

Ainsi Henri de Béarn naissait sous le coup d'une mission à remplir, d'une œuvre importante à mener à fin ; circonstance qui domina son éducation, et qui dut, de bonne heure, exercer de l'influence sur son esprit. Il était convenu, dès qu'il entra dans la vie, qu'il ne serait point amolli par les fainéantises du trône, et qu'on le mettrait, par son éducation, au niveau des difficultés que lui réservait la fortune. Il y a quelque chose de puissant dans ces positions comprises et acceptées : ce fut à cet instinct prophétique de son aïeul que Henri dut l'avantage de se trouver à la hauteur d'une mission supérieure en importance à celle qui lui était destinée par les prévisions de sa famille. Son éducation fut sévère, comme l'était dans ce temps l'éducation donnée à la noblesse dans les provinces, surtout parmi les calvinistes. Il était, lisons-nous dans les mémoires du temps, « duit au labeur, il mangeoit souvent du pain commun, et a été vu, à la mode du pays, parmi les autres enfans du village, quelquefois pieds déchaux et nu-tête, tant en hiver qu'en été. » Ainsi se fortifiait cette organisation qui, sans ce rude apprentissage, eût été dévorée par les innombrables champs de bataille que devaient fouler des pieds sous lesquels l'existence la plus laborieuse et la plus tourmentée entretint le cal formé par les rudes sentiers des montagnes du Béarn, théâtre de ses premières fatigues et de ses premiers jeux. En même temps son précepteur, Lagaucherie, formait son intelligence par la lecture des historiens latins et grecs ; les Vies héroïques de Plutarque plaisaient surtout à cette jeune imagination, qui, dans ce passé, cherchait sans doute son avenir. Durant son adolescence, Henri avait commencé une traduction des Commentaires de César, dont Casaubon parle favorablement ; cette traduction commencée avec la plume, il devait la finir avec l'épée.

La vie des batailles s'ouvrit de bonne heure pour Henri de Béarn. Il avait quinze ans à peine lorsque Jeanne d'Albret, sa mère, le conduisit à La Rochelle, où se rendaient tous les chefs du protestantisme, car leurs forces n'étaient pas assez grandes pour tenir la campagne devant les armées catholiques. Dès lors le rôle militaire de Henri commençait, et son rôle politique allait se dessiner bientôt.

La situation de la France, à cette époque, était triste et difficile. Deux croyances religieuses se partageaient inégalement le sol et tendaient, chacune de son côté, à y établir violemment cette unité qui est le but des efforts de tous les hommes. Les protestants voulaient la France protestante, les catholiques la voulaient catholique. Ou plutôt il y avait deux Frances avec des alliances différentes, opposées : une France huguenote s'appuyant sur l'Allemagne et l'Angleterre, une France catholique s'appuyant sur l'Espagne. La nationalité, déchirée par ce double travail, n'existait plus, et avec la force de la nationalité avait disparu la puissance de la royauté son symbole. Ceci explique les règnes fainéants de Charles IX et Henri III, qui n'étaient point dépourvus de qualités comms princes, et qui furent des rois si médiocres. Il n'y avait de place, dans leur temps, que pour des chefs de partis et non pour des rois, parce que, la nation s'étant scindée en deux partis, le roi de France n'était jamais assez catholique pour les catholiques, et l'était toujours trop pour les protestants. Ainsi, ce caractère d'universalité qui fait ordinairement la force des monarques, faisait alors leur faiblesse. Chacun des peuples que contenait le peuple français se faisait un chef à sa convenance. De là la puissance de la maison de Guise chez les catholiques, et celle qui attendait Henri de Béarn chez les protestants.

Il se présentait dans leur camp avec une autre condition de succès. Le protestantisme pouvait alors se partager, en France, en deux grandes fractions : d'abord les populations rurales de quelques provinces excitées et dirigées par leurs ministres; puis une noblesse remuante et belliqueuse, qui avait peut-être cherché dans le protestantisme un dernier refuge pour la féodalité, dont la cause, perdue sur le terrain de la politique, se reposait sur le terrain de la religion. Henri de Bourbon était le chef naturel de cette noblesse, et, dans sa main d'adolescent, il apportait à son parti un faisceau de puissantes épées. Aussi fut-il le bienvenu à l'armée de La Rochelle, lorsqu'avec sa dignité enfantine il vint promettre de se dévouer au service de la religion réformée. L'enthousiasme fut grand à cet aspect, et parmi la noblesse, qui avait besoin de voir un prince à sa tête, et parmi cette rude population de soldats, conduite par les ministres auprès desquels le nom de Jeanne d'Albret jouissait de tant de crédit. Ce fut après la bataille de Jarnac, gagnée par le duc d'Anjou contre les protestants, qu'eut lieu cette présentation héroïque. Coligny lui-même se soumit à cette grande popularité des champs de bataille qui commençait; Coligny représentait la fraction genevoise du protestantisme, qui sentait le besoin de se concilier l'alliance de cette noblesse belliqueuse dont l'épée avait tant de poids dans les guerres et qui se personnifiait dans Henri de Bourbon. Ainsi Henri de Bourbon devenait moralement le chef du protestantisme, qu'il allait bientôt conduire en réalité. Le combat d'Arnay-le-Duc fut le premier où il lui fut permis de se mêler aux luttes armées dont son âge et la volonté inflexible de l'amiral l'avaient condamné jusque-là à être l'impatient témoin. Il entra de plain-pied dans la guerre avec cette impétuosité et cette fougue des jeunes gentilshommes de son siècle, et on eut quelque peine à le retirer, lui et son cousin le prince de Condé, qui faisait avec lui ses premières armes, de cette atmosphère enivrante de la gloire qu'ils avaient commencé à respirer.

Peu de temps après, il y eut dans la politique de la cour de France un changement qui s'explique par la situation même que nous avons plus haut exposée. Comme le trône était entre deux partis qui le menaçaient également, l'un d'une usurpation populaire et catholique, l'autre d'une usurpation protestante et féodale, il y avait dans la politique de la couronne des revirements continuels. Quand on voyait le duc de Guise trop fort, on se rapprochait des protestants, et quand les protestants faisaient des conditions trop dures, on revenait au parti catholique. C'est ainsi que ce qu'on a expliqué par le caractère de Catherine de Médicis, pourrait trouver une explication plus sérieuse et plus politique. L'esprit de la reine pouvait être à double face, mais on était aussi dans une position qui se compliquait d'un double péril, et lorsqu'on voit les règnes successifs de Charles IX et de Henri III se traîner dans les mêmes errements, on commence à soupçonner que Catherine de Médicis, qui, suivant l'expression d'Agrippa d'Aubigné, « savoit mener à la cadène les plus grands princes, se savoit escrimer de leurs ambitions, et, ainsi docte en toutes les partialités, employoit pour soi les forces qu'elle devoit craindre, » on commence à soupçonner que Catherine de Médicis, qui fut l'âme de la politique de ce temps, a subi la situation au lieu de la faire. A cette époque, la cour penchait vers le protestantisme, dont l'appui paraissait moins dangereux, précisément parce que les réformés étaient moins forts et venaient d'être vaincus à Moncontour. On leur accorda des concessions inespérées, parce qu'on voulait éviter de donner trop de puissance au parti vainqueur; plus faibles, on les crut plus souples, et Charles IX résolut de les appeler à la conduite des affaires de son royaume. Il y avait chez les protestants une défiance qui naissait du sentiment de leur faiblesse, et qui demandait à la cour des gages. Ce fut alors que l'on commença à parler d'un mariage entre Marguerite de Valois et Henri de Béarn.

C'était là une haute et grande alliance qui surpassait les espérances de la maison de Navarre; Jeanne d'Albret en demeura elle-même éblouie. La perspective du trône, si éloignée quelque temps auparavant, devenait plus proche; le frère du roi n'était pas loin du roi, et la maison de Bourbon grandissait avec celui en qui elle se personnifiait. Il faut lire, dans les mémoires du temps, les espérances et les frayeurs de Jeanne d'Albret, dont l'austérité s'indignait à la vue des corruptions de la cour de Blois où elle était venue négocier cette grande affaire. « La princesse Marguerite, » écrivait-elle à son fils, alors en Béarn, « est bien avisée et de bonne grâce, mais nourrie en plus maudite et corrompue compagnie que fut jamais. Je ne voudrois pas, pour chose du monde, que vous y fussiez pour y demeurer. Ce ne sont point ici les hommes qui prient les femmes, bien les femmes qui prient les hommes ; si vous y estiez, vous n'en eschapperiez qu'avec grande grâce de Dieu. » Or, point n'y échappa le prince de Béarn, comme le disent assez ces chroniques scandaleuses ou galantes, qui mêlent sans cesse le roman des intrigues de cœur à l'histoire des affaires dans cette vie si diversement occupée.

Ce serait peut-être le lieu d'esquisser, en quelques mots, le portrait véritable d'un prince dont la ressemblance a été en général mal saisie par les historiens, surtout depuis la menteuse épopée de Voltaire, qui frappa, à l'effigie de Henri IV, une médaille de convention qui circule, depuis, dans les écrits d'une foule d'auteurs. Henri de Béarn n'était ni un chevalier de roman ni un roi philosophe comme le héros de la Henriade. Il y avait dans son caractère de la naïveté en même temps que de la finesse, et une verve béarnaise qui annonce qu'il y a bon voisinage entre la Gascogne et le Béarn. Malgré l'à-propos de ses reparties, on peut dire qu'il y avait encore plus d'à-propos dans sa conduite. Du reste, il semblait créé pour la carrière qu'il parcourut et pour l'époque où il devait vivre. Insouciant sans être frivole, et plus ardent que tendre, il jouissait de tout à la hâte, du bonheur comme de l'amour ; et la nombreuse liste de ses maîtresses annonce assez l'homme d'armes et le chef de parti, qui s'empresse d'aimer et d'être aimé entre deux batailles. Dans ses passions, il entrait plus de volupté que de délicatesse. Henri, souvent volage, avait une grande tolérance pour les trahisons de ruelles. Il traitait l'amour comme la distraction plutôt que comme l'affaire de la vie ; aussi malheureux dans le premier de ses deux mariages que dans les liaisons moins régulières qui le lui firent oublier, il riait le premier de ses mésaventures, ce qui le préservait du ridicule. On peut dire qu'il avait un caractère goguenard, un esprit plein de saillies, un cœur vif en même temps qu'une raison froide et réfléchie, organisation puissante qu'on rencontre souvent dans nos provinces méridionales. Il y avait en lui du lansquenet aventureux, du chef de parti, et du roi, et le premier rendit de grands services aux deux autres. Si Henri IV n'avait pas eu quelque chose d'aussi aventureux dans le caractère, il n'aurait point tenté avec une ténacité si persévérante la fortune, qui lui fut si souvent contraire ; s'il n'avait pas eu tant de maturité dans l'esprit, il aurait compromis son succès par des témérités sans motif. Le piquant de son caractère, c'est qu'il y avait quelque chose de naturellement calculé dans ses plus grandes saillies, et quelque chose de spontané dans ses plus graves conseils. Sachant se souvenir assez de ses affaires pour les mener à bien, et les oublier assez avec la duchesse de Guiche, Gabrielle et les autres, pour n'être point accablé du fardeau, il se consolait des infidélités de la fortune avec ses maîtresses, et des infidélités de ses maîtresses avec la fortune. Que dirons-nous? c'était une nature pleine d'un abandon sans négligence, d'une vivacité sans étourderie, d'une bonhomie sans crédulité, d'une verve de paroles qui savait la valeur politique du silence ; c'était un brave gentilhomme, un admirable soldat, un chef de parti, un prince, un bon capitaine de gendarmes qui jouait gros jeu et menait la débauche, un général habile, un profond politique, qui savait pardonner à ceux qui avaient cessé d'être ses ennemis et punir ses anciens amis devenus factieux ; c'était, au demeurant, un cœur sans fiel, une intelligence au-dessus de son époque, un grand homme qui avait la plupart des défauts de son siècle, mais qui avait aussi des qualités plus hautes que celles des hommes de son temps et des vertus de caractère qu'ils ne connaissaient pas : c'était une nature pleine de contrastes, mais puissante, où il y avait du roi d'Yvetot et du César, du héros et du Gascon.

Le cadre de ce portrait se présentait naturellement au moment où Henri de Béarn entra dans la vie politique ; il dispensera ce récit d'aller glaner l'abondante stérilité du champ des anecdotes authentiques ou supposées qui sont dans tous les souvenirs. Tel était l'homme que Charles IX allait rapprocher du trône en lui donnant sa sœur, cette Marguerite de Valois, nourrie dans toutes les élégances du vice et dans les splendeurs parfumées de la cour. Charles IX accomplit presque violemment ce mariage, que le parti catholique, Rome et l'Espagne, se réunissaient pour entraver, sans parler de l'inclination de la jeune fiancée, liée par un amour secret au duc de Guise. Ces obstacles irritaient profondément le roi : « Je prendrai ma sœur Margot, et je vous la conduirai au prêche, » s'écriait-il en frappant violemment du pied la terre. Enfin le mariage s'accomplit à Notre-Dame ; le roi de Navarre, qui venait de perdre sa mère, dont la mort, presque subite, avait été attribuée au poison, suivant l'usage invariable des partis, devint le frère du roi de France.

On sait la catastrophe qui suivit. Les noces du roi de Navarre furent *vermeilles*, suivant la sinistre prophétie d'un de ses amis les plus fidèles. La Saint-Barthélemy, ce massacre horrible, où il faut voir un coup de main populaire autant qu'une conspiration royale, vint frapper les protestants enivrés de la faveur dont ils jouissaient à la cour. Il y avait, nous l'avons dit, un parti en dehors de la royauté, parti puissant qui plus tard se formula ostensiblement dans la Ligue. L'insolence de la minorité protestante avait provoqué la colère de la majorité catholique. Cette colère se manifesta par un crime. Quand ce crime fut commis, la cour l'approuva, l'adopta, dans des vues qui ne sont pas difficiles à expliquer. Elle crut le parti calviniste anéanti, et elle sentit que le parti catholique allait lui échapper et donner tout pouvoir à la maison de Lorraine ; elle marcha donc à la tête des événements, pour que les événements ne la foulassent point aux pieds. L'éternelle difficulté qui arrêtait la royauté, c'était cette situation double de la France, mi-protestante, mi-catholique. Le lendemain de la Saint-Barthélemy, la royauté crut qu'il n'y avait plus de protestants ; dès lors elle se jeta dans les bras du parti qui lui semblait avoir rétabli une sanglante unité. Pour que rien ne troublât plus cette unité, Henri de Béarn et le prince de Condé, épargnés tous deux au milieu de cette grande tuerie, furent contraints, par obsessions et par menaces, d'abjurer leur hérésie. Charles IX voulait aussi violemment leur conversion qu'il avait voulu le mariage du roi de Navarre avec sa sœur, et ces deux choses si dissemblables, si contraires, c'était le même instinct qui les lui faisait vouloir pour atteindre le même but. La royauté se mourait des divisions du royaume, et aspirait à une unité quelconque avec la fureur convulsive d'un malheureux qui se noie et qui se rattache à la branche que sa main rencontre, en la serrant jusqu'à la briser.

Les menaces de Charles IX allèrent jusqu'à la mort; il fallut plier. Henri de Béarn et le prince de Condé prononcèrent des serments qu'ils devaient bientôt enfreindre, comme tous ceux que la violence arrache à la captivité. Ils n'étaient point les hôtes du catholicisme, ils étaient ses prisonniers. Alors commença, pour le jeune roi de Navarre, une position pleine de périls, où l'on vit se dessiner les premiers linéaments du caractère que nous avons essayé de définir. Retenu à la cour comme un otage, il se précipite, avec l'ardeur de sa jeunesse et la chaleur de son sang méridional, dans tous les plaisirs; mais s'il ne veille point sur ses passions, il veille sur sa conduite. L'amant trahi de madame de Sauve, et le mari trompé de Marguerite, le prince aux nombreuses galanteries et aux folles mascarades, n'a qu'une pensée dans la tête, c'est une pensée politique, celle de reprendre sa place à la tête de son parti. Le dérèglement de ses mœurs ne nuit en rien à la rectitude de ses conseils. Il a formé un projet de fuite avec le duc d'Alençon, second frère du roi, qui occupe la première place depuis que le duc d'Anjou est allé régner en Pologne. La position de ce duc d'Alençon mérite d'être exposée. Comme Charles IX, croyant les protestants exterminés, s'est jeté dans les bras du parti catholique, le duc d'Alençon a pris le rôle que le trône essayait auparavant de jouer, il s'est fait l'expression des politiques, qui gardent la neutralité et veulent tenir la balance entre les deux partis. Ceci confirme ce qui a été dit plus haut sur la fâcheuse situation de la royauté. Allait-elle aux protestants? elle avait contre elle les catholiques et les politiques; aux catholiques? elle avait contre elle les politiques et les protestants; aux politiques? elle avait contre elle les catholiques et les protestants. Cette tentative d'évasion échoue, grâce à la lâcheté du duc d'Alençon, qui, épouvanté de la témérité de l'entreprise, en livra le secret à la reine-mère. Les deux princes sont contraints à comparaître devant le parlement, et on ne renonça à leur intenter un procès criminel qu'après leur avoir fait subir un interrogatoire destiné à les rapetisser à leurs propres yeux, et à les affaiblir dans l'opinion de leur parti.

A cette époque de nos annales, la situation de la royauté semblait agir sur la vie des princes. L'existence et le règne de Charles IX furent à courte échéance : bientôt après la sinistre catastrophe de la Saint-Barthélemy, il mourut. L'avénement du duc d'Anjou, qui déserta le trône de Pologne, et se déroba à cette royauté lointaine comme à un ennui, l'avénement du duc d'Anjou ne changea rien à la position de Henri de Béarn. Dans les premiers instants, le nouveau roi se livre au parti catholique ardent; il n'a pas encore mesuré sa tâche : ce n'est pas le roi qui commence son rôle, c'est le duc d'Anjou qui finit le sien. Mais dès qu'il s'est essayé contre les difficultés du sceptre, et contre les exigences de la situation royale, il en revient au système suivi dans l'origine par Charles IX; il cherche à balancer les chances de la fortune entre les deux partis, et perd à ce jeu sa popularité gagnée naguère dans les batailles civiles. La similitude des situations fait si bien toucher ici du doigt la vanité du roman que la plupart des historiens ont composé sur cette époque, que nous ne pouvons nous empêcher de faire ressortir cette analogie. Le duc d'Alençon devient une puissance, comme le duc d'Anjou en avait été une sous le règne précédent; il se lie de plus en plus avec le parti politique : on l'envoie gagner une couronne dans les Pays-Bas, comme on avait envoyé le duc d'Anjou occuper le trône de Pologne, pour donner un peu de repos au trône de France; mais en revenant de cette campagne, que son incapacité a fait manquer, le duc meurt de fatigues et de honte, et rapproche encore la courte distance qui séparait la maison de Bourbon du trône.

A cette époque Henri de Béarn, son chef naturel, était libre. « Le vendredi 3 février 1576, disent les mémoires du temps, il sortit de Paris » sous couleur d'aller à la chasse en la forêt de Senlis, où il courut le cerf » le samedi, renvoya un gentilhomme nommé Saint-Martin, que le roi lui » avoit donné, lui porter une lettre en poste, et partant de Senlis, sur le » soir, accompagné de Lavardin et le jeune Lavalette, prit le chemin de » Vendôme, puis alla à Alençon, et de là se retira au pays du Maine et » d'Anjou, où il commença à avouer le parti de Monsieur et du prince de » Condé, reprenant la religion qu'il avoit été contraint d'abjurer. » Le journal de Henri III prête à Henri de Bourbon, lorsqu'il eut passé la Loire, des paroles empreintes de cet esprit railleur et goguenard qui lui était propre : « Je n'ai, dit-il en gaussant, regret que pour deux choses que j'ai laissées » à Paris : la messe et ma femme. Toutefois, pour la messe, j'essayerai de » m'en passer; mais pour ma femme, je ne puis, et la veux ravoir. » Peut-être le roi de Navarre prononça-t-il ces paroles; à cette époque, il n'avait point une foi bien vive, et, au milieu de l'ardeur de ses passions et de la complication des intérêts, il n'envisageait la religion que sous le côté politique. Or, la messe lui ôtait sa puissance de chef de parti, et sa femme le rapprochait du trône, car elle était la sœur du roi de France.

Il n'y a pas lieu de croire que Henri III vit avec peine l'évasion de Henri de Bourbon ; il est plus probable qu'il l'approuva, s'il ne la favorisa point. Henri III avait complétement adopté le système qui précéda la Saint-Barthélemy. Il craignait bien moins le parti protestant que la Ligue, qui existait en réalité depuis long-temps, et qui, sentant sa force, allait rendre son existence en quelque sorte officielle par une organisation publique. Henri de Béarn était actuellement trop près du trône, par sa naissance, pour vouloir y monter en usurpateur ; le duc de Guise en était trop près, par sa popularité, pour n'être point tenté de joindre le titre de roi à la réalité de la puissance qu'il tenait dans ses mains. L'intérêt du roi de France était donc de s'appuyer sur l'alliance du roi de Navarre, qui pouvait et devait être sincère, contre l'ascendant de la maison de Guise, qui voulait se faire de l'autel un escabeau pour arriver au trône. Ceci nous explique les conditions de la paix de 1576, qui furent arrêtées la veille de Pâques, et qui étaient tout à l'avantage des protestants. Mais il arriva à Henri III ce qui était arrivé à Charles IX : le parti catholique était si fort qu'il fallut que le roi de France se ralliât à la Ligue, sous peine d'abdiquer la couronne. Ce fut là le moment le plus critique de la vie de Henri de Béarn, et il fallut la fermeté de caractère dont il était doué pour résister à la perspective de périls qui s'ouvrait devant lui. Le saint-siége avait laissé tomber sur sa tête cette terrible excommunication qui brisait les couronnes sur le front des princes. Henri de Bourbon avait répondu par un coup de hardiesse béarnaise, en faisant afficher une injurieuse réponse à la bulle de Rome sur les murailles mêmes du Vatican. Mais il n'en était pas moins en dehors de la grande nationalité française, déshérité de ses droits, privé de ses alliances avec la cour. Il est vrai que les politiques lui faisaient toujours porter des paroles d'encouragement, et que même ils lui dépêchaient madame de Soissons pour le convertir au catholicisme, afin d'effacer ce caractère d'indignité qui écartait la couronne de France d'un front où l'on voyait les cicatrices des foudres du saint-siége. Mais par cette concession, prématurée aux yeux de la politique, Henri de Béarn perdait la force que lui donnait le protestantisme, sans trouver aucun équivalent dans le parti catholique, alors trop enivré de son duc de Guise, et animé de trop de haine contre le roi de Navarre, pour que la concession de celui-ci disposât les esprits en sa faveur. Il adopta donc le seul parti qui lui restait, celui de faire prendre patience à sa fortune avec des victoires. On peut dire que Henri de Bourbon était un gagneur de batailles perdues, et un champion né pour les causes désespérées. Il était à l'aise dans l'adversité, et il avait appris, dans la guerre de partisan qu'il venait de faire au sortir de son évasion, l'art heureux de parler aux hommes de guerre leur langage. Ses coffres étaient souvent vides, mais sa verve navarraise n'était jamais en défaut. Quand l'argent manquait, il payait en saillies, monnaie qui a toujours eu cours en France sur les champs de bataille. C'était dans ses campagnes qu'avaient commencé pour lui ces amitiés de bivouac qu'il retrouva plus tard sur le trône : Sully, Lanoue, et ces autres noms déjà célèbres dans les luttes civiles, destinés plus tard à une autre célébrité. Entouré de sa belliqueuse noblesse de Béarn, Henri gagna, contre le courage inexpérimenté de Joyeuse, la sanglante bataille de Coutras. C'était pour lui une affaire de nécessité que cette victoire. Il lui dut de pouvoir attendre les états de Blois. Cela ne le rendait ni maître de la Ligue, ni maître des conseils de la cour; mais cela lui permettait de vivre, et c'était beaucoup de vivre, dans la situation où il se trouvait. Un triomphe n'était pas pour lui une solution, c'était un délai. Il en était aux expédients pour soutenir sa cause, comme pour soutenir son armée, et c'est toujours un assez bon expédient qu'une victoire.

Les journées des Barricades lui vinrent en aide. Elles détruisaient la fusion qui avait failli le perdre, la fusion de la royauté et de la Ligue, l'union de Henri III et du duc de Guise. Après les Barricades, il n'y avait plus qu'un roi, c'était le chef de la maison de Lorraine. La preuve qu'il était roi, c'est que Henri III conspira contre lui. Quand le duc de Guise fut mort et que le cardinal de Lorraine eut été égorgé, la cause de Henri de Bourbon put être considérée comme gagnée. Le succès du prince était certain, il ne restait plus qu'à l'attendre. Son bon droit recueillit toutes les conséquences du crime de Blois, sans que son honneur fût souillé par une odieuse complicité. Voyez, dès lors, comme les événements s'enchaînent : Henri III, en frappant la Ligue au cœur, s'est précipité dans l'alliance de son beau-frère de Béarn : c'est son seul refuge. Il unit son armée à la sienne, il le traite publiquement comme son successeur, et, par conséquent, il consacre son droit par tout le prestige de puissance morale qui reste à la royauté. En même temps, l'union de l'armée royale et de l'armée protestante habitue les esprits à la perspective de l'avenir : là se prépare une fusion dont le cercle s'agrandira plus tard; là les épées catholiques font l'apprentissage de l'obéissance au roi de Navarre. Quand Jacques Clément a tranché la vie de Henri III par ce coup de couteau qui entra si profondément dans notre histoire, et qui ouvrit à la maison de Valois les sombres tombeaux du passé et à la maison de Bourbon les vastes perspectives de l'avenir, Henri IV est dans une position admirable. Le roi de France est mort entre ses bras, les bénédictions du mourant l'ont, pour ainsi dire, consacré aux yeux de l'armée; il lui lègue un parti catholique qui représente, sous ses tentes, la nation catholique qui doit venir un jour l'y chercher. Sans doute, il faut laisser aux passions émues le temps de se calmer, il faut que le sang de Henri III se refroidisse, que celui du duc de Guise ne fume plus, et que les souffrances de toute nature, la famine, la guerre, les maladies contagieuses, viennent abattre les colères et les haines qui fermentent dans les âmes des ligueurs. Mais Henri IV est en position de pouvoir attendre : il gagne du temps avec des victoires; Arques, Ivry, la journée du panache blanc, répondent à son appel; le temps est pour lui et contre ses adversaires. La république municipale, qui cherche à s'établir à Paris, n'a pas les conditions de vie nécessaires, et elle expire dans le sang qu'elle fait couler. La combinaison qui consiste à tenter de mettre l'infante d'Espagne sur le trône de France est trop antinationale pour réussir. Mayenne n'est point assez aimé par l'Escurial, et il est obligé de rompre trop ouvertement avec les Seize, pour remplacer, dans la situation, le duc de Guise son frère. Le parti ligueur, vous le voyez, entre en dissolution; ce fleuve se divise en trois ruisseaux : l'un veut aller à la république, l'autre à une domination étrangère, le troisième à l'usurpation de Mayenne, mais leurs eaux ne sont pas assez puissantes pour soulever les digues qui les arrêtent, et, en outre, leurs tendances se contrarient. Pendant que les tronçons de la Ligue se consument en efforts impuissants, la cause de Henri de Bourbon grandit. Les huit ans qu'il passe sous les murs de Paris sont comme une épreuve royale à laquelle le soumet la Providence devant ses sujets. Il y déploie des qualités brillantes, des vertus paternelles, une habileté d'homme d'état qui promet un bon gouvernement aux esprits éclairés, et il attache à son front l'auréole des victorieux, qui brille, à défaut de la couronne, et qui en marque la place. Enfin, tous les partis sont à bout de patience et de sacrifices, les passions s'éteignent en s'éloignant des événements qui les ont excitées; les chefs les plus ardents et les plus populaires de la Ligue sont exécutés par les ordres de Mayenne, qui ne comprend pas qu'il rend à Henri IV, en les frappant, le même genre de service que lui rendit Henri III en frappant les Guises. Henri peut maintenant aplanir le seul obstacle qui le sépare du trône, l'hérésie : ce n'est pas un vaincu qui apostasie sa croyance, c'est un vainqueur qui abjure ses erreurs. Il ne prononce point le mot cynique qu'on lui prête : « Paris vaut bien une messe; » mot qui aurait été imprudent et maladroit autant qu'immoral, et qui n'a pu trouver place dans la bouche d'un homme dont la conduite fut un chef-d'œuvre d'habileté et d'adresse; mais il revient de bonne foi au catholicisme, qu'il n'avait jamais examiné avec beaucoup de soin, dans son existence d'aventures et de guerres, et qui a un caractère de vérité qui dut frapper un esprit aussi vif et aussi prompt que le sien. Dès lors, la guerre civile est finie, le roi par droit de naissance est devenu le roi très-chrétien; le roi de la politique nationale, car il est l'ennemi de la puissance espagnole et le promoteur du système qu'accomplirent plus tard Louis XIV et Richelieu, le roi de la politique nationale est devenu le roi de la croyance nationale : la restauration monarchique est accomplie.

Que si, après avoir suivi la vie de Henri IV dans les longues années qu'il employa à ouvrir le trône devant sa légitimité contestée par tant d'adversaires, vous le regardez régner, vous le trouvez encore plus habile et aussi fort. Les premières années de ce règne sont consacrées à achever et à affermir l'ouvrage de sa restauration. Henri conquiert son royaume province à province. Il tient d'une main une épée, de l'autre, une bourse; il achète ceux qui sont à vendre, défait ceux qu'il faut combattre. C'est là une lutte sans passion, sans haine; Henri IV est affamé du désir de pardonner, et cette clémence n'est pas moins politique que morale. Il comprend que ceux qu'il combat aujourd'hui seront demain ses serviteurs, et il évite tout ce qui pourrait ressusciter les passions et envenimer les haines. Ce n'est pas précisément une guerre que cette guerre, c'est une espèce de promenade à main armée pour rallier à la royauté la France, qui, depuis tant d'années, a perdu de vue son drapeau. Mais en donnant des commandements, des dignités, de l'or, Henri IV ne subit les idées de personne. Il est le roi, car c'est son système qui règne, système qu'il a hérité de Coligny, système national et français, système de l'abaissement de la maison d'Espagne. Il garde le pouvoir politique dans ses mains, et il met dans celles de Sully le pouvoir financier. Malheur à qui tentera désormais de marcher à l'encontre de ce pouvoir politique. Biron, l'ami personnel du roi, y laissera sa tête. Henri a pardonné à Mayenne, et à tous ceux qui ont combattu contre Henri IV le roi protestant, dont le droit était contesté par ses sujets; il ne peut pardonner à ceux qui oseront conspirer contre Henri, roi catholique, roi très-chrétien, assis sur son trône. Il faut qu'on sache que les temps de Charles IX et de Henri III sont passés, que la Ligue est finie, que les guerres civiles sont closes, qu'il n'y a qu'un pouvoir, qu'une autorité légitime.

La rupture du mariage de Henri IV et de Marguerite de Valois permet à ce prince de contracter une nouvelle union; cette union est toute politique. En épousant Marie de Médicis, il enlève la cour de Rome à l'Espagne; il fait au dehors, par ce mariage, ce qu'il fait au dedans par son abjuration. Parmi ces préoccupations du politique, les faiblesses de l'homme d'armes reviennent quelquefois : il suffit de prononcer les noms de Gabrielle d'Estrées et de la marquise de Verneuil pour l'indiquer. Henri IV ne peut se défaire, au milieu des travaux les plus élevés, des allures du bivouac. Il a demandé aux femmes des consolations contre ses revers, et leur demande des distractions contre les soucis de ses prospérités. Les femmes ne lui apportent que des consolations mêlées d'amertume : le roi n'est guère plus heureux dans ses choix que le chef de parti; madame de Rohan disait à ce sujet, avec sa rancune huguenote : « Comment veut-on que l'amour » aille se nicher entre un nez et un menton qui se mêlent l'un à l'autre? » Cependant Henri a parfois des faiblesses d'homme qui se sent vieillir : les saillies de son esprit aventureux le reprennent; le roi à barbe grise fait à ses maîtresses des promesses de page. Sully lui-même attend souvent avec les affaires, à la porte du roi, tandis que les plaisirs admis à l'intérieur ont poussé le verrou. Ce n'est pas tout, il faut que ce courageux ami déchire, d'une main loyalement audacieuse, des promesses imprudentes qui compromettraient le roi et la royauté aux yeux des peuples. Faiblesse des hommes forts, petit côté des grands hommes, dont la malignité historique garde le souvenir, et que le peintre est obligé de retracer, pour n'être point accusé d'avoir altéré la ressemblance de l'original.

Mais, au milieu de ces intrigues de cour, Henri de Bourbon poursuit la grande affaire de sa restauration, l'abaissement de la maison d'Espagne, la reconstruction de la France, et il satisfait à toutes les exigences de sa situation. Par l'édit de Nantes, il donne des sûretés alors indispensables au protestantisme; par la paix de Vervins, il réalise, si l'on peut s'exprimer ainsi, tous les succès qu'il a obtenus sur l'Espagne : Philippe II lui cède Calais, Ardres, Doulens, La Capelle, le Castelet en Picardie et Blavet en Bretagne : ajoutez que la France, par la réunion des apanages de la maison de Bourbon au royaume, a trouvé ses frontières naturelles sur les Pyrénées. Ainsi Henri payait à son peuple ce don de joyeux avénement que les fondateurs de races ou les restaurateurs de dynasties ne refusent jamais impunément. En outre, il se fait une popularité de rue, comme il s'était fait une popularité de camp, par des saillies d'une bonhomie maligne, et par des reparties qui vont au cœur ou à l'esprit de ce peuple plein d'intelligence. Il efface de toutes mains le souvenir de Henri de Béarn chef de parti, et il établit partout l'empire de Henri IV roi de France. Il a pour le populaire la tendre sympathie d'un soldat, qui a connu les souffrances et les privations; le Gascon reparaît encore quelquefois chez lui, mais le grand roi prédomine. Il humilie et épuise l'Espagne par la Hollande, à laquelle il prête un appui secret, et ainsi, sans rompre une paix dont la France a besoin, il affaiblit un adversaire qu'il doit de nouveau rencontrer sur les champs de bataille; l'alliance de tous les petits états d'Allemagne lui est acquise contre l'Autriche; Rome et la Savoie sont pour lui; l'Angleterre lui est favorable; le trésor, ruiné jadis par des exactions, est maintenant rempli par des économies; il a de nombreuses armées formées de vieux soldats trempés dans le feu de tant de guerres.

Au milieu de ces éléments de succès, le sinistre dénoûment qui doit y mettre obstacle apparaît, de temps à autre, à travers les ombres de la situation. La pointe d'un poignard perce au milieu de tant d'espérances. Tantôt l'arme fatale est tenue par Barrière, tantôt elle passe dans les mains de Jean Châtel, puis dans celles de Jean de Lisle, mais la pointe est toujours sur le cœur du roi, et la poignée attend la main invisible qui doit la pousser. La lie enflammée des passions de la Ligue se remue encore au fond de quelques âmes scélérates, et peut-être l'Espagne, qui se sent menacée, est-elle avec son or derrière le fanatisme qui va frapper. Enfin, le moment arrive. Henri IV va partir pour se mettre à la tête de ses armées, dans la guerre dont la princesse de Condé est le prétexte; la reine vient d'être sacrée à Saint-Denis; elle est chargée de la régence. Les précautions que le roi a prises pour une absence momentanée serviront pour une absence plus longue, pour une absence éternelle. On dirait que sa destinée lui est apparue : cet esprit de gaieté qui l'avait soutenu dans les plus grands périls, l'abandonne. Au milieu de cette atmosphère d'assassinats et de complots dans laquelle il vit, il a senti l'approche de la mort. Tous les livres du temps sont pleins des tristesses qu'il fit paraître à cette époque, et des funèbres prévisions qu'il confiait à ses amis. Ce grand roi, après avoir vaincu tous ses adversaires dans les champs de la politique, et avoir mis toutes les chances de la guerre de son côté, sentait que les haines et les intérêts qu'il avait mis hors d'état de lui nuire sur le terrain des affaires, s'aiguiseraient en pointe de poignard pour arriver à son cœur. Ce qui faisait son danger, c'est qu'il était à lui seul une situation. Le 10 mai 1610, cette situation avait cessé d'exister. Pour changer la face de l'Europe, et pour arrêter la France sur la route de son glorieux avenir, il avait suffi d'un embarras dans la rue de la Ferronnerie, et du couteau d'un homme qui s'appelait Ravaillac!

Pour se faire une juste idée de tout ce qui se trouva tranché par ce coup de couteau, il faut lire quelques lignes, tristes et graves, dans lesquelles un des amis de Henri IV résume tant d'espérances déçues et tant de victoires fanées dans leur germe : « Le roi au fourbir de ses armes, dit-il, » donna la crainte où il n'avoit plus l'amitié. Les sages voisins jugèrent où » alloit le dessein par le mérite du desseignant, et se résolurent de contribuer à la victoire qu'ils ne pouvoient empêcher. Les nations avoient » posé leurs haines, et vouloient arracher leurs bornes pour l'amour de » Henri; les Allemands s'armoient à la françoise pour combattre de même; » le marquis de Brandebourg armoit la noblesse de Poméranie et les Suisses » leurs rochers immobiles, tout cela pour faire un empereur des chrétiens! »

Du moins Henri IV emporta-t-il en mourant la consolation d'avoir raffermi l'autorité royale, et par là d'avoir préparé, pour le royaume, les grandes choses que la main stupide d'un parricide en démence l'empêchait d'accomplir. Le testament politique qu'il laissa fut accepté par le génie de la France; le cardinal de Richelieu tourna la page que la main de Henri allait tourner lorsqu'elle fut glacée par la mort, et Louis XIV, son petit-fils, en exécuta les dispositions dernières, lorsqu'il fit asseoir, dans la personne du duc d'Anjou, la postérité du vainqueur de Philippe II sur le trône de l'Escurial.

A. Nettement.

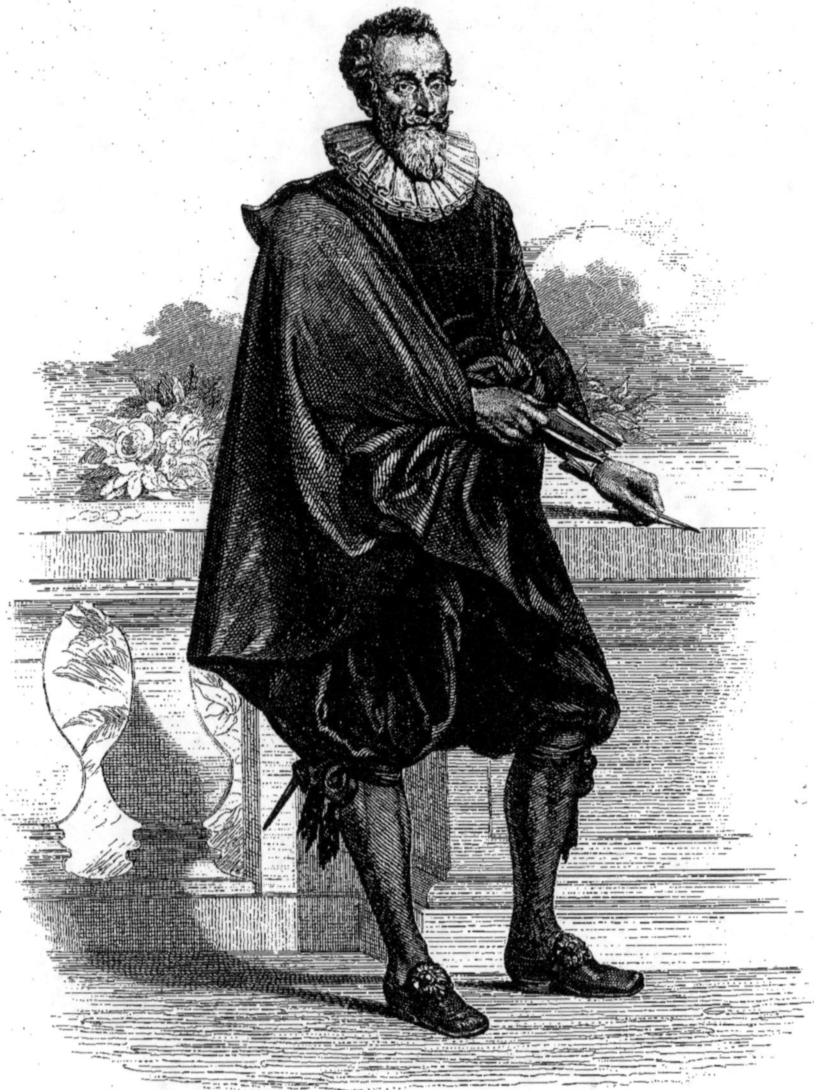

Dessiné par Em. Béranger. Imp. de Gény-Gros, rue du Plâtre 18. Paris. Gravé par Lestudier Sacon.

MALHERBE.

MALHERBE

NÉ EN 1555, MORT EN 1628.

Né à Caen, en 1555, François de Malherbe y passa les premières années de sa vie et fortifia son intelligence par des études solides. Sa famille, qui comptait entre ses aïeux un compagnon de Guillaume-le-Conquérant, avait prospéré outre mer et dégénéré sur le sol natal; mais les armes des Malherbe Saint-Aignan, placées dans une des salles de l'abbaye de Saint-Étienne, rappelaient au jeune Malherbe de glorieux souvenirs et pouvaient lui apprendre que *noblesse oblige*. Quoi qu'il en soit, son père était un simple assesseur. Ce bonhomme s'avisa sur ses vieux jours de donner dans l'hérésie; Malherbe, bon catholique, orthodoxe en religion comme il le fut depuis en poésie, quitta brusquement la Normandie pour aller s'établir en Provence. C'est là qu'il commença à faire des vers et que, cédant au goût général, il débuta par imiter les Italiens et *ronsardiser,* comme il s'en est accusé depuis. La Pléiade était alors dans tout son éclat.

Les guerres civiles l'arrachèrent à ses études, commencées à Caen, et continuées à Heidelberg et à Bâle, où son père l'avait envoyé pour entendre les leçons des plus habiles professeurs. Il se distingua par sa bravoure, et, à la tête d'une compagnie, il poussa pendant trois heures M. de Sully l'épée dans les reins avec une vigueur qu'il ne démentit pas dans la guerre littéraire qu'il entreprit plus tard contre les pétrarchistes et les novateurs qui dénaturaient la langue. Il était alors en Provence attaché au grand prieur de France, duc d'Angoulême, bâtard de Henri II. La protection de ce prince dont il s'était concilié l'affection, quoiqu'il traitât sévèrement ses essais poétiques, lui manqua trop tôt pour sa fortune. Le grand prieur fut assassiné en 1586 par un capitaine de galère, Philippe Altoviti. Mais Malherbe n'en resta pas moins à Aix, où le fixait une alliance honorable avec la fille d'un président du parlement, Coriolis, déjà veuve d'un conseiller. Il ne paraît pas que cette jeune veuve ait vivement touché le cœur de son nouveau mari; au moins ne trouvons-nous ni dans les lettres, ni dans les vers de Malherbe aucune trace de passion. On peut croire qu'il finit, un peu comme La Fontaine, par oublier qu'il était marié, car pendant son séjour à Paris, qui dura vingt-trois ans, depuis 1605 jusqu'à sa mort, sa femme continua d'habiter Aix, où elle mourut vers 1630.

Malherbe ne fut appelé à Paris que lorsque sa réputation était déjà faite, et fut traité assez mesquinement par Henri IV, qui le mit à la charge de M. de Bellegarde, son grand-écuyer, qui lui donnait la nourriture et un cheval [1], sans préjudice d'une pension de mille livres. M. de Bellegarde chassait assez volontiers sur les terres du roi et prenait la place qu'il aurait dû garder. Malherbe mit sa poésie au service de la gloire et, il faut bien l'avouer, de la galanterie du monarque. Il fit des vers pour célébrer ses exploits et l'aider dans ses amours. Les stances composées sous le nom du grand Alcandre allaient à l'adresse de la princesse de Condé, et figurent dans cette comédie où le Béarnais perdit son temps et entacha sa gloire. Au reste, si notre poète se montra constamment sujet fidèle et dévoué, on n'en doit pas moins regretter que son dévouement l'ait entraîné à ces complaisances qui nous paraissent abaisser sa dignité d'homme et de poète. Ses éloges ne manquèrent ni à Henri IV, ni à la régente, ni à Louis XIII, ni à Richelieu. La monarchie n'eut pas de plus chaud partisan, ni les factieux religieux et politiques de plus ardent adversaire. Orthodoxe en religion, quoique sans ferveur et peut-être sans conviction [2], il le fut aussi en politique. Il respectait ces deux pouvoirs et voulait qu'on les res-

[1] C'est ainsi que Fortunatus fut placé auprès de Sigoald par le roi mérovingien Sigebert :

Te mihi constituit rex Sigibertus opem,
Tutior ut graderer tecum comitando viator,
Atque pararetur hinc equus, inde cibus.
Carm. ad Sigoald.

[2] C'est ce que semblent faire entendre les paroles de Balzac : « Un jour ayant trouvé sur la table du cabinet de madame des Loges le gros livre du ministre Dumoulin contre le cardinal Duperron, et l'enthousiasme l'ayant pris à la seule lecture du titre, il demanda une plume et du papier sur lequel il écrivit ces dix vers :

Quoique l'auteur de ce gros livre
Semble n'avoir rien ignoré,
Le meilleur est toujours de suivre
Le prône de notre curé.
Toutes ces doctrines nouvelles
Ne plaisent qu'aux folles cervelles ;
Pour moi, comme une humble brebis,
Sous la houlette je me range,
Il n'est permis d'aimer le change
Que des femmes et des habits. »

Balzac condamne cette épigramme comme *profane*.

Balzac, entr. 37.

pectât, se réservant la dictature littéraire qu'il exerça despotiquement. Dans le partage de la souveraineté son lot n'était pas méprisable, puisque s'il laissait les âmes au pape, les corps au roi, il prétendait régner sur les esprits et les asservir à ses lois. On voit que l'idée de l'ordre était son unique passion; toute dissidence lui faisait ombrage, dans l'État comme dans la poésie.

Comme tous les despotes, Malherbe était singulièrement égoïste et vaniteux. Il fallait qu'autour de lui tout se pliât à ses volontés et concourût à son bien-être. Sa vanité n'épargnait pas l'amour-propre d'autrui, mais elle passait à force de brusquerie et de naturel. On sait comment il traita Desportes[1] en présence de Regnier, son neveu; comme il biffa sans pitié Ronsard tout entier, et avec quelle hauteur il répondit à ce provincial qui venait à la porte de son cabinet demander le président Maynard : « Il n'y a ici de président que moi. » Nous connaissons Malherbe par Racan, son élève et son ami, et par Tallemant qui reçut les confidences de Racan, et qui complète ses indiscrétions. L'égoïsme tyrannique de Malherbe n'est cependant ni odieux, ni ridicule; il échappe à la haine parce qu'il n'est point malveillant, et qu'il révèle le sentiment d'une supériorité incontestable; il échappe au ridicule par sa franchise même, en marchant à front découvert et la tête haute. D'ailleurs Malherbe portait partout son humeur hautaine, et s'il était dur avec les siens et envers ses rivaux, il n'était pas plus souple avec les grands. C'était une manière de dignité qui mettait le génie de plain-pied avec la naissance.

La vanité littéraire de Malherbe et l'intrépidité de sa bonne opinion sur ses propres œuvres ne se déguisent pas davantage; il proclame partout sa supériorité sans faux scrupules de modestie. Il n'hésite pas à dire :

> Les ouvrages communs vivent quelques années,
> Ce que Malherbe écrit dure éternellement.

et ailleurs :

> Les puissantes faveurs dont Parnasse m'honore,
> Non loin de mon berceau commencèrent leur cours :
> Je les possédai jeune, et les possède encore
> Au déclin de mes jours.

Au reste, ce sentiment si énergique et si franc de sa valeur poétique lui a inspiré une strophe si belle qu'on serait fâché que Malherbe eût été mo-

[1] Desportes avait invité Malherbe à dîner. Avant de se mettre à table, il voulut courtoisement aller chercher un exemplaire de ses *Psaumes* pour l'offrir à son hôte : or le potage était servi : « Ne vous dérangez pas, dit brusquement Malherbe, votre soupe vaut mieux que vos *Psaumes*. »

deste. La voici. Nos poètes lyriques peuvent s'évertuer et se guinder; ils ne rencontreront jamais d'images plus sensibles ni d'harmonie plus virile :

Apollon à portes ouvertes
Laisse indifféremment cueillir
Ces belles feuilles toujours vertes
Qui gardent les noms de vieillir;
Mais l'art d'en faire des couronnes
N'est su que de peu de personnes;
Et trois ou quatre seulement,
Au nombre desquels on me range,
Peuvent donner une louange
Qui demeure éternellement.

et qu'on ne croie pas que ces explosions d'amour-propre, dont il serait facile de multiplier les témoignages, fussent de simples licences poétiques autorisées par l'exemple des poètes de l'antiquité : Malherbe n'est pas plus modeste en prose qu'en vers; la princesse de Conti lui disait un jour : « Je veux vous montrer les plus beaux vers du monde que vous n'avez point vus. — Pardonnez-moi, madame, répondit-il, je les ai vus, car s'ils sont les plus beaux du monde, il faut nécessairement que ce soit moi qui les aie faits. » On voit par là qu'il était fortement cuirassé contre la critique, et qu'il n'y avait pas moyen que le découragement pénétrât par le défaut de la cuirasse. Aussi écrit-il quelque part : « Le mépris que le public aura fait de mon ouvrage, je le ferai de son jugement. » Ce sont d'excellentes dispositions pour un réformateur, qui, avant tout, doit avoir en lui-même une foi robuste [1].

Cette franchise d'amour-propre vaut moralement mieux que la modestie hypocrite qui s'affiche pour se faire démentir. Remarquons en outre que Malherbe, tout en faisant lui-même les honneurs de son génie, ne réclame pas pour les poètes une place bien élevée. « Voyez-vous, disait-il à Racan, si nos vers vivent après nous, toute la gloire que nous en pouvons espérer est qu'on dira que nous avons été deux excellents arrangeurs de syllabes, et que nous avons eu une grande puissance sur les paroles pour les placer si à propos en leur rang. » Il n'aimait pas que les gens de lettres réclamassent les largesses des grands et des rois comme une dette : aussi ne se plaignit-il jamais de Henri IV, qui se contenta de lui promettre une pension; car, à son sens, un bon poète n'est pas plus utile à l'État qu'un bon joueur de quilles, et il ne doit espérer d'autre récompense que son plaisir. Qu'aurait-il pensé de son disciple Maynard, qui passa sa vie à demander le salaire de ses vers? Sur ce point Malherbe pensait noblement; mais les princes auraient tort de

[1] « Je ne crois pas qu'il y eût de quoi m'accuser de présomption quand je dirois qu'il faudroit qu'un homme vint de l'autre monde pour ne savoir pas qui je suis. Le siècle connoit mon nom et le connoit parmi ceux qui ont quelque relief au-dessus du commun. Et néanmoins ne sais-je pas qu'il y a de certains chats-huants à qui ma lumière donne des inquiétudes, » etc.

Lettre à Balzac.

s'autoriser de son sentiment pour négliger les hommes dont la voix a du crédit auprès de la postérité.

Malherbe s'étudiait à se défendre contre la douleur physique et contre la douleur morale. Son organisation vigoureuse le préservant de toute maladie, il n'avait de ce côté d'autre ennemi que le froid : mais il comprit de bonne heure que le froid n'était fait que pour les pauvres et pour les sots. Le mot est de lui. Il avait de singuliers expédients contre cet inévitable ennemi. L'hiver, il doublait et triplait chemises, pourpoints et hauts-de-chausses; mais il prenait surtout soin de ses jambes, à grand renfort de paires de bas : de peur de méprise, il avait marqué chacune d'elles d'une lettre de l'alphabet. Un jour de grand froid, il rencontre Racan et lui montrant ses mollets démesurément grossis : « Aujourd'hui, lui dit-il, j'en ai dans l'*L;* » ce qui fait, en comptant sur nos doigts, douze paires de bas, ni plus ni moins. Ceci doit nous rassurer sur la bête de Malherbe, d'autant qu'il ne la nourrissait pas moins bien qu'il ne la couvrait. Quant à son âme, il la choyait aussi curieusement. Il a de merveilleuses recettes pour guérir toutes les douleurs morales. Si, par hasard, il sent les premières atteintes de l'amour, il avise s'il a des chances de succès, alors il se prépare pour une courte campagne; s'il prévoit un revers, il prend bravement son parti, il n'y songe plus; l'oubli ou le mépris [1], voilà sa cuirasse, ou bien, comme pour madame de Rambouillet, il s'empresse de réduire *son amour aux termes d'amitié* [2]. Contre l'envie il emploie le dédain. Au lieu de se montrer jaloux des premiers succès de Balzac : « Vraiment, dit-il, toutes ces badineries [3] m'étoient venues à l'esprit, je les ai rejetées. » Contre la

[1] On peut voir dans une lettre de Malherbe à Racan, le développement presque cynique de cette théorie.

[2]
Un objet si puissant ébranla ma raison,
Je voulus être sien, j'entrai dans sa prison,
Et de tout mon pouvoir essayai de lui plaire
Tant que ma servitude espéra du salaire :
Mais comme j'aperçus l'infaillible danger
Où, si je poursuivois, je m'allois engager,
Le soin de mon salut m'ôta cette pensée ;
J'eus honte de brûler pour une âme glacée,
Et, sans me travailler à lui faire pitié,
Restreignis mon amour aux termes d'amitié.

[3] On dit cependant qu'il fut un peu jaloux de Racan et qu'il lui enviait la strophe suivante de la Consolation à M. de Bellegarde :

Il voit ce que l'Olympe a de plus merveilleux;
Il y voit à ses pieds ces flambeaux orgueilleux
Qui tournent à leur gré la fortune et sa roue,
Et voit comme fourmis marcher nos légions
Dans ce petit amas de poussière et de boue
Dont notre vanité fait tant de régions.

mort des siens [1] ou des autres, il a à son service tous les lieux communs des cœurs insensibles... La mort est inévitable; qui sait ce que préparait au défunt une plus longue carrière? Son père est mort, mais il était hérétique! Sa mère : elle était bien vieille. Vraiment, s'il prenait le deuil, à son âge, il ferait un gentil orphelin... Voilà comment Malherbe protége son cœur contre la douleur morale; il a, à cet effet, autant de ressources que contre les rigueurs du froid.

Aussi, avec ce tempérament, se trouve-t-il le consolateur d'office de toutes les infortunes. La princesse de Conti a perdu son frère; vite une longue épître à la manière de Sénèque. Caritée a perdu son époux, mais elle a conservé sa beauté; qu'elle sèche ses larmes et qu'elle lui donne un successeur : Bellegarde se désespère à la mort de son maître, Malherbe s'écrie :

On l'auroit consolé; mais il ferme l'oreille
De peur de rien ouïr.

Marie de Médicis pleure la mort du petit duc d'Orléans, elle reçoit aussitôt un sonnet consolateur : le président de Verdun devient veuf, cette fois l'ode obligée reste trois ans sur le métier; le président avait pris les devants et s'était consolé sans Malherbe en prenant une seconde femme; lorsque l'ode arriva, la douleur et le veuvage avaient cessé. Colletet lui-même n'échappe pas au zèle de Malherbe, mais il ne reçoit qu'une simple épigramme en échange de sa sœur. Toutefois, cet homme, si prompt à se consoler et si dispos à consoler les autres, reçut dans sa vie deux coups qui le frappèrent cruellement; il perdit sa fille et, sur ses vieux jours, son fils, son unique espérance. Sa première douleur se reflète dans les stances qu'il adressa à Duperrier sur un malheur semblable. Sa muse alors s'attendrit et trouve des accents de touchante mélancolie. Pour son fils, il veut le venger, et, tout vaincu du temps, il retrouve sous l'inspiration de la douleur toute l'énergie de sa jeunesse. Mais cette douleur elle-même, si profonde, si énergique, c'est le triomphe de l'égoïsme; car l'enfant c'est le père lui-même, c'est même plus, puisque c'est lui dans l'avenir et dans un avenir illimité : Malherbe ne dément donc pas son imperturbable égoïsme.

L'humeur tyrannique de Malherbe et sa réforme hautement avouée, poursuivie sans pitié, lui suscitèrent de nombreux adversaires. Regnier écrivit

[1] Voici en quels termes Malherbe déplore la mort d'un parent dont il était l'héritier :

Ici dessous gît monsieur d'Is.
Plût or' à Dieu qu'ils fussent dix,
Mes trois sœurs, mon père et ma mère,
Le grand Éléazar mon frère,
Mes trois tantes et monsieur d'Is!
Vous les nommé-je pas tous dix?

contre lui et son école sa fameuse satire adressée à Rapin, un des collaborateurs de la Ménippée, dans laquelle il venge l'outrage fait à son oncle, à propos de ses psaumes et de sa soupe injurieusement comparés, et où il invoque Ronsard pour lui faire raison de ces grammairiens dont

. . . . Le savoir ne s'étend seulement
Qu'à regratter un mot douteux au jugement,
Prendre garde qu'un mot ne heurte une diphthongue,
Épier si des vers la rime est brève ou longue,
Ou bien si la voyelle à l'autre s'unissant
Ne rend pas à l'oreille un son trop languissant;

et de ces prétendus poètes :

Qui rampent bassement, foibles d'inventions,
Et n'osent, peu hardis, tenter les fictions :
Froids à l'imaginer, car s'ils font quelque chose
C'est proser de la rime et rimer de la prose.

Berthelot parodia contre lui les stances d'une chanson qu'il avait faite avec la duchesse de Bellegarde et Racan [1]. Malherbe ne répondit pas à Regnier, dont il estimait le talent, et fit donner des coups de bâton à Berthelot, qui fut sensible à l'argument sans le trouver concluant. Mademoiselle Gournay s'éleva aussi contre Malherbe par respect pour la mémoire de Ronsard et pour maintenir les droits de l'inspiration et de la haute poésie; mais les plaintes éloquentes de la sibylle octogénaire ne trouvèrent point d'échos.

Sans vouloir relever de sa chute profonde la gloire de Ronsard, on peut dire qu'il a contribué à introduire la noblesse dans la langue poétique, et que Malherbe, tout en l'attaquant, n'a fait que reprendre son œuvre et l'achever. Ronsard et les siens rougissaient, en présence des monuments de haute poésie légués par l'antiquité, de voir la muse française réduite au triolet, au rondeau, à l'épigramme, à l'épître; ils voulurent donner à un instrument trop modeste les tons héroïques qui lui manquaient. Au moment où leur dessein fut conçu, ils n'avaient d'autre voie à suivre que celle où ils se jetèrent, avec précipitation sans doute, mais avec courage. Ce n'était que par le contact du latin et du grec que notre langue pouvait prendre une

[1] Voici un couplet de cette parodie :

Être six ans à faire une ode
Et donner des lois à sa mode,
Cela se peut facilement;
Mais de nous charmer les oreilles
Par sa merveille des merveilles,
Cela ne se peut nullement.

physionomie plus sévère, des tons plus mâles et plus élevés. L'introduction violente de tournures antiques et de quelques mots grecs et latins, moins nombreux qu'on le croit généralement, compromit cette réforme, et amena plus tard un retour de l'opinion. Mais Ronsard n'en a pas moins la gloire d'avoir le premier fait parler à la muse française un langage noble et sonore dans plusieurs pièces qui sont encore dignes d'admiration. Ce sont les essais pindariques de Ronsard, ses odes et ses dithyrambes, qui ont amené la confusion contre laquelle Malherbe a protesté avec violence. Le réformateur a exagéré les torts de son devancier pour se dispenser de toute reconnaissance et recueillir sans partage la gloire d'une révolution littéraire. Ces restrictions une fois posées et admises, voyons quelles furent la mission et l'œuvre de Malherbe.

Malherbe fit pour la langue française ce que son maître, Henri IV, fit pour la France; grâce au roi, les Français furent une nation, et, par Malherbe, le français fut un idiome : l'un établit et maintint l'indépendance du pays, l'autre celle du langage. Lorsque le Béarnais, maître de Paris, vit défiler devant lui les soldats de l'Espagne, il leur dit : « Bon voyage, messieurs! mais n'y revenez pas. » Malherbe adressa le même compliment aux mots étrangers qui avaient fait invasion sous les auspices de Ronsard. Ce rapprochement n'est pas un jeu d'esprit : à ce titre, je le repousserais; mais je l'accepte parce qu'il est donné par l'histoire et rigoureusement vrai. Malherbe organisa la langue sur le plan que Henri IV avait adopté pour l'État. Il s'adjugea la souveraineté de cet empire, ne craignant pas d'être appelé le tyran des mots et des syllabes, ainsi que l'a surnommé un disciple ingrat, qui lui reproche de traiter l'affaire des participes comme celle de deux peuples rivaux disputant de leurs frontières, et de dogmatiser sur la vertu des particules. C'est l'honneur de Malherbe d'avoir gouverné la grammaire, *qui régente les rois*. Le premier soin de Malherbe, dans son empire, fut de repousser les étrangers et d'organiser une noblesse. Il fit avec un admirable discernement le départ de la langue noble et de la langue vulgaire, sans toutefois établir de barrière insurmontable. Il savait que les mots sont comme les pièces de monnaie, dont l'empreinte et le relief s'usent et s'effacent par l'usage et la circulation : il ne fit donc pas de castes comme dans les États despotiques, mais des classes; de telle sorte que la classe supérieure pût se recruter dans les classes inférieures. Puisqu'il y a des mots qui doivent déchoir, il faut qu'il y en ait qui puissent parvenir. Sans ce perpétuel mouvement, la langue d'élite ne tarderait pas à dépérir, et, si ce mal survenait, il serait réparé par un autre mal, c'est-à-dire par une irruption confuse et désordonnée, par une ascension tumultueuse des couches inférieures.

Les langues, comme autrefois la nature, ont horreur du vide. Nous avons vu de nos jours quelque chose de semblable; la langue noble s'était énervée sous l'influence exclusive des écrivains académiques; sa fierté croissait en raison de sa gueuserie; elle n'avait plus ni sang, ni muscles, ni couleur. Qu'arriva-t-il ou que devait-il arriver? La langue vulgaire força brutalement une consigne trop rigoureuse : les barbares ont fait irruption dans l'empire, ils y ont jeté le désordre; mais c'est pour le régénérer. Le monde romain a été régénéré par les barbares et par le christianisme, qui lui ont donné un sang et un esprit nouveaux; dans notre monde littéraire, les barbares sont venus, la parole viendra à son tour. Nous avons la matière, elle n'attend plus que l'esprit qui lui donnera la forme et la vie; or, cet esprit souffle déjà, et nous en sentons les premières brises.

Le génie de Malherbe semblait prédestiné à l'accomplissement de cette œuvre. Plus étendu, il aurait eu moins d'énergie : plus passionné et plus riche d'idées, il aurait dédaigné un travail qui demandait plutôt un grammairien qu'un poète inspiré. Ses pensées, concentrées presque exclusivement sur la grammaire et la prosodie, façonnèrent l'instrument et le moule de la poésie; ceux qui vinrent après lui purent, grâce à lui, en tirer des accords plus hardis et y jeter des pensées plus profondes. On ne saurait nier que Malherbe eût peu d'idées et une verve peu abondante; mais il sut la ménager et ne la répandre que lorsqu'elle s'était amassée et condensée au point de produire quelque œuvre virile. Ses produits sont rares mais vigoureux. Moins sobre de son génie, il l'eût rapidement épuisé aux dépens de sa gloire. On peut dire de lui,

> Qu'il pensait de régime et rimait à ses heures [1];

mais ce régime convenait à son tempérament poétique, et il l'a si bien conservé que, dans l'âge de la caducité, son génie a su produire l'ode à Louis XIII, où la vieillesse ne se montre que par l'aveu qu'il en fait :

> Je suis vaincu du temps, je cède à ses outrages;
> Mon esprit seulement, exempt de sa rigueur,
> A de quoi témoigner en ses derniers ouvrages
> Sa première vigueur.

Quelques citations suffiront pour montrer que Malherbe ne s'est pas borné à former la langue, mais qu'il en a su faire un emploi poétique. Sa gloire serait peu de chose, s'il s'était borné à y introduire une harmonie régulière et une dignité soutenue, et à modifier le rhythme et la prosodie :

[1] Son séjour à la cour le forçait souvent de sortir de sa paresse accoutumée, aussi ne s'y plaisait-il guère (voyez les lettres de Peyresc); il n'y demeurait que pour veiller de plus près à ses intérêts : « Je suis résolu de ne bouger d'ici que je n'aie porté mon affaire au dernier point. » Mais il lui tardait de revoir Paris : « C'est un lieu où toutes choses me rient; mon quartier, ma rue, ma chambre, mon voisinage m'y appellent et m'y proposent un repos que je ne pense point trouver ailleurs. »

il a fait plus, en revêtant de ce langage plein et sonore des idées élevées et quelquefois des sentiments touchants. Nos enfants savent par cœur les stances à Duperrier, qu'on n'a pas surpassées même de nos jours, où la poésie mélancolique a débordé. Ces stances ont été composées en Provence, vers le temps où Malherbe adressait à Caritée des consolations, moins touchantes sans doute, mais également poétiques. L'ode sur l'attentat commis en la personne du roi, le 19 décembre 1605, d'un autre ton, d'une inspiration plus élevée et presque pindarique, n'est pas seulement populaire pour avoir éveillé la muse qui sommeillait au cœur de notre La Fontaine. On y remarque, entre autres, la strophe suivante, que Racine n'avait pas oubliée :

O soleil! ô grand luminaire!
Si jadis l'horreur d'un festin
Fit que de ta route ordinaire
Tu reculas vers le matin,
Et d'un émerveillable change
Te couchas aux rives du Gange,
D'où vient que ta sévérité,
Moindre qu'en la faute d'Atrée,
Ne punit point cette contrée
D'une éternelle obscurité.

Où trouver plus d'énergie que dans cette invective contre le maréchal d'Ancre :

C'est assez que cinq ans ton audace effrontée,
Sur des ailes de cire aux étoiles montée,
Princes et rois ait osé défier,
La fortune t'appelle au rang de tes victimes,
Et le ciel, accusé de supporter tes crimes,
Est résolu de se justifier.

Il est vrai qu'ici Malherbe imite Claudien[1], mais il imite en maître. Voici maintenant une strophe tout ensemble noble et piquante, dont le tour et

[1] Abstulit hunc tandem Rufini pœna tumultum
Absolvitque Deos.

In Rufin., l. I, v. 20.

Bossuet a aussi reproduit cette pensée dans le passage suivant de son admirable sermon sur le jugement dernier : « De tels pécheurs scandaleux corrompent les bonnes mœurs par leurs pernicieux exemples : ils déshonorent la terre et chargent de reproches, si j'ose le dire, la patience du ciel qui les souffre trop long-temps. Mais Dieu saura bien se justifier d'une manière terrible, et peut-être dès cette vie, par un châtiment exemplaire. » Après Malherbe et Bossuet, nous pouvons encore citer J.-B. Rousseau :

Et Dieu, de sa justice apaisant le murmure,
Livrera ces méchants au pouvoir infernal.

L. I, od. III, v. 47-8.

la pensée n'appartiennent qu'à lui ; elle est dirigée contre les mignons de Henri III :

Les peuples pipés de leur mine,
Les voyant ainsi renfermer,
Jugeaient qu'ils parlaient de s'armer
Pour conquérir la Palestine
Et borner de Tyr à Calis
L'empire de la fleur de lis ;
Et toutefois leur entreprise
Était le parfum d'un collet,
Le point coupé d'une chemise
Et la figure d'un ballet.

L'ode à Marie de Médicis sur les heureux succès de sa régence est peut-être la pièce la plus achevée de Malherbe : il faudrait la transcrire tout entière ; contentons-nous de cette admirable opposition entre les maux de la guerre et les avantages de la paix :

La Discorde aux crins de couleuvres,
Peste fatale aux potentats,
Ne finit ses tragiques œuvres
Qu'en la fin même des états :
D'elle naquit la frénésie
De la Grèce contre l'Asie ;
Et d'elle prirent le flambeau
Dont ils désolèrent leur terre
Les deux frères de qui la guerre
Ne cessa point dans le tombeau.

C'est en la paix que toutes choses
Succèdent à tous nos désirs :
Comme au printemps naissent les roses,
En la paix naissent les plaisirs ;
Elle met les pompes aux villes,
Donne aux champs les moissons fertiles,
Et, de la majesté des lois
Appuyant les pouvoirs suprêmes,
Fait demeurer les diadèmes
Fermes sur la tête des rois.

Ce n'est pas tout : Malherbe a devancé et surpassé Jean-Baptiste Rousseau dans cette paraphrase du psaume 145.

N'espérez plus, mon âme, aux promesses du monde,
Sa lumière est un verre, et sa faveur une onde
Que toujours quelque vent empêche de calmer :
Quittons ces vanités, lassons-nous de les suivre,
    C'est Dieu qui nous fait vivre,
    C'est Dieu qu'il faut aimer.

En vain, pour satisfaire à nos lâches envies,
Nous passons près des rois tout le temps de nos vies
A souffrir des mépris et ployer les genoux :
Ce qu'ils peuvent n'est rien; ils sont ce que nous sommes,
Véritablement hommes,
Et meurent comme nous.

Ont-ils rendu l'esprit, ce n'est plus que poussière
Que cette majesté si pompeuse et si fière
Dont l'éclat orgueilleux éblouit l'univers;
Et dans ces grands tombeaux, où leurs âmes hautaines
Font encore les vaines,
Ils sont mangés des vers.

Là, se perdent ces noms de maîtres de la terre,
D'arbitres de la paix, de foudres de la guerre;
Comme ils n'ont plus de sceptre ils n'ont plus de flatteurs;
Et tombent avec eux, d'une chute commune,
Tous ceux que la fortune
Faisait leurs serviteurs.

La poésie du roi-prophète, desséchée par Marot, amollie par Desportes, que Godeau devait délayer et Racan noyer dans leurs languissantes paraphrases, paraît ici avec tout l'éclat de ses images et dans toute la profondeur du sentiment religieux. Ces idées du néant de nos grandeurs et de la vanité de nos plaisirs se retrouvent encore dans des vers de Malherbe, qui, cette fois, se souvient plutôt d'Horace que de David, mais qui dans cette lutte nouvelle sait toujours être original :

L'Orne comme autrefois nous reverrait encore,
Ravis de ces pensers que le vulgaire ignore,
Égarer à l'écart nos pas et nos discours;
Et couchés sur les fleurs, comme étoiles semées,
Rendre en si doux ébats nos heures consumées
Que les soleils nous seraient courts.

Mais, ô loi rigoureuse à la race des hommes!
C'est un point arrêté que tout ce que nous sommes,
Issus de pères rois et de pères bergers,
La Parque également sous la tombe nous serre,
Et les mieux établis au repos de la terre
N'y sont qu'hôtes et passagers.

Tout ce que la grandeur a de vains équipages,
D'habillements de pourpre et de suite de pages,
Quand le terme est échu n'allonge point nos jours;
Il faut aller tout nus où le destin commande;
Et de toutes douleurs la douleur la plus grande
C'est qu'il faut quitter nos amours.

Après cela on peut laisser dire ceux qui refusent au puissant réformateur de notre poésie le génie poétique.

La prose de Malherbe, dans ses lettres familières, est habituellement sans grâce et sans force; mais, dans ses écrits soigneusement élaborés, elle n'est pas indigne de ses vers. Lorsqu'il traduit Sénèque ou Tite-Live, son style a de la vigueur et de la précision. Toutefois, son plus beau titre en ce genre, c'est la lettre à la princesse de Conti, écrite pour la consoler de la mort de son frère : j'en transcrirai d'autant plus volontiers quelques passages, que ces citations feront ressortir, outre le mérite de Malherbe comme prosateur, son habileté comme consolateur : « Il est certain que les vertus et les vices s'accompagnent en nos mœurs, comme font les joies et les ennuis en nos aventures. Que savez-vous donc si, lorsqu'il est mort, les vertus et les joies de sa vie n'étaient point consumées? et si ce n'a point été lui faire grâce que de lui retrancher des jours qu'il ne pouvait passer qu'entre des vices et des ennuis? Ses inclinations étaient véritablement portées au bien; mais quels pernicieux conseillers sont-ce que la chaleur d'un âge où les passions sont furieuses, la hardiesse d'une condition à qui tout semble être permis, et la communication des compagnies fâcheuses, que dans le monde il est aussi malaisé de ne voir point, comme, les voyant, il est impossible d'en éviter l'imitation? La constitution du corps n'est jamais si forte, qu'à la fin, parmi ceux qui sont malades, on ne devienne malade, ni les ressorts de l'âme si fermes, qu'on ne se corrompe quand on est long-temps parmi ceux qui sont corrompus... La fortune use impérieusement de ses affections; elle suit qui bon lui semble, mais elle ne s'attache à personne; et si elle aime, ce n'est jamais qu'avec liberté de haïr quand il lui plaira. Trop de gens l'ont accusée de légèreté, trop de preuves l'en ont convaincue, et l'en convainquent tous les jours, pour en avoir autre opinion. Pouviez-vous, madame, voir tant de traits de son inconstance à l'endroit des autres, sans l'appréhender en ce qui touchait M. votre frère, et vous représenter que, tout ainsi qu'en mourant de bonne heure il vous a donné de quoi murmurer de la brièveté de sa vie, il pouvait, en mourant plus tard, vous donner occasion de vous ennuyer de sa longueur? » Dans ces lignes, que j'ai multipliées à dessein, rien n'a vieilli, et si de nos jours on donne plus de vivacité au mouvement de la pensée, trouve-t-on plus de correction, d'harmonie et de fermeté?

Malherbe a inspiré Racan, formé Balzac et réveillé La Fontaine; mais sa principale gloire est d'avoir reconnu qu'il y a un art d'écrire et d'en avoir déterminé les principales conditions : savoir, le choix des idées, celui des mots et leur disposition. Il a démêlé le véritable génie de notre langue, et, en repoussant l'invasion gréco-latine qui l'avait dénaturée, il a préparé les conquêtes intellectuelles qui font la force et l'honneur de la France. Dans l'ordre littéraire, il a accompli ce que Henri IV et Richelieu ont fait dans l'ordre politique, et comme eux il a frayé la voie aux grandeurs du siècle de Louis XIV.

La vieillesse de Malherbe fut frappée du coup le plus rude qui puisse atteindre un homme et qui ne l'atteint jamais sans le briser. Son fils unique, Marc-Antoine de Malherbe, âgé de vingt-sept ans, conseiller au parlement d'Aix, jeune homme de grande espérance et doué de quelque talent pour la poésie, fut tué traîtreusement dans un duel. Malherbe, outré de douleur, voulait, malgré ses soixante-douze ans, se battre contre le meurtrier, Fortia de Piles, comme pour imposer un nouveau crime à ce spadassin. On lui proposa vainement de payer le sang de ce fils adoré, il demanda vengeance à ce prince dont sa poésie venait de célébrer en vers magnifiques le départ pour La Rochelle; il lui écrivit une lettre noble et touchante, et, pour mieux l'émouvoir, il alla le trouver dans son camp. Ce long voyage fut inutile, et Malherbe rapporta sa douleur ulcérée par un déni de justice.

Malherbe mourut en 1628, âgé de soixante-treize ans, en maintenant la pureté de la langue française contre les solécismes de sa garde-malade. C'était finir dignement et mourir comme il avait vécu. Quelques années plus tard, un grammairien disait au lit de mort : « Je m'en vais ou je m'en vas, car l'un et l'autre se dit ou se disent. »

GERUZEZ,

Professeur agrégé d'éloquence française à la Sorbonne,
maître de conférences à l'École normale.

Dessiné par H. Hesse — Eug. Gros imp. rue du Plâtre n° 8. Paris. — Gravé par Lefèvre

SULLY.

SULLY

NÉ EN 1559, MORT EN 1641.

Aucune des diverses phases de notre histoire n'est plus féconde en événements et en grandes figures historiques que l'espace compris entre la fin du règne de Henri II et le commencement de celui de Louis XIII; là tout est animé, imposant, solennel. Le mouvement des esprits, élancés vers des idées nouvelles, la découverte récente d'un monde inconnu, l'ambition superbe d'une multitude d'hommes puissants groupés autour des Valois qui vont s'éteindre, la renaissance des arts et des lettres, et surtout le développement de la réforme religieuse, offrent un spectacle frappant de grandeur et de nouveauté. On entend retentir les coups redoublés portés à l'arbre majestueux du catholicisme; on voit se diviser l'unité sacrée de la foi et s'affaiblir l'empire des croyances religieuses de l'Europe. On assiste à la chute d'une race royale, à la disparition de la chevalerie et de la vieille féodalité; le moyen âge fait place à une ère nouvelle. Une grande transformation sociale est prête à s'accomplir; on peut pressentir d'avance que la transition ne s'opérera point sans lutte, sans crimes, sans dénoûments tragiques, et toutefois que de grands et héroïques caractères surgiront de cette tourmente et serviront d'instruments pour l'apaiser. Plus d'une fois l'esprit s'interrompt, saisi de fatigue et d'épouvante, en cherchant à embrasser ce vaste tableau de scènes terribles, de mœurs à la fois guerrières et voluptueuses, de contrastes déchirants ou bizarres. On ne respire qu'à l'aspect de la noble et gracieuse figure de Henri IV, sur laquelle l'imagination se repose consolée; désormais elle absorbe tout l'intérêt du drame, elle va dominer la scène, et pour en compléter l'harmonie et le charme, on voit se placer près d'elle l'image d'un fidèle et courageux ami, et deux noms devenir inséparables par l'association la plus rare qui fût jamais des qualités qui forment les grands rois et les grands ministres.

C'est vers le milieu de cette période historique, si saillante dans le tableau du seizième siècle, que reçut le jour Maximilien de Béthune, second fils de

François de Béthune, baron de Rosny, et de Charlotte Dauvet de Rieux. Le château de Rosny, vieux manoir d'une famille qui comptait parmi les plus illustres du royaume dès le dixième siècle, le vit naître le 13 décembre 1559. L'année suivante, François II, l'époux de la belle et infortunée Marie d'Écosse, terminait une vie de dix-sept ans et un règne de dix-sept mois, léguant à ses frères Charles et Henri les soucis, les dangers et les malheurs du trône, et à sa mère Catherine de Médicis la tâche difficile de gouverner en leur nom.

Alors se trouvaient réunis simultanément en France une foule d'hommes puissants, rivaux de fierté et d'ambition, qui se disputaient le pouvoir dans un but et à des titres différents. La réforme religieuse agitait violemment les esprits; une partie de la noblesse avait embrassé les croyances nouvelles. Parmi les calvinistes se distinguaient Antoine de Bourbon, roi de Navarre, le plus proche héritier de la couronne après les derniers Valois, le prince de Condé son frère, l'amiral de Coligny et une foule d'autres seigneurs. L'intérêt de ce parti se rattachait à la fois à la conservation des droits éventuels du roi de Navarre à la succession de la maison royale de France et à la liberté des opinions religieuses. D'un autre côté, sous le prétexte de sauver la foi catholique, les ducs de Guise, de Mayenne, d'Aumale, et le cardinal de Lorraine leur frère, oncles de Marie Stuart, s'étaient emparés du gouvernement, et aspiraient à monter plus haut. Catherine de Médicis, attentive aux projets, aux espérances, aux intentions de tous, voulant à tout prix maintenir sur la tête de ses fils une couronne chancelante, s'était placée au milieu de ces graves débats pour les animer, les modérer, les interrompre ou les exciter tour à tour au gré d'une politique mystérieuse et sombre. Impuissante à maîtriser les partis par l'ascendant d'un grand caractère, elle eut recours à la ruse, à la dissimulation, aux ressources d'un génie plus italien que français; si elle ne parvint pas à dominer les événements, plus d'une fois elle sut les détourner ou les suspendre, et toujours elle se montra profondément habile à se venger.

A l'époque où naquit Sully, la lutte était déjà vivement engagée. Antoine de Bourbon, soutenu par la valeur du prince de Condé et par la sagesse de Jeanne d'Albret son illustre compagne, s'était rendu redoutable aux Guise et à Catherine; il mourut en 1569, laissant un fils, Henri de Béarn, né le 13 septembre 1553, et âgé pour lors de dix-sept ans. Pendant les troubles du royaume, ce prince avait reçu une éducation mâle et guerrière, et, à la grande école du malheur, s'était exercé de bonne heure à l'art de combattre et de commander. A la mort de son père, il fut élu chef du parti des princes protestants. Malgré les désastres de Jarnac et de Moncontour, ce parti devenait formidable. Catherine songea à une trêve, et l'obtint par la paix de 1570, dite la paix boiteuse et mal assise.

C'est à cette époque que le jeune Sully, à peine âgé de onze ans, commence à entrer sur la scène politique; ses *Mémoires*, dans lesquels nous puisons les principaux traits de sa vie, remontent aux souvenirs de sa première enfance, qu'une vigueur extraordinaire de corps et d'esprit avait rendue précoce.

Son père, zélé protestant, attaché à la maison de Navarre, dont il était l'allié, résolut de vouer Maximilien au service du jeune chef des Bourbons et des calvinistes. Avant que de l'emmener à sa cour, il l'appelle dans la chambre de la haute tour de Rosny, et là, en la seule présence de La Durandière son précepteur, il lui adresse des paroles solennelles et prophétiques. « On m'a prédit, lui dit-il, que vous serez un jour quelque chose par votre courage et par vos vertus; acquérez donc l'estime des gens d'honneur, et particulièrement celle du maistre que je vous veux donner, au service duquel je vous commande de vivre et de mourir. »

Présenté à Henri, ses naïves protestations de dévouement touchent tellement le jeune roi, que l'ayant relevé, car Sully était à genoux, il l'embrasse par deux fois, lui promettant « en foi de prince, qu'en le recevant de fort bon cœur, il l'aymeroit toujours, et qu'il ne se présenteroit jamais occasion de lui faire acquérir du bien et de l'honneur qu'il ne s'y employât de tout son cœur[1]. »

C'est ainsi que ces deux grandes âmes se rencontrèrent pour la première fois, et connurent dès lors cette tendre sympathie qui devait les attacher invinciblement l'une à l'autre : Henri et Sully furent également fidèles à leurs serments.

Sully suivit à Paris le roi de Navarre. Il s'y trouvait au moment de l'horrible et fatale journée de la Saint-Barthélemy, et ce fut par une sorte de miracle qu'il échappa au massacre que l'humanité et la religion déploreront éternellement. Il est aisé de comprendre que d'amers et profonds ressentiments durent germer dans ce jeune cœur, et peut-être doit-on attribuer au souvenir qu'il en conserva cette persévérance opiniâtre dans ses opinions religieuses, que ni les menaces, ni les promesses, ni le changement même de son auguste protecteur et ses plus tendres sollicitations ne purent jamais ébranler.

De 1572 à 1575, Sully poursuivit le cours de ses études, s'adonnant spécialement à l'histoire et aux mathématiques, qu'il songeait à appliquer un jour aux fortifications et à l'artillerie.

Dans cet intervalle, le duc d'Anjou, frère du roi Charles IX, avait été élu roi de Pologne; la mort de son frère le rappela en France, et l'un des premiers actes de Henri III fut de déclarer la guerre aux huguenots. Le duc d'Alençon (François de Valois), devenu duc d'Anjou, inspirant des soupçons à Catherine de Médicis, s'était enfui de la cour; le roi de Navarre dut

[1] Mémoires de Sully.

la quitter en même temps que son beau-frère. Sully venait de perdre son père ; en mourant, le baron de Rosny lui avait recommandé de s'attacher de plus en plus au service de son jeune maître : Sully accourut avec empressement sous les drapeaux de Henri de Bourbon.

Ici commence la vie guerrière de Sully : désormais associé aux rudes travaux, aux dangers, aux combats, aux brillantes victoires du roi de Navarre, presque toujours à ses côtés, on le voit, par son intrépidité aventureuse, mériter les éloges et quelquefois les reproches du monarque et de l'ami, se signaler comme soldat, comme capitaine, et surtout par une grande habileté dans l'attaque des places de guerre. Il suit Henri dans tous ses voyages. A la cour voluptueuse de Nérac, il n'est pas insensible aux séductions de la beauté : mais, ainsi que Henri, il sait abandonner l'amour pour la gloire, et combattre vaillamment à Eause, à Mirande, à Cahors, à Marmande et sur d'autres points de la Guienne et du Quercy. Brave jusqu'à la témérité dans la mêlée, prudent et ferme dans les conseils, fertile en expédients et en ruses de guerre, politique adroit dans les négociations, prodigue de son bien pour le service du roi, mais ménager et économe dans l'administration des ses affaires, il se montre digne de l'estime, de la confiance et de l'affection de son maître, et mérite d'être cité comme exemple aux jeunes officiers de l'armée.

Cette vie active et agitée fut interrompue pendant quelques moments à la paix de 1577. Sully, uniquement occupé de ses études et de l'administration de ses affaires domestiques, se détermina alors à suivre le duc d'Anjou dans les Pays-Bas, qui avaient offert leur couronne ducale à ce prince ; il espérait y recouvrer les riches domaines confisqués pour cause de religion sur sa famille. Avant que d'entreprendre ce voyage, Sully prit congé de son maître ; leurs adieux furent touchants, et la relation qu'en donnent les *Mémoires* est doublement intéressante, en ce qu'elle peint un des traits caractéristiques de l'époque, la croyance à l'astrologie judiciaire, dont tous les esprits étaient alors infatués. Sully, sur la foi de son précepteur, *qui se mêloit de faire des nativitez*, prédit hardiment à Henri l'heureuse fortune qui les attend l'un et l'autre. Le grand roi le remercie ; et toutefois, en chrétien éclairé, répond qu'il n'ajoute pas foi à ces pronostiqueurs, « pource que Dieu y est offensé grandement [1]. »

Sully revint des Pays-Bas, en 1583, sans avoir recouvré les biens de sa famille, mais ayant acquis une plus grande expérience de la guerre, des hommes et des affaires publiques. L'année suivante, le duc d'Anjou mourut ; Henri III n'ayant pas d'enfants, le roi de Navarre devenait par là le plus proche héritier de la couronne. Aussi le duc de Guise, précipitant ses ambitieux desseins, songea à faire éclater la Ligue et à profiter de l'éloignement

[1] Mémoires de Sully.

des seigneurs et des peuples catholiques pour un roi séparé de leur communion. Pendant que ses projets se mûrissaient, Sully épousa à Paris Anne de Courtenay, belle, riche, et de la plus haute naissance; « l'amour et la gentillesse de laquelle le retinrent toute l'année 1584 en son nouveau mesnage, où il continua à tesmoigner, comme il l'avoit déjà bien faict toute sa vie dans la conduite de sa maison, une économie, un ordre et un mesnage merveilleux, prenant la peine de veoir et de savoir tout ce qui concernoit la recepte et la despence de son bien, escrivant tout par le menu, sans s'en remestre ni fier à ses gens, chacun s'estonnant comment il pouveoit avoir tant et de si honnestes gentilshommes à sa suite et faire une si honorable despence[1]. » Sully avait alors à peine vingt-quatre ans, et déjà l'on voit se manifester en lui le goût et l'habitude de l'ordre et les principes d'une administration régulière et sévère qu'il devait employer un jour si utilement aux affaires de l'État. Il avait eu, sous ce rapport, un bon maître dans le jeune roi de Navarre, qui savait porter si gaiement, quand il le fallait, *un pourpoint percé au coude*, et pourvoir, à force d'économie et d'industrie, aux besoins d'une armée exposée souvent à manquer de tout.

Vers la fin de 1584, Henri rappela Sully auprès de sa personne, et l'emmena à Montauban, où se tenait une assemblée de ceux de la religion, dans le but d'aviser aux moyens de se défendre contre la ligue, fortifiée de l'adhésion de Henri III. Le siége des opérations de l'armée avait été établi, par l'avis de Sully, à La Rochelle, boulevard formidable du protestantisme; c'est là que le roi de Navarre reçut de Henri III l'invitation de lui envoyer une personne de confiance pour traiter d'affaires importantes. Sully, chargé de cette négociation, la remplit avec autant de prudence que de succès, et prépara l'accord secret qui devait un jour unir les deux princes contre leur ennemi commun.

A son retour, il prit une part active et brillante au siége de Fontenay en qualité de commandant de l'artillerie. Peu de temps après, des affaires urgentes l'appelèrent à Rosny, dont les environs étaient ravagés par une maladie contagieuse; il y passa un mois presque seul avec sa femme, s'occupant à lever des cartes, à labourer, planter et greffer, et (ajoutent les *Mémoires*) « à caresser madame sa femme, qui estoit très-belle et avoit un des plus gentils esprits qu'il estoit possible de veoir. »

Encore ici se révèle l'indice d'un attrait puissant qui devint plus tard, chez Sully, une prédilection raisonnée pour l'agriculture et un grand principe de gouvernement et d'économie politique. Ces délassements d'une vie guerrière ne semblent-ils pas annoncer, en effet, le ministre qui devait encourager et protéger l'auteur du *Théâtre d'Agriculture* et du *Ménage des*

[1] Mémoires de Sully.

Champs[1], et établir cet axiome, confirmé par l'expérience des siècles : *Pâturage et labourage sont les mamelles de la France ?*

Mais de nouveaux devoirs ramenèrent promptement Sully auprès du roi de Navarre. La guerre qui se préparait pour lors était celle dite des trois Henri[2] ; le premier choc eut lieu à Coutras entre l'armée du duc de Joyeuse, commandant pour Henri III, et l'armée protestante, sous les ordres du roi de Navarre. La valeur et l'habileté de Sully à diriger l'artillerie eurent une grande part à la victoire et aux succès qui suivirent ce premier avantage. Cependant les projets ambitieux du duc de Guise commençaient à se dévoiler ; la journée des Barricades mit le sceau aux attentats de ce prince. « Ce fut grand' pitié de voir le valet chasser le maître, » comme le dit à Guise lui-même le magnanime Achille de Harlay. Henri de Bourbon, indigné des affronts faits à la majesté royale, s'offrit à les punir ; et Sully, qu'il chargea d'exprimer ces sentiments généreux à Henri III, rapporta la promesse « d'une bonne trêve qui, dans leurs deux cœurs, serait déjà une paix éternelle et de réconciliation sincère[3]. »

Henri III fut vengé aux États de Blois : ce n'était pas ainsi que l'avait entendu le généreux Béarnais. Toutefois, la mort tragique des princes de Lorraine, en excitant les fureurs de la Ligue, dut rapprocher davantage encore Henri III du roi de Navarre. Médicis n'était plus. Les deux princes eurent une entrevue au Plessis-lès-Tours ; et peu après Henri de Bourbon tenait la campagne contre la nombreuse armée du nouveau chef de la Ligue, impatient de venger à son tour le meurtre de ses pères. A cette époque, Sully venait de perdre une épouse tendrement aimée ; il maîtrisa sa douleur profonde : Henri le vit à ses côtés au siége de Paris.

Le 1er août 1589, ils s'étaient avancés ensemble jusque vers le Pré-aux-Clercs pour y faire une reconnaissance, lorsqu'ils apprirent que Henri III venait d'être assassiné à Saint-Cloud. Peu d'heures après, Henri de Bourbon était devenu roi de France, et résolu à se montrer digne de ce titre magnifique. Mayenne marchait à lui à la tête d'une armée formidable ; Henri IV n'avait que des troupes peu nombreuses, mal équipées et mal payées. « Je suis, disait-il gaiement, mari sans femme, roi sans royaume et guerrier sans argent. » Mais il comptait sur « Dieu et son bon droit. » Le 21 septembre, il défit à Arques des forces trois fois supérieures en nombre ; Sully se couvrit de gloire dans cette mémorable journée. Le roi, poursuivant ses avantages, s'empara des faubourgs de Paris, qui fut étroitement bloqué.

Six mois après, Mayenne voulut prendre sa revanche et délivrer la capitale.

[1] Olivier de Serres.

[2] Henri III, à la tête des royalistes, Henri de Guise, chef de la Ligue, et Henri de Bourbon, chef des protestants.

[3] Mémoires de Sully.

Le 15 mars 1590, les deux armées se trouvèrent en présence dans les plaines d'Ivry, si célèbres par la valeur chevaleresque de Henri IV et par les résultats décisifs de sa brillante victoire. Là encore Sully se distingua par une rare intrépidité; couvert de blessures [1], dont plusieurs étaient dangereuses, il ne voulut jamais abandonner le champ de bataille. Après le combat, il se fit transporter sur un brancard à Rosny, où le vainqueur de Mayenne était venu se reposer; c'est là qu'il entendit de la bouche de Henri ces paroles royales, noble récompense de la valeur :

« Brave soldat et vaillant chevalier, vos actions signalées en une tant importante occasion ont surpassé mon attente; parlant en présence de ces princes et grands chevaliers icy présens, vous veux-je embrasser des deux bras et vous déclarer à leur veue vray et franc chevalier, non tant de l'accollade tel que je vous fay à présent, ny de Saint-Michel ny de Saint-Esprit, que de mon entière et sincère affection; laquelle, jointe aux longues années de vos fidèles services, me font vous promettre que je n'aurai jamais de bonne fortune ny augmentation de grandeur que vous n'y participiez. Et partant, adieu, mon amy, et vous asseurez que vous avez un bon maistre [2]. »

Sully, remis de ses blessures, continua de servir le roi de ses conseils et de son épée; il prit part aux divers événements qui remplirent les années 1591, 1592 et 1593, remarquables par les prises de Gisors et de Chartres, le combat d'Aumale, le siége de Rouen, la tyrannie des seize, l'intervention de la cour d'Espagne, et les efforts tentés par les papes Grégoire XIV et Clément VIII, pour ramener Henri IV dans le sein de la foi catholique. Dans cet intervalle, Sully s'était remarié à Rachel de Cochefilet, veuve de François Hurault de Châteaupers.

La victoire d'Ivry avait contribué à soumettre la majeure partie du royaume; l'abjuration du roi acheva d'enlever tout prétexte à ses ennemis. Sully avait donné à Henri IV le conseil de se convertir à la religion de ses pères; certes ce furent des motifs bien généreux qui le portèrent à ouvrir un avis aussi opposé à ses propres opinions. Pour les apprécier dignement, il faut voir, dans les *Mémoires*, la persévérance et la franchise de ses conseils et les nobles considérations qui retenaient le roi; la politique ne fut pas le seul mobile de ce changement. Sully avait l'espoir secret de parvenir un jour à réunir les deux religions; de son côté, Henri ne voulait abandonner le calvinisme que lorsque sa raison et sa foi seraient complétement d'accord avec l'intérêt évident de sa situation.

Enfin, convaincu de cœur et reçu dans la communion romaine, Henri IV put entrer dans Paris, au milieu d'un peuple affamé de voir son roi. La soumission de Mayenne, la pacification de la Bretagne, la paix avec l'Espa-

[1] Sully reçut sept blessures à la bataille d'Ivry.

[2] Mémoires de Sully.

gne, lui permirent de jouir du fruit de ses longs et rudes travaux; son noble cœur tourna toutes ses pensées vers le bonheur de ses sujets, dont il voulait être le père encore plus que le roi. Dès lors s'ouvre à Henri IV et à Sully une carrière nouvelle, plus douce et non moins glorieuse pour tous les deux. Henri IV comprit qu'au sein des troubles qui avaient si long-temps déchiré la France, des abus et des désordres de toute espèce avaient dû se glisser dans toutes les parties de l'administration, et surtout dans les finances du royaume; il lui fallait un ministre laborieux, éclairé, intègre et ferme. Sully lui parut l'homme le plus capable de seconder ses vues; de plus, il lui conservait la confiance et l'appui du parti protestant.

Successivement nommé secrétaire d'État, membre du conseil et surintendant des finances, grand-voyer de France, grand-maître de l'artillerie, gouverneur de la Bastille et surintendant des fortifications et des bâtiments du roi, il se montra à la hauteur de ces grands emplois, et la postérité applaudit encore au choix d'un monarque qui savait à la fois récompenser magnifiquement le serviteur fidèle et placer si dignement une confiance presque illimitée.

Sully était alors âgé de trente-cinq ans. De bonne heure, comme on l'a vu, il avait acquis au milieu des camps et dans le règlement de ses affaires domestiques l'habitude du travail et de l'économie, la science des détails, et la passion de l'ordre et de l'exactitude en toutes choses; ses études et son expérience l'avaient rendu un des plus habiles ingénieurs de son siècle. Il avait pratiqué l'agriculture et vu de près l'état des campagnes; il avait à cœur le bonheur et la gloire de son maître. Son caractère était inébranlable, sa probité austère jusqu'à la rudesse. Où pouvait-on trouver une réunion plus complète des qualités indispensables à un administrateur suprême, dans les circonstances difficiles où le royaume était placé?

Au moment où Sully prit en main la direction supérieure des finances de l'État, la dette du trésor s'élevait à trois cent trente millions de livres[1]; les revenus publics se bornaient à trente millions, que l'on avait grand' peine à faire rentrer, tant la misère était générale dans les provinces. Malgré les malheurs des temps, il était peu probable qu'une contribution de trente millions seulement eût pu plonger dans cet excès de détresse un état tel que la France; cette réflexion ne put échapper aux yeux clairvoyants de Sully.

Il s'attacha avec une ardeur infatigable à se rendre un compte exact des véritables causes de la déplorable situation des peuples; à force de recherches et de soins incroyables dont il ne se reposait que sur lui-même, il parvint à découvrir clairement que les frais de perception de l'impôt s'élevaient à plus de cent cinquante millions de livres, somme énorme dans un

[1] Le marc d'argent était alors de 19 fr. 90 cent.; il vaut aujourd'hui 55 fr. Le setier de blé valait 8 fr. 82.; il vaut 22 fr. 68 cent. en 1834.

temps où le commerce était interrompu, l'industrie arrêtée ou persécutée, et les fonds de terre négligés ou sans valeur. Depuis longues années, la France avait donc été frappée d'une contribution au-dessus de ses forces, et l'on s'était servi, pour la lui arracher, de fraudes inouïes et de violences sans exemple.

Le premier acte de Sully, comme surintendant des finances, fut conforme aux inspirations du cœur paternel de Henri IV et à celles d'une haute politique. Un édit royal fit remise au peuple de ce qui restait dû sur la taille de 1596; c'était environ vingt millions, qui en réalité s'élevaient à plus de cent, puisque les frais de perception se trouvaient compris dans l'abandon de l'arriéré. Par cette mesure, commandée par la justice autant que par la prévoyance et la nécessité, Sully faisait bénir le nouveau règne, rendait à l'agriculture des capitaux abondants, et préparait la facile perception des impôts à venir.

Sully travailla ensuite sans relâche à la formation d'un tableau qui pût présenter l'ensemble et les détails de toutes les recettes et dépenses du royaume; c'est l'idée-mère des budgets et des comptes de finances qui forment de nos jours la base de l'administration publique chez la plupart des nations de l'Europe. Il se livra, dans ce but, à des investigations prodigieuses; le résultat de cette enquête fut une juste appréciation des causes du désordre des finances, et par conséquent des moyens d'arriver par degrés à la régularité et à la fidélité de la perception et de la comptabilité.

Ayant pénétré dans tous les mystères des concussions et fraudes financières, Sully put marcher d'un pas ferme à l'extermination de tous les abus; le moyen le plus sûr était de ramener toutes les opérations à un centre commun, c'est-à-dire à l'unité. Cette grande pensée devint la base de son système.

Par divers édits ou arrêts du conseil, il fut interdit, sous de fortes peines, de rien exiger du peuple, à quelque titre que ce fût, au delà du contingent fixé pour les subsides légalement établis, et pour les honoraires et remises des receveurs; les trésoriers de France en demeuraient personnellement responsables. Il fut défendu à tous nationaux et étrangers, princes du sang et autres officiers, de lever aucun droit sur les fermes de l'État, sous prétexte de faire acquitter leurs pensions, arrérages ou créances diverses; tous les fonds devaient entrer au trésor royal, et le trésor royal seul devait faire tous les payements. Chaque partie des revenus publics n'eut qu'un seul fermier et qu'un seul receveur; les sous-traités furent proscrits. Les comptables entrant en charge furent tenus d'apurer les comptes de leurs prédécesseurs, et de les poursuivre pour les recouvrements arriérés. Les fermes et autres branches de revenus, placés jusqu'alors sous la dépendance de princes étrangers, rentrèrent dans la main de l'État par de nouvelles adjudications; et pour assurer l'effet de ces diverses mesures, Sully fit établir une chambre de justice contre les traitants, trésoriers, receveurs et autres gens de plume.

Il résulta de ces travaux et de la visite que Sully fit par lui-même, ou par des délégués du conseil, des différentes généralités, que les revenus des fermes, des gabelles et des parties casuelles, furent à peu près doublés; que la taille se recouvra facilement et sans frais, et que toutes les dépenses de l'État s'acquittèrent avec la plus parfaite régularité. Le premier compte général des finances, rendu pour l'année 1597, put offrir le tableau des améliorations déjà obtenues, et de celles encore plus importantes que promettait l'avenir.

Il s'agissait d'amortir la dette immense de l'État. Pour parvenir à cette grande opération, Sully fit réunir et vérifier avec une sévérité scrupuleuse tous les titres de créance, qui s'élevaient, comme nous l'avons déjà dit, à trois cent trente millions de livres; trente-deux millions avaient été employés pour gagner les principaux chefs de la Ligue et un grand nombre de places de guerre dont ils étaient maîtres. La liquidation régulière de cette dette la réduisit prodigieusement; des termes furent assignés au payement des créances reconnues légitimes, et tout fut soldé en peu d'années avec la dernière exactitude.

Des abus nombreux s'étaient introduits dans les marchés passés pour les différents services de la guerre; de sages règlements y apportèrent une économie et une régularité inconnues dans toutes les branches de l'administration de l'armée : la solde des troupes, souvent arriérée, fut désormais acquittée régulièrement.

Alors Sully put remettre chaque année, le premier de l'an, à Henri IV, avec les jetons d'usage, le bordereau général des recettes et des dépenses de l'exercice qui finissait et de celui qui allait s'ouvrir, de manière non-seulement à les balancer exactement, mais encore à offrir des excédants de ressources obtenus par l'ordre parfait établi dans toutes les parties de l'administration des finances. Le roi, charmé de ces résultats, auxquels il avait aussi contribué de ses lumières et de son appui, applaudissait aux succès de l'habile ministre, et s'émerveillait à la vue de tant de règlements détaillés et de modèles de comptes que Sully avait rédigés et tracés de sa propre main, travail immense et courageux, auxquels on comprendrait à peine qu'un homme ait pu suffire, si l'on ignorait ce que peut une volonté ferme et l'ardente passion du devoir.

Il est aisé de prévoir que cette guerre à outrance, déclarée à des abus consacrés par le temps, devait déchaîner contre Sully tous les concussionnaires qui s'engraissaient de la substance et des sueurs du peuple, et les princes, grands seigneurs et courtisans, accoutumés à recevoir des faveurs et des largesses aux dépens du trésor public. Le soulèvement fut général. Sully, fort de la science qu'il avait acquise, et assuré de l'appui de son maître, sut le braver avec le calme impassible dont il avait fait preuve en d'autres combats.

Ce ne fut pas assurément sans avoir à soutenir des luttes de plus d'une sorte, qu'il parvint à extirper dans leurs racines les exactions qui foulaient le peuple, et les fraudes qui détournaient les revenus royaux de leur destination. Mais une volonté inébranlable triompha de tous les obstacles; seulement, et par une concession qui peint les mœurs et les déplorables nécessités de ce temps, il fut convenu que le roi, lorsqu'il serait obsédé de sollicitations trop puissantes, accorderait des édits de faveur, tandis que sous main le parlement serait invité à leur refuser la vérification et l'enregistrement.

Le surintendant des finances ayant ramené l'ordre et l'abondance dans le trésor, le grand-maître de l'artillerie et des fortifications put s'occuper de la restauration des places fortes ruinées pendant la guerre. Sully fit démolir les fortifications inutiles, rétablir celles dont la conservation était nécessaire, et réparer l'Arsenal et la Bastille. Il rédigea des règlements pour la fabrication des canons et affûts, des poudres et salpêtres, et forma sur des bases nouvelles l'institution des officiers d'artillerie.

Le grand-voyer, à son tour, travailla efficacement à l'amélioration des routes, des ponts et chaussées et des mines. Il visita les côtes, les ports de l'État et du commerce, ordonnant partout d'utiles et grandes réparations. Les routes royales furent embellies par ces plantations d'arbres encouragées dans tout le royaume, et dont quelques débris majestueux demeurent encore protégés par le nom vénéré de Sully[1].

Des soins attentifs et éclairés furent ensuite apportés à l'établissement des chantiers et arsenaux de la marine, à la construction de vaisseaux et de galères, et à la formation d'habiles pilotes et de bons matelots. La noble ambition de Sully était surtout de parvenir un jour à doter la France d'une puissante marine.

Enfin, le surintendant des bâtiments royaux se signala par les travaux du Louvre, de Saint-Germain, de Fontainebleau, de Monceaux, et de divers embellissements de Paris[2].

Au bout de cinq années, Sully, investi de cinq grands ministères, put jouir avec orgueil de la situation prospère de toutes les parties de l'administration publique, et remettre au roi le riche inventaire des magasins de l'État. « Dès lors, disent les historiens contemporains, l'abondance commençoit à se faire sentir dans tout le royaume. Délivré de ses tyrans, le

[1] De vieux et magnifiques ormes, qui existent dans plusieurs provinces, s'appellent encore des *Sully*.

[2] La place Dauphine, le Pont-Neuf, le pont au Change, à Paris; les ponts de Rouen, de Mantes, le pont et la belle chaussée de Châtellerault, furent construits ou terminés pendant l'administration du duc de Sully.

paysan ensemençoit et recueilloit avec assurance ; l'artisan s'enrichissoit de sa profession ; le plus petit marchand se réjouissoit du profit de son trafic, et le noble lui-même faisoit valoir ses revenus. »

La surveillance de Sully s'étendit aux abus introduits dans les monnaies ; persuadé que l'or et l'argent sont des agents indispensables à l'échange et à la production, il défendit l'exportation du numéraire hors de la France, et prohiba l'usage des étoffes d'or et d'argent qui lui paraissaient d'ailleurs un luxe préjudiciable aux mœurs publiques. Également convaincu qu'un État doit avant tout s'assurer de ses subsistances, Sully apporta de sages limites à l'exportation des grains, dont il favorisa le commerce au dedans du royaume. Avant lui on n'avait pas songé à tirer parti des rivières comme moyens de navigation intérieure. Il projeta de joindre par des canaux la Seine à la Loire, celle-ci à la Saône, et la Saône avec la Meuse. Le canal de Briare put seul être mis à exécution[1]. Frappé des désordres introduits dans l'administration de la justice, Sully travailla à divers projets de règlements pour simplifier les procédures, et déterminer la nature des fonctions des notaires, des avocats et des procureurs. Il fit rendre des édits sévères contre les banqueroutiers frauduleux.

A cette époque les duels portaient le deuil et l'effroi dans toutes les familles. Un édit rigoureux les défendit. Les nobles offensés dans leur honneur durent désormais s'adresser au tribunal des maréchaux de France pour en obtenir la réparation.

Tant de travaux et de détails ne faisaient point perdre de vue des objets non moins importants pour un esprit élevé. L'étude des sciences et des belles-lettres reçut de nobles encouragements. Une déclaration royale confirma celle des états d'Orléans de 1560, qui obligeait les pères de famille à envoyer leurs enfants aux écoles publiques. Un asile et des secours furent assurés aux officiers et soldats invalides. Une chambre de charité chrétienne s'occupa du soulagement des pauvres. Sully, voulant que l'aumône fût le prix du travail, que le travail fût offert à tous les indigents robustes, et des établissements charitables aux malheureux hors d'état de travailler, multiplia les ateliers de charité, rétablit les hôpitaux ruinés pendant la guerre, et contribua à la fondation d'un grand nombre d'hospices. Les églises saccagées ou démolies furent relevées. Beaucoup de couvents même reçurent de Sully des faveurs tellement signalées, que les protestants l'accusèrent de travailler à la ruine de leur parti.

Rien, on le voit, n'échappait à la vaste sollicitude de Sully. Mais il faut le dire, les inspirations et les lumières de Henri IV lui furent d'un aussi puissant secours que son propre génie. Ainsi que le reconnaît Sully lui-

[1] Le projet de jonction de l'Océan à la Méditerranée par le Languedoc, exécuté depuis, sous Louis XIV, fut au nombre de ceux qui occupèrent les méditations de Sully.

même, « ce ne sont pas les bons sujets qui manquent aux rois, ce sont les rois qui manquent aux bons sujets. » La majeure partie du bien opéré dans l'administration du royaume par le grand ministre[1], revient de droit au grand roi.

Henri IV présidait chaque jour, sauf les dimanches, le conseil de ses ministres, et deux fois par semaine celui des finances. Il se faisait rendre compte tous les huit jours, par Sully, des deniers reçus et de leur emploi, et lui écrivait journellement sur quelque objet d'administration ou de gouvernement. A sa mort, Sully possédait plus de trois mille lettres écrites entièrement de la main du roi, et dans lesquelles il donnait les ordres les plus précis pour le règlement des affaires publiques. Aucun détail n'échappait à ce prince : il s'aperçoit que dans une fonte, à l'arsenal, on a voulu détourner un canon. « Tout ce qu'il faut d'argent, tant pour la confection des tranchées et autres travaux que pour la solde des troupes, est toujours calculé si juste, qu'il ne faut pas craindre de se tromper en le suivant. » C'est le bon roi qui, dans la répartition des tailles, veut fixer lui-même les allégements qu'exigent certaines paroisses qu'il sait être les plus malheureuses. Les plus petites choses, dès qu'elles intéressent ses sujets, sont embrassées comme les plus élevées par cet esprit aussi vaste qu'éclairé et généreux. — Mais si l'on doit justement admirer les hautes qualités du monarque, on ne saurait moins apprécier celles du laborieux et intègre ministre, qui, fuyant les plaisirs, le luxe et les distractions même les plus innocentes, avait consacré chaque moment de son existence à l'accomplissement rigoureux de ses devoirs. Le règlement journalier de la vie de Sully explique comment il pouvait suffire aux immenses détails de son administration. Nous rapportons ici l'ordre qu'il s'était imposé, et qui demeura toujours un grand exemple pour les hommes publics.

Tous les jours Sully était levé dès quatre heures du matin. Ses deux premières heures étaient employées à expédier les mémoires et placets que l'on avait soin de placer la veille sur son bureau : c'est ce qu'il appelait *nettoyer le tapis*. A sept heures il se rendait au conseil, et passait la matinée chez le roi, dont il recevait les ordres relatifs à ses diverses charges. A midi il dînait; ensuite il donnait une audience réglée où chacun était admis, les ecclésiastiques en premier lieu, les gens de village après les membres du clergé, puis les personnes qualifiées ou distinguées. L'audience terminée, Sully travaillait jusqu'à l'heure du souper, c'est-à-dire jusque vers les sept heures; alors, oubliant les affaires, il se livrait avec abandon au bonheur d'être entouré de sa famille et d'un petit nombre d'intimes amis. Il était toujours couché à dix heures, à moins qu'un événement imprévu

[1] Malgré les éditeurs des Œuvres de Voltaire, et l'auguste auteur des notes sur *la Henriade*, nous croyons pouvoir donner ce titre à Sully sans craindre d'être démenti par nos lecteurs.

n'eût dérangé le cours ordinaire de ses occupations, car alors il reprenait sur la nuit le temps qui lui avait manqué dans la journée. Telle fut la vie qu'il mena pendant toute la durée de son ministère, sans que rien pût troubler cette règle invariable dans l'emploi d'un temps qu'il regardait comme appartenant au prince et à l'État.

Henri IV admirait cette rare application au travail. Un jour, venant voir Sully à l'Arsenal, et sachant que le vigilant ministre était au travail depuis trois heures du matin, il demanda à Roquelaure, qui l'accompagnait : « Pour combien voudriez-vous mener cette vie-là?... — Pardieu, sire, pour tous vos trésors, » répondit le joyeux et sincère courtisan.

Les plus hautes faveurs devaient être la récompense de tant de zèle. Sully, d'abord baron, ensuite marquis de Rosny, fut créé duc et pair en 1606. Sa qualité de protestant l'empêchant d'être décoré des ordres du roi, Henri IV le dédommagea par une multitude de grâces accordées à lui et à sa famille.

Les travaux du ministère de Sully ne furent interrompus qu'à de rares intervalles, et pour rendre à l'État de nouveaux et signalés services. — Il commanda l'artillerie au mémorable siége de Montmélian. Deux fois envoyé en ambassade à Londres, il se montra habile négociateur et sut obtenir d'Élisabeth, et ensuite du successeur de cette princesse, les gages les plus certains d'une solide alliance avec l'Angleterre, qui n'avait pas encore usurpé le sceptre des mers, du commerce et de l'industrie.

Dans l'espace de douze années, toutes les traces des discordes civiles avaient disparu. L'agriculture, le commerce et les arts étaient florissants. Jamais la France n'avait joui d'une plus grande prospérité. Henri IV se voyait au moment de réaliser le vœu de son noble cœur, car chacun de ses sujets allait bientôt pouvoir *mettre la poule au pot le dimanche*. Il mûrissait les plus vastes desseins pour asseoir désormais la puissance de la France et la paix de l'Europe sur des bases inébranlables : il ne lui restait plus qu'à abaisser la domination ambitieuse et inquiète de la maison d'Autriche. Dans cette situation, il vit avec autant de bonheur que de surprise que l'excellente administration de Sully lui avait ménagé les moyens de soutenir une longue guerre sans augmenter les charges des peuples. Trente millions d'épargnes existaient dans les coffres du trésor, et un nouveau fonds de quarante millions d'extraordinaire pouvait être réalisé en trois ans, sans rien prélever sur les dépenses ordinaires du roi et de l'État.

Le fer d'un exécrable assassin vint arrêter le cours de la vie la plus glorieuse, et les plus magnanimes projets.

Qui pourrait peindre la douleur de la France à cette nouvelle épouvantable? Encore aujourd'hui on se sent ému jusqu'aux larmes en lisant dans les Mémoires de Sully le récit de cet événement; et lorsque la pensée nous reporte au jour funeste qui vit disparaître le meilleur des hommes et des rois, nous sommes saisis, frappés de terreur et de déchirants regrets, comme si l'événement arrivait à l'heure même, comme si nous aussi nous venions de perdre le plus cher de nos amis ou le père le plus tendrement aimé! Quel Français, en effet, ne se persuade pas avoir connu le bon Henri, ne se fait pas l'illusion délicieuse d'avoir vu son visage, entendu une de ses nobles paroles, et reçu de lui un sourire ou un bienfait?

La douleur de Sully fut incommensurable et éternelle comme la perte qu'il éprouvait. La mort de Henri devait mettre fin à sa vie politique. Lui-même fut au-devant d'une retraite que son cœur brisé et le sentiment de sa dignité commandaient également. Ses conseils, l'appui de son bras même, ne furent point refusés à la royauté nouvelle; ses plus tendres vœux accompagnèrent toujours le fils d'un maître adoré : il soutint en bon citoyen le parti du jeune roi contre les calvinistes, lorsque la guerre leur fut de nouveau déclarée; il prit part au siége de Montauban et à d'autres actions de guerre, et remplit encore les fonctions de grand-maître de l'artillerie au siége de Saint-Jean-d'Angely : Louis XIII lui accorda en 1634 la dignité de maréchal de France[1]. Mais dès le moment où il perdit Henri IV, Sully comprit que sa place n'était plus là où tout était changé, les hommes comme les choses, et dans une cour où la politique et des intérêts nouveaux s'attachaient à faire oublier la mémoire et les traditions du grand roi.

C'est alors sans doute qu'il exprimait dans ces vers, assez peu poétiques d'ailleurs, les regrets et la mélancolie d'un ministre disgracié :

Adieu maisons, châteaux, armes, canons du roi;
Adieu conseils, trésors déposés à ma foi;
Adieu munitions, adieu grands équipages;
Adieu tant de rachats, adieu tant de ménages;
Adieu faveurs, grandeurs, adieu le temps qui court;
Adieu les amitiés et les amis de cour, etc.

Depuis l'an 1611, époque de sa retraite, jusqu'à sa mort, survenue le 23 décembre 1641, le duc de Sully habita alternativement les châteaux de Sully, de Rosny, de la Chapelle-Angillon et de Villebon, dont il avait fait de magnifiques résidences. A l'avénement de Henri IV sur le trône, sa fortune, dont il avait employé une grande partie au service du roi, ne s'élevait guère au delà de quinze mille livres de rente. Les grâces dont son maître s'était plu à le combler portèrent ses revenus à plus de deux cent mille livres, somme très-considérable, surtout pour le temps, et dont il a cru devoir faire connaître scrupuleusement la source et l'origine, comme il pensait que le devrait faire tout homme sortant des affaires publiques. Cette richesse lui permit d'entretenir sa maison avec une splendeur et une dignité qui de nos jours conviendrait à peine à un souverain. L'ordre le plus parfait

[1] Ce fut, il est vrai, en échange de la charge de grand-maître de l'artillerie.

continua de régner dans la conduite de ses diverses charges, dans l'administration de ses biens, et dans l'emploi utile et laborieux de son temps. Il avait conservé l'habitude de se lever de très-grand matin. Après ses prières et ses lectures, il expédiait d'abord les affaires dépendant de ses fonctions de grand-maître de l'artillerie, de surintendant des fortifications et de gouverneur de La Rochelle et du Haut et Bas-Poitou, qu'il conserva jusqu'à sa mort; ensuite, entouré de quatre secrétaires, il s'occupait à faire mettre ses papiers en ordre, et à faire rédiger, d'après ses notes, les mémoires qu'il a laissés sous le titre d'*Œconomies royales*.

Ces mémoires forment un des documents les plus précieux pour l'histoire des règnes de Charles IX, de Henri III et de Henri IV. Ils ne sont pas moins importants pour la science de l'administration et de l'économie politique; et ce qui leur donne un caractère particulier d'intérêt, c'est la peinture naïve et fidèle de la vie politique et privée de Henri IV. Rien ne saurait mieux faire connaître le cœur, l'esprit, le génie et les vertus héroïques de ce prince si aimable, si loyal, et qui sut si bien se faire pardonner ses faiblesses à force de bonté et de candeur. On ne se lasse pas d'y lire les traits délicieux, les paroles heureuses, spirituelles, et quelquefois sublimes, qui peignent si bien l'homme et le roi. On aime à y voir combien ce prince, si sensible aux charmes de la beauté, savait cependant retrouver sa grandeur d'âme lorsque la voix de l'honneur se faisait entendre; avec quelle franchise il savait revenir de ses erreurs ou de préventions injustes, avec quelle générosité surtout il savait pardonner! On s'associe avec la plus douce sympathie à ces épanchements intimes dans lesquels il venait déposer dans le sein d'un ami sévère, mais tendrement dévoué, ses peines secrètes, l'aveu de ses égarements, ses nobles résolutions et ses pensées magnanimes pour la gloire et le bonheur de la France. La fermeté avec laquelle Sully ose déchirer une promesse de mariage arrachée à la faiblesse d'un amant passionné, les raccommodements de Henri IV et de son ministre, une foule de détails sur la vie intérieure et la cour du grand roi, sont retracés avec un charme inexprimable.

Tous les faits historiques survenus de 1570 à 1628, c'est-à-dire dans l'espace de cinquante-huit années, sont rapportés dans ces mémoires. Ils y sont jugés quelquefois peut-être avec une partialité qu'expliquent les malheurs du temps et les opinions religieuses de Sully, mais avec un ton de sincérité et de bonne foi que l'on ne saurait méconnaître. Sully conserve de vieilles rancunes contre certains hommes. Le corps célèbre des Jésuites est surtout l'objet de ses constantes préventions. Cependant on le voit traiter avec les plus grands égards la religion catholique[1], et limiter même les avantages accordés aux protestants par l'édit de Nantes.

[1] On a toujours supposé que Sully penchait secrètement pour le catholicisme, et qu'une

On ne doit pas s'attendre à trouver dans les *Œconomies royales* une grande perfection de style. Il est facile de s'apercevoir que plusieurs écrivains ont pris part à leur rédaction, souvent diffuse et inégale.

Par une sorte de fiction qui paraît étrange au premier abord, ce sont les secrétaires de Sully qui sont censés lui adresser la narration de sa propre vie. Toutefois l'élévation de la pensée et la force de l'expression révèlent plus d'une fois la main de Sully, et prouvent qu'il savait écrire comme il appartient à l'homme de guerre et à l'homme d'état.

Mais le grand mérite des *Œconomies royales*, c'est d'offrir l'ensemble des principes de gouvernement et d'administration qui dirigèrent le ministère de Sully, c'est de présenter, sur les différentes parties de l'économie sociale, sur la législation et sur les devoirs des rois et des peuples, une foule d'aperçus lumineux et de maximes auxquels les changements survenus dans les mœurs et dans les idées n'ont rien fait perdre de leur force et de leur sagesse. Les réflexions de Sully sur les assemblées délibérantes, sur les causes de la ruine ou de l'affaiblissement des monarchies, cette grande pensée que *les bonnes lois et les bonnes mœurs se forment réciproquement*, sont empreintes d'une raison élevée et d'une sagesse que l'on pourrait appeler prophétique. Fénelon, Bossuet, Montesquieu lui-même, et les grands publicistes modernes, n'ont rien dit de plus vrai, de plus juste, de plus applicable à tous les temps et à tous les pays. Et ce qui prouve combien Sully avait étudié les besoins, les ressources et les véritables intérêts de la France, c'est que ses doctrines politiques ont encore aujourd'hui le mérite de l'actualité, et que les rois et les ministres de nos jours peuvent y puiser le plus haut enseignement.

Les vues de Sully en matière d'économie politique n'ont pas été moins profondes. Il préférait à tout l'agriculture et le commerce intérieur. Il apercevait, dans une trop grande extension donnée aux manufactures, le danger d'enlever à la production agricole des capitaux et des bras nécessaires, de propager le goût du luxe, d'énerver les corps et les courages, et de faire quitter aux laboureurs un travail assuré et abondant pour une profession soumise à de continuelles vicissitudes. C'est par les mêmes motifs qu'il désapprouvait l'établissement de colonies lointaines. Il voulait qu'avant toutes choses la subsistance de la nation fût assurée. Il savait (ce que l'on a compris à peine de nos jours) que les importations les plus considérables des grains de l'étranger peuvent à peine nourrir la plus faible partie de la population, et que ce qui importe au pays, c'est d'encourager la production des céréales et des subsistances, et d'en maintenir le prix à un taux égale-

fausse délicatesse l'a empêché d'imiter l'exemple de Henri IV. Il craignit de paraître trop accorder à l'ambition et à l'intérêt. A l'exception de la duchesse de Rohan, tous ses enfants ont été élevés et sont morts dans le sein de l'Église romaine.

ment favorable au producteur et au consommateur. Son système n'était point d'interdire une sage et utile industrie, ni même ce luxe raisonnable qui naît des progrès de l'aisance dans toutes les classes de la société; mais il demandait que cette industrie s'exerçât de préférence sur les produits du sol, et que l'agriculture demeurât toujours l'objet exclusif de la protection et des soins du gouvernement. A ses yeux, elle était la source première des richesses, et, par son aptitude à les répartir équitablement, la base de l'ordre, des mœurs et de la force des États. Les impôts qui pèsent directement sur la propriété et sur les cultivateurs, celui du sel surtout, lui paraissaient les plus funestes et les plus impolitiques de tous. — Sully voulait enfin que chacun améliorât sa condition, mais que personne ne songeât à en sortir, tant il redoutait l'ambition des emplois publics et les brigues qu'elle fait naître.

L'expérience prouve plus que jamais aujourd'hui combien Sully savait lire dans l'avenir, et combien ses idées étaient conformes aux véritables notions de la nature des hommes et des choses. Depuis que le temps et les faits ont pu faire clairement apprécier les principes de l'industrialisme anglais et leurs conséquences inévitables (c'est-à-dire l'excès de la production manufacturière et de la population, l'emploi exagéré des machines, le monopole du commerce et de l'industrie, les guerres de douanes, et enfin le paupérisme, cette lèpre dévorante des nations modernes), on est forcé d'admirer la prévoyance et la haute sagesse de Sully, et de reconnaître qu'en plaçant dans le travail appliqué aux produits agricoles l'élément principal de la richesse, il a révélé le véritable secret du bonheur des peuples. — Il est donc permis de dire que Sully a fondé la véritable économie politique française, comme il avait également introduit dans les finances et dans toutes les branches de l'administration publique ce système d'unité, d'ordre et de régularité, que les progrès de la science ont successivement perfectionné, sans pouvoir toutefois faire découvrir des principes meilleurs et différents. Sous ces divers rapports, l'influence du ministère et des écrits de Sully a été immense en France et en Europe, et peut-être sa renommée, déjà si grande, est-elle destinée à s'accroître encore. Nous croyons apercevoir, dans le mouvement actuel des idées, une tendance à revenir aux maximes de Sully. Les bons ministres de ce temps sont ceux qui se modèlent sur les règles qu'il a tracées. Cela doit être ainsi à une époque de véritable progrès, car, lorsqu'on a parcouru un long cercle d'erreurs, le progrès consiste à un prompt retour vers les lois éternelles de la raison, de la vérité et de la justice.

Sully, comblé d'années, de dignités, de richesses et de gloire, acheva sa carrière le 23 décembre 1641, à l'âge de quatre-vingt-deux ans. Il est triste de penser que les derniers moments de ce grand homme furent troublés par des chagrins domestiques et le ressentiment d'une longue disgrâce.

Le duc de Sully était d'une grande et noble stature, son regard plein de feu. Le génie de l'ordre étincelait sur un front large et chauve, ridé par le travail et la méditation; son aspect, martial dans la jeunesse, imposant dans l'âge mûr, était devenu vénérable dans une vieillesse demeurée verte et virile. On sait avec quelle sorte de respect religieux il avait conservé jusqu'à sa mort le costume suranné du temps de Henri IV. Plusieurs portraits qui nous restent de lui le représentent décoré d'une chaîne d'or et de diamants, à laquelle était suspendue l'effigie de son maître bien aimé; c'était en quelque sorte une décoration qu'il s'était faite pour remplacer les ordres royaux dont sa religion l'avait privé. Il ne quittait jamais cette noble image : de temps en temps il la prenait, s'arrêtait à la contempler et à la baiser avec attendrissement.

Les historiens contemporains n'ont pas tous jugé Sully avec une égale impartialité : on ne saurait s'en étonner. Acteur dans les cruelles discordes civiles et religieuses de son temps, implacable ennemi des abus, et ayant conservé jusqu'à la fin la faveur exclusive de son maître, le ministre que son austérité avait fait surnommer *le négatif* devait nécessairement soulever contre lui une foule d'intérêts blessés, exciter bien des jalousies, déchaîner bien des haines. On lui a reproché, et non sans quelque raison, de la hauteur, de l'opiniâtreté, et une sorte de rudesse. Trop vivement occupé de l'élévation de sa famille, il fut quelquefois entraîné à des moyens qu'une sévère délicatesse ne saurait entièrement approuver. Mais ne doit-on pas faire la part des temps, des mœurs et des usages, et pardonner quelques imperfections à un homme supérieur à son siècle, et dont les défauts furent ceux du siècle où il a vécu?

Le meilleur juge de Sully ne pouvait être que Henri IV lui-même. Voici comment le grand roi, dans l'abandon de l'amitié et de la confiance, s'exprimait sur son ministre.

« Quelques-uns se plaignent, et quelquefois moi-même, qu'il est d'une humeur rude, impatiente et contredisante. On l'accuse d'avoir l'esprit entreprenant, de présumer tout de ses actions et opinions, et de rabaisser celles d'autrui, de vouloir élever sa fortune, et avoir des biens et des honneurs. Or, quoique je lui reconnaisse bien une partie de ces défauts, et que je sois contraint de lui tenir quelquefois la main haute quand je suis de mauvaise humeur, qu'il se fâche ou se laisse emporter par ses idées, je ne laisse pas pour cela de lui en passer beaucoup, de l'estimer, et de m'en bien et utilement servir, parce que je reconnais que véritablement il aime ma personne, qu'il a intérêt que je vive, et qu'il désire avec passion la gloire et la grandeur de moi et de mon royaume. Je sais aussi qu'il n'a rien de malin dans le cœur; qu'il a l'esprit industrieux et fort fertile en expédients; qu'il est grand ménager de mon bien, homme fort laborieux et diligent, qui essaie de ne rien ignorer et de se rendre capable de toutes sortes d'affaires de paix et de guerre; qui écrit et parle assez bien, d'un style qui me plait, parce qu'il sent son soldat et son homme d'état. Enfin, il faut que j'avoue que, malgré ses bizarreries et ses promptitudes, je ne trouve personne qui me console plus puissamment que lui dans mes différents chagrins. »

Sully, qui rapporte ces paroles, ajoute avec une touchante candeur : « Je ne me récrierai ici ni sur le blâme ni sur la louange. En convenant (comme il me semble que la bonne foi commande qu'on le fasse) qu'apparemment il y a chez moi véritablement lieu à l'un et à l'autre, tout ce qu'un honnête homme a à faire dans cette occasion, est de les faire servir également à rectifier de plus en plus son cœur et ses mœurs. »

Cette réflexion, d'une philosophie toute chrétienne, nous semble le dernier trait qu'il restait à donner à l'esquisse d'une si illustre vie.

LE Vte ALBAN DE VILLENEUVE-BARGEMONT.

Dessiné par Eug. Delacroix. Geny-Gros, imp. rue du Plâtre, 28 Paris. Gravé par Warquez.

REGNIER.

RÉGNIER

NÉ EN 1573, MORT EN 1613.

Les poètes ressemblent aux héros de mademoiselle de Scudéri, ils n'en finissent pas à raconter leur histoire. Pascal s'en scandalisait. « Le moi est haïssable, disait-il : je le haïrai toujours. » Je ferais comme lui en toute autre occasion ; ici je prends mon avantage sans rien dire. Où en serais-je sans cela, ayant à écrire la vie et les aventures de Mathurin Régnier? Quand j'aurais dit qu'il était de Chartres en Beauce, et neveu par sa mère d'un célèbre poète de ce temps-là, Philippe Desportes ; qu'il vint de bonne heure à Paris pour tenter la fortune, laquelle l'entraîna au loin sans l'enrichir beaucoup ; enfin qu'il mourut de débauche avant quarante ans, dans une hôtellerie, non en Savoie, ou en Toscane, comme la pensée lui en était venue plusieurs fois, mais à Rouen, à *l'Écu d'Orléans*, le 22 octobre 1613, le lecteur saurait à peu près tout ce qu'en savent les historiens ; et il faut avouer que cela ne vaudrait guère la peine de prendre la plume pour retracer une biographie, si cette biographie ne se trouvait écrite d'avance et d'autre façon dans les vers du poète. Ce n'est pas qu'il faille toujours l'en croire sur parole, non plus que les autres poètes, ses pareils ; je les connais, et je sais qu'ils sont gens à dire du mal d'eux-mêmes plutôt que de n'en pas parler. Mais c'est assez que nous soyons sur nos gardes, et que, pour son honneur même, nous ne le prenions pas au mot.

Mathurin Régnier naquit à Chartres, vers la fin de l'année 1573. Ses parents le firent tonsurer dès l'âge de onze ans pour le mettre en état de succéder un jour à quelques-uns des bénéfices de son oncle, qui, Dieu merci, n'en manquait pas. Il avait ses quatre abbayes de Tiron, de Bonport, d'Aurillac et des Vaux de Cernay, qui lui rapportaient plus de quarante mille livres, sans compter son canonicat de la Sainte-Chapelle. C'était un assez beau lot pour un pauvre diable d'ex-clerc de procureur qui, quelque dix ans auparavant, était sorti un beau matin de chez son patron emportant sa garde-robe dans ses chausses ; et le moins qu'il pût faire pour le fils de sa sœur Simone, qui l'avait toujours eu en grande vénération, était de lui céder une de ces abbayes, fût-ce la plus mince des quatre, Aurillac par exemple, qui ne valait que douze cents écus. Mais le jeune Mathurin n'était pas homme à prévoir les honneurs de si loin. Élevé dans la pleine jovialité des mœurs bourgeoises, insoucieux, ennemi de toute contrainte, il ne songeait guère qu'à rattraper le temps perdu au collége, et volontiers il eût donné la succession entière de son oncle pour le tripot et le jeu de paume de son père. Ce père n'était pas un maître brelandier, comme on l'a faussement prétendu; c'était un bourgeois de la même ville de Chartres, qualifié d'*honorable homme* dans son contrat de mariage, riche assez pour vivre sans rien faire, et rempli de belles sentences de morale : au demeurant, joyeux compagnon, aimant la table et le plaisir, et qui, l'année même de la naissance de son fils, avait fait bâtir, des démolitions de la citadelle de Chartres, que le crédit de son beau-frère lui fit avoir, un tripot fameux connu long-temps sous le nom de *Tripot-Régnier*. La belle école pour un jeune homme que l'on destine à être d'église! Mais, en vérité, notre Mathurin n'y songeait guère. C'était dès sa quinzième année un singulier enfant, emporté tour à tour vers le plaisir ou la rêverie, et cela sans frein, sans mesure, avec l'impétuosité d'une imagination qui ne savait ni se régler ni se contenir. Aujourd'hui vous le rencontriez par les rues, le nez au vent, la toque sur l'oreille, le rabat déchiré, chantant et hurlant en compagnie de jeunes débauchés comme lui; demain il s'égarait tout seul parmi les lieux déserts et les bois épais où la Muse lui donnait de mystérieux rendez-vous.

> Rêveur, je m'égarois tout seul par les destours
> Des antres et des bois affreux et solitaires,
> Où la Muse, en dormant, m'enseignoit ses mystères,
> M'apprenoit des secrets, et, m'eschauffant le sein,
> De gloire et de renom relevoit mon dessein.

Le père entendit parler de ces courses vagabondes. En même temps il lui vint aux oreilles des bruits de vers et de chansons où l'humeur satirique du jeune poète s'exhalait en joyeuses rimes. A cinquante ans de là, Mathurin n'était déjà plus, on parlait encore dans sa ville natale de ces couplets, pleins d'une verve malicieuse, qu'il composait dans ses promenades, alors qu'il s'en allait, comme il dit lui-même,

> . . . . . Rêvant, le manteau sur le nez,
> L'âme bizarrement de vapeurs occupée,
> Comme un poète qui prend des vers à la pipée.

Maître Jacques Régnier était, comme je l'ai dit, un homme sage quand il était à jeun, justement considéré dans sa ville, et tenant par-dessus tout à vivre en paix avec ses voisins. Il eût volontiers pardonné à son fils ses fredaines, mais non ce penchant à la satire, qu'il n'avait pas peu contribué à développer en lui, s'il faut en croire ce dernier :

Mais mon père m'apprit que des enseignements
Les humains apprentifs formoient leurs jugements;
Que l'exemple d'autruy doit rendre l'homme sage :
Et, guettant à propos les fautes au passage,
Me disoit : Considère où cet homme est réduict
Par son ambition : cet autre toute nuict
. . . . engage son domaine :
L'autre, sans travailler, tout le jour se promeine :
Pierre, le bon enfant, aux dez a tout perdu :
Ces jours le bien de Jean par décret fut vendu :
Claude aime sa voisine et tout son bien lui donne.
Ainsi, me mettant l'œil sur chacune personne,
Qui valloit quelque chose, ou qui ne valloit rien,
M'apprenoit doucement et le mal et le bien.

De quoi s'étonnait-il donc que ses leçons eussent porté leur fruit et que son fils s'égayât maintenant aux dépens de Claude et de sa voisine? Toutefois il me vient un scrupule au sujet de cette confession du poète; ne serait-ce point une réminiscence d'Horace?

Insuevit pater optimus hoc me
Ut fugerem, etc.

Quoi qu'il en soit, le bonhomme Régnier n'entendait point raison là-dessus;

Et bien que, jeune enfant, mon père me tansast,
Et de verges souvent mes chansons menassast,
Me disant de despit, et bouffy de colère :
Badin, quitte ces vers; et que penses-tu faire?
La muse est inutile; et si ton oncle a sceu
S'avancer par cet art, tu t'y verras deceu.

Et il lui conseillait d'étudier

Galien, Hippocrate, ou Jason, ou Bartole.

Mais le ciel s'était rendu le maître de son jugement; il fallait qu'il fît des vers, malgré qu'il en cût, et lorsque la crainte du châtiment faisait taire un moment la passion, il se fût volontiers écrié, comme le jeune Ovide :

Parce mihi; nunquam versificabo, pater.

De guerre lasse, il s'enfuit de la maison paternelle, non sans regret — il tourna la tête à plus d'une reprise pour voir une fois encore le bienheureux tripot où s'était écoulée la meilleure partie de son enfance — et s'en vint à Paris, il serait difficile de dire au juste à quelle époque, mais probablement vers 1591 ou 1592, au plus fort des guerres de la Ligue. Il avait dix-huit ans alors. J'imagine qu'il n'oublia pas, en arrivant, de se présenter chez son oncle ; mais je ne vois pas que cet oncle se soit beaucoup occupé de le pousser dans le monde : ce qui n'empêcha pas Régnier de l'honorer tant qu'il vécut comme le premier poète de son siècle, et plus tard de défendre sa mémoire avec une âpreté de colère qu'il n'eût pas trouvée s'il se fût agi de lui-même. A vrai dire, le moment était mal choisi. La guerre désolait la France; le Béarnais conquérait son royaume à la pointe de son épée, et n'avait garde d'entretenir des poètes, lui qui n'avait pas de quoi payer son armée; quant aux ligueurs, c'étaient gens grossiers, *brutalement nourris dans les fureurs de Mars*, qui se souciaient aussi peu de la lyre que d'une vielle et d'une cornemuse. Le temps n'était plus où l'on avait une abbaye pour un sonnet, où Desportes recevait de Charles IX huit cents écus d'or pour sa petite pièce du *Rodomont :* cet âge d'or du sonnet, dont Balzac a dit tant de mal, parce qu'il ne faisait de vers qu'en latin, était passé sans retour. Les Muses, chassées de toutes parts, n'avaient trouvé d'asile qu'au château d'Usson, au milieu des montagnes de l'Auvergne, près de la reine de Navarre, qui ne les logeait pas toujours en bonne compagnie. La prédiction du bonhomme Régnier se réalisait :

Mars, tout ardent de feux, nous menasse de guerre;
Tout le monde frémit, et ces grands mouvements
Couvent en leurs fureurs de piteux changements.
Penses-tu que le luth, la lyre des poëtes
S'accordent d'harmonie avecque les trompettes,
Les fifres, les tambours, le canon et le fer,
Concert extravagant des musiques d'enfer?

Voilà notre poète à Paris, un peu triste, un peu désenchanté d'abord, j'imagine; mais bientôt son insouciance prend le dessus. Il est jeune; il a de longues années devant lui; l'ambition ne le tourmente pas; il est aussi modeste et plus sincère qu'Horace dans ses vœux. D'ailleurs la pauvreté ne lui fait point peur, au besoin même il trouvera des vers à sa louange :

Car en quelque façon les malheurs sont propices;
Puis les gueux, en gueusant, trouvent maintes délices,
Un repos qui s'esgaye en quelque oysiveté.

Lazarille n'eût pas mieux dit. Une seule chose le fâche, c'est son habit *partout cicatrisé* qui l'expose aux risées des grands et du peuple. Car le reste n'est rien; il prendrait patience volontiers, et trouverait même du goût parmi la misère, le sybarite qu'il est;

> Mais ce qui doit desplaire
> A l'homme de courage et d'esprit relevé,
> C'est qu'un chacun le fuit ainsi qu'un réprouvé.

Voilà pourquoi il se décide à faire le sacrifice de son indépendance. Il avait hésité long-temps. Cette vie au jour le jour, avec ses accidents imprévus, le tapage des rues, l'odeur des cabarets, ses amours du soir oubliées le lendemain, allait bien mieux à son humeur insouciante et libre. Quel dommage qu'il faille vivre cependant, au lieu de folâtrer et de travailler à son heure, et que *le corps ne se paisse aux banquets de la Muse!* C'est alors qu'il connut le cardinal de Joyeuse, et se décida à l'accompagner en Italie (1593).

> Jeune, abandonnant la France,
> J'allay, vif de courage et tout chaud d'espérance,
> En la cour d'un prélat qu'avec mille dangers
> J'ay suivi, courtisan, aux pays étrangers.
> J'ay changé mon humeur, altéré ma nature,
> J'ay beu chaud, mangé froid, j'ay couché sur la dure,
> Je l'ay, sans le quitter, à toute heure suivy.
> Donnant ma liberté, je me suis asservy,
> En public, à l'église, à la chambre, à l'étable,
> Et pense avoir esté maintefois agréable.

On voit déjà que la terre papale ne fut pas pour lui une terre de bénédiction. Du reste ces vers, déduction faite de l'hyperbole poétique, sont une peinture assez exacte de la vie des écrivains, comme il y en avait tant alors, obligés, pour vivre, de s'attacher à la fortune de quelque grand seigneur et d'attendre patiemment, comme Régnier, qu'il plût à leur maître, en récompense de tant de labeurs,

> Leur service honorer d'un honneste présent,
> Honneste, et convenant à leur basse fortune.

Le cardinal était de ces gens auxquels on n'arrache rien qu'à force d'importunités; or Régnier, il l'avoue lui-même, n'était pas *entrant*, il ignorait l'art de se pousser auprès des grands;

> Et puis je ne saurois me forcer ni me feindre;
> De porter un poullet je n'ay la suffisance,
> Desbaucher une fille et par vives raisons
> Luy montrer comme amour fait les bonnes maisons.

De quoi s'avisait-il donc de se faire courtisan? Il est vrai qu'il n'attend pas de grandes faveurs : il n'est point de ces ambitieux, comme Ronsard, qui ne demandent pas mieux

> Que d'avoir tout le dos et le chef empêché
> Dessous la pesanteur d'une double évêché.

Une seule même lui serait de trop; il ne veut point avoir charge d'âmes; c'est pourquoi il ne prétend autre chose qu'*une simple abbaye, et quelque peu de nom*. Vienne seulement l'abbaye; le reste le regarde. Mais l'abbaye ne venait pas; il demeura dix ans à l'attendre. A la fin il se lassa d'un service où, comme il dit,

> L'honneur d'être sujet tient lieu de récompense;

et il s'en revint à Paris (1603), Gros-Jean comme devant, mais à moitié consolé, et espérant toujours. Là du moins il nage en pleine eau, il est dans son élément; là il retrouvera Macette et le cabaret de la Pomme de Pin; ses promenades favorites, ses amis du cabinet satirique, Sigogne, Bertelot, et les autres, tout ce qu'il aimait et regrettait. Car, il faut bien l'avouer à sa honte, il goûtait médiocrement le séjour de Rome; il n'était pas de ces poètes qui vivent dans la perpétuelle contemplation d'eux-mêmes ou parmi les ombres des choses passées, qui s'asseyent en gémissant au bord des ruines, et mêlent le bruit de leurs sanglots aux murmures des cascades. Les grands souvenirs de l'ancienne Rome, ou les merveilles de la Rome chrétienne, Saint-Pierre, le Colysée, Tibur, qui gardait le souvenir d'Horace, le Capitole, où Pétrarque avait monté naguère comme les anciens triomphateurs, tout cela parlait peu à son imagination. L'inspiration ne lui était pas venue dans la patrie de Virgile et de Dante; à peine avait-il, pendant ces dix années, composé quelques centuries de vers, comme on disait en ce temps-là. La Muse l'avait délaissé sous le beau ciel de l'Italie; il la retrouva sous le ciel brumeux de la France, cheminant à pied par les rues de Paris, crottée jusqu'à l'échine, mais vive, alerte, gaillarde comme autrefois. Que de confidences ils échangèrent! *O qui complexus, et gaudia quanta fuerunt!* C'étaient des demandes et des réponses sans fin. — Quoi! c'est vous? disait la Muse. Comme vous voilà pâle et défait! Vous aviez au départ le teint frais et la mine fleurie : qu'êtes-vous donc devenu durant ces dix ans? Voyons, contez-moi vos aventures. N'aviez-vous chez votre prélat bon souper, bon gîte, et le reste? — Ah! répondait-il, bon soûper? j'ai bu chaud et mangé froid; bon gîte? j'ai dormi sur la dure : du reste, ne m'en parlez point. — Quoi! ne trouvâtes-vous à vous refaire chez les dames romaines? — Vraiment oui, j'en eus bientôt assez de vos dames romaines. Ne savez-vous pas quelles façons sont les leurs, et que là-bas il faut servir le chapeau dans le poing, toujours, comme un forçat, être à la rame, et sans nul profit porter tout le faix d'un plaisir commun? — Pauvre bel ami, je vous plains. — Point, puisque me voilà revenu. Mais à votre tour, parlez-moi de nos connaissances. Claudine, qu'est-elle devenue? — Elle est morte à l'hôpital. — Ce que c'est que de nous pourtant! Je finirai peut-être de même. Et Nicolas, ce vaurien? — Il s'est converti. — Et Sidoine, que nous appelions le Sage? — Pendu en place de Grève. — Pendu!... mais quoi? tout chemin mène au ciel. De vous cependant vous ne me dites rien? — Moi, je vous attendais.

Que de choses encore ils se disaient, que je ne vous répéterai pas! Mais, si vous êtes curieux, adressez-vous à lui-même; il ne refusera pas de vous admettre en tiers. Peut-être même il vous en dira plus que vous n'en voudrez entendre.

Il avait repris son train d'autrefois, sa vie insouciante et folle, la vie de Villon, à cela près du Châtelet, qu'il n'a vu que *du dehors*, et aussi de l'impiété. « Il faut vivre, » dit-il,

> Vivre, et comme chrétien adorer l'immortel!

Vous voyez qu'il ne fait pas profession d'athéisme, malgré ses dix ans passés en terre papale.

Cependant la fortune le visita comme il ne songeait plus à elle. Un an après son retour (1604), il fut pourvu, je ne sais comment ni par qui, d'un canonicat de la cathédrale de Chartres; d'autres grâces lui vinrent coup sur coup et comme à la file. Son oncle mourut (1606), et c'est alors, dit Tallemant, qu'il commença à être à son aise. Henri IV, dont les coffres s'étaient remplis, et qui ne laissait pas toujours son favori Bellegarde faire le roi de France à sa place, donna au neveu du défunt une pension de deux mille livres sur l'abbaye des Vaux de Cernay : ce qui, avec sa prébende de Chartres, ne laissa pas que de lui faire un honnête revenu.

Il avait trente-trois ans alors. Ses vœux étaient satisfaits; il était aimé de ses amis, qu'il égayait par ses joyeusetés et par ses reparties, estimé des grands, dont il s'était toujours tenu à distance. Rassuré désormais sur l'avenir, il pouvait dormir à son aise la grasse matinée : que lui manquait-il pour être heureux? Mais les passe-temps d'amour l'avaient rendu grison avant le temps; sa santé s'était altérée, et il expiait par de cruelles souffrances les déportements de sa jeunesse. La Muse pouvait seule le distraire de ses maux. Il l'avait respectée dans les plus grands désordres de sa vie; il ne l'avait point condamnée à un métier avilissant, à l'exemple des autres poètes ses confrères. Elle l'en récompensa en lui restant fidèle. Elle venait dès qu'il l'appelait, et l'écoutait complaisamment. Il ne se fardait pas à ses yeux, ne cherchait pas à exciter sa pitié par l'étalage de fausses douleurs : non, ils se connaissaient de trop longue-main pour s'abuser l'un l'autre. Il avait dès lors comme un pressentiment du sort qui l'attendait : *J'irai*, dit-il, *quelque jour*,

troublé de resverie,
Mourir dessus un coffre en une hostellerie,
En Toscane, en Savoye, ou dans quelque autre lieu,
Sans pouvoir faire paix ou tresve avecque Dieu.

Mais c'était là son moindre souci ; il s'inquiétait bien davantage au souvenir de certaine offense que sa maîtresse ne lui avait point pardonnée. Voilà ce qu'il lui contait à l'oreille d'un air piteux, la priant de l'aider à réparer ses torts ; puis, dès qu'il était rentré en grâce avec Macette, il plantait là la Muse, dont il n'avait plus que faire, comme autrefois les troubadours prenaient la Sainte Vierge à témoin des cruautés de leur dame, et quand ils avaient, par son intercession toute-puissante, trouvé la fin de leur martyre, s'écriaient dans un ravissement extatique : Mère des anges ! regardez ; vos délices ont-elles rien de comparable à la suavité des baisers de ma dame ?

Cela dura une dizaine d'années encore pendant lesquelles il acheva de perdre dans les plaisirs, comme lui-même s'en accuse, *son esprit*, *son âme et sa jeunesse*. La pensée de Dieu, une vague inquiétude de l'avenir se mêlent à tout cela, assez pour qu'on prévoie un jour le repentir, pas assez pour qu'il s'arrête tout à coup, lancé comme il est à fond de train. Patience cependant ; Desbarreaux en avait fait bien d'autres quand il se convertit. Qui sait si Théophile lui-même, qu'il dut rencontrer plus d'une fois en ses débauches, ne se serait pas réconcilié avec Dieu si les hommes lui en eussent laissé le temps ? D'ailleurs ce mal de jeunesse, si c'en est un, ne durera pas toujours. Nous le savons trop :

Chaque âge a ses humeurs, son goust et ses plaisirs,
Et comme notre poil blanchissent nos désirs.

La mort vint trop tôt ; il mourut comme il avait vécu et de ce qu'il avait vécu. Le témoignage de Tallemant est positif à cet égard. Ce fut, comme je l'ai dit plus haut, à Rouen, où il était venu exprès pour se mettre entre les mains d'un nommé Le Sonneur. Quand il fut guéri, il voulut donner à manger à ses médecins. Il y avait du vin d'Espagne nouveau, ils lui en laissèrent boire par complaisance : il en eut une pleurésie qui l'emporta en trois jours. Lui, qui ne s'était point ému de ce que deviendrait son âme après sa mort, s'inquiéta du lieu où reposerait son corps. Il y avait près de Luzarches une célèbre abbaye, fondée anciennement par saint Louis, dans un endroit charmant, non loin de la rivière d'Oise. C'est là qu'il venait, *en la saison nouvelle*,

Quand Zéphyre en ses rêts surprend Flore la belle,
Que dans l'air les oiseaux, les poissons en la mer

Se plaignent doucement du mal qui vient d'aymer;
Ou bien lorsque Cérès de fourment se couronne,
Ou que Bacchus soupire amoureux de Pomone,
Ou lorsque le safran, la dernière des fleurs,
Dore le scorpion de ses belles couleurs;

c'est là qu'il venait se délasser du bruit et des incommodités de Paris. Il voulut y être inhumé. Son corps fut mis dans un cercueil de plomb, et porté à Royaumont, comme il l'avait ordonné. Il avait porté la prévoyance jusqu'à composer lui-même son épitaphe : la voici telle qu'il se l'était « bâtie en sa jeunesse débauchée, étant, comme il pensait, sur le point de rendre l'âme. »

J'ai vescu sans nul pensement,
Me laissant aller doucement
A la bonne loy naturelle;
Et si m'estonne fort pourquoy
La mort osa songer à moy,
Qui ne songeay jamais en elle.

Telle fut la vie de Régnier. Avant d'aller plus loin, il est un reproche qu'on ne lui a pas épargné, et dont je voudrais essayer de l'absoudre, s'il est possible. Il n'est que trop vrai qu'il se montra peu scrupuleux sur le choix de ses rimes; et en cela il ne fit que se conformer au goût de son siècle; mais, s'il est licencieux par fois, il n'est pas immoral de parti pris. Ni immoral, ni athée, nous le savons. Il ne brave pas l'honnêteté, il l'ignore. C'est ainsi qu'il va mal vêtu et mal peigné par les rues : ce n'est pas cynisme, c'est oubli : l'incurie, non l'orgueil, perce à travers les trous de son manteau. Ne soyez pas trop sévère pour lui; je vous assure qu'au fond il a l'âme honnête, et qu'il se recule du vice avec horreur quand il l'aperçoit dans sa nudité. Lisez sa satire onzième, où il fait cette peinture effroyable de la débauche. Rappelez-vous ces trois vieilles hideuses, qui n'ont que la moitié d'un nez, quatre dents en bouche, des yeux rouges et chassieux, ces trois corps tronqués dont Michel-Ange avec tous ses efforts ne pourrait faire une figure entière.

A ce piteux spectacle, il faut dire le vray,
J'eus une telle horreur que, tant que je vivray,
Je croiray qu'il n'est rien au monde qui garisse
Un homme vicieux comme son propre vice.

Par malheur il ne se hasarde guère à regarder au fond de cette eau trouble; ces fantômes l'épouvantent; ces figures grimaçantes le poursuivent tout le jour; et ce soir que dira Macette? Il n'en est pas venu jusque-là que ces visions terribles lui servent d'aiguillon au plaisir, à l'exemple de ces voluptueux de l'ancienne Rome qui plaçaient dans leurs festins des têtes de mort avec des guirlandes de roses, comme un avertissement que la vie est courte et qu'il faut en jouir. Il détourne les yeux pour ne pas voir, et chante pour s'étourdir ; mais, ne vous y trompez pas, dans ces chants, dans ces éclats de rire, dans cette fièvre de plaisir qui le va consumant, il y a peut-être plus de tristesse que de gaieté : on ne voit pas toujours le fond du sac, comme dit Montaigne. Et d'ailleurs écoutez-le lui-même :

Je suis mélancholique;
Je ne suis pas entrant, ma façon est rustique,
Et le surnom de bon me va-t-on reprochant,
D'autant que je n'ay pas l'esprit d'estre méchant.

On en disait autant de La Fontaine, avec qui il a plus d'un point de ressemblance, comme nous verrons bientôt.

Il faut bien le reconnaître avec M. de Sainte-Beuve, Régnier n'a pas puisé aux grandes sources de l'inspiration ; Dieu, la pensée philosophique, l'amour, ces ailes du poète, lui font défaut ; ou, si parfois il se confie à elles, elles ne sont ni assez fortes, ni assez tendues pour le soutenir long-temps à une grande hauteur. Dieu est absent de ses vers ; si parfois on l'entrevoit, c'est par de rares échappées, comme au travers d'un bois touffu. Il a composé des poésies spirituelles ; mais elles tiennent peu de place dans ses œuvres, et témoignent seulement, comme je crois l'avoir dit, du trouble incessant d'une âme qui ne peut s'échapper à elle-même, et qui sent le besoin, par intervalles, de respirer un air plus pur. De là ces retours vers Dieu, fréquents, mais de peu de durée, marqués, de loin en loin, par un sonnet sur la Nativité du Christ, des stances sur la Passion, ou le commencement d'un poème sacré qu'il ne pousse pas au delà du vingtième vers. Ce n'est que par le sentiment de ses douleurs physiques qu'il arrive à la contrition morale ; le reste du temps il laisse Dieu où il est, et le monde aller comme il peut. Là-dessus il est du sentiment d'Horace :

Credat judæus Apella,
Non ego : namque Deos didici securum agere ævum,
Nec, si quid miri faciat natura, Deos id
Tristes ex alto cœli demittere tecto [1].

A quoi bon s'inquiéter de ces choses? Est-ce aux gueux comme lui de chercher à surprendre les secrets de la Providence :

Trop de philosophie embarrasse l'esprit.

[1] Que le juif Apella le croie, moi non ; car j'ai appris que les dieux passent au ciel le temps fort tranquillement, et ne s'ennuient point là-haut à susciter des prodiges sur la terre.

Quelquefois cependant il ne peut s'empêcher de porter ses regards au-dessus de lui et de se demander en vers dignes de Lucrèce,

Comme l'âme se meut un temps en sa prison,
Et comme, délivrée, elle monte divine
Au ciel, lieu de son estre et de son origine;
Comme le ciel mobile, éternel en son cours,
Fait les siècles, les ans, et les mois, et les jours;
Comme aux quatre éléments les matières encloses
Donnent, comme la mort, la vie à toutes choses;
Comme premièrement les hommes dispersez
Furent par l'harmonie en troupes amassez;
Et comme la malice, en leur âme glissée,
Troubla de nos ayeux l'innocente pensée;
D'où nasquirent les lois, les bourgs et les citez
Pour servir de gourmette à leur meschancetez;
Comme ils furent enfin réduits sous un empire, etc.

Pour ce qui est de l'amour, je serais mal venu à lui prêter des raffinements et des délicatesses qu'il n'avait pas; sa vie et sa mort parleraient plus haut que moi. D'ailleurs c'est un point où il n'entendrait pas raillerie; il s'indignerait du fond de son tombeau, et s'écrierait comme l'ombre de Turenne à son panégyriste : Pourquoi viens-tu mentir ici pour moi qui ne mentis jamais pour personne? Cette fois c'est bien un parti pris; point de conversion à espérer.

Aymer en trop hault lieu une dame hautaine,
C'est aymer en soucy le travail et la peine,
C'est nourrir son amour de respect et de soin.

Il lui faut des amours faciles et de peu de défense. Foin de ces *places de renom* qu'on ne saurait emporter qu'à force de canon! A quoi bon choisir d'ailleurs? Le cœur est un miroir qui reçoit toutes les images :

Ravy de tous objects, j'ayme si vivement
Que je n'ay pour l'amour ny choix ny jugement;
De toute eslection mon ame est despourveue,
Et nul object certain ne limite ma veue.
Toute femme m'agrée, etc.

J'imagine que mademoiselle de Scudéry n'avait pas lu cette profession de foi si étrange, quand elle fit de lui cet éloge dans le huitième volume de sa *Clélie* :

« Après cela, regarde cet homme négligemment habillé, et assez malpropre. Il se nommera Régnier, sera neveu de Desportes, et méritera beaucoup de gloire. Il sera le premier qui fera des satires en français, et, quoiqu'il ait regardé quelques fameux originaux parmi ceux qui l'ont précédé, il sera pourtant lui-même un original en son temps. Ce qu'il fera bien sera excellent, et ce qui sera moindre aura toujours quelque chose de piquant. Il peindra les vices avec naïveté et les vicieux fort plaisamment. Enfin, il se fera un chemin particulier entre les poètes de son siècle, où ceux qui le voudront suivre s'égareront bien souvent. »

Encore n'en voudrais je pas répondre, tant elle était bonne personne! Je ne sais, si Régnier eût vécu de son temps, s'il eût été de ses amis tendres, ou de ses amis particuliers, ou de ses nouveaux amis; mais à coup sûr il eût été du nombre des uns ou des autres, quand elle aurait dû ajouter une nouvelle classe d'amis aux vingt-deux qu'elle avait déjà imaginées.

Comme poète, Régnier a les qualités de ses défauts; s'il pèche par l'absence d'idéal, s'il est rude, incorrect, négligé dans son style, s'il interrompt brusquement le mouvement de sa phrase pour en prendre un autre qui n'offre nulle analogie avec le premier, à la manière de Tacite, s'il est trop peu soucieux de la rime et accouple sans nulle gêne *fourche* avec *bouche* et *frein* avec *rien*, s'il fait heurter un *qui* avec une diphthongue, au grand scandale de Malherbe, s'il prend ses mots sans choix et sans discernement, comme il fait ses maîtresses, sans s'embarrasser de leur origine, pourvu qu'ils satisfassent au besoin ou à la fantaisie du moment, en revanche il possède à un degré éminent la verve, la rondeur, le bon sens, cette qualité distinctive de la langue et de la poésie française; il est plein de ces tours vifs et imprévus, de ces expressions *primesautières*, de ces familiarités hardies qui lui donnent une ressemblance frappante avec l'auteur des *Essais*. En effet, si Balzac, comme l'a si bien dit M. Gerusez, est le Malherbe de la prose, Régnier est le Montaigne de la poésie, et j'imagine que, si Montaigne eût écrit en vers, il n'eût pas écrit autrement que notre satirique, lui qui avait coutume de dire : « L'histoire, c'est plus mon gibier, ou la poésie, que j'ayme d'une particulière inclination; car tout ainsi que la voix contraincte dans l'estroict canal d'une trompette sort plus aiguë et plus forte, ainsi me semble-t-il que la sentence pressée aux pieds nombreux de la poésie s'eslance bien plus brusquement et me fiert d'une plus vifve secousse. » C'est chez tous deux la même audace insouciante, la même abondance de vie, avec une puissance égale de création; et ce vers d'inspiration, comme l'appelle M. de Sainte-Beuve, où Régnier s'est peint d'un trait, convient aussi bien à Montaigne :

Ses nonchalances sont ses plus grands artifices.

Ils n'ont l'air d'y songer ni l'un ni l'autre, il semble qu'ils n'aient nul souci de l'expression, et qu'ils prennent les mots comme ils viennent; et il résulte de tout cela une langue propre, originale, singulièrement pittoresque, où la pensée se coule d'elle-même et d'un seul jet.

Régnier excelle surtout par ce *vis comica* qui aurait fait de lui le véritable précurseur et le rival anticipé de Molière, s'il eût dirigé son talent vers le théâtre. En effet, la satire et la comédie ne sont, à bien prendre, que la double expression d'un même objet, au point qu'elles furent long-temps confondues avant de former deux branches distinctes de la poésie. Comme leur origine, leur tendance est la même, et elles puisent à des sources communes. Comme elles ont charge l'une et l'autre de représenter les vices et les travers de la société, il faut à toutes deux, et à un degré égal, la connaissance exacte des hommes en général, et des hommes de tel siècle en particulier. Aussi Régnier excellait-il dans cette partie de son art, de l'aveu même de Boileau, qui parle de lui en ces termes dans ses *Réflexions critiques sur Longin* [1] : « Le célèbre Régnier, c'est-à-dire le poète français qui, du consentement de tout le monde, a le mieux connu, avant Molière, les mœurs et le caractère des hommes. » En effet, chacune de ses satires est une galerie de portraits, comme le second acte du *Misanthrope*. Nous n'en finirions pas si nous voulions les passer tous en revue ; je ne veux qu'indiquer les principaux :

Cet homme si mal en point, au rabat sale, à la chausse rompue, qui a ses grègues au genou et son pourpoint au coude, qui s'en va tout seul par les rues, rêvant, le nez dans le manteau, l'œil farouche et troublé, qui accoste les passants et leur dit pour bonjour : *Monsieur, je fais des vers, on les vend au palais ;* vous le connaissez comme moi, c'est un poète. Cet autre, à la mine rogue, au parler confus, aux cheveux gras et longs, avec ses yeux bordés de rouge dont l'un semble être à Montmartre et l'autre au château de Bicêtre, c'est le pédant, animal domestique, que vous rencontrez à chaque pas, aujourd'hui que, grâces au ciel,

Il n'est plus courtisan de la cour si recreu,
Pour faire l'entendu qu'il n'ait, pour quoy qu'il vaille,
Un poète, un astrologue, ou quelque pédantaille.

Ici c'est le médecin ; là le cadet de Gascogne ; plus loin, c'est la fameuse Macette, l'aïeule de Tartuffe. Quand je la retrouverai, soixante ou soixante-dix ans plus tard, elle aura changé de sexe, mais non de ton et de langage. Ce sera toujours la même morale débitée du même air doux et patelin. Écoutez plutôt :

Ma fille, Dieu vous garde et vous veuille bénir!

[1] *Réflexion* v.

Je connais ce préambule, je l'ai vu quelque part dans Molière :

Mon enfant! le bon Dieu puisse-t-il vous bénir
Et dans tous vos attraits long-temps vous maintenir!
Il ne vous a pas faite une belle personne
Afin de mal user des choses qu'il vous donne, etc.

et je ne sais pourquoi je m'en défie. Mais revenons à Régnier :

Sans avoir du bien que sert la renommée?
Ces vieux contes d'honneur dont on repaist les dames
Ne sont que des appas pour les débiles âmes,
Qui, sans choix de raison, ont le cerveau perclus.
L'honneur est un vieux saint que l'on ne chôme plus.
Il ne sert plus de rien, sinon d'un peu d'excuse,
Et de sot entretien pour ceux-là qu'on amuse.
. . . .
Celle est chaste, sans plus, qui n'en est point priée.
Toutes, au faict d'amour, se chaussent en un poinct :
Jeanne que vous voyez, dont on ne parle point,
Qui fait si doucement la simple et la discrète,
Elle n'est pas plus sage, ains elle est plus secrète;
Elle a plus de respect, non moins de passion,
Et cache ses amours sous sa discrétion.
. . . .
C'est pourquoy, desguisant les bouillons de mon âme,
D'un long habit de cendre enveloppant ma flamme,
Je cache mon dessein aux plaisirs adonné.
Le péché que l'on cache est demy-pardonné.
La faute seulement ne gist en la deffense,
Le scandale, l'opprobre est cause de l'offense.
Pourveu qu'on ne le sçache, il n'importe comment;
Qui peut dire que non, ne pèche nullement.
Puis la bonté du ciel nos offenses surpasse.

N'est-ce point Tartuffe femelle, quoique ce trait ait manqué au séducteur d'Elmire? En revanche, il n'a eu garde d'omettre celui-ci, quand il parle de ces hommes d'église, en qui seuls l'on peut trouver *de l'amour sans scandale et du plaisir sans peur :*

Puis, outre le sainct vœu qui sert de couverture,
Ils sont trop obligez au secret de nature,
Et sçavent, plus discrets, apporter en aymant,
Avecque moins d'esclat, plus de contentement.

Je pourrais noter une foule d'autres emprunts : il me suffit d'avoir indiqué ce rapprochement entre Molière et notre premier satirique.

La satire a cet avantage sur la comédie, qui lui est supérieure de tout le reste, qu'elle prend à son gré tous les tons, et fait naître la colère aussi bien que le rire, tandis que la comédie n'*élève la voix* que par accident, *interdum*. Il semble même que la satire, qu'on nous représente toujours armée du fouet vengeur de Némésis, ait pour mission spéciale de porter l'épouvante dans le cœur des coupables :

Archilochum proprio rabies armavit iambo.

Au lieu que la comédie, conformément à la prescription du poète latin, *châtie les mœurs en riant*. Régnier, à vrai dire, n'abuse point de ce privilége. Mais aussi quelle énergie passionnée, quelle amère éloquence quand il oublie, comme il dit, *de sucrer sa moutarde*, et lâche la bride à sa colère! C'est alors que *facit indignatio versum!*

La colère souvent engendre de bons vers!

Mais cela ne dure pas; il s'interrompt tout à coup par une boutade, et crève lui-même le ballon de sa colère. Je suis bien bon, dit-il, de me mêler de ce qui ne me regarde pas : que m'ont fait ces gens-là? Puis il revient à son insouciance, à sa bonhomie habituelle; à ces vers taillés sur le patron d'Horace, bien qu'écrits dans le style de Juvénal,

Où d'un œil doux amer
Tout le monde s'y voit et ne s'y sent nommer.

Malherbe est le seul auquel il ne pardonne pas : aussi était-ce une rancune de vieille date. On sait comment Malherbe, imbu de ses idées de réforme, en usait avec les écrivains de son temps, et tranchait du haut justicier en poésie. Les réputations les mieux établies ne lui pesaient pas plus qu'un grain de sable; d'un trait de plume il effaçait la moitié de Ronsard, tout Desportes, et disait de Belleau, de Dubellay et des autres, qu'il ferait de leurs fautes des livres plus gros que leurs livres eux-mêmes. De toute cette volée il n'avait d'estime que pour Bertaut, que Ronsard n'aimait point parce qu'il le trouvait un poète trop sage, et pour Régnier, qui était devenu son ennemi. L'anecdote a été contée mille fois. Jusque-là ils avaient vécu en assez bonne intelligence, malgré l'humeur brusque et taciturne de Malherbe, qui avait l'honneur d'être le plus grand brutal du monde. Un jour Régnier le mena dîner chez son oncle. Ils arrivèrent qu'on avait déjà servi. Desportes lui fit mille civilités, et comme en ce temps-là il venait de faire imprimer ses *Psaumes*, il voulut lui en donner un exemplaire, et se mit en devoir de l'aller querir dans son cabinet. « Laissez, laissez, dit Malherbe; ce n'est pas la peine de remonter; votre potage vaut mieux que vos Psaumes. » Et il acheva de dîner sans dire un mot. Depuis lors ils cessèrent de se voir; et

Régnier de son côté, ayant rompu avec Malherbe, lança dans le public, à quelque temps de là, sa fameuse satire commençant par ce vers :

Rapin, le favori d'Apollon et des Muses, etc.

dans laquelle il attaque Malherbe et toute son école. Jamais peut-être le satirique n'avait été plus étincelant de verve et de poésie. Il faut voir comme il venge son oncle et les anciens, et comme il traite d'une superbe façon

Ces rêveurs dont la muse insolente,
Censurant les plus vieux, arrogamment se vante
De reformer les vers; . . . .
Qui veulent déterrer les Grecs du monument,
Les Latins, les Hébreux et toute l'antiquaille,
Et leur dire à leur nez qu'ils n'ont rien fait qui vaille.
Ronsard en son mestier n'estoit qu'un apprentif,
Il avoit le cerveau fantastique et rétif :
Desportes n'est pas net; du Bellay trop facile;
Belleau ne parle pas comme on parle à la ville, etc.

Mais quels sont-ils donc ces gens, *fantastiques d'humeur*, qui trouvent mauvais que *la verve quelquefois s'esgaye en la licence*, et qui *raffinent les vers comme les Gascons ont fait le point d'honneur ?*

. . . . Leur sçavoir ne s'estend seulement
Qu'à regratter un mot douteux au jugement,
Prendre garde qu'un *qui* ne heurte une diphtongue,
Espier si des vers la rime est brève ou longue,
Ou bien si la voyelle à l'autre s'unissant
Ne rend point à l'oreille un vers trop languissant;
Et laissent sur le verd le noble de l'ouvrage :
Nul esguillon divin n'eslève leur courage;
Ils rampent bassement, faibles d'inventions,
Et n'osent, peu hardis, tenter les fictions,
Froids à l'imaginer : car s'ils font quelque chose,
C'est proser de la rime et rimer de la prose!

A vrai dire, Malherbe poussait jusqu'à la superstition ses scrupules de grammairien, et il fallait bien que cela fût pour que Balzac, son admirateur et son élève, parlât avec cette irrévérence, dans le *Socrate chrétien* [1], « du vieux pédagogue de la cour, de celui qu'on appelait *le tyran des mots et des syllabes*, qui fait de si grandes différences entre *pas* et *point*, et traite l'affaire des gérondifs et des participes comme si c'était celle de deux peuples voisins jaloux de leurs frontières. » Cependant Malherbe était moins injuste

[1] Discours X.

pour Régnier que Régnier ne le fut pour lui; il l'admirait de bonne foi, quoique avec restriction, et disait de lui ce qu'Horace écrivait de Lucilius :

Quum flueret lutulentus, erat quod tollere velles.

Mais Régnier, qui, de son propre aveu, *en toute opinion fuyoit la nouveauté*, par paresse plutôt que par dédain, Régnier qui était l'ami de tous ceux que Malherbe attaquait, et dont, suivant une très-juste remarque, les qualités et les défauts comme poète étaient en tout l'opposé des défauts et des qualités du réformateur; Régnier goûtait médiocrement sa froide raison, sa netteté scrupuleuse, et surtout il ne lui pardonnait pas, non plus que son ami Berthelot, de demeurer six ans à faire une ode. La lutte dura long-temps encore, et quand à la fin Malherbe l'eut emporté, Régnier était mort. Il demeura cependant comme le fondateur de la satire *régulière* en France; car le génie essentiellement frondeur de la nation n'avait pas attendu jusque-là pour s'ouvrir une voie si conforme à ses instincts : aussi la satire existe-t-elle en germe, et comme à l'état d'enveloppement, dans toute la littérature du moyen âge, dans les sirventes, dans les soties et les farces, dans ces fabliaux et ces contes qui passèrent deux fois les monts avant d'arriver jusqu'à nous, tantôt vive et capricieuse comme un feu follet, moqueuse et cynique comme le faune antique, terrible et sanglante comme la Némésis des Enfers. Elle est partout, elle se mêle à tout, invisible et sonore comme l'éclat de rire des Sylvains au fond des bois. En même temps il reste, sinon comme le dernier type, du moins comme le type le plus complet de cet esprit français, dont la trace, pour n'être pas toujours visible dans notre littérature, incessamment troublée par le mélange des littératures étrangères, n'est jamais si bien perdue qu'on ne sente qu'elle se retrouvera bientôt. Il en est comme de ces fleuves qui disparaissent tout à coup au sortir d'une vallée, mais dont le murmure ne cesse de se faire entendre sous terre, et qui reparaissent à quelques lieues de distance plus clairs et plus impétueux. J'ai dit les analogies qu'il avait avec Rabelais, Montaigne, Molière, La Fontaine; c'est dire qu'entre nos écrivains il est du petit nombre de ceux que les étrangers ne goûtent pas, parce qu'ils ne reconnaissent rien là qui leur appartienne. Tout ce qu'il possède est à lui, et, pour ma part, je ne voudrais rien lui ôter. Peut-être aimerais-je à saisir plus souvent en lui de ces retours mélancoliques comme en avait Villon, quand il s'écriait avec un accent d'indicible tristesse :

Dites-moi où, ne en quel pays,
Est Flora la belle romaine,
Archipiada, ne Thaïs,
Qui fut sa cousine germaine,

Écho parlant quand bruyt on maine
Dessus rivière ou sur étang,
Qui beautté eust trop plus qu'humaine?
Mais où sont les neiges d'antan? (de l'an passé.)

Qui sait encore si leur originalité n'y ferait pas naufrage? Trop souvent cette poésie rêveuse et idéale, qui devient de mode à certaines époques, est une formule qui ne trompe personne, si ce n'est peut-être celui qui s'en sert. Au moins, avec Régnier, je sais à qui j'ai affaire. Je sais qu'il m'égaiera de son joyeux rire, au lieu de m'attrister de sa mélancolie. Loin de s'écrier, les bras croisés sur sa poitrine et regardant le ciel :

Et maintenant, Seigneur, expliquons-nous tous deux,

il ne songe pas même, la plupart du temps, à lever les yeux en haut. Mais, si nous surprenons une larme au bord de ses paupières, et dans ses vers un accent de contrition envers le ciel, soyons assurés que c'est là une larme véritable, et que ce retour à Dieu, s'il ne doit pas être durable, est du moins sincère.

A. Ubicini-Martelli.

Dessiné par Jacquand. Cony-Gros, imp. rue du Plâtre, 28. Paris. Gravé par A. Baudran

St. VINCENT DE PAUL.

SAINT VINCENT DE PAUL

NÉ EN 1576, MORT EN 1660.

Deux fois, au commencement et à la fin de ce siècle, se représente la vieille histoire de l'enfant berger, prédestiné de Dieu à devenir pasteur d'hommes. Bien différente, cependant, est la tâche réservée à ces deux humbles ouvriers, appelés ainsi du même point à l'œuvre du maître; bien différent le souvenir que leur mission doit laisser dans la mémoire des hommes. L'un sera haut selon la vanité du siècle, l'autre selon le cœur de Dieu. Le porcher de Montalte portera un jour au doigt l'anneau du pêcheur, et sera un grand prince, un grand homme, il s'appellera Sixte-Quint. L'autre, humble prêtre, pauvre missionnaire, obscur artisan de bonnes œuvres, étranger à toutes les vanités, même à celles de la science, sera simplement pendant toute sa vie, en esprit et en vérité, le serviteur des serviteurs de Dieu.

Vincent de Paul naquit le 24 avril 1576. Son père, Guillaume de Paul, et sa mère, Bertrande de Moras, habitaient le petit hameau de Ranquines près Pouy, au diocèse d'Acqs : c'étaient de pauvres cultivateurs. La physionomie assez nobiliaire de leurs noms fait présumer qu'ils pouvaient être les humbles restes de quelque famille peu à peu déchue; on le crut dans le temps : le simple Vincent de Paul rejetait ces idées comme une tentation de vanité. Il y avait une famille nombreuse autour du foyer paternel; Vincent était le troisième de sept enfants, lourde charge pour le père, mais autant de bras pour le cultivateur. Il eut pour tâche, à son tour, la garde du troupeau de la maison. Le petit enfant, solitaire et pensif tout le long du jour sous le ciel de la lande, en revenant le soir, partageait son pain quotidien avec le pauvre du chemin. Sa vocation commençait de bonne heure.

A l'âge de douze ans, le berger entra pour étudier chez les cordeliers d'Acqs. Les arides commencements de la science n'arrêtèrent pas long-temps cet esprit déjà mûri par une enfance silencieuse et réfléchie. A seize ans, il quittait ses maîtres pour devenir maître lui-même et épargner à sa famille de plus longs sacrifices. Comme tant de pauvres étudiants d'alors, dont quelques-uns devinrent des lumières de la science après l'avoir acquise à un double prix de sueurs et de veilles, il payait les leçons de ses maîtres du salaire des leçons qu'il donnait lui-même; faisant de sa vie deux parts, l'une pour apprendre, l'autre pour enseigner. En 1604 il finissait de prendre tous ses grades en théologie. Depuis quatre ans déjà, l'évêque de Périgueux l'avait ordonné prêtre : à cette même époque, nommé à une cure importante du diocèse d'Acqs, le pauvre ordinant s'était retiré par esprit de paix devant un compétiteur, et s'en était retourné à sa misère studieuse de Toulouse. Il arriva qu'un homme qui l'aimait lui laissa un petit héritage. Les affaires de cette succession appelèrent Vincent à Marseille. Au retour, pour épargner, dit-il, et pour arriver plus tôt, ou mieux, pour ne point arriver et pour tout perdre, il prit la voie de mer et s'embarqua pour Narbonne. Il y avait cinquante lieues : c'était une navigation d'un jour par un bon vent. Malheureusement trois brigantins turcs, qui guettaient dans le golfe de Lyon les barques revenant de la foire de Beaucaire, aperçurent le navire de Marseille et lui donnèrent la chasse. Après une défense désespérée, ce qui restait, passagers et matelots, tous blessés, et Vincent parmi eux, furent faits esclaves et menés sur la côte de Barbarie. Le saint prêtre raconte toute cette triste aventure dans une lettre, chef-d'œuvre de grâce et de naïveté. On conduisit les malheureux blessés, la chaîne au cou, par la ville de Tunis, jusqu'au marché, où ils furent mis en vente et exposés comme des bêtes de somme. Les acheteurs venaient sonder leurs blessures, les faisaient marcher, courir, soulever des fardeaux, lutter entre eux pour essayer leurs forces. Chacun trouva maître à la fin, et ils se séparèrent en pleurant.

Vincent de Paul tomba entre les mains d'un pêcheur qui fut bientôt obligé de le revendre : il ne pouvait se faire au rude métier de la mer. Un vieux médecin arabe l'acheta. Ce fils d'Averroës était un savant alchimiste qui, depuis cinquante ans, cherchait la pierre philosophale. Du reste, homme juste et humain, qui prit son esclave en affection : il se mit en tête de le convertir à sa loi, et d'en faire son fils et son héritier selon la science. Le triste captif, témoin chaque jour des cures merveilleuses opérées par son maître, apprenait avec ardeur, dans l'espoir de guérir un jour ses frères pauvres sous le ciel de la patrie. Cent fois le jour, par une prière à la Vierge de rédemption, il réveillait au fond de son cœur un invincible pressentiment de délivrance et de liberté. L'heure en était bien éloignée encore. Un matin on vint prendre et enlever le vieil Arabe par ordre du Grand-Seigneur : sa réputation dans l'art de guérir avait pénétré jusqu'à Constantinople; l'ordre du maître était qu'il vînt travailler pour lui. C'était une haute fortune : le vieillard, à ce qu'il paraît, ne s'en souciait point, car il mourut de regret en chemin. L'esclave français passa avec le reste de la succession au neveu du médecin, qui le vendit à un renégat de Nice. Ce n'était plus seulement tomber au pouvoir d'un maître, mais d'un ennemi. Le renégat était tenancier du Sultan : il emmena Vincent à sa ferme, dans la montagne, loin de la mer et de l'espérance.

Un jour l'une des femmes du renégat, qui était musulmane, commanda au chrétien de lui chanter les louanges de son Dieu. Le prêtre se souvenant du cri d'Israël, *Quomodò cantabimus in terrâ alienâ!* fondit en larmes; puis, d'une voix brisée, il commença le psaume *Super flumina Babylonis,* « Sur le bord des fleuves de Babylone nous nous sommes assis, et nous avons pleuré. » Après cette plainte désolée, l'esclave leva les yeux au ciel, et chanta l'hymne d'espérance : *Salve, Regina!* « Salut, ô Reine, mère de miséricorde, miel de notre vie, ô notre espoir, salut! » Comme autrefois la Samaritaine, la femme de la terre infidèle se sentit touchée. — « Il n'y a rien de si doux dans le paradis de mes pères! » dit-elle.

Dix mois après, le 28 juin 1607, une petite barque, chargée de trois personnes, prenait terre à Aigues-Mortes : c'étaient le fermier du Sultan, sa femme et leur esclave. Ils se rendirent de là « en Avignon, où M. le vice-légat reçut publiquement le renégat, avec la larme à l'œil et le sanglot au cœur, dans l'église de Saint-Pierre, à l'honneur de Dieu et à l'édification des assistans. »

Cette consolation était réservée à Vincent, au sortir de la terre d'esclavage, d'aller remercier Dieu dans la ville sainte de la chrétienté. Le vice-légat l'emmena avec lui à Rome. Il y fut recommandé, par sa qualité de Français et par les marques encore visibles de ses chaînes, à l'ambassadeur d'Henri IV, l'illustre cardinal d'Ossat, qui le goûta fort. Le cardinal le chargea même d'une mission importante et toute confidentielle auprès du roi de France. L'humble Vincent, devenu ainsi agent diplomatique, arriva à Paris en 1609, et fut admis à l'audience du roi, avec lequel il eut plusieurs conférences secrètes. Henri IV était éminemment doué de cet instinct qui devine les hommes d'élite, et le hasard qui mettait en rapport avec lui Vincent de Paul pouvait être pour celui-ci le point de départ d'une faveur et d'une fortune considérables. Les histoires du saint homme parlent, d'après ses souvenirs, d'une tentation dangereuse à laquelle il résista vers ce temps. Est-ce que la grandeur d'Amyot, de Duprat, du cardinal d'Ossat lui-même, tous partis de si bas, serait venue éblouir un instant les yeux de l'humble prêtre? Quoi qu'il en soit, il était à cette époque aumônier ordinaire de la reine Marguerite de Valois. Singulier choix pour la spirituelle et licencieuse princesse, qui voyait, disait-elle, comme une auréole de saint autour de la tête de M. Vincent, et qui l'avait pris sans doute pour qu'il y eût trace de vertu dans sa maison. Elle ne le garda pas longtemps. Il s'était mis en retraite sous la direction de son ami de cœur, le père de Bérulle, fondateur de l'Oratoire et depuis cardinal, lorsque le curé de Clichy, en entrant dans la congrégation nouvelle, lui résigna son bénéfice. Il y avait du bien à faire : une cure délabrée, une église insuffisante et toute en ruines, des paroissiens ignorants et ensevelis dans l'indifférence : Vincent de Paul accepta. En moins de deux ans, avec une patience et une charité infatigables, avec une habileté et une entente d'administration qui eussent fait honneur à un homme d'état, sans demander une obole à ses pauvres paroissiens, il avait rebâti la maison de Dieu, et, tâche plus difficile que d'élever des temples de pierre, il avait rendu dignes du Christ ses temples vivants. Le bien achevé, il se retira, laissant à d'autres le soin de recueillir la moisson.

En 1613, il entra dans une maison où il devait trouver un pieux concours pour faire le bien. Il fut chargé de veiller à l'éducation des fils d'Emmanuel de Gondi, comte de Joigny, général des galères. C'était une famille juste et craignant Dieu; une mère dont le saint homme allait calmer la conscience toujours effrayée, guider les pas tremblants vers le salut, et dont il devait enfin recevoir le dernier soupir et sanctifier les derniers moments; des enfants nés pour toutes les grandeurs de ce monde, et dont le plus illustre, s'il fit depuis bien des blessures au cœur de son maître, garda toujours pour lui, néanmoins, la foi que l'on a aux saints. — Bizarre destinée toutefois que celle de Vincent de Paul, d'abord aumônier de la reine Marguerite, puis précepteur du cardinal de Retz!

Ce fut alors que, dans les loisirs de sa charge, il entreprit l'œuvre de ses missions dans les campagnes parmi les brebis abandonnées du troupeau de France. Il commença dans les diocèses d'Amiens, de Beauvais, de Soissons et de Sens. Enfin, à Châtillon-les-Dombes, où il resta cinq mois, ému de la misère qui affligeait le pays, il établit sa première confrérie de charité en faveur des pauvres, la pensée de toute sa vie. Cette confrérie fut le modèle de toutes les associations de même genre qui s'établirent bientôt, par ses soins, dans toute la France. Les sages du monde commencèrent par en rire, et se moquèrent du simple prêtre qui essayait ce que le gouvernement lui-même n'aurait pu faire. A Mâcon et ailleurs on jetait des pierres à lui et aux siens. Six mois plus tard, en voyant déjà en partie cicatrisée cette plaie saignante du paupérisme, si avivée par les longues guerres civiles et étrangères, on bénissait l'homme de Dieu, et le secours des puissants lui venait en aide. C'est qu'il n'y avait pas là seulement l'esprit de charité; il fallait bien le reconnaître, il y avait aussi l'esprit de science, de celle qui vient du cœur. C'était une idée grande et féconde que de régulariser l'aumône, et de la doubler par un emploi sage et bien entendu. Les règlements du saint sont encore admirables aujourd'hui; c'est de là que tout est parti; toutes les améliorations qui ont suivi s'y trouvent en germe.

Vincent avait mis la main à la charrue; il ne devait pas regarder en arrière. Pendant que ses confréries de charité gagnaient de proche en proche, il continuait ses chères missions, et pour leur faire porter plus de fruit il travaillait à enfanter de nouveau à la sainteté et à la science le clergé des campagnes. Ses entrailles étaient émues quand les protestants, auxquels il se contentait pour prédication d'exposer les dogmes de l'Église dans toute leur simplicité, lui répondaient par le tableau des mœurs dépravées des pasteurs catholiques. Alors le saint missionnaire pleurait dans le secret de son cœur. Le mal était pressant, continuel, et pour long-temps presque irremédiable : Vincent vit plus loin que le temps présent, et il songea à préparer le salut des fils, si les pères périssaient. Le 6 mars 1624, avec l'approbation de Jean-François de Gondi, archevêque de Paris, il établit dans le vieux collége des Bons-Enfants, qui lui fut cédé, une compagnie destinée, d'après le titre de son institution, à instruire le peuple des campagnes, et à former au saint ministère ceux à qui le salut de ces pauvres devait être un jour confié. En attendant, il éveillait de toutes ses forces la sollicitude des chefs du clergé, des premiers pasteurs. « Nous devons, disait-il, faire quelque effort pour ce grand besoin de l'Église, qui s'en va ruinée en beaucoup de lieux par la mauvaise vie des prêtres ; car ce sont eux qui la perdent, et il est trop vrai que la dépravation de l'état ecclésiastique est la cause principale de la ruine de la maison de Dieu. » Partout, chez les grands comme chez les petits, son zèle était le bienvenu. Aux uns il portait la consolation, aux autres jamais il ne présentait avec amertume le tableau des misères des pauvres. Sa parole était douce comme son cœur : il avait appris à parler le langage des heureux du monde pour arriver jusqu'à leurs entrailles : c'était l'homme de la mansuétude, et cela seul explique les grandes choses qu'il a faites, sans autre moyen que la persuasion et la foi.

Il entendit parler dans la maison du comte de Joigny des malheureux condamnés aux galères, qui attendaient à Paris leur départ pour Marseille. Ces misérables, sans prison qui leur fût spécialement destinée, abandonnés de tous, entassés dans des cachots humides, dévorés de vermine et de maladies hideuses, pourrissaient au milieu des blasphèmes du désespoir et de la folie. Le saint descendit au fond de cet enfer y porter la goutte d'eau de Lazare. Il leur acheta une prison pour eux seuls, obtint de les y transporter, et se mit à guérir le corps et l'âme de ces réprouvés. C'était devancer de deux siècles, par l'application, les systèmes pénitentiaires qui préoccupent les graves esprits de nos jours. Au reste, quelque voie qu'ait tentée depuis, pour le bien des masses, la philanthropie du dernier siècle, le besoin de progrès et d'amélioration matériels du nôtre, toujours, en tête de tous les chemins et frayant la route, on a rencontré la charité du pauvre prêtre. Quand il eut transformé les bagnes de Marseille et de Bordeaux, le gouvernement songea enfin à contribuer à l'œuvre : Vincent de Paul fut nommé aumônier-général des galères de France.

Il eût été plus juste de dire aumônier de tous les malheureux de France.

Préoccupé de la déplorable situation des malades des classes indigentes, à peine soignés dans les hôpitaux quand ils y obtenaient la moitié d'un lit, et, faute de place, mourant abandonnés dans la misère de leurs tristes réduits, Vincent institua les filles de charité, ces admirables servantes des pauvres dont la vue seule, dans nos rues, devrait appeler avec une bénédiction le nom de leur humble fondateur sur les lèvres du peuple. Saintes filles de l'abnégation chrétienne, qui « n'ont, dit leur règle, pour monastères que les maisons des malades, pour cellule qu'une chambre de louage, pour chapelle que l'église de la paroisse, pour cloître que les rues de la ville ou les salles des hôpitaux, pour clôture que l'obéissance, pour grille que la crainte de Dieu, et pour voile qu'une sainte et exacte modestie. »

En 1632, le prieur de Saint-Lazare fit cession au saint homme, par une donation enregistrée au Parlement, de la maison et des biens de son prieuré, pour y établir la congrégation. « A la première offre qui m'en fut faite, dit Vincent de Paul, je demeurai sans parole, si étonné d'une telle proposition, que le prieur, s'en apercevant, me dit : Quoi! vous tremblez! » — « Nous sommes, répondit-il, de pauvres prêtres qui vivons dans la simplicité : nous n'avons d'autre dessein que de servir les gens de la campagne, et nous vous remercions très-humblement de votre bonne volonté. » Il accepta cependant à la fin, vaincu par l'autorité de décisions respectables et de sollicitations pressantes, et il installa sa compagnie de prêtres dans la maison de Saint-Lazare, dont elle prit le nom. Aussitôt il y établit les célèbres conférences ecclésiastiques pour l'instruction du clergé. Il les présidait lui-même et avec une admirable simplicité qui faisait dire de lui qu'il était en vérité le ministre rare qui, selon l'expression de saint Pierre, parle de Dieu d'une manière si sage, si relevée, que Dieu même semble s'exprimer par ses lèvres. On venait en foule à ces conférences; on y voyait des évêques, des prêtres du premier ordre; il n'y eut bientôt plus dans Paris, dit Lancelot, un ecclésiastique de mérite qui n'en voulût être. Le grand Bossuet lui-même, bien jeune encore, put admirer l'éloquence de cette bouche que la charité inspirait. En voyant Dieu bénir son œuvre et faire le bien par ses mains, le saint prêtre voulut y faire participer aussi les gens du monde. Il institua les retraites spirituelles dans sa maison, qui fut ouverte à tous, aux petits et aux grands : quand toutes les places étaient prises, il cédait sa propre chambre. C'était une mission permanente, qui s'adressait à toutes les classes de la société; une entreprise sainte de régénération de la foi et des mœurs, dont les semences devaient germer à Paris, en même temps que la mission portait ses fruits dans les campagnes, dans les landes de la Gascogne et dans les Cévennes. Au milieu de ces soins, Vincent trouvait encore le temps et les moyens de fonder une école ecclésiastique dans son vieux collége des Bons-Enfants, d'améliorer la condition des aliénés, de les soigner même à Saint-Lazare, et de bâtir à Marseille, avec l'aide du gouvernement, un hôpital général des galères. Richelieu voulut voir ce prêtre dont le nom était partout et qui suffisait à tant de choses. « J'avais déjà une grande idée de M. Vincent, dit-il à la duchesse d'Aiguillon, mais je le regarde comme un tout autre homme depuis le dernier entretien que j'ai eu avec lui. » Il devait le revoir une autre fois encore : ce fut pendant les misères de cette guerre de trente ans, qui ruina la Lorraine, la Picardie et la Champagne, en même temps qu'elle épuisait la France. Vincent avait envoyé ses prêtres dans les armées, dans les campagnes désolées, dans les villes de guerre en proie à la famine et à la peste. On a gardé les lettres des échevins de Toul, de Nancy, de Verdun, de Metz, de Bar, qui criaient vers lui, dans leur détresse, comme vers un sauveur. Le supérieur de Saint-Lazare envoyait des blés, des vêtements, des médicaments, plus de deux millions en argent. La misère devenait chaque jour plus grande; il la voyait déborder de toutes parts : « O Dieu! disait-il en s'asseyant à la table de ses frères, si nous savions tout ce que chaque morceau de pain que nous mangeons coûte de larmes à ces pauvres gens de la campagne, nous n'oserions le porter à notre bouche! » Son âme était brisée; et ce fut dans les déchirements de cette impuissance de la charité qu'il alla se jeter aux pieds de Richelieu. « Monseigneur, lui dit-il tout en larmes, ayez pitié de nous, donnez la paix à la France! *Domine, salva nos, perimus!* » L'homme fut touché; il promit au serviteur de Dieu la fin prochaine de la guerre : mais le ministre ne devait pas voir le terme qu'il y avait assigné dans sa profonde pensée. Vincent perdit en lui un protecteur. Ce fut dans ce temps qu'il établit cette règle touchante, qui existe encore, de faire asseoir à la table du supérieur-général de la mission, à sa droite et à sa gauche, deux vieillards infirmes du quartier, pour lui rappeler chaque jour qu'il est le père des pauvres.

En 1643 il fut appelé pour aider Louis XIII à mourir. « *Timenti Dominum, benè erit in extremis,* » dit-il en entrant dans la chambre du mourant : Louis acheva le verset : « *Et in die defunctionis suæ benedicetur.* » Il ne le quitta plus, et ferma les yeux à ce triste roi.

La régente Anne d'Autriche nomma le saint prêtre président du conseil de conscience. C'était lui remettre entre les mains la disposition de presque tous les bénéfices et dignités de l'Église de France; tâche grande et ardue dans ces temps difficiles. Vincent mit toutes ses forces à faire le bien. Mais ici que d'obstacles! L'épiscopat était un moyen de gouvernement aux mains du ministre, une récompense pour les fidélités de cour, une prime offerte à la défection, un but d'intrigues. Vincent de Paul osait remontrer le mal à la reine, au cardinal, et plus d'une fois il sauva des églises qui allaient être livrées à des loups dévorants cachés sous l'habit de pasteurs. Ses efforts ne furent pas toujours perdus : il parvint à étendre l'esprit de mansuétude et de paix dans le clergé de France. Plus tard, dans les querelles trop célèbres qui, à l'occasion des livres de l'évêque d'Ypres et de l'abbé de Saint-Cyran, divisèrent comme en deux camps l'église gallicane, il contribua à provoquer une décision du saint-siége, et à soumettre à cette autorité les esprits de tous ceux qui l'aimaient. Il introduisit la réforme dans la plupart des couvents où la règle était tombée en oubli, et, en nommant de saints abbés, assura la régularité pour l'avenir. Quand on lui disait d'employer son crédit pour enrichir la compagnie de la Mission, qui ferait davantage en prenant une plus grande importance dans l'Église, l'esprit d'humilité chrétienne se révoltait en lui. « Pour tous les biens de la terre, disait-il, je ne ferai jamais rien contre Dieu ni contre ma conscience. La compagnie ne périra point par la pauvreté; je crains plutôt que, si la pauvreté lui manque, elle ne vienne à périr... O Sauveur, ajoutait-il, donnez-nous cette vertu de pauvreté qui nous unit inséparablement à votre service, en sorte que nous ne voulions et ne recherchions plus désormais que votre seule et pure gloire. » Comme autrefois saint François de Sales, son illustre ami, préoccupé toute sa vie de la douceur qui doit être comme le vêtement du prêtre, c'était toujours dans cet esprit qu'il rédigeait ses instructions aux pasteurs et aux missionnaires. « On fera de beaux règlements, écrivait-il, on usera de censures, mais corrigera-t-on? Ces moyens n'étendront ni ne conserveront l'empire de Jésus-Christ dans les cœurs. Dieu a autrefois armé le ciel et la terre contre l'homme : est-ce par là qu'il l'a converti? Eh! n'a-t-il pas fallu enfin qu'il se soit abaissé et humilié devant lui pour lui faire agréer son joug et sa conduite? Ce que Dieu n'a pas fait avec sa toute-puissance, comment un prélat le fera-t-il avec la sienne? »

La Fronde survint : guerre de chansons à la cour et pour les grands; guerre de désolation et de misère pour le peuple. Il fallut retrouver pour l'Ile-de-France et la Picardie le trésor d'aumônes qui avait soulagé les plaies de la Lorraine. Vincent fit ce miracle : un million passa de ses mains dans celles des paysans ruinés. Pendant ce temps, membre du conseil, où l'on se cachait de lui, il était devenu suspect aux meneurs de l'autre parti. Dans un voyage qu'il fit alors, un gentilhomme, logé dans la même hôtellerie, l'ayant reconnu, s'écria, dans un transport de colère : « Monsieur » Vincent sera bien étonné si à deux lieues d'ici on lui donne un coup de » pistolet dans la tête! » Cependant, ce *Mazarin* se jetait tour à tour aux pieds de la reine régente et du cardinal, demandant à l'un sa retraite, à l'autre le renvoi de son ministre pour le bien et la guérison de la France. Dans son église de Saint-Lazare, on faisait les prières de quarante heures pour le retour de la paix. Lui-même allait, la demandant à tous : tour à tour apôtre de charité et de conciliation; au Louvre, où sa soutane usée froissait la soie et les manteaux dorés; dans la chaire, où son humble parole, s'élevant souvent jusqu'à la plus haute éloquence, demandait la paix et l'union au nom de Dieu, à la place même où d'autres voix, l'instant d'auparavant, prêchaient la lutte et la résistance au nom des factions. L'histoire de l'éloquence de la chaire, qui a souvent recueilli de la bouche des plus humbles ministres ses plus magnifiques monuments, a gardé la péroraison d'un de ces discours, prononcé à Saint-Lazare devant les puissances du clergé et les pauvres prêtres de la mission. « Priez Dieu, priez Dieu, mes frères, pour la paix du monde chrétien. Hélas! nous voyons la guerre de tous côtés : guerre en France, guerre en Espagne, en Italie, en Allemagne, en Suède, en Pologne, en Hibernie, dont les pauvres habitants sont transportés en des montagnes et des rochers presque inaccessibles. L'Écosse tremble, l'Angleterre s'agite : guerre enfin par tous les royaumes, et misère partout. O Sauveur, ô Sauveur! pour combien de temps encore nous menaces-tu de tes fléaux! Si pour quatre mois que nous avons eu ici la guerre nous avons subi tant de maux, que deviendront ces pauvres frontières qui ressentent ces fléaux depuis vingt ans? Le paysan a semé, mais il ne sait s'il pourra recueillir. Les armées viennent qui moissonnent, pillent, enlèvent tout. Après cela, que faire? il faut mourir. S'il y a de vraies vertus, c'est pourtant parmi ces pauvres gens qu'elles se trouvent : ils ont une foi vive, ils croient simplement, ils sont soumis aux ordres de Dieu, ils souffrent tout ce qui lui plaît et autant qu'il lui plaît. Exposés tantôt aux injures de l'air, tantôt aux ardeurs du soleil, ces pauvres laboureurs ne vivent qu'à la sueur de leur front; et ils nous donnent leurs travaux. Tandis qu'ils se fatiguent ainsi pour nous nourrir, hélas! mes frères, nous cherchons l'ombre et nous reposons sous un toit solide. Dans nos missions même, ne sommes-nous pas à l'abri des injures de l'air? Eux, au contraire, supportent le vent, les pluies, la rigueur des saisons.... Faisons donc comme Moïse, levons continuellement les mains au ciel pour eux; car si nous négligeons de les secourir, ils pourront nous dire : Vous êtes la cause de nos misères! »

Dans l'année 1648 il avait fixé pour toujours le sort des enfants trouvés. Depuis long-temps déjà il recueillait ces malheureuses victimes, et les confiait aux soins de ses religieuses. Le journal de ces saintes filles, qui existe encore, est un si touchant et si simple monument de la charité de Vincent de Paul, que nous ne pouvons résister au plaisir d'en citer quelques lignes :

« 22 janvier. M. Vincent est arrivé vers les onze heures du soir, et nous a apporté deux enfants : l'un peut avoir six jours, l'autre est plus âgé. Les pauvres petits pleuraient. Madame la supérieure les a confiés à des nourrices. »

« 26 janvier. Le pauvre M. Vincent est transi de froid; il nous arrive avec un enfant : celui-là est déjà sevré. Mon Dieu, qu'il faut avoir le cœur dur pour abandonner ainsi une pauvre petite créature! »

« 7 février. L'air est bien vif; M. Vincent est venu visiter notre communauté. Ce saint homme est toujours à pied; la supérieure lui a offert de se reposer; il a couru bien vite à ses petits enfants. C'est merveille d'entendre ses douces paroles, ses belles consolations : ces petites créatures l'écoutent comme leur père. »

Une autre fois ce sont des voleurs qui le rencontrent au milieu de la nuit chargé de son précieux fardeau, et qui, en l'entendant se nommer, se mettent à genoux et le bénissent.

Mais le nombre des enfants trouvés était devenu bientôt si considérable, que la charité s'y épuisait et que les aumônes manquèrent. Déjà on parlait de délaisser cette bonne œuvre impossible, et de laisser les pauvres enfants à leur premier état d'abandon. Vincent convoqua une assemblée générale de ses dames de charité, les plus grandes dames d'alors, et devant elles il commença à exposer la situation des choses. Mais, le cœur l'emportant : « Or sus, mesdames, dit-il, la compassion et la charité vous ont fait adopter ces petites créatures pour vos enfants, vous avez été leurs mères selon la grâce depuis que leurs mères selon la nature les ont abandonnées; voyez maintenant si vous voulez aussi les abandonner. Cessez d'être leurs mères pour devenir à présent leurs juges : leur vie et leur mort sont entre vos mains. Je m'en vais prendre les voix et les suffrages : il est temps de prononcer leur arrêt, et de savoir si vous ne voulez plus avoir de miséricorde pour eux. Ils vivront si vous continuez d'en prendre un charitable soin, et au contraire ils mourront et périront infailliblement si vous les abandonnez, l'expérience ne vous permet pas d'en douter. » A ces paroles, à cette éloquence, l'assemblée fondit en larmes. On ne délibéra pas : on décida que la bonne œuvre serait continuée; le roi donna une maison, les dames la dotèrent, et le premier hospice fut fondé.

Plus tard, il en ouvrit un autre à quatre-vingts vieillards des deux sexes. Cette fondation du saint prêtre inspira à quelques hommes de bien une grande idée, celle d'un hôpital général pour tous les mendiants de Paris. Ils en confièrent l'exécution à Vincent de Paul, dont Dieu, disait-on, bénissait toutes les entreprises. Celle-ci l'effrayait; il ne recula pas cependant : ce devait être là la couronne de sa vieillesse. En 1655, la régente donna l'enclos et les bâtiments de la Salpêtrière, et deux ans plus tard la maison s'ouvrait à cinq mille pauvres. La mendicité sembla guérie.

Le saint vieillard avait quatre-vingt-cinq ans. Appelé dès le matin à la vigne du père de famille, il avait travaillé jusqu'au soir, et il était temps qu'il prît son repos et allât recevoir sa récompense. Il s'éteignit à Saint-Lazare le 27 septembre 1660. Quelques moments auparavant, voyant un de ses jeunes prêtres au pied de son lit, « Mon frère, lui dit-il, ne soyez pas scandalisé si vous ne me voyez pas me préparer par la crainte et le tremblement à ce passage : il y a vingt ans que Dieu me fait la grâce de m'endormir, chaque soir, avec cette pensée que je ne me réveillerai plus. »

Vincent de Paul fut béatifié par Benoît XIII en 1729, et canonisé par Clément XII le 16 juin 1737.

Quelque temps avant la Révolution, l'abbé Maury fut chargé de prononcer devant Louis XVI, à Versailles, le panégyrique de l'humble prêtre. L'orateur fit un beau morceau d'éloquence : au sortir de la chapelle, le roi ordonna d'ériger au saint une statue de marbre. La statue achevée, on inscrivit sur le piédestal :

VINCENT DE PAUL, PHILOSOPHE DU DIX-SEPTIÈME SIÈCLE.

S. DE NOGENT.

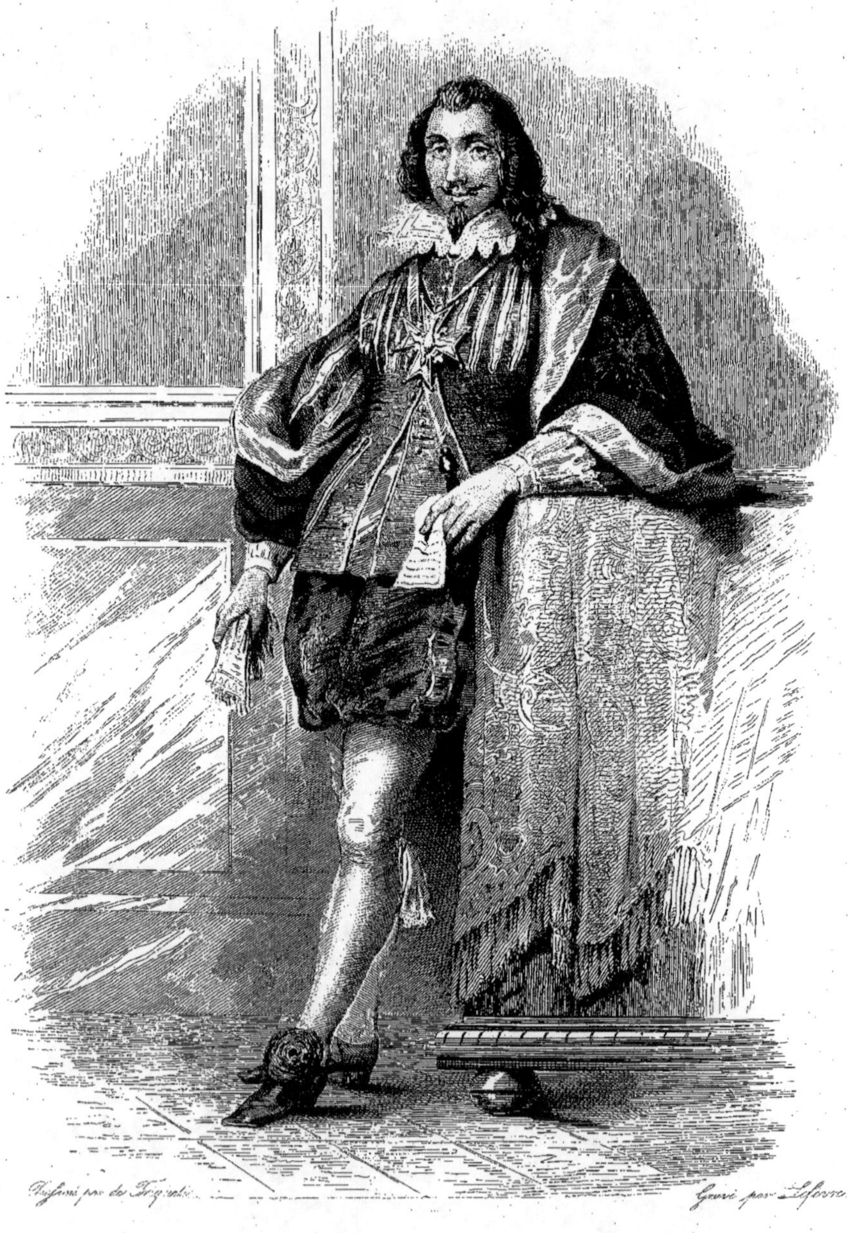

Dessiné par de Triqueti. *Gravé par Lefèvre.*

BASSOMPIERRE.

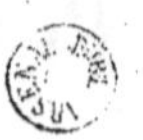

BASSOMPIERRE

NÉ EN 1579, MORT EN 1646.

Il y a dans l'histoire de Bassompierre deux histoires : la sienne d'abord, et puis celle de son temps ; c'est là ce qui rend la lecture de ses *Mémoires* si intéressante. Mêlé à tous les événements importants de l'époque où il vécut, aux guerres, aux négociations, aux délibérations politiques, aux intrigues de cour, aux fêtes, aux plaisirs et aux divertissements qui, à cette époque, étaient aussi une affaire, sa vie particulière est pour ainsi dire un tableau général de ce qui s'est passé de curieux à la fin du seizième siècle et dans la première moitié du dix-septième. Elle offre surtout un tableau des idées, des opinions, des préjugés, des mœurs du temps dont il fut le plus brillant modèle ; c'est principalement sous ce dernier rapport que nous l'envisagerons. Nous ne ferons donc point un récit circonstancié de ses guerres, de ses ambassades, de ses délibérations dans les conseils du roi, ou nous n'en raconterons du moins que ce qui a un rapport direct et immédiat avec l'esquisse de mœurs qui est notre véritable objet. Il faut lire les détails dans ses *Mémoires*, où il ne les épargne pas. C'est l'homme que nous voulons peindre, et par lui le siècle où il vécut.

C'est un avantage qu'a, ce nous semble, l'histoire de France. En parcourant ses diverses époques, on trouverait dans chaque siècle quelques hommes vifs, spirituels, pleins d'éclat, qu'on peut regarder comme le type du caractère français, dans ses diverses périodes et à travers les vicissitudes des temps, et qui en reproduisent avec une empreinte plus ou moins vive les brillantes qualités et les séduisants défauts. Sans remonter trop haut dans nos annales, à commencer par François Ier, qui pourrait servir lui-même et de preuve et de modèle, on trouverait sous ce prince, sous son fils Henri II et les enfants de son fils, le galant Brantôme ; Bellegarde et Bassompierre sous Henri IV ; sous Louis XIII, le même Bassompierre à la fleur de la jeunesse, qui pour lui se prolongea très-long-temps, puisqu'à quarante-trois ans il ne se souciait pas encore d'être maréchal de France ;

« attendu, dit-il, qu'à mon avis, c'est une affaire de vieil homme, et moi, » je voulois faire encore quelques années le galant de cour. » On pourrait, sous Louis XIV, nommer le marquis de Vardes et le chevalier de Grammont; puis ce Richelieu, qui commence à poindre sous ce même Louis XIV, brille de tout son éclat sous le régent et Louis XV, vient s'éteindre sous Louis XVI, pour ainsi dire avec l'antique monarchie, et tomber presque à notre révolution.

Supérieur par son importance politique, ses fonctions, ses dignités et ses talents à tous ceux que j'ai nommés, si l'on en excepte le maréchal de Richelieu, Bassompierre fut, comme ce dernier, maréchal de France, et commanda en chef des armées; comme lui il montra, suivant les occasions, l'intrépidité du soldat et l'expérience du capitaine; ils furent l'un et l'autre employés dans les négociations, déployèrent dans leurs ambassades beaucoup de magnificence, d'esprit et d'adresse; enfin, chacun d'eux fut l'homme le plus galant de son siècle. Bassompierre, qui, dans ses Mémoires, ne nous épargne point les détails de ses aventures galantes, nous y dit en gros, qu'ayant été prévenu qu'il allait être mis à la Bastille, et craignant qu'on ne lui enlevât ses papiers, il brûla, pour ne compromettre personne, six mille lettres d'amour. Six mille! c'est beaucoup; je ne crois pas que le maréchal de Richelieu lui-même eût eu, en pareille circonstance, un plus grand nombre de lettres et de billets à brûler, et peut-être ne se serait-on pas douté, sans ce témoignage, que les dames écrivissent autant sous Louis XIII.

Mais ce qui est tout à fait digne de remarque, c'est qu'avec ce caractère éminemment français, Bassompierre n'était point né Français; et il n'avait passé ni son enfance ni même les premières années de sa jeunesse en France. Il était de cette nation sur laquelle, quelques années après sa mort, le père Bouhours demandait, avec un doute injurieux et impertinent, *si un Allemand pouvait avoir de l'esprit.* Sa famille était une des plus anciennes et plus illustres de l'Allemagne. Quoique tenant à une race dont une des branches était souveraine elle-même, il était né sujet du duc de Lorraine, et il fut incertain s'il resterait Allemand ou Lorrain, ou s'il offrirait son épée et ses services à quelque autre souverain de l'Europe. D'abord, il voulut faire ses premières armes contre les Turcs; mais, par une suite de mécomptes dont il fait un récit vif et plaisant, il faillit à les tourner contre le pape, et finit cette fois par ne faire la guerre à personne. C'est à la suite de cette courte et facile campagne que Bassompierre vint à la cour de Henri IV. Il se présente d'abord à ce grand roi d'une façon assez singulière; c'est en dansant un ballet avec onze seigneurs de la cour. « C'étoit, dit Bassompierre, une élite de gens qui étoient lors si » beaux et si bien faits, qu'il n'étoit pas possible de mieux. » On sent bien que c'était aux mêmes titres qu'il avait été admis dans ce ballet, lui qui ne faisait que d'arriver à la cour, qui était pour ainsi dire inconnu à tous ceux qui la composaient; et c'est là surtout la conclusion qu'il veut qu'on tire de son récit. Lorsque les danseurs eurent ôté leurs masques, Henri IV, qui savait que l'un d'eux était Bassompierre, le demande; Bassompierre s'avance et s'excuse avec grâce de n'avoir point encore fait sa cour; cet excellent prince lui fait le plus aimable accueil, le présente à Gabrielle d'Estrées, puis il s'éloigne pour lui donner la facilité de la saluer avec plus de confiance; et Bassompierre, qui ne péchait point par défaut de confiance, n'en manqua pas dans cette occasion. Après l'avoir vu encore deux ou trois fois à Paris, à Saint-Germain, à Fontainebleau, le roi lui demanda ce qui l'avait convié de venir en France. « Je lui avouai franchement, dit » Bassompierre, que je n'y étois point venu à dessein de m'embarquer à » son service, mais seulement d'y passer quelque temps, et de là aller en » faire autant à la cour d'Espagne, avant de faire aucune résolution de la » conduite ou visée de ma fortune; mais qu'il m'avoit tellement charmé, » que sans aller plus loin chercher maître, s'il vouloit de mon service, je » m'y vouerois jusqu'à la mort. Alors il m'embrasse et m'assure que je ne » saurois trouver un meilleur maître que lui, et qui m'affectionnât plus. Ce » fut un mardi douzième de mars, » continue Bassompierre, très-exact sur les dates et les époques, et qui n'avait garde d'oublier celle-là, « et depuis » ce temps, ajoute-t-il, je me regardai François, et puis dire que depuis » ce temps-là j'ai trouvé tant de bonté en lui, tant de familiarité et de » témoignage de bonne volonté, que sa mémoire sera, le reste de mes » jours, gravée dans mon cœur. » Ce sentiment est véritablement profond dans cet homme léger.

Ce qui frappe dans la lecture des Mémoires de Bassompierre, qui me servent de guide, et dont je ne fais qu'une rapide analyse, c'est la vie bruyante et agitée des grands seigneurs, toute remplie par les événements de la guerre ou les intrigues de la paix, les vues changeantes et les intérêts inconstants des partis et des factions. Les amusements mêlés et les distractions de l'oisiveté étaient pleins de fracas et de tumulte. L'éducation elle-même, si tranquille et si sédentaire parmi nous, se ressentait alors de cette agitation, de cette dissipation, et de cette prodigieuse activité de l'esprit et du corps. Bassompierre parcourt toute l'Allemagne et toute l'Italie avec quelques jeunes étourdis comme lui, et des précepteurs ou gouverneurs, car il en change plus d'une fois. Il prend part à toutes les fêtes, à tous les spectacles, à tous les divertissements qui se trouvent sur son chemin, et il semble que tous les petits princes et princesses d'Allemagne et d'Italie se marient exprès pour multiplier les ballets, les tournois et toutes les distractions possibles sur sa route. Il voit tout, profite de tout, rend visite à tout le monde. Mais, dira-t-on, qu'apprend-il dans le cours de cette belle éducation, si errante et si dissipée? Ce qu'il apprend? les langues, les sciences naturelles, le droit public, la théologie, la médecine. Écoutons-le lui-même nous rendant compte de la fin de ses études. « Nous continuâmes » peu de temps la rhétorique, puis allâmes à la logique, que nous fîmes » compendieuse, et trois mois de là passâmes à la physique, et étudiâmes » quant et quant en la sphère. » Sur ces entrefaites, arrivent de jeunes princes et de jeunes princesses, et l'on entreprit une énorme chasse qui dura un mois entier, et suspendit les études *en la sphère* et autres; mais on les reprend ensuite avec plus d'ardeur et encore plus d'universalité. « Nous » quittâmes la physique lorsque nous fûmes parvenus aux livres *de Animâ*. » Je me mis à étudier en même temps aux institutes du droit, où j'em- » ployai une heure de classe, une autre heure *aux cas de conscience*, une » heure aux *aphorismes* d'Hippocrate, et une heure aux *éthiques et poli-* » *tiques* d'Aristote. » Qui se serait attendu à voir Bassompierre étudier les *cas de conscience*, et devenir un grand casuiste?

Cette turbulence des esprits ne pouvait cesser avec l'éducation et les études; elle devenait bien plus forte lorsqu'elle était libre de tout frein; elle se manifestait particulièrement dans les jeux et dans les divertissements. Les grands seigneurs ne s'amusaient pas, comme aujourd'hui, à supposer qu'ils s'amusent, dans leurs salons, dans l'intérieur de leurs maisons, ou même dans leurs jardins ou dans leurs parcs, mais en public, au milieu de la population d'une grande ville, dans les rues et les places publiques, où ils se donnaient en spectacle. Tout le peuple prenait part à leurs jeux et à leurs fêtes, et il est certain que les Parisiens s'en amusaient beaucoup, et se consolaient ainsi de quelques vexations particulières et de quelques abus de la puissance et de la faveur. Ce n'étaient que joutes, mascarades, ballets, danses en public, courses de bague, cavalcades surtout, où les cavaliers et les chevaux étaient couverts d'or, de broderie et de vêtements somptueux. A chaque instant deux ou trois cents chevaux montés par les plus magnifiques et les plus lestes de ces jeunes seigneurs, leurs écuyers et leurs pages, parcourent les rues, se croisent sur le Pont-Neuf et ailleurs, se réunissent, se divisent, se défient quelquefois. Un jeune prince de la maison de Guise a une querelle; aussitôt mille gentilshommes montent à cheval, et vont à son hôtel lui offrir leurs services contre ses ennemis, et, il faut le dire, contre l'autorité du roi.

Les combats même, et les duels si fréquents alors, étaient un spectacle; le peuple en était souvent témoin, et ne les dérangeait pas. Il était bien rare qu'un homme de qualité ne payât pas de sa personne dans quelques-uns de ces combats singuliers, ou pour sa propre querelle ou pour la querelle de son ami. Bassompierre, hardi, aventureux, présomptueux, galant, devait moins qu'un autre se soustraire à l'empire de cette coutume si peu raisonnable, mais si enracinée dans les mœurs, et consacrée par tous les préjugés de la bravoure, de la chevalerie, de la féodalité. Il nous raconte lui-même les circonstances singulières d'un duel qui lui fut imposé par un caprice singulier, dans un moment assez mal choisi, et où il ne s'y attendait guère. Il était malade, avait eu quatre accès de fièvre, et venait de prendre médecine, lorsqu'un gentilhomme gascon, nommé Noé, avec lequel il semblerait qu'il n'avait eu aucun différend, vint le trouver, et lui dit qu'il désirerait fort se battre avec lui dès qu'il se porterait bien. Bassompierre lui répondit « qu'il avoit de la santé à revendre dès qu'il s'agis- » soit de se battre » : il se lève aussitôt avec sa médecine dans le corps, court au lieu du rendez-vous, qui cette fois n'est point une rue ni une place de Paris, mais Bicêtre. La terre était couverte de deux pieds de neige; un brouillard gris dérobait chacun des deux combattants à la vue et aux coups de son adversaire; ils se mêlent et se confondent avec leurs seconds ou ceux qui veulent les séparer, se pressent, se heurtent, se renversent, mais personne n'est tué. La médecine force Bassompierre à courir à Gentilly; on le ramène chez lui très-malade; mais le soir même il y a un ballet de jeunes personnes à l'Arsenal, il y va, et danse toute la nuit. Revenu chez lui, une violente maladie le mène pour ainsi dire aux portes du tombeau; mais le mardi gras il y a une course de bague à l'Arsenal, lieu où il paraît qu'on s'amusait beaucoup à cette époque, et Bassompierre se lève aussitôt, ne pouvant se dispenser d'être à cette fête.

La paix régnait en Europe à l'époque où Bassompierre, si bien accueilli par Henri IV et toute sa cour, se fixa en France. On ne se battait qu'à l'extrémité de la Hongrie; il alla y faire une campagne, et s'y distingua par son intelligence et sa bravoure. Le général autrichien, sous les ordres duquel il fait cette campagne, était un vieux feld-maréchal, fort brave, assez bon militaire; mais c'était un véritable bandit. Agé de soixante ans au moins, il engage le jeune Bassompierre dans une partie de violence et de débauche dont rougirait le plus effronté sous-lieutenant. Il faut rendre justice à Bassompierre, il en rougit aussi, et faillit en être la victime. Ce vieux général s'appelait Roseworm, et avait failli, quarante ans auparavant, à être pendu par les ordres du père de Bassompierre, ce qui ne l'empêcha pas de contracter avec le fils une liaison qui, comme on le voit, pensa être fort dangereuse pour celui-ci. Il s'en fallut réellement très-peu qu'il ne se vengeât du père par son amitié pour le fils.

Revenu en France, au défaut des exercices et des occupations de la guerre, Bassompierre se précipita avec beaucoup d'ardeur dans tous les amusements de l'oisiveté et toutes les dissipations d'une cour galante. Henri IV était alors épris de mademoiselle de Verneuil; Bassompierre s'attacha à la sœur de la maîtresse de son roi; et ce qui prouve la facilité des mœurs, pour ne rien dire de plus, de cette demoiselle, c'est que, pour apaiser ses parents, elle se fit donner une promesse de mariage, et pour rassurer Bassompierre contre cet engagement, elle lui fit une contre-lettre par laquelle

elle lui promettait de n'en faire aucun usage. Cependant elle se faisait appeler dans le monde madame de Bassompierre. Un jour la reine la rencontrant dans son carrosse, dit : « Voilà madame de Bassompierre! — Ce n'est qu'un nom de guerre, » répondit aussitôt le jeune étourdi, qui était auprès de la reine. — « Vous êtes un sot! » s'écria mademoiselle d'Entragues irritée. — « Il n'a pas tenu à vous, mademoiselle, » répliqua Bassompierre; et après ce dialogue assez vif les carrosses se croisent et séparent les interlocuteurs.

Telle était cependant la considération que, dans une cour où il était pour ainsi dire étranger, Bassompierre avait su acquérir au milieu de cette vie dissipée et même licencieuse, que le plus grand seigneur, l'homme le plus considérable de France, le connétable de Montmorency, voulut lui donner sa fille en mariage, celle qui fut la princesse de Condé. Le discours que lui tient ce vieux seigneur en lui faisant cette proposition, est plein de noblesse, de dignité et d'affection; la réponse de Bassompierre est pleine de grâce, de sentiment, de reconnaissance. Bassompierre, que nous devons aussi considérer comme écrivain, puisqu'il a écrit d'assez longs Mémoires, raconte assez mal et assez négligemment les faits, mais il rapporte supérieurement les discours et les conversations, et il excelle lui-même dans ses discours et ses réponses. Qu'on juge, à cette offre du vieux connétable, de sa joie et de ses transports! Indépendamment de l'honneur et des autres avantages de cette alliance, « sous le ciel, dit-il, il n'y avoit lors rien de si » beau que mademoiselle de Montmorency, ni de meilleure grâce, ni plus » parfait. » Quel obstacle s'opposa donc à ce mariage? Il faut le dire, ce fut la passion insensée de Henri IV : mais que de franchise et de bonté unies à tant de faiblesse! « Bassompierre, lui dit-il avec un grand soupir, » je te veux parler en ami..... Si tu l'épouses, et qu'elle t'aime, je te » haïrai; si elle m'aime, tu me haïrais; il vaut mieux que cela ne soit point » cause de rompre notre bonne intelligence, car je t'aime d'affection. » Bassompierre se désiste, et Henri IV l'embrasse.

Ce grand et aimable roi fut enlevé l'année suivante au bonheur de la France et à l'amour des Français. La douleur de Bassompierre fut sincère et profonde. De nouvelles destinées vont commencer et s'accomplir pour lui sous la régence de Marie de Médicis, le règne de Louis XIII, et sous la terrible puissance du cardinal de Richelieu.

A la cour de Henri IV, Bassompierre ne s'était distingué que par son attachement à ce bon prince : au reste, à l'exception de la valeur brillante qu'il avait déployée dans la campagne de Hongrie, il ne s'était encore fait connaître que comme un jeune homme très-frivole, très-dissipé, extrêmement joueur, tellement prodigue, que de son aveu il devait une somme d'un million six cent mille francs, somme énorme pour ce temps-là; passablement libertin, ne dédaignant pas de porter les lettres et les messages d'amour du roi, son maître, et s'associant ainsi à ce La Varennes, ordinairement chargé de cet emploi, qui avait été précédemment cuisinier de la sœur de Henri IV, la duchesse de Bar, et dont cette princesse spirituelle disait assez plaisamment qu'*il avait gagné bien plus d'argent à porter les poulets du roi qu'à piquer les siens*. Bassompierre garda bien sous la régence et sous le règne suivant la plupart de ses défauts; mais il y joignit les vues d'un homme d'état, l'esprit fin et délié d'un négociateur habile, les actions éclatantes d'un brave guerrier et d'un capitaine expérimenté, enfin toute la souplesse d'un courtisan adroit qui se maintient long-temps entre les cabales qui se forment, les factions qui se croisent, et les favoris qui se succèdent, jusqu'à ce que le cardinal de Richelieu, parvenu au pouvoir, domina tout, brisa tout, dispersa, ruina, abattit toutes les oppositions, tout ce qui lui fit ombrage.

Comme Richelieu, Bassompierre s'attacha d'abord au parti de la reine-mère; mais il lui fut plus fidèle ou du moins plus long-temps fidèle, et sa position était à cet égard d'autant plus délicate et plus difficile, qu'il était lié par des rapports d'affection et d'intimité, ou par ceux du jeu, de la dissipation et des plaisirs, avec les ennemis de la régente, le prince de Condé, le duc et le chevalier de Guise, le duc de La Rochefoucauld et un grand nombre d'autres. L'un d'eux, le chevalier de Guise, ayant voulu profiter de ces liaisons pour l'attirer à leur parti, il lui répondit très-bien : « Monsieur, » je suis serviteur de tous les particuliers de la cabale que vous dites; mais » je ne le suis point de la cabale en gros, et n'en serai jamais que de celle du » roi et de la reine régente. Je serai toujours le paroissien de celui qui sera » curé. » Il ne se contente point de ne pas se réunir à la *cabale*, il sert la reine très-habilement contre cette faction, en détache plusieurs membres influents, entre autres le duc d'Épernon, et se montre dans cette circonstance, comme dans beaucoup d'autres, très-bon négociateur, qualité que lui refuse pourtant l'auteur d'un dictionnaire historique assez estimé. Fécond en expédiens et en ressources, disert, éloquent même dans l'occasion, sachant bien prendre les hommes par leur faible, c'est-à-dire par leurs intérêts, il avait certainement les rares qualités d'un habile négociateur.

Bassompierre, dans ses Mémoires, fait parfaitement connaître ces factions, cette cabale, cette cour, et particulièrement la régente elle-même. On la voit changeante, capricieuse, passionnée, violente même. Bassompierre raconte un singulier trait de la colère et du dépit de cette princesse, précédé d'une petite ruse féminine assez bourgeoise et peu digne d'une reine. Trois ou quatre seigneurs d'un parti qui lui était opposé lui demandaient avec importunité, avec opiniâtreté, et presque avec insolence, le rappel d'un de leurs amis exilés. La régente ne voulait pas l'accorder, et n'osait pas le refuser ouvertement; elle espère faire diversion à leurs instances, et, changeant de conversation, elle regarde Bassompierre, et dit : « Je sais une affaire d'amour

» de Bassompierre qu'il ne se doute pas que je sache, et qui le mettroit bien » en peine s'il le savoit. » Cela lui réussit d'abord; ces jeunes seigneurs, aussi frivoles que remuants et ambitieux, pressent la reine de révéler cette affaire d'amour. La reine s'en défend, et, après beaucoup d'instances, elle feint de ne vouloir la dire qu'à Bassompierre lui-même; elle l'entraîne vers une fenêtre, et alors elle lui dit que ce n'est point de cela qu'il s'agit, mais qu'elle veut connaître les ressources et les moyens de ce parti qui prétend lui faire la loi, et lui demande si impérieusement une grâce. Bassompierre les lui expose fidèlement, et fait même connaître à la reine la défection de quelques uns de ses anciens partisans, et entre autres du marquis, depuis maréchal d'Ancre. « Lors, continue Bassompierre, la reine ne peut se tenir » de jeter quatre ou cinq larmes, se tournant vers la fenêtre, afin qu'on ne » la vît pas pleurer; et ce que je n'avois jamais vu, elles ne coulèrent point » comme quant on a accoutumé de pleurer, mais se dardèrent hors des yeux » sans couler sur les joues. »

Affranchi de la tutelle où le retenait le maréchal d'Ancre, qui fut tué peu de temps après, Louis XIII s'affranchit bientôt, et même un peu brusquement, de celle de sa mère. Bassompierre, qui avait bien servi celle-ci, qui l'avait plus d'une fois avertie de ce qui se tramait contre elle, et l'avait prévenue que le pouvoir allait lui échapper, ne balança pas à abandonner le parti d'une mère qui ne confondait pas ses intérêts avec ceux de son fils et de l'État. C'était son devoir, sans doute; car, comme il l'avait dit dans une autre occasion, le roi était le *curé de la paroisse.* Mais est-ce le devoir et la conscience qui furent ses conseillers et ses guides? Cela est possible; mais tout le monde n'en jugea pas ainsi dans le temps, et le duc de Bouillon, entre autres, pensait qu'il s'était rangé du côté où étaient le *sceau et la cire;* il tenta même de l'en détacher, essayant de lui persuader que c'était moins le parti du roi que celui de *trois marauds venus comme des potirons en une nuit.* On sait quelle est principalement la maison qu'il voulait désigner par ce mot; on n'est pas poli dans les temps de faction.

Mais Bassompierre fut inexorable, et il se distingua parmi les généraux qui poursuivirent et battirent les troupes de la reine. Le roi vainqueur alla à Poitiers avec la jeune reine, Anne d'Autriche; la reine-mère vaincue demanda et obtint la paix, se réconcilia momentanément avec son fils, et vint le rejoindre à Poitiers. Là, se trouvèrent trois cours assez distinctes : la cour du roi et celles des deux reines. Parmi les divertissements qui leur furent offerts, Bassompierre parle d'une comédie *où jouèrent les Jésuites et où allèrent toutes les cours.* Ce n'est pas la seule fois qu'il fait mention dans ses Mémoires de ce divertissement offert par les Jésuites; ces bons pères, dont la morale et la vertu furent toujours pleines de condescendance, montrèrent constamment beaucoup de goût pour les représentations théâtrales.

Dans le même temps un carme se mêlait de guerre, ce qui était assurément bien plus singulier et plus extraordinaire. Il vint au camp devant Montauban, que Louis XIII assiégeait sans succès depuis long-temps. Il arrivait de Bohême, où il avait assisté au siége de Prague, et y avait, disait-on, donné de fort bons conseils. On consulta le carme, moins comme homme habile et expérimenté dans l'art de la guerre que comme un saint homme. Le connétable de Luynes lui demanda ce qu'il fallait faire pour prendre Montauban. Le carme répondit avec confiance qu'il fallait tirer quatre cents coups de canon contre la ville, et que les assiégés, intimidés assurément, se rendraient. Le moyen n'était pas mauvais; cependant, on tira les quatre cents coups de canon, et la ville ne se rendit point. Bassompierre, qui, dans l'art de prendre les villes, en savait un peu plus que le carme, donnait beaucoup d'autres avis, mais on n'y eut aucun égard; on s'obstinait à suivre les plus mauvaises méthodes; et cependant telle était la confiance du succès, que le maréchal de Schomberg, rencontrant Bassompierre dans les retranchements, lui dit : « Frère, je vous invite après-demain vendredi à dîner » dans Montauban. » Bassompierre, qui était loin de croire la chose si avancée, lui répondit : « Frère, ce sera un jour de poisson; attendons au » dimanche, et n'y manquez pas. » La ville ne fut point prise; on leva même assez honteusement le siége, et avec une telle précipitation, que les différents corps de l'armée assiégeante étant partis successivement, on oublia de donner l'ordre à Bassompierre de sortir de ses retranchements avec les troupes qu'il commandait. Il y resta, quoiqu'il pût être à chaque instant écrasé par la garnison et les habitants de la ville. Quand enfin on vint l'avertir de les quitter, en lui témoignant quelque surprise qu'il ne l'eût pas fait plus tôt, il répondit, un peu en gascon peut-être, que, n'en ayant point reçu l'ordre, il y serait resté toute sa vie.

On sait que Louis XIII était en personne à ce siége, où il donna, comme en beaucoup d'autres occasions, des marques signalées de courage. Le cardinal de Retz disait, en parlant du président Molé, que, si ce n'était pas une sorte de blasphème de dire que quelqu'un était plus brave que le prince de Condé, il dirait que c'était le président Molé : Bassompierre dit à peu près la même chose en parlant de la bravoure de Louis XIII comparée à celle de Henri IV, dont il est assurément un juste admirateur. Les soldats et les officiers étaient très-braves aussi, et la noblesse se distinguait parmi ces braves, comme en font foi tous les mémoires du temps, et particulièrement ceux de Bassompierre. Mais l'art des siéges était peu avancé, et l'on voit Louis XIII passer une grande partie de son règne à assiéger, et quelquefois inutilement, cinquante villes ou bicoques dans le Languedoc, la Guienne, le Poitou, le Maine et d'autres provinces encore. Les armées étaient peu nombreuses, assez mal disciplinées, et souvent plus mal payées. On peut juger du dénûment où étaient les généraux eux-mêmes par ce trait. Le maréchal de Lesdiguières assiégeait une ville de la Savoie; la prise de cette ville dépendait d'une batterie qu'il fallait placer sur une hauteur jugée inaccessible. « Si je puis gagner ce soir, dit Lesdiguières, quarante écus à Bas-» sompierre, pour en donner vingt aux Suisses et vingt aux Français, de-» main à dix heures mes deux canons seront montés. » Il paraît qu'il gagna les quarante écus, car la batterie fut montée et la ville prise.

Le plus mémorable de tous ces siéges fut sans doute celui de La Rochelle, ville alors très-forte, et protégée par une flotte et des troupes anglaises. Bassompierre y commanda une armée à part, ne voulant ni servir sous les ordres du duc d'Angoulême, qui n'était pas maréchal de France, ni même partager le commandement avec lui. Il s'y distingua par son activité et sa vigilance, et contribua beaucoup au succès par sa bravoure et ses talents militaires. Il ne se dissimulait pas toutefois que les grands du royaume agissaient contre leurs intérêts en secondant la fortune de Richelieu, et en abattant tout ce qui pouvait opposer un obstacle à ses desseins ambitieux. Il disait plaisamment en battant en brèche les murs de la ville assiégée : « Vous » verrez que nous serons assez sots pour prendre La Rochelle. »

Il ne tarda pas beaucoup à éprouver les terribles effets de ce pouvoir absolu qu'ambitionnait Richelieu, et que ce succès ne contribua pas peu à mettre dans ses mains. Dans le cours orageux d'une régence, d'une longue minorité et d'un règne agité, Bassompierre avait combattu ou concilié les partis, les factions, les favoris; mais il ne put ni lutter contre Richelieu, ni lui persuader qu'il était de ses amis : il fut mis à la Bastille. Là, sa fierté l'abandonne; il sollicite sans dignité sa grâce; il prête souvent sa maison de Chaillot à son oppresseur, pour lui faire sa cour et le fléchir : mais celui-ci accepte la maison, profite de sa complaisance, et se joue des sollicitations du prisonnier et de ses propres promesses cent fois renouvelées. Bassompierre resta douze ans à la Bastille, et n'en sortit qu'après la mort du cardinal : il avait cinquante ans passés quand il y entra, mais il avait encore tous les avantages de la jeunesse, la santé, et même les grâces et les succès. Le poète Malleville, qui lui fut fidèle dans sa disgrâce comme La Fontaine à Fouquet, fit, sur le malheur de son patron, comme l'illustre fabuliste, une touchante élégie dont voici le début :

Lorsque le beau Daphnis, la gloire des fidèles,
Perdit la liberté qu'il ôtoit aux plus belles, etc.

La princesse de Conti, sœur du duc de Guise, qu'il avait épousée en secret, et dont il avait eu un enfant, mourut de chagrin en apprenant sa détention.

Présenté au roi après sa sortie de la Bastille, Louis XIII lui demanda quel âge il avait; Bassompierre répondit qu'il avait cinquante ans, quoiqu'il en eût à peu près soixante-trois. Le roi parut surpris : « Sire, dit Bassompierre,

» je retranche les années que j'ai passées à la Bastille, parce que je ne les » ai pas employées à votre service. » Le mot de Vardes, que j'ai déjà nommé à l'occasion de Bassompierre, est d'un courtisan encore plus fin et plus spirituel. Présenté à Louis XIV au retour d'un long exil, et s'apercevant que son habit et sa toilette, qui n'étaient plus à la mode, excitaient le sourire des jeunes gens, il dit ingénieusement au roi : « Vous le voyez, Sire, quand » on est tombé dans votre disgrâce, on n'est pas seulement malheureux, on » devient ridicule. » Il paraît que les jeunes gens voulurent aussi tourner en ridicule les prétentions de Bassompierre; mais madame de Motteville, qui, comme les femmes dans tous les temps, se plaint que, du sien, les belles manières et la galanterie ont dégénéré, prend sa défense, et prétend que *les restes du maréchal de Bassompierre valaient mieux que la jeunesse des plus polis de ce temps-là.*

On rendit à Bassompierre la charge de colonel-général des Suisses, dont Richelieu l'avait forcé de se défaire quand il le mit en prison, et avec d'autant plus d'empressement et même de ressentiment, qu'il ne pouvait oublier que, pendant la grave maladie de Louis XIII à Lyon, le maréchal lui avait positivement refusé de mettre à sa disposition le corps de troupes qu'il commandait. Sous le cardinal Mazarin, Bassompierre sembla reprendre de la faveur; il fut même question de lui donner la charge importante de gouverneur de Louis XIV. Mais étant allé à Ponts, chez le surintendant d'Emery, il eut plusieurs accès d'une fièvre presque continue; il semblait cependant rétabli, mais revenant à Paris, on le trouva mort dans son lit, à la première hôtellerie où il s'arrêta, le 12 novembre 1646. Il était âgé de soixante-sept ans et demi, étant né le dimanche, jour des Rameaux, 12 avril 1579, au château d'Harouet en Lorraine. Les historiens ne donnent pas d'autres détails sur cette mort subite. Cependant Ménage, contemporain de Bassompierre, affirme, comme un fait positif, qu'il mourut à Provins d'une dose trop forte d'opium que lui avait donnée un médecin malhabile. Ce témoignage, confirmé par le savant La Monnoye, méritait quelque attention. Je trouve dans le *Ménagiana* une autre anecdote qui ne s'accorde guère avec la réputation de propreté, d'élégance et de magnificence qui s'attache au nom de Bassompierre. Un jour Louis XIII aperçut sur les habits du maréchal un de ces insectes qu'on n'ose même pas nommer; il voulut en plaisanter : « Sire, dit alors Bassompierre, gardez le secret, car on ne manqueroit pas » de dire que c'est là tout ce qu'on gagne au service de Votre Majesté. » Bassompierre y avait gagné sans doute de la gloire, des dignités, et peut-être même de l'argent et de la fortune, mais les prodigalités l'avaient dissipée; il mourut pauvre. La nièce du cardinal de Richelieu, la duchesse d'Aiguillon, lui offrit cinq cent mille francs pour en disposer comme bon lui semblerait. Bassompierre les refusa avec assez de fierté : « Madame, lui dit-il, votre » oncle m'a fait trop de mal pour que je reçoive de vous tant de bien. » Bassompierre parlait toutes les langues de l'Europe. On a de lui, outre ses Mémoires, et sa correspondance comme ambassadeur en Angleterre, en Espagne et en Suisse, des Remarques sur l'histoire de Louis XIII par Dupleix, remarques très-satiriques, mais curieuses.

De Feletz,
de l'Académie française.

Dessiné par A. Hesse. Geny-Gros imp. rue du Plâtre, 28. Paris. Gravé par H. Laurent.

MATHIEU MOLÉ.

MATHIEU MOLÉ

NÉ EN 1584, MORT EN 1656.

Il y a plus de charme à écrire la vie privée d'un grand homme que son histoire. On aime à se reposer de l'admiration causée par le héros. L'on se console à la fois par le spectacle de ses vertus et par celui de ses faiblesses. On croit vivre dans sa familiarité tandis qu'on l'observe de si près. Mais s'il arrive que l'écrivain descende de celui dont il s'efforce de consacrer la gloire, si les vertus qu'il peint forment son héritage, et lui imposent ainsi de grandes obligations, enfin, s'il ne peut louer sans qu'il s'humilie, son entreprise alors montre plus de piété qu'elle ne lui promet de douceur, et l'on doit supposer qu'il y a été conduit par le désir d'acquitter une dette plutôt que par l'idée d'amuser son loisir. J'ai donc besoin ici d'une double indulgence; je souhaite qu'en lisant cet ouvrage on ne songe qu'au sentiment qui l'a dicté. Sous ce rapport, l'exemple que j'y donne ne sera pas indigne qu'on l'imite; il pourra servir à ranimer le culte négligé des aïeux. Car, pendant que Troie était en flammes, peu de gens ont imité le pieux Énée : pour moi, moins heureux que lui, je n'ai pu sauver mon père, mais je ne me suis jamais séparé de mes dieux domestiques.

Mathieu Molé naquit en 1584; il était fils d'Édouard Molé, procureur général au parlement pendant la ligue, et dont Henri IV récompensa l'intrépidité et les services par une place de président à mortier au même parlement. On n'a point de détails sur sa première jeunesse, mais on connait les circonstances et les exemples qui concoururent à la former. Les fureurs de la ligue environnèrent son enfance; de grandes actions, de grands caractères, occupèrent ses premiers regards. Il voyait son père exposer chaque jour sa vie, et il apprenait de lui à pratiquer ce courage austère qui se contente de mépriser la mort. Dans sa famille, il était entouré des habitudes qui accompagnent une fortune médiocre, et de cette gravité singulière dont l'excès était peut-être un fruit du malheur des temps. A cette époque, la sagesse, la modération même n'étaient point exemptes d'enthousiasme. Les vertus se montraient aussi exaltées que la dépravation était profonde. C'est ainsi que l'on peut s'expliquer d'avance le contraste que nous aurons lieu d'observer entre le caractère de Mathieu Molé et celui des autres personnages célèbres avec lesquels il a vécu. On trouve entre eux et lui autant de différence, et, si j'ose le dire, de disproportion qu'entre la ligne et la fronde. Nous verrons même que son esprit, préoccupé des impressions qu'il avait reçues, et accoutumé de bonne heure à de trop grandes choses, eut quelquefois de la peine à se plier à la petitesse des circonstances, et à descendre à la subtilité des intrigues qu'il devait surmonter.

Cependant les troubles civils et les dangers au milieu desquels il vivait n'empêchèrent pas Édouard Molé de donner à son fils l'éducation la plus forte et la plus complète. Tandis que, par son exemple, il lui enseignait à ne pas s'abandonner au malheur et à se préserver de cette sorte de résignation dans laquelle il entre toujours plus de mollesse que de courage, il s'appliquait à orner et à cultiver son esprit. Mathieu Molé, au sortir de ses études, possédait les langues grecque et latine, était jurisconsulte éclairé, et paraissait déjà particulièrement versé dans les matières de l'église. Le parlement le reçut dans son sein aussitôt que son âge le lui permit. Quatre ans après il devint président d'une chambre des requêtes, et enfin, au mois de novembre 1614, son père ayant résigné la place de président à mortier entre les mains de Nicolas de Bellièvre, alors procureur général, le roi lui donna la charge de ce dernier. Ainsi Mathieu Molé avait moins de trente ans lorsque Louis XIII lui confia les fonctions peut-être les plus délicates et les plus importantes de la magistrature. Le cardinal de Richelieu, qui dictait les choix de son maître, savait juger les hommes indépendamment des données ordinaires de l'âge ou de l'expérience. Aucune affection personnelle ne put le faire songer à Molé; jamais il n'avait favorisé sa famille, et il connaissait assez son caractère pour prévoir l'embarras qu'il pourrait lui causer un jour. Mais ce génie élevé faisait servir au bien de sa patrie jusqu'à ses passions et à ses défauts. Il avait trop de fierté pour craindre personne, et il aimait trop la gloire pour ne pas se plaire à faire de pareils choix. Son attente fut bien remplie, et le public ne tarda pas à rendre hommage à son discernement. On s'étonnait de voir dans un aussi jeune homme une gravité si naturelle, une raison si exercée, une fermeté si sage. On eût loué son intégrité et la pureté de ses mœurs, si ces vertus avaient pu être remarquées dans un magistrat. Il épousa, à peu près dans ce temps, mademoiselle de Nicolaï, fille du premier président de la chambre des comptes, et il en eut bientôt plusieurs enfants. C'est au milieu de sa nouvelle famille que s'écoulaient ses plus doux loisirs. Cependant il avait contracté, en entrant dans le monde, des liaisons qu'on ne lui vit rompre que lorsqu'une longue expérience lui en eut appris le danger. L'imagination vive de Mathieu Molé ne pouvait échapper au charme des solitudes de Port-Royal. Son esprit, naturellement contemplatif, aimait à méditer parmi ces pieux solitaires; il y goûtait, dans une profonde paix, le souvenir des orages qui avaient environné son enfance, et il se laissait entraîner par une morale qui lui paraissait réunir la pureté à l'orthodoxie.

L'abbé de Saint-Cyran surtout avait su lui inspirer une vénération particulière. Ce maître de Jansénius était alors l'oracle de Port-Royal, et l'on pourrait le citer comme le dernier chef de secte connu dont la personne ait excité un véritable enthousiasme. Une science profonde, une dialectique pressante, des austérités incroyables, une imagination tout à la fois grave et ardente, le rendaient réellement propre à prendre de l'empire sur les esprits faits eux-mêmes pour dominer. A Dieu ne plaise cependant que je veuille décrier ici les leçons de Port-Royal, puisqu'elles ne firent que développer les grandes qualités de celui dont je dois tant aimer la gloire! Si j'osais me permettre une comparaison profane en parlant de ces saints personnages, je dirais seulement qu'ils voulaient élever tous les hommes comme Achille le fut par le Centaure. Les faibles y succombaient, tandis que les forts devenaient entre leurs mains prodigieusement forts. Leur secret, aujourd'hui qu'on l'ignore, effraie d'autant plus qu'on en admire davantage les résultats. On se demande où prenaient leur charme et leur puissance ces hommes pour lesquels il fallait tout quitter, dont les plus grands personnages préféraient la société aux premières dignités, aux plus importantes fonctions; devant lesquels les plus grandes dames allaient pleurer leurs fautes; qui fixaient la langue, qui composaient les meilleurs livres pour la jeunesse, dont on ne cessera jamais d'admirer les écrits, qui possédaient le raisonnement avec la plaisanterie, qui savaient plaire autant que dominer, qui imprimaient enfin à ceux qu'ils formaient un caractère tellement ineffaçable, que dans la vie de Mathieu Molé on reconnaît leur disciple, comme on le retrouve dans Pascal en lisant ses écrits.

Mais le cardinal de Richelieu, soit qu'il redoutât l'influence toujours croissante de l'abbé de Saint-Cyran, soit qu'il voulût faire cesser le scandale accasionné par quelques-uns de ses écrits, le fit renfermer au château de Vincennes. A peine l'ordre qu'il en avait donné fut-il exécuté, qu'il vit arriver chez lui le procureur général pour lui représenter qu'on avait trop légèrement soupçonné la foi d'un si grand défenseur de l'église, et que, dans le moment même où on l'avait arrêté, il travaillait à un ouvrage commencé depuis long-temps, et destiné à réfuter les ministres sur le dogme de la présence réelle. Le cardinal répondit froidement que « Saint-Cyran pourrait continuer ce travail en prison. » Molé ne s'en tint pas là; partout Richelieu le trouvait sur ses pas. Enfin, un jour qu'à Saint-Germain il s'en voyait sollicité plus vivement que jamais, il lui saisit le bras avec impatience en s'écriant : « M. Molé est honnête homme, mais il est un peu entier. » Affligé et non rebuté, Mathieu Molé demanda au cardinal la liberté de son ami en offrant d'être sa caution. Non-seulement il éprouva un nouveau refus, mais on commença à instruire le procès de Saint-Cyran comme hérétique et faux docteur; il se hâta de lui faire dire d'avoir grand soin de parapher toutes les pages de son interrogatoire, et de tirer des lignes depuis le haut des marges jusqu'en bas; « car, ajouta-t-il, il a affaire à d'étranges gens. » On se doute bien que ce propos, rapporté au ministre, n'attira point au procureur général son affection. Une circonstance plus importante ne tarda pas à le lui rendre tout à fait contraire.

La reine-mère, Marie de Médicis, ne pouvant plus supporter le joug du cardinal de Richelieu, crut pouvoir renverser son propre ouvrage, en se mettant à la tête des ennemis de celui qu'elle avait élevé. Deux ministres, des généraux, deux reines, toute la France, conspirèrent avec le roi lui-même, dont ils avaient la parole, contre un premier ministre qu'ils détestaient. Les conjurés ne se crurent obligés ni à beaucoup de ménagements, ni à un grand secret. Tous les yeux voyaient se former l'orage, et chacun calculait le moment où il devait éclater. Mais tant de chances de succès ne firent que des dupes de ceux qui s'y confièrent, et l'on appela *journée des dupes* celle où, par sa présence d'esprit et son audace, Richelieu triompha de la France et du roi. Mathieu Molé, dont l'esprit était enclin à l'ironie, et qui haïssait le despotisme du cardinal, ne doutait pas de sa chute, et il avait lancé contre lui quelques-uns de ces traits qu'on ne pardonne pas. Il était d'ailleurs le parent et l'ami du maréchal et du garde des sceaux de Marillac. Richelieu le fit comprendre dans la liste de leurs complices. Un arrêt du conseil l'interdit de ses fonctions, et lui ordonna de comparaître en personne. D'abord il essaya de faire quelque résistance. Son substitut Frauchot fit des remontrances à la chambre des vacations; mais l'opposition de M. de Bellièvre, qui présidait, les rendit vaines. Il partit pour Fontainebleau, où était la cour : aussitôt qu'il parut dans le conseil, les préventions s'évanouirent, et il ne recueillit de tous côtés que des marques de déférence et d'estime. « Sa gravité naturelle (dit Talon, qui ne l'aimait pas), dont il ne rabattit rien dans cette circonstance, lui fit obtenir sur-le-champ arrêt de décharge. » Et il vint reprendre ses fonctions.

C'est vers cette époque qu'on eut lieu d'observer le changement qui s'opéra dans ses manières. Son extérieur sévère, qui éloignait quelquefois, ne faisait plus qu'imposer. On le voyait attacher moins de prix à conserver toutes les formes de ses vertus; son langage surtout avait changé de caractère, et il paraissait plus occupé du bien qu'il pouvait faire que des principes qu'il devait professer. La jeunesse vertueuse mûrit tard : il ne faut pas s'étonner si Mathieu Molé ne connut pas de bonne heure cette modération qui rend toutes les vertus utiles. Lorsqu'il la posséda, il n'eut plus rien à recevoir de l'expérience ou du temps : le cardinal de Richelieu semblait l'attendre. Quoiqu'il eût été quelquefois l'objet de ses railleries, et qu'il ne l'eût pas toujours trouvé docile à ses volontés, il l'avait compté parmi les hommes qui devaient ajouter à la grandeur de la France, et par conséquent à sa propre gloire. Aussi, dès qu'il l'en crut digne, il le nomma premier président. Le même jour, Molé perdit sa femme, mademoiselle de Nicolaï, qui le laissait père de dix enfants. Le chagrin qu'il en eut le força de suspendre l'exercice de ses nouvelles fonctions. Puis il trouva dans ces fonctions mêmes un remède contre sa douleur.

La mort du cardinal de Richelieu, arrivée deux ans après, vint lui rendre l'espoir de faire sortir de prison l'abbé de Saint-Cyran. Il s'empressa de demander sa liberté au roi, qui la lui accorda, en ajoutant qu'il attendrait quelques mois, afin de ne point paraître réparer une injustice de son ministre. Au sortir de Vincennes, Saint-Cyran courut chez son ami, qui le reçut avec une tendresse mêlée de respect. Il lui annonça qu'il allait travailler sans relâche à son grand ouvrage. Aussitôt Mathieu Molé offrit de subvenir aux frais de copie et d'impression, et Saint-Cyran accepta mille écus pour cet objet. Depuis plusieurs années Molé n'était plus que l'ami de Saint-Cyran. Il aimait sa personne, il admirait ses vertus, mais il avait cessé de partager toute sa doctrine. Il s'était même éloigné de Port-Royal comme d'un séjour dont il redoutait la séduction ; et l'on peut dire que c'est l'exemple de l'avocat Le Maître qui lui avait appris à la craindre. M. Le Maître, disciple aussi de l'abbé de Saint-Cyran, passait, parmi les solitaires, tous les loisirs que lui laissaient ses fonctions. Ayant été très-jeune reçu avocat, il avait acquis par son éloquence une telle réputation que le cardinal de Richelieu voulut signaler au public cette belle espérance de la magistrature. Il lui donna à l'âge de vingt-huit ans le brevet et la pension de conseiller d'État. Tout d'un coup, M. Le Maître prend la résolution de vendre ses biens pour les distribuer aux pauvres, de se démettre de ses emplois pour se précipiter dans la retraite, et Saint-Cyran se charge d'aller apprendre à Molé qu'il a perdu un de ses émules. Le procureur général ne put recevoir cette nouvelle sans émotion, il s'écria : « Mais de quoi vivra-t-il? » L'abbé de Saint-Cyran enfonçant fièrement son chapeau, qu'il avait toujours sur sa tête, et le fixant d'un air sévère : « Et moi, lui répondit-il, de quoi ai-je vécu depuis que je suis à Paris? » De ce moment Mathieu Molé ne regarda plus comme sans danger des sentiments qui pouvaient devenir si contraires à la société. Mais son amitié et sa vénération pour la personne de l'abbé de Saint-Cyran n'en furent jamais altérées, et lorsque, plusieurs années après, Saint-Cyran devint encore suspect à la régente, Mathieu Molé voulut en répondre, comme il en avait répondu au feu roi.

Louis XIII suivit de près son ministre dans la tombe : avant de mourir, il avait fait enregistrer au parlement une déclaration qui renfermait ses dernières volontés, et que Mathieu Molé avait rédigée tout entière. Cette déclaration, en laissant la régence à la reine, nommait un conseil souverain, qui avait pour chef le prince de Condé, et dont elle ne pouvait changer les membres. Mais Louis XIII mort, son testament fut cassé par le parlement, qui rendit à Anne d'Autriche toute l'autorité de son titre. Aussitôt les exilés revinrent, et les prisons s'ouvrirent; Richelieu avait rendu désormais impossibles les désordres que le règne de Henri IV avait seulement fait oublier. Le don de ce génie était la force, et c'est toujours l'ordre que la force produit. Aussi dans la monarchie française avait-il mis chaque chose à sa place, comme dans l'Europe il avait replacé chaque état à son rang. Par lui, cette haute noblesse, rivale de son maître, ne forma plus que sa cour. Les grands, aspirant tous à la faveur du prince, se la disputaient entre eux; au lieu d'entretenir des partis dans la nation, ils formaient des cabales autour de lui, lorsque la minorité de Louis XIV vint ouvrir un nouveau champ à d'anciennes espérances, et ranimer toutes les ambitions.

L'agitation fut d'autant plus vive, qu'on avait été plus long-temps contenu. Les mœurs, de sérieuses et réservées qu'elles étaient, devinrent tout d'un coup libres et légères; le génie de Mazarin semblait répandre autour de lui l'intrigue, comme celui de Richelieu inspirait les complots. Les hommes paraissaient livrés, avec l'État, au gouvernement des femmes. A la place de la chevalerie, de cette ancienne religion de l'honneur et de l'amour, on ne voyait partout que le plaisir et le courage. La nation avait tellement changé de physionomie et d'aspect, qu'on eût dit qu'il s'était écoulé plus d'un siècle depuis la fin de la ligue. Un seul homme retraçait le souvenir et les caractères de cette grande époque; Mathieu Molé, né sous Henri III, et formé par les leçons d'Édouard Molé, son père, avait conservé, au milieu de cette génération brillante, frivole et licencieuse, ces mœurs graves, ce tour d'esprit et de langage que donne le spectacle des grands événements, joint à l'expérience du malheur. D'ailleurs, les convenances rigoureuses qui accompagnaient alors la profession de la magistrature en faisaient comme un sanctuaire, où le souffle du siècle ne pénétrait pas. Nous avons vu que c'était à Port-Royal qu'il allait chercher les délassements de sa jeunesse, dans ces asiles où semblait respirer encore le génie de la Ligue pacifiée. Il resta donc étranger au mouvement général, jusqu'à ce que ce mouvement, gagnant sa compagnie, il se trouva malgré lui placé sur la scène, et fut forcé d'y jouer l'un des rôles les plus importants.

Les dépenses de la guerre d'Espagne et les prodigalités de la cour avaient épuisé le trésor. La reine, ou plutôt son ministre, dans le besoin qu'ils avaient d'argent, eurent l'imprudence de s'attaquer aux grandes compagnies, et de vouloir faire peser sur elles les édits bursaux. Aussitôt le grand conseil, la cour des aides, la chambre des comptes, portèrent leurs plaintes au parlement, et lui demandèrent de les protéger contre la cour. Le 13 mai, on rendit le fameux arrêt d'union, portant que deux conseillers de chaque chambre du parlement seraient chargés de conférer avec les députés des autres compagnies, et qu'ils feraient leur rapport aux chambres assemblées, qui ordonneraient ensuite ce qui conviendrait. Les réunions eurent lieu dans la chambre de Saint-Louis, malgré les efforts de la régente pour les empêcher. Enhardis par le succès de leur résistance, les députés s'immiscèrent bientôt dans les affaires de l'État. L'opinion favorisait leurs entreprises; la faiblesse d'Anne d'Autriche et les hésitations de Mazarin les encourageaient. Le parlement s'imagina qu'il allait gouverner. Pour modérateur, il n'avait que son chef, tandis qu'il était secrètement poussé par les hommes les plus considérables dans l'État. Tout au commencement de la régence, il s'était formé autour de la reine une cabale qu'on appelait *des importants*, à cause de l'espèce de morgue qu'ils tiraient de leur crédit, et que portait au dernier point son chef le duc de Beaufort. Elle s'était longtemps disputé, avec le cardinal Mazarin, l'empire que ce dernier conserva sur l'esprit de la régente. Du fond des exils où ils étaient dispersés, les importants excitaient le parlement, imploraient son appui, et lui offraient leurs services. La gravité des magistrats ne put résister au plaisir de compter de tels clients. Ils s'entendaient appeler pères de la patrie par les princes, la noblesse et le peuple. Tous les prenaient pour arbitres, et chacun leur confiait son destin. La foule des jeunes conseillers, charmée d'abandonner l'aridité de ses études et la monotonie de ses fonctions, se livra avec passion à une vie oisive et agitée, qui flattait à la fois sa paresse et son ambition. Déjà ces beaux jours de la régence, chantés par nos poètes, étaient écoulés. Le parlement devint le foyer de toutes les intrigues. Le petit nombre de ceux qui y soutenaient le parti de la cour reçut le nom de *Mazarins*. Leurs adversaires prirent celui de *frondeurs*; et, dans cette guerre de sobriquets et d'épigrammes, où l'on fit tant d'usage du ridicule, Mathieu Molé était appelé *la grande-barbe*, à cause de la longue barbe qu'il portait.

Les disputes du jansénisme se mêlaient à tous ces mouvements. Le livre du jésuite Ayreau et celui du docteur Arnauld partageaient alors les évêques de France. Le recteur de l'Université ayant rendu plainte contre le premier au parlement, celui-ci le condamna; mais le chancelier Séguier, qui protégeait les jésuites, fit mander la compagnie par la reine, et lui dit, en son nom, qu'elle n'avait point à se mêler de cette affaire; qu'il avait été défendu aux jésuites d'enseigner la doctrine du père Ayreau, et qu'Arnauld serait envoyé à Rome pour y faire examiner son livre. Mathieu Molé, jaloux défenseur des priviléges de l'église de France, répondit « que, sans doute, on n'ignorait pas l'obligation imposée aux papes par les concordats de donner aux Français des juges en France, et que, quoique M. Arnauld se rendît à Rome par l'ordre de la reine, et non sur un mandement du pape, le saint-siége pourrait bien arguer de cet exemple et en abuser un jour. » Le zèle du premier président était encore échauffé dans cette circonstance par son amitié pour M. Arnauld et l'admiration qu'il ressentait pour ses ouvrages.

Cependant les assemblées de la chambre de Saint-Louis continuaient. Le premier président avait tenu tête pendant trois jours aux clameurs des enquêtes, qui furent plusieurs fois sur le point d'en venir aux voies de fait contre sa personne. La conduite de la cour ne l'embarrassait pas moins. Sans constance dans ses résolutions, sans suite dans ses projets, Anne d'Autriche manquait sans cesse à ceux qui voulaient la servir. Elle portait le caprice de son sexe dans la violence ; et si quelquefois elle commençait à sévir, bientôt elle abandonnait tout, comme épouvantée de ce qu'elle avait entrepris. C'est ainsi qu'on la vit embarrassée de la personne du président Barillon, après qu'elle l'eût fait enlever, et se trouver trop heureuse que le parlement le lui redemandât. Mathieu Molé, qui portait la parole dans cette circonstance, dit « que l'ordre public ne permettait pas que, sur de simples soupçons, un officier du roi, ni qui que ce fût, pût être emprisonné autrement que par les voies publiques qui instruisent les juges de la vérité. »

Au lieu d'être secondé dans sa compagnie, le premier président n'y voyait personne à qui il pût se confier. La reine ne le dédommageait pas de cet abandon ; et, loin d'apprécier ses lumières, elle le consultait rarement. Elle semblait s'en servir comme d'un bouclier, ou l'opposer comme un roc inébranlable aux fureurs que son ministre avait excitées. Les magistrats capables d'être jaloux d'un rôle si pénible et si glorieux lui portaient une secrète envie. C'est à ce titre que de Mesmes et Talon étaient ses ennemis. Talon avait été son ami dans sa première jeunesse ; mais bientôt leurs opinions différentes les avaient divisés. Moins âgé, et moins accessible aux leçons de l'expérience, Talon ne respirait que cet amour de l'indépendance et ces maximes républicaines dont Mathieu Molé avait connu de si bonne heure toute la vanité. D'ailleurs, la nature ne les avait pas formés l'un pour l'autre. La vertu de Talon était aussi exaltée que celle de Molé était solide. Il recherchait les sacrifices avec autant d'enthousiasme que Molé employait de modération à les attendre. Un seul mot les explique : Talon aimait par-dessus tout la gloire ; Molé lui préférait ses devoirs. Talon calomnia plus d'une fois dans son cœur celui qu'il avait aimé. Peut-être son esprit fut-il seul coupable ; car c'est la faiblesse des esprits supérieurs d'attribuer à l'intérêt les opinions qu'on ne partage pas. Au reste, Mathieu Molé fut le héros par excellence de l'amour de l'ordre et du devoir. C'est au maintien de l'ordre, au parfait accomplissement de ses devoirs, qu'il dévoua modestement sa vie. On y voit ces vertus, dédaignées du vulgaire, le conduire, presque à son insu, à une renommée éclatante, et valoir à celui qui croyait n'être que juste et sage d'être comparé par ses ennemis aux hommes les plus brillants de son siècle. Cependant, malgré l'injustice et l'envie dont il était entouré, Molé ne professait d'éloignement que pour la personne du chancelier Séguier. Jamais il n'en supportait rien. Dans un lit de justice, le chancelier l'ayant interrompu lorsqu'il parlait, il l'apostropha fièrement, lui déclarant que nul n'avait le droit de l'interrompre lorsqu'il avait l'honneur d'adresser la parole au roi. Fatigué cependant de tant d'épreuves, et sa santé étant altérée par le travail, il obtint un congé de la reine pour aller prendre les eaux.

A son retour, il trouva l'agitation à son comble, et il reconnut les approches de la crise que l'on préparait. Les lits de justice se répétaient sans cesse, et perdaient par là tout leur effet. Le peuple, en voyant les cours souveraines se réunir pour défendre ses intérêts, avait conçu les plus folles espérances. Il s'était flatté de voir disparaître tout d'un coup les impôts dont il se plaignait. De son côté, le parlement se trouvait déconcerté par la faiblesse même d'Anne d'Autriche, qui lui accordait tout, tandis qu'il ne pouvait se contenter de rien. Engagé vis-à-vis du peuple, il y allait de sa sûreté de prolonger la querelle; car il ne pouvait, avec quelque ombre de raison, demander à la reine de réaliser le vain espoir de la multitude, et il n'était plus en son pouvoir d'apaiser ni de faire rentrer dans l'ordre des esprits qu'il avait soulevés. Cependant personne n'acquittait les impôts, dans l'attente du parti que les compagnies devaient prendre; et les choses en vinrent au point que, faute de cent mille livres, l'armée de Flandre, après la bataille de Lens, ne put poursuivre ses succès; l'armée d'Allemagne, commandée par Turenne, se débanda; les Catalans voulurent se révolter, parce que les Français, manquant d'argent, vivaient à discrétion sur leur territoire; et que le siége de Crémone fut levé.

Il ne fallait plus qu'une étincelle pour allumer l'incendie. Un chef parut, et la révolte éclata. Un homme singulier, et qui sembla imprimer aux événements le caractère et la mesure de son génie, en prit alors ouvertement la conduite. Il avait en partage tous les dons de la fortune, et réunissait mille qualités brillantes, que bornait toujours un défaut absolu de grandeur. Né dans un haut rang, il était doué en aventurier. Il portait l'habit d'un prêtre et montrait l'audace d'un partisan. Galant auprès des femmes, dont il était aimé malgré son extrême laideur, et dévot aux yeux du peuple, dont il était respecté malgré ses mœurs : esprit qui ne manqua que d'élévation pour aller au grand; ayant plus d'intrigue que de génie, d'entreprise que de vues, recherchant les embarras, et même le péril, n'aimant de l'ambition que le jeu; croyant faire par ambition tout ce que lui inspirait son besoin d'émotions et sa passion pour le mouvement; tel était ce fameux coadjuteur de Paris, depuis cardinal de Retz, noble ennemi de Mathieu Molé, et qui lui rend, dans ses mémoires, une justice si généreuse. Il faut admirer l'art, ou plutôt le dessein avec lequel la Providence distribue les rôles, oppose les caractères pour les fins qu'elle se propose. Ici, la minorité de Louis XIV occasionnait ces troubles. Mazarin en fournissait le prétexte.

Le coadjuteur les excitait, et Mathieu Molé était appelé à les contenir. Placé à la tête d'une compagnie dans le sein de laquelle le coadjuteur avait établi le foyer de ses intrigues, ces deux hommes se trouvaient dans une opposition constante, et ils étaient bien doués pour les divers personnages qu'ils avaient à remplir. Molé, avec sa haute stature, son visage noble et calme, sa façon grave, son langage concis et plein de dignité, imposait autant que son adversaire pouvait séduire. Il pénétrait le mystère de toutes les intrigues avec autant de finesse que le coadjuteur mettait d'art à les former. Cependant sa pénétration surpassait de beaucoup son adresse, et s'il savait tout expliquer, il était loin de savoir tout prévenir. L'élévation et la force dominaient dans son esprit comme dans son caractère, et le pouvoir qu'il prenait sur les hommes n'était pas accompagné d'assez de séduction. C'est ainsi qu'on le voyait chaque jour dompter la fureur du peuple par sa seule présence ou arrêter les entreprises de sa compagnie, sans qu'il pût jamais inspirer à l'un ni à l'autre un sentiment ou un projet. Le coadjuteur redoutait surtout les effets de son éloquence, de laquelle il s'était senti lui-même quelquefois touché. Mathieu Molé était le seul homme de son temps qui dédaignât cette érudition et ces figures dont on faisait alors un si grand abus. Il parlait en peu de paroles, mais fortes et vives, qui ébranlaient l'imagination et saisissaient le cœur. Pour peu que le sujet le souffrit, il devenait pathétique, mêlant la patrie et l'honneur à tous ses discours. Une sorte d'incorrection ajoutait au naturel de ses tours, et il trouvait, en s'échauffant, des expressions si mâles et si vives, qu'elles devenaient pour ainsi dire inévitables, et que ceux qui l'entendaient étaient comme forcés de se rendre ou de rougir.

Le moment était venu où le coadjuteur voulait que le parlement portât les choses à l'extrême ; mais la nouvelle de la bataille de Lens vint le contrarier dans ses projets. La cour en prit autant de confiance qu'elle en aurait tiré d'avantage si Mazarin avait su profiter de ces succès. Les factieux perdent toujours de leur pouvoir sur l'esprit des peuples lorsque l'armée triomphe. Les chefs de la Fronde, qui s'en aperçurent, dissimulèrent au lieu d'éclater ; et Mazarin, qui les voyait calmes, les croyant vaincus, crut aussi qu'il ne lui restait qu'à punir. En conséquence il fait chanter un *Te Deum* à Notre-Dame ; le roi, la reine, le parlement tout entier, vont remercier Dieu de la victoire. A peine le roi est-il sorti de l'église, que des gardes se présentent, avec l'ordre d'arrêter les présidents Blancménil, Charton, et le conseiller Broussel. Aussitôt on court aux armes, on crie, on se précipite, tout est confondu. Le coadjuteur est partout, conservant encore le pouvoir d'exciter après qu'il a perdu celui de contenir. Le parlement se réunit dans le lieu de ses séances ; une populace furieuse l'environne, et lui enjoint d'aller demander à la reine la liberté des magistrats. Mathieu Molé était sur son siége et présidait l'assemblée ; sa figure n'annonçait aucune émotion. Il croit devoir se prêter au mouvement, dans l'espoir de le diriger, et part pour le Louvre à la tête de sa compagnie. Les barricades s'étaient renouvelées dans Paris comme pendant la Ligue. On en comptait douze cent soixante à dix heures du matin. Elles tombent toutes devant le parlement, qui s'avance aux cris de *vive le coadjuteur, point de Mazarin, liberté à Broussel!* Arrivé au Louvre, le premier président peignit à la reine, en termes énergiques, la situation de Paris. Elle l'interrompit en disant : « Je sais qu'il y a du bruit dans la ville, mais vous m'en répondrez, messieurs du parlement, vous, vos femmes et vos enfants. » En même temps elle entra dans son cabinet : le premier président l'y suivit avec plusieurs magistrats ; et comme il en sortait sans avoir rien obtenu, le cardinal Mazarin vint lui annoncer qu'on rendrait les prisonniers si le parlement voulait lui promettre de ne plus s'assembler. Mathieu Molé répliqua que le peuple croirait qu'ils avaient été forcés s'ils prenaient dans le palais de la reine aucun engagement, et qu'ils allaient se retirer dans le lieu ordinaire de leurs séances pour en délibérer. Au retour du parlement, les barricades s'ouvrirent encore ; mais le peuple, morne et furieux, le menaçait par son silence, où semblaient déjà retentir des cris de mort. A peine le cortége touche-t-il à la troisième barricade, que des hurlements se font entendre. Cent soixante magistrats sont sur le point d'être massacrés. Cinq présidents à mortier, plus de vingt conseillers, jettent dans la foule les marques de leur dignité, et cherchent leur salut dans la fuite. Alors un marchand de fer, nommé Raguenet, s'avance, et appuyant son pistolet sur le front du premier président : « Tourne, traître, lui dit-il ; et si tu ne veux être massacré toi-même, ramène-nous Broussel, ou le Mazarin et le chancelier en otage. » « Le premier président, dit le cardinal de Retz, le plus intrépide homme à mon sens qui ait paru dans son siècle, demeura ferme et inébranlable. Il se donna le temps de rallier ce qu'il put de sa compagnie ; il conserva toujours la dignité de la magistrature et dans ses paroles et dans ses démarches, et il revint au Palais-Royal au petit pas, dans le feu des injures, des exécrations et des blasphèmes. Il étoit naturellement si hardi, qu'il ne parlait jamais si bien que dans le péril. Il se surpassa lui-même dans cette circonstance, et il est certain qu'il toucha tout le monde, à la réserve de la reine. » Enfin le parlement promit de suspendre ses assemblées, et il sortit, ayant devant lui les carrosses du roi qui allaient chercher les prisonniers.

Cependant quelques jours après, Mazarin, qui n'était pas revenu de sa frayeur, fit sortir la cour de Paris pendant la nuit, et le roi écrivit au prévôt des marchands qu'il abandonnait sa capitale à cause des intelligences de quelques membres du parlement avec les ennemis de l'État. En effet, les chefs de la Fronde avaient écrit au comte de Fuensendalgne pour s'assurer du secours de l'armée espagnole dans le cas où ils en auraient besoin. Le parlement reçut des lettres-patentes qui le transféraient à Montargis; mais, au lieu d'obéir, il déclara le cardinal perturbateur du repos public, et lui enjoignit de sortir dans huit jours du royaume. Les assemblées devenaient de plus en plus tumultueuses. On voyait les généraux de la Fronde, tout couverts de poussière, venir siéger en armes parmi les magistrats. Sous le vêtement de ces derniers, on apercevait souvent une épée qui décelait leur crainte ou qui trahissait leurs desseins. Le coadjuteur, suivi d'un cortége ressemblant à une armée, y traînait après lui une multitude qui s'obstinait à le considérer comme son pasteur. Il semblait, à son gré, retenir ou exciter la tempête. Tous les jours il essayait d'effrayer le premier président par les menaces du peuple qui remplissait les avenues du palais; et tous les jours le sang-froid et l'intrépidité de ce dernier le déconcertaient davantage. « Si ce n'étoit pas un blasphème, écrit-il dans ses mémoires, de dire qu'il y a quelqu'un, dans notre siècle, de plus brave que le grand Gustave et M. le prince, je dirois que c'est M. Molé. » Le rôle de Mathieu Molé était extrêmement difficile. Obligé de ménager souvent sa compagnie pour conserver sur elle quelque pouvior, il était réduit à composer sans cesse avec ses principes, afin de mieux servir et l'État et la cour, tantôt écartant les poignards en paraissant ne pas les craindre, tantôt répondant aux invectives et aux injures par une raillerie fine qui en triomphait, tantôt imposant par sa gravité, ou réveillant à propos les sentiments généreux par un mot heureux ou un trait d'éloquence. La gloire et la vertu ont sans doute un grand charme, puisqu'il n'y a pas d'époques si corrompues où l'on ne rencontre quelques hommes qui se dévouent à les servir. Peut-être aussi existe-t-il des esprits si profonds et si droits, qu'ils sont nécessairement conduits par la vérité à la vertu. Soit donc que Mathieu Molé fût passionné pour la vraie gloire, soit que son esprit habitât les hauteurs inaccessibles où l'on n'a plus que le ciel au-dessus de sa tête, et le monde en spectacle à ses pieds, on le voit, dans un temps où un prélat, des magistrats, s'abandonnaient d'autant plus impunément à leurs passions que le scandale était effacé par le désordre, choisir et mener une vie toute de sacrifices sous le fer des assassins; et si l'on veut savoir où se reposait quelquefois cette vie si agitée, on trouve que les délassements en étaient si purs, que, pour en apprendre quelque chose, on est obligé d'interroger ses enfants. C'est parmi eux que Mathieu Molé épanchait son âme tout entière, et qu'il recevait enfin quelques consolations. L'aîné, M. de Champlâtreux, qui avait été intendant de Champagne, et qui le fut dans la suite de l'armée du prince de Condé, était alors conseiller au parlement. Il partageait les dangers et les travaux de son père, et il en était digne. Il l'informait surtout avec soin de tout ce qui se passait dans sa compagnie; car depuis quelque temps Molé ne la présidait pas.

La cour avait fait des ouvertures d'accommodement aux principaux chefs de la Fronde, et le parlement avait envoyé des députés à Ruel pour traiter de la paix. Le premier président était à leur tête, et il conduisait la négociation, tandis que Mazarin s'appliquait à la traîner en longueur, lorsqu'on apprit que les frondeurs, profitant de l'absence des députés, voulaient les faire révoquer et dominaient absolument dans les assemblées. A cette nouvelle Molé ne balança plus ; il signa le traité, et courut où il croyait sa présence le plus nécessaire. Au lieu de changer la forme du gouvernement, comme s'en étaient flattés certains esprits, au lieu de satisfaire les prétentions personnelles des principaux frondeurs, le traité, rédigé en vingt et un articles, obligeait le parlement à se rendre à Saint-Germain pour la tenue d'un lit de justice, et le faisait renoncer aux assemblées de chambre, du moins pour l'année. Il accordait ensuite amnistie à ceux qui avaient pris les armes, et la reine y faisait espérer qu'elle ramènerait bientôt le roi à Paris.

Lorsque le premier président se rendit au palais pour la première fois, il trouva une telle affluence de bourgeois, de populace, de soldats, qu'il eut de la peine à arriver jusqu'au lieu de l'assemblée des chambres. A son aspect, il se fit un profond silence. En entrant, il prit la parole : à mesure qu'il avançait dans le compte qu'il avait à rendre, on voyait la consternation ou la rage se peindre sur tous les visages. Mais quand on entendit que Mazarin avait signé le traité, un cri général fit retentir la salle, et fut répété par le peuple dans toutes les enceintes du palais. Les frondeurs accablaient Mathieu Molé de reproches et d'injures, lorsqu'un horrible bruit se faisant entendre aux portes de la grand'chambre, on vint dire que le peuple menaçait de les enfoncer, si on ne lui livrait sur l'heure le premier président. « Son visage, dit le cardinal de Retz, fut le seul sur lequel il ne parut aucune altération à cette nouvelle. Au contraire, on y voyoit quelque chose de surnaturel et de plus grand que la fermeté. » Il prit les voix avec la même liberté d'esprit qu'il l'aurait fait dans les audiences ordinaires, et il prononça du même ton l'arrêt portant que les députés retourneraient à Ruel, pour traiter des prétentions des généraux, et pour obtenir que le cardinal ne signât point le traité. La fureur du peuple ne faisant que s'irriter davantage, on proposa au premier président de sortir par les greffes, et de se retirer ainsi chez lui sans être vu : « La cour, répondit-il, ne se cache jamais. » Le coadjuteur s'approcha pour le prier, du moins, de ne pas s'exposer qu'il n'ait eu le temps d'adoucir le peuple : « Eh! mon bon seigneur, lui répliqua » Molé d'un air railleur, dites le bon mot. » « Quoiqu'il me témoignât par là, ajoute Gondi, qu'il me regardoit comme l'auteur de la sédition, je ne me sentis pourtant en cette occasion touché d'aucun mouvement, que de celui qui me fit admirer l'intrépidité de cet homme. » Enfin Mathieu Molé, ne voulant point attendre, sortit de la grand'chambre en s'appuyant sur le bras du coadjuteur. Quand il parut, les cris et les menaces redoublèrent. Pour lui, il avait l'air si calme, sa démarche était si paisible et si lente, qu'on eût dit qu'il se promenait seul avec le coadjuteur. Un bourgeois lui appuya le bout de son mousqueton sur le front, en disant qu'il allait le tuer. Molé, sans écarter cette arme et sans détourner la tête, lui dit froidement : « Quand vous m'aurez tué, il ne me faudra que six pieds de terre. » Arrivé chez lui, il se hâta d'écrire à la reine le résultat de l'assemblée, puis il s'occupa pendant plusieurs jours de voir en particulier les plus ardents de sa compagnie, afin de les adoucir. Ses efforts furent couronnés d'un plein succès ; car, dès le lendemain, le parlement déclara qu'il acceptait le traité, en se réservant de faire des remontrances sur certains articles, et en demandant des conférences pour régler les intérêts des généraux.

De tous les frondeurs, le plus mécontent était sans doute le coadjuteur. Il était le seul qu'on ne pût pas satisfaire, parce qu'il ne souhaitait que la prolongation des troubles, et qu'il n'aimait que la faction. Aussi mettait-il tout en œuvre pour conserver son influence et en ressaisir la portion qui semblait prête à lui échapper. Le jeudi-saint, le parlement s'étant assemblé pour vérifier le traité de paix, on le vit affecter de prolonger la cérémonie des saintes huiles qui le retenait à Notre-Dame. Le peuple, inquiet de ne point le voir paraître, le demandait à grands cris, et le duc de Bouillon lui fit dire publiquement de venir au plus tôt apaiser la sédition par sa présence. Enfin il arriva. Le premier président, en le voyant entrer, dit assez haut : « M. le coadjuteur vient de faire des huiles qui ne sont pas sans salpêtre. »

La fortune semblait se plaire à opposer sans cesse l'un à l'autre ces deux hommes de mœurs et de caractères si différents. Une petite circonstance vint encore le prouver davantage. Madame de Chevreuse, dont le coadjuteur était fort amoureux, étant revenue sans permission de Bruxelles, où elle avait été exilée, reçut l'ordre de sortir de Paris sous vingt-quatre heures. Le coadjuteur crut avoir besoin, pour la retenir, du premier président ; et pour cela il résolut de lui persuader que l'ordre donné à madame de Chevreuse était une violation manifeste des dernières déclarations sur les lettres de cachet. Il alla d'abord trouver le duc de Beaufort pour l'envoyer porter à Molé de premières paroles au nom du parti, mais le duc ne voulut jamais se charger de sa commission, et Gondi se vit forcé de la faire lui-même. Il se rendit donc chez Molé, et aussitôt il lui représenta avec beaucoup de chaleur le danger qu'il y aurait pour la cour à violer aussi promptement les conditions de la paix ; lorsque celui-ci se hâtant de l'interrompre : « C'est assez, mon » bon seigneur, lui dit-il ; vous ne voulez pas qu'elle parte, elle ne partira » pas ; » puis s'approchant de son oreille : « Elle a de très-beaux yeux. » Gondi, déconcerté, se retira ; mais la duchesse ne partit point.

Cependant la tranquillité paraissait s'affermir tous les jours. Les chefs de la Fronde, à l'exception du coadjuteur et du duc de Beaufort, retournaient à la cour, et l'on voyait partout les royalistes et les frondeurs réunis et confondus. Peu de moments suffirent pour rapprocher des hommes qui renonçaient à des intrigues plutôt qu'à des partis, qui avaient suivi leurs intérêts plutôt que leurs passions, et qui, au lieu d'opinions, n'avaient eu que des maîtresses. Le génie de Gondi triompha pourtant de cette tendance générale au repos. Il ne se méprit point sur l'indolence et la légèreté qui semblaient affecter tous les esprits. La nature du sien ne le rendant capable d'aucune suite, il n'en exigeait pas de ceux qu'il voulait remuer, et il leur communiquait d'autant mieux tout son mouvement. Il jeta d'abord les yeux sur le prince de Condé; et, à l'aide de la duchesse de Longueville, il essaya de le brouiller avec la reine. Mais ce jeune prince paraissant hésiter, et annonçant surtout alors qu'il ne pousserait pas les choses à l'extrême, le coadjuteur le laissa s'entourer de ses *petits-maîtres*, tandis qu'il s'occupa de renouveler les assemblées de chambre dont il ne pouvait plus se passer. Depuis quelque temps, les rentes de l'hôtel de ville ne se payaient pas, et les rentiers, irrités, avaient nommé douze syndics pour veiller à la conservation de leurs intérêts. Le premier président s'était opposé de tout son pouvoir à cette élection, en soutenant que l'assemblée dont elle émanait était illégale; et le peuple avait pris quelque intérêt à ce débat. C'était plus qu'il n'en fallait à Gondi pour agir. Il fait nommer parmi les syndics le célèbre Joly, sa créature dévouée; il lui ordonne de se faire au bras une blessure, et il aposte un autre de ses gens pour tirer sur Joly un coup de fusil, quand il passerait dans la rue. Aussitôt on répand dans Paris que le cardinal Mazarin doit faire assassiner tous les syndics. Molé voit se précipiter à l'audience la jeunesse des enquêtes et une multitude de rentiers. On crie qu'il faut à l'heure même assembler les chambres. Il répond qu'il s'agit d'une affaire criminelle ordinaire, et qu'elle doit s'instruire selon les formes accoutumées. On le menace; il résiste, et la discussion est remise au lendemain. Mais un incident changea dans la journée la face des choses, et fit prendre une autre direction au mouvement. Soit hasard, soit dessein, plusieurs coups de feu atteignirent la voiture vide du prince de Condé, et plusieurs balles la traversèrent. A l'instant des particuliers déposent qu'ils ont entendu dire qu'on veut assassiner le prince et la *grande-barbe*, et que les auteurs du complot sont le duc de Beaufort et le coadjuteur. La Fronde, déconcertée, voit Paris entier se tourner contre elle, et le nom de frondeur devenir le synonyme d'assassin. La duchesse de Montbazon, mademoiselle de Chevreuse, tremblantes, conseillent à leurs amants la fuite. Gondi, rendu à son génie, et souriant aux embarras qui l'environnent, entraîne le duc de Beaufort au parlement. Ils trouvent les chambres assemblées, et ils entendent murmurer autour d'eux les mots de conjuration d'Amboise. Le premier président déclare qu'étant parties, ils ne peuvent rester juges, et qu'en conséquence ils doivent se retirer. Le coadjuteur réplique hardiment qu'ils sont prêts à le faire, si le prince de Condé et le premier président, qui sont parties comme eux, se retirent aussi. Condé reste, en faisant valoir sa qualité de prince du sang. Pour Molé, quoiqu'il déclare ne se plaindre de personne, et vouloir écarter de cette affaire tout ce qui le concerne, on exige qu'il se retire au greffe pendant qu'on délibérera sur la récusation présentée contre lui. Ici sa constance vint échouer contre l'injustice. C'est la faiblesse des grandes âmes de ne savoir point la supporter. Il vit avec douleur une jeunesse factieuse se venger de l'ascendant que ses vertus lui avaient donné sur elle. Il quitte son siége; mais, tandis qu'il en descend, ses ennemis aperçoivent enfin dans ses yeux quelques larmes. La pluralité de 98 voix contre 62 décida qu'il resterait juge; et le cardinal de Retz avoue dans ses Mémoires que cette décision était juste, même dans les formes du palais. Le lendemain, lorsqu'il ouvrit l'assemblée, on remarquait encore en lui un reste de tristesse qui se mêlait à sa gravité. Mais à peine était-on assis, que le président La Grange demanda qu'on mît en liberté un nommé Belot, arrêté sans qu'il eût été lancé contre lui de décret. Molé représenta que l'arrestation de cet homme avait été commandée par les circonstances, et qu'on en attendait des révélations importantes. Aussitôt un certain Daurat, conseiller, s'écria qu'il s'étonnait qu'un homme pour l'exclusion duquel il y avait eu 62 voix osât ainsi violer les formes de la justice à la vue du soleil. A ces mots, Molé, saisissant sa barbe [1], se leva en déclarant qu'il laissait sa place à celui qu'on en croirait plus digne. Son mouvement faillit être le signal du carnage. En un instant, les deux partis furent rangés autour de leurs chefs, et se menacèrent. « Si le moindre laquais, dit le cardinal de Retz, eût alors tiré l'épée dans le palais, Paris étoit confondu. »

Le soir même, Daurat ayant été faire ses excuses au premier président, celui-ci le reçut avec douceur, et lui dit qu'il ne se souvenait plus qu'il l'eût offensé.

Cependant le prince de Condé affectait toujours la même indépendance, et ses dédains semblaient annoncer qu'il se croyait plus fort que tous les partis. Il exerçait à la cour, et sur la reine, un despotisme qu'elle ne pouvait plus supporter. Le coadjuteur lui ayant fait quelques avances, il les repoussa avec mépris. Bientôt sa perte fut conjurée, et la reine et la fronde s'entendirent pour s'en débarrasser entièrement. Sa sécurité était si grande, qu'il se livra lui-même aux piéges qu'on lui tendait; et, le 18 janvier, il se vit arrêter, par ordre de la reine, avec le prince de Conti et le duc de Longueville. Aussitôt la princesse douairière de Condé implora la protection du parlement, et se hâta d'intéresser l'orgueil de la compagnie, en lui adressant une humble requête, tandis que la princesse, sa belle-fille, se rendait secrètement à Bordeaux, suivie de son jeune fils, et soulevait une partie de la Guienne, aidée des partisans du prince. Mathieu Molé avait pour Condé un attachement et un goût particulier. Il en avait aussi reçu des

[1] Geste qui lui était familier lorsqu'il était vivement ému.

marques d'estime. L'intérêt qu'il témoigna à la mère des princes fut si marqué, que, lorsqu'elle vint demander au parlement de rester à Paris malgré son exil, un conseiller s'écria « que le premier président n'avait qu'à la prendre chez lui. » Mais ce fut lorsque le parlement en corps alla demander à la reine la liberté des princes que, s'abandonnant aux mouvements de son cœur, il mit peut-être ses sentiments à la place des convenances dans le discours qu'il prononça.

« Sire, » dit-il,

« Nous ne doutons pas que Votre Majesté ne connaisse l'état de la France. Elle sait ce que sont devenues tant de conquêtes, prix du sang et de la fortune de ses sujets. Elle sait combien de villes reprises, tant en Italie qu'en Catalogne, d'hostilités exercées au sein même de ses états. Elle a vu l'armée ennemie, perçant au cœur de son royaume, y forcer des places, et aux yeux de l'armée française, répandre parmi ses peuples l'oppression et le malheur. Tels sont les fruits de cette politique infortunée à laquelle on doit attribuer encore nos divisions, nos guerres civiles, le déchet de l'autorité royale, et les inquiétudes auxquelles Vos Majestés ont été livrées sans qu'on puisse en prévoir la fin.

» Au retour de son voyage de Normandie, de Guyenne et de Bourgogne, les peuples, et cette compagnie elle-même, ne présentèrent à Votre Majesté que des visages satisfaits. Le respect, sire, captive les esprits de la plupart des hommes, et la soumission due à vos ordres ôta la liberté d'examiner la cause de nos troubles et de prédire ce que l'on prévoyait. Votre parlement s'accuserait aujourd'hui de son silence, s'il n'avait espéré alors que les auteurs de tant de conseils malheureux reculeraient d'eux-mêmes à la vue du désordre, et qu'à la fois l'autorité royale et les captifs illustres rentreraient incessamment dans tous leurs droits. Mais, en voyant se prolonger ignominieusement, au milieu du royaume, cette captivité des princes de votre sang dans un lieu où leur vie est en péril, oui, je le répète, où leur vie est en péril, votre parlement, chargé de veiller à ce que la république ne reçoive aucun dommage, a redouté le jugement de la postérité, s'il refusait son intercession à ces princes infortunés. Il a craint que les pierres qui les enferment n'élevassent la voix, et que cette voix, entendue de toutes les provinces, n'excitât la France entière à travailler à leur soulagement. Quoi! sire, tant d'actions illustres, tant de batailles gagnées ne fléchiront-elles pas Votre Majesté, et ne répondent-elles pas à tous les soupçons? S'il s'agissait d'un secret d'État, nous attendrions dans le silence que le temps vînt nous apprendre ce qu'il ne serait plus dangereux de publier; mais les lettres de cachet adressées aux compagnies, en voulant accuser les prisonniers, montrent assez leur innocence. Sire, les princes de votre sang sont les conseillers nés de la cour, les étais véritables de l'État, les membres les plus précieux de la monarchie, et Votre Majesté elle-même ne peut frapper sur eux sans que le contre-coup ne retombe sur sa propre personne. »

Ce discours déplut à tous ceux qui l'entendirent. Le duc d'Orléans fut blessé d'y voir représenter le prince de Condé comme le plus ferme appui de la régence. Mazarin fut outré de la manière dont, sans y être nommé, il avait été peint. La reine n'en fut pas moins choquée ; et Louis XIV, alors âgé de treize ans, dit à sa mère que, sans la crainte de lui déplaire, il aurait chassé ou fait taire le premier président. Le public seul applaudit à ce discours, bien plus qu'il ne l'avait jamais fait aux plus belles actions de celui qui l'avait tenu.

Les princes n'obtinrent pas encore leur liberté, quoiqu'elle fût réclamée par tous les partis. Les chefs de la Fronde, et surtout le coadjuteur, témoignaient pour eux un intérêt qui n'avait d'autre but que de se concilier la faveur du peuple et de s'assurer du parlement. Molé demandait seulement qu'on ménageât les formes et que l'on ne sortît point envers la cour des bornes de la soumission et du respect. Ce fut chez lui que l'on minuta les requêtes en faveur des prisonniers. « Voilà, disait-il en les dressant lui-même, ce qui s'appelle servir les princes en gens de bien, et non comme des factieux. » Il ne tarda pas à reconnaître combien il s'était trompé, et il eut occasion de se rappeler avec tristesse que le malheur des conditions élevées est d'avoir à se défendre des sentiments auxquels les autres hommes ne sauraient trop se confier. Son amitié pour Condé l'avait aveuglé sur ces mêmes intrigues qu'il avait jusque-là si bien pénétrées. La grande et la petite Fronde réunies s'emparèrent, à son insu, de l'esprit des magistrats, et les dérobèrent à son influence. On jeta le masque, et, ne gardant plus aucune mesure, on voulut exiger de la reine de renvoyer Mazarin, en même temps qu'elle rendrait la liberté aux princes. Anne d'Autriche, isolée dans sa cour, crut qu'elle ne pouvait conserver son ministre, puisque Molé ne savait plus la défendre. Elle fit sortir le cardinal de Paris, et se disposa à le suivre secrètement, avec le roi son fils ; mais Gondi, averti des préparatifs de sa fuite, vole au milieu de la nuit chez Gaston, tandis que mademoiselle de Chevreuse va sonner l'alarme chez tous les chefs du parti. En un instant, une multitude armée environne le Palais-Royal et y tient la reine et le roi enfermés. Le coadjuteur lui-même était inquiet de la manière dont le parlement prendrait un tel attentat. Déjà ses créatures en assiégeaient toutes les avenues, et avant le jour il s'y rendit avec La Mothe et Beaufort. Sept heures sonnaient, ils espéraient arriver les premiers, lorsqu'en entrant dans la grand'-chambre, ils aperçurent, à la lueur de la lampe qui éclairait sa vaste enceinte, le premier président sur son siége, qui appelait les affaires ordinaires. « Il montroit, dit le coadjuteur, par son visage et par ses manières, qu'il avoit de plus grandes pensées dans l'esprit. La tristesse paroissoit dans ses yeux, mais cette sorte de tristesse qui touche et qui émeut, parce qu'elle n'a rien de l'abattement. » Monsieur arriva à neuf heures, et dit à la compagnie que les lettres de cachet pour la liberté des princes seraient expédiées dans deux heures. Mathieu Molé, poussant un profond soupir, s'écria : « Monsieur le prince est en liberté, et le roi, le roi notre maître est » prisonnier! » La Fronde avait ce jour-là pour elle le second personnage du royaume, et le premier président ne put rien pour la cour. Les princes revinrent, tandis que Mazarin se retira chez l'électeur de Cologne. Condé triomphait; plus puissant et plus exigeant que jamais, il changea le ministère à son gré. Chavigny, sa créature dévouée, y entra, et la reine crut obtenir beaucoup en remettant à Molé les sceaux, qu'on l'obligeait d'ôter à Châteauneuf.

Le duc d'Orléans n'avait point été consulté pour ces changements, et tous les jours il voyait diminuer son crédit. Il jura pourtant qu'il ne laisserait pas les sceaux dans les mains d'un homme qui avait osé les recevoir sans son agrément, et il tint conseil avec les principaux chefs de la Fronde pour aviser au moyen de les lui enlever. Le coadjuteur voulait que ce fût à main armée, et Gaston, trop faible même pour la violence, ne put y consentir. Instruits de ce qui se passait, les nouveaux ministres, amis et collègues de Molé, l'abandonnèrent, et se rendirent chez la reine pour lui demander de le sacrifier. Il en coûtait à Anne d'Autriche d'éloigner de son conseil et de sa personne le seul homme sur la vertu duquel elle pût compter. Elle prit la résolution généreuse de le consulter lui-même sur le parti qu'elle devait prendre. Molé, voyant son trouble, et connaissant mieux qu'elle la nécessité où elle se trouvait, ne la laissa pas achever; et saisissant la clef des sceaux qu'il portait à son cou, il la lui présenta. Touchée de son mouvement, la reine lui offre le chapeau de cardinal, mais il la refuse. Elle veut lui donner une place de secrétaire d'État pour son fils, elle en est encore refusée. « J'accorde, s'écria-t-elle, sur l'heure, à votre fils, la survivance de la charge » de premier président. » Ici, Mathieu Molé répond gravement que « M. de » Champlâtreux n'a point encore assez servi l'État pour mériter cet hon- » neur. » Enfin elle le prie d'accepter cent mille écus : tout en lui exprimant sa profonde reconnaissance, il déclare respectueusement qu'il ne les recevra point. Le plaisir de refuser tant de grâces pouvait bien leur être préféré; mais Mathieu Molé ne songeait pas plus au dédommagement qu'il n'avait cru faire de sacrifices. On le vit se renfermer dans les fonctions de premier président, sans qu'il parût se souvenir d'en avoir jamais rempli d'autres. Peut-être avait-il l'orgueil de croire que la place la plus difficile était toujours celle qu'il méritait le mieux. Aujourd'hui il la remplissait encore, car il allait avoir à combattre les entreprises de Condé, comme il avait eu à lutter contre les intrigues du coadjuteur. Ce dernier, écrasé par l'ascendant du prince, s'était rapproché de la régente et se bornait à la servir. Condé, au contraire, élevait si haut ses prétentions, que ses ennemis l'accusaient de penser à la couronne. Cependant le bruit s'étant répandu qu'on voulait l'arrêter une seconde fois, il se retira à Saint-Maur, en adressant une lettre au parlement. Molé déclara qu'on ne pouvait la lire sans avoir pris les ordres de la reine. « D'ailleurs il convient, dit-il, d'agir avec d'autant plus de circonspection, que, si la retraite et la lettre de M. le prince devenaient le signal de la guerre civile... » A ces mots, le prince de Conti s'écrie, en menaçant le premier président, qu'il « a offensé son frère. » « Nul, répond le » premier président au prince, n'a le droit de m'interrompre ni de me blâ- » mer dans la place que j'occupe. » Conti réplique qu'il n'a pu entendre accuser son frère de vouloir renouveler la guerre civile. « Telles n'ont » point été mes paroles, reprend Molé avec chaleur, et elles n'auraient pas » encore donné à votre altesse le droit de m'interrompre. Au reste, il n'est » que trop vrai que la retraite des princes du sang, de la cour, et les lettres » écrites par eux au parlement, ont souvent causé la guerre civile. Témoin » celles allumées par le père, l'aïeul et le bisaïeul de M. le prince de Conti. » Conti intimidé fit ses excuses à la compagnie, et le premier président reprit son premier discours, en se servant des mêmes termes et de la même hypothèse, avec un sang-froid et une présence d'esprit qui étonnèrent tous les témoins.

Le prince de Condé restait à Saint-Maur et déclarait qu'il ne reviendrait pas à la cour avant que la reine n'eût renvoyé les sous-ministres Servien, Le Tellier et Lyonne. A la fin elle s'y détermina, mais en annonçant qu'elle allait rappeler Châteauneuf, La Vieuville et Molé. Condé répondit qu'il ne consentirait jamais à de pareils choix, et que sans doute aucun de ceux qu'ils concernaient n'oserait se passer de son consentement. Toutes les fois qu'il paraissait au parlement, Molé le conjurait de se laisser toucher par le malheur de l'État, et ne cessait de lui rappeler ses devoirs envers son roi et sa patrie; mais il demeurait inflexible. Un jour même, suivi de sa petite armée, il eut l'air de disputer le terrain au roi, qu'il rencontra au Cours.

Le premier président, l'apercevant ensuite, lui dit « que c'était avec peine qu'il le voyait venir prendre sa place avant de s'être présenté chez le roi; que ses ennemis l'accusaient de vouloir élever autel contre autel. » Condé, piqué, repartit que « le premier président avait son intérêt à tenir ce langage. » « Je n'en ai aucun, répliqua Molé, et je veux bien le dire, quoique je » ne doive rendre compte de mes actions qu'au roi. » De là, peignant les malheurs de l'État et la situation de la famille royale, il apostropha le prince : « Est-il possible, monsieur, que vous n'ayez pas vous-même frémi d'une » sainte horreur en faisant réflexion sur ce qui s'est passé au Cours! » Condé, ému, répondit qu'il en avait été au désespoir ; mais il ne changea rien à sa conduite.

Les choses en étaient venues au point qu'une crise était inévitable ; les partis semblaient la désirer et la redouter également. La reine était sans pouvoir et même sans ministres, Condé entre le triomphe et la prison, Gondi au moment de perdre toute influence, ou de dominer entièrement la reine. Le parlement, tout occupé de faction, avait cessé de rendre la justice. L'enceinte du palais n'offrait plus que l'aspect d'un camp. Chaque jour les deux partis s'y rendaient les armes à la main. Ils insultaient le premier président, l'appelaient *Mazarin*, et paraissaient prêts à l'égorger, jusqu'à ce qu'ils fussent en sa présence, lorsque la séance du 21 août vint décider la querelle en ajoutant encore à la gloire de Molé. La reine devait envoyer ce jour-là sa réponse aux Mémoires justificatifs du prince. Au point du jour, le coadjuteur s'était emparé, avec les siens, de toutes les avenues du palais. Condé arriva quelques instants après, accompagné de tout son parti. En passant devant le coadjuteur, il le mesura des yeux. Gondi répondit par des menaces. Au même instant, quatre mille épées se tirèrent et allaient se croiser sous les voûtes du palais, lorsque le premier président, se précipitant entre le coadjuteur et Condé, les conjura, au nom de saint Louis, de ne pas ensanglanter le temple de la justice. A la vue de Molé suppliant, les combattants s'arrêtèrent, et Condé, le premier, donna ordre à ses gens d'évacuer le palais. Gondi imita son exemple ; mais comme il sortait du parquet, le duc de La Rochefoucauld lui prit la tête entre les deux portes, et cria aux partisans du prince de le tuer. M. de Champlâtreux, qui se trouvait parmi ces derniers, accourut au bruit, et poussant rudement M. de La Rochefoucauld, il dégagea le coadjuteur, en déclarant qu'un pareil assassinat ne se commettrait jamais en sa présence. « En rentrant dans la grand'chambre, dit Gondi, j'annonçai à M. le premier président que je devois la vie à M. son fils, qui avoit fait dans cette circonstance tout ce que la générosité la plus haute peut produire. En effet, il étoit, en tout ce qui n'étoit pas contraire à la conduite et aux maximes de monsieur son père, attaché à monsieur le prince jusqu'à la passion. Il étoit persuadé, quoique à tort, que j'avois eu part dans toutes les séditions vingt fois faites contre son père pendant le siége de Paris. Rien ne l'obligeoit de prendre plus de part au péril où j'étois que messieurs du parlement, qui restoient si paisiblement à leurs places. Il s'intéressa dans ma conservation jusqu'au point de se compromettre avec son parti. Il y a peu d'actions plus belles, et j'en conserverai la mémoire avec tendresse jusqu'au tombeau. »

Cette séance du 21 août parut ouvrir les yeux de la reine. Mais, passant de la timidité à la violence, elle voulut, dès le soir même, défendre au prince de Condé et au coadjuteur de paraître désormais au parlement. Molé se rendit aussitôt auprès d'elle, et il lui fit sentir qu'elle ne pouvait confondre une des plus belles prérogatives qu'un prince du sang tînt de sa naissance avec une faveur que les coadjuteurs de Paris tenaient du parlement. « Au reste, madame, ajouta-t-il, mon devoir peut seul m'inspirer cette

» réflexion ; car la manière dont monsieur le coadjuteur a reçu le *petit* service que mon fils a *essayé* de lui rendre ce matin m'a touché si sensiblement, » qu'il m'en coûte beaucoup d'insister sur une chose qui pourra bien ne pas » lui être agréable. » La reine se rendit à la justesse de ces représentations. Le premier président courut chez Gondi, et lui raconta naïvement ce qui s'était passé chez la reine et ce qu'il y avait dit. Gondi le remercia de l'avoir ainsi tiré avec honneur d'un très-mauvais pas. « Il est sage, reprit Molé, de le penser, et encore plus honnête de le dire. » En même temps ils s'embrassèrent en se jurant amitié. « Je la tiendrai, s'écrie Gondi dans ses Mémoires, je la tiendrai à toute sa famille avec tendresse et reconnaissance. » Peu de jours après, le roi alla déclarer sa majorité au parlement, et Châteauneuf, La Vieuville et Molé furent rappelés au ministère. En apprenant que ce dernier rentrait au conseil, Condé déclara qu'il ne paraîtrait plus à la cour, et il partit pour la Guienne.

Trois jours après que Molé eut reçu pour la seconde fois les sceaux, la reine se retira avec le roi à Bourges, et il resta à Paris, réunissant et exerçant à la fois les fonctions de garde des sceaux et de premier président. Sa position alors devint plus pénible qu'elle ne l'avait jamais été. Les chefs de parti le ménageaient, et même le respectaient ; mais le peuple reportait sur lui toutes ses fureurs. Sa porte était sans cesse assiégée d'une multitude irritée qui demandait le retour de la cour et la diminution des impôts. Un jour qu'il travaillait avec le maréchal de Schomberg, on vint lui dire que le peuple allait enfoncer sa porte, et demandait sa tête. Le maréchal lui proposa de faire dissiper l'attroupement par les Suisses qui l'accompagnaient. « Non, monsieur le maréchal, lui répondit-il en souriant, laissez moi terminer seul cette affaire, car j'ai toujours pensé que la maison d'un pre» mier président doit être ouverte à tout le monde. » En effet, dès qu'il parut, l'émotion s'apaisa, et le peuple ne tarda pas à se retirer.

Mathieu Molé reçut, vers ce temps, l'ordre de se rendre à Bourges, pour y exercer ses fonctions de garde des sceaux auprès du roi. Quoique né très-fort, il commençait à sentir le besoin du repos. Il s'éloigna sans peine de Paris et de ces scènes tumultueuses auxquelles son âge le rendait moins propre ; mais la nouvelle de son départ répandit partout l'effroi. Ce fut le dernier hommage de tous les partis à l'homme juste dont la seule présence les avait préservés tant de fois de la colère du peuple. Le duc d'Orléans le conjura de rester ; le maréchal de l'Hôpital, gouverneur de Paris, Chavigny, le coadjuteur, voulurent l'entretenir séparément. Talon le vit le dernier. « Je remarquai, dit-il, pour la première fois, dans son âme, un grand fonds de tristesse et de dégoût. » En effet, Mathieu Molé savait que Talon ne l'aimait pas, et il s'épancha devant lui, ce qui est le comble de l'amertume : « Depuis » sept mois, dit-il, le peuple ne cesse de demander ma mort ; chaque soir on » vient me dire que je périrai le lendemain, et la cour me traite moins

» comme un serviteur qui lui est agréable, que comme un homme qui lui » est nécessaire. Une simple lettre de cachet m'ordonne de me rendre à » Bourges, sans qu'aucun avis du secrétaire d'État s'y trouve joint, sans » qu'on se mette en peine de me faire connaître la situation présente. Au » reste, je porterai à la cour le même esprit dont vous m'avez toujours vu » animé dans la grand'chambre; je ferai tous mes efforts pour empêcher le » retour du cardinal; je dirai la vérité; après quoi il faudra obéir au roi. »

Mathieu Molé tint cette parole jusqu'à son dernier jour, car il mourut garde des sceaux. Pendant les trois années qu'il vécut encore, sa vie, pour être moins agitée, n'en fut pas moins utile. Il prit de l'autorité dans le conseil, et ne cessa d'y rendre des services importants. La mort vint le surprendre au milieu de ses travaux, ou plutôt elle ne le surprit point. Mais il avait soixante-douze ans, et il travaillait encore. Né avec une imagination vive et un esprit contemplatif, il n'avait pas même consulté son naturel dans le choix de ses vertus. Sa vie, toute dévouée au public, ne présente pas le moindre retour vers ses premiers penchants. Le magistrat avait remplacé l'homme, et ses facultés s'étaient réglées sur ses devoirs. Au terme de sa carrière, on ne vit point se réveiller en lui ces regrets si ordinaires aux vieillards. Il n'éprouva pas le besoin d'aller goûter dans la retraite le souvenir de ses sacrifices. Il ignora cette sorte de rêverie des derniers jours que produisent les illusions détruites, et qui console de tout ce qui échappe par le plaisir d'en être détrompé. Exempt d'infirmités et de mélancolie, comme un ouvrier robuste, vers la fin de sa tâche, il s'endormit.

LE Cte MOLÉ,

DE L'ACADÉMIE FRANÇAISE.

Peint par Chasselat. *Gravé par Baudran*

LE CARDINAL DE RICHELIEU.

LE CARDINAL DE RICHELIEU

NÉ EN 1585, MORT EN 1642.

La vie de Richelieu est un règne; elle ne s'ouvre réellement qu'à son entrée au pouvoir. Cet homme était une volonté servie par une intelligence, mais une volonté surtout : jusqu'à ce qu'il eût le pied dans le conseil, le but de ses efforts fut de s'en ouvrir la porte; il fallait conquérir le terrain de la bataille avant de la donner.

Né le 5 septembre 1585, Herman Jean Du Plessis de Richelieu était issu de noble race; mais en sa qualité de cadet de famille et d'une famille nombreuse, puisque son père avait eu trois enfants mâles et deux filles, Herman était pauvre. Il sut donc de bonne heure qu'il devait être l'architecte de sa fortune, et c'est déjà une puissance que l'habitude de cette pensée. Son premier mouvement fut un mouvement de gentilhomme; il voulut demander à son épée la position qui lui manquait, et il avait déjà quitté, sous le nom de marquis de Chillou, le petit château poitevin de Richelieu, lorsque son second frère, pourvu de l'évêché de Luçon, abandonna les dignités de l'église et se retira dans un cloître. Le marquis de Chillou, qui cherchait une place dans la société, crut voir dans cette retraite un avis de la fortune; il aspira à hériter de la position abandonnée par son frère. Le brillant cavalier se fait clerc, l'élève de l'académie d'escrime étudie avec ardeur en théologie; à vingt ans il a conquis avec éclat son diplôme de docteur : alors il se rend à Rome, obtient la dispense nécessaire; à vingt-deux ans il est sacré par le pape, et retourne en France avec le titre d'évêque de Luçon. Ainsi, chez Richelieu, l'homme d'épée précéda l'homme d'église : ne perdez point de vue ce double caractère, vous le retrouverez devant La Rochelle et ailleurs.

C'était un des plus pauvres évêchés de France que cet évêché de Luçon où cette grande fortune commençait, et Richelieu s'y trouva aux prises avec ces embarras d'une existence matérielle étroite que presque tous les hommes supérieurs ont rencontrés sur le seuil de leur carrière. Plusieurs lettres, qui ont échappé à l'oubli, sont de curieux monuments de l'état de gêne du nouveau prélat. « Je puis vous assurer, écrivait-il à madame de Bourges, » que j'ai le plus vilain évêché de France, le plus crotté et le plus désagréa- » ble, mais je vous laisse à penser quel est l'évêque! Il n'y a ici aucun lieu » pour se promener, ni jardin, ni allée, ni quoi que ce soit, de façon que » j'ai ma maison pour prison. » Ne trouve-t-on pas qu'il y avait un peu loin de ce triste séjour aux magnifiques palais où le cardinal-ministre était attendu par sa fortune? C'était encore à la même personne qu'il écrivait : « Madame je n'ai pas besoin de grande dépense, ma bourse étant foible. » Donnez-moi de bons conseils, vous m'obligerez fort, car je suis bien ir- » résolu, principalement pour un logis, appréhendant fort la quantité de » meubles qu'il faut; et, d'un autre côté, tenant de votre humeur, c'est-à- » dire étant un peu glorieux, je voudrois bien, étant plus à mon aise, pa- » roître davantage. »

Dans cette position médiocre, par quelles échappées se révélera l'esprit dominateur du jeune évêque? Nous allons le dire. Richelieu, qui doit faire prévaloir le dogme de l'autorité dans la sphère du fait, le pose avec hauteur dans la sphère de l'idée. Il est le vigoureux antagoniste du protestantisme : controversiste véhément, il assiége l'hérésie dans les consciences, comme il l'assiégera plus tard dans La Rochelle. C'est à cette époque qu'il publie son premier ouvrage, qui portait ce titre : *Les principaux points de la foi catholique, contre l'écrit présenté au roi par les ministres de Charenton.* Qu'on le remarque, nous sommes encore sur le seuil de la vie que nous étudions, et déjà nous avons vu s'esquisser, sous trois aspects que l'avenir marquera plus profondément, cette haute figure. Richelieu nous était apparu comme homme d'épée et comme homme d'église; le voici maintenant devenu écrivain.

Le politique ne s'était point encore montré, il fallait qu'une occasion lui fût donnée; elle s'offrit d'elle-même; ce fut la réunion des états-généraux de 1614, rassemblés pour prêter un appui à la régence, qui, improvisée plutôt que régulièrement fondée le lendemain de la mort de Henri IV, éprouvait le besoin d'imprimer une sanction nationale à son autorité. L'évêque de Luçon accepta avec empressement la mission de représenter le clergé des sénéchaussées de Poitou, Fontenay et Niort, et cette intelligence puissante, jusqu'ici tenue à l'étroit, vit enfin s'ouvrir une carrière digne d'elle. Richelieu n'avait alors que vingt-neuf ans; sa figure était régulière et belle, ses manières élégantes, et les dons intérieurs de son esprit se trouvaient rehaussés par ces avantages extérieurs qui ne sont jamais sans influence. Dès qu'il entre dans les affaires, il marque la position qu'il occupera plus tard. Dans les discussions des États, il est l'homme du pouvoir, le champion de l'autorité royale. Qu'il s'étudie à plaire à la régente et au maréchal d'Ancre, son principal ministre, on doit le croire; car, dans cette époque, la cour étant le chemin de la puissance, il fallait bien y monter par cette voie, de même que, dans les sociétés où les assemblées délibérantes décident de tout, il faut demander le sceptre à la parole. Mais il est permis de supposer qu'en agissant ainsi Richelieu suivait en même temps la direction naturelle de son esprit, qui penchait vers tout ce qui pouvait affermir l'unité du pouvoir et rendre la royauté forte et incontestée. Au sortir des troubles de la Ligue, il était d'une extrême importance, pour la couronne, d'obtenir du clergé une déclaration éclatante qui affranchît le pouvoir temporel du droit exorbitant que s'était attribué le pouvoir spirituel à l'égard de Henri III et de Henri IV, et qui mît la légitimité royale à l'abri de ces déchéances ecclésiastiques dont l'âge précédent avait vu de fâcheux exemples. Richelieu aida puissamment la reine à obtenir ce grand résultat. L'indépendance du pouvoir temporel fut proclamée par l'ordre du clergé, l'inviolabilité royale reconnue dans tous les cas. Aussi, lorsque l'évêque de Luçon, qui avait dominé la rédaction du cahier du clergé, le présenta au roi, la régente lui donna des témoignages publics de son contentement.

La mémoire de ce service et de la capacité qu'avait montrée Richelieu dans cette circonstance grave, ne s'effaça point du souvenir de la régente. Dès ce moment il fut regardé comme un homme de prérogative, comme une forte tête, une puissante main ; et, lorsqu'après le double mariage d'une fille de France avec le roi d'Espagne, et d'une infante d'Espagne avec le roi de France, le prince de Condé, reconnu à la fois pour chef des seigneurs malcontents et des réformés, eut imposé la paix de Loudun qui le rendait maître du pouvoir, la régente et le maréchal d'Ancre, qui virent bien que l'autorité allait leur échapper, se décidant à frapper le grand coup de l'arrestation du prince, appelèrent d'un commun accord l'évêque de Luçon à siéger dans le conseil où l'on ne voulait plus que des opinions tranchées et des caractères résolus. Richelieu eut alors la direction des affaires étrangères ; il tenait en outre à la cour par une charge importante, comme grand-aumônier de la jeune reine.

Les circonstances étaient plus critiques qu'on ne saurait le dire : la régence, en frappant le prince de Condé et en concentrant tous les pouvoirs dans les mains du maréchal d'Ancre, s'était jetée dans une mesure extrême ; et, par un de ces contre-coups politiques inévitables, l'opposition de tous ceux qui étaient les ennemis déclarés du favori ou les antagonistes cachés de la concentration du pouvoir, se porta à toutes les extrémités. Comme les nuances modérées avaient été exclues du ministère, elles s'effacèrent dans les partis qui l'attaquaient. La vigueur de volonté de Richelieu semble percer dans les mesures sévères qui sont prises à cette époque. On dompte à la fois les résistances par l'épée du soldat et la hache du bourreau. Toute hésitation devient crime ; la neutralité n'est plus permise ; et la ligue des féodaux et des réformés paraît au moment de tomber sous la main du maréchal d'Ancre, sur laquelle se pose une plus lourde et plus puissante main.

C'est alors que se manifeste le symptôme d'un nouveau péril qui ôte la victoire au maréchal en même temps que l'appui de l'évêque de Luçon. Tant que la régente représentait l'autorité royale, sa force était immense; mais, au milieu de la crise même, le sol lui manque sous les pieds. Le jeune roi, guidé par de Luynes son favori, voit d'un œil jaloux son autorité aux mains de sa mère, et commence à prêter l'oreille aux propositions des féodaux. Richelieu, qui jusque-là avait accordé un concours sincère et actif au maréchal, prévoit dès lors sa ruine, et détache sa fortune naissante de cette fortune désormais perdue. Il n'abandonne point assez ouvertement le maréchal pour rompre avec lui, mais il relâche assez les liens qui l'unissaient au favori, pour les couper au moment du naufrage. Il a compris que, l'autorité royale se retirant des mains du maréchal d'Ancre, celui-ci n'a plus qu'à périr. La question est complétement changée, elle n'est plus posée entre l'opposition et la régence appuyée par le roi, mais entre la royauté et la régence; Concini va ne plus être qu'un factieux. La catastrophe que l'évêque de Luçon a prévue se réalise; le maréchal d'Ancre est tué, d'après les ordres du roi, par Vitry : Richelieu, grâce aux ouvertures qu'il a faites à Luynes, n'est pas entraîné dans la perte du favori de Marie de Médicis, mais sa fortune doit se résigner, au moins pour un temps, à la retraite, car les affaires appartiennent à Luynes et aux féodaux. La conduite de l'évêque de Luçon, dans cette circonstance, est habile. Il parle avec dignité et convenance du maréchal d'Ancre, avec chaleur et dévouement de la reine-mère. Il sort des affaires, mais il en sort derrière celle qui lui en avait ouvert la porte et qui doit la lui rouvrir un jour. En se retirant, il laisse dans les esprits l'idée qu'il est un homme de puissance et de vigueur qui a prêté de la force au maréchal d'Ancre sans partager ses torts.

Quitté par les affaires, l'évêque de Luçon devait revenir aux idées; il recommença donc sa polémique avec les huguenots; il écrivit des livres contre eux, et trouva ainsi moyen de rendre sa retraite active. Mais les événements politiques ne le laissèrent pas long-temps dans cette retraite. La reine-régente, violemment chassée du pouvoir par Luynes et les féodaux, n'était pas d'un caractère à abandonner la partie comme perdue, et chacun prévoyait qu'elle tenterait de reconquérir sur l'esprit de son fils l'influence que la tendresse de celui-ci et une longue habitude lui avaient donnée : ce fut ce qui arriva. Elle s'échappa, par le secours du vieux duc d'Épernon, l'éternel confident de toutes ses entreprises, du château de Blois où elle était gardée à vue; et comme Luynes avait mieux aimé se substituer au maréchal d'Ancre que de partager ses dépouilles avec les féodaux, et remplacer un ministre tout-puissant que de céder sa place à l'oligarchie des seigneurs, il ne fut pas difficile à la reine de trouver des alliés. Luynes ayant hérité du pouvoir et de l'ambition de Concini, la reine héritait des alliances à l'aide desquelles Concini avait été renversé par Luynes. On entrait donc dans une situation de guerre civile. Mais comme c'étaient des intérêts qui se trouvaient en présence et non des passions, et que les intérêts calculent et délibèrent plus qu'ils n'agissent, la guerre n'était qu'une menace, et la pensée de tout le monde appelait une transaction. Entre le roi et Luynes d'un côté, et, de l'autre, la reine et les seigneurs qui s'étaient rangés de son parti, il fallait un médiateur. L'évêque de Luçon, qui, tout en gardant ses relations avec la reine, s'était mis en rapport avec le conseil du roi à l'époque de la chute du maréchal d'Ancre, était admirablement posé pour jouer ce rôle de conciliation. On le rappela donc d'Avignon où il était dans une sorte d'exil, mais dans un exil mêlé aux grandes affaires du catholicisme comme aux affaires particulières de la France : car, de là, il était en correspondance ouverte avec le pape et avec Luynes. L'influence de Richelieu sur la reine mère était immense; elle amena le traité d'Angoulême dans lequel on rendait à la régente ses grands apanages, la jouissance de ses propriétés, la faculté de résider à la cour, tout enfin, excepté ce qu'elle désirait le plus au monde, le pouvoir. Dès lors, ce traité ne devait être qu'une trêve. Le lendemain du jour où il était signé, les dissentiments commençaient à reparaître, et une année ne s'écoula pas avant qu'au traité d'Angoulême on vît succéder une nouvelle ligue féodale, à la tête de laquelle la régente était de nouveau placée.

Cette fois on en vint aux armes et les drapeaux furent levés; mais on combattait toujours avec l'arrière-pensée de conquérir de bonnes conditions pour la paix, sans beaucoup de colère et seulement par calcul. C'était la lutte de l'oligarchie féodale contre l'unité du pouvoir, et en même temps celle de la régence contre le règne. La situation était la même que celle qui avait abouti au traité d'Angoulême, on devait en sortir par la même issue, et les événements amenèrent la transaction d'Angers. Richelieu, qui avait négocié le traité d'Angoulême, se trouvait le négociateur indiqué de cette seconde transaction : sa position politique grandissait par cette intervention réitérée entre la mère et le fils; on s'habituait à le considérer comme l'arbitre de ces graves différends politiques; il était, depuis la mort de Concini, le premier dans les conseils de la reine, et le conseil du roi s'accoutumait à estimer sa capacité et à le regarder comme un de ces hommes avec lesquels il faut compter.

Dès cette époque, Marie de Médicis aurait voulu le faire entrer au conseil en qualité de ministre; mais, tant que Luynes tenait les affaires, on ne pouvait y introduire Richelieu. Cependant l'auteur de la pacification d'Angoulême et de la transaction d'Angers ne devait point demeurer sans récompense; et comme il n'était pas possible de lui donner en politique la position à laquelle il aspirait, on obtint pour lui, comme équivalent, le chapeau de cardinal. Ce qu'il y a de remarquable, c'est que le conseil du roi, qui sollicitait pour l'évêque de Luçon en public, entravait secrètement sa nomination. On pressentait déjà sa grandeur et l'on élevait des barrières sur toutes les routes qui devaient le conduire à la fortune. C'est qu'en effet cette dignité de cardinal mettait Richelieu dans une position admirable pour prendre en mains le gouvernement. Afin de ne point l'élever en puissance on l'élevait en dignité; et cette dignité allait lui servir de marchepied pour arriver au pouvoir. Comme évêque de Luçon, il avait pu aspirer à représenter le clergé de sa province; comme cardinal, il pouvait aspirer à tout : car on sortait de l'époque de la Ligue, et, dans cette société où le catholicisme était si puissant, c'était une chose immense que d'être revêtu de la première dignité de la religion après la papauté. L'évêque de Luçon comprit l'importance du pas qu'il venait de faire, et l'expression de sa reconnaissance pour la régente fut éclatante et publique.

A ceux qui sont dans la position où se trouvait Richelieu, un seul système de conduite convient, il faut attendre; le temps est pour eux, et tous les incidents ne peuvent manquer de leur être favorables : Richelieu attendit. Bientôt après, la mort du duc de Luynes, qui s'était engagé dans une guerre périlleuse contre les réformés, rapprocha le pouvoir de ses espérances. Richelieu était toujours le favori de la régente, et Louis XIII n'avait pas de favori, grande et belle chance ouverte pour l'évêque de Luçon. Marie de Médicis en profita; plusieurs fois le nom de Richelieu vint se placer sur ses lèvres, mais le roi avait contre le nouveau cardinal des préventions instinctives. « Ne me parlez point de cet homme, disait un jour le roi à sa » mère; c'est un ambitieux qui mangerait mon royaume. » Vous le voyez, la faible nature de Louis XIII appréhendait la nature grande et forte de Richelieu; le même sentiment qui lui fit subir plus tard le joug pendant toute sa vie, le lui faisait alors craindre. Le roi comprenait que le cardinal était un de ces hommes auxquels on n'ouvre pas impunément la porte du pouvoir, et qui se taillent à coups de génie leur place dans la situation, une fois qu'ils y ont mis le pied.

Il fallait, pour écarter ces obstacles, procéder avec lenteur, et modifier peu à peu le conseil en y gardant la place de Richelieu. L'ancien ministère, qui connaissait la trempe de son caractère et de son esprit, fit tous ses efforts pour ne lui donner qu'un titre sans puissance et sans action. On alla jusqu'à décider que Richelieu aurait voix consultative seulement, mais qu'il ne serait pas admis à délibérer. Ce petit ministère sentait qu'il allait être emporté dans un pan de la robe du grand cardinal, et il multipliait le plus qu'il pouvait les difficultés, il accumulait les entraves dans la carrière où le nouveau ministre allait marcher, comme s'il était en la puissance de ces nains de ralentir la course du géant, et comme si le génie ne valait pas, pour dénouer le nœud gordien, l'épée d'Alexandre!

Richelieu était alors dans la force de l'âge et dans toute la puissance du génie. Il venait d'avoir trente-huit ans. Dans les traits de son visage pâle et amaigri on surprenait déjà les sillons du travail, cet austère laboureur, et l'on découvrait cette beauté intellectuelle, fille des méditations de la pensée. Sur son front haut et dominateur, siégeait une immuable volonté assise comme sur un trône. Ses cheveux noirs pendaient à la manière de ceux de Napoléon. Ses yeux, surmontés de sourcils bien marqués, regardaient si profondément qu'il était difficile de soutenir son regard. Son nez aquilin se dessinait avec hardiesse sur son visage, dont l'ovale allongé s'amincissait en allant mourir sous les touffes d'une de ces barbes élégantes que portaient les hommes du siècle. Sa bouche, aux lèvres minces, était sévèrement dessinée, et encadrée entre deux moustaches; son profil semblait gravé avec un burin de fer, tant les lignes en étaient fermement accusées; tout enfin, dans sa physionomie, respirait une gravité inexprimable, une majesté sévère, et, quand on voyait cette pâle et puissante figure se détacher sous la barrette rouge des princes de l'Église et dans la robe écarlate du cardinalat, il était difficile de se soustraire à une impression de crainte et de respect. Sa démarche ajoutait au prestige de sa physionomie; elle était fière et hardie, et ses mouvements, parfois brefs et heurtés, trahissaient l'impatience de toute résistance. Sa parole, quand il ne la déguisait pas à dessein, était claire, lucide, vigoureuse et froide. Elle allait au but comme une épée, par la voie la plus droite, et sans s'occuper à cueillir des fleurs en chemin; elle ne persuadait qu'à force de convaincre; elle n'émouvait pas, elle subjuguait. Il exprimait avec force, en écrivant, de hautes pensées. Son esprit était vif, sa conception prompte, sa logique serrée; il n'abandonnait jamais ses idées, mais il savait attendre leur heure. Maître de lui-même comme des autres, il était capable d'employer tous les tempéraments utiles pour arriver à un but, et sa volonté intelligente, se renfermant toujours dans le possible et laissant à l'avenir sa tâche, exécutait chaque chose en son temps : grand et puissant moyen de succès.

Tel était l'homme qui allait se trouver en face des difficultés d'une situation hérissée d'obstacles; car, une fois entré dans le conseil, Richelieu en fut bientôt le maître. Un seul homme de tête, assez ambitieux pour disputer le pouvoir, s'y trouvait : c'était le duc de La Vieuville, le même qui, par ordre de la régente, avait proposé l'admission de Richelieu. La Vieuville avait le tort de s'en souvenir et l'imprudence de le rappeler : il fut écarté. Le maréchal d'Ornano, autre caractère de résolution, ayant osé demander pour le duc d'Anjou, dont il était le gouverneur, l'entrée du conseil, Richelieu prévit pour lui un compétiteur dans le maréchal, et montra un chef de parti dangereux dans le duc d'Anjou, derrière lequel tous les mécontentements se grouperaient. Dès lors la demande fut repoussée, et la reine mère, qui avait une vieille haine contre d'Ornano, soupçonné par elle d'avoir favorisé la chute des Concini, aida Richelieu à le faire reléguer dans son petit gouvernement du Saint-Esprit. Tout pliait désormais sous ce formidable nouveau venu, qui, ayant la pensée la plus haute dans toutes les affaires et la volonté la plus forte dans tous les périls, se trouvait naturellement placé devant tous ses collègues, parce qu'il voyait plus loin et marchait plus vite que tout le monde. Sachant que les frivolités de l'étiquette marquent quelquefois les positions, il avait élevé, dès son entrée dans le conseil, une question de préséance en sa qualité de prince de l'Église romaine. Il réclamait dès lors, comme cardinal, la supériorité qu'il allait bientôt prendre comme premier ministre.

Après avoir dessiné la figure de l'homme d'État qui entrait alors aux affaires, il importe d'exposer la situation générale en face de laquelle il allait se trouver. En effet, le secret de la puissance de Richelieu s'explique non-seulement par la valeur des qualités intellectuelles dont il était doué, mais aussi et plus encore par la manière dont son génie était approprié aux circonstances au milieu desquelles se débattait la monarchie française. Il en est des hommes comme des clefs; ceux dont le génie ouvre les problèmes de l'époque ont une puissance incomparable. Les problèmes les appellent comme ils appellent leurs solutions, les difficultés deviennent pour eux des moyens, et les obstacles des marchepieds. Comment ne trouveraient-ils pas d'issues, eux qui sont l'issue même des difficultés de leur siècle? Telle était à cette époque, on va le voir, la situation du cardinal de Richelieu. Le pouvoir ne l'appelait pas moins qu'il n'appelait le pouvoir : les choses et les hommes avaient besoin de lui.

Au moment où le cardinal de Richelieu entra dans les affaires, la monarchie française se trouvait, par suite des événements dont le protestantisme avait été la source, en présence de trois ou quatre problèmes très-graves et, de plus, presque tous contradictoires, qui demandaient, dans le gouvernement royal, une fermeté à toute épreuve et une intelligence ouverte à toutes les lumières. Le maréchal d'Ancre et le duc de Luynes ayant été impuissants à les résoudre, Richelieu héritait de leur tâche.

A l'intérieur, l'unité du pouvoir était dangereusement entamée par deux périls toujours menaçants. D'un côté, il y avait dans l'édit de pacification de Nantes, accordé par Henri IV aux huguenots ses anciens compagnons d'armes, une république protestante en germe. Les religionnaires formaient un État dans l'État. Ils avaient des villes de sûreté, ils levaient des impôts, soudoyaient des troupes, enveloppaient presque tout le midi de la France dans le réseau d'une organisation armée, et possédaient, dans La Rochelle, une porte ouverte à tous les secours extérieurs de l'Angleterre protestante, puisqu'elle donnait sur l'Océan. D'une autre part, dans les guerres de religion qui avaient désolé les règnes précédents, une seconde féodalité nobiliaire avait pris naissance. Dans le long interrègne qui avait rempli la vie de Charles IX, celle de Henri III et les premières années de Henri IV, les gouverneurs de provinces s'étaient habitués à se faire des royaumes de leurs gouvernements, et les ambitions politiques se cachant derrière les dissensions religieuses, l'oligarchie aristocratique, qui avait vendu les villes du royaume à Henri IV au lieu de les lui rendre, se trouvait toujours prête à disputer la puissance à la royauté. En outre, les parlements, qui avaient été souverains du temps de la Ligue, et qui ne pouvaient renoncer sincèrement à leur prétention de substituer à leur droit d'enregistrer les édits de dépenses leur ambition de contrôler les affaires d'Etat et de remplacer les états-généraux, se trouvaient toujours disposés à entrer dans les troubles pour y conquérir leur part d'autorité. L'unité du pouvoir, dont la royauté était l'expression et le symbole, se trouvait donc aux prises, d'abord avec la féodalité des gouverneurs de provinces, derrière lesquels se ralliait presque toute la noblesse, et qui cherchait à créer une fédération aristocratique; ensuite, avec une république protestante qui aspirait à une indépendance complète, et, comme but ultérieur, à une existence séparée; enfin, avec l'usurpation parlementaire qui tendait à substituer ou au moins à mêler la souveraineté d'un corps de judicature à la souveraineté royale, et à changer ainsi la constitution fondamentale du royaume.

Pour mettre le comble à ces périls, des périls extérieurs les aggravaient encore. Pendant les troubles suscités par le protestantisme, la France avait perdu ses frontières. La monarchie espagnole, démesurément agrandie, avait débordé sur la monarchie française; elle l'enveloppait de toutes parts, et ses avant-postes étaient au cœur de nos provinces. Il fallait donc que l'unité du pouvoir, menacée par tant de périls, préservât l'intégrité du sol, entamée par un ennemi formidable. Mais, par une complication de difficultés, les deux cabinets qui auraient pu aider la royauté française dans cette grande entreprise, c'est-à-dire la Hollande et l'Angleterre, étaient les amies et les protectrices naturelles des huguenots; de sorte qu'il fallait garder ce levain de discorde intérieure pour obtenir les alliances extérieures dont on avait besoin contre l'Espagne, tandis que, si l'on voulait s'en délivrer, il fallait, pour tenir la Hollande et l'Angleterre, ces deux champions du protestantisme, en respect, avoir recours à l'alliance de l'Espagne catholique, et par conséquent laisser l'intégrité du territoire sous le coup de la menace d'un démembrement auquel le cabinet de l'Escurial ne pouvait renoncer. Si vous ajoutez à cela que toutes ces questions s'aggravaient les unes les autres, que les protestants avaient des intelligences avec les Anglais et les Hollandais, et que le roi d'Espagne nouait des intrigues avec les féodaux, que ces partis divers allaient prendre dans la famille royale leurs chefs, que les féodaux s'étudiaient à mettre en avant le duc d'Anjou et la reine mère, que l'Espagne cherchait à créer une position politique à la jeune reine, vous demeurerez effrayé du nombre et de l'étendue des périls qu'il fallait vaincre ou conjurer.

Le cardinal de Richelieu mesura d'un regard cette terrible partie qui devait remplir son existence entière, et il l'accepta. Rien ne l'arrêta, ni le cadavre de Concini, qui était resté sous la table où elle se jouait, ni les revers de Luynes, qui aurait fini de même s'il n'avait pas échappé à une catastrophe imminente par l'opportunité de sa mort. Sans doute les périls étaient grands, les adversaires nombreux, les obstacles immenses; mais Richelieu, cardinal de l'église romaine, se sentait mieux posé pour les vaincre qu'un aventurier italien et un jeune favori, qui n'avaient point de terrain où ils pussent reprendre pied. Puis, le nouveau ministre, outre qu'il avait la conscience de son génie, comprenait qu'il était nécessaire. Il sentait derrière lui un intérêt monarchique et national qui devait l'aider contre l'Espagne, les féodaux, les réformés, et le défendre contre le duc d'Anjou, la reine régente, la jeune reine et même contre le roi. En se plaçant, dans un intérêt général, contre tous les intérêts particuliers, il devenait l'homme de la situation, et il jetait dans le plateau de la balance des événements le poids des destinées de la France.

Aussitôt que Richelieu est le maître, il entre dans l'application de son système; et comme le péril dont il est le plus frappé, c'est la triple menace qui vient du côté de la maison d'Autriche, il se rapproche de l'Angleterre par le mariage d'Henriette de France avec le prince de Galles (Charles Ier), afin de donner à Louis XIII un allié contre l'Escurial. Dès les premiers pas, il est vrai, cette alliance politique sera compromise par les intérêts religieux dont il a été plus haut parlé; l'Angleterre protestante se soulèvera à la vue d'une reine catholique; il y a entre les deux peuples toute la largeur d'une religion qui gêne le rapprochement des deux cabinets. Cependant, dans l'intervalle de ces événements, le plan de Richelieu a eu le temps de se développer. Il s'agit de la formation d'une confédération italique dans laquelle entrent Venise, la Savoie et les cantons suisses, premier obstacle opposé à la monarchie espagnole du côté des Alpes : au même moment, on resserre les liens qui unissent la France à la Hollande, sentinelle nécessaire qui défend le nord du territoire contre une incursion toujours prête à partir des Pays-Bas autrichiens, et l'on se ménage une alliance en Angleterre et des intelligences parmi les puissances secondaires de l'Allemagne. Ce plan résume toute la politique étrangère de Richelieu, et continue celle de Henri IV. Plus d'une fois le cardinal sera obligé d'en ajourner l'exécution, mais il ne l'abandonnera jamais; car c'est la seule route qui conduise au but de tous ses efforts, l'abaissement de cette maison d'Autriche, qui, par les Pyrénées, les Alpes et les Pays-Bas autrichiens, resserre la France dans un triangle de fer qui doit l'étouffer si elle ne parvient pas à le briser. Vous le voyez, la pensée de Richelieu se renoue à celle de Henri IV, que les premières années de la régence avaient abandonnée. Le coup de poignard de Ravaillac n'a pu détruire cette politique toute nationale et toute française, le cardinal-ministre s'en porte l'héritier.

Pendant qu'il est préoccupé de ces graves intérêts, la noblesse, qui commence à sentir le poids de son autorité, s'agite et renouvelle contre lui les entreprises qu'elle a tentées contre Concini. Le duc d'Anjou, suivant les inspirations du maréchal d'Ornano, refuse d'épouser mademoiselle de Montpensier, mariage politique, auquel le cardinal avait songé à cause de deux raisons importantes : d'abord pour empêcher que Monsieur, s'alliant avec une maison étrangère, ne devint un instrument de troubles civils dans ses mains; ensuite pour mêler au sang de la maison de Bourbon ce sang des Guise qui avait été si près du trône, et qui était demeuré cher à la nation et à l'Église.

Richelieu va droit à l'obstacle; le maréchal d'Ornano est arrêté. La conspiration qui se formait derrière le duc d'Anjou, pour enlever, et au besoin pour tuer Richelieu, est découverte. Les deux Vendôme, malgré le sang royal qui coule dans leurs veines, subissent une longue captivité; le jeune comte de Chalais monte sur un échafaud. En refusant d'accepter la démission habilement offerte par Richelieu, le roi s'est mis lui-même dans l'obligation de tout lui accorder. Marillac, sa créature et homme de tête et de vigueur, reçoit les sceaux retirés à d'Aligre. Le parlement, naturellement jaloux de la noblesse d'épée, sert de hache contre elle. Le duc d'Anjou, séduit par un magnifique apanage, épouse mademoiselle de Montpensier et abandonne ses amis. Enfin la jeune reine est reléguée dans un palais solitaire : son origine espagnole la place dans une opposition continuelle avec le ministre ennemi de l'Espagne, qui la traite en prisonnière plutôt qu'en souveraine.

Cette tactique de Richelieu se représentera dans toutes les circonstances. Offre de sa démission qui jette le roi dans la terreur en le livrant à tous les périls; habileté à séparer, autant que possible, la cause des personnes royales de la cause des féodaux et des favoris, qui sont inexorablement exécutés; oppression de la jeune reine : voilà les moyens qui reviendront autant de fois que le cardinal sera attaqué. Il a déjà frappé de grands coups contre ses adversaires. Les gouverneurs de provinces sont tenus dans la dépendance, et c'est même ce qui a causé en partie la conspiration provinciale dont les Vendôme et le comte de Chalais étaient la tête. En même temps deux ordonnances significatives paraissent. La première atteint les duellistes et le duel; et il ne faut pas regarder cette prohibition comme uniquement religieuse, mais comme politique. Le duel, c'était la guerre civile réduite à d'étroites proportions. C'était l'épée du gentilhomme mise au-dessus de la loi, le droit individuel, le droit féodal se substituant au droit public, ce que Richelieu ne pouvait souffrir. C'est cet esprit d'indépendance qu'il frappe dans le comte de Boutteville, ce gentilhomme batailleur de la race des Montmorency, condamné à porter sa tête sur l'échafaud. En même temps, le cardinal, prévoyant que son système doit provoquer plus tard des luttes armées, se hâte de prendre les devants et d'ordonner la destruction de toutes les fortifications qui entourent les manoirs féodaux situés à l'intérieur. Il ne veut pas laisser de retraite aux ennemis qu'il prévoit, et il frappe à la fois la féodalité dans les chairs vivantes et jusque dans les pierres crénelées qui lui servent de symbole et d'abri.

Arrivé à ce point, le cardinal, comme pour donner une sanction aux choses qu'il a accomplies et ouvrir les voies à celles qui se préparent, juge utile de réunir une assemblée de notables. Comme il est placé dans les intérêts généraux, il les appelle à son aide contre les intérêts particuliers qu'il a combattus et qu'il va avoir encore à combattre. Sa puissance en tire un caractère de force morale qui va le mettre en état d'entreprendre quelque chose de plus difficile et de plus haut que ce qu'il a exécuté jusqu'ici. Richelieu avait pourvu au premier danger qui menaçait son administration, il venait de réduire, du moins pour un temps, la noblesse à l'obéissance; il saisit l'occasion qui lui est offerte par le cours des événements, d'aviser à un autre et plus grave péril. Le mariage de Henriette de France avec le prince de Galles, devenu Charles Ier, n'avait pas eu les conséquences qu'on pouvait en espérer. La reine avait blessé les susceptibilités protestantes par les éclats de sa dévotion, et le duc de Buckingham, pour complaire à la nation, traitait la princesse française à peu près comme Richelieu traitait l'infante d'Espagne. Il s'en était suivi une rupture entre l'Angleterre et la France; Richelieu pensa que c'était le moment d'accabler les protestants. Le duc d'Anjou, satisfait par les dernières munificences du roi, se tenait dans le devoir; la noblesse, qui avait encore sous les yeux le châtiment de Chalais, ne faisait plus obstacle; le cardinal se rapprocha de l'Espagne, car le cabinet de l'Escurial était toujours disposé à prêter la main à tout ce qui se faisait contre les réformés, et il fallait une alliance qui remplaçât celle de l'Angleterre. Bassompierre, ce courtisan d'un esprit si vif, avait dit, en faisant allusion à l'appui que les révoltes protestantes donnaient toujours aux ligues nobiliaires : « Je crois que nous ferons la folie de prendre La » Rochelle. » La Rochelle fut prise en effet, après un siége d'un an, pendant lequel Richelieu déploya des talents militaires remarquables et une ténacité politique que rien ne put ébranler, ni la défense opiniâtre des Rochellois qu'il surmonta, ni les flottes de l'Angleterre qu'il vainquit, ni l'Océan lui-même qu'il refoula à l'aide d'une digue. La Rochelle, vaincue, n'obtint qu'un pardon au lieu d'un traité.

La prise de La Rochelle était un événement immense. Le protestantisme perdait celle de ses portes qui le mettait en communication avec l'étranger; les ligues futures de l'aristocratie étaient réduites à ne plus compter sur l'organisation protestante qui leur avait rarement manqué; enfin, l'unité politique et l'unité territoriale de la France faisaient une inestimable conquête. Dès que Richelieu vit ces résultats assurés, il en revint à sa politique naturelle contre l'Espagne. Cette puissance ne lui avait accordé qu'un appui équivoque pendant le siége de La Rochelle. Elle craignait presque autant le triomphe de l'intérêt français qu'elle désirait le triomphe de l'intérêt catholique, et, comme dans cette circonstance ils étaient unis, de peur de servir le premier en servant le second, elle ne fit rien. Aussi Richelieu, une fois maître de La Rochelle, se rapproche de la Hollande et de l'Angleterre, ennemies du catholicisme mais alliées de la France. La rupture du cabinet français et du cabinet espagnol ne tarde pas à éclater ; elle a pour prétexte la succession du duc de Mantoue, à laquelle prétendent à la fois la maison de Nevers, alliée de la France, et le duc de Guastalla, allié de l'Espagne, sans parler du duc de Savoie, qui devient ainsi momentanément notre ennemi. Pour arriver à Casal, l'armée, conduite par le roi et le cardinal, force le Pas-de-Suse par un prodigieux coup de main. Le duc de Savoie, à la merci de l'armée française, est obligé de se rattacher à notre alliance. Venise, le pape Urbain VIII, le duc de Mantoue, entrent dans une ligue contre la maison d'Autriche : la pensée de Richelieu est au moment d'être réalisée.

Dans ce moment, le parti huguenot, ne pouvant souscrire à son abaissement, reprend les armes ; il cherche en Angleterre un appui qu'on lui refuse ; mais, assisté par l'Espagne, qui subordonne cette fois l'intérêt religieux à l'intérêt politique, il reprend son projet de s'organiser en république séparée. Richelieu revient triomphant d'Italie et accable le protestantisme, comme il a accablé la féodalité. Tout ce qui lui reste de places fortes, de châteaux à créneaux, est rasé. La campagne du Languedoc, qui a lieu en 1629, sert de complément à celle de La Rochelle.

A chaque effort tenté pour le renverser, Richelieu grandissait en puissance, et son système, en se développant, ressemblait à un vivant piédestal qui, prenant chaque jour des accroissements nouveaux, s'élèverait sous la statue qu'il porte et l'élèverait avec lui dans la nue. Mais ses succès mêmes faisaient ses périls. Le nombre de ses adversaires s'augmentait avec ses triomphes, et, parvenu à la hauteur où il était, il devait avoir bientôt contre lui la féodalité toute saignante de ses premiers coups, la famille royale, impatiente de sa domination, et le roi lui-même, qui sentait que le sceptre n'était plus dans sa main qu'une décoration. Il était donc dans la destinée du cardinal de toujours craindre pendant qu'il faisait tout trembler autour de lui, et de redouter, au milieu de ses plus grands desseins, l'heure où on le trouverait plus désagréable encore que nécessaire. C'est cette vie d'action extérieure, poursuivie par les intrigues intérieures, qu'il s'agit d'esquisser à grands traits.

Ne parlons point, si l'on veut, de Gaston d'Orléans, ce prince si remuant et si léger, qui, à tant de reprises, sort de France et fait acheter son retour ; qui, en 1629, se retire en Lorraine en suivant les instigations de l'Espagne; qui, en 1631, quitte encore la cour après avoir levé la main sur le cardinal; qui, en 1632, en vient à une guerre ouverte contre les armées du roi, et ne rentre en France qu'en 1634; qui, en 1639, se trouve encore prêt à donner la main à la conspiration de Cinq-Mars. Mais, sans parler de Gaston, l'ancienne protectrice de Richelieu, la reine mère, doit, par la fatalité de sa position, devenir sa plus ardente ennemie. La pensée d'un homme d'État est exclusive et jalouse, et le pouvoir ne saurait être partagé. Dès la prise de La Rochelle, les ressentiments italiens de Marie de Médicis commencent; ils s'enveniment dans la question de la guerre de la succession de Mantoue, où la reine voudrait faire sacrifier l'intérêt tout français du duc de Nevers, contre lequel elle a une inimitié de race; ils éclatent lors de la maladie du roi à Lyon, et Richelieu, victorieux de l'Espagne en Italie, est presque renversé par cette véhémente colère qui l'attend en France. Depuis ce moment, malgré toutes ses précautions, il n'y a plus entre lui et Marie de Médicis que des trêves. Le cardinal n'a que des respects à offrir à son ancienne protectrice, qui voudrait des obéissances. Ses paroles sont agenouillées devant elle, mais son système est inflexible et absolu. Il n'ose contre elle que peu à peu tout ce qu'il a dans la pensée, mais chaque jour il ose davantage. Dans la fameuse Journée des Dupes, il lui montre qu'il est nécessaire en demeurant au pouvoir d'où elle croit l'avoir chassé. En 1631, il chasse Marillac qui l'a trahi dans l'espérance de le remplacer, et tient Marie de Médicis prisonnière, en la replaçant dans la position où l'avait mise Luynes au moment de la chute de Concini. La reine s'enfuit de sa prison, mais les temps ne sont plus où, en sortant du château de Blois, elle trouvait les féodaux armés pour sa défense. Il faut quitter le royaume, il faut fuir sur le sol étranger, promener de ville en ville, d'abord des intrigues stipendiées par le dehors, puis une mendicité couronnée; et la reine de France, la mère du roi Louis XIII, la veuve de Henri IV, après des exils et des malheurs sans nombre, mourra dans un état voisin de la misère, à Cologne, afin qu'on sache bien que personne, quelque haut placé qu'il soit, ne peut faire obstacle au système de Richelieu.

Ce serait une œuvre ingrate et une tâche trop longue que de relever une à une toutes les conspirations que le cardinal surmonte, tous les échafauds qu'il élève, toutes les intrigues qu'il déjoue, toutes les guerres intérieures d'où il sort victorieux. Il importe seulement de rappeler ce qui à été dit plus haut: le ministre avait en face de lui trois forces qui luttaient contre l'unité politique du gouvernement, le protestantisme, l'aristocratie, l'ambition parlementaire. Le protestantisme relève deux fois la tête: la première fois il perd La Rochelle; la seconde, toutes ses places fortifiées du Languedoc. L'aristocratie, outre qu'elle se mêle à toutes les tentatives de Monsieur et de Marie de Médicis, suscite la grande révolte provinciale du Languedoc, en 1632; elle y perd la bataille de Castelnaudary, et son plus glorieux représentant, le duc de Montmorency, porte sa tête sur l'échafaud : car le cardinal est devenu implacable, sa pensée d'unité s'avance inexorablement à son but en laissant derrière elle des cadavres. Cette pensée, s'exaspérant par les obstacles qu'elle rencontre et par les luttes qu'il lui faut livrer, outrepasse sa mission. Elle cherche à tuer l'esprit provincial pour se débarrasser des barrières qu'il oppose : source de périls pour l'avenir et de difficultés pour le pouvoir royal, dont on rend la base plus haute, mais moins large. Non contente de réprimer les ligues de la noblesse, elle travaille à l'humilier, elle abaisse l'institution pour frapper les hommes; des seigneurs de noble race sont envoyés aux galères, des armoiries sont brisés par la main du bourreau. Le cardinal de Richelieu est un fier et hautain niveleur, qui ne veut en France qu'une tête levée, entourée de fronts inclinés sur la terre, qu'un pouvoir environné d'obéissances. En détruisant la hiérarchie, dont les degrés montaient jusqu'au trône, il rend la royauté plus absolue dans les jours tranquilles, moins forte dans les jours de danger. Quand le parlement résiste, il en a raison par des lits de justice, par des exils et par l'établissement de commissions spéciales; la cour des comptes est cassée, les requêtes du parlement sont lacérées. Ce n'est pas tout : Richelieu attaque la puissance du parlement de Paris à l'aide des cours judiciaires de province. Enfin, pour leur mettre aussi devant les yeux un exemple terrible, un des plus célèbres parlementaires, de Thou, partagera le supplice de Cinq-Mars.

Richelieu, il ne faut pas qu'on l'oublie, est sous le coup d'une menace perpétuelle qui le rend implacable. Il gouverne sous un arrêt de mort, qu'une parole du roi, l'épée d'un hardi gentilhomme comme Vitry ou Marillac, le poignard d'un aventurier, le poison versé par un domestique corrompu, peuvent à chaque instant exécuter. Deux figures pâles et mornes, celle d'Albert de Luynes que l'abandon de Louis XIII allait tuer lorsqu'il mourut, et celle du maréchal d'Ancre dont le cadavre sanglant fut déchiré par la populace, ne quittent pas son chevet. Voilà les deux conseillers qui, bien plus que le père Joseph et ses autres familiers, le jettent dans les mesures inexorables. La destinée du cardinal chemine entre ces deux destinées : si elle penche d'un côté ou de l'autre, c'en est fait de lui. Pour ne point perdre pied sur l'étroite route où il marche, il se fait une rampe d'échafauds. La jeunesse, le rang, le sexe même de ses adversaires ne l'arrêtent pas. Il punit des intrigues de cour par des arrêts de mort; de grandes dames sont exécutées en effigie. Mais ces grandes dames ont conspiré la chute du cardinal, si haut placé qu'il ne peut plus tomber sans se briser la tête sur le piédestal de sa fortune; ces intrigues aboutissent au meurtre, car le pouvoir est si bien incarné dans la personne de Richelieu qu'il faut, pour le prendre, fouiller dans ses entrailles ensanglantées. Plus Richelieu avance dans la carrière, plus il devient dur et sans pitié; c'est que plus il avance moins il lui devient possible de sortir des affaires par une retraite qui ne soit pas une chute, et par une chute qui ne soit pas la mort. La peur ne pardonne pas, et ce tout-puissant a peur. Pour Richelieu, le ministère n'est plus seulement un poste élevé qui flatte son ambition, c'est un asile. Ne vous étonnez pas qu'il défende sa puissance avec une espèce de fureur; sa puissance est sa vie. Il n'y a plus pour lui d'autre place que la première : ou ministre, ou mort. Ajoutez à cela, qu'outre cet instinct naturel qui porte l'homme à lutter pour son existence avec une sorte de rage, quand elle est sans cesse attaquée, Richelieu ressent encore les terribles impatiences du génie qui voit le but vers lequel il marche, qui a la main déjà étendue pour le toucher, et qui se dégage, par de furieux mouvements, des aveugles qui, s'attelant à sa fortune par derrière, veulent l'arrêter en chemin. Ses ennemis, dira-t-il à sa dernière heure, sont les ennemis de l'État; et il y a de la vérité dans cette parole; car, tuer Richelieu, c'est arrêter le cours des grands desseins qui doivent porter si haut la puissance de la monarchie. Il ne veut pas mourir, parce que, pour appliquer jusqu'au bout la haute pensée dont il poursuit l'accomplissement, il a besoin de vivre; malheur donc à qui se mettra en travers de sa destinée! Homme ou femme, prince ou gentilhomme, les Vendôme, Cinq-Mars, de Thou, Marillac, Bassompierre, Chalais, Châteauneuf, Montmorency, le duc d'Orléans, mademoiselle de La Fayette, mademoiselle d'Hautefort, les confesseurs du roi, la reine mère, la jeune reine, il frappera tout par la disgrâce, l'exil, la prison, la hache du bourreau. C'est le Camoëns défendant son poème contre les vagues en nageant vers le rivage, c'est le joueur s'attachant à la table d'où l'on veut l'arracher au moment où la fortune amène les dés qui lui donnent gain de cause. Richelieu aussi a son épopée à sauver de la fureur des vagues; son épopée, c'est l'abaissement de la maison d'Autriche et l'établissement de l'unité du pouvoir en France. Richelieu aussi a son coup de dés à attendre, et il est sûr du résultat; car si la fortune tient les dés, ils sont pipés par le génie. Voilà pourquoi ses colères sont inexorables, et ceci vous explique ce cortége de bourreaux dont il marche environné. C'est plus que sa vie qu'il défend, c'est sa pensée, et l'homme est un gardien plus jaloux de sa pensée que de sa vie; car sa pensée c'est le but de sa vie, c'est, dans ce monde, l'emploi de son intelligence, et, dans l'histoire, c'est son immortalité. Il y a donc, dans les vengeances de Richelieu contre ses adversaires, de la fureur de l'homme qui veut vivre, et de l'indignation de l'homme de génie qu'on veut empêcher d'achever son œuvre. Ajoutons que, dans les plus formidables représailles du cardinal, il y a, sinon une équité humaine, une sorte de justice rigoureuse qui vient, non de la bienveillance du cœur, mais de la justesse d'esprit. Il traite assez ordinairement ses adversaires comme ses adversaires l'auraient traité s'ils avaient réussi; Bassompierre l'apprend dans sa prison, Marillac sur l'échafaud.

Au milieu de ces périls et de ces fatigues, on voit les goûts de la première vie de Richelieu revenir par quelques échappées. Les heures des journées se doublent pour cette intelligence d'une activité dévorante. Il se couchait ordinairement à onze heures, dormait trois ou quatre heures de suite, puis se réveillait pour écrire ou dicter à ses secrétaires jusqu'à six heures, et se rendormait alors jusqu'à sept heures ou huit heures au plus tard, moments marqués pour son lever. Chose remarquable! Cette habitude fut aussi celle de Bossuet, non moins actif dans la sphère des idées que Richelieu l'avait été dans celle des faits. Le peu de temps que ses occupations et ses adversaires lui laissent est occupé par la littérature. Le terrible cardinal s'essaie à la poésie, et à cette poésie de bucolique qui semble si peu en harmonie avec le tour de son intelligence. Soit qu'il veuille s'emparer de la presse comme d'une force dont il pressent l'importance, soit que par vanité il tienne à briller dans toutes les avenues de l'esprit humain, soit que plutôt il veuille imposer comme écrivain à la société du Marais, alors si influente à la cour, de même qu'il impose aux hommes de gouvernement comme politique, il achète à prix d'or le droit de se dire l'auteur des sonnets en faveur. En même temps il stipendie les poètes et leur trace le plan de leurs drames, de la même main qui écrit des plans de guerre contre l'Espagne, et qui désarme La Rochelle et dompte la féodalité. Mais en littérature, pas plus qu'en politique, le cardinal n'aime les hautes têtes. La féodalité intellectuelle le gêne comme la féodalité nobiliaire; il a des velléités de traiter Corneille comme un Montmorency. L'ancien évêque de Luçon, qui écrivait à madame de Bourges qu'il était un peu glorieux, n'a point changé; et comme sa fortune lui permet de faire, suivant son expression, meilleure figure, il commence à déployer un luxe royal. D'un ordre et d'une économie domestique admirables, en même temps que d'un faste qui éclipse l'appareil du trône, il compte toutes les semaines avec son maître d'hôtel, et ne dépense pas moins de quatre millions par an; ce qui ne l'empêche point de laisser une fortune prodigieuse à ses héritiers, sans préjudice d'un million et demi en numéraire, de meubles magnifiques, et du Palais-Cardinal qu'il lègue à Louis XIII. Que si on l'étudie dans le secret de sa vie intime, on l'aperçoit entre une gracieuse tête de femme, la marquise de Comballet, sa nièce, qui fut plus tard duchesse d'Aiguillon, et le père Joseph, l'*Éminence grise,* comme l'appelaient les courtisans, qui voyaient dans sa robe de bure la doublure de la robe écarlate de Richelieu. Ces deux personnages, calomniés comme tous ceux qui approchent de la puissance, composaient la société intime du cardinal. Le père Joseph était comme le vivant contrôle de ses idées, l'âme de ses desseins, le bras droit de ses conseils; c'était, chose précieuse, un homme supérieur qui ne pouvait ni ne voulait être son rival; quoi de plus? une intelligence et un courage de premier ordre ajoutés au courage et à l'intelligence de Richelieu.

La marquise de Comballet, qu'il avait le droit d'aimer comme une fille, était la gracieuse distraction de ses pensées; c'était sur sa tête qu'il avait placé les rêves les plus brillants de son ambition; elle était le doux repos de ses journées, et le rayon de soleil et de poésie qui le récréait parfois au milieu des sanglantes ténèbres dans lesquelles il marchait.

Nous passons sous silence, on le voit, les détails que les mémoires et les pamphlets du temps prodiguent sur les intrigues prétendues et les petits ridicules du grand cardinal. Quant aux intrigues, quels amours ne lui a-t-on pas prêtés, jusqu'à aller prendre aux deux bouts de l'horizon ces deux noms de Richelieu et de Marion de Lorme, pour les faire heurter dans un rapprochement étrange? Il est à croire que l'on aura abusé de ce vernis de galanterie, répandu alors sur les mœurs des personnages les plus graves par l'influence de la société du Marais, pour donner crédit à ces anecdotes scandaleuses. L'histoire trouve une garantie de la régularité de Richelieu dans la dévotion et la chasteté de Louis XIII, qui ne souffrait qu'avec peine que le cardinal-ministre se fût fait autoriser par le pape à ne pas lire tous les jours son bréviaire, pour donner plus de temps aux affaires d'État, et qui certainement l'eût sacrifié, si Richelieu eût déshonoré la pourpre romaine par les scandales dont on l'accuse. Quant aux ridicules, qui ne sait que les grands hommes sont toujours petits par un côté, par cela seul qu'ils sont hommes; et qu'importe à la postérité la peinture de ces faiblesses qui se tiennent derrière les hauts génies, à la manière de ces soldats qui marchaient, l'ironie à la bouche, derrière les chars de triomphe, pour rappeler aux triomphateurs qu'ils n'étaient pas des dieux? Dites-moi par où ces êtres puissants se distinguent du vulgaire, je saurai toujours assez par où ils lui ressemblent. Il n'y a pas de drame où il n'y ait le germe d'une comédie. Cromwell avait son côté burlesque, César ses ridicules; Richelieu faisait de mauvais vers, et se plaisait dans ses loisirs à s'entourer de jeunes chats. Étrange faiblesse de l'homme obligé de se reposer du génie comme d'un fardeau!

Mais l'action tient dans la vie de Richelieu plus de place que le repos, et ce qu'il y a d'admirable dans cette vie, c'est qu'à travers ces préoccupations de toute espèce, ces intrigues de cour, ces assauts tentés à force ouverte, ces attaques, sans cesse renaissantes, et le sanglant système de réaction qu'il leur oppose, il n'abandonne pas un moment la pensée de politique nationale qu'il a embrassée à son entrée dans les affaires. L'abaissement de la maison d'Autriche est l'idée fixe de son génie. De même qu'il a suscité une ligue italique, il forme une ligue allemande, dont le fameux Gustave-Adolphe est le chef. Les Suédois, tous les états protestants de l'Allemagne sont ameutés par lui contre l'Empire, les états-généraux de Hollande doivent le combattre dans les Pays-Bas. Tant que cela est possible, il fait la guerre par les subsides; lorsqu'en 1636 il comprend que les subsides ont cessé de suffire et que le moment de tirer l'épée est venu, il entre résolument sur le champ de bataille, et jette trois armées en Italie, en Allemagne et vers la Flandre. La fortune, qui avait marché jusque-là avec lui, semble au moment de l'abandonner partout. Richelieu, malade, reste un instant accablé du revers de nos armées et de l'imminence d'une invasion. L'opinion publique est contre lui, le roi lui-même va le sacrifier; deux hommes raniment la fermeté du cardinal prête à défaillir : ce sont le père Joseph et Mazarin. Au lieu de se cacher dans son palais, le cardinal se montre résolument dans les rues, et il est ramené en triomphe par le peuple, frappé de son courage. En même temps, de bonnes nouvelles arrivent des frontières; la chance a tourné; l'invasion espagnole qui menaçait la Picardie a été arrêtée; le prince de Condé commence une campagne en Espagne; en Allemagne, les affaires se rétablissent; au midi, les îles Marguerites sont reprises. Richelieu profite du succès de son système pour étendre encore un pouvoir déjà presque sans limites. Comme la grande source de son ascendant sur le roi est dans le plan de sa politique étrangère, le triomphe de cette politique est pour lui le signal de la toute-puissance, toute-puissance précaire qui est encore au moment d'échouer devant un soupir de mademoiselle de La Fayette, une vive parole de mademoiselle d'Hautefort ou un propos de page tenu par Cinq-Mars. Cependant, la naissance d'un dauphin (Louis XIV) l'a rassuré contre l'éventualité du règne de Monsieur, duc d'Orléans : il continue la guerre contre l'Espagne et ajoute la Catalogne à la France, après une campagne où l'épée du vicomte de Turenne commence à briller, tandis que le Portugal se sépare de la monarchie espagnole, autre échec pour la maison de Charles-Quint. En même temps, irrité contre Charles Ier, qui, au lieu de l'alliance promise, a gardé une neutralité malveillante pour la France, Richelieu noue contre lui des intelligences avec les puritains anglais.

Chose étrange et inexplicable pour ceux qui ne veulent voir dans la toute-puissance du cardinal qu'un effet de l'affection que lui portait Louis XIII, les exigences du ministre et ses tyrannies à l'égard du souverain sont telles qu'il tombe dans sa disgrâce sans perdre cependant pour cela l'autorité. Il faut chaque jour au tout-puissant disgracié des condamnations, des exils, des supplices. Le roi hait l'homme, mais il sent qu'il a besoin du ministre, et, après bien des résistances, il cède, il obéit. C'est alors que se forme la dernière de toutes les conspirations, celle de Cinq-Mars et de son ami de Thou. Il faut que les haines innombrables que le cardinal a soulevées contre lui se hâtent; sa mort est proche, et si l'on ne parvient point à l'abattre, il va entrer victorieux dans le cercueil, seul asile où il puisse trouver du repos. Tout semble sourire aux conspirateurs : la France et le roi sont las de la guerre du Roussillon, que Richelieu a imposée, car il consacre à poursuivre l'Espagne ce qui lui reste de force et de vie ; le cardinal, aux portes de la mort, est loin de Louis XIII et ne peut se défendre ; la noblesse qu'il a décimée par la hache se groupe déjà derrière Cinq-Mars contre son proscripteur ; l'épée qui a frappé Concini va sortir encore une fois du fourreau. Qui sauvera ce ministre mourant, assailli de toutes parts par des hommes pleins de force et de vie? ce qui l'a sauvé jusqu'à ce jour, la nécessité de son génie, la nationalité de son système. Il prouve au roi que derrière de Thou et Cinq-Mars se tiennent le duc d'Orléans et l'Espagne, c'est-à-dire la négation de l'unité du pouvoir royal et la vieille ennemie de la France : dès lors les conspirateurs sont perdus. Une entrevue dernière a lieu entre le roi malade et le ministre moribond ; et, ces deux agonies se rapprochant au bord du Rhône, dont les flots fatiguaient de leur murmure l'oreille de Louis XIII comme si le bruit monotone du fleuve lui eût rappelé le cours rapide de cet autre fleuve qu'on nomme le temps, on compta les jours de deux florissantes jeunesses, et Richelieu, le front déjà couvert des pâleurs du sépulcre, put ordonner, en sortant de cette entrevue, l'érection d'un dernier échafaud.

Sa vie se ferma sur ce triste et sanglant triomphe. Ses gardes, se relayant de ville en ville et portant, tête nue, le terrible moribond, le ramenèrent à Paris victorieux et expirant. Depuis, il ne fit plus que languir, craignant le poison, cet instrument des haines vaincues, ne laissant approcher de son lit de mort que ses amis les plus intimes, et surtout sa nièce, cette duchesse d'Aiguillon qu'il avait toujours tant aimée. Enfin le dernier jour arriva (4 décembre 1642), et la mort trouva le cardinal de Richelieu prêt, comme tous les événements de sa vie, dont pas un incident n'avait réussi à le surprendre. Au milieu de ses innombrables occupations, il ne s'était jamais cru autorisé à négliger les pratiques de la foi catholique ; il communiait tous les dimanches, et disait la messe aux grandes fêtes. Cette ferveur se ralluma plus vive et sa foi parut d'une manière plus éclatante encore dans ces dernières luttes qui précèdent la mort. « La maladie, dit un témoin oculaire, ayant saisi le cardinal, samedi matin, veille de la Saint-André, par un frisson suivi de fièvre, jeta incontinent nos esprits dans une extrême appréhension de l'accès ; le lendemain, dimanche, l'effroi étoit répandu dans tout le Palais-Cardinal, et j'entendis Son Éminence Mazarini témoigner la perte que feroit la France si elle se voyoit privée d'un si puissant génie. Aussitôt, les prières furent commandées partout. Cependant, la fièvre croissant, l'illustre malade demanda à se confesser lundi à M. de Lescot. La nuit suivante, il fit dire la messe par le même seigneur, et reçut le saint viatique avec une dévotion extraordinaire. Les médecins ayant ensuite jugé que le mal menaçoit de mort en peu de jours celui qui devoit vivre long-temps dans l'histoire, le cardinal de Richelieu se disposa à recevoir l'extrême onction, ce qui eut lieu dans la nuit du mardi au mercredi. La chambre du malade étoit pleine d'évêques, d'abbés, de seigneurs et de gentilshommes. On donna ordre après d'aller chercher le père Léon, carme, et le curé de Saint-Eustache, pour apporter les saintes huiles. Pendant cette dernière cérémonie, le curé lui ayant proposé d'omettre certaines circonstances pour une personne de sa sorte, Son Éminence pria qu'on le traitât comme le commun des chrétiens. Après l'énumération des principaux articles de foi, le curé lui ayant demandé s'il les croyoit, il repartit : « Absolument, et plût à Dieu avoir mille vies pour les » donner pour la foi et pour l'Église! » A la demande s'il pardonnoit à tous ceux qui l'avoient offensé : « de tout mon cœur, dit-il, comme je prie Dieu » qu'il me pardonne. » Le curé pria ensuite Son Éminence de donner sa bénédiction à toute la célèbre compagnie : « Hélas, dit le cardinal, je n'en » suis pas digne; mais, puisque vous me le commandez, je la recevrai de » vous pour la leur donner, priant l'esprit de Jésus-Christ de leur donner » celui de piété et de crainte. »

Ainsi mourait Herman Du Plessis, cardinal-duc de Richelieu, plein de sérénité en face du cercueil, sans laisser échapper une parole qui pût donner à croire qu'en embrassant du regard sa vie politique, si inexorable, il trouvât un sujet de remords dans le souvenir de tant de supplices qu'il croyait sans doute mérités, mais aussi plein de soumission pour l'Église, réclamant tous ses secours, et soumettant à tous ses dogmes son esprit si fier et si impérieux. Cette confiance et cette sécurité du cardinal, à son heure suprême, se peignent dans cette parole qu'il proféra en voyant entrer le prêtre qui lui portait le saint viatique : « Voilà mon Seigneur et mon » Dieu, s'écria-t-il; je proteste devant lui que, dans tout ce que j'ai entre- » pris, je n'ai jamais eu en vue que le bien de la religion et celui de l'État. » Cette vie superbe et inflexible allait se perdre dans une mort où respirait l'humilité chrétienne, et il y avait quelque chose de touchant et de profondément solennel dans cette fin toute religieuse et toute catholique d'un homme dont le génie, inflexible dans les affaires du monde, se montrait humble et docile à qui lui parlait au nom de Dieu. Parmi ceux qui assistèrent à cette fin, plusieurs demeurèrent frappés d'admiration à l'aspect de ce courage et de cette sécurité; d'autres s'en alarmèrent. Il leur semblait que, du haut de tant d'échafauds dressés, quelques remords auraient dû descendre dans le cœur du cardinal. Quelques inquiétudes de sa part sur les jugements de Dieu les auraient rassurés; sa sérénité leur fit peur.

Dans les longues années de sa puissance, le cardinal avait imprimé partout le sceau de sa pensée dictatoriale et de son énergique volonté. Il avait voulu appliquer l'unité dans le pays des idées par l'institution de l'Académie et par l'impulsion qu'il donna à la littérature, comme il l'appliqua dans les faits par la guerre intérieure qu'il déclara aux protestants, aux féodaux et aux parlementaires, et par la guerre extérieure qu'il livra à la maison d'Autriche sur tous les points de l'Europe. Homme du pouvoir absolu, il exagéra à l'intérieur cette tendance à l'unité. En ne laissant point de place aux libertés nécessaires, il prépara des orages aux siècles suivants. Le duc-ministre avait pris son époque, et, la raccourcissant jusqu'aux épaules, l'avait enfermée dans sa pensée comme dans une cage de fer : malheur à qui tentait de sortir de cette prison. Ce fut donc surtout au dehors qu'il fit de grandes choses, quoiqu'on puisse et qu'on doive lui reprocher de n'avoir pas été assez scrupuleux sur le choix des moyens, et d'être l'un des auteurs de cette politique matérialiste qui s'inquiète peu d'exciter les peuples contre les trônes et de provoquer l'oubli des grands principes, pourvu qu'elle nuise à ses adversaires; exemple donné par l'Espagne contre la France, et suivi par Richelieu contre l'Espagne et contre l'Angleterre. Quoi qu'il en soit, sa grande gloire sera d'avoir continué la politique de Henri IV, et de l'avoir léguée à Louis XIV par les mains de Mazarin. Le temps manqua à Henri IV pour délivrer la France de l'ascendant de l'Espagne, le génie à Louis XIII, la couronne à Richelieu. Louis XIV porta la pensée jusqu'au but, parce qu'il réunit ces trois conditions : le temps, la couronne, le génie.

Quant à l'ascendant que le cardinal-ministre exerça sur Louis XIII, on peut dire d'abord que c'était une force pour la maison de Bourbon, si récemment sortie de l'hérésie, que d'avoir pour ministre un cardinal. L'autre raison a été indiquée. Ce n'était pas, de la part du roi, entraînement du cœur, c'était conviction profonde qu'il y avait des choses à accomplir qui ne pouvaient être accomplies que par Richelieu. Cela parut bien par la courte oraison funèbre que le monarque consacra au cardinal : « Voilà, dit-il en » apprenant sa fin, un grand politique de moins. » C'était en effet cette qualité de grand politique qui avait été la source de son long et indestructible crédit. Le ministre avait sur son maître la puissance de la logique sur un esprit juste; logique inflexible et dure si l'on veut, car la logique n'a guère d'entrailles, mais logique invincible, qui convainquait l'esprit droit du monarque que les autres ne pouvaient réussir qu'à persuader. Quand on dit que Louis XIII sacrifia à un homme ses amis les plus chers, ses favoris, les princes de son sang, son frère, ses chastes favorites, sa femme et sa mère, on dit une chose très-fausse et très-injuste. Richelieu n'était pas un homme, c'était un système; le système de l'unité royale du pouvoir et de l'unité territoriale de la France. C'est à ce système que tout fut sacrifié. Le ministre fut plus fort que tout le monde, parce qu'il représenta jusqu'au bout des intérêts généraux contre des intérêts particuliers; plus fort que les favoris, les féodaux, les protestants, le duc d'Orléans et Marie de Médicis, parce qu'il fut plus national qu'eux tous; plus fort que le roi lui-même, parce qu'il se plaça dans l'intérêt du prince contre la défaveur de l'homme, et qu'il s'établit sur le terrain des intérêts permanents de l'institution royale, où la défaveur du monarque n'osa point le frapper. Quoi de plus? Richelieu fut l'homme de la royauté, et Louis XIII n'était que le roi. Terminons par les paroles de Montesquieu, dans son célèbre parallèle entre Louis XI et Richelieu : « Le ministre fit jouer à son monarque le second rôle dans la » monarchie et le premier en Europe ; il avilit le roi, mais il illustra le » règne. »

ALFRED NETTEMENT.

Dessiné par Jacquand — Impie Geny-Gros, rue du Plâtre, 28. Paris. — Gravé par A. Boilly

CALLOT

BIBL. NAT.

CALLOT

NÉ EN 1593, MORT EN 1635.

Il y a dans l'état d'artiste en général quelque chose de si séduisant, de si impérieusement attrayant, que tous les hommes recherchent ou ambitionnent jusqu'à l'apparence de cette position. Mais il est donné à bien peu de réaliser leur rêve, ou, pour mieux dire, bien peu naissent avec les qualités et les défauts qui constituent le véritable artiste.

Une nature exceptionnelle, un penchant plus ou moins décidé à l'exagération du bien comme du mal, une façon toute particulière d'exposer ses pensées, d'envisager celles des autres, une aptitude, une disposition enfin à tout poétiser, à tout revêtir de formes gracieuses et imaginaires, voilà ce qui frappe, ce qui séduit la multitude. Mais la multitude ne considère pas les déceptions sans nombre qui viennent assiéger l'homme à imagination sur le déclin de la vie, déceptions qui le minent, qui le déchirent, et qui lui font souvent envier le sort de l'être le plus matériellement organisé. La multitude ne considère pas qu'il n'est point d'artistes avec des cheveux blancs, parce qu'ils exploitent toujours leur jeunesse aux dépens d'un âge plus avancé. Sous ce rapport, Jacques Callot est un type bien remarquable; je ne sais rien de plus excentrique, de plus original que son existence.

Fils de Jean Callot, héraut d'armes de Lorraine, et de Renée Brunehault, fille de Jacques Brunehault, écuyer-médecin de Christine de Danemark, duchesse douairière de Lorraine, — petit-fils de Claude Callot, exempt des gardes-du-corps de son souverain, conservateur des titres et registres de la noblesse, et favori du grand-duc Charles III, — Jacques ne semblait pas, dit le père Husson, devoir grossir le catalogue des artistes de province. Ses ancêtres, qui, dès 1417, sous les derniers ducs de Bourgogne, avaient occupé des emplois considérables, lui avaient tracé une route plus glorieuse en apparence. Il possédait surtout un modèle parfait dans la vie de son quatrième aïeul, Louis Callot, surnommé *Liégeois*, secrétaire intime de Jean, duc de

Bourgogne, et l'un des plus vaillants hommes d'une époque où il y avait vraiment du mérite à avoir du courage.

Porte d'azur à cinq étoiles d'or péries et posées en sautoir; pour cimier, un destrochère revêtu, componé d'or et d'azur, tenant une hache d'armes : le tout porté et soutenu d'un armet morné d'argent, couvert d'un lambrequin aux métail et couleur de l'écu : telles étaient les armes de cet aïeul et celles, par conséquent, de sa maison, qui reçut un nouvel éclat de la faveur accordée par le grand-duc Charles à Claude Callot, et du mariage de celui-ci avec une demoiselle de Fricourt, native de Gondrecourt, parente, du côté de sa mère, à la pucelle d'Orléans.

Mais tous ces antécédents n'imposèrent point à Jacques, dont la destinée était de répandre sur le nom de ses pères une gloire qu'ils n'avaient point ambitionnée, et qui accomplit cette destinée malgré l'opiniâtre opposition de ceux-là même qui auraient dû lui en faciliter les moyens.

Sa patrie fut la ville de Nancy, capitale de la Lorraine, où il vit le jour en 1593.

Ce mot de patrie peut sembler impropre pour désigner le pays d'un personnage aussi indépendant que Callot, d'un personnage qu'on sait n'avoir jamais eu que ses caprices pour règle de conduite, qui fut toujours inspiré d'une manière extravagante ou bizarre, et qui eut besoin d'un monde à lui pour exercer son imagination. Mais quand, plus tard, nous citerons l'acte capital de dévouement qui honora son caractère, alors l'incurie et l'insouciance du peintre ne paraîtront plus incompatibles avec ses devoirs de fidèle et loyal sujet, et on nous saura gré d'avoir fait ressortir que le seul côté par où Callot ait ressemblé aux autres hommes se trouve être leur côté le plus estimable.

Dans ce temps-là, la Lorraine ne faisait point encore partie de la France. C'était une de ces provinces gouvernées par des princes particuliers, tantôt amis, tantôt ennemis de leur suzerain, mais toujours prêts à se remuer lorsqu'il s'agissait de conquérir un privilége ou de miner une puissance plus forte que la leur : — princes arrogants et superbes, que Louis XI avait déjà considérablement affaiblis, et que Richelieu devait enfin renverser tout à fait. Les ducs de Lorraine s'étaient maintenus, tant par leurs propres forces que par une sage et habile politique; mais, en 1631, l'un d'eux ayant trempé imprudemment dans la conspiration de Monsieur, duc d'Orléans, contre Louis XIII et son ministre, celui-ci leur enleva le duché de Bar et la ville même de Nancy, et l'indépendance de ces petits despotes ne fut plus qu'illusoire.

Nancy a produit une foule d'hommes célèbres, et, entre autres, des peintres, des graveurs et des fondeurs du premier mérite. C'est surtout dans la gravure à l'eau-forte que Jacques Callot a excellé. Personne n'a possédé à un plus haut degré le talent de ramasser dans un petit espace une infinité de figures, et de représenter, avec moins de frais et travail, l'action, la démarche, le caractère de chaque individu ; personne, mieux que lui, n'a imprimé à l'ensemble de ses œuvres ce ton général, ce cachet constant d'originalité qui accuse toujours un talent supérieur, un talent qui ne se répète jamais. Callot n'a point eu de maître et n'a point fait d'élève. Il ne lui appartenait pas de copier les autres, et ses successeurs essayèrent vainement de l'imiter. Toutes ses productions sont reconnaissables en ce sens qu'elles n'ont point d'analogues dans leur espèce, et qu'elles forment une collection de gravures et de dessins à part. On ne lui attribue pas moins de seize cents pièces, dont la moins importante se recommande autant par la finesse de la pensée que par la correction et l'esprit du plus mince détail. Mais, quoiqu'elles décèlent toutes une main exercée, une touche parfaite, quoiqu'elles comblent, pour ainsi dire, une lacune dans les fastes de la gravure, on ne peut cependant pas accorder à leur auteur la gloire d'avoir perfectionné cette science. Le graveur lorrain avait une mission plus honorable à remplir, celle de créer un genre nouveau, inconnu avant lui, et de porter ce genre jusqu'à la perfection. A d'autres l'avantage de servir d'intermédiaire et de chaînon entre l'enfance d'un art et l'époque de sa maturité ; à Jacques Callot l'honneur de produire d'un seul jet des ouvrages complets, des modèles uniques. Avant de parler de ses travaux les plus importants, nous allons passer en revue quelques-unes de ses pochades, quelques-uns de ses personnages drôlatiques, qui seront également recherchés et admirés tant qu'il existera des hommes de goût, des connaisseurs et des artistes.

Quoi de plus moqueur en effet que *Trastullo* aux pieds de la *signora Lucia ;* quoi de plus ingénieusement grotesque que *Scapino* discourant avec le *capitaine Zerbino*, que *Francischina* et *Fricasso*, que *Franca-Trippa* et *Fritellino*, et une foule d'autres sujets toujours singuliers, toujours comiques et toujours variés, sujets dont la simplicité d'exécution, jointe à une intelligence intime du dessin, fait autant de créations remarquables? Il est impossible de contempler sans rire les postures bouffonnes, les figures et les accoutrements fantasques de toutes ces petites compositions d'après lesquelles Hoffmann semble s'être inspiré dans son livre intitulé *Fantaisies à la manière de Callot ;* mais, en même temps, on ne peut se défendre d'un certain mouvement de réflexion ; car, au milieu de tout cela, au travers de toutes ces lignes tronquées, de tous ces contours heurtés, il existe quelque chose de sardonique qui fait penser et qui remue, quelque chose de diabolique et de profondément sarcastique qui inspire presque de la terreur.

On reconnaît en général à Jacques Callot une prodigieuse facilité, une manière neuve et toute personnelle de voir les choses et de les rendre, un grand bonheur enfin dans le choix de ses études, dans l'ordonnance de ses tableaux ; mais ce qu'on ne lui reconnaît pas suffisamment, c'est le naturel avec lequel il habille des idées fantastiques, c'est en même temps la malignité qu'il communique à des formes et à des masques grossiers. Rare mélange de naïveté et d'impudence, de gravité et d'ironie, qui accuse avant tout, chez lui, un caractère frondeur et satirique. Or, le seul homme qu'une pareille philosophie ait animé, et qui l'exploita dans un genre différent, le seul homme qu'une vive sympathie eût rapproché de l'objet de ses louanges, s'il eût vécu dans le même siècle, Hoffmann s'exprime ainsi à l'égard de Callot :

« Pourquoi ne puis-je me rassasier de la vue de tes ouvrages bizarres et » fantastiques, ô toi, maître sublime? — Pourquoi toutes tes figures, dont » souvent un seul trait hardi suffit à marquer les contours, restent-elles si » bien gravées dans mon esprit? — Si je contemple long-temps tes compo- » sitions si riches, quoique formées des éléments, les plus hétérogènes, je » vois s'animer peu à peu leurs mille et mille figures, et celles même qu'on » distinguait d'abord à peine sur les fonds les plus éloignés se développent » et s'avancent, pour ainsi dire, colorées des tons les plus vigoureux et les » plus naturels. . . . .

. . . .

» Je sais, continue l'écrivain allemand, que des critiques scrupuleux lui » ont reproché une disposition fautive de la lumière; mais aussi ne s'est-il » pas créé un art qui dépasse les règles de la peinture, ou plutôt ses des- » sins sont-ils autre chose que les magiques reflets des apparitions mer- » veilleuses qu'évoquait son ardente imagination? Car, même dans les » scènes qu'il a empruntées à la vie commune, dans ses cortéges, dans ses » batailles, c'est un caractère plein d'animation et tout particulier qui donne » à ses groupes, à ses personnages, je ne sais quel aspect humain et sur- » naturel à la fois. . . . .

» L'ironie qui met en conflit l'homme et la brute, pour tourner en déri- » sion les habitudes et les façons mesquines de l'homme, est le symptôme » d'un esprit profond; et c'est ainsi que les figures grotesques de Callot, à » moitié humaines, à moitié bestiales, dévoilent à l'observateur judicieux » et pénétrant toute la secrète morale qui se cache sous le masque de la » scurrilité. Combien, sous ce rapport, n'y a-t-il pas d'invention dans le » diable de *la Tentation de saint Antoine,* dont le nez, transformé en ar- » quebuse, se dirige menaçant contre le saint ermite? Le joyeux diable ar- » tificier, et l'autre qui joue de la clarinette en se servant d'un organe tout » particulier pour souffler dans son instrument, ne sont pas moins diver- » tissans[1]. »

Après cette Tentation de saint Antoine, qui doit paraître en première ligne parmi les caricatures du célèbre graveur, vient une série de petites

[1] Traduction de M. Henry Egmont.

scènes de la vie ordinaire, moitié sérieuses, moitié plaisantes, et qu'on pourrait classer ici comme les idées de transition entre ses sujets ironiques et ses compositions sévères. Ce n'est plus la moquerie de l'esprit fort qui distingue les tableaux de la grande et de la petite foire de Florence, des gueux contrefaits, de la grande rue ou de la carrière et du parterre de Nancy; c'est la bonne et douce gaieté du philosophe, c'est la tolérance et la gravité du penseur. J'aime encore, dans le même genre, et comme preuve de l'immense savoir-faire de Jacques Callot, *le Pont-Neuf, le Carrousel, l'Éventail,* tous cadres de petite dimension, qui donnent aussi bien la mesure de son génie. Mais, ce que nous choisirions sans hésiter, si l'on mettait toutes ces gravures à notre portée, ce serait *la Danse de Paysans* dirigée par des musiciens de campagne perchés sur les arbres comme des oiseaux. Dans cette dernière, il y a de l'esprit pour tout le monde, et, à ce titre, on nous pardonnera sans doute notre prédilection.

Maintenant, si nous abordons les grands ouvrages de Callot, les ouvrages qui ont élevé sa réputation à la hauteur de celle des plus habiles peintres, nous ne trouverons pas plus de verve ni d'imagination que dans les précédents; mais, en raison de la difficulté vaincue, en raison de la conscience qu'il apporte dans l'exposition de la vérité, une fois qu'il sait l'avoir trouvée, en raison principalement de la franchise et de la netteté des traits, là où tout autre n'aurait mis que du désordre et de la confusion, nous nous rangerons du côté de l'opinion générale, et nous proclamerons *les Supplices, les Malheurs et les Misères de la Guerre, la Grande et la Petite Passion, le Massacre des Innocents*, etc., etc., comme autant de chefs-d'œuvre incomparables. Car il est difficile de rendre, avec les ressources bornées de la gravure, des effets dans lesquels la peinture, dont le domaine est bien plus étendu, réussit rarement. Il en existe même qu'il ne lui est pas possible de produire. En pareil cas, l'artiste lorrain sut, par un effort de volonté, remplacer ces effets au moyen d'effets nouveaux, entièrement inconnus, et il fit oublier la pauvreté de son art par la fécondité de son génie. Regrettera-t-on qu'il ne se soit pas armé de pinceaux, et qu'à l'exemple des maîtres renommés qui illustrèrent le seizième siècle, il n'ait point parcouru la carrière plus vaste du chevalet? Assurément il se fût aussi rendu célèbre; mais son nom, prononcé à la suite de beaucoup d'autres noms, eût été perdu dans la foule, tandis qu'il se présente toujours unique, et que la même somme d'honneur à laquelle il eût seulement participé lui revient ainsi sans partage.

Callot a peint néanmoins, et nous devons dire qu'il était loin d'être ignorant dans l'art de broyer les couleurs. N'est-ce pas plutôt à ses diverses tentatives qu'on doit attribuer l'abandon complet qu'il fit de la palette? Impatient et curieux par nature, il lui tardait trop de voir au grand jour les situations qu'il arrangeait dans sa tête, et la lenteur du pinceau convenait peu à la vivacité de ses idées. Il trouvait plus agréable et plus satisfaisant de les jeter d'un seul trait sur une planche, que de les traduire une à une sur la toile.

Comme œuvre de patience, il nous a laissé quelques portraits gravés au burin, parmi lesquels on remarque celui d'un certain Claude de Ruet, peintre fort obscur, mais protégé du duc de Lorraine. Au bas de ce portrait, Callot écrivit des vers de sa façon en manière de louange, et se vengea ainsi des entraves que de Ruet, jaloux de son talent, n'avait cessé de lui susciter. Il en agit de même, dans une autre occasion, à l'égard du fils de cet homme, dont il eut encore à se plaindre, et ramena enfin à de meilleurs sentiments le seul ennemi qu'il ait jamais compté.

Callot n'a jamais eu la prétention d'être poète; mais ses vers, que nous rapportons, prouvent qu'il ne dédaignait pas l'étude des belles-lettres, et contiennent en outre la preuve irrécusable de son excellent cœur :

A Claude de Ruet, écuyer, chevalier de l'ordre de Portugal, son fidèle ami Jacques Callot. Fait à Nancy, 1632.

Ce fameux créateur de tant de beaux visages
S'étoit assez tiré dans ses rares ouvrages,
Où la nature et l'art admirent leurs efforts.
Il tenoit le dessus du temps et de l'envie;
Et lui, de qui les mains ressuscitent les morts,
Pouvoit bien par soi-même éterniser la vie :
Mais quand il eût fallu laisser quelqu'autre marque,
Qui, malgré les rigueurs du sort et de la Parque,
Le montre tout entier à la postérité,
Son huile et ses couleurs, pour le faire revivre,
Au goût des mieux sensés auroit toujours été
Un charme plus puissant que l'eau-forte et le cuivre.

Ce de Ruet, dont aucun ouvrage ne justifie la réputation, et qui en doit, sans aucun doute, la plus grande partie à sa liaison avec Callot, eut encore le bonheur de gagner les bonnes grâces de Louis XIII et de recevoir des mains d'un roi une esquisse tracée à sa ressemblance avec cette inscription :

On sait à quelle gloire Apelle osa prétendre
Par ce fameux portrait que laissa d'Alexandre
Son pinceau dans la Grèce autrefois adoré.
Quoi qu'on en ait écrit, je prise davantage
Cet illustre crayon où, par un rare ouvrage,
Des mains d'un Alexandre un Apelle est tiré.

Ludovicus XIII, Francorum rex christianissimus, manu suâ fecit, 11 *julii* 1634.

En 1628, la grande célébrité de Jacques Callot le fit appeler à Paris, où le cardinal de Richelieu employa tout son crédit pour le retenir. Il lui donna à graver le siége de La Rochelle et l'attaque de l'île de Ré; sujets variés et difficiles, qui furent tous deux traités avec une rare habileté. On vint ensuite lui commander la prise de Nancy, et c'est en cette circonstance qu'il montra ce magnifique désintéressement, si rare dans tous les temps et si digne d'être exalté. Il dit à l'envoyé du ministre, qui lui offrait de l'argent pour perpétuer le souvenir des malheurs de sa ville natale : « J'aimerais mieux » me laisser couper le pouce, plutôt que de faire quelque chose de contraire » à l'honneur de mon prince ou de ma patrie. » Louis XIII voulut assurer à Callot une pension de trois mille livres, et chercha, par d'autres moyens aussi séduisants, à l'attacher à son service; il refusa les présents et les bienfaits du roi de France et reprit la route de Nancy.

Le duc Henri, pour qui il avait tout repoussé, sut reconnaître la généreuse conduite de son fidèle sujet en lui assurant une existence aisée et en payant d'avance le produit de ses veilles. C'est alors que Callot entreprit et acheva la généalogie de la royale maison de Lorraine, vingt-une estampes en trois grandes feuilles d'aigle, extrêmement rares; le nobiliaire de Lorraine, contenant cent cinquante-six armoiries des principales familles de cette province, et plusieurs autres travaux qui exigèrent une application excessive et une attention des plus soutenues.

Le nobiliaire fut, dit-on, son dernier ouvrage. L'ayant terminé peu de jours avant sa mort, il en donna une épreuve à Marivin, commissaire-général des guerres, envoyé de Louis XIII, et cette épreuve, à présent dans la bibliothèque de Lyon, manuscrit n° 867, passe pour être unique, les cuivres en ayant été pillés et détruits presque simultanément.

Jacques Callot succomba, jeune encore, à la fatigue et à la peine. L'amour du travail, qu'il portait au plus haut degré, lui fit commettre des excès qui ruinèrent sa santé et abrégèrent sa vie; bien différent en cela du commun des artistes, qui se font un mérite de leur penchant à la paresse, au *far-niente*, et qui périssent souvent pour lui avoir trop sacrifié.

Outre les nombreuses productions dont nous n'avons accusé que les principales, l'habile graveur nous a laissé une collection très-curieuse de dessins, auxquels il travaillait dans ses moments de loisir et le plus ordinairement pour se refaire d'une accablante lassitude, celle de l'esprit. On trouve la description de ces dessins et de toutes les compositions de Callot dans le catalogue des estampes de M. de Lorangère, par Gersaint, (Paris, 1744, in-12). Nous nous contenterons d'en citer quelques-uns, comme dernière preuve de l'exubérante imagination du maître et de son aptitude à en tirer parti :

Ainsi, la Vie de la vierge Marie, mère de Dieu, représentée par des figures emblématiques, et expliquée par des vers latins et français, quatorze pièces;

Les Monnaies de l'empire, en argent et en or, avec d'autres monnaies d'Angleterre, des Pays-Bas et d'Italie, dessinées d'après les originaux, avec leurs revers, cent six pièces;

La Lumière du cloître, gravée en 1646, in-4°, les Images de tous les Saints et Saintes de l'année, suivant l'ordre du martyrologe romain, quatre cent soixante-seize morceaux gravés sur cent dix-neuf planches, en 1636, juste un an après la mort de l'auteur.

On se lasserait à faire la nomenclature de tout ce qu'a produit Callot; et si l'on voulait accorder à chacune de ses productions la somme de louanges qu'elle mérite, on aurait épuisé toutes les phrases laudatives, toutes les formules d'admiration de la langue française, avant d'avoir satisfait à cette exigence. Nous renverrons ceux de nos lecteurs qui ne se contenteraient pas des détails renfermés dans une simple notice, et qui voudraient une appréciation du sujet dans un cadre plus étendu, nous les renverrons, dis-je, au livre du P. Husson, cordelier, imprimé à Bruxelles, 1766, in-8°, sous le titre d'*Éloge historique de Callot*, et nous terminerons l'exposition de la vie publique du célèbre Lorrain en réclamant pour lui l'honneur d'avoir importé en France le *vernis dur des luthiers* et de s'être servi le premier de cette composition, employée depuis avec tant de succès. Les Italiens l'avaient déjà désignée sous le nom de *vernice grosso de'legnajuoli*.

Pour ce qui regarde la vie privée de Jacques Callot, elle fut, comme nous l'avons dit en commençant, des plus excentriques et des plus originales, surtout à l'époque de ses premières années. Dès l'âge de douze ans, en effet, on le voit fuir de Nancy pour se soustraire à la violence de sa famille, qui voulait le forcer à prendre un état; on le voit, privé de tout moyen d'existence, errer quelque temps avec des gens sans aveu, puis conduit par sa bonne étoile au milieu d'une troupe de Bohémiens qui le mènent à Florence, où il est enfin recueilli par un officier du grand-duc Côme II.

La passion de l'enfant pour le dessin est son seul titre à l'intérêt qu'il excite. Cette passion, dénoncée bien avant qu'il sortît de la maison paternelle, prit une sorte de direction durant son voyage; et c'est au commerce journalier des Bohémiens, dont il partageait l'existence, que leur commensal en fut redevable. Le spectacle continuel des drôleries qu'il eut sous les yeux, dans un temps de la jeunesse où l'on est accessible aux impressions de tous genres, et les scènes d'intérieur de sa nouvelle famille, dont les mœurs particulières différaient tellement des mœurs des autres, favorisèrent la vocation de Callot, tout en lui prescrivant des limites. Ainsi le personnage qui s'aperçut le premier de son goût prononcé pour l'art eût également prédit le genre exceptionnel qu'il choisirait, et l'avenir n'aurait point démenti cet horoscope; car, malgré les beaux succès du graveur dans le style noble et élevé, son véritable penchant l'a porté toute sa vie à exploiter d'anciens et fidèles souvenirs.

Il fut placé par son protecteur chez Cantagallina, pour y prendre connaissance des premiers éléments du dessin et pour se préparer, par la vue et l'étude de la grande peinture, à voler plus tard de ses propres ailes; mais, ayant goûté largement de la liberté, il ne lui convenait guère de se tenir tranquille dans une ville, et encore moins de travailler dans un atelier après avoir fait ses débuts sur les grands chemins. Il quitta donc Florence pour se rendre à Rome, aussi insouciant de sa personne que les saltimbanques nomades à qui il devait une partie de son éducation. Peut-être dans cette dernière ville le jeune fugitif eût-il rencontré un autre protecteur; peut-être eût-il trouvé dans la patrie des arts quelque Mécène plus généreux ou plus digne de lui; mais il devait en arriver autrement, et ce déplacement, par lequel son ardeur aurait pu être le mieux récompensée, lui fut très-préjudiciable. Des marchands lorrains, venus à Rome dans l'intérêt de leur commerce, reconnurent un jour leur compatriote, assis par terre dans l'église de Saint-Pierre et crayonnant sur une mauvaise feuille de papier la copie d'un tableau de Michel-Ange. Ils l'accostèrent, le conduisirent avec eux à l'hôtellerie qu'ils occupaient, et, moitié de gré, moitié de force, le décidèrent à les suivre en Lorraine.

Grande fut la joie de la famille lorsque Jacques se présenta pour prendre place à son foyer. On le reçut avec une cordialité vraiment touchante, avec une franchise qui eût produit un effet heureux sur l'esprit du réfractaire, sans la fermeté, ou, pour mieux dire, sans l'entêtement d'une volonté supérieure. Habitué par sa profession de héraut d'armes à considérer la discipline et la soumission comme les deux seules choses respectables au monde, le vieux père de Callot voulait surtout inculquer ses principes dans le cœur de ses enfants. Ayant donc témoigné ouvertement que Jacques ne ferait point métier de dessiner, il dédaigna de tenir compte des précédents qui parlaient en sa faveur, et persista à lui interdire le travail de son goût. L'artiste eut encore recours au moyen déjà employé, sinon avec une entière satisfaction, du moins avec quelque efficacité; il usa de la faculté qui reste toujours au faible pour se soustraire à la persécution du fort; il partit de nouveau furtivement, et ne revint, cette fois, que pour prendre le consentement refusé si long-temps aux sollicitations de la raison, et qu'on n'accordait plus alors qu'à la force des choses.

Callot, retrouvé à Turin par son frère aîné envoyé à sa recherche, hésita beaucoup à l'accompagner, malgré l'assurance réitérée qu'il ne trouverait plus d'opposition dans sa famille, et qu'il pourrait désormais s'adonner librement à la peinture. Il avait à cette époque-là quatorze ans, et le désir de subvenir à certaines dépenses inséparables de sa qualité d'écolier, bien plus que la nécessité de manger et de se vêtir, le ramena; mais il ne parut à Nancy que pour faire les préparatifs de son grand voyage d'Italie.

Jamais les portes d'une ville ne s'étaient ouvertes pour laisser passer un homme plus heureux que Jacques Callot, lorsqu'après avoir dit adieu à ses parents et à ses amis, il lui fut permis de savourer, sans distraction, l'air bienfaisant de la liberté. Jamais, non plus, aucun voyageur indépendant n'eut à courir la campagne mieux déchargé que lui de toute préoccupation pénible; car, s'il avait joui du bonheur de contempler la nature quand il était pauvre et vagabond, combien ne devait-il pas être accessible aux mêmes émotions, alors qu'il possédait de l'argent et qu'il pouvait avouer un état! Aussi, est-ce à cet instant de sa vie que l'on attribue plusieurs esquisses de scènes champêtres, éblouissantes de gaieté et de naturel, et supérieures aux grandes gravures qu'il fit dans la suite sur de semblables sujets, quoique celles-ci eussent plus de mérite sous d'autres rapports.

Henri II venait de succéder au grand-duc Charles, et Callot se mit à la suite de l'envoyé qui devait faire part de cet événement au pape Paul V. C'est donc à Rome qu'il se rendait directement, à Rome objet avéré de tant de pèlerinages, et du sein de laquelle on l'avait pour ainsi dire enlevé sans lui donner le temps de mesurer ses richesses. Or, il allait parcourir à son aise le plus beau musée du monde; il allait repaître sa vue des plus beaux chefs-d'œuvre connus, pratiquer et apprendre sous leur inspiration. Son projet était aussi de fréquenter les écoles et de recevoir les conseils des grands maîtres qui les dirigeaient; mais il n'avait pas, pour réaliser ce projet, les mêmes dispositions qui faisaient pour lui des besoins de tout ce qu'il avait une fois résolu. On aurait compté les jours où il se rendit à l'atelier de Jules Parigi, durant les années qu'il habita Rome, les jours où il écouta Philippe Thomassin, dont il avait, dans son premier élan, recherché les leçons. Cela tenait à son caractère ardent, qui ne lui permettait pas plus de s'astreindre aux règles de l'enseignement ordinaire que de se soumettre aux routines de la vie. Et puis nous dirons encore que la manière de Callot ne pouvait pas être apprise, que cette manière tout exceptionnelle d'imaginer et de faire lui fut donnée comme par révélation et qu'il fut loin de la chercher.

Cependant il eut l'idée de revoir Florence, comme il commençait à être avantageusement connu. Un grain d'orgueil, bien pardonnable, lui fit reprendre la route de la ville où il s'était montré naguère privé d'habits et dans le plus complet dénûment, de cette ville où il lui était d'ailleurs réservé d'occuper un poste honorable.

L'officier de Côme II qui avait déjà témoigné de l'intérêt à Callot malheureux et abandonné ne put le voir dans l'abondance sans un plaisir infini; il s'empressa de le présenter à son maître, et ce prince, qui aimait les arts en véritable Médicis, et qui aurait voulu s'attacher tout ce que l'Europe possédait d'hommes distingués, accueillit le graveur français avec empressement, et lui accorda son amitié.

Dès ce moment commença pour Callot une ère nouvelle. Séduit par les douceurs de la cour florentine, et jaloux surtout de prouver au duc, qui avait su l'apprécier, toute l'étendue de sa reconnaissance, il ne songea plus qu'à répondre par de nobles procédés aux procédés généreux dont il était l'objet. Ami fidèle et dévoué, dans la même place où d'autres étaient devenus courtisans habiles, c'est à plus d'un titre que Callot mérita l'estime de chacun. Il serait peut-être mort à Florence, si Côme II, qui le précéda dans la tombe, ne l'eût ainsi abandonné le premier. Callot en avait reçu une marque de distinction, alors fort recherchée, consistant dans une médaille que l'on portait suspendue à une chaînette.

Jacques Callot retourna en Lorraine vers l'an 1620, s'y maria avec Catherine Kuttinger, fille d'une noble famille de Marsal, et ne quitta plus son pays que pour satisfaire un caprice de Louis XIII. Son séjour à Paris fut de courte durée, et il s'empressa de venir consacrer à son protecteur naturel le peu d'années qui lui restaient à vivre. Sa santé, affaiblie de jour en jour par une maladie d'estomac qui ne lui permettait plus de digérer aucun aliment, ne devait pas résister long-temps aux fatigues d'une vie laborieuse : Callot mourut à Nancy, en 1635, à peine âgé de quarante-trois ans, et sans laisser de postérité.

Il avait une place réservée dans le tombeau de ses pères, au cloître des Cordeliers : on l'y déposa solennellement en présence de ses parents, de ses amis, et de tout ce qu'il comptait d'admirateurs parmi ses compatriotes. Pendant plus de cent ans, les étrangers purent visiter ce tombeau, et contempler ses riches ornements dus à la munificence publique.

On distinguait surtout un très-beau portrait du maître, le seul qui ait jamais été fait d'après nature, et celui sans doute que Michel Lasne a voulu reproduire en gravure. Il porte au cou, passée en grand-cordon, la chaînette que Callot reçut à Florence des mains du grand-duc Côme II, et, pendue à cette chaînette, la médaille qui complétait sa décoration.

Le 5 mai 1751, une des ailes de la maison claustrale sous laquelle se trouvait la sépulture de Jacques, tombant de vétusté, enterra sous ses décombres le mausolée que les Lorrains étaient fiers de posséder, et qu'ils eussent voulu alors conserver à tout prix. Huit religieux périrent dans cette catastrophe; on retrouva leurs cadavres mutilés; mais les dépouilles précieuses, ensevelies avec eux sous les ruines, furent complétement dispersées. Plus tard, quelques personnes dévouées essayèrent de reconstruire le monument détruit avec les débris épars qu'on était parvenu à réunir; elles durent toutefois renoncer à cette entreprise, car les matériaux recueillis étaient insuffisants, et leur vœu avait été de ne point employer de pierres étrangères.

Jacques Callot, privé désormais de sépulture, ne fut pas moins l'objet de la vénération de ses concitoyens. Pour effacer sa mémoire, il eût fallu plus que le renversement d'un morceau de marbre, il eût fallu la destruction de quiconque porte un cœur lorrain, un cœur français.

JULES AMIC.

Dessiné par Dev... *Gravé par Nargeot.*

BALZAC.

BIBL.

BALZAC

NÉ EN 1594, MORT EN 1654.

Louis XIII était passé, depuis peu d'années, de la tutelle de sa mère sous une tutelle plus commode et moins légitime. Son inexpérience et la futilité de ses goûts le livraient aveuglément aux conseils du jeune Albert de Luynes, favori sans mérite, qui ne sut voir qu'un moyen de fortune dans l'ascendant qu'il s'était acquis sur l'esprit du roi. Marie de Médicis, qu'ils avaient reléguée à Blois, s'y consumait en vaines intrigues pour ressaisir une autorité qui ne devait plus lui revenir. La cour, la ville, les princes, l'armée, se trouvaient divisés entre le parti du roi et celui de la reine-mère. A travers les cabales, les négociations, les exils, les duels, les guerres civiles et les raccommodements, l'esprit français se faisait jour à peine par quelques saillies populaires : au-dessus de l'appartement qu'occupaient au Louvre le favori et ses deux frères, une main hardie avait écrit ces mots : *Ici logent les trois rois.* Mais, dans cette confusion générale, il y avait peu de place pour les paisibles jouissances de l'étude et les nobles travaux de l'intelligence. On en était réduit à admirer, comme types de l'éloquence moderne, quelques passages des harangues de Guillaume Duvair, qui du moins avait eu le mérite de sentir ce qui manquait à la langue, et peut-être ce qui lui manquait à lui-même pour *la dénouer*, ainsi qu'il disait; enfin, sans y rien gagner en noblesse ou en énergie, la langue d'Amyot et de Montaigne allait en se dépouillant chaque jour de cette allure naïve, de ces tours familiers qui avaient fait le charme de sa longue enfance.

Il y eut bruit alors dans Paris d'un jeune gentilhomme qui, sur des sujets de peu d'importance, se mettait à écrire des lettres d'un goût et d'un travail tout particuliers, soit pour le choix et l'arrangement des expressions, soit pour le tour et le mouvement des idées, soit même pour la forme et la netteté du caractère, car le jeune écrivain tenait beaucoup à ce que les yeux le pussent lire aisément. En supprimant de quelques-unes de ces lettres ce qui en faisait le motif ou le prétexte, on eût dit d'excellentes pages détachées d'un bon livre. Comme elles abondaient en politesses flatteuses, ceux qui les avaient reçues ne se faisaient faute de les répandre par des copies, que la curiosité publique multipliait à l'infini; les jeunes hommes et les vieillards, qui se disputaient ces feuilles volantes, s'accordaient à dire qu'ils n'avaient rien lu de semblable; de graves zélateurs des langues anciennes, qui gémissaient sur la désespérante infériorité de la nôtre, se réunissaient, afin de les lire en commun et de les commenter à loisir; et pour mettre le sceau à tant de suffrages, le poète Malherbe prophétisait sur le jeune écrivain, disant qu'il serait le *restaurateur de notre langue*. Or, ce jeune écrivain était Jean-Louis Guez de Balzac.

Il faut convenir que nous sommes bien revenus de cet enthousiasme. Il n'y a plus maintenant que les littérateurs qui lisent Balzac. Si, sur la foi de cette admiration surannée, quelque homme du monde entreprenait la lecture de ses lettres, qu'il ne s'attende pas à y trouver ce genre d'attrait qui fait qu'en ouvrant un volume de madame de Sévigné, on se sent tout de suite entraîné par l'étonnante mobilité de son imagination, ou captivé par les grâces piquantes d'un style qui n'est que sa conversation écrite par elle-même. Cette femme, d'un esprit tout à la fois si naturel et si cultivé, était accueillie à la cour de Louis XIV, dans les plus beaux jours du grand règne; sa vie se passait au milieu des personnages les plus illustres ou les plus spirituels de son temps; elle participait, autant que les bienséances de son sexe le lui permettaient, au mouvement général des affaires, et se laissait aller avec plus d'abandon au mouvement tout aussi animé d'une société pleine d'élégance et de politesse; toutes les impressions qu'elle recevait de ces diverses circonstances se reproduisaient sans effort dans ses lettres. Faut-il donc s'étonner qu'à l'aide de tant de secours, et surtout de ceux qu'elle tirait de son propre fonds, elle se soit placée au rang des peintres de mœurs et des historiens de son siècle, par les seules confidences de sa vie habituelle?

Avouons tout d'abord qu'en fait d'agrément, les lettres de Balzac ne peuvent offrir rien de semblable. Sans parler de la différence de sexe, de caractère et de talent qui existe entre les deux écrivains, le temps où vécut Balzac, moins encore que la vie qu'il mena, nous offre bien d'autres causes de différence. C'est donc un tout autre genre d'intérêt qu'il y faut chercher.

Naturellement grave, assujetti dès sa première jeunesse à des habitudes sérieuses, et lié depuis, par ses affections et ses travaux, avec des hommes qui ne l'étaient pas moins, Balzac porta dans presque toutes ses relations épistolaires les goûts d'un érudit, les scrupules d'un grammairien et la préoccupation d'un écrivain qui, mécontent de sa langue en l'état où il la trouve, s'applique à lui donner de la consistance et de l'harmonie, même dans l'expression des idées les plus simples, même dans un genre d'écrits qui ne doit offrir aucune trace de travail ou de gêne.

Il n'avait pas trente ans quand parut le premier recueil de ses lettres. Quelque prodigieux qu'en ait été le succès, soit en France, soit à l'étranger, s'il y eut jamais un temps où ses lettres furent proposées comme modèles, c'est qu'alors le goût et le jugement n'avaient encore fixé parmi nous aucune règle pour le genre épistolaire. On sent que ces règles ne peuvent être absolues, et qu'elles doivent varier à l'infini, suivant l'humeur et la position de celui qui écrit, suivant le caractère et l'importance de celui à qui l'on s'adresse, et, par-dessus tout, suivant la nature du sujet qu'on traite. Mais aussi, dans toutes les circonstances où l'amitié, la bienséance, la simple politesse, nous fait prendre la plume, le bon sens suffit pour indiquer que la première règle est d'être naturel, et Balzac l'est rarement. Ses lettres sentent le travail. On y voit trop souvent l'auteur, et l'auteur, en les écrivant, voyait le public. C'est presque toujours le même flux d'hyperboles et de métaphores. J'avoue qu'ébloui de toute cette rhétorique, et un peu fatigué de tant de périodes irréprochables, j'aspirais, en lisant son recueil, à trouver quelques lettres à ses métayers ou au concierge de son château de Balzac, espérant que là du moins il eût été naturel, et j'aurais donné de bon cœur une partie de sa correspondance *dorée*, comme il l'appelle, pour quelques-unes de ces lettres qui ne vont point à l'imprimeur, qui ne sont que pour celui ou celle à qui elles s'adressent, et où j'eusse pu rencontrer un peu de familiarité et d'abandon, dût-il être acheté par beaucoup de négligences.

Malgré ces défauts qu'il est facile de blâmer aujourd'hui, malgré le tort qu'il eut souvent de porter les pompes du style oratoire là où il n'eût fallu que du naturel et de l'aisance, Balzac était loin de se méprendre sur tout ce qu'il y avait de faux et d'emphatique dans la littérature de son temps. On sait ce qu'était alors (1631) la comédie en France. Pierre Corneille ne songeait pas encore à prendre aux Espagnols le sujet du *Menteur* : Molière n'était que le jeune Poquelin se jouant sous les piliers de la halle, et, en attendant qu'il grandît, la scène de Thalie demeurait livrée à d'ignobles bouffonneries et à d'insipides conversations. Témoin de cette triste enfance de l'art, Balzac anathématise toutes ces prétendues comédies qui ne lui montrent « que des hommes artificiels, des passions empruntées, des actions contraintes, et un monde qui n'est pas le nôtre. » Parlant ailleurs des orateurs de la Grèce, il s'élève de toute sa force contre l'éloquence hors de propos : « Périclès, dit-il, n'étoit pas toujours orateur. Il ne tonnoit pas devant le peuple, quand il n'étoit question que de faire nettoyer les rues de la ville, ou de relever un pan de muraille qui étoit tombé, ou de taxer la viande de la boucherie. » Comment Balzac, prenant la plume pour écrire à ses amis, pouvait-il oublier ce qui lui avait paru si raisonnable en théorie? Qu'a-t-il besoin, dans ses lettres, de citer Athènes et Rome, Aristote et Cicéron, la fable et l'histoire, à propos des plus petits incidents de la vie commune? A quoi bon, par exemple, faire étalage d'érudition mythologique pour remercier une de ses cousines « qui lui avoit envoyé un fromage? » Pourquoi, suivant l'expression de Montaigne, fait-il si souvent « de grands souliers pour de petits pieds? »

C'est qu'il avait vu avec la joie d'un père l'enthousiasme excité par cette nouveauté de paroles magnifiques qui coulaient à plein bord de sa plume, et qu'il faisait comme les nouveaux enrichis qui mettent de la dorure partout; c'est qu'une langue toute naïve ayant suffi jusqu'alors à l'expression des idées même les plus graves, le novateur habile qui entreprenait d'ennoblir cette langue courait le risque de lui faire dire pompeusement même les petites choses; c'est qu'enfin l'art de donner à notre prose de l'harmonie et du nombre ne datait que de lui, et que tous les arts ont commencé par l'exagération. Elle s'alliait, de son temps, au pédantisme, pour chasser le naturel de la conversation. On voit, dans Ménage, qu'il y avait alors des sociétés de beaux esprits, où chacun était tenu de « prendre garde à parler correctement, et à ne pas faire de fautes dans les entretiens d'assemblée, » ce qui ne pouvait manquer d'en bannir toute aisance. Un jour qu'il se trouvait, ainsi que Balzac, dans une de ces assemblées, celui-ci, ayant à l'entretenir en particulier, attendit que la réunion se fût séparée. Se trouvant enfin seul avec Ménage : « Puisqu'il ne reste plus que nous ici, lui dit-il en le prenant par la main, parlons librement et sans crainte de faire des solécismes. » Si ce purisme extravagant régnait dans la conversation, à plus forte raison dans les lettres, où la parole écrite a bien plus de portée[1]. Aussi l'exagération s'y prodiguait-elle jusque dans les formules finales, qui ne sont elles-mêmes que des exagérations convenues. C'est *avec passion* qu'on était le très-humble serviteur du subdélégué de province à qui l'on s'adressait pour être moins imposé à la taille. Je trouve même une lettre de Balzac à son ami Ménage, où il se dit *toujours amoureusement* son très-humble et très-obéissant serviteur. Il est vrai que de son côté Ménage lui écrivait que, « après avoir fermé la porte sur lui, il avoit donné de longs et avides baisers à une douzaine de lignes où Balzac rendoit témoignage de son mérite. » Puisqu'il était exposé à d'aussi tendres gracieusetés, il faut avouer qu'il ne pouvait pas moins dire, et que Ménage n'avait que ce qu'il s'était attiré par ses gentillesses. Tout ce cérémonial emphatique est bien loin de nos habitudes, et c'est à moins de frais qu'aujourd'hui l'on est poli, quand on prend la peine de l'être.

[1] Ce travers fut long-temps à s'effacer. Le P. Delarue a dit de Fléchier, en croyant faire son éloge : « Il ne sortoit rien de sa plume, de sa bouche, même en conversation, qui ne fût travaillé; ses lettres et ses moindres billets avoient du nombre et de l'art. »

N'ayons donc pas l'ingratitude de juger d'après nos goûts, nos usages, nos idées du moment, un écrivain né vers la fin du seizième siècle. Voudrions-nous le punir d'avoir été le premier qui ait donné une parure, un peu fastueuse, il est vrai, à cette langue dont nous nous servirions pour le condamner? Regrettons seulement qu'il ait cherché ailleurs que dans le génie même de notre langue le caractère de notre prose, et qu'il ait pour ainsi dire modelé la sienne sur les larges et symétriques périodes des prosateurs latins. Mais pouvait-il être donné de réussir en tout à celui qui arrivait le premier? Qu'on ne croie pas pourtant que sa renommée lui eût aussi longtemps survécu, s'il n'eût été qu'un savant metteur en œuvre de paroles harmonieuses. Les paroles, chez lui, couvrent souvent des idées très-justes, de très-ingénieuses observations; plus souvent elles lui servent à rendre des sentiments pleins d'élévation et de noblesse. Qu'une circonstance lui offre un motif réel de s'adresser à quelque personnage aussi considérable par son mérite que par sa position; qu'il ait à l'entretenir d'un sujet qui sorte des lieux communs et des compliments d'usage, vous verrez alors ses idées s'élever avec le personnage ou le sujet qui l'occupe; et, quand il écrit sous cette inspiration, vous serez tout aussi frappé du fond des choses que de l'heureux arrangement des mots. Je n'en citerai qu'un exemple, et, quoique la lettre m'ait paru courte, j'en laisserai de côté quelques phrases. Voici ce qu'il écrit au chancelier Séguier, qui venait de lui faire obtenir du roi la concession gratuite d'un vaste emplacement pour bâtir dans le faubourg Saint-Honoré, faveur qu'il n'avait pas demandée, et dont il ne profita point : « Monseigneur, toutes les mains qui servent l'État ne sont » point occupées à tuer des hommes, ni à remuer des machines. Il y en a » qu'on lève au ciel pour seconder celles qui combattent et pour demander » à Dieu la victoire; il y en a qui font des dépêches; quelques-unes dressent » des plans et tracent sur le papier ce qui se doit exécuter à la campagne; » quelques autres travaillent sans bruit pour l'honneur du prince et pour » l'édification de ses sujets. Je ne veux pas dire que les miennes aient été » si noblement occupées; je dis seulement que si être homme de bien et » bon citoyen est la première partie de la définition de bon orateur, on ne » me peut disputer légitimement la moitié de cette excellente qualité, et » qu'en tout cas l'abondance de la *passion* mérite qu'on excuse le défaut » de l'art. Je vois assez que vous êtes indulgent jusque-là. Vous aimez les » connoissances honnêtes, parce que vous avez découvert leurs plus secrètes » et leurs plus particulières beautés. Vous vous opposez au retour de » l'ignorance, parce que vous savez bien que si les François devenoient » barbares, votre vertu seroit mal louée par des orateurs et par des » poètes de Barbarie. Ce sera donc votre protection qui, pour l'honneur de » votre vertu, échauffera et encouragera les esprits de votre siècle, qui fera » naître les belles choses de tous côtés, qui rendra savante toute la France.

» Ce seront vos bienfaits, monseigneur, qui remettront en honneur des » personnes qu'on a autrefois appelées saintes, et que maintenant on nomme » inutiles. Mais, quoique je vous sois obligé de la nouvelle grâce qui m'a été » faite, ce ne sont pas pourtant vos bienfaits que je vous demande principa- » lement. Peu de choses suffisent à une âme qui a goûté de l'étude de la » sagesse; et, les nécessaires ne me manquant pas, je ne puis désirer d'autrui » que celles dont je me puis passer : je parle des faveurs et des largesses » de la fortune, car pour votre bienveillance et votre estime, je ne les mets » pas en ce nombre-là; ce sont parties essentielles de la félicité que je » cherche. » Cette lettre est excellente : tous les genres de bienséances y sont observés; la louange y est tempérée par un sentiment de dignité qui en relève le prix; et Balzac écrivait ainsi vingt ans avant *les Provinciales*.

Mais la république des lettres subissait les inconvénients de toute république : elle était, comme elle sera toujours, divisée en deux camps rivaux, s'ils ne sont ennemis. Dès qu'il s'élève un écrivain d'un ordre supérieur, on peut être sûr qu'il se trouve en même temps d'autres écrivains qui, ayant moins de talent ou n'en ayant pas du tout, prennent à tâche d'entraver son essor et de lui faire expier sa gloire. Balzac eut affaire, toute sa vie, à des antagonistes de cette espèce. On formerait une bibliothèque de ce qui fut imprimé contre lui. Les curieux qui tiennent à avoir de tout recherchent encore deux gros volumes du père Goulu, général des Feuillants, où les noms de *démoniaque*, d'*infâme*, de *sardanapale*, etc., lui sont prodigués, avec de grandes protestations de zèle pour le progrès de la langue. L'habitude finit par le rendre assez peu sensible à de pareilles invectives. Le chancelier Séguier ayant cru devoir supprimer un libelle qui le diffamait plus outrageusement encore, il lui écrit pour le prier de rendre ce livre à la circulation, prétendant que, en sa qualité de magistrat qui préside à la sûreté publique, il y est intéressé plus que personne, puisque les mains qui écrivent contre lui, Balzac, de pareilles faussetés, passeraient leur loisir à supposer des testaments ou à faire de la fausse monnaie, si on leur interdisait « un passe-temps qui lui semble le plus innocent où le vice se puisse exercer. » Mais, en même temps, fervent réparateur d'une langue plus exposée encore que lui-même aux outrages de ses ennemis, il en recommandait chaudement les intérêts à tous les amis des lettres. Il s'adressait de préférence à ceux qui se trouvaient en rapport avec la jeunesse. « Opposez- » vous, écrivait-il au père Dalmé, professeur de rhétorique, opposez-vous » fortement à la vicieuse imitation de quelques jeunes docteurs qui travail- » lent tant qu'ils peuvent au rétablissement de la barbarie. Leurs locutions » sont ou étrangères ou poétiques : s'il y a dans les mauvais livres un mot » pourri de vieillesse, ou monstrueux par sa nouveauté, une métaphore plus » effrontée que les autres, une expression insolente et téméraire, ils re- » cueillent ces ordures avec soin et s'en parent avec curiosité. Voilà une

» étrange maladie et de vilaines amours. » Cette lettre est du 3 avril 1643. Je me dépêche de le dire : on la croirait datée d'hier.

Ce ne furent pourtant pas ses détracteurs qui le déterminèrent au parti qu'il prit, très-jeune encore, de se confiner dans une retraite absolue; il s'y vit forcé par l'éclat importun de sa célébrité. Ses lettres étaient devenues une mode de l'époque. De tous les points de la France et de l'étranger, on lui écrivait sans autre but, la plupart du temps, que d'obtenir une réponse. Toutes ces réponses n'allaient pas à l'adresse des Ménage, des Saumaise, des Heinsius, des Gronovius, et des autres savants en *us* qui, comme il le dit, « consumaient leur vie à la recherche des mots, prenant les moyens pour la fin, et les chemins pour les villes. » La princesse mère du grand Condé, le chancelier Séguier, le surintendant des finances Davaux, le rigide Montausier, le maréchal de Grammont, les ducs de La Rochefoucauld, d'Épernon, et une foule d'autres personnes éminentes dans l'État, tenaient à honneur ou à vanité de recevoir une lettre de sa main. Les vivants n'étaient pas les seuls qui se mêlassent de troubler son repos. La mort avait-elle frappé quelque personnage d'un grand nom? les amis de la famille écrivaient à Balzac afin d'obtenir une réponse où, par quelques lignes éloquentes, la mémoire du défunt fût recommandée à la postérité. « C'est une moquerie, » disait-il à Boisrobert, « de n'avoir point d'affaires et d'écrire autant que douze banquiers. » Il vit enfin que, s'il ne se hâtait de fuir Paris, il allait y payer de la perte de sa santé le glorieux sobriquet de *grand Épistolier de France*, que l'Europe savante lui venait de décerner.

Aucune fonction ne le retenait. En quittant Paris, il n'avait qu'à rompre des relations plutôt d'agrément et de bienveillance que de devoir. Mais il se séparait aussi de quelques hommes studieux dont une heureuse conformité de goûts allait lui faire sentir la privation.

A son retour de Rome, où il avait résidé, à vingt ans, comme agent du cardinal de Lavalette, il était venu se placer sous le patronage du duc d'Épernon, à qui son père avait été attaché. Le duc d'Épernon était alors un des grands seigneurs de France qui imposaient le plus par la magnificence de sa vie et l'audace de ses entreprises. C'est sous ses auspices que Balzac parut un moment à la cour sombre et morose de Louis XIII. D'Épernon le présenta ensuite à la reine-mère, qui, quoique surveillée dans son exil, n'en tenait pas moins à Blois une petite cour assez remuante pour inquiéter parfois celle du Louvre. Cette princesse goûta son esprit, et lui-même prétend que, « pour peu qu'il eût voulut s'aider, » il ne tenait qu'à lui d'être nommé secrétaire de ses commandements. Mais le personnage dominant de la petite cour de Blois, et bientôt après de toute la France, était le cardinal de Richelieu, qu'un mouvement de dépit avait jeté passagèrement dans les intrigues de Marie de Médicis. Il n'était encore qu'évêque de Luçon et aumônier de la reine-mère; mais, comme il entrevoyait sa toute-puissance prochaine et en préparait les fondements, il fit quelques tentatives pour s'attacher un écrivain du mérite de Balzac. Il le combla de louanges et de promesses. Il parla même de lui faire avoir, « pour commencer, une abbaye de dix mille livres de rente. » Apparemment l'écrivain « ne voulut pas s'aider » non plus dans cette circonstance, car il n'obtint ou plutôt n'accepta que le titre d'historiographe, avec le brevet de conseiller d'État, qui était alors attaché à ce titre, et une pension de deux mille livres sur l'épargne, pension que bientôt après on oublia de payer. Un ambitieux eût pu être ébloui de ces premières faveurs; Balzac l'était si peu que, même en les acceptant, il les traite de « magnifiques bagatelles. »

Peut-être lui en coûtait-il davantage pour s'arracher aux sociétés du grand monde, où sa jeunesse et son esprit se trouvaient fêtés, et surtout aux réunions naissantes de ce fameux hôtel de Rambouillet, bizarre assemblage de prétentions de toutes sortes, où plus tard Molière allait trouver tant de ridicules à exploiter, où lui-même prit le goût des pointes et des hyperboles, mais où du moins il était sûr de rencontrer, comme habitués de la maison, le prince de Condé, le cardinal de Richelieu et Montausier, gens, comme on voit, d'assez haute renommée. Ce n'était pourtant pas encore là le motif de ses regrets. Ce qui l'affligeait véritablement, c'était de se séparer de quelques gens de lettres qu'il affectionnait. Ces amis particuliers, c'était Conrard, homme de mœurs douces et faciles, doué d'un goût naturel assez sûr pour bien juger des écrits de son temps, mais ayant l'esprit trop avisé pour se hasarder à en composer lui-même qui fussent livrés au jugement des autres; c'était Chapelain, personnage très-considérable alors, et suprême régulateur de la littérature, en attendant que Boileau vînt l'ensevelir sous les ruines de *la Pucelle;* c'était surtout Ménage, le puriste de l'époque, Ménage, qu'un savoir réel et laborieusement acquis ne put sauver de beaucoup de moqueries, mais qu'on ne saurait trop louer de la courageuse bonhomie avec laquelle il battit des mains aux *Précieuses ridicules.* Il nous semble, à la distance où nous sommes de ces temps et de ces hommes, qu'il n'y aurait eu à se défendre que de l'ennui dans une société pareille, et qu'il n'eût pas dû être si pénible de s'en éloigner; mais ces mêmes hommes, dont les noms ne s'offrent plus à nous qu'avec une idée de ridicule, avaient alors une importance et une autorité qui n'étaient pas tout à fait usurpées; et puisque Balzac, entouré des séductions de la cour et de la ville, éprouvait tant de peine à se séparer d'eux, il faut bien croire que leur commerce n'était ni sans douceur, ni sans utilité.

Quoi qu'il en soit, il dit un éternel adieu aux assujettissements d'une vie qui ne lui laissait ni repos ni loisir, et prit le parti d'aller vivre à sa guise, près d'Angoulême, au château de Balzac, ancien manoir de ses pères.

C'est lui qui nous apprend qu'il était loin de « s'entendre à l'agriculture, comme faisoit le vieux d'Andilly; » qu'il n'emmenait « pas de nymphe avec lui pour se désennuyer, comme le bonhomme Desyveteaux; » qu'il « n'aime point la chasse; » qu'il ne sait « jouer ni la prime, ni le hoc, ni le trictrac; » en un mot, qu'il n'a aucun des goûts, aucune des manies qui occupent ou amusent l'oisiveté de la vie de château. Que lui importe! il ne veut qu'être loin des importuns et du bruit de Paris; il ne cherche qu'à « se défaire de son malheureux métier de faiseur de lettres, » et le parti qu'il prend ne peut manquer de l'en délivrer. Le voilà donc enfin rendu à ses études pacifiques, qu'il va régler comme bon lui semble, et ce n'est pas sans quelque soulagement que l'imagination se le représente maintenant conversant avec ses livres, ou promenant ses chères rêveries sous les frais ombrages de son parc, sans lettres à écrire, sans fâcheux à recevoir, sans ennuyeux à visiter, libre enfin de son temps et maître absolu de ses loisirs. Vous croyez qu'il en est ainsi? détrompez-vous; jamais son repos ne fut troublé par plus d'importunités et de persécutions. Du moment où on le sait retiré à Balzac, tout ce que Paris renferme de fâcheux, tout ce que la France compte de désœuvrés et de glorieux, semblent s'être donné le mot pour exploiter à leur profit ce repos et ce loisir où on le suppose délicieusement plongé. Les courriers de Paris à Angoulême plient sous le poids des lettres à son adresse, et toutes ces lettres demandent, non pas des réponses promptes ou amicales, mais (c'est lui qui l'assure) « des réponses éloquentes, des réponses à être montrées, à être copiées, à être imprimées; » enfin il ne décachette pas une lettre qu'il n'y trouve une variante plus ou moins polie de l'éternel refrain des *Mille et une Nuits :* « Monsieur de Balzac, puisque vous êtes de loisir, répondez-nous par une de ces belles lettres *dorées*, que vous faites si bien. »

Dans les premiers temps, on le voit prendre son infortune en patience; il sent bien qu'il y a là de la persécution, mais il y voit aussi de la gloire, et il accepte la compensation. Cependant la mauvaise humeur et l'impatience ne tardent pas à se montrer, et il est curieux et triste d'en suivre le progrès dans ses lettres. Le mauvais état de sa santé, que peut-être il exagérait, lui sert d'abord auprès des indifférents pour justifier son silence ou son inexactitude. Quant à ceux qui méritent plus d'égards, il leur répond tantôt qu'il est « noyé de pituite ou accablé d'insomnies, » tantôt qu'il « attend le retour de son accès de fièvre; » il dit aux uns qu'il ne faut plus le considérer que « comme une partie paralytique de la commune société, » aux autres « qu'il n'est pas juste que les intervalles de ses maux soient pour autrui. » Il lui échappe souvent des aveux qui auraient dû mettre fin aux persécutions des importuns. « Ce n'est pas une petite affaire, écrit-il à l'un d'eux, que de parler et de n'avoir rien à dire, de manquer de choses et de remplir de mots une feuille de papier. » C'est pitié de le voir quelquefois réduit à se faire vieux et cacochyme, pour s'épargner le travail d'une lettre étudiée : n'ayant guère que cinquante ans, il écrit à

Heinsius le fils, qui apparemment attendait une réponse *éloquente* : « La force me manque.... Je perds pièce à pièce mon esprit.... Ce fameux lutteur, qui portoit tous les autres par terre, dans les exercices du parc, c'est ce pauvre paralytique qui est cloué à son lit. » Ce n'est pas là tout : outre ce déluge de lettres, il lui fallait donner au moins un reçu poli des paquets de « harangues, de panégyriques, de compliments en diverses langues, » qui lui arrivaient « de tous les points de la chrétienté : » les érudits « d'Angoulême, de Saint-Jean-d'Angely, de Pézénas, » lui soumettaient en *manuscrits* les doctes fruits de leurs veilles ; il était consulté « sur du latin de Vandalie et sur du françois de basse Bretagne ; » et, comme si ce n'eût pas été assez de tant de fléaux que les coches et la poste déchaînaient contre lui, il avait encore à défendre sa porte contre tous les visiteurs du voisinage et de la province, qui venaient l'accabler des hommages les plus ridicules. Il parle d'un de ses admirateurs angoumoisins qui l'aborda en protestant de « la vénération qu'il avoit toujours eue pour lui et pour messieurs ses livres. » On pense bien que les admirateurs qui lui arrivaient de Paris ne le réjouissaient pas davantage. Le comte de Lamothe-Fénelon l'ayant prévenu qu'il allait faire le voyage de Balzac uniquement « pour l'amour de lui, » Balzac, après avoir fait une peinture fort peu engageante « de son triste séjour et de sa mélancolique personne, » lui répond que « un homme de son humeur ne doit être aimé que chrétiennement, que c'est tout ce qu'on doit aux commandements de Dieu ; qu'on fait une action de trop de charité de désirer une aussi mauvaise compagnie ; qu'il peut bien être digne de la pitié des honnêtes gens, mais non pas de leur curiosité ; » et, comme s'il eût craint que cela ne suffît pas pour lui ôter l'envie d'arriver, il ajoute en finissant : « Pourquoi voulez-vous faire un voyage pour l'amour de moi, qui ne vous saurois être agréable une demi-heure ? »

Assailli de tant d'importunités, dont son état valétudinaire aurait dû le garantir, il ne trouva d'autre expédient pour s'y dérober que de faire des *retraites* dans les couvents du voisinage, particulièrement chez les capucins d'Angoulême, où il s'était fait bâtir deux chambres. Une fois là, il secouait ses chaînes, et, comme il ne mettait personne dans la confidence de ces lieux de refuge, il y disposait de son temps suivant son goût. Peut-être devons-nous à ces loisirs pris à la dérobée, les ouvrages qu'il écrivit dans la maturité de l'âge.

Au reste, toutes ces tribulations lui avaient été prédites par Descartes, qui, sur le bruit de sa retraite, lui écrivit pour le dissuader d'aller à Balzac et l'attirer à Amsterdam, où lui-même s'était réfugié. Parmi les inconvénients qu'il signalait, Descartes n'avait point oublié « cette quantité de petits voisins, de qui les visites lui seroient encore plus incommodes que celles qu'il recevoit à Paris. » Et toutefois, cette vie désolante qui mettait son repos à la merci d'autrui, il fallait bien qu'il la préférât à celle qu'il eût menée à Paris, puisqu'il répond à ceux de ses amis qui l'y regrettaient et l'y rappelaient avec instance : « Vous m'avez écrit des paroles qui eussent persuadé saint Antoine et saint Paul l'ermite. Je ne m'en défends pas par d'autres paroles; je dis seulement que ces bons pères étoient au désert, mais que, moi, j'en fais une partie. »

Balzac pourtant était loin d'être misanthrope. Montausier, dont le goût était difficile, parle de « la douceur et de l'agrément de son commerce. » Ceux de ses contemporains dont le témoignage mérite d'être compté rendent justice à l'égalité de son humeur et à l'élévation de son caractère. Le chancelier Séguier se plaisait à dire de lui que c'était « un des plus hommes d'honneur qu'il y eût. » N'est-il donc pas regrettable qu'un homme d'autant d'honneur et de talent ait été condamné par son talent même, ou plutôt par le premier usage qu'il en fit, à une vie de servitude et d'ennuis dont tous ses efforts ensuite ne purent le dégager?

Les lettres qui nous sont restées de lui ayant été composées pour le public, il est tout simple qu'elles aient le sérieux d'un livre sans aucun des agréments d'une correspondance privée. On y chercherait vainement une peinture des mœurs de son temps; elles n'offrent pas une anecdote, pas un mot des événements publics, pas un nom propre qui amène une médisance, pas un seul de ces petits détails d'intérieur qui montrent l'homme dans sa vie habituelle. Mais les personnes qui suivent avec curiosité les tâtonnements par lesquels notre langue tendait à se polir seront étonnées du grand nombre de mots justes et bien faits dont elle s'enrichit sous sa plume, surtout dans la solitude et dans l'éloignement de Paris. Par exemple, dans une lettre où il vient d'employer pour la première fois le verbe *féliciter* : « Si le mot de *féliciter*, dit-il, n'est pas encore françois, il le sera l'année qui vient; M. de Vaugelas m'a promis de ne lui être pas contraire. » Il n'attendit pas la permission de Vaugelas pour donner cours à beaucoup d'autres mots consacrés aujourd'hui par une adoption de deux siècles; tel est le mot d'*urbanité*, dont nous avons étendu l'acception, et celui de *bienfaisance*, que Voltaire et d'Alembert attribuent à l'abbé de Saint-Pierre. On pourra bien se moquer un peu du ton d'égard, de déférence, d'admiration, avec lequel il parle des Colletet, des Scudéry et de tant d'autres, tout aussi obscurs aujourd'hui, tout aussi renommés alors, qui tous, après avoir fait les délices des contemporains, sont tombés dans le décri de la génération suivante, tant c'est chose rare qu'une admiration, bien ou mal placée, qui passe des pères aux enfants. Mais des lecteurs qui ne connaîtraient notre littérature qu'à partir du siècle de Louis XIV ne seraient pas médiocrement surpris, en lisant ses lettres pour la première fois, d'y retrouver plus d'une expression, plus d'un trait heureux, plus d'un passage qu'ils avaient remarqué déjà chez d'autres grands écrivains, qui ne sont pourtant venus qu'après Balzac. Ainsi, dans cette magnifique oraison funèbre du grand Condé, lorsqu'après avoir rappelé les triomphes du guerrier et les mérites du chrétien, Bossuet finit par invoquer la « miséricorde de celui qui nous comptera un verre d'eau donné en son nom, » le sublime orateur avait été devancé par ce même Balzac, qui, félicitant la régente Anne d'Autriche des « trésors de clémence qui signalent l'entrée de son administration, » lui prédit que « tant de charités héroïques » ne peuvent manquer d'être « considérées par celui qui paye un verre d'eau d'une dernière félicité. » Et si je passe du prince des orateurs chrétiens à un autre homme prodigieux, que son génie engagea dans une tout autre route, quand Molière fait dire à son *Misanthrope* :

. . . . N'allez pas quitter, de quoi que l'on vous somme,
Le nom que dans la cour vous avez d'honnête homme,
Pour prendre de la main d'un avide imprimeur
Celui de ridicule et méprisable auteur,

Molière faisait-il autre chose que reproduire en vers ce passage d'une lettre de Balzac : « Est-il possible qu'un homme à qui il n'a pas été fait de commandement de par le roi de faire des livres, veuille quitter son rang d'honnête homme qu'il tient dans le monde, pour aller prendre celui d'impertinent et de ridicule parmi les docteurs et les écoliers? » Oui, sans doute, les lettres de Balzac ont dû être un sujet d'étude ou d'imitation pour tous les écrivains de son siècle : il serait superflu d'en donner d'autres preuves : mais j'ai dû citer ces deux grands noms dans l'intérêt de sa gloire ; ceux-là, du moins, n'y perdront rien de la leur. Qu'on lise Balzac avec cet esprit de recherche et d'examen, et cette lecture ne sera ni sans fruit ni sans intérêt.

Si je me suis étendu sur ses lettres, c'est que, malgré l'extrême réserve que lui imposait la certitude qu'elles seraient imprimées, ce n'est que là pourtant qu'on peut saisir quelques faibles traits de son caractère et de sa physionomie. On les a regardées long-temps comme son plus beau titre de gloire ; c'est une erreur que nous avons adoptée sur la foi de ses contemporains. Son talent d'écrivain se fait plus sentir et se trouve bien mieux à sa place dans ses autres productions, notamment dans le *Socrate chrétien* et dans *Aristippe*. Ce dernier ouvrage, qui est un mélange de morale et de politique, eut d'abord pour titre *le Ministre d'État*, et l'auteur l'avait composé dans l'intention de le dédier au cardinal de Richelieu ; mais comme il y exposait des principes d'administration qu'il présumait devoir être peu goûtés du cardinal-ministre, il eut la précaution de lui en soumettre le manuscrit avant de risquer sa dédicace. Après l'avoir lu avec une attention intéressée, Richelieu le lui renvoya chargé de notes de sa main : la plupart étaient louangeuses ; mais, à travers les éloges, il avait jeté à plusieurs reprises ces mots, dont le sens ne pouvait échapper à l'écrivain : « Je sais bien de qui il entend parler. » Balzac a beau prétendre que « Son Éminence eut la bonté de ne rien prendre pour soi de ce qu'elle y lut, » il est évident que ni sa morale ni sa politique ne furent du goût de Richelieu, puisque la dédicace fut durement refusée : il y avait loin de là aux cajoleries de l'évêque de Luçon. Balzac ne se découragea point; il reprit son manuscrit, en changea le titre, qui appelait trop l'attention sur le but qu'il s'y était proposé, et attendit patiemment des circonstances plus favorables. A la mort de Richelieu, la pensée lui vint d'en faire hommage au cardinal Mazarin, qui venait d'être mis à la tête des affaires. C'est Chapelain qu'il chargea de cette négociation : dans une lettre qui ne fait point partie de ses recueils imprimés, il le prie de sonder le nouveau ministre, à qui « il ne veut pas faire d'avances, » et il ajoute assez superbement que, « tout aussi bien que Michel-Ange, il peut mettre en enfer ou en paradis un cardinal. » Mazarin se moqua de l'enfer de Balzac, et ne voulut entendre parler ni du livre ni de la dédicace. Ainsi ballotté de ministre à ministre, de cardinal à cardinal, le malheureux *Aristippe* finit par trouver un refuge auprès de Christine de Suède. Cette reine fantasque était alors au moment d'abdiquer; elle avait plus que jamais l'ambition des dédicaces, et elle accepta sans se faire prier celle d'un livre où se trouvaient de sages leçons, dont elle ne pouvait plus ni se fâcher ni faire son profit.

Le *Socrate chrétien* est un autre bon livre de morale et même de piété, qu'on ne lit pas plus qu'*Aristippe*: j'espère peu que le genre d'éloges que je lui donne ici lui procure de nouveaux lecteurs.

Balzac passa plus de trente ans enseveli dans la solitude de son vieux château : les descriptions qu'il en donne ne permettent pas de supposer qu'il y fut retenu par l'agrément du lieu; mais en dédommagement des ennuyeux dont il s'y vit obsédé, il eut du moins la joie d'y recevoir quelques hôtes qu'il aimait, entre autres Montausier. Il ne quitta sa retraite que pour de courtes apparitions à Paris, où l'abbé d'Olivet assure « qu'il ne se montra plus que cinq ou six fois. » Il se rendait alors aux séances de l'Académie française, qui l'avait admis quoique absent, et avant même qu'elle fût tout à fait instituée par lettres-patentes : à cette époque, elle se réunissait modestement dans le logis de Chapelain, rue des Cinq-Diamants.

Après la mort de Louis XIII, Balzac se crut apparemment obligé, ou du moins autorisé, par son titre de conseiller d'État, à faire parvenir à la reine Anne d'Autriche, devenue régente, un long mémoire, en forme de lettre, sur la situation du royaume. On y trouve plutôt les sentiments d'un homme de bien que les vues d'un homme d'État; mais, dans plusieurs passages, on croirait lire une instruction de Fénelon, destinée au duc de Bourgogne pour le moment où il eût monté sur le trône.

C'est Balzac qui fonda de ses deniers ce prix d'éloquence que l'Académie continue de décerner tous les deux ans, et dont la dotation fut détruite par la révolution de 1791.

Averti de sa fin prochaine par un redoublement de ses maux, il eut le désir d'embrasser, avant de quitter la vie, celui de ses ennemis qui l'avait le plus cruellement outragé dans ses écrits. Cette généreuse satisfaction lui fut donnée. Son testament contenait un legs de douze mille livres pour l'hôpital d'Angoulême, où il voulut être inhumé dans la sépulture des pauvres.

Ne dirait-on pas de la vie et de la mort d'un solitaire de la Thébaïde? Cet homme, dont la jeunesse avait eu tant d'éclat, passa la dernière et la plus longue moitié de sa vie sans mouvement, sans participation aucune aux événements de son temps, sans relations avec le monde, si ce n'est par ses lettres qui lui étaient devenues un supplice. Dégoûté de Paris à vingt-huit ans, à cet âge où le bruit même n'en est pas sans attrait, il vint chercher *au désert* un repos qu'il n'y put trouver. On ignore les particularités de cette vie d'anachorète; mais ses écrits le montrent constamment accablé de souffrances et miné par l'ennui. Je lis dans une de ses lettres : « Je suis si peu satisfait du monde, que je n'ai garde de plaindre qui que ce soit pour n'y être plus; il y a trente-cinq ans que je m'y ennuie. » Balzac était alors âgé de quarante-quatre ans. Il n'y a pas d'exemple d'une aussi grande célébrité littéraire supportée avec autant de répugnance et d'ennui.

CAMPENON,

DE L'ACADÉMIE FRANÇAISE.

Dessiné par J. Ingres. Geny-Gros, imp. rue du Plâtre, 28. Paris. Gravé par Pradier.

NICOLAS POUSSIN.

NICOLAS POUSSIN

NÉ EN 1594, MORT EN 1665.

Les détails de la vie privée du Poussin, peu nombreux, sont intéressants pour l'histoire de l'art de la peinture. Jusqu'à l'âge de trente ans, ce grand artiste vécut pauvre et peu connu en France. Ce n'est qu'en Italie et à Rome, où il passa presque entièrement le reste de sa vie, que ses talents lui acquirent une célébrité qui se répandit bientôt dans son pays natal et dans toute l'Europe. Vivant toujours dans la retraite, constamment occupé à perfectionner l'art de la peinture, exercice continuel de son génie, Nicolas Poussin fut un de ces hommes rares qui modifient, par la puissance de leur pensée et de leurs œuvres, l'art qu'ils cultivent.

Nicolas Poussin est né aux Andelys, petite ville de Normandie, au mois de juin 1594. Jean, son père, était de Soissons et appartenait à une famille noble, mais ruinée à la suite des guerres civiles sous Charles IX, Henri III et Henri IV, rois pour lesquels la plupart des Poussin avaient porté les armes. Sa mère, Marie de Laisement, était de Vernon.

On a dit, à propos des dispositions que le Poussin montra dès son enfance pour l'art du dessin, tout ce que l'on répète de temps immémorial sur les essais prodigieux des enfants qui sont devenus de grands peintres. Sans nier l'habileté précoce du Poussin ou de tout autre, on pense qu'il serait sage de ne pas avancer de tels faits sans en fournir les preuves avérées et visibles, car ces lieux communs de biographie ne sont pas sans dangers pour l'esprit de certains parents, qui ne manquent pas, lorsqu'ils voient leurs enfants dessiner sur la marge de leurs livres de classe, de les croire dès l'instant appelés à devenir des peintres du premier ordre. Rien n'est si commun chez les jeunes enfants, au contraire, que la disposition à reproduire graphiquement ce qui leur passe dans l'imagination ou les objets qu'ils ont vus. Mais ce qui est singulièrement rare dans la jeunesse, et ce qui caractérise véritablement l'aptitude des enfants aux arts, aux lettres et aux sciences, c'est la puissance et la continuité d'attention appliquée à l'objet de leurs études; c'est une certaine opiniâtreté intérieure qui les force à ne quitter le travail que quand ils y ont employé réellement toutes leurs facultés; c'est un amour immense d'apprendre et de bien faire. Or, ce sont les qualités que possédait au suprême degré le jeune Poussin.

D'abord il suivit dans sa province les conseils d'un peintre nommé Quintin-Varin, homme doué de quelque talent, qui eut la bonne foi et la sagesse de faire pressentir à son jeune élève toutes les difficultés de l'art qu'il désirait cultiver. Ce fut encore Varin qui, reconnaissant les dispositions heureuses de son disciple et l'insuffisance de son propre mérite pour le conduire plus avant, engagea le Poussin à aller étudier à Paris.

Le Poussin, à l'âge de dix-huit ans, se décida donc à quitter sa ville natale, sa famille, et à venir à Paris, où il arriva avec un talent de praticien assez avancé dans l'art de peindre à l'huile et à la détrempe.

Le goût des arts, introduit à la cour de France depuis François Ier, commençait à se répandre parmi les personnes de la noblesse et les riches. Poussin eut le bonheur de faire connaissance, à Paris, avec un fort jeune gentilhomme poitevin, ayant de l'argent à dépenser, et grand amateur de tableaux. La conformité de leur âge et de leurs goûts fit naître entre eux une amitié qui tourna à l'avantage du Poussin, arrivé bien pauvre de son pays. Le gentilhomme reçut le peintre chez lui, lui fournit tous les moyens nécessaires pour continuer ses études et travailler. De plus, il lui acheta ses essais.

Cependant, Poussin faisait toutes les tentatives imaginables pour découvrir un maître qui pût le mettre dans la véritable voie, qu'il pressentait déjà. Il s'attacha, à cette époque, à plusieurs peintres, entre autres à Ferdinand Elle, flamand, mais qui ne peignait que les portraits. Le Poussin ne tarda pas à s'apercevoir que la direction donnée à ses études, par ces maîtres, l'entraînait dans une route entièrement contraire à celle qu'il avait intérieurement l'intention de suivre. Alors il resta chez lui et travailla seul, se contentant seulement d'aller avec son jeune ami du Poitou pour fréquenter la maison de quelques hommes instruits, savants, et curieux des antiquités et de tous les objets d'art venus d'Italie. C'est ainsi qu'il eut l'occasion de voir, pour la première fois, des estampes faites d'après les compositions de Raphaël et des plus grands maîtres italiens. On lui permit d'en tirer des copies, et il se livra à ce travail avec tant d'ardeur, il saisit les beautés des maîtres avec tant d'intelligence, qu'après les études faites sur ces chefs-d'œuvre, il sentit qu'il avait trouvé le véritable maître et la seule école qu'il dût suivre.

Cependant la pauvreté du jeune artiste ne lui permettait pas encore de penser sérieusement à exécuter le projet que la vue des compositions de Raphaël avait fait naître dans son esprit, celui d'aller à Rome. Il fut entraîné par les instances de son jeune protecteur poitevin, qui l'emmena dans sa province, avec l'idée de lui faire décorer l'intérieur de son château. Mais la bonne volonté de ce gentilhomme, que sa jeunesse retenait encore sous la tutelle de sa mère, devint inutile au Poussin. La châtelaine poitevine, sauvage comme sa province, prenait fort peu d'intérêt aux arts. Elle ne vit même dans le jeune Poussin qu'une bouche inutile, qui augmentait le domestique et les dépenses de la maison. Aussi ne se fit-elle pas faute d'employer continuellement le jeune artiste à des occupations tout autres que celle de décorer de peintures les murailles de son château. Cette position humiliante ne put convenir au Poussin, qui, voyant d'ailleurs qu'il ne lui restait pas même quelques heures de son temps pour se livrer à ses études chéries, prit la résolution de quitter le Poitou.

Son départ soudain et presque furtif n'ayant pas laissé au gentilhomme le temps ni l'occasion de prévenir les embarras où allait se trouver son jeune peintre, le Poussin se mit en route pour Paris avec le gousset tellement léger qu'il fut obligé de travailler dans toutes les villes par lesquelles il passa pour payer ses dépenses. On assure que c'est pendant ce triste pèlerinage qu'il peignit, à Blois et au château de Chiverni, des tableaux d'église et des bacchanales dont les biographes de ce peintre ont tenu mémoire.

Enfin il rentra à Paris, mais tellement exténué par les privations et les fatigues qu'il venait d'éprouver, qu'il tomba malade, fut obligé de retourner chez son père, et d'y demeurer près d'un an pour rétablir sa santé.

Dès que les forces lui furent revenues, l'idée des ouvrages de Raphaël et le projet d'aller les étudier à Rome se réveillèrent plus vivement que jamais dans son esprit. Il revint à Paris, fit quelques tournées en province pour se mettre en état de réaliser ses espérances, et il se mit en route pour l'Italie. Mais, à peine arrivé à Florence, des raisons que l'on ignore le contraignirent à rentrer en France. L'année suivante il renouvela sa tentative de départ, mais inutilement encore.

On aura peine à se figurer aujourd'hui le chagrin profond que durent causer ces obstacles au Poussin. A cette époque, le goût des arts, en France, n'était encore le privilége que de quelques personnes de haute naissance, ou très-riches, et d'un très-petit nombre de curieux et de savants qui avaient voyagé en Italie ou avaient pénétré dans les palais et les châteaux des grands, seuls dépôts alors des objets d'art. Les artistes, caressés par les grands lorsque leurs succès les avaient rapprochés d'eux, étaient généralement peu recherchés et encore moins considérés par la classe bourgeoise, qui les regardait dédaigneusement comme des artisans inutiles. D'ailleurs un jeune peintre ne trouvait alors nulle ressource pour l'étude à Paris. Les maîtres y étaient faibles et rares; les tableaux et les gravures étaient des curiosités réservées aux cabinets d'amateurs, peu nombreux et difficilement accessibles; en sorte qu'un jeune artiste comme le

Poussin, tourmenté du désir de voir des chefs-d'œuvre et d'apprendre son art, aspirait après l'Italie comme après la Jérusalem céleste.

C'est au milieu du conflit de ces contrariétés, de ces espérances, et des travaux journaliers auxquels le besoin forçait le Poussin à se livrer, que cet homme atteignit, en 1623, l'âge de vingt-neuf ans. Le cavalier Marini, poète italien, très-célèbre dans ce temps, se trouvait alors à Paris. Il rencontra le Poussin, dont il goûta l'esprit et les talents, et auquel il offrit généreusement un logement dans lequel il pût travailler commodément à la peinture. A ces dons, le poète joignit quelque chose de plus précieux encore, car il prodigua les marques d'estime et d'amitié à son jeune protégé. Marini, faible de santé, était souvent forcé de garder la chambre et même le lit. Dans ses moments de loisir le Poussin venait lui tenir compagnie, et durant les conversations qu'ils avaient ensemble, ou après les lectures faites en commun, le poète prescrivait des sujets au peintre, qui en faisait sur-le-champ des croquis dont quelques-uns ornent encore le cabinet des curieux.

Lorsque le cavalier Marini fut sur le point de retourner en Italie, il offrit à son jeune ami de l'y emmener. Mais, par un contre-temps singulier, le Poussin, qui avait pris des engagements à Paris, celui entre autres de peindre la mort de la Vierge pour l'église de Notre-Dame, fut obligé de différer son départ.

Enfin il entreprit pour la troisième fois ce voyage tant désiré, et arriva à Rome au printemps de 1624. Il y retrouva le cavalier Marini, qui, fidèle à l'amitié que lui avait inspirée le Poussin, le recommanda particulièrement au cardinal Barberini, neveu du pape Urbain VIII, et partit pour Naples, où il mourut bientôt après. Le cardinal, lui-même, ne tarda pas à se mettre en route pour ses légations de France et d'Espagne, en sorte qu'après la première joie de se trouver dans la ville éternelle et à portée des fresques de Raphaël, le Poussin, âgé de trente ans, seul, sans ami, sans appui, fut encore obligé de se résoudre à travailler d'abord pour vivre dans cette Rome où il lui avait semblé que tout allait succéder au gré de ses désirs. Alors il fut doublement malheureux, de corps et d'âme. Long-temps après ces tristes jours, et lorsqu'il eut acquis par la suite de la célébrité et quelque aisance, il racontait à ses amis que, dans ces premiers temps de son séjour à Rome, il n'avait pu obtenir que huit francs d'une figure de prophète qu'il avait peinte, tandis qu'un autre jeune peintre de sa connaissance, dont le talent était à la mode, avait su tirer quatre écus de la copie qu'il avait faite de son propre ouvrage.

Mais l'âme de Poussin, fortement trempée, fit face au malheur sans renoncer à l'espérance. Il se lia d'amitié avec François Duquesnoy, dit le Flamand, sculpteur habile, et célèbre encore aujourd'hui par la manière dont il a représenté les petits enfants. Ces deux artistes logeaient ensemble, se communiquaient habituellement les résultats de leurs études, et s'éclairaient réciproquement sur leurs travaux. Dans les palais, dans les *ville* de Rome et de ses environs, ils étudiaient les statues antiques, et, après les avoir copiées, ils en mesuraient les proportions. Cette association des études de deux hommes de talent fut utile à chacun d'eux. Le Flamand profita des judicieuses remarques du Poussin pour observer les antiques avec plus de pénétration, et le Poussin apprit de son camarade l'art de modeler, ce qui le rendit plus profond dessinateur, et lui fournit les moyens d'exécuter en cire et d'éclairer avec plus de précision les scènes qu'il voulait peindre. Du reste, toutes les heures des journées de ce grand peintre étaient consacrées à l'étude de son art, et soit que, sorti de son atelier, il parcourût les places, les rues ou les environs de Rome, il ne marchait jamais sans un carnet sur lequel il dessinait à la hâte les attitudes et les expressions des personnes qu'il rencontrait, ou les lignes de paysage, les effets de lumière et les monuments qu'il espérait ajuster heureusement dans les compositions qu'il préparait.

Telle était la vie que Poussin menait à Rome vers les années 1633-34. Or, pour apprécier ce qu'il y avait de puissant et de courageux dans la conduite et les études de ce jeune peintre, il faut savoir quel était l'état des arts et des lettres en Italie à cette époque. La décadence était complète. L'*Adone* du cavalier Marini et le *Pastor fido* du Guarini étaient les deux poèmes en réputation; Charles Maderno venait de terminer la triste façade de Saint-Pierre de Rome; le chevalier Bernini, que nous avons surnommé dans une autre occasion le Michel-Ange de la décadence, passait tout à la fois pour l'architecte et le statuaire par excellence; le pape régnant, Urbain VIII, beaucoup plus barbare que les Goths, enlevait les bronzes antiques du portique du Panthéon pour en faire le baldaquin de Saint-Pierre et quelques pièces de canon destinées à armer le fort Saint-Ange : enfin la peinture était livrée aux imitateurs des élèves du Carrache, et le Guide était le Raphaël de ce temps.

Il faut convenir que ce n'est point un homme ordinaire que ce Normand, que ce Poussin, pauvre, quittant sa ville des Andelys, vivant péniblement de son travail, reconnaissant à Paris, et à la seule inspection de quelques gravures, le vrai mérite de Raphaël et de son école, et qui, jeté bientôt dans Rome, voit d'un coup d'œil d'aigle les progrès que le mauvais goût y a faits, et s'impose la loi, malgré le besoin qui le presse de tous côtés, non-seulement de ne pas y sacrifier, mais de les combattre. Le projet seul d'une telle entreprise honorerait un homme; or, Poussin l'a exécuté.

Parmi les hommes qui l'ont aidé à poursuivre ses nobles desseins, il faut compter le cardinal Barberini. Dès que ce personnage fut revenu de ses légations, il se souvint des promesses qu'il avait faites au cavalier Marini. Non-seulement il accueillit avec bienveillance le Poussin, mais il lui commanda plusieurs tableaux. Le cavalier del Pozzo, très-considéré à la cour de Rome, favori du cardinal, homme d'ailleurs dont le goût pour les lettres et les arts était aussi vif qu'éclairé, fut encore un des premiers qui firent ressortir dans le public le mérite du peintre francais, en lui donnant l'occasion d'exercer ses talents. La nature des attentions qu'il avait pour lui prouve l'intérêt qu'il prenait à lui voir perfectionner ses ouvrages. Il ne négligeait aucune occasion de lui faire voir les antiques, les médailles, les camées déjà connus ou qui venaient d'être découverts, et il poussait le soin jusqu'à faire transporter chez lui les livres traitant d'histoire, de science ou d'art, avec lesquels le Poussin pouvait étendre le cercle de ses connaissances.

Jusqu'au retour du cardinal Barberini à Rome, le Poussin n'avait guère traité que des sujets sacrés, pour les églises, et des tableaux de décoration en détrempe, espèce de compositions qu'il exécutait promptement, et dont le prix, plus que discret, suffisait à peine à ses dépenses. Quant aux sujets qu'il traitait de prédilection et pour satisfaire son goût, c'étaient des scènes mythologiques, des nymphes au bain et surtout des bacchanales. Il avait pris ce genre en affection depuis son séjour en Italie, où des productions analogues dues aux pinceaux de Titien et du Giorgion lui avaient donné l'idée d'étudier les effets de la lumière et les beautés séduisantes du coloris.

Dès l'instant où le Poussin put compter sur la faveur du cardinal Barberini de retour à Rome, et eut l'occasion de tenter des efforts plus grands, il imprima tout aussitôt à ses ouvrages ce caractère vrai, historique et grave, qu'il n'a plus cessé de donner à tous ceux qu'il a produits jusqu'à la fin de sa vie. On ne citera, comme exemple des tableaux qu'il fit à cette époque, que les plus fameux : *la Mort de Germanicus*, *la Peste des Philistins*, *le Triomphe de Flore*, *Pyrrhus sauvé*, et *l'Enlèvement des Sabines*. Toutes ces compositions, exécutées dans la force de la jeunesse, sont éclatantes de beautés, et si, avec le temps et à force d'études, le Poussin est arrivé à mettre plus de correction dans son dessin, plus d'harmonie dans ses conceptions, jamais il n'a été plus vrai, jamais il n'a peint avec plus de chaleur et de verve que quand il a achevé les premiers tableaux qui viennent d'être cités.

Une disposition purement matérielle, commune à tous ces tableaux, excita l'attention des artistes et des amateurs. C'est l'emploi systématique que le peintre y avait fait de figures de petite dimension, pour exprimer des sujets graves, élevés et grandioses. En effet, la grandeur des personnages adoptée par le Poussin fut alors et a été presque toujours d'un pied à un pied et demi de hauteur. On ne tarda pas à regarder cette pratique comme une innovation dans l'art. En effet, c'en était une fort importante.

En adoptant ce mode d'exécution, le Poussin s'autorisait sans doute de l'exemple des plus grands maîtres. L'état de pauvreté où vivait cet artiste peut faire penser encore qu'il fut entraîné à réduire la dimension de ses ouvrages pour diminuer les frais de leur exécution et gagner du temps. Cependant on doit croire que l'adoption de ce système fut le résultat de considérations beaucoup plus élevées, et, pour nous, elle nous paraît être la conséquence des études profondes que cet homme avait faites de toutes les parties de son art, surtout de l'optique et de la perspective.

Tous les grands maîtres qui l'avaient précédé, depuis Raphaël jusqu'aux moindres disciples des Carrache, avaient épuisé les ressources qu'offrait la décoration des églises et des grands palais. Les mœurs des gens riches, d'ailleurs, étaient déjà fort changées, et au goût des *pœciles* publics, comme le cimetière de Pise, les cloîtres des églises et les grandes salles des hôtels de ville, succédait déjà celui des galeries particulières.

Poussin, élevé dans la mauvaise fortune, avait appris de bonne heure à reconnaître tout ce qu'il y a d'inflexible dans le cours des choses humaines. Loin donc de s'obstiner à conserver un système de représentation pittoresque dont les éléments allaient se détruisant tous les jours de plus en plus, il en adopta un nouveau, basé sur les goûts, les habitudes et les idées des hommes de son temps. Ayant donc reconnu que les tableaux d'église, que la décoration des édifices publics, que la peinture populaire en un mot n'avait plus de destination réelle, il sentit la nécessité de s'adresser à un choix de spectateurs instruits, spirituels, aimant les arts comme le plus doux délassement des affaires et des chagrins de la vie, et il fit des tableaux de cabinet, destinés particulièrement à la récréation des gens de goût et d'esprit.

Si l'on excepte le très petit nombre de tableaux que le Poussin a exécutés dans de grandes dimensions et pour des églises, dans tous les autres sujets on ne voit rien de merveilleux ni de surnaturel. Ordinairement il enferme une grande idée philosophique ou morale dans un trait d'histoire qu'il développe avec autant de profondeur que de vivacité, par un appareil dramatique et pittoresque.

Maintenant, si l'on réfléchit à la nature de ces conceptions, si l'on se représente les habitudes d'esprit et de corps des spectateurs pour lesquels elles étaient préparées, et, enfin, si l'on tient compte de la disposition et de l'exiguïté des lieux où ces peintures devaient être exposées, on doit facilement comprendre comment l'artiste qui s'était imposé la loi de satisfaire à toutes ces conditions dut aussi se créer un système de représentation en harmonie avec elles. C'est ce que le Poussin a fait.

Cette importante modification dans l'art de la peinture, consacrée heureusement par les nombreux et excellents ouvrages de l'homme qui l'a introduite, a conservé toute son influence depuis deux siècles, et elle s'exerce même encore aujourd'hui (1634-1834).

Jusqu'à la moitié du dix-septième siècle, le système et la tradition de la peinture monumentale et populaire ont prévalu ; mais, depuis le Poussin, les peintres ont toujours été invinciblement entraînés à composer pour plaire aux gens de goût et pour orner des galeries particulières, des cabinets, des appartements.

C'est cette destinée de l'art, bien inférieure sans doute à la première, que le Poussin a prévue, qu'il a eu le courage de prendre sous sa protection, et dont il a fait la sienne propre, grâce à la force et l'éclat de son génie.

Pour donner plus de poids aux propositions qui viennent d'être avancées, et pour justifier en même temps l'emploi du système que le Poussin a adopté, on entrera dans quelques détails sur la différence de dimension donnée aux figures des tableaux, avant et depuis ce grand artiste. Tant que le goût et l'usage de décorer de peintures les vastes murs des églises et des monuments publics ont duré, les artistes ont considéré les sujets qu'ils traitaient et les figures qui y étaient introduites comme des ornements dont l'ensemble et les détails devaient être subordonnés à ceux de l'architecture. Depuis les premiers peintres qui ont traité la mosaïque, jusqu'à Michel-Ange lorsqu'il décora la chapelle Sixtine, tous ont donné à leurs figures des dimensions, non pas relatives à la stature humaine, mais en rapport avec les proportions architectoniques qui leur servaient d'encadrement. De là vient que *le Christ* représenté en mosaïque à Saint-Paul hors les murs a vingt-cinq pieds de haut ; que Raphaël, dans la chambre *alla Segnatura*, a donné à peine cinq pieds de haut à ses personnages, et que Michel-Ange, dans la Sixtine, a grandi, selon la place qu'ils occupent, ses damnés, ses sibylles et ses prophètes, depuis dix pieds jusqu'à vingt. C'est ainsi que se traite et que doit être traitée la peinture monumentale, dont la partie matérielle se coordonne avec l'architecture, et dont les sujets, ordinairement merveilleux, se prêtent à l'emploi de dimensions imaginaires pour les figures.

Le Poussin était loin d'ignorer tous ces grands artifices de la composition pittoresque. Ce fut même parce qu'il en avait étudié tous les ressorts et les effets, qu'il reconnut que l'application ne pouvait en être faite à des tableaux isolés, de petite dimension, et représentant des actions réelles et historiques. L'étude approfondie que ce grand homme avait faite de l'optique et de la perspective le convainquit, au contraire, que les compositions du genre de celles qu'il voulait montrer avaient besoin, pour produire tout l'effet que l'on devait en attendre, d'être présentées à l'œil du spectateur sous une apparence qui rapprochât le plus possible de la réalité les personnages et les objets introduits dans le tableau. Partant donc de cette donnée fixe, qu'une galerie particulière ne laisse jamais plus de vingt-quatre à trente pieds de reculée au spectateur, il en tira la conséquence que la plus grande dimension de ses tableaux ne devait pas excéder douze pieds. En effet, la plupart des ouvrages du Poussin sont de cette dimension, et, par un phénomène optique dont les savants et les artistes pourront sans peine se rendre raison, on reconnaît que, la reculée du spectateur à trente pieds, l'ouverture du tableau de dix, et la hauteur d'un homme de cinq pieds et demi étant données, on aura pour résultat des figures dont la grandeur apparente sur le tableau sera, avec quelques variétés, de dix-huit pouces à deux pieds. On voit donc que le Poussin, qui, dans la partie la plus poétique de ses ouvrages, conservait la vérité et la réalité historiques, a suivi un système analogue pour les objets matériels et visibles de ses compositions, et qu'il a donné à la figure humaine la grandeur apparente qu'elle conserve selon la distance plus ou moins grande d'où elle est aperçue.

C'est par ces combinaisons savantes que l'art de composer le tableau isolé, ouvrage dont l'effet ne dépend que de lui seul, dont le changement de lieu n'altère pas la puissance, a été soumis par le Poussin à des lois tellement fixes, tellement invariables, que depuis deux siècles, comme on l'a déjà fait remarquer, elles ont été généralement suivies par les artistes.

Cette manière de peindre de grands sujets dans de petites dimensions eut le plus grand succès en Italie et en France. On en peut juger par la quantité d'ouvrages de ce genre qui furent demandés au Poussin. Il acheva successivement, jusqu'à l'année 1639, où il fut appelé à Paris par le roi Louis XIII, *les sept Sacrements*, *Saint Jean baptisant dans le désert*, *le Passage de la mer Rouge*, *l'Adoration du veau d'or*, *des Femmes au bain*, *Moïse frappant le rocher*, *Furius Camillus faisant fouetter le maître d'école*, *Renaud et Armide*, *la Manne dans le désert*, et plusieurs compositions mythologiques.

Parmi les personnes pour lesquelles ces ouvrages furent achevés, on distingue le cardinal Barberini et le chevalier del Pozzo, les premiers admirateurs du Poussin; puis, au nombre des Français, le maréchal de Créqui, ambassadeur de France à Rome, M. de Chanteloup, madame la duchesse d'Aiguillon, M. de La Vrillière, secrétaire d'État, M. Passart, maître des comptes, et enfin le cardinal de Richelieu.

Ce grand homme d'État protégeait politiquement les arts, et faisait alors de grands efforts pour attirer en France tous les artistes de talent propres à les acclimater et à les faire fleurir dans notre pays. Dans l'année 1639, à la fin de laquelle on éleva sur la place Royale la statue équestre du roi Louis XIII, les travaux de la décoration intérieure de cette partie du Louvre appelée galerie d'Apollon étaient commencés. Les ouvrages du Poussin étaient connus à Paris, son nom y était déjà célèbre, et Richelieu pensa qu'il serait utile d'attirer cet artiste à Paris. M. Desnoyers, surintendant des bâtiments, fut chargé par le roi de négocier cette affaire et d'écrire au Poussin. Mais celui-ci, accoutumé à la vie si douce de Rome, marié, trouvant les offres qui lui étaient faites trop incertaines, et pressentant peut-être que la nature de son talent ne s'accorderait pas entièrement avec celle des travaux dont il serait chargé, fit à M. Desnoyers une réponse évasive, et exprima, dans une lettre amicale adressée à M. de Chanteloup, le désir qu'il avait de ne point quitter Rome.

M. Desnoyers fut chargé d'écrire de nouveau au Poussin, pour lui faire connaître le traitement honorable que l'on comptait lui faire à Paris, ainsi que les services que l'on attendait de lui. Il disait donc dans sa lettre à ce sujet : « Je vous enverrai mille écus pour les frais de votre voyage. Je vous » ferai donner mille écus de gages par chacun an, un logement commode » dans la maison du roi, soit au Louvre, à Paris, ou à Fontainebleau, à » votre choix; je vous le ferai meubler honnêtement pour la première fois » que vous y logerez. Vous ne peindrez pas en plafond ni en voûte, et ne » serez obligé que pour cinq années, ainsi que vous le désirez, bien que » j'espère que lorsque vous aurez respiré l'air de la patrie, difficilement le » quitterez-vous. »

A cette lettre, dont on ne rapporte que ce qui a trait aux offres faites au Poussin, était jointe une lettre du roi lui-même, conçue en ces termes :

« Cher et bien-amé, nous ayant été fait rapport par aucuns de nos plus » spéciaux serviteurs, de l'estime que vous vous êtes acquise, et du rang » que vous tenez parmi les plus fameux et les plus excellens peintres de » toute l'Italie; et désirant, à l'imitation de nos prédécesseurs, contribuer » autant qu'il nous sera possible à l'ornement et décoration de nos maisons » royales, en appelant auprès de nous ceux qui excellent dans les arts, et » dont la suffisance se fait remarquer dans les lieux où ils semblent le plus » chéris, nous vous faisons cette lettre pour vous dire que nous vous avons » choisi et retenu pour l'un de nos peintres ordinaires, et que nous voulons » d'oresnavant vous employer en cette qualité. A cet effet, notre intention » est que, la présente reçue, vous ayez à vous disposer à venir par-deçà, où » les services que vous nous rendrez seront aussi considérés que vos œu» vres et votre mérite le sont dans les lieux où vous êtes; en donnant ordre » au sieur Desnoyers, conseiller en notre conseil d'Estat, secrétaire de nos » commandemens, et surintendant de nos bâtimens, de vous faire plus par» ticulièrement entendre le cas que nous faisons de vous, et le bien et » avantage que nous avons résolu de vous faire. Nous n'ajouterons rien à » la présente, que pour prier Dieu qu'il vous ait en sa sainte garde. Donné » à Fontainebleau le 15 janvier 1639. »

Cette lettre fait honneur à Richelieu, qui en fournit l'idée, au roi, qui l'écrivit, et au Poussin, à qui elle était adressée. Toutefois elle ne produisit pas l'effet auquel on devait s'attendre. Elle avait été envoyée au mois de janvier, et l'artiste n'écrivit à M. de Chanteloup qu'au mois de septembre, pour le prévenir que sa santé ne lui permettait pas de sortir de Rome;

enfin, ce ne fut qu'en décembre de la même année 1639 que Poussin fit valoir la même raison à M. Desnoyers pour ne point venir en France.

Il est évident que Poussin ne voulait pas venir à Paris; mais le cardinal avait mis dans sa tête que la chose serait, et elle fut. Vers la fin de l'année suivante, M. de Chanteloup alla à Rome, et ramena le Poussin avec lui. Malgré le peu d'empressement qu'il avait montré dans cette occasion, les caresses ne furent pas épargnées à ce grand homme. Le surintendant, ne se sentant pas de joie à son arrivée, le présenta au cardinal, qui l'embrassa. Bientôt on mena l'artiste au Louvre dans son bel appartement, et le lendemain on le conduisit à Saint-Germain-en-Laye, où le roi le reçut avec bonté, lui parla longuement, lui commanda plusieurs tableaux, et le déclara son premier peintre ordinaire, avec tous les avantages stipulés dans le brevet que M. Desnoyers lui avait envoyé à Rome l'année précédente.

Le Poussin fut accablé de travaux. Il se mit tout aussitôt à peindre le tableau de *la Cène* que le roi lui avait commandé pour la chapelle de Saint-Germain. On lui fit faire des dessins pour être exécutés en tapisseries, des frontispices pour les œuvres de Virgile et d'Horace que l'on imprimait à l'imprimerie royale fondée par Richelieu; outre cela, une bonne partie de son temps était prise par la composition de cartons pour la galerie d'Apollon au Louvre, où il avait l'intention de représenter dans des bas-reliefs en grisaille les travaux d'Hercule.

Tous ces travaux dont il était chargé, et ces derniers particulièrement, excitèrent contre lui la jalousie de mauvais peintres dont les noms sont tombés aujourd'hui dans un oubli complet. L'étude qu'il avait été à même de faire en Italie de la peinture monumentale, et la connaissance réfléchie qu'il avait de l'art de la perspective appliqué à ce genre de décoration, lui fit faire hautement, sur les peintures en plafond, des observations dont la justesse déplut alors comme elle déplairait sans doute encore aujourd'hui. On mit son talent en question, on dénigra ses ouvrages, et enfin le Vouet et ses élèves en firent l'objet habituel de leurs railleries.

Quoi qu'il en soit, le Poussin, pendant les deux années qu'il passa à Paris, depuis la fin de 1640 jusqu'au mois de septembre 1642, acheva le tableau de *la Cène* pour le roi; *le Miracle de saint Xavier au Japon; un Christ* pour le noviciat des jésuites, et quelques autres encore. Ces ouvrages sont en général de grande dimension. Ils furent très-durement critiqués par les artistes français de Paris, et le Poussin ayant appris que plusieurs d'entre eux, et en particulier l'architecte qui conduisait les travaux de la galerie d'Apollon, étaient parvenus, par leurs insinuations, à le desservir auprès du surintendant Desnoyers, il écrivit à celui-ci une apologie de sa conduite et des opinions qu'il avait émises au sujet de la décoration intérieure du Louvre. Ce morceau assez long, et tout rempli de détails techniques dignes d'être étudiés avec attention par les gens de l'art, est empreint d'une fierté si calme, d'une résignation tellement haute, qu'elle fait apprécier le caquetage jaloux de cet essaim d'artistes faibles auxquels sa gloire portait ombrage.

Cependant, pour parler en toute sincérité, les tableaux de grande dimension exécutés à Paris par le Poussin, quoique dignes de lui, sont inférieurs aux compositions moins grandes qu'il avait faites à Rome, ou qu'il fit lorsqu'il y fut retourné. Au surplus, ce grand artiste, qui connaissait ses défauts aussi bien que ses qualités, pensait, puisqu'il l'a écrit, que la dimension moyenne des figures s'accordait mieux avec la nature de son talent, les habitudes qu'il avait prises, et son goût. Ce qui prouve du reste que ceux qui emploient les grands artistes ne sauraient trop respecter l'impulsion naturelle de leur génie, la nature et les habitudes de leur talent, on dirait presque le contrepoids inévitable de leurs défauts.

Cependant cette multiplicité de travaux, la nécessité d'aller, de venir, le besoin de se défendre sans cesse contre ses envieux et ses ennemis, causèrent un ennui profond au Poussin, peu séduit d'ailleurs par les caresses de cour, mal à l'aise dans son beau logement du Louvre, lui qui avant tout aimait le repos, et n'avait d'autre but que la perfection de son art : d'ailleurs, il avait laissé sa femme, ses amis, ses habitudes en Italie; son cœur, son âme, son corps même, tout le Poussin était à Rome. Il demanda donc un congé pour aller mettre ordre à ses affaires, amener sa femme en France, et il partit pour l'Italie vers la fin de septembre 1642 : il avait quarante-huit ans.

Le cardinal de Richelieu mourut le 4 décembre suivant; le roi Louis XIII ne survécut que cinq mois à son premier ministre, et M. Desnoyers se retira de la cour. Ces événements ayant rendu la liberté au Poussin, il en profita pour se fixer irrévocablement à Rome, et poursuivre la glorieuse carrière qu'il s'était ouverte.

On est confondu d'étonnement lorsque l'on pense à la suite nombreuse des importants tableaux que ce peintre a achevés dans l'espace de vingt-trois ans, depuis son retour à Rome jusqu'à sa mort en 1665. Mais l'étonnement se change en admiration, lorsque, par la comparaison de ces ouvrages entre eux, on découvre toutes les ressources nées du génie de l'artiste pour en varier l'apparence et les effets.

Depuis son retour à Rome, il fit, toujours de grandeur moyenne, *le Ravissement de saint Paul, les Sept Sacrements*, composés de nouveau; un *Crucifiement; Moïse sauvé des eaux; les Aveugles de Jéricho; les Bergers d'Arcadie;* des *Vierges;* des *Saintes Familles; la Femme adultère; le Testament d'Eudamidas; Ananie et Saphire; Achille à Scyros; Rébecca; le Jugement de Salomon*, et bien d'autres encore.

Le dernier tableau historique à figures qu'il acheva fut une *Samaritaine*, destinée à madame de Chanteloup. Agé de soixante-cinq ans, déjà infirme, il écrivait à cette dame en lui adressant son ouvrage : « C'est le dernier de ce genre que je ferai ; je touche à ma fin du bout du doigt. » Cependant, durant les quatre dernières années de sa vie, il s'occupa encore du paysage, genre où il a excellé, et auquel il a imprimé, comme à la peinture historique, le sceau particulier de son génie et de son talent.

Le Titien, Carrache et son élève Dominiquin avaient déjà cultivé avec succès ce rejeton tardif de l'art de la peinture. Mais il appartenait au Poussin, venu dans un temps où les souvenirs, et la mélancolie qu'ils engendrent, prenaient déjà tant de place dans la vie active des gens de goût pour lesquels il travaillait, de faire fleurir de tout son éclat cette dernière branche de l'art. Comme à ses compositions dramatiques, il attacha d'abord à ses compositions champêtres une idée forte, touchante et profonde, qu'il revêtit de formes et entoura d'une lumière en harmonie avec elle. Dans ses tableaux historiques, les fonds ne sont là que pour faire retentir au loin l'écho de sa pensée principale ; dans ses paysages, au contraire, les figures et le sujet simple qu'elles expriment sont le point central où viennent toucher, pour s'éclaircir, les idées, les sentiments vagues que font naître le ciel, les rochers, les arbres, l'heure du jour et les accidents de la lumière. Ce qui caractérise la composition poétique des paysages du Poussin c'est l'unité de pensée, de sentiment et de sensations qui règne dans leur ensemble comme dans les plus petits détails. Mais où l'on reconnaît toute la puissance du génie de ce peintre, bien plus original encore qu'on ne le pense communément, c'est à la dimension qu'il a donnée à ses tableaux de paysage, comparativement à celle de ses compositions historiques. Celles-ci sont petites ; ses paysages sont grands, relativement au moins aux compositions de ces deux genres traités par les grands maîtres avant Poussin. *La Peste* et la *Rébecca* n'ont que huit pieds ; le *Polyphème* et le *Diogène* (deux paysages) en portent douze.

Le principe qu'avait trouvé le Poussin de présenter les objets au spectateur dans leur grandeur naturelle, mais apparente et diminuée par leur éloignement, étant admis, l'application que l'on en fait à une vue de paysage étendue produit nécessairement le résultat que Poussin a donné. L'étendue de la campagne et du ciel augmente la largeur du tableau ; et comme les figures qui s'y trouvent sont vues de beaucoup plus loin, elles paraissent, même quand elles sont placées au premier plan, beaucoup plus petites que dans la scène plus rapprochée d'une composition historique. La figure de Rébecca a deux pieds de hauteur, celle de Diogène n'a que cinq pouces.

Il y a une locution consacrée parmi les artistes, pour désigner un tableau dont les figures ont de dix-huit pouces à deux pieds : *grandeur du Poussin*, disent-ils. La phrase exprime une idée et un fait. Mais comme jusqu'ici les critiques ont cru devoir attribuer le choix de ces dimensions à des raisons d'économie, ou simplement à la fantaisie du Poussin, on a pensé qu'il serait juste et utile de démontrer que cette pratique, loin d'être l'effet du caprice ou du hasard, est au contraire un admirable résultat des combinaisons d'un génie du premier ordre.

Vers les derniers temps de sa vie, le Poussin, qui avait perdu sa femme, ne respirait que pour son art. Mais sa main tremblante trahissant parfois son génie, il s'était interdit, comme on l'a vu, la peinture historique.

Cet homme, auteur de *la Peste*, du *Testament d'Eudamidas* et du *Polyphème*, le plus admirable des paysages composés, passa ses derniers jours à peindre quatre paysages, dont l'un, *le Déluge*, est peut-être le seul de ses tableaux qui ait obtenu une célébrité populaire. L'idée de cette suite de compositions est étrange, leur exécution se sent des glaces de l'âge, et l'on y trouve tout à la fois le mérite et les défauts d'une œuvre mûrie par l'expérience, et tracée par une main inhabile : ce sont les quatre saisons. Pour *le Printemps*, il a représenté Adam et Ève dans le paradis terrestre; pour *l'Été*, Ruth glanant dans le champ de Booz; pour *l'Automne*, deux Israélites rapportant la grappe monstrueuse de la terre de Chanaan; et enfin, pour *l'Hiver*, le déluge.

En observant ces quatre tableaux de près, et lorsque l'on suit sur cette toile les traces d'une main défaillante obéissant mal à un génie si jeune et si vivant encore, on se sent profondément ému. Rien ne fait mieux comprendre la différence qu'il y a entre l'âme et le corps, entre la pensée qui est immortelle et la main qui seule s'arrête, se refroidit et meurt.

Au surplus, il y a peu d'hommes célèbres où la lutte de l'âme et de la matière ait été si opiniâtre que dans le Poussin. Félibien, à qui nous devons les détails les plus curieux et les plus authentiques de sa vie, rapporte à ce sujet une lettre bien touchante, que ce grand homme lui écrivit en janvier 1665, huit mois avant sa mort. « Je n'ai pu vous répondre plus tôt, dit-il,
» à la lettre que M. votre frère me rendit de votre part quelques jours après
» son arrivée en cette ville, mes infirmités ordinaires s'étant accrues par
» un rhume fâcheux qui me dure et m'afflige beaucoup. Je vous dois main-
» tenant remercier de votre souvenir, et tout ensemble du plaisir que vous
» m'avez fait de n'avoir point réveillé le premier désir qui était né en M. le
» Prince d'avoir de mes ouvrages. Il était trop tard pour être bien servi. Je
» suis devenu trop infirme, et la paralysie m'empêche d'opérer; aussi il y
» a quelque temps que j'ai abandonné les pinceaux, ne pensant plus qu'à
» me préparer à la mort. J'y touche du corps; c'est fait de moi. »

Depuis cette lettre, il ne put plus peindre ni même écrire. Il mourut le 19 novembre 1665, âgé de soixante et onze ans et cinq mois, assisté par son beau-frère Jean du Ghet, dit le Guaspre Poussin, habile paysagiste.

Par la confusion que l'on fait des premiers temps de la vie du Poussin avec la fin, il arrive ordinairement que l'on suppose que ce grand homme a toujours été très-pauvre. Grâces au ciel, il n'en fut pas ainsi. Depuis l'an 1639, ce grand artiste n'a pas cessé de tirer de son travail des ressources pécuniaires qui lui permirent de vivre modestement, mais d'une manière honorable. On en a la preuve par son testament, qu'il fit deux mois avant sa mort. Ses biens se montaient à la valeur de cinquante mille francs, dont il fit le partage en faveur des parents de sa femme et d'un neveu et d'une nièce demeurant aux Andelys.

Il a laissé lui-même des détails à ce sujet dans une lettre si touchante d'ailleurs, que l'on croit devoir la rapporter ici en entier. Elle est adressée à M. de Chanteloup, son ami et protecteur, sous la date du 16 novembre 1664 :

« Monsieur, je vous prie de ne pas vous étonner s'il y a tant de temps » que j'ai eu l'honneur de vous donner de mes nouvelles. Quand vous con- « naîtrez la cause de mon silence, non-seulement vous m'excuserez, mais » vous aurez compassion de mes misères. Après avoir pendant neuf mois » gardé dans son lit ma bonne femme, malade d'une toux et d'une fièvre » d'étisie qui l'ont consumée jusqu'aux os, je viens de la perdre. Quand » j'avais le plus besoin de son secours, sa mort me laisse seul, chargé » d'années, paralytique, plein d'infirmités de toutes sortes, étranger et » sans amis, car en cette ville il ne s'en trouve point. Voilà l'état auquel je » suis réduit ; vous pouvez imaginer combien il est affligeant. On me prêche » la patience, qui est, dit-on, le remède à tous maux ; je la prends comme » une médecine qui ne coûte guère, mais aussi qui ne me guérit de rien.

» Me voyant dans un semblable état, lequel ne peut durer long-temps, » j'ai voulu me disposer au départ. J'ai fait, pour cet effet, un peu de tes- » tament, par lequel je laisse plus de dix mille écus de ce pays à mes » pauvres parens qui habitent aux Andelys. Ce sont gens grossiers et igno- » rans, qui, ayant après ma mort à recevoir cette somme, auront grand » besoin du secours et de l'aide d'une personne honnête et charitable. Dans » cette nécessité, je vous viens supplier de leur prêter la main, de les con- » seiller et de les prendre sous votre protection, afin qu'ils ne soient pas » trompés ou volés. Ils vous en viendront humblement requérir, et je m'as- » sure d'après l'expérience que j'ai de votre bonté, que vous ferez volon- » tiers pour eux ce que vous avez fait pour votre pauvre Poussin pendant » l'espace de vingt-cinq ans. J'ai si grande difficulté à écrire, à cause du » tremblement de ma main, que je n'écris pas présentement à M. de Cam- » brai, que j'honore comme il le mérite, et que je prie de tout mon cœur » de m'excuser. Il me faut huit jours pour écrire une méchante lettre, peu » à peu, deux ou trois lignes à la fois, et le morceau à la bouche ; hors de » ce temps-là, qui dure fort peu, la débilité de mon estomac est telle, qu'il » m'est impossible d'écrire quelque chose qui se puisse lire. Voyez, je vous » supplie, monsieur, en quoi je puis vous servir en cette ville, et comman- » dez-le à celui qui est de toute son âme, votre très-humble, etc. »

Nicolas Poussin, peintre très-habile, est surtout un grand homme. Né dans une province de France, et dans un temps où, même à Paris, le goût des arts n'était pas généralement répandu, il montre dès l'enfance pour la peinture des dispositions et une aptitude peu communes. Pendant son adolescence, et même après son arrivée dans la capitale, il laisse percer la justesse de son esprit, la pénétration même de son génie, par le peu d'importance qu'il attache aux leçons des peintres les plus accrédités en ce temps; ce sont des estampes d'après les ouvrages de Raphaël qui réalisent pour la première fois dans son esprit l'idée qu'il s'était faite de son art chéri. Il prend la résolution d'aller à Rome; mille obstacles plus décourageants les uns que les autres s'opposent long-temps à son départ; cependant il tient ferme, et fait tête à tous les orages avec une constance héroïque; enfin, âgé de trente ans, il entre dans cette Rome où naturellement il devait s'attendre à trouver quelque Raphaël vivant encore, mais tout, sciences, lettres et arts, y était en décadence.

C'est le moment critique de la vie du Poussin; mais aussi c'est alors que l'on voit combien il était profondément embrasé de l'amour de son art, et à quel point l'idée qu'il s'en était faite était juste. Il sent la nécessité et s'impose la loi de reprendre l'art en sous-œuvre en quelque sorte, et de l'étudier comme les grands maîtres l'avaient appris. Plaisirs de jeunesse, douceurs de la vie, il renonce à tout, et accepte la pauvreté avec résignation pour conserver l'indépendance de sa pensée au sein de la solitude. Là il passe en revue toutes les plus importantes productions de l'antiquité et des temps modernes; dans cette retraite, il fortifie chaque jour son talent par la pratique de son art, et par l'étude des sciences qui s'y rattachent. Il juge son siècle; il prévoit que les ouvrages d'art vont changer de destination, que la peinture doit passer des églises dans les salons, et il forme le hardi projet, en modifiant les sujets et la dimension de ses ouvrages, de donner accès aux grandes vérités morales et philosophiques dans la demeure somptueuse des amateurs et des curieux. Alors son nom se fait connaître, sa gloire s'étend; le roi de France l'appelle, l'accueille et le comble d'honneurs. Tout en faisant en France des ouvrages du premier mérite, une voix secrète l'avertit cependant qu'il a dévié de la route où il était précédemment engagé. Il rentre dans Rome pour s'orienter de nouveau, et une fois remis dans sa véritable voie, il ne l'abandonne plus tant qu'il lui reste un souffle de vie.

Ses mœurs furent douces et pures, son humeur fière et tant soit peu sauvage. Quant à sa personne, il était d'une taille assez élevée, et sa figure exprimait, si l'on en juge par son portrait, le seul ouvrage de ce genre qu'il ait fait en sa vie, le calme de l'âme et une grande puissance d'attention dans l'esprit.

Le Poussin est du très-petit nombre d'hommes qui, en se conformant strictement aux lois de la morale et de l'honneur, ont réussi, à force de talent et de courage, à perfectionner et à mettre à fin une grande idée. Parmi les grands hommes, les plus rares sont les héros honnêtes, et le Poussin en est un.

Depuis la mort du Poussin, la gloire de ce grand homme s'est toujours de plus en plus affermie.

De nos jours on a élevé deux monuments à sa mémoire. L'un est l'impression du recueil intéressant de ses lettres, écrites pour la plupart d'Italie. On y trouve des pensées pleines de délicatesse et de profondeur sur l'art de la peinture, et des détails très-simples de sa vie privée, mais qui donnent la plus haute et la plus favorable idée de son caractère. Ce recueil précieux a été imprimé en 1824, sous les auspices de M. le comte de Corbière, alors ministre de l'intérieur.

En 1828, M. le vicomte de Chateaubriand, étant ambassadeur de France à Rome, conçut l'idée d'élever un tombeau, décoré de figures, à Nicolas Poussin, dans l'église de Saint-Laurent *in Lucina*, où le grand peintre français a été enterré. Ce monument, hommage d'un homme de génie vivant à un homme de génie mort, n'a été complétement achevé qu'en 1831.

E.-J. Delécluze.

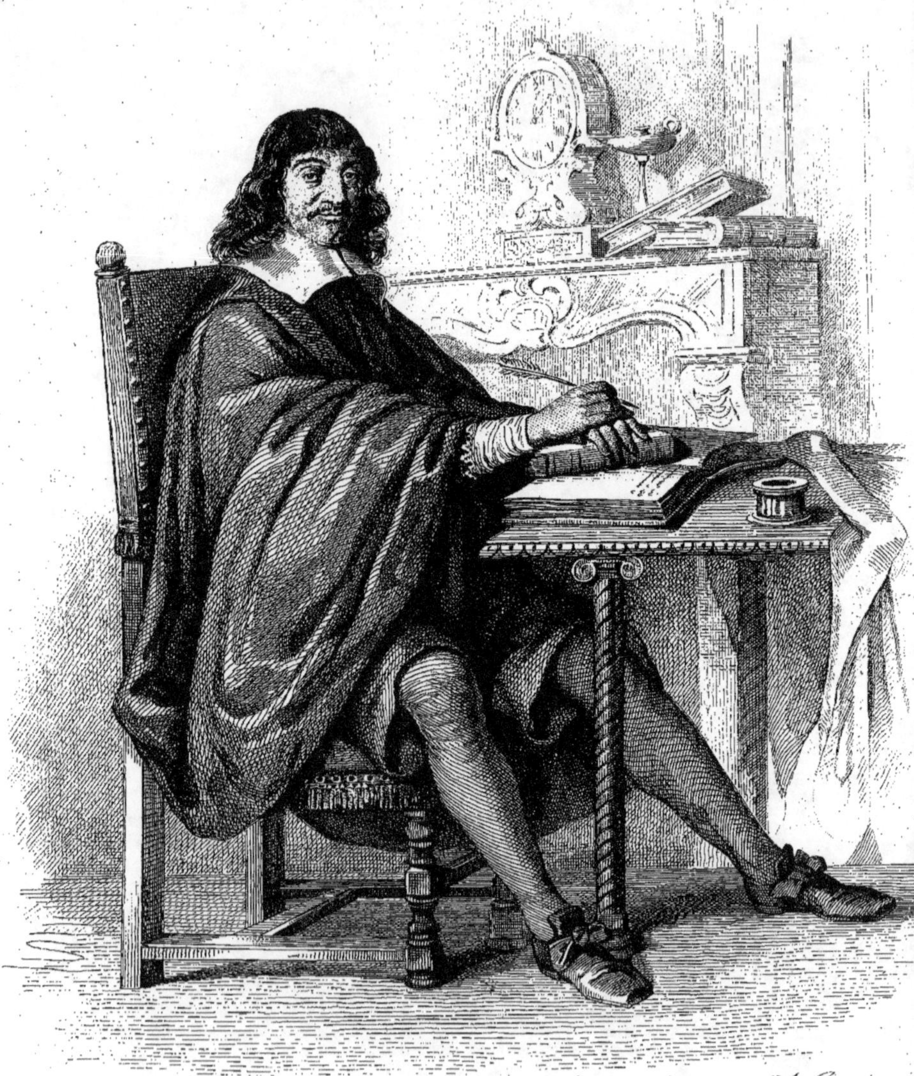

Dessiné par C. [illegible] — Imp.ie Geny-Gros, rue du Plâtre, 28. Paris. — Gravé par A. [illegible]

DESCARTES.

DESCARTES

NÉ EN 1596, MORT EN 1650.

On ne se ferait qu'une faible idée du génie de Descartes et des services qu'il a rendus à l'esprit humain, si l'on ne prenait soin de se rendre compte de l'état déplorable où ce grand homme trouva les sciences et la philosophie. Certes, la liberté de la pensée était immense au seizième siècle; mais la liberté ne vaut que par ses fruits. Or, que produisait-elle à cette époque? de deux choses l'une : ou des imitations stériles et tout artificielles des grandes philosophies de l'antiquité, ou de vaines utopies et des systèmes monstrueux. Lisez les *Dialogues* de Vanini, lisez la *Cité du Soleil* de Campanella, ou même le *De l'infinito principio e uno* de l'infortuné Giordano Bruno : vous n'y serez pas moins choqué de l'insupportable emphase des promesses que de la pauvreté des résultats. Combien ces informes ébauches étaient, à mille égards, inférieures à la philosophie qu'on voulait remplacer! Il serait curieux de rapprocher, par exemple, deux génies qu'en des temps différents Naples a donnés à la France, Vanini et saint Thomas, et de comparer la simple et noble *Somme* avec l'*Amphithéâtre magique et divin, chrétien et physique, astrologico-catholique, de la divine Providence.* D'un côté, quelle magnifique et sévère ordonnance, et de l'autre quel chaos! Ici, quelle gravité! et là, quelle puérile jactance! Quelle précision, quelle exactitude, quelle mesure chez le saint docteur! et dans le libre penseur, quelle intempérance, quelle indécision, quel déréglement! Mais si énorme que soit la différence de ces deux ouvrages, un intervalle plus grand encore les sépare d'un autre livre, bien modeste et bien chétif, à ce qu'il semble, mais qui est le germe d'où va sortir un nouveau monde : je parle du *Discours de la Méthode.* On ne doit pas oublier qu'en publiant cet ouvrage, Descartes y joignait comme supplément la *Dioptrique*, la *Géométrie* et les *Météores.* Ainsi, d'un seul coup, il fondait sur la base puissante d'une méthode nouvelle deux sciences encore à peu près inconnues et d'une portée infinie, la physique mathématique et l'application de l'algèbre à la géométrie, et en même temps il préludait aux *Méditations* et aux *Principes*, c'est-à-dire à une métaphysique complète et au système du monde. Il faut ici le déclarer hautement, en mettant à part tout sentiment déplacé de patriotisme : jamais homme au monde n'a été doué à ce degré du génie créateur. Sans Descartes, l'Angleterre n'eût jamais porté Newton, ni l'Allemagne Leibnitz. Newton a découvert, je le sais, le vrai système du monde ; mais Descartes lui en avait pour ainsi dire remis la clef en réduisant la découverte de ce système à un problème de mécanique. Leibnitz a attaché pour jamais son nom au calcul de l'infini, mais il n'y serait certainement pas venu sans l'analyse cartésienne. Combien pâlit plus encore à côté du vrai fondateur de la philosophie moderne la gloire trop célébrée de Bacon! Sans imiter, contre l'auteur du *Novum Organum*, les injustes sévérités de Joseph de Maistre, qui avait pour haïr Bacon des raisons dont, grâce à Dieu, nous sommes affranchi, sans refuser à ce rare génie l'incontestable honneur d'avoir réduit en beaux et lumineux préceptes des méthodes que d'autres avaient pratiquées avant lui, et qui du reste, il faut bien l'ajouter, n'ont rien produit entre ses mains de considérable, osons dire que Bacon est si peu le fondateur de la philosophie du dix-septième siècle qu'il nous fait beaucoup plutôt l'effet d'un homme du siècle précédent. Il a le noble enthousiasme des Bruno et des Pomponace, mais il en a aussi la bizarrerie et l'emphase. Lui-même se compare sans cesse à Christophe Colomb : je le veux bien ; mais c'est un Christophe Colomb qui se borne à pressentir l'Amérique et à la chanter en très-beau langage, laissant à d'autres le soin de la découvrir et de l'explorer.

Le vrai Christophe Colomb, c'est Descartes. Autant Bacon reste inconnu à son siècle, autant Descartes remplit le sien. Tout y ressent son influence ; tout y porte l'empreinte de son génie ; tout y est teint de ses couleurs. Les plus grands, les plus libres esprits s'honorent de le suivre : Arnauld, Bossuet, Fénelon admirent et adoptent sa métaphysique. Malebranche, en lisant un de ses moindres écrits, se sent éclairé et comme ébloui d'une lumière surnaturelle, et, vouant au génie créateur qui a réveillé le sien une admiration presque religieuse, il s'écrie que le genre humain doit plus de vérités au seul Descartes qu'à tous les autres philosophes pris ensemble qui se sont succédé depuis deux mille ans. Éloge immense et qui ne paraîtra pas trop exagéré si l'on songe que Descartes donnait à la fois à son siècle les découvertes les plus merveilleuses et la méthode qui devait les étendre et les féconder. Suivons depuis ses premiers pas, et dans tout le cours de son développement, ce génie extraordinaire qui n'a rien voulu devoir au passé ni à ses contemporains, mais tout à lui-même.

René Descartes naquit, le 31 mars 1596, à La Haye en Touraine, entre Tours et Poitiers. Il appartenait à une des plus anciennes maisons de la province. Le nom de sa famille s'écrivait autrefois *Des Quartes*, et dans un titre latin du quatorzième siècle *De Quartis*. Son grand-père se jeta dans Poitiers en 1569 avec le comte du Ludde, pour en soutenir le siége contre les réformés ; mais son père préféra la robe à l'épée et fut nommé conseiller au parlement de Bretagne en 1586. Il eut d'une première femme un fils qui devint comme lui conseiller au parlement de Bretagne, une fille qui se maria depuis au seigneur du Crevis, et un troisième enfant qui fut Descartes. Le titre de seigneur du Perron, qu'on trouve souvent joint à son nom, lui vint d'une petite seigneurie en Poitou qui appartenait à sa famille et qui lui fut donnée en propre, lors du partage de la succession de sa mère[1].

Dès l'âge de huit ans (en 1604), Descartes fut envoyé par son père au nouveau collége des jésuites établi tout récemment à La Flèche pour la noblesse française dans un palais de Henri IV, et doté par ce prince d'un revenu de onze mille écus d'or. Après l'attentat de Ravaillac, lorsque le cœur du roi fut porté à la maison de La Flèche, Descartes fut un des vingt-quatre gentilshommes choisis pour l'aller recevoir.

On vit éclater dès le collége la supériorité et l'indépendance d'esprit de celui qui devait un jour renouveler la face des sciences. Il embarrassait son régent de philosophie de mille objections. Voici quelle était sa manière d'argumenter : il s'attachait d'abord à la définition de tous les mots de la question, faisait expliquer le sens des principes reçus dans l'école, proposait ensuite certaines vérités, et quand on en était demeuré d'accord avec lui, il présentait son argument, dont il était alors très-difficile de venir à bout.

Quelque intérêt que prît Descartes à la philosophie, cette étude ne le satisfaisait pas. La logique de ses maîtres lui paraissait chargée d'une foule de préceptes inutiles ou dangereux ; il s'occupait à l'en séparer, *comme le statuaire*, dit-il lui-même, *travaille à tirer une Minerve d'un bloc de marbre qui est informe.* Leur métaphysique le révoltait par la barbarie des mots et le vide des idées, leur physique par l'obscurité du jargon et par la fureur d'expliquer tout ce qu'elle n'expliquait pas. Les mathématiques seules le contentèrent ; il y trouva l'évidence qu'il cherchait partout. Il s'y livra en homme qui avait besoin de connaître. Quelques auteurs prétendent qu'il inventa, étant encore au collége, sa fameuse *Analyse*. Ce serait un prodige bien plus étonnant encore que celui de Newton, qui, à vingt-cinq ans, avait trouvé le calcul de l'infini, et de Leibnitz qui cherchait à dix-huit ans dans

[1] Voir la *Vie de Descartes* par Baillet, et l'excellente *Notice biographique sur Descartes* de M. Adolphe Garnier. Outre ces deux ouvrages, nous avons puisé, pour tout notre travail, dans les écrits suivants : *Pensées de Descartes*, par M. l'abbé Eymery ; *Exposition de la philosophie de Descartes*, dans les *Fragments* de M. Royer-Collard ; *Du* COGITO ERGO SUM, dans les *Fragments* de M. Cousin ; *Notice sur Descartes*, par Michelot ; *Éloge de Descartes*, par Thomas, avec des notes bibliographiques.

les jardins de Leipzig la conciliation de la philosophie d'Aristote avec celle de Platon.

En quittant La Flèche, Descartes y laissa deux amis dans deux de ses maîtres, le P. Charlet et le P. Dinet, avec lesquels il resta en correspondance toute sa vie. C'est aussi dans cette maison qu'il se lia avec le P. Mersenne, qui entra depuis aux Minimes, et qui était venu terminer ses études à La Flèche au moment où Descartes y commençait les siennes. Mersenne avait près de huit ans de plus que son jeune camarade; il est donc probable qu'ils eurent au collége peu de relations : mais quand ils se retrouvèrent dans le monde, le souvenir de ces premières années de leur jeunesse fut un lien et un charme de plus dans leur étroite amitié.

Sorti de La Flèche à 16 ans (en 1612), Descartes passa une première année à Rennes au sein de sa famille. L'année suivante, il fut envoyé à Paris sous la conduite d'un valet de chambre. On a parlé avec quelque exagération des premiers désordres de sa jeunesse. Descartes se livra sans doute avec ardeur aux plaisirs de son âge; mais ce qui prouve qu'il ne s'y laissa point entraîner sans réserve, c'est sa liaison avec le jeune Mydorge, fils d'un conseiller au parlement, et neveu du président Chrétien de Lamoignon, aussi bien que son commerce intime avec Mersenne, qui était venu faire sa théologie à la Sorbonne et avait déjà reçu l'ordination. Mydorge avait la passion des sciences mathématiques et physiques. Cherchant un état qui lui laissât le loisir de les cultiver, il se fit trésorier de France en la généralité d'Amiens, seulement pour avoir un titre. Il dépensa près de cent mille écus à fabriquer des verres d'optique, des miroirs ardents et autres instruments d'expérience. Mersenne avait aussi un goût décidé pour la géométrie. En compagnie de pareils hommes, il est difficile de croire que Descartes ait ressenti pour les plaisirs du monde un bien vif attrait. Le P. Mersenne ayant reçu (en 1614) une obédience de la part de son provincial pour aller demeurer à Nevers, Descartes se retira de plus en plus du monde. Tout à coup, il rompt avec ses amis et ses connaissances; il loue une petite maison dans un quartier désert du faubourg Saint-Germain, et y passe les années 1615 et 1616, appliqué à l'étude et inconnu à tous. Ce ne fut qu'au bout de plus de deux ans qu'un ami le rencontra par hasard dans une rue écartée, s'obstina à le poursuivre jusque chez lui, et le rentraîna enfin dans le monde.

A vingt et un ans, Descartes crut que le moment était venu pour lui de prendre du service. La répugnance qu'il éprouvait à servir sous le maréchal d'Ancre le décida à suivre l'exemple de plusieurs jeunes gentilshommes de la noblesse française qui allaient alors apprendre le métier de la guerre sous le prince Maurice de Nassau en Hollande. Il préparait son équipage, lorsqu'il apprit la mort du maréchal d'Ancre, tué au Louvre, comme on sait, par les gens de M. de Vitry, capitaine des gardes du corps. Cet événement ne changea pas la résolution de Descartes, et il alla droit au Brabant hollandais se mettre dans les troupes du prince Maurice en qualité de volontaire.

Le véritable but de Descartes, en prenant du service, n'était pas de se faire une carrière militaire; il voulait voyager, étudier les hommes, et se mettre à l'épreuve de tous les accidents de la vie. Afin de n'être gêné par aucune force supérieure, il renonça d'abord à toute charge et s'entretint à ses dépens. Il dut cependant recevoir une fois la paie pour faire acte de soldat, et garda cet argent toute sa vie comme un souvenir de son service militaire.

Descartes avoue dans une de ses lettres qu'étant jeune il avait aimé véritablement la guerre; mais il prétend que cette inclination n'était que l'effet d'une chaleur du foie, qui, s'étant apaisée dans la suite du temps, fit tomber aussi cette inclination. « Bien que la coutume et l'exemple, dit-il ailleurs, fassent estimer le métier de la guerre comme le plus noble de tous, pour moi, qui le considère en philosophe, je ne l'estime qu'autant qu'il vaut, et même j'ai bien de la peine à lui donner place entre les professions honorables, voyant que l'oisiveté et le libertinage sont les deux principaux motifs qui y portent aujourd'hui la plupart des hommes. »

Se trouvant de loisir dans l'hiver de 1618 à 1619, Descartes le consacra à des méditations et à des écrits sur les sciences. Déjà à Paris, apprenant l'escrime, il en avait écrit la théorie : en Hollande, réfléchissant à un autre art qui lui avait procuré beaucoup de plaisir, la musique, il composa un *Compendium musicæ*. Il faut joindre à ce dernier morceau quelques autres écrits composés à la même époque, et qui, comme les deux précédents, ne nous sont point parvenus : 1° *Quelques considérations sur les sciences* : c'est le premier germe du *Discours de la Méthode* ; 2° *De l'Algèbre* ; 3° *Democrita*; 4° *Experimenta*; 5° *Præambula*, avec cette épigraphe : *Initium sapientiæ timor Domini.*

Dans cette première partie de la vie de Descartes, les sciences, et principalement les mathématiques, étaient son étude de prédilection. Passant un jour dans une rue de Bréda, Descartes voit un grand concours de gens occupés à lire une affiche où était posé, suivant l'usage du temps, un problème à résoudre. Il s'approche; mais l'affiche était en flamand, qu'il n'entendait pas. Il prie un homme qui était à côté de lui de la lui expliquer. C'était un mathématicien nommé Beckmann, principal du collége de Dordrecht. Le principal, homme grave, voyant un petit officier français en habit uniforme, crut qu'un problème de géométrie n'était pas fort intéressant pour lui; et, apparemment pour le plaisanter, il lui offrit de lui expliquer l'affiche, à condition qu'il résoudrait le problème. C'était une espèce de défi, Descartes l'accepta; le lendemain matin, le problème était résolu. Beckmann fut fort étonné; il entra en conversation avec le jeune homme, et il se trouva que le militaire de vingt ans en savait beaucoup plus sur la géométrie que le vieux professeur de mathématiques. Deux ou trois ans après, étant à Ulm en Souabe, il eut une aventure à peu près pareille avec Faulhaber, mathématicien allemand. Celui-ci venait de donner un gros livre sur l'algèbre, et il traitait Descartes assez lestement, comme un jeune officier aimable et qui ne paraissait pas tout à fait ignorant. Cependant un jour, à quelques questions qu'il lui fit, il se douta que Descartes pourrait bien avoir quelque mérite. Bientôt, à la clarté et à la rapidité de ses réponses sur les questions les plus abstraites, il reconnut dans ce jeune homme le plus puissant génie, et ne regarda plus qu'avec respect celui qu'il croyait honorer en le recevant chez lui.

Il ne paraît pas qu'au service de Maurice de Nassau Descartes ait pris part à aucune action de guerre considérable. La mort de Barneveldt ayant laissé le prince d'Orange désoccupé, Descartes, que le désir de voyager poursuivait toujours, alla prendre du service dans les troupes du duc de Bavière, allié de l'empereur, contre les protestants. Ce fut là, comme il le raconte lui-même, que le commencement de l'hiver l'arrêta dans un quartier, où, ne trouvant aucune conversation qui le divertît, et n'ayant d'ailleurs, par bonheur, aucuns soins ni passions qui le troublassent, il demeurait tout le jour enfermé dans un poêle, où il avait tout loisir de s'entretenir de ses pensées. On peut conjecturer qu'avec cette disposition d'esprit, Descartes fut spectateur beaucoup plus qu'acteur, suivant sa maxime, dans les affaires de la campagne.

Quatre jours avant la bataille de Prague, à laquelle il assista, nous le trouvons occupé d'écrire un traité intitulé *Olympica*, ouvrage aujourd'hui perdu, mais dont Baillet a vu le manuscrit, et qui portait en marge la note suivante : « *XI novembris* 1620, *cœpi intelligere fundamentum inventi mirabilis.* » Entré à Prague avec l'armée victorieuse, pendant qu'elle se livre au pillage Descartes cherche dans la patrie de Ticho-Brahé les traces du séjour et des travaux de ce grand homme.

Après avoir fait une nouvelle campagne, celle de Hongrie, sous les ordres du comte de Bucquoy, Descartes, à la mort de ce général, abandonna définitivement la profession des armes. Il traversa la Moravie, la Silésie, visita les côtes de la mer Baltique et le Holstein, s'embarqua sur l'Elbe, prit terre dans la Frise orientale, parcourut les côtes de la mer d'Allemagne, et se rembarqua pour la Frise occidentale. Ce fut pendant cette traversée que cinq ou six mariniers de la West-Frise pensèrent disposer de celui qui devait faire la révolution de l'esprit humain. Pour être plus libre, il avait pris à Embden un bateau pour lui seul et son valet. Les mariniers, à qui son air doux et tranquille et sa petite taille n'imposaient pas apparemment beaucoup, formèrent le complot de le tuer, afin de profiter de ses dépouilles. Comme ils ne se doutaient pas qu'il entendît leur langue, ils eurent l'heureuse imprudence de tenir conseil devant lui. Par bonheur, Descartes savait le hollandais; il se lève tout à coup, change de contenance, tire l'épée avec fierté, et menace de percer le premier qui oserait approcher. Cette audace les intimida, et Descartes fut sauvé.

Après un nouveau séjour en Hollande et une course à Bruxelles (1622), Descartes rentra en France, et alla visiter à Rennes son père, qui le mit en possession de la part qui lui revenait dans la fortune de sa mère; c'était trois fiefs en métairies, le Perron, la Grande-Maison et le Marchais, plus une maison de ville à Poitiers, et plusieurs arpents de terre labourable. Il pensa un instant à acheter une charge, fit une course en 1623 à Paris, où il retrouva le P. Mersenne, revint à Rennes, et, prenant enfin son parti, il vendit ses biens et recommença sa vie de méditations et de voyages. En septembre 1623, il part pour l'Italie, traverse les Alpes, où il médite son traité des météores, visite le pays des Grisons, la Valteline, le Tyrol, court jusqu'à Inspruck, revient à Venise pour assister au mariage du doge avec la mer Adriatique, se rend à Lorette pour y accomplir un vœu formé dans son poêle d'Allemagne à l'occasion d'un songe mystérieux, et de là va voir à Rome les fêtes du jubilé, qui laissent dans son âme les plus fortes impressions.

De retour pour la troisième fois en France, Descartes songea encore à s'établir en se mariant et en achetant une charge. Mais aucun de ces deux projets ne put réussir. La personne à laquelle il fit un instant la cour, et qui fut depuis connue dans le monde comme une femme d'esprit, sous le nom de madame du Rosay, racontait que la seule galanterie que Descartes lui eût jamais dite, c'est qu'il ne trouvait pas de beauté comparable à celle de la vérité, ou encore qu'il mettait trois choses sur le même rang et au nombre des plus difficiles à rencontrer : une belle femme, un bon livre, et un excellent prédicateur.

Le projet d'acheter une charge n'eut pas un plus heureux succès. Pour se rendre capable de la remplir, Descartes se rendit à Paris, où il voulait étudier la procédure chez un procureur au Châtelet; mais il n'étudia que la physique et la géométrie, avec Mydorge, Mersenne, et d'autres savants hommes dont il acquit l'amitié, le P. Gibieuf de l'Oratoire, Des Argus, qui le présenta au cardinal de Richelieu, l'abbé Picot, dont il fit l'agent de ses affaires domestiques, le receveur de ses rentes de Bretagne et de Poitou.

La campagne du siége de La Rochelle, à laquelle participa Descartes en 1628, sur l'appel fait par le roi à tous les gentilshommes qui l'entouraient, ne le détourna que faiblement de ses études, où il s'enfonça de plus en plus, et auxquelles il se décida à consacrer sa vie tout entière. Pour les cultiver dans une paix et une indépendance parfaites, il résolut de se fixer en Hollande, dont le climat froid convenait d'ailleurs à son tempérament beaucoup mieux que celui de Paris ou de la Touraine, où la chaleur trop forte ne lui faisait, disait-il, enfanter que des chimères.

Ce fut au mois de mars 1629, à l'âge de trente-trois ans, que Descartes alla s'établir dans ce pays de son choix, où il devait passer les vingt années les mieux remplies de sa vie. Écoutons-le raconter à son ami Balzac son existence solitaire et méditative avec une grâce et une fraîcheur d'imagination qu'on n'attend peut-être pas de cette plume austère.

« Monsieur, j'ai porté ma main contre mes yeux, pour voir si je ne dormais point, lorsque j'ai lu dans votre lettre que vous aviez dessein de venir ici; et maintenant encore je n'ose me réjouir autrement de cette nouvelle que comme si je l'avais seulement songée : toutefois, je ne trouve pas fort étrange qu'un esprit grand et généreux comme le vôtre ne se puisse accommoder à ces contraintes serviles auxquelles on est obligé dans la cour; et puisque vous m'assurez tout de bon que Dieu vous a inspiré de quitter le monde, je croirais pécher contre le Saint-Esprit si je tâchais à vous détourner d'une si sainte résolution. Même vous devez pardonner à mon zèle, si je vous convie de choisir Amsterdam pour votre retraite, et de le préférer, je ne dirai pas seulement à tous les couvents des capucins et des chartreux, où force honnêtes gens se retirent, mais aussi à toutes les plus belles demeures de France et d'Italie, et même à ce célèbre ermitage dans lequel vous étiez l'année passée. Quelque accomplie que puisse être une maison des champs, il y manque toujours une infinité de commodités qui ne se trouvent que dans les villes, et la solitude même qu'on y espère ne s'y rencontre jamais toute parfaite. Je veux bien que vous y trouviez un canal qui fasse rêver les plus grands parleurs, et une vallée si solitaire qu'elle puisse leur inspirer du transport et de la joie; mais malaisément se peut-il faire que vous n'ayez aussi quantité de petits voisins qui vous vont quelquefois importuner, et de qui les visites sont encore plus incommodes que celles que vous recevez à Paris : au lieu qu'en cette grande ville où je suis, n'y ayant aucun homme (excepté moi) qui n'exerce la marchandise, chacun y est tellement attentif à son profit, que j'y pourrais demeurer toute ma vie sans être jamais vu de personne. Je vais me promener tous les jours parmi la confusion d'un grand peuple, avec autant de liberté et de repos que vous sauriez faire dans vos allées; et je n'y considère pas autrement les hommes que j'y vois que je ferais les arbres qui se rencontrent en vos forêts, ou les animaux qui y paissent : le bruit même de leur fracas n'interrompt pas plus mes rêveries que ferait celui de quelque ruisseau. Que si je fais quelquefois réflexion sur leurs actions, j'en reçois le même plaisir que vous feriez de voir les paysans qui cultivent vos campagnes; car je vois que tout leur travail sert à embellir le lieu de ma demeure et à faire que je n'y aie manque d'aucune chose : que s'il y a du plaisir à voir croître les fruits en vos vergers et à y être dans l'abondance jusqu'aux yeux, pensez-vous qu'il n'y en ait pas bien autant à voir venir ici des vaisseaux qui nous apportent abondamment tout ce que produisent les Indes, et tout ce qu'il y a de rare en l'Europe? Quel autre lieu pourrait-on choisir au reste du monde, où toutes les commodités de la vie et toutes les curiosités qui peuvent être souhaitées soient si faciles à trouver qu'en celui-ci? Quel autre pays où l'on puisse dormir avec moins d'inquiétude; où il y ait toujours des armées sur pied, exprès pour nous garder; où les emprisonnements, les trahisons, les calomnies soient moins connus, et où il soit demeuré plus de restes de l'innocence de nos aïeux? Je ne sais comment vous pouvez tant aimer l'air d'Italie, avec lequel on respire si souvent la peste, et où toujours la chaleur du jour est insupportable, la fraîcheur du soir malsaine, et où l'obscurité de la nuit couvre des larcins et des meurtres. Que si vous craignez les hivers du septentrion, dites-moi quelles ombres, quel éventail, quelles fontaines vous pourraient si bien préserver à Rome des incommodités de la chaleur, comme un poêle et un grand feu vous exempteront ici d'avoir froid. Au reste, je vous dirai que je vous attends avec un petit recueil de rêveries qui ne vous seront peut-être pas désagréables; et soit que vous veniez ou que vous ne veniez pas, je serai toujours passionnément, » etc. (15 mai 1631).

C'est au sein de cette vie conforme à ses goûts de liberté et de méditation que Descartes rassemblait les idées qui allaient constituer sa nouvelle philosophie. Il était occupé à terminer son traité de la lumière, qu'il appelait *son Monde*, et où il soutenait l'opinion du mouvement de la terre, et allait l'envoyer au P. Mersenne pour le faire imprimer à Paris, lorsqu'il apprit la condamnation de Galilée. Il en ressentit des impressions qui aujourd'hui paraissent excessives, et, poussant la prudence jusqu'à une timidité dont il est difficile de ne pas le blâmer, il renonça à la publication de son traité, et faillit même le jeter au feu. Citons encore ici une lettre de Descartes : elle peint le caractère du temps et celui du philosophe.

« J'en étais à ce point, écrit-il au P. Mersenne, lorsque j'ai reçu votre dernière, de l'onzième de ce mois; et je voulais faire comme les mauvais payeurs, qui vont prier leurs créanciers de leur donner un peu de délai lorsqu'ils sentent approcher le temps de leur dette. En effet, je m'étais proposé de vous envoyer *mon Monde* pour ces étrennes; et il n'y a pas quinze jours que j'étais encore tout résolu de vous en envoyer au moins une partie, si le tout ne pouvait être transcrit en ce temps-là; mais je vous dirai que m'étant fait enquérir ces jours à Leyde et à Amsterdam si le système du monde de Galilée n'y était point, à cause qu'il me semblait avoir appris qu'il avait été imprimé en Italie l'année passée, on m'a mandé qu'il était vrai qu'il avait été imprimé, mais que tous les exemplaires en avaient été brûlés à Rome au même temps, et lui condamné à quelque amende; ce qui m'a si fort étonné que je me suis quasi résolu de brûler tous mes papiers, ou du moins de ne les laisser voir à personne. Car je ne me suis pu imaginer que lui, qui est Italien, et même bien voulu du pape, ainsi que j'entends, ait pu être criminalisé pour autre chose sinon qu'il aura sans doute voulu établir le mouvement de la terre, lequel je sais bien avoir été censuré autrefois par quelques cardinaux, mais je pensais avoir ouï dire que depuis on ne laissait pas de l'enseigner publiquement, même dans Rome, et je confesse que s'il est faux, tous les fondements de ma philosophie le sont aussi, car il se démontre par eux évidemment; et il est tellement lié avec toutes les parties de mon Traité, que je ne l'en saurais détacher sans rendre tout le reste défectueux. Mais comme je ne voudrais pour rien du monde qu'il sortît de moi un discours où il se trouvât le moindre mot qui fût désapprouvé de l'Église, aussi aimé-je mieux le supprimer que de le faire paraître estropié (28 novembre 1633)..... — Je sais bien qu'on pourrait dire que tout ce que les inquisitions de Rome ont décidé n'est pas incontinent article de foi pour cela, et qu'il faut premièrement que le concile y ait passé; mais je ne suis point si amoureux de mes pensées, que de me vouloir servir de telles exceptions pour avoir moyen de les maintenir; et le désir que j'ai de vivre en repos, et de continuer la vie que j'ai commencée en prenant pour devise *Bene vixit bene qui latuit*, fait que je suis plus aise d'être délivré de la crainte que j'avais d'acquérir plus de connaissances que je ne désire, par le moyen de mon écrit, que je ne suis fâché d'avoir perdu le temps et la peine que j'ai employée à le composer (10 janvier 1634)... »

On pense involontairement, en lisant ces lettres, au témoignage rendu à la prudence de Descartes par un théologien qui n'était pourtant pas médiocrement sévère en matière d'orthodoxie : « M. Descartes, dit Bossuet, a toujours craint d'être noté par l'Église, et on lui voit prendre sur cela des précautions qui allaient jusqu'à l'excès. » Par un étrange et juste retour, ces paroles de Bossuet, qui pouvaient au dix-septième siècle servir de protection à la renommée de Descartes, sont aujourd'hui une sorte de tache à sa mémoire.

Mais à quoi servent toutes les précautions de la prudence humaine? Descartes voulait échapper à tout prix à la persécution, il ne fut guère plus heureux que Galilée. Tandis qu'il se couvrait du côté des catholiques, en supprimant son *Traité du Monde*, et se ménageant auprès des jésuites ses anciens maîtres, un orage fondit sur lui du côté des protestants.

Le *Discours de la Méthode* avait paru en juin 1637, accompagné de la *Dioptrique*, des *Météores* et de la *Géométrie*. On voit que Descartes se donnait au public tout entier d'un seul coup, comme géomètre à la fois, comme physicien et comme philosophe. C'était plus qu'il n'en fallait pour exciter l'envie. Elle se personnifia dans le célèbre Voët ou Voetius, ministre et plus tard recteur de l'Université à Utrecht.

Voët commença les hostilités en 1639 par des thèses sur l'athéisme. Descartes n'y était point nommé, mais on avait eu soin d'y insérer toutes ses opinions comme celles d'un athée. En 1640, secondes et troisièmes thèses où était renouvelée la même calomnie. Regius, disciple de Descartes et professeur de médecine, soutenait la circulation du sang; autre crime contre Descartes; on joignit cette accusation à celle d'athéisme : ordonnance des magistrats, qui défendent d'introduire des nouveautés dangereuses. En 1641, Voët se fit élire recteur de l'Université d'Utrecht. N'osant point encore attaquer le maître, il veut d'abord faire condamner le disciple comme hérétique. Quatrièmes thèses publiques contre Descartes. En 1642, décret des magistrats pour défendre la philosophie nouvelle. En 1643 Voët eut recours à des troupes auxiliaires. Il alla les chercher dans l'Université de Groningue, où un nommé Schoock ou Schoockius s'associa à ses fureurs. C'était un de ces méchants subalternes qui n'ont pas même l'audace du crime, et qui, trop lâches pour attaquer par eux-mêmes, sont assez vils pour nuire sous les ordres d'un autre. Il débuta par un gros livre contre Descartes, dont le but était de prouver que la nouvelle philosophie menait droit au scepticisme, à l'athéisme et *à la frénésie*. Descartes crut enfin qu'il était temps de répondre. Il avait déjà écrit une petite lettre sur Voët, et celui-ci n'avait pas manqué de la faire condamner comme injurieuse et attentatoire à la religion réformée dans la personne d'un de ses principaux pasteurs. Dans sa réponse contre le nouveau livre, Descartes se proposait trois choses : d'abord de se justifier lui-même, car jusqu'alors il n'avait rien répondu à plus de douze libelles; ensuite de justifier ses amis et ses disciples; enfin de démasquer un homme aussi odieux que Voët, qui, par une ignorance hardie et sous le masque de la religion, séduisait la populace et aveuglait les magistrats. Mais les esprits étaient trop échauffés : il ne réussit point. Sentence contre Descartes, où ses lettres sur Voët sont déclarées libelles diffamatoires. Ce fut alors que les magistrats travaillèrent à lui faire son procès secrètement et sans qu'il en fût averti. Leur intention était de le condamner comme athée et comme calomniateur : comme athée, parce qu'il avait donné de nouvelles preuves de l'existence de Dieu; comme calomniateur, parce qu'il avait repoussé les calomnies de ses ennemis. Descartes apprit par une espèce de hasard qu'on lui faisait son procès. Il s'adressa à l'ambassadeur de France, qui heureusement, par l'autorité du prince d'Orange, fit arrêter les procédures, déjà très-avancées.

On conçoit aisément que ces odieuses persécutions aient contribué à dégoûter Descartes du séjour de la Hollande, et à lui faire accepter quelques années plus tard les offres de la reine Christine. Diverses circonstances l'avaient rappelé momentanément en France en 1644, 1647 et 1648, mais sans jamais l'y fixer. Les empressements dont il fut l'objet à Paris ne parvinrent pas à le séduire. « Je m'aperçus, dit-il dans une de ses lettres, qu'on voulait m'avoir en France à peu près comme les grands seigneurs veulent avoir dans leur ménagerie un éléphant, ou un lion, ou quelques animaux rares. Ce que je pus penser de mieux sur leur compte, ce fut de les regarder comme des gens qui auraient été bien aises de m'avoir à dîner chez eux; mais en arrivant, je trouvai leur cuisine en désordre et la marmite renversée... »

Les troubles de la Fronde, auxquels Descartes fait ici allusion, n'empêchèrent pas le cardinal Mazarin de donner à l'illustre philosophe une pension de trois mille livres, qui, malgré le triste état des finances, lui fût payée exactement jusqu'à son départ pour la Suède. Le titre de cette pension portait qu'elle lui était accordée *en considération de ses grands mérites, et de l'utilité que sa philosophie et les recherches de ses longues études procuraient au genre humain; comme aussi pour l'aider à continuer ses belles expériences, qui requéraient de la dépense.*

Ce fut dans un de ces rapides voyages en France que Descartes se lia avec M. de Chanut; et cette amitié étroite eut pour lui des suites importantes, lorsque son digne ami fut nommé résident de France en Suède : ce fut M. de Chanut qui appela sur ses écrits et sur sa personne l'attention de la reine Christine. Il était dans la destinée de Descartes d'avoir pour disciples les deux femmes les plus célèbres du temps, la princesse Élisabeth et la reine Christine. Avant d'accompagner Descartes auprès de la fille de Gustave-Adolphe, disons un mot de sa première disciple, la princesse palatine.

Élisabeth de Bohême, fille de ce fameux électeur palatin qui disputa à Ferdinand II les royaumes de Hongrie et de Bohême, fut plus que l'élève intelligente de Descartes, elle fut son amie. Recherchée par Ladislas IV, roi de Pologne, elle préféra le plaisir de cultiver son âme dans la retraite à l'honneur d'occuper un trône. Sa mère, dans son enfance, lui avait appris six langues : elle possédait parfaitement les belles-lettres. Son génie la porta aux sciences profondes : elle étudia la philosophie et les mathématiques : mais dès que les premiers ouvrages de Descartes lui tombèrent entre les mains, elle crut n'avoir rien appris jusqu'alors. Elle le fit prier de la venir voir, pour qu'elle pût l'entendre lui-même. Descartes lui trouva un esprit aussi facile que profond : en peu de temps elle fut au niveau de sa géométrie et de sa métaphysique. Bientôt après, Descartes lui dédia ses *Principes*; il la félicita d'avoir su réunir tant de connaissances dans un âge où la plupart des femmes ne savent que plaire. Il continua jusqu'à la fin de sa vie un commerce de lettres avec elle.

La reine Christine, qui voulut être aussi l'amie de Descartes, est trop connue pour qu'il ne suffise pas ici de la nommer. Cette princesse ayant lu les ouvrages de Descartes, lui fit écrire en 1647, pour savoir de lui en quoi consistait le *souverain bien*. La plupart des princes, ou ne font pas de ces questions-là, ou les font à des courtisans plutôt qu'à des philosophes, et alors la réponse est facile à deviner. Celle de Descartes fut un peu différente : il faisait consister le souverain bien dans la volonté ferme d'être vertueux, et dans le charme de la conscience qui jouit de sa vertu. C'était une belle leçon de morale pour une reine; Christine en fut si contente, qu'elle lui écrivit de sa main pour le remercier. Peu de temps après, Descartes lui envoya son *Traité des Passions*. En 1649, la reine lui fit faire les plus vives instances pour l'engager à venir à Stockholm, et déjà elle avait donné ordre à un de ses amiraux pour l'aller prendre et le conduire en Suède. Après avoir long-temps hésité, Descartes partit enfin, et il arriva au commencement d'octobre à Stockholm. La reine le reçut avec une distinction qu'on dut remarquer dans une cour. Elle commença par l'exempter de tous les assujettissements des courtisans; elle sentait bien qu'ils n'étaient pas faits pour Descartes. Elle convint ensuite avec lui d'une heure où elle pourrait l'entretenir tous les jours et recevoir ses leçons. On sera assez étonné quand on saura que ce rendez-vous d'un philosophe et d'une reine était à cinq heures du matin, dans un hiver très-cruel. Christine, passionnée pour les sciences, s'était fait un plan de commencer la journée par ses études, afin de pouvoir donner le reste au gouvernement de ses états.

Elle fut si satisfaite de la philosophie de Descartes, qu'elle résolut de le fixer en Suède par toutes sortes de moyens. Son projet était de lui donner, à titre de seigneurie, des terres considérables dans les provinces les plus méridionales de son royaume, pour lui et pour ses héritiers à perpétuité. Elle espérait ainsi l'enchaîner par ses bienfaits. Mais ses généreux desseins ne purent se réaliser. Descartes était à peine à Stockholm depuis quatre mois, qu'il fut attaqué mortellement par le climat.

Il n'avait pas osé réclamer contre le régime de vie que lui imposait Christine en le faisant venir tous les jours au palais à cinq heures du matin, pendant la saison la plus rigoureuse de l'année et sous un climat auquel il n'était pas habitué. Pour aller de l'hôtel de l'ambassadeur de France, où il logeait, au palais de la reine, il fallait traverser un pont fort long et tout découvert, et pendant ce trajet un carrosse était un faible rempart contre le froid. M. de Chanut lui-même, plus accoutumé que Descartes à ce pays, et d'un tempérament plus robuste, fut atteint d'une inflammation de poitrine; et il sortait de son lit de malade pour la première fois, lorsque Descartes entra dans le sien. Pendant les huit premiers jours de la maladie, Descartes s'obstina à refuser d'être saigné. Dévoré par la fièvre, il s'adressait dans son délire aux médecins de la reine : « Ah! messieurs, leur disait-il, épargnez le sang français. » Le huitième jour, il se laissa saigner; mais il n'était plus temps. Il eut du moins pendant sa maladie la consolation de voir le tendre intérêt qu'on prenait à sa santé. La reine envoyait savoir deux fois par jour de ses nouvelles. Monsieur et madame de Chanut lui prodiguaient les soins les plus dévoués. Sentant venir sa fin, le malade envoya chercher le P. Viogué, aumônier de l'ambassade, et ne voulut plus s'entretenir que de sujets de piété. « Çà, mon âme, disait-il, il y a long-temps que tu es captive; voici l'heure où tu dois sortir de prison et quitter l'embarras de ce corps; il faut souffrir cette désunion avec joie et courage. » Le soir du neuvième jour, il eut une défaillance. Revenu un moment après, il sentit qu'il fallait mourir. On courut chez M. de Chanut; il vint pour recueillir le dernier soupir et les dernières paroles de son ami, mais il ne parlait plus. On le vit seulement lever les yeux au ciel, comme un homme qui implorait Dieu pour la dernière fois. En effet, il mourut, la même nuit, le 11 février, à quatre heures du matin, âgé de près de cinquante-quatre ans.

M. de Chanut, accablé de douleur, envoya aussitôt son secrétaire au palais, pour avertir la reine, à son lever, que Descartes était mort. Christine en l'apprenant versa des larmes. Elle voulut le faire enterrer auprès des rois et lui élever un mausolée. Des vues de religion s'opposèrent à ce dessein.

Seize ans après, en 1666, le corps de Descartes fut transporté en France. On coucha ses ossements sur les cendres qui restaient, et on les enferma dans un cercueil de cuivre. C'est ainsi qu'ils arrivèrent à Paris, où on les déposa dans l'église Sainte-Geneviève. Le 24 juin 1667, on lui fit un service solennel avec la plus grande magnificence. On devait après le service prononcer son oraison funèbre ; mais il vint un ordre exprès de la cour qui défendit qu'on la prononçât. L'histoire doit dire que l'homme qui sollicita et obtint cet ordre fut le P. Le Tellier.

Ce rapide récit de la vie et de la mort de Descartes serait trop incomplet si nous n'ajoutions quelques particularités sur sa personne, sa manière de vivre et son caractère.

Descartes était d'une taille au-dessous de la moyenne. Un de ses adversaires l'appelle *Homuncio*. Sa tête était fort grosse, son front large et avancé, ses cheveux noirs et rabattus jusqu'aux sourcils. A quarante-trois ans, il les remplaça par une perruque modelée sur la forme de ses cheveux ; et, regardant cette substitution comme favorable à la santé, il pressa son ami Picot de suivre son exemple. Ses yeux étaient très-écartés, son nez saillant et large, mais allongé, sa bouche grande ; sa lèvre inférieure dépassait un peu celle de dessus; la coupe du visage était assez ovale ; son teint avait été pâle dès l'enfance, un peu cramoisi dans la jeunesse, et devint olivâtre dans l'âge mûr ; il avait à la joue une petite bulbe qui s'écorchait de temps en temps et renaissait toujours. Sa figure exprimait la méditation et la sévérité. Sa voix était faible à cause d'une légère altération de poumons qu'il avait apportée en naissant. Il avait été, pendant son enfance, tourmenté d'une toux sèche qu'il avait héritée de sa mère. Depuis l'âge de dix-neuf ans il prit le gouvernement de sa santé et se passa du secours des médecins. Son hygiène était de mener un train de vie uniforme, d'éviter tout changement brusque ; sa médecine, la diète, un exercice modéré, et la confiance dans les forces de la nature.

Ses vêtements annonçaient du soin, mais non du faste ; il ne courait pas après les modes, mais il ne les bravait pas non plus. Le noir était la couleur qu'il préférait : en voyage, il portait une casaque de gris-brun.

Les revenus dont il eut la jouissance après la mort de son père et celle de son oncle maternel paraissent s'être élevés à 6,000 ou 7,000 livres; dans les dernières années de sa vie, il faut y ajouter la pension de 3,000 livres qui lui fut payée par la France. Il n'était ni avare, ni cupide; mais, cependant, il savait défendre ses intérêts. A propos des affaires de la succession de son oncle, il écrivait : « Je n'ai donné aucune charge à mon frère d'agir pour moi dans mes affaires; que s'il s'ingère de faire quelque chose en mon nom ou comme se faisant fort de moi, il en sera désavoué. Lorsqu'il se plaint que cela se fait à son préjudice, il témoigne encore avoir envie de se faire mon procureur malgré moi, comme il a fait aux partages de la succession de mon père, pour me ravir mon bien sous ce prétexte, et sur l'assurance qu'il a que j'aime mieux perdre que de plaider. Ainsi sa plainte est semblable à celle d'un loup qui se plaindrait que la brebis lui fait tort de s'enfuir lorsqu'elle a peur qu'il ne la mange.... » Ce frère aîné, M. Descartes de la Bretaillère, dont l'avidité est ici caractérisée en termes si vifs et si mérités, avait la sottise de croire, ainsi que toute sa famille, qu'en écrivant des livres René Descartes avait dérogé. Aussi lorsque son père mourut, on ne jugea point à propos de l'en instruire. Il y avait déjà près de quinze jours que le vieillard était enterré quand Descartes lui écrivit la lettre du monde la plus tendre. Il se justifiait d'habiter dans un pays étranger, loin d'un père qu'il aimait. Il lui marquait le désir qu'il avait de faire un voyage en France pour le revoir, pour l'embrasser, pour recevoir encore une fois sa bénédiction.... Quand la lettre de Descartes arriva, il y avait déjà un mois que son père était mort. On se souvint alors qu'il y avait dans les pays étrangers une autre personne de la famille et on lui écrivit par bienséance. Descartes ne se consola point de n'avoir pas reçu les dernières paroles et les derniers embrassements de son père.

Descartes était doux, affable pour ses domestiques; il paya jusqu'à sa mort une pension à sa nourrice. Quant aux secrétaires ou copistes qu'il employa successivement pour l'aider dans ses recherches et ses expériences, il les traitait comme ses égaux et s'occupait de leur avancement; la plupart devinrent gens de mérite et ont fini par acquérir une honorable position.

Ses mœurs étaient pures. La seule faiblesse que ses ennemis aient pu lui reprocher, n'a servi qu'à révéler la sensibilité de son âme. On sait qu'il eut une fille nommée Francine : elle naquit en Hollande le 13 juillet 1635, et fut baptisée sous son nom. Quelques auteurs ont prétendu que Descartes était marié secrètement; mais dans un de ces entretiens où l'âme, abandonnée à elle-même, s'épanche librement au sein de l'amitié, Descartes, à ce qu'on dit, avoua lui-même le contraire. Il se disposait à faire transporter sa fille en France, pour y faire son éducation; mais elle mourut tout à coup entre ses bras, le 7 septembre 1640 : elle n'avait que cinq ans. Il fut inconsolable de cette mort. Jamais, dit-il, il n'éprouva de plus grande douleur. Depuis, il aimait à s'en entretenir avec ses amis; il prononçait souvent le nom de sa chère Francine; il en parlait avec la douleur la plus tendre, et il écrivit lui-même l'histoire de cette enfant à la tête d'un ouvrage qu'il comptait donner au public.

Il paraît difficile de justifier entièrement Descartes sur deux parties de son caractère : nous avons vu, en diverses occasions, sa prudence portée jusqu'à la faiblesse; on peut dire aussi que le juste sentiment de la supériorité de son génie s'exalta quelquefois jusqu'à un orgueil excessif. Qu'il nous suffise de citer ici une de ses lettres à Mersenne, qui lui avait signalé quelque analogie entre sa géométrie et les travaux de Viète : « J'ai commencé, dit Descartes, où il (Viète) avait achevé, ce que j'ai fait toutefois sans y penser, car j'ai plus feuilleté Viète depuis que j'ai reçu votre dernière lettre que je n'avais fait auparavant... Au reste, ayant déterminé, comme j'ai fait en chaque genre de question, tout ce qui s'y peut faire, et montré les moyens de le faire, je prétends qu'on ne doit pas seulement croire que j'ai fait quelque chose de plus que ceux qui m'ont précédé, mais aussi qu'on doit se persuader que *nos neveux ne trouveront jamais rien en cette matière que je ne pusse avoir trouvé aussi bien qu'eux si j'eusse voulu prendre la peine de le chercher*. Je vous prie que ceci demeure entre nous, car j'aurais une grande confusion que d'autres sussent que je vous ai tant écrit sur ce sujet. » (*Lettres au R. P. Mersenne*, 1637, lettre 73.) Cette hauteur d'âme de Descartes le rendit quelquefois injuste pour ses adversaires. Mais ces taches légères s'effacent dans l'éclat de tant de rares vertus, et on peut dire qu'en Descartes l'âme fut toujours au niveau de l'esprit, et l'homme aussi grand que le philosophe.

Nous n'avons encore vu que la partie de lui-même qu'il a toujours voulu dérober à l'attention publique. Essayons de nous élever avec lui à ces hautes spéculations qui furent les vrais événements de sa vie et les plus constants objets de ses affections.

Nous avons cité la plupart des grands ouvrages de Descartes en racontant sa vie : le *Discours de la Méthode* (publié en 1637 avec la *Géométrie*, les *Météores* et la *Dioptrique*), les *Méditations métaphysiques* (1641), les *Principes* (1644), le *Traité des passions* (1646). C'est dans les deux premiers ouvrages que nous irons surtout chercher les vrais caractères de la philosophie de Descartes. Dans les *Principes*, cette philosophie, réduite en formules, prend une apparence sèche et scolastique; dans le *Discours de la Méthode* et les *Méditations*, on la sent pleine de jeunesse, de naturel et de vie.

Descartes nous a raconté lui-même, dans le premier de ces ouvrages, avec une naïveté pleine de grandeur et de charme, l'histoire fidèle du développement de son esprit, depuis ses premières réflexions du collége jusqu'au jour où il se crut assez fort pour construire une philosophie nouvelle.

« J'ai été, nous dit-il, nourri aux lettres dès mon enfance; et, pour ce qu'on me persuadait que par leur moyen on pourrait acquérir une connaissance claire et assurée de tout ce qui est utile à la vie, j'avais un extrême désir de les apprendre. Mais sitôt que j'eus achevé tout ce cours d'études, au bout duquel on a coutume d'être reçu au rang des doctes, je changeai entièrement d'opinion; car je me trouvais embarrassé de tant de doutes et d'erreurs qu'il me semblait n'avoir fait autre profit en tâchant de m'instruire sinon que j'avais découvert de plus en plus mon ignorance. »

Voilà Descartes arrivé à ce point qui est pour Socrate le commencement de la sagesse. Comme Socrate aussi, le sentiment de son ignorance va bientôt le ramener à se recueillir en lui-même et à donner au monde moderne, sous une forme nouvelle, la grande devise de la philosophie de l'antiquité : *γνῶθι σέαυτον*.

« Je ne laissais pas toutefois, continue Descartes, d'estimer les exercices auxquels on s'occupe dans les écoles. Je savais que les langues qu'on y apprend sont nécessaires pour l'intelligence des livres anciens; que la gentillesse des fables réveille l'esprit; que les actions mémorables des histoires le relèvent, et qu'étant lues avec discrétion elles aident à former le jugement; que la lecture de tous les bons livres est comme une conversation avec les plus honnêtes gens des siècles passés qui en ont été les auteurs, et même une conversation étudiée en laquelle ils ne nous découvrent que les meilleures de leurs pensées; que l'éloquence a des forces et des beautés incomparables; que la poésie a des délicatesses et des douceurs très-ravissantes; que les mathématiques ont des inventions très-subtiles et qui peuvent beaucoup servir tant à contenter les curieux qu'à faciliter tous les arts et diminuer le travail des hommes; que les écrits qui traitent des mœurs contiennent plusieurs enseignements et plusieurs exhortations à la vertu qui sont fort utiles; que la théologie enseigne à gagner le ciel; que la philosophie donne moyen de parler vraisemblablement de toutes choses et se faire admirer des moins savants; que la jurisprudence, la médecine et les autres sciences apportent des honneurs et des richesses à ceux qui les cultivent; et enfin qu'il est bon de les avoir toutes examinées, même les plus superstitieuses et les plus fausses, afin de connaître leur juste valeur et se garder d'en être trompé. »

Le jugement plus détaillé de Descartes sur les mathématiques et la philosophie mérite particulièrement d'être recueilli : « Je me plaisais surtout aux mathématiques, à cause de la certitude et de l'évidence de leurs raisons; mais je ne remarquais point encore leur vrai usage, et pensant qu'elles ne servaient qu'aux arts mécaniques, je m'étonnais de ce que leurs fondements étant si fermes et si solides, on n'avait rien bâti dessus de plus relevé.... Je ne dirai rien de la philosophie sinon que, voyant qu'elle a été cultivée par les plus excellents esprits qui aient vécu depuis plusieurs siècles, et que néanmoins il ne s'y trouve encore aucune chose dont on ne dispute, et par conséquent qui ne soit douteuse, je n'avais point assez de présomption pour espérer d'y rencontrer mieux que les autres; et que considérant combien il peut y avoir de diverses opinions touchant une même matière qui soient soutenues par des gens doctes, sans qu'il y en puisse avoir jamais plus d'une seule qui soit vraie, je réputais presque pour faux tout ce qui n'était que vraisemblable....

» C'est pourquoi, sitôt que l'âge me permit de sortir de la sujétion de mes précepteurs, je quittai entièrement l'étude des lettres, et, me résolvant de ne plus chercher d'autre science que celle qui se pourrait trouver en moi-même ou bien dans le grand livre du monde, j'employai le reste de ma jeunesse à voyager, à voir des cours et des armées, à fréquenter des gens de diverses humeurs et conditions, à recueillir diverses expériences, à m'éprouver moi-même dans les diverses rencontres que la fortune me proposait, et partant à faire telle réflexion sur les choses qui se présentaient que j'en pusse tirer quelque profit.... Mais, après que j'eus employé quelques années à étudier ainsi dans le livre du monde et à tâcher d'acquérir quelque expérience, je pris un jour résolution d'étudier aussi en moi-même et d'employer toutes les forces de mon esprit à choisir les chemins que je devais suivre; ce qui me réussit beaucoup mieux, ce me semble, que si je ne me fusse jamais éloigné ni de mon pays, ni de mes livres. »

Le génie rénovateur de Descartes éclate ici en caractères sensibles. Comme tous les révolutionnaires, il est plein de mépris pour le passé et le présent. Le voilà qui rejette les livres et le commerce des hommes, il s'enferme dans sa pensée : que va-t-il faire? des ruines d'abord, mais bientôt, aussi, un édifice nouveau, bâti sur des plans qui n'appartiennent qu'à lui.

« L'une de mes premières pensées, nous dit-il avec une simplicité parfaite et une sorte de bonhomie charmante qui sert de voile à sa hardiesse, fut que je m'avisai de considérer que souvent il n'y a pas tant de perfection dans les ouvrages composés de plusieurs pièces et faits de la main de divers maîtres, qu'en ceux auxquels un seul a travaillé. Aussi voit-on que les bâtiments qu'un seul architecte a entrepris et achevés, ont coutume d'être plus beaux et mieux ordonnés que ceux que plusieurs ont tâché de raccommoder en faisant servir de vieilles murailles qui avaient été bâties à d'autres fins. Il est vrai que nous ne voyons point qu'on jette à terre toutes les maisons d'une ville pour le seul dessein de les refaire d'autre façon et de rendre les rues plus belles; mais on voit bien que plusieurs font abattre les leurs pour les rebâtir, et que même quelquefois ils y sont contraints, quand elles sont en danger de tomber d'elles-mêmes et que les fondements n'en sont pas bien fermes. A l'exemple de quoi je me persuadai qu'il n'y aurait véritablement point d'apparence qu'un particulier fît dessein de réformer un état, en y changeant tout dès les fondements et en le renversant pour le redresser, ni même aussi de réformer le corps des sciences ou l'ordre établi dans les écoles pour les enseigner, mais que, pour toutes les opinions que j'avais reçues jusqu'alors en ma créance, je ne pouvais mieux faire que d'entreprendre une bonne fois de les en ôter, afin d'y en remettre par après ou d'autres meilleures ou bien les mêmes lorsque je les aurais ajustées au niveau de la raison....

» Mais, comme un homme qui marche seul et dans les ténèbres, je me résolus d'aller si lentement et d'user de tant de circonspection en toutes choses que, si je n'avançais que fort peu, je me garderais bien au moins de tomber; même je ne voulus point commencer à rejeter tout à fait aucune des opinions qui s'étaient pu glisser autrefois en ma créance sans y avoir été introduites par la raison, que je n'eusse auparavant employé assez de temps à faire le projet de l'ouvrage que j'entreprenais, et à chercher la vraie méthode pour parvenir à la connaissance de toutes les choses dont mon esprit serait capable. »

Cette méthode préparatoire, Descartes la réduit à ces quatre grandes règles qu'il faut transcrire avec un religieux respect comme les saints canons de la philosophie :

« Le premier précepte était de ne recevoir jamais aucune chose pour vraie que je ne la connusse évidemment telle, c'est-à-dire d'éviter soigneusement la précipitation et la prévention, et de ne comprendre rien de plus en mes jugements que ce qui se présenterait si clairement et si distinctement à mon esprit que je n'eusse aucune occasion de le mettre en doute. Le second, de diviser chacune des difficultés que j'examinerais en autant de parcelles qu'il se pourrait, et qu'il serait requis pour les mieux résoudre. Le troisième, de conduire par ordre mes pensées, en commençant par les objets les plus simples et les plus aisés à connaître, pour monter peu à peu comme par degrés jusqu'à la connaissance des plus composés, et supposant même de l'ordre entre ceux qui ne se précèdent pas naturellement les uns les autres. Et le dernier, de faire partout des dénombrements si entiers et des revues si générales que je fusse assuré de ne rien omettre. »

Descartes avait vingt-trois ans quand il se traça cette méthode si simple dans sa nouveauté, si rigoureuse dans sa hardiesse. Mais, toujours prudent au milieu des projets les plus audacieux, Descartes résolut, avant d'appliquer sa méthode à la réforme radicale de ses pensées, de consacrer plusieurs années à en faire l'épreuve sur des problèmes moins profonds, ceux des sciences mathématiques et physiques.

« Et comme ce n'est pas assez, nous dit-il, avant de commencer à rebâtir le logis où l'on demeure que de l'abattre, et de faire provision de matériaux et d'architectes ou s'exercer soi-même à l'architecture, et, outre cela, d'en avoir soigneusement tracé le dessin, mais qu'il faut aussi s'être pourvu de quelque autre où on puisse être logé commodément pendant le temps qu'on y travaillera; ainsi, afin que je ne demeurasse point irrésolu en mes actions, pendant que la raison m'obligeait de l'être en mes jugements, et que je ne laissasse pas de vivre dès lors le plus heureusement que je pourrais, je me formai une morale par provision, qui ne consistait qu'en trois ou quatre maximes dont je veux bien vous faire part. »

La première de ces maximes pratiques de Descartes demande à être interprétée selon son vrai sens : « Elle était, dit-il, d'obéir aux lois et aux coutumes de mon pays, retenant constamment la religion en laquelle Dieu m'a fait la grâce d'être élevé dès mon enfance, et me gouvernant en tout autre chose suivant les opinions les plus modérées ... »

On a affecté de nos jours de prendre le change sur la pensée de Descartes; on a prétendu séparer sa cause de celle du rationalisme, sous le vain prétexte que Descartes n'admettait point une liberté absolue de penser, et acceptait expressément les vérités révélées à titre de limites à la spéculation philosophique. C'est une grande erreur. Le doute méthodique, comme on va le voir tout à l'heure, n'excepte rien, pas même Dieu; seulement, avant de s'y engager, Descartes, prévoyant qu'il pourra durer plus d'un jour et le mener loin, sent la nécessité de se donner des règles provisoires de conduite, et, en vrai sage, c'est à la religion qu'il les emprunte, à la religion de ses pères. Or il est clair que la religion ici n'est point considérée comme un système de vérités spéculatives, mais comme une règle pour la pratique. Descartes le déclare expressément : c'est une morale qu'il se donne, et une *morale par provision*. Je rappelle ses propres termes, afin que toute équivoque soit impossible. Ce serait donc une tentation bien vaine que celle de nier ou d'obscurcir ce qu'il y a dans le cartésianisme de plus clair et de plus avéré, je veux dire le fait de la sécularisation définitive de la raison. L'éternel honneur de Descartes, c'est d'avoir accompli ce grand ouvrage que les siècles avaient préparé. Si l'on a conçu de nos jours la funeste pensée de le détruire, qu'on renonce du moins à prendre Descartes pour complice.

Mais revenons au *Discours de la Méthode*, et admirons la sagesse des règles que se donne Descartes pour la conduite de la vie. Nous y trouverons la vraie peinture de son caractère, où la décision s'unissait à la prudence, et l'ambition la plus haute à une admirable possession de soi-même et de ses désirs.

« Ma seconde maxime, nous dit-il, était d'être le plus ferme et le plus résolu en mes actions que je pourrais, et de ne suivre pas moins constamment les opinions les plus douteuses, lorsque je m'y serais une fois déterminé, que si elles eussent été très-assurées : imitant en ceci les voyageurs qui, se trouvant égarés en quelque forêt, ne doivent pas errer en tournoyant tantôt d'un côté, tantôt d'un autre, mais marcher toujours le plus droit qu'ils peuvent vers un même côté, et ne le changer point pour de faibles raisons, encore que ce n'ait peut-être été au commencement que le hasard seul qui les ait déterminés à le choisir; car, par ce moyen, s'ils ne vont justement où ils désirent, ils arriveront au moins à la fin quelque part où vraisemblablement ils seront mieux que dans le milieu d'une forêt. Et ainsi les actions de la vie ne souffrant souvent aucun délai, c'est une vérité très-certaine que, lorsqu'il n'est pas en notre pouvoir de discerner les plus vraies opinions, nous devons suivre les plus probables; et même qu'encore que nous ne remarquions point davantage de probabilité aux unes qu'aux autres, nous devons néanmoins nous déterminer à quelques-unes, et les considérer après, non plus comme douteuses en tant qu'elles se rapportent à la pratique, mais comme très-vraies et très-certaines à cause que la raison qui nous y a fait déterminer se trouve telle. Et ceci fut capable dès lors de me délivrer de tous les repentirs et les remords qui ont coutume d'agiter les consciences de ces esprits faibles et chancelants qui se laissent aller inconstamment à pratiquer comme bonnes les choses qu'ils jugent après être mauvaises.

» Ma troisième maxime était de tâcher toujours plutôt à me vaincre que la fortune, et à changer mes désirs que l'ordre du monde, et généralement de m'accoutumer à croire qu'il n'y a rien qui soit entièrement en notre pouvoir que nos pensées, en sorte qu'après que nous avons fait notre mieux touchant les choses qui nous sont extérieures, tout ce qui manque de nous réussir est au regard de nous absolument impossible. Et ceci seul me semblait être suffisant pour m'empêcher de rien désirer à l'avenir que je n'acquisse, et ainsi pour me rendre content; car notre volonté, ne se portant naturellement à désirer que les choses que notre entendement lui représente en quelque façon comme possibles, il est certain que, si nous considérons tous les biens qui sont hors de nous comme également éloignés de notre pouvoir, nous n'aurons pas plus de regret de manquer de ceux qui semblent être dus à notre naissance, lorsque nous en serons privés sans notre faute, que nous n'en avons de ne posséder pas les royaumes de la Chine ou du Mexique; et que faisant, comme on dit, de nécessité vertu, nous ne désirerons pas davantage d'être sains étant malades, ou d'être libres étant en prison, que nous ne faisons maintenant d'avoir des corps d'une matière aussi peu corruptible que les diamants, ou des ailes pour voler comme les oiseaux. »

L'esprit ainsi réglé, l'âme armée contre toutes les chances de la fortune, Descartes employa neuf ans à rouler, comme il dit, çà et là dans le monde, tâchant d'y être spectateur plutôt qu'acteur dans toutes les comédies qui s'y jouent, jusqu'à ce qu'enfin il jugea le moment venu de se fixer, de se recueillir, et de se rendre compte une fois pour toutes de lui-même et de l'univers.

Trois choses méritent d'être particulièrement considérées dans le système de Descartes : 1° les motifs pour lesquels il met en doute la plupart des opinions qu'il avait tenues jusque-là pour certaines; 2° ceux qui le déterminent à sauver du naufrage cette conviction qu'il pense et qu'il existe; 3° la manière dont il relève l'édifice de la connaissance après l'avoir renversé.

I. Le doute de Descartes ne naquit point comme celui des anciens sceptiques du désespoir de connaître la vérité; mais « ayant remarqué que dès ses premières années il avait reçu quantité de fausses opinions pour véritables, et pensant que ce qu'il avait fondé depuis sur des principes si mal assurés ne pouvait être que fort douteux et incertain, il résolut de déraciner de son esprit toutes les erreurs qui avaient pu s'y glisser, ne tendant qu'à rejeter la terre mouvante et le sable pour trouver le roc et l'argile. » Pour y parvenir, il jugea que le seul moyen était de « rejeter comme absolument faux tout ce en quoi il pourrait imaginer le moindre doute, afin de voir s'il ne resterait point après cela quelque chose en sa créance qui fût entièrement indubitable. »

Ce fut pour mettre ce projet à exécution que Descartes entreprit la revue, non point de toutes ses opinions, mais « de tous les principes sur lesquels toutes ses anciennes opinions étaient appuyées, parce que la ruine des fondements entraîne nécessairement avec soi tout le reste de l'édifice. » Dans cette revue, il attaque successivement l'autorité des sens, de la mémoire, du raisonnement, et la certitude même des vérités nécessaires.

Il adresse aux sens cette première objection, qu'il a quelquefois éprouvé qu'ils sont trompeurs. C'est une raison de se défier de leur témoignage; mais quoi! « si les sens sont trompeurs quelquefois touchant des choses fort peu sensibles ou fort éloignées, il s'en rencontre néanmoins beaucoup d'autres desquelles il semble qu'on ne peut raisonnablement douter. » — Il est vrai, répond Descartes; mais ne nous arrive-t-il pas de voir en songe toutes ces mêmes choses, et ne nous paraît-il pas qu'elles existent réellement, quoique alors elles n'aient aucune réalité? Or comment discerner la veille du sommeil? « Il n'y a manifestement point d'indices certains par où l'on puisse les distinguer nettement. »

Il oppose à la mémoire et au raisonnement le même genre d'objection. Souvent la mémoire nous abuse, et « les plus habiles se méprennent en raisonnant, même touchant les plus simples matières de géométrie, et y font des paralogismes. »

Après avoir ainsi mis en doute les vérités contingentes et déduites, en démontrant la faillibilité des facultés qui nous les donnent, il reste les notions simples et universelles qui subsisteraient encore dans notre esprit quand bien même tout ce qui est contingent et composé serait anéanti, et les rapports nécessaires que notre esprit conçoit entre ces notions. « Encore que toutes les choses particulières et générales puissent être imaginaires, dit Descartes, toutefois il faut nécessairement avouer qu'il y en a au moins quelques autres encore plus simples et plus universelles qui sont vraies et existantes; du mélange desquelles toutes les images des choses qui sont en notre pensée, soit vraies et réelles, soit feintes et fantastiques, sont formées. De ce genre de choses est la nature corporelle en général et son étendue; ensemble la figure des choses étendues, leur quantité ou grandeur et leur nombre; comme aussi le lieu où elles sont, le temps qui mesure leur durée, et autres semblables. C'est pourquoi, peut-être, que de là nous ne conclurons pas si mal, si nous disons que la physique, l'astronomie, la médecine, et toutes les autres sciences qui dépendent de la considération des choses composées, sont fort douteuses et incertaines; mais que l'arithmétique, la géométrie et les autres sciences de cette nature qui ne traitent que de choses fort simples et fort générales, sans se mettre beaucoup en peine si elles sont dans la nature ou si elles n'y sont pas, contiennent quelque chose de certain et d'indubitable : car, soit que je veille ou que je dorme, deux et trois, joints ensemble, formeront toujours le nombre cinq, et le carré n'aura jamais plus de quatre côtés. »

Pour mettre de pareilles vérités en doute, les objections tirées des erreurs de nos facultés sont trop faibles; Descartes invoque un scepticisme d'une nature plus destructive. Il trouve dans son esprit une « certaine opinion qu'il y a un Dieu qui peut tout et par qui il a été fait et créé tel qu'il est. Or, que sais-je, dit-il, s'il n'a point fait qu'il n'y ait aucune terre, aucun ciel, aucun corps étendu, aucune figure, aucune grandeur, aucun lieu, et que néanmoins j'aie les sentiments de toutes ces choses? Que sais-je s'il n'a point fait que je me trompe aussi toutes les fois que je fais l'addition de deux et de trois, ou que je nombre les côtés d'un carré? » — Mais Dieu me tromperait? — « S'il répugnait à sa bonté, répond Descartes, que je me trompasse toujours, cela semblerait aussi lui être contraire de permettre que je me trompe quelquefois, et néanmoins je ne puis douter qu'il ne le permette. » — Ne puis-je pas d'ailleurs supposer à la place de Dieu « un certain mauvais génie, non moins rusé et trompeur que puissant, qui aurait employé toute son industrie à me tromper? »

Rien ne peut résister à ce dernier argument; il achève de ruiner l'autorité des sens, de la mémoire, du raisonnement, déjà ébranlée par l'argument tiré des erreurs où tombent ces facultés, et il enveloppe dans le même arrêt toutes les notions universelles et toutes les vérités nécessaires.

C'est maintenant contre le mauvais génie que Descartes va lutter. Voici sa position vis-à-vis cet être formidable : « Je suppose que toutes les choses que je vois sont fausses ; je me persuade que rien n'a jamais été de ce que ma mémoire menteuse me représente ; je pense n'avoir aucun sens ; je crois que le corps, la figure, l'étendue, le mouvement et le lieu ne sont que des fictions de mon esprit ; qu'est-ce donc qui pourra être assuré véritable ? peut-être rien autre chose sinon qu'il n'y a rien au monde de certain. »

Cela est bien audacieux ; mais Descartes l'était, et c'est son audace qui a secoué le joug de l'autorité. Voyons maintenant comment il retrouvera ce qu'il a perdu ; il ne demande, comme Archimède, qu'un point ferme et indubitable, *minimum quid quod sit certum et inconcussum* : quelle sera cette chose ?

II. « Je me suis persuadé, dit Descartes, qu'il n'y avait rien du tout au monde ; mais me suis-je aussi persuadé que je n'étais point ? Tant s'en faut ; j'étais sans doute, si je me suis persuadé quelque chose. Mais il y a un je ne sais quel trompeur très-puissant et très-rusé qui emploie toute son industrie à me tromper toujours. Il n'y a donc point de doute que je suis s'il me trompe ; et qu'il me trompe tant qu'il voudra, il ne saura jamais faire que je ne sois rien tant que je penserai être quelque chose..... Je pense, donc j'existe. »

Voilà le *minimum quid inconcussum* que Descartes cherchait, voilà sa première victoire sur le mauvais génie.

On sait toutes les controverses auxquelles a donné lieu le *Cogito, ergo sum*. Gassendi, le premier, accusa Descartes de faire un cercle vicieux : « Cette proposition, dit l'auteur subtil des *Cinquièmes Objections*, cette proposition : *Je pense, donc je suis*, suppose cette majeure : ce qui pense existe ; et par conséquent implique une pétition de principe. » — L'objection de Gassendi a été répétée par une foule de philosophes, notamment par Reid, et elle a pris dans le monde une certaine autorité ; mais Descartes lui-même y répond d'une manière victorieuse : « Je ne fais point, dit-il à son antagoniste, de cercle vicieux ; car je ne suppose point de majeure. Je soutiens que cette proposition : Je pense, donc j'existe, est une vérité particulière qui s'introduit dans l'esprit sans le secours d'une autre plus générale, et indépendamment de toute déduction logique. Ce n'est pas un préjugé, mais une vérité naturelle qui frappe d'abord et irrésistiblement l'intelligence. Pour vous, ajoute Descartes, vous pensez que toute vérité particulière repose sur une vérité générale dont il faut la déduire par des syllogismes, selon les règles de la dialectique. Imbu de cette erreur, vous me l'attribuez gratuitement ; votre méthode constante est de supposer de fausses majeures, de faire des paralogismes et de me les imputer. »

Le vrai caractère du *Cogito, ergo sum* une fois rétabli par les propres paroles de Descartes, on comprendra mieux les deux grandes conséquences qu'il en tire immédiatement : l'une sur la nature de l'âme, fondement du spiritualisme; l'autre sur le critérium de la vérité, fondement du rationalisme.

« Je suis, dit Descartes, mais que suis-je? Une chose qui pense. Qu'est-ce qu'une chose qui pense? C'est une chose qui doute, qui entend, qui conçoit, qui affirme, qui nie, qui veut, qui ne veut pas, qui imagine aussi et qui sent. — Examinant donc avec attention ce que j'étais, et voyant que je pouvais feindre que je n'avais aucun corps, et qu'il n'y avait aucun monde ni aucun lieu où je fusse, mais que je ne pouvais pas feindre pour cela que je n'étais point, et qu'au contraire de cela même que je pensais à douter de la vérité des autres choses il suivait très-évidemment et très-certainement que j'étais; au lieu que si j'eusse seulement cessé de penser, encore que tout le reste de ce que j'avais imaginé eût été vrai, je n'aurais aucune raison de croire que j'eusse été; je connus de là que j'étais une substance dont toute l'essence ou la nature n'est que de penser, et qui peut-être n'a besoin d'aucun lieu ni ne dépend d'aucune chose matérielle, en sorte que ce moi, c'est-à-dire l'âme par laquelle je suis ce que je suis, est entièrement distincte du corps, et même qu'elle est plus aisée à connaître que lui; et qu'encore qu'il ne fût point, elle ne laisserait pas d'être tout ce qu'elle est.

» Après cela, je considérai en général ce qui est requis à une proposition pour être vraie et certaine; car, puisque je venais d'en trouver une que je savais être telle, je pensai que je devais savoir aussi en quoi consiste cette certitude. Et, ayant remarqué qu'il n'y a rien du tout en ceci : *Je pense, donc je suis*, qui m'assure que je dis la vérité, sinon que je vois très-clairement que pour penser il faut être; je jugeai que je pouvais prendre pour règle générale, que les choses que nous concevons fort clairement et fort distinctement sont toutes vraies, mais qu'il y a seulement quelque difficulté à bien remarquer quelles sont celles que nous concevons distinctement. »

L'évidence, en d'autres termes, la clarté et la distinction des idées, voilà le flambeau de Descartes et de toute philosophie digne de ce nom. A sa lumière, et sur le fondement de l'existence personnelle, Descartes va découvrir et appuyer toutes les autres existences.

III. Celle de Dieu est la première qui l'occupe : il la prouve par l'idée de l'être parfait.

Descartes passe toutes ses idées en revue, et il les classe en trois catégories distinctes : celles qui lui viennent des objets extérieurs, et qu'il appelle *adventices;* celles qui sont son propre ouvrage, comme une chimère, une montagne d'or, et auxquelles il donne le nom de *factices;* enfin, au-dessus de toutes ces idées, celles qui sont antérieures à toute expérience et à toute combinaison artificielle, ce sont les fameuses *idées innées*.

La principale de ces idées, c'est l'idée de l'être parfait. Descartes la constate, la recueille, et, la livrant au raisonnement, il s'en sert pour construire un argument d'une solidité à toute épreuve; cet argument, assez compliqué dans la forme, mais très-simple au fond, revient à ceci : Je suis un être imparfait, entouré de choses imparfaites; et toutefois, du sein de cette imperfection, je m'élève par l'irrésistible élan de ma pensée et de mon cœur à l'idée d'une perfection souveraine qui possède dans leur plénitude et unit en soi l'intelligence, la puissance, la sagesse, tous ces attributs, en un mot, dont je n'aperçois qu'une ombre en moi-même et autour de moi. D'où me vient cette idée sublime? Elle ne peut sortir de mon fonds imparfait et misérable, et je ne puis pas davantage en avoir emprunté le modèle à cet imparfait univers : il reste que cette idée de la perfection me vienne de l'être parfait lui-même, qui l'a mise en moi pour être comme la marque de l'ouvrier empreinte sur son ouvrage [1].

Cette preuve est d'une solidité invincible. Pour comprendre la forme que Descartes lui a donnée, et les objections que Gassendi et Hobbes ont levées contre elle, il faut distinguer entre la réalité objective d'une idée et sa réalité formelle. Éclaircissons cette distinction à l'aide d'une comparaison qui nous est fournie par un philosophe contemporain [2] : « Une lettre de change ne contient pas la réalité de la somme qu'elle représente; cette somme n'est réellement que dans la caisse du banquier; toutefois la lettre de change contient la somme d'une certaine manière, puisqu'elle en tient lieu. Cette somme est encore contenue ailleurs d'une autre façon : elle est virtuellement dans le crédit du banquier qui a souscrit la lettre. Si l'on voulait exprimer ces différences dans la langue de Descartes, on dirait que la somme est contenue *formellement* dans la caisse du banquier, *objectivement* dans la lettre de change qu'il a souscrite, et *éminemment* dans le crédit qui lui a donné le pouvoir de la souscrire; et qu'ainsi la caisse contient la réalité *formelle* de la somme, la lettre de change sa réalité *objective*, et le crédit du banquier sa réalité *éminente*. »

Ces distinctions bien comprises, on s'expliquera que Descartes assigne à nos différentes idées divers degrés de perfection et de dignité suivant leur réalité objective, leur réalité formelle restant la même. Puis, il pose ce principe que toute idée a nécessairement une cause qui renferme autant de réalité formelle ou éminente que l'idée contient de réalité objective. Or, comme l'idée de Dieu ou de l'être parfait a une réalité objective infinie, il s'ensuit que la cause de cette idée a une réalité formelle infinie, c'est-à-dire est Dieu lui-même :

« C'est, dit-il, une chose manifeste par la lumière naturelle qu'il doit y

[1] *Méditations*, III.

[2] M. Royer Collard, *Fragments*

avoir pour le moins autant de réalité dans la cause efficiente et totale que dans son effet; car d'où est-ce que l'effet peut tirer sa réalité, sinon de sa cause, et comment cette cause la lui pourrait-elle communiquer, si elle ne l'avait en elle-même? Et de là il suit non-seulement que le néant ne saurait produire aucune chose, mais aussi que ce qui est plus parfait, c'est-à-dire qui contient en soi plus de réalité, ne peut être une suite et une dépendance du moins parfait. Et cette vérité n'est pas seulement claire et évidente dans les effets qui ont cette réalité que les philosophes appellent actuelle ou formelle, mais aussi dans les idées où l'on considère seulement la réalité qu'on nomme objective; par exemple, la pierre qui n'a point encore été, non-seulement ne peut pas maintenant commencer d'être, si elle n'est produite par une chose qui possède en soi formellement ou éminemment tout ce qui entre en la composition de la pierre, c'est-à-dire qui contienne en soi les mêmes choses, ou d'autres plus excellentes que celles qui sont dans la pierre; et la chaleur ne peut être produite dans un sujet qui en était auparavant privé, si ce n'est par une chose qui soit d'un ordre, d'un degré ou d'un genre au moins aussi parfait que la chaleur, et ainsi des autres. Mais encore, outre cela, l'idée de la chaleur ou de la pierre ne peut pas être en moi si elle n'y a été mise par quelque cause qui contienne en soi pour le moins autant de réalité que j'en conçois dans la chaleur ou dans la pierre; car encore que cette cause-là ne transmette en mon idée aucune chose de sa réalité actuelle ou formelle, on ne doit pas pour cela s'imaginer que cette cause doive être moins réelle; mais on doit savoir que toute idée étant un ouvrage de l'esprit, sa nature est telle qu'elle ne demande de soi aucune autre réalité formelle que celle qu'elle reçoit et emprunte de la pensée ou de l'esprit, dont elle est seulement un mode, c'est-à-dire une manière ou façon de penser. Or, afin qu'une idée contienne une telle réalité objective plutôt qu'une autre, elle doit sans doute avoir cela de quelque cause dans laquelle il se rencontre pour le moins autant de réalité formelle que cette idée contient de réalité objective; car si nous supposons qu'il se trouve quelque chose dans cette idée qui ne se rencontre pas dans sa cause, il faut donc qu'elle tienne cela du néant. Mais pour imparfaite que soit cette façon d'être par laquelle une chose est objectivement ou par représentation dans l'entendement par son idée, certes on ne peut pas néanmoins dire que cette façon et manière-là d'être ne soit rien, ni par conséquent que cette idée tire son origine du néant. »

Descartes passe alors en revue toutes ses idées, et il trouve qu'à l'exception de celle de Dieu toutes peuvent à la rigueur venir de son propre fonds. « Partant, dit-il, il ne reste que la seule idée de Dieu dans laquelle il faut considérer s'il y a quelque chose qui n'ait pu venir de moi-même. Par le nom de Dieu, j'entends une substance infinie, éternelle, immuable, indépendante, toute-connaissante, toute-puissante, et par laquelle moi-même et toutes les autres choses qui sont (s'il est vrai qu'il y en ait qui existent) ont été créées et produites. Or, ces avantages sont si grands et si éminents, que, plus attentivement je les considère, et moins je me persuade que l'idée que j'en ai puisse tirer son origine de moi seul. Et par conséquent, il faut nécessairement conclure de tout ce que j'ai dit auparavant que Dieu existe; car, encore que l'idée de la substance soit en moi de cela même que je suis une substance, je n'aurais pas néanmoins l'idée d'une substance infinie, moi qui suis un être fini, si elle n'avait été mise en moi par quelque substance qui fût véritablement infinie. »

Telle est la preuve fondamentale de Descartes. A celle-là il en ajoute deux autres. L'une est tirée de sa propre existence : car si Dieu n'existait pas, dit-il, par qui aurais-je été créé? Ce n'est pas par moi; car si c'était par moi, je me serais donné toutes les perfections dont j'ai l'idée, et de plus j'aurais la conscience d'un pouvoir par lequel je me conserverais. Ce n'est pas par mes parents; car, en tant qu'être pensant, je n'ai point été produit par mes parents, qui d'ailleurs ne me conservent point. Enfin, ce ne peut être par un être moins parfait que Dieu, car il n'aurait pu me donner l'idée de perfection. Donc je n'ai pu être créé que par Dieu; d'où il suit que Dieu existe.

L'autre preuve subsidiaire de l'existence de Dieu repose sur ce principe, que l'idée de Dieu étant l'idée d'un être parfait, il est impossible qu'aucune perfection lui manque réellement; il est donc nécessaire qu'il existe, car l'absence de l'existence serait une imperfection. « Il n'y a pas moins de répugnance, dit Descartes, de concevoir un dieu, c'est-à-dire un être souverainement parfait auquel manque l'existence, c'est-à-dire quelque perfection, que de concevoir une montagne qui n'ait point de vallée, ou un triangle dont les trois angles ne soient pas égaux à deux droits. »

Cet argument célèbre, n'eût-il aucune valeur intrinsèque, mériterait encore la plus sérieuse considération pour avoir occupé tant de hautes intelligences. Inventé par saint Anselme, il a été rejeté au moyen âge par saint Thomas, par Gerson; renouvelé dans les temps modernes par Descartes, accepté par Malebranche, Bossuet, Fénelon, vivement attaqué par Gassendi, défendu et développé par Leibnitz, soumis enfin, au dix-huitième siècle, à une critique nouvelle et très-approfondie par Emmanuel Kant, l'argument de saint Anselme divise encore aujourd'hui les philosophes.

Saint Anselme, dans son grand ouvrage intitulé *Monologium*, dont l'objet n'est rien moins qu'une théorie toute rationnelle de la nature de Dieu, avait démontré l'existence de l'être suprême par les preuves platoniciennes qu'il avait empruntées à son guide favori, saint Augustin[1]. Bien que ces preuves soient très-simples, saint Anselme nous raconte lui-même[2] qu'elles

[1] *Monologium*, chap. I, II, III et IV.

[2] *Proslogium*, préambule.

ne le satisfaisaient pas encore sous ce rapport, et qu'il se mit à chercher un argument unique dont la simplicité fût parfaite.

« Après de longues méditations, toujours inutiles, je ne cherchais plus qu'à délivrer mon esprit d'une idée qui l'occupait vainement, lorsque tout à coup la démonstration dont je désespérais se découvrit à mon esprit. » Voici cette démonstration sous la propre forme que saint Anselme lui a donnée, dans un ouvrage composé tout exprès, le célèbre *Proslogium* [1].

« Accordez-moi donc, ô mon Dieu, vous qui accordez à la foi l'intelligence d'elle-même, de comprendre que vous êtes, et ce que vous êtes, aussi bien que je le crois. Or, je crois que vous êtes un être tel qu'on n'en peut concevoir de plus grand. Est-ce qu'une semblable nature n'existerait pas, parce que l'insensé a dit dans son cœur : Il n'y a point de Dieu! Mais certes, l'insensé lui-même, quand il entend ces paroles : Une chose telle qu'on ne peut rien concevoir de plus grand ; l'insensé, dis-je, comprend ce qu'il entend, et ce qu'il comprend est dans son intelligence alors même qu'il ne comprend pas que la chose dont je lui parle existe réellement. Car autre chose est avoir dans l'esprit l'idée d'un être, autre chose est concevoir que cet être existe. Ainsi, quand un peintre médite un ouvrage qu'il va composer, il a dans l'esprit l'idée de cet ouvrage, quoi qu'il ne pense pas que cet ouvrage est réellement composé : mais quand le tableau est terminé, alors le peintre tout à la fois en conçoit l'idée et pense qu'il est réellement composé. L'insensé est donc convaincu d'avoir tout au moins dans l'esprit cet être tel qu'on n'en peut concevoir de plus grand, puisqu'il comprend ces paroles, quand on les prononce, et que ce qu'il comprend est dans son esprit. Or, il est impossible que l'être tel qu'on n'en peut concevoir de plus grand n'existe que dans l'esprit. Car, s'il n'existait que dans l'esprit, on pourrait penser à ce même être comme existant à la fois dans l'esprit et dans la réalité, ce qui est plus que de n'exister que dans l'esprit. Si donc l'être tel qu'on n'en peut concevoir de plus grand n'existe que dans l'esprit, on arrive à cette conséquence que l'être tel qu'on n'en peut concevoir de plus grand est aussi l'être tel qu'on peut concevoir un être plus grand, ce qui est certainement impossible. Concluons donc sans aucun doute qu'un être tel qu'on ne peut rien concevoir de plus grand existe tout ensemble dans l'esprit et dans la réalité. »

Voilà dans sa forme et sa simplicité primitives cet argument tant controversé, que saint Anselme n'a point emprunté à saint Augustin [2], mais qu'il a tiré de son propre fonds, et dont l'histoire doit lui laisser l'honneur et la responsabilité. Aussitôt que le *Proslogium* parut, une voix s'éleva pour le combattre, celle d'un moine de Marmoutiers, nommé Gaunilon,

[1] *Proslogium*, chap. II, III, IV.

[2] Tennemann a confondu à tort l'argument du *De libero arbitrio* avec celui du *Proslogium*.

qui écrivit contre le *Proslogium* un petit ouvrage fort ingénieux, sous le titre de *Liber pro insipiente*. Saint Anselme ne dédaigna pas de répondre à cette réfutation[1], curieux prélude des discussions qui s'élevèrent un siècle plus tard, avec tant de force et d'éclat, entre Descartes et ses adversaires.

Traversons ce long intervalle et voyons la forme nouvelle que l'argument de saint Anselme revêtit entre les mains du père de la philosophie moderne, qui, tout en croyant de très-bonne foi le découvrir, en avait peut-être reçu le germe dans ses études scolastiques aux jésuites de La Flèche.

« Or maintenant, dit-il, si de cela seul que je puis tirer de ma pensée l'idée de quelque chose, il s'ensuit que tout ce que je reconnais clairement et distinctement appartenir à cette chose lui appartient en effet, ne puis-je pas tirer de ceci un argument et une preuve démonstrative de l'existence de Dieu ? Il est certain que je ne trouve pas moins en moi son idée, c'est-à-dire l'idée d'un être souverainement parfait, que celle de quelque figure et de quelque nombre que ce soit; et je ne connais pas moins clairement et distinctement qu'une actuelle et éternelle existence appartient à sa nature, que je connais que tout ce que je puis démontrer de quelque figure ou de quelque nombre appartient véritablement à la nature de cette figure ou de ce nombre; et partant, encore que tout ce que j'ai conclu dans les méditations précédentes ne se trouvât point véritable, l'existence de Dieu devrait passer en mon esprit au moins pour aussi certaine que j'ai estimé jusqu'ici toutes les vérités des mathématiques qui ne regardent que les nombres et les figures, bien qu'à la vérité cela ne paraisse pas d'abord entièrement manifeste, mais semble avoir quelque apparence de sophisme. Car ayant accoutumé, dans toutes les autres choses, de faire distinction entre l'existence et l'essence, je me persuade aisément que l'existence peut être séparée de l'essence de Dieu, et qu'ainsi on peut concevoir Dieu comme n'étant pas actuellement. Mais néanmoins, lorsque j'y pense avec plus d'attention, je trouve manifestement que l'existence ne peut non plus être séparée de l'essence de Dieu que de l'essence d'un triangle rectiligne la grandeur de ses trois angles égaux à deux droits, ou bien de l'idée d'une montagne l'idée d'une vallée; en sorte qu'il n'y a pas moins de répugnance de concevoir un Dieu, c'est-à-dire un être souverainement parfait, auquel manque l'existence, c'est-à-dire auquel manque quelque perfection, que de concevoir une montagne qui n'ait pas de vallée. »

Bien que toute l'école cartésienne, sans en excepter Leibnitz, ait admis la légitimité de cet argument, on ne peut se dissimuler que les objections dirigées contre lui par Kant ne soient invincibles, et que ce philosophe

[1] S. Anselmi *Liber apologeticus* contra Gaunilonem respondentem pro insipiente.

n'ait marqué avec une parfaite justesse le défaut capital de la preuve de Descartes, savoir : la confusion de la nécessité logique et abstraite, créée pour ainsi dire par l'analyse des notions, avec la nécessité réelle et actuelle des choses. Toutefois, le fonds de cette preuve reste acquis à la théodicée : je veux dire qu'en fait, l'idée de Dieu ne se sépare jamais, dans la conscience, de la foi en son existence réelle. Nier Dieu, c'est n'y pas penser. L'athéisme n'est que sur les lèvres, il ne peut être dans l'esprit et dans le cœur. Comme disait saint Anselme, dès que Dieu est pour nous *in intellectu*, il est aussi pour nous *in re*; ou, suivant les termes de Descartes, l'existence actuelle est enfermée dans l'idée de Dieu; ou enfin, pour prendre les expressions de Leibnitz, Dieu est l'être dont la possibilité et la réalité ne se distinguent pas. Voilà le fonds solide et inébranlable de toutes ces argumentations dont la forme seule succombe sous l'argumentation de Kant : on a pu ravir un syllogisme à la logique, on n'ôtera pas la preuve cartésienne à la raison et au genre humain. « Le dernier des hommes, a dit un grand écrivain qui a su réfuter à son tour la réfutation kantienne, le dernier des hommes, dans le sentiment de la misère inhérente à sa nature bornée, conçoit obscurément et vaguement l'être tout parfait, et ne peut le concevoir sans se sentir soulagé et relevé, sans éprouver le besoin et le désir de retrouver et de posséder encore, ne fût-ce que pendant le moment le plus fugitif, la puissance et la douceur de cette contemplation, conception, notion, idée, sentiment; car qu'importent ici les mots, puisqu'il n'y a pas de mots pour l'âme? La pauvre femme dont Fénelon enviait la prière ne prononçait pas de savantes paroles; elle pleurait en silence, abîmée dans la pensée de l'Être parfait et infini, témoin invisible et consolateur secret de ses misères. Nous ressemblons tous à cette pauvre femme. Concevoir l'Être parfait, du sein de notre imperfection, c'est déjà un perfectionnement, un pressentiment sublime, un éclair dans notre nuit, une source vive dans notre désert, un coin du ciel dans la prison de la vie. Toutes ces fortes expressions peignent la scène intérieure qui se passe dans toutes les âmes, dans celle de Platon ou de Leibnitz comme dans celle du dernier des hommes, qui relève l'un, humilie l'autre, et les confond dans le sentiment de la même nature, de la même misère, de la même grandeur [1]. »

L'existence de Dieu démontrée, Descartes en conclut facilement qu'il est impossible qu'il nous trompe, « puisque en toute fraude et tromperie il se rencontre quelque imperfection. » D'où il suit que la faculté de juger, que nous tenons de Dieu, n'est point elle-même trompeuse.

Armé de ce principe, Descartes revient sur les raisons de douter qu'il a exposées en commençant, et montre comment la lumière de la grande découverte qu'il a faite rend claires et distinctes une foule de conceptions

[1] M. Cousin, *Leçons sur Kant*, leçon VI.

qui n'offraient que des sujets de doutes. C'est une des plus belles parties de ses *Méditations* : nous nous contenterons de citer le passage où il rétablit la certitude de l'existence des choses corporelles :

« Je ne puis douter qu'il n'y ait en moi une faculté passive de sentir, c'est-à-dire de recevoir et de connaître les idées des choses sensibles ; mais elle me serait inutile, s'il n'y avait aussi en moi ou en quelque autre chose une faculté active, capable de former et de produire ces idées. Or, cette faculté ne peut être en moi en tant que je ne suis qu'une chose qui pensé, vu qu'elle ne présuppose point ma pensée, et aussi que ces idées-là me sont souvent représentées sans que j'y contribue en aucune façon et même souvent contre mon gré ; il faut donc qu'elle soit en quelque substance différente de moi dans laquelle toute la réalité qui est objectivement dans les idées soit contenue formellement ou éminemment, et cette substance est ou une nature corporelle dans laquelle est contenu formellement et en effet tout ce qui est objectivement dans ces idées, ou bien c'est Dieu même ou quelque autre créature plus noble que le corps dans laquelle cela même est contenu éminemment. Or, Dieu n'étant point trompeur, il est très-manifeste qu'il ne m'envoie pas ces idées immédiatement par lui-même, ni aussi par l'entremise de quelque créature dans laquelle leur réalité ne soit pas contenue formellement, mais seulement éminemment. Car, ne m'ayant donné aucune faculté pour connaître que cela soit, mais au contraire une très-grande inclination à croire qu'elles partent des choses corporelles, je ne vois pas comment on pourrait l'excuser de tromperie si en effet ces idées partaient d'ailleurs ou étaient produites par d'autres causes que par des choses corporelles : et partant, il faut conclure qu'il y a des choses corporelles qui existent. »

Voilà la démonstration de l'existence des corps, telle que pouvait la donner la philosophie cartésienne. Cette philosophie est une chaîne immense dont le premier anneau repose sur l'existence de l'âme, qui de là atteint l'Être des êtres et dans ses amples circuits embrasse l'universalité des phénomènes et des lois de la matière. De l'existence personnelle, Descartes monte à Dieu et descend à l'univers. Comme à Platon, la métaphysique lui fournit les bases de la physique.

Ce serait ici le moment d'exposer la théorie fameuse des tourbillons, fondement de toute la physique de Descartes; mais cette théorie, depuis longtemps condamnée, n'a plus qu'un intérêt historique. Bornons-nous à citer l'opinion qu'en avait, en un siècle très-malveillant pour Descartes, un philosophe dont l'approbation ne sera pas suspecte d'un excès d'indulgence, d'Alembert : « Ces tourbillons, devenus aujourd'hui presque ridicules, on conviendra, j'ose le dire, qu'on ne pouvait alors imaginer mieux. Les observations astronomiques, qui ont servi à les détruire, étaient encore imparfaites ou peu constatées ; rien n'était plus naturel que de supposer un fluide qui transporte les planètes; il n'y avait qu'une longue suite de phénomènes, de raisonnements et de calculs, et, par conséquent, une longue suite d'années, qui pût faire renoncer à une théorie si séduisante. Elle avait d'ailleurs l'avantage singulier de rendre raison de la gravitation des corps par la force centrifuge du tourbillon même, et je ne crains pas d'avancer que cette explication de la pesanteur est une des plus belles et des plus ingénieuses hypothèses que la philosophie ait jamais imaginées. Aussi a-t-il fallu, pour l'abandonner, que les physiciens aient été entraînés, comme malgré eux, par la théorie des forces centrales et par des expériences faites long-temps après. Reconnaissons donc que Descartes, forcé de créer une physique toute nouvelle, n'a pu la créer meilleure; qu'il a fallu, pour ainsi dire, passer par ces tourbillons pour arriver au vrai système du monde, et que s'il s'est trompé sur les lois du mouvement, il a du moins deviné le premier qu'il devait y en avoir. »

Nous ne pouvons pas insister beaucoup plus sur les découvertes mathématiques de Descartes; qu'il nous suffise d'en indiquer les traits les plus généraux et les plus caractéristiques.

Dans les mathématiques, il a porté le langage algébrique au plus haut degré de simplicité et de généralité. Avant lui les produits successifs ou puissances d'une quantité étaient représentés par des signes empruntés à la géométrie; il y substitua des chiffres, dont la valeur exprime combien de fois cette quantité est multipliée par elle-même. Le premier il fit voir que les racines négatives, rejetées jusqu'alors comme inutiles, sont tout aussi propres à résoudre une question que les racines positives. Dirigé par une admirable sagacité, il trouva le moyen de déterminer le nombre des racines réelles, positives et négatives, d'une équation, d'après l'ordre qu'ont entre eux les signes des termes qui la composent. Ce fut lui qui développa la méthode des indéterminées, à peine entrevue par Viète, et qui en fit une application claire et distincte aux équations du quatrième degré. Plusieurs auteurs ont écrit, et l'on répète encore souvent, que Descartes est l'inventeur de l'application de l'algèbre à la géométrie. Cela n'est pas parfaitement exact : Viète est le premier qui en ait donné une méthode régulière et générale. L'erreur vient sans doute de l'usage si heureux et si étendu que notre philosophe en a fait et des découvertes admirables dont il l'a enrichie. C'est, en effet, à son seul génie qu'on doit la belle application de l'algèbre à la théorie des courbes et des fonctions variables, l'une des branches les plus fécondes des mathématiques. Il a encore employé la géométrie et l'analyse pour résoudre un assez grand nombre de questions de physique, et s'est ainsi rendu l'un des fondateurs d'une science mixte devenue aujourd'hui de la plus haute importance.

Ce service n'est pas le seul que Descartes ait rendu à la physique. Vainement Huyghens a revendiqué en faveur de Snellius, physicien hollandais, la découverte de la véritable loi de la réfraction ; il est incontestable que le philosophe français l'a publiée le premier dans sa *Dioptrique*, ouvrage plein de génie, mais qu'il était impossible de rendre complet dans un temps où la réfrangibilité inégale des divers rayons de la lumière était inconnue ; on y remarque aussi d'ingénieuses tentatives pour corriger les verres de lunette de l'aberration de sphéricité. Dans son *Traité des météores*, Descartes a donné de l'arc en-ciel une explication très-juste, fondée sur l'expérience du prisme, dont on n'avait pas encore fait l'analyse.

Nous venons de tracer une faible esquisse des travaux de Descartes dans les sciences physiques et mathématiques. Mais ce qui domine toutes ses découvertes particulières, c'est cette haute métaphysique qui changea les antiques bases de l'esprit humain et vint éclairer d'une nouvelle lumière, celle de l'évidence rationnelle, toutes les grandes vérités morales et religieuses qui sont la vie spirituelle du genre humain. On sait quelle fut la fortune de la métaphysique cartésienne en France et en Europe. Les grands traits de son influence universelle sont bien connus ; mais il est infiniment curieux d'en suivre les traces jusque dans les coins les plus obscurs de cette noble et sérieuse société du temps de Louis XIV. On voit la nouvelle philosophie envahir un à un tous les ordres religieux. Chaque nom marque ici la conquête d'une armée entière de prosélytes : Malebranche et le P. Poisson nous représentent l'Oratoire, Mersenne les Minimes, Antoine Legrand les Franciscains, le P. Le Bossu les Génovéfins, Dom Lamy les Bénédictins, Arnauld et Nicole tout Port-Royal. Il n'y a pas jusqu'à l'ordre des jésuites qui, à la vérité bien en dépit de lui, ne fournisse à l'école cartésienne un disciple ingénieux autant que fidèle : je veux parler de l'aimable et héroïque P. André, dont une plume illustre nous a récemment découvert et fait aimer la grande âme, les luttes et les malheurs. Bientôt, des couvents et des congrégations savantes, l'esprit nouveau passe parmi les gens du monde. Le duc de Luynes traduit en français les *Méditations*, et fait de son château la première académie cartésienne ; Rohault institue des conférences publiques qui sont suivies par tout ce qu'il y avait à Paris de plus distingué dans le clergé, la magistrature et la noblesse, et où, si l'on en croit un contemporain, les dames tenaient le premier rang. On s'assemble à la place Royale, chez le P. Mersenne, chez le docteur Picot, à l'hôtel de M. Habert de Montmort, pour discuter la nouvelle philosophie. Enfin, qui le croirait ? elle pénètre jusque chez un personnage fort connu par son goût pour les conspirations et la galanterie, mais à qui on serait porté à en attribuer infiniment moins pour la métaphysique : je parle du cardinal de Retz, du grand coadjuteur en personne. Suivez-le dans sa solitude de Commercy, et rien ne sera pour vous plus inattendu et plus piquant que d'y trouver le vieux cardinal se plaisant à engager des controverses animées entre de fidèles cartésiens et le bénédictin Desgabets, qui prétendait *mettre Descartes à l'alambic*; résumant de sa main les arguments divers, et ranimant, pour défendre Descartes, les restes de ce feu d'esprit et de cette activité jadis redoutable à Mazarin et à l'autorité royale. Dans ces luttes nouvelles pour lui, et qui lui étaient peut-être comme un agréable ressouvenir des orageux combats de la Fronde, le cardinal, refroidi par les années et assagi par l'expérience, se prononce pour les opinions moyennes. Par un curieux contraste, ce remuant esprit, qui avait toujours été pour la guerre en politique, choisit en philosophie le rôle de pacificateur[1].

Il n'est pas moins intéressant de suivre les traces de l'influence cartésienne dans les monuments de la littérature française au dix-septième siècle. C'est le privilége des grandes philosophies, après avoir agité les esprits méditatifs dans les régions de la pensée abstraite, d'exercer une action puissante sur toutes les intelligences d'élite et de se répandre peu à peu dans la multitude des âmes, comme à travers mille canaux, par les chants des poètes, les accents des orateurs, les maximes des moralistes. N'oublions pas d'ailleurs qu'en Descartes, à côté du grand penseur, il y avait aussi un grand écrivain. Sans prétendre ravir tout entier à Pascal l'immense honneur d'avoir fixé la langue française, il faut rappeler que le *Discours de la méthode* est antérieur de vingt années aux *Provinciales*. Or la langue du *Discours de la méthode* n'est plus une langue au berceau : c'est une langue déjà virile, à la fois sévère et colorée, naïve et grave, au niveau des pensées les plus fortes et les plus hautes. On y retrouve, comme l'a si bien remarqué un critique contemporain, le génie essentiellement créateur et rénovateur de Descartes. « C'est Descartes, dit M. Cousin, qui a porté le coup mortel non pas seulement à la scolastique qui partout succombait, mais à la philosophie et à la littérature maniérée de la renaissance. Il est le Malherbe de la prose; ajoutons qu'il en est le Malherbe et le Corneille tout ensemble. Dès que le *Discours de la méthode* parut, à peu près en même temps que le *Cid*, tout ce qu'il y avait en France d'esprits solides, fatigués d'imitations impuissantes, amateurs du vrai, du grand et du beau, reconnurent à l'instant même le langage qu'ils cherchaient. Depuis, on ne parla plus que celui-là, les faibles médiocrement, les forts en y ajoutant leurs qualités diverses, mais sur un fond invariable devenu le patrimoine et la gloire de tous. »

C'est à ce grand langage du *Discours de la méthode* et des *Méditations* qu'il faut attribuer en partie l'immense popularité de la philosophie de

[1] Voyez le curieux petit livre publié par M. Cousin sous ce titre : *Fragments de philosophie cartésienne*, 1845.

Descartes. Vous en retrouvez les idées fondamentales, je ne dis pas seulement dans Bossuet, dans Nicole et Arnauld, dans Malebranche et Fénelon, mais dans des écrivains qui ne se piquent ni de métaphysique, ni de théologie, La Bruyère, par exemple, La Fontaine, et cet autre écrivain charmant, madame de Sévigné.

« Que deviendront les Fauconnet? s'écrie La Bruyère, iront-ils aussi loin dans la postérité que Descartes né Français et mort en Suède? » Et La Bruyère ne se borne point à glorifier l'auteur des *Méditations*. Il le médite, s'en nourrit, et y puise contre les esprits forts ces belles réflexions : « Je ne conçois point qu'une âme que Dieu a voulu remplir de l'idée de son être infini et souverainement parfait puisse être anéantie... Je pense et je suis certain que je pense ; or, quelle proportion y a-t-il de tel ou tel arrangement de la matière avec ce qui pense? En un mot, je pense, donc Dieu existe; car, ce qui pense en moi, je ne le dois pas à moi-même, parce qu'il n'a pas plus dépendu de moi de me le donner une première fois, qu'il ne dépend encore de moi de me le conserver un seul instant. »

Voilà bien le langage, les idées, l'esprit même de la philosophie de Descartes. Mais est-il possible d'entendre La Bruyère signaler dans la pensée le caractère propre et la grandeur de l'homme, sans songer au magnifique morceau de Pascal :

« Je puis bien concevoir un homme sans mains, pieds, tête, car ce n'est que l'expérience qui nous apprend que la tête est plus nécessaire que les pieds; mais je ne puis concevoir l'homme sans pensée : ce serait une pierre ou une brute. C'est donc la pensée qui fait l'être de l'homme et sans quoi on ne peut le concevoir. Qu'est-ce qui sent du plaisir en nous? est-ce la main? est-ce le bras? est-ce la chair? est-ce le sang? On verra qu'il faut que ce soit quelque chose d'immatériel...

» Ce n'est point de l'espace que je dois chercher ma dignité, mais c'est du règlement de ma pensée. Je n'aurai pas davantage en possédant des terres. Par l'espace l'univers me comprend et m'engloutit comme un point; par la pensée, je le comprends...

» L'homme n'est qu'un roseau le plus faible de la nature; mais c'est un roseau pensant. Il ne faut pas que l'univers entier s'arme pour l'écraser. Une vapeur, une goutte d'eau suffit pour le tuer. Mais quand l'univers l'écraserait, l'homme serait encore plus noble que ce qui le tue, parce qu'il sait qu'il meurt; et l'avantage que l'univers a sur lui, l'univers n'en sait rien. Toute notre dignité consiste donc en la pensée. C'est de là qu'il faut nous relever, non de l'espace et de la durée... »

A côté de cet incomparable commentaire du *Je pense, donc je suis*, on lira encore avec intérêt celui qu'en donne à son tour La Fontaine :

Nous agissons tout autrement,
La volonté nous détermine,
Non l'objet, ni l'instinct. Je parle, je chemine,
Je sens en moi certain agent,
Tout obéit dans ma machine
A ce principe intelligent.
Il est distinct du corps, se conçoit nettement,
Se conçoit mieux que le corps même;
De tous nos mouvements c'est l'arbitre suprême;
Mais comment le corps l'entend-il?
C'est là le point. Je vois l'outil
Obéir à la main, mais la main, qui la guide?
Eh! qui guide les cieux dans leur course rapide?
Quelque ange est attaché peut-être à ces grands corps....
Un esprit vit en nous et meut tous nos ressorts.
L'impression se fait : le moyen? je l'ignore.
Et, s'il faut en parler avec sincérité,
Descartes l'ignoroit encore....

On voit que l'admiration de La Fontaine pour Descartes n'est pas aveugle : la philosophie nouvelle lui plaît, lui impose; mais elle ne satisfait pas complétement cet esprit si pénétrant dans sa naïveté, si ironique dans sa bonhomie. Il y a surtout un point que le chantre ingénieux des animaux ne peut pardonner aux cartésiens, c'est d'avoir refusé une âme aux bêtes : mais malgré cette réserve et beaucoup d'autres, La Fontaine se déclare l'admirateur enthousiaste de Descartes, et, s'élevant tout à coup du ton de la fable à celui de l'ode, il lui rend ce magnifique hommage :

Descartes, ce mortel dont on eût fait un dieu
Chez les païens, et qui tient le milieu
Entre l'homme et l'esprit....

Nous retrouvons quelque chose de cet enthousiasme, non pas précisément dans madame de Sévigné, dont l'aimable frivolité et la discrète prudence s'ouvraient peu aux nouveautés philosophiques, mais à sa sérieuse et charmante fille, madame de Grignan. Corbinelli nous apprend que « madame de Grignan savoit à miracle la philosophie de Descartes et en parloit divinement. » Son admiration était devenue une sorte de tendresse respectueuse, et elle appelait Descartes *son père*. Les lettres de madame de Sévigné, de Corbinelli et du comte de Bussy sont pleines d'allusions piquantes à ce goût passionné de madame de Grignan pour la métaphysique cartésienne et à son affection filiale pour son fondateur.

« Je dînai hier chez mademoiselle de Goilcau, qui vous adore. C'était un dîner de beaux esprits... Ils discoururent, après le dîner, fort agréablement sur la philosophie de *votre père* Descartes... cela me divertissait et me faisait souvenir grossièrement de ma chère petite cartésienne, que j'étais si aise d'entendre, quoique indigne... » (Lettre 1,026.)

« J'ai l'esprit sec depuis un an, écrit Corbinelli à Bussy, (de Grignan, 1673, Lettre 301), à cause que je me suis adonné à la philosophie de Descartes. Elle me paraît d'autant plus belle qu'elle est facile et qu'elle n'admet dans le monde que des corps et des mouvements, ne pouvant souffrir tout ce dont on ne peut avoir une idée claire et nette. Sa métaphysique me plaît aussi. Ses principes sont aisés et ses inductions naturelles : madame de Grignan la sait à miracle... »

Madame de Sévigné rencontrant en Bretagne la nièce et les petites-nièces de Descartes, écrit à sa fille : « Je ris quelquefois de l'amitié que j'ai pour mademoiselle Descartes ; je me tourne naturellement de son côté ; j'ai toujours des affaires à elle ; il me semble qu'elle vous est quelque chose du côté paternel de M. Descartes, et dès lors je tiens un petit morceau de ma chère fille. » (Lettre 1,067.)

Voilà, ce semble, une philosophie appelée à de longues années de gloire et de triomphe, à une domination éternelle. Depuis les têtes les plus hautes de l'état et de l'église, jusqu'aux degrés les plus humbles de la société, les esprits graves comme les frivoles, les écoles comme les salons, elle a tout séduit, tout conquis, tout envahi. Hé bien ! franchissez la courte période qui s'étend de la mort de Descartes (1650) à l'année 1663, vous trouvez déjà la philosophie cartésienne dénoncée par les jésuites à la congrégation de l'*Index* et condamnée par celle-ci (*donec corrigatur*). Bientôt la persécution redouble de violence ; la Sorbonne, l'Université, le Parlement se prononcent contre Descartes, et sa philosophie est enfin défendue, par arrêt du conseil, dans Paris et dans tout le royaume.

Quelles furent les causes de ce brusque retour ? Il y en eut de plusieurs sortes, et nous ne pouvons les discuter ici ; mais on ne saurait se dissimuler qu'une des principales n'ait été l'apparition des livres de Spinoza. Les esprits les plus honnêtes et les plus sincères virent avec effroi de si tristes conséquences sortir régulièrement des principes cartésiens, et le disciple audacieux et exclusif perdit le maître. Nous ne parlons ici ni des ennemis systématiques de toute philosophie, ni des esprits timides et à courte vue ; qu'on songe que Leibnitz lui-même a prononcé cette dure parole : *Spinoza n'a fait que cultiver certaines semences de la philosophie de M. Descartes*[1].

Est-ce à dire que le spinozisme ne soit, comme on s'est tant plu à le répéter, qu'un cartésianisme conséquent ? est-ce à dire qu'on ne puisse donner son esprit et son cœur à la noble philosophie des *Méditations* sans se condamner à toutes les témérités du panthéisme ? nous ne le pensons pas. Certes, Dortous de Mairan avait raison, dans sa polémique avec Malebranche au sujet de Spinoza, de ne pas voir de paralogisme dans tel ou tel théorème de

[1] Leibnitz, *Lettre à Nicaise*; Erdmann, 139.

l'*Éthique*, et Malebranche, ni personne, ne pouvait lui en montrer. C'est que l'erreur n'est pas en un certain endroit de l'ouvrage, elle est partout. Spinoza, il faut l'avouer, disposait d'une puissance de déduction vraiment incomparable. Nous en rappellerons une preuve curieuse dans ce bourgeois de Rotterdam qui s'enflamma soudain d'une si belle ardeur pour la philosophie, et qui, ayant voulu pour réfuter Spinoza se mettre à sa place et faire sur lui-même l'épreuve de la force de ses raisonnements, se trouva pris au piége; le tissu de théorèmes où il s'était enfermé volontairement lui devint impénétrable, et il ne put plus s'en dégager. Le système de Spinoza est donc en soi parfaitement irréfutable, ses principes une fois donnés; mais la question est de savoir si ces principes sont ceux de Descartes. Nous le nions formellement. Il est vrai que Spinoza emprunte à Descartes, et encore en les altérant plus d'une fois, quelques-uns de ses principes; mais ce ne sont pas les principes fondamentaux. Et d'abord les méthodes des deux philosophes sont diamétralement opposées. La méthode des *Méditations* et du *Discours de la Méthode*, c'est la méthode psychologique, partant du *Cogito, ergo sum*, c'est-à-dire de la conscience et d'un principe qui s'aperçoit lui-même dans l'unité substantielle de son être, pour arriver à Dieu comme au dernier terme de toute pensée. La méthode de Spinoza, c'est la méthode des géomètres, malheureusement transportée dans la métaphysique, où elle n'est pas applicable, s'appuyant uniquement sur des principes abstraits, et descendant d'un dieu abstrait à je ne sais quel moi multiple, modal, nécessité, qui n'est encore qu'une chimère de l'abstraction. De là, dans les résultats, des différences capitales : une âme simple, libre, immortelle, au lieu d'une suite de modalités fugitives liées un instant par les chaînes de fer de la fatalité pour se disperser bientôt et se perdre dans l'abîme de l'être; de là aussi, à la place d'un dieu aveugle, étranger à l'homme et à soi-même, le dieu de la conscience, l'être intelligent et bon que l'âme religieuse adore, idéal sublime et suprême asile de l'humanité.

Tel est l'homme, tel est le dieu de la méthode psychologique. Il est vrai de dire que si Descartes a fondé les principes essentiels de sa philosophie sur cette salutaire méthode, quelquefois aussi il l'applique mal, et d'autres fois il l'abandonne absolument. Il l'applique mal, par exemple, quand il distingue si faiblement la volonté soit du désir, soit du jugement. Il y renonce tout à fait quand il détermine *a priori* et d'une manière toute géométrique la nature de l'étendue, et prétend réduire aux modalités variables de cette étendue passive le fond même de l'univers. Voilà les deux erreurs principales de Descartes; voilà, pour ainsi dire, les deux portes par où l'on passe du lumineux et noble édifice des *Méditations* dans les régions sombres et désolées de l'*Ethica*. Mais que sont au fond ces erreurs? des dérogations à la méthode psychologique, c'est-à-dire à cette même méthode que Descartes avait primitivement suivie, et sur laquelle il avait fondé solidement le critérium de l'évidence, la spiritualité et la liberté de l'âme, l'existence et la perfection de Dieu. Il ne faut donc pas dire que Spinoza est invincible pour qui accepte les principes de Descartes; il faut dire au contraire que le vrai moyen et le seul de réfuter Spinoza, c'est de revenir aux principes de Descartes, dont lui-même s'est trop souvent écarté; c'est de pratiquer comme lui, avec plus de fidélité et d'exactitude encore, cette méthode infaillible qui, saisissant, dès son premier pas, le type même de l'être dans un principe actif, simple et substantiel, ne peut jamais arriver, sans se démentir expressément, à transformer ce principe en une série de modalités de l'existence divine. Au lieu donc de répéter ce mot qui a fait tant de mal, et qui n'est vrai qu'à certains égards : Le spinozisme est un cartésianisme conséquent; je proposerais volontiers de dire que le spinozisme est un cartésianisme infidèle, altéré dans ses principes et perverti dans ses conséquences.

Émile Saisset,

agrégé a la faculté des lettres de paris.

Dessiné par Laederich — Geny-Gros, imp. rue du Plâtre, 28. Paris. — Gravé par Nargeot

CLAUDE LORRAIN.

CLAUDE LORRAIN

NÉ EN 1600, MORT EN 1682.

La vie de l'homme célèbre que nous allons tâcher de faire connaître n'est féconde ni en événements extraordinaires, ni en péripéties inattendues; et il serait difficile de lui donner ce vernis de merveilleux dont l'imagination aime à parer les grands génies de la peinture, surtout quand leur nom nous arrive de loin, à travers le sillon lumineux qu'il a tracé dans les âges. Rien n'est plus commun que cette croyance des esprits qui ne conçoit pas qu'un homme puisse être réellement artiste et grand artiste, sans qu'on trouve, dans son caractère et dans presque tous les actes de sa vie, une certaine dose de bizarrerie qu'on appelle de l'originalité, prédisposition indispensable à quiconque doit posséder plus tard un talent supérieur. Ici, cependant, rien de semblable. C'est l'histoire et la vie à peu près toujours heureuse d'un homme amoureux du soleil, des nuages, des herbes et des arbres, d'un homme qui a usé tranquillement ses jours dans l'étude et la contemplation des horizons, de la mer et des montagnes, et qui a essayé ensuite de reporter sur la toile ce que ses yeux avaient vu, ce que son cœur avait compris des magnificences répandues sur la nature entière, sur cette échelle sublime dont les degrés nous élèvent jusques à Dieu.

Les renseignements qu'on possède sur les premières années de Claude Lorrain sont tellement vagues et incertains qu'on ne peut être sûr d'avoir l'exacte vérité et de dissiper complétement l'obscurité qui enveloppe le commencement de sa vie. Il nous suffira de donner ici la version la plus accréditée, en faisant toutefois remarquer en quoi elle diffère des autres récits.

Claude Gelée, dit le Lorrain, naquit, en 1600, au château de Chamagne, situé en Lorraine, dans le diocèse de Toul. Ses parents appartenaient à une classe obscure et on ne connaît pas la profession qu'ils exerçaient. Le petit Claude fut envoyé à l'école avec les enfants de son âge; mais comme il n'y voulait rien apprendre, il fut mis en apprentissage chez un pâtissier. L'historien Baldinucci, invoquant le témoignage de Joseph Gelée, neveu du peintre dont nous nous occupons, regarde comme invraisemblable cette particularité de sa vie, et dit que Claude Lorrain était le troisième de cinq enfants et recevait de ses parents une petite rente qui suffisait à ses besoins, jusqu'au moment où la guerre vint en interrompre le payement Mais poursuivons l'autre version qui paraît être la plus authentique. — Claude perd ses parents à l'âge de douze ans. Le pauvre enfant perdit en même temps ses dernières ressources; et comme l'état de pâtissier ne lui promettait pas de le rendre heureux, il partit, et alla à pied jusqu'à Fribourg, pour retrouver son frère aîné, Jean Gelée, qui était graveur sur bois. Celui-ci l'accueillit et lui donna les premières notions du dessin. Il paraît que, dès cette époque, ses dispositions commencèrent à se faire jour et à présager ce qu'il pourrait devenir plus tard; car un de ses parents, qui le vit griffonner, le demanda à son frère et l'emmena à Rome, où il allait vendre des dentelles : mais cet homme retourna bientôt et l'abandonna à son étoile. Dès lors Claude était dans la voie de la peinture et il entra chez Augustin Tassi, élève de Paul Bril, peintre de paysages; mais, hélas! c'était pour y préparer à manger et y broyer les couleurs. Cependant, comme Augustin Tassi était un homme bon, et aimé pour la gaieté de son caractère, malgré des attaques de goutte assez fréquentes, il prit en amitié Claude Lorrain et lui donna quelques principes de peinture; puis, comme il était forcé de s'absenter souvent et de monter à cheval, il finit par le mettre à la tête de sa maison, et si bien que, par la suite, notre jeune artiste pouvait disposer, pour son usage personnel, de tout ce qui servait à son maître et protecteur. Pendant une année, il dessina donc des grotesques et des arabesques. Ce fut vers cette époque qu'il vit, dans une fête, quelques tableaux de perspective et de paysage, qui avaient été envoyés de Naples par Goffredi Wiels. Ces tableaux firent une impression si profonde sur le jeune artiste, qu'il ne put résister à l'envie d'aller visiter Naples, et qu'il s'embarqua immédiatement, espérant trouver dans cette ville de quoi développer son talent et répondre à l'immense désir qu'il avait de bien faire. Une fois arrivé au but de son voyage, il parvint à connaître Goffredi, qui lui donna des leçons pendant deux années, et ce fut chez lui qu'il apprit à peindre le paysage, l'architecture et la perspective. Alors il revint à Rome et revit son premier maître, Augustin Tassi, dont l'amitié pour lui ne se démentait pas. — Enfin, Claude Lorrain, après avoir profité des conseils qu'il était allé chercher partout où il avait pu les trouver, s'avança seul dans son admirable ligne : et c'est ici qu'on peut le comparer à Rembrandt, quoique ces deux maîtres de la lumière aient laissé, dans leurs merveilleuses productions, des œuvres marquées au coin d'une individualité saisissante et éminemment différente; mais tous deux, dans l'essence de leur originalité, ne relevaient que de la nature qu'ils consultaient sans cesse, et leur ignorance vis-à-vis de tout ce qui n'était pas leur art était extrême : on sait que Rembrandt aimait à s'entourer de vieilles armures, de casques, de tapisseries usées, qu'il nommait plaisamment *ses antiques*. En France, d'ailleurs, nous ne le connaissons guère que comme peintre de figures et d'intérieur, et nous ne possédons, dans notre galerie du Louvre, aucun de ses paysages, qui viendraient, par leurs qualités aériennes et lumineuses, légitimer tout à fait notre comparaison.

Voilà donc Claude Gelée devenu en peu de temps un grand peintre; mais les excursions qu'il était obligé de faire dans l'intérêt de son art, ne s'étendaient que dans les campagnes environnantes. Ce genre de vie, à peu près sédentaire, l'ennuyait beaucoup, et son humeur voyageuse se réveillait chaque jour de plus en plus. Enfin il se mit en route pour faire le tour de l'Italie, et commença par aller à Lorette. — Il vit avec enthousiasme, dans les différentes villes qu'il visita, des tableaux du Titien et du Giorgion, et chercha à faire profit du coloris, tantôt puissant, tantôt suave, de ces deux illustres chefs de l'école vénitienne. Il paraît que notre artiste avait dû d'abord, après son pèlerinage, retourner à Rome; mais, chemin faisant, il se laissa aller au désir de revoir la Lorraine, son pays natal, et prit, à cet effet, la route d'Allemagne. Quelques tribulations vinrent l'arrêter; il tomba malade à Munich, et, pour comble de malheur, à peine remis de son indisposition, il fut volé en chemin. — Il trouva cependant moyen d'arriver jusqu'à Nancy. Là, un de ses parents, nommé Claude Dervent ou Dervet, qui s'occupait de peinture pour le duc de Lorraine, l'accueillit et l'invita à demeurer chez lui. Claude, pendant une année, l'aida à peindre l'architecture et la perspective de la voûte de l'église des Carmes et de plusieurs autres monuments. Ce genre de travail ne tarda pas à le lasser, car son gain était trop modique et l'absence des moyens de perfectionnement trop réelle, pour qu'il pût satisfaire aux vœux de sa conscience d'artiste. Enfin il fut complétement dégoûté par une chute qu'il fit du haut d'un échafaudage, chute dont il pensa mourir. Après sa guérison, il quitta définitivement la Lorraine, se rendit à Lyon, et là se joignit à quelques peintres français qui allaient à Rome. Le voyage ne présenta aucun incident remarquable jusqu'à Marseille, mais dans cette ville il fut saisi par une fièvre violente qui le mit rapidement aux portes du tombeau. Il reprit pourtant le dessus, grâce à la vigoureuse constitution de son tempérament; mais la convalescence fut longue, les ressources pécuniaires diminuaient à vue d'œil, et la misère semblait venir avec la bonne santé. Le Lorrain, alors, par une bravade de désespéré, insulta à sa mauvaise fortune et dépensa un soir, avec ses camarades, la seule pistole que ses besoins n'avaient pas encore entamée. Le lendemain, un riche marchand de la ville se présenta chez lui; cet homme aimait la peinture et même en faisait pour amuser ses loisirs; séduit par le talent de notre convalescent, il lui achète deux tableaux et lui en commande deux autres. Claude, qui ne voulait plus rester à Marseille et qui, d'ailleurs, sentait sa bourse mieux garnie qu'elle ne l'avait été depuis long-temps, s'excusa sur son voyage et ne fit pas la commande. Il s'embarqua donc et de nouveau faillit périr à Civita-Vecchia. Mais il touchait au terme définitif de ces pénibles alternatives. Le voyage fut achevé heureusement, payé et soldé; même il put encore, en arrivant à Rome, louer une maison pour lui seul; et tout cela sur le prix de la vente de ses deux tableaux.

A partir de cette époque, nous entrons dans la période glorieuse de Claude Lorrain. Sa vie ne fut plus qu'une suite de travaux et de succès. Les princes et les cardinaux veulent, à l'envi, faire sa connaissance et l'honorent de leur estime. Le cardinal Bentivoglio le présente au pape Urbain VIII, qui lui accorde son amitié. Enfin il est, à trente ans, maître consommé dans son art, et voit son génie se populariser avec ses toiles immortelles qu'il répand partout. Les demandes qu'on lui adresse sont si nombreuses, qu'il ne peut y satisfaire, malgré le haut prix qu'il se voit obligé d'attacher à ses œuvres. Nous venons de le montrer ami du pape Urbain VIII, il devient aussi celui du pape Clément IX. Ces pontifes aimaient à le voir travailler, et Clément IX voulut couvrir de pistoles la représentation du bois de la Vigne-Madame; mais le Lorrain refusa d'acquiescer à cette offre, sous le prétexte que ce tableau n'était qu'une étude.

Ce fut dans ce temps-là qu'il se lia avec Nicolas Poussin, le plus illustre de ses compatriotes. On aime à se représenter ces deux grands hommes unis par une fraternelle affection, échangeant sans rivalité leurs idées, et s'élançant tous deux d'un pas ferme et noble à cette recherche du beau qui fut la passion de leur vie. Et si nous avons tout à l'heure essayé d'établir des points de ressemblance entre Claude Lorrain et Rembrandt, qu'il nous soit permis maintenant de chercher à caractériser l'essence de talent particulière à Poussin et au Lorrain, dans le paysage. Le Lorrain cherchait d'abord de belles lignes, puis il les noyait dans des flots de lumière; la qualité dominante chez lui est l'harmonie; il savait répandre sur ses compositions ce charme que les Italiens ont si bien défini par ce mot, qui n'a pas d'équivalent en français, la *vaguezza*. On sent que sa peinture est surtout celle d'un homme heureux; la terre, en passant par ses mains, nous apparaît comme une demeure splendide et souriante : il peint tantôt le repos dans de ravissantes campagnes, tantôt une fête sous l'ombre de magnifiques arbres, puis les fraîcheurs d'une belle matinée au bord de la mer, ou des vaisseaux rentrant au port enveloppés dans les chaudes vapeurs du soleil couchant; en un mot, partout une félicité qui vous donne le désir d'aller partager les délices de cette nature privilégiée. Et il se complaisait tellement à son œuvre, que si l'on pouvait lui adresser un reproche, ce serait celui d'avoir mis trop de détails, d'avoir été quelquefois un peu minutieux dans l'achèvement de ses tableaux. Le Poussin, lui, cherche avant tout et par-dessus tout la grandeur dans les lignes, la puissance dans l'aspect et la simplicité dans l'exécution. Mais la nature qu'il représente est souvent triste, mélancolique et sévère. On l'a nommé avec raison le peintre des philosophes et le philosophe des peintres ; et, sans nous préoccuper ici de ses compositions historiques, nous pouvons dire qu'on retrouve ce cachet de pensée mâle et suave dans tous ses paysages. Il s'élève parfois jusqu'au terrible et au sublime, en se montrant peu soucieux, en général, des ornements qui résultent de la multiplicité des détails. Moins initié que Claude dans les phénomènes de l'irradiation du soleil, il l'emporte sur lui par le caractère de noblesse dont il a su revêtir ses ouvrages.

Le Lorrain était un homme simple et de bonnes mœurs, d'un commerce agréable et facile. Il donnait volontiers des conseils, puisés dans sa longue et savante expérience ; aussi eût-il bientôt des disciples, dont les plus célèbres furent Jean-Dominique Romain, Le Courtois, plus connu sous le nom du Bourguignon, Angiolo Angeluccio, Wandervert, et Hermann Swanevelt, dit Hermann d'Italie. Cependant il vint une époque où il ne voulut plus en faire aucun, et voici pourquoi. Parmi ses élèves, il avait distingué Jean-Dominique ; il lui fit même apprendre à jouer de plusieurs instruments, et le traita comme son propre fils. Des curieux, un jour, virent un tableau de ce jeune artiste, et le prirent pour une production du maître. Le bruit que fit cette histoire parvint jusqu'aux oreilles de Dominique, flatta fortement sa vanité, et lui donna une telle suffisance, que le Lorrain résolut de se séparer de lui. Ce ne fut pas, toutefois, sans l'avoir préalablement mené à la banque du Saint-Esprit, et lui avoir fait compter une somme d'argent dont il lui fit présent. Jean-Dominique mourut quelque temps après ; mais le parti de Claude Lorrain avait été irrévocablement pris, et il ne laissa plus désormais aucun jeune artiste se placer sous sa direction.

Sandrart, qui a écrit en latin une vie des peintres, et qui faisait aussi de la peinture, raconte que souvent il allait travailler d'après nature avec le Lorrain, fait qui semble contradictoire à la version de ceux qui assurent qu'il peignait presque toujours de souvenir, et lorsqu'il rentrait tout imprégné encore des effets qu'il venait d'étudier. Claude aimait surtout, aux environs de Rome, les rochers de Tibur, les cataractes, et introduisait avec préférence dans ses tableaux le temple de la Sibylle à Tibur, Tivoli, la baie de Naples et le Colysée. Sandrart raconte qu'il lui faisait remarquer, avec la sagacité du physicien le plus habile, les causes de la diversité qu'offrait une même vue aux différentes heures du jour. Personne, en effet, ne sut mieux s'approprier les phénomènes de la lumière ; souvent il attendait dans les champs le retour du soleil, afin de mieux se pénétrer de l'immense variété d'effets que présente le lever de cet astre. Aussi doit-on attribuer au froid des nuits et des crépuscules les atteintes violentes de goutte dont il fut attaqué dès l'âge de quarante ans. Sandrart cherchait plutôt les premiers plans, et le Lorrain les fonds et les lignes d'horizon. Parfois ils échangeaient leurs études, et il faut lire avec quel enthousiasme Sandrart parle d'une de celles qu'il possédait. C'était un effet de matin. Le soleil commençait à dissiper les brouillards, répandait la rosée sur toutes les plantes, versait peu à peu sa splendeur, donnait sa lumière à chaque arbre, à chaque graminée, et traversait de ses rayons vainqueurs l'épaisseur des ombrages et des forêts. Adrianus Pau, d'Amsterdam, voulut l'avoir. — Le même Sandrart parle de l'étude infructueuse que Claude fit de la figure. Il disait en plaisantant qu'il ne vendait que ses paysages, et donnait ses personnages par-dessus le marché. A notre avis, pourtant, les compositions dont les figures lui appartiennent sont préférables à celles dont les personnages ont été traités par d'autres peintres, comme Lauri et le Bourguignon : car, dans le premier cas, malgré la maladresse de Claude, l'harmonie de son tableau ne se trouve jamais rompue. On doit cependant citer avec éloges deux petites compositions que possède notre Musée, représentant, l'une le siége de La Rochelle qui fut prise par Louis XIII le 8 octobre 1628, l'autre le Pas-de-Suze forcé aussi par Louis XIII en 1629. Les figures sont de Callot ; et, outre qu'elles offrent le seul échantillon de peinture que nous ayons de ce célèbre artiste, elles complètent parfaitement, par leur agencement et leur coloris, les vues originales de Claude Lorrain.

Il nous reste maintenant à parler des œuvres capitales connues de ce maître, et des précautions qu'il fut obligé de prendre pour empêcher la contrefaçon, métier qui s'exerçait, de son vivant même, avec un grand succès et une extrême insolence. Claude réunit, en un seul livre, les croquis de tous ses tableaux, afin d'éviter les répétitions des mêmes sujets et de confondre les tableaux apocryphes qui usurpaient son nom. Ces dessins sont en général faits au bistre et rehaussés de blanc : leur collection fut appelée *Libro di Verità*, *Livre de Vérité*. Ce recueil a été successivement à Rome, chez sa nièce ; à Paris, chez un joaillier ; et à Londres, chez le feu duc de Devonshire. Claude Lorrain ne voulut jamais le vendre à Louis XIV, quelques instances que fit auprès de lui le cardinal d'Estrées, alors ambassadeur à Rome. Plus tard, le fils du duc de Devonshire permit à Boydell d'en faire des gravures dans le genre du lavis, et cet artiste donna, en 1777, deux cents planches de même grandeur que les dessins originaux. Richard Earlom, autre célèbre graveur anglais, a aussi exécuté la même œuvre d'une manière fort remarquable. Ce qui fait d'ailleurs la supériorité des dessins de Claude, c'est leur infinie transparence et leur limpide profondeur. On connaît aussi de lui : suivant quelques uns, quarante-deux eaux-fortes gravées en 1630, 33, 34, 36, 37, 51 et 62 ; suivant d'autres, vingt-huit feuilles en clair-obscur assez médiocres, et une suite de cinq pièces (ou même de onze pièces, au dire d'autres connaisseurs), suite qui se rencontre assez rarement et qui représente des décorations de feux d'artifice.

Claude travailla dans plusieurs palais, particulièrement dans les palais Altieri et Colonna. Il fit quatre tableaux pour Urbain VIII, trois pour Alexandre VII, huit pour le connétable Colonna, et huit pour le roi d'Espagne, ornés de scènes appartenant à l'histoire de l'Ancien et du Nouveau Testament. On voyait encore dans le palais de Buen-Retiro un *Embarquement de sainte Hélène,* dont les figures, faites par le Lorrain, avaient un pied de haut. On parle aussi d'un tableau peint en 1641, et gravé en 1742 par Vivarès, et qui faisait partie, à cette époque, du cabinet de lord Jacques Cavendish; d'un autre, peint en 1658, pour François Alberici, et qui depuis a passé dans les cabinets Furnow, Humphry et Morrès, où le même Vivarès le grava en 1742; d'une composition représentant *Jésus et les disciples d'Emmaüs*, qui se trouve dans la galerie de l'Ermitage; et d'un *Embarquement de sainte Ursule*, toile portant la date de 1641, placée autrefois dans le palais Barberini, à Rome, qui, depuis, a passé en la possession de Guillaume Lork, de Van-Heythusen, de Angerstein, et qui maintenant fait partie de la *British-National Gallery*.

Sandrart raconte qu'il peignit à fresque quatre murailles, chez un noble, nommé Mutius. La première partie offrait à l'œil du spectateur une forêt tellement bien exécutée, que l'on pouvait distinguer et reconnaître les différentes essences des arbres qui la composaient. Le premier plan représentait des fruits et des fleurs. La ligne d'horizon se liait à celle de la seconde partie, qui montrait une campagne ouverte et profonde, avec des montagnes, des eaux, des graminées, des arbres, et traversée par des voyageurs et des animaux. Cette seconde partie tenait à la troisième, qui représentait un port et une mer houleuse avec des vaisseaux, et qui se reliait elle-même à la quatrième partie, où l'on voyait des antres, des ruines, des statues et des bêtes féroces. Le même auteur dit encore que Claude voulut faire école avec trois tableaux, et qu'à cet effet il peignit : une aurore pour M. de Mayer, baron libre d'Allemagne; puis un coucher de soleil tellement surprenant, que l'on y sentait la sécheresse des vallées, l'aridité de la nature après la chaleur du jour; et enfin une scène prise à deux heures de l'après-midi, cette heure de la sieste où la lumière baigne tout le paysage, et où les bruits et les froissements même des feuilles semblent s'éteindre dans un lourd besoin de sommeil.

Le Musée du Louvre possède dix-sept tableaux de Claude Lorrain. Nous avons déjà cité les deux plus petits. Huit autres ont pour motif principal la mer avec des vaisseaux à pleines voiles, tantôt rentrant majestueusement au port au milieu de l'embrasement général d'un soleil qui descend à l'horizon, tantôt prêts à partir et à sillonner des eaux d'un ton frais et bleuâtre, dont la lumière n'a pas encore visité et réchauffé la limpidité, ou bien la mer avec des rochers et une somptueuse architecture qui se mirent dans ses flots. Six autres sont des tableaux de paysage proprement dit, les uns rehaussés par des édifices à riches portiques, les autres égayés par une fête villageoise ou par un troupeau qui, là, se perd dans l'herbe épaisse, ici, s'abreuve à une rivière, et plus loin, traverse un gué transparent et ombragé. Enfin le dix-septième est une vue du Campo-Vaccino, à Rome : on y remarque, à gauche, l'arc de triomphe de Septime-Sévère, les restes du temple d'Antonin et de Faustine, et ceux du temple de la Paix; dans le fond, le Colysée et l'arc de Titus; à droite, sur le devant, le temple de la Concorde, les trois colonnes de Jupiter Stator, et les ruines du palais des Empereurs.

Claude Lorrain vécut ainsi long-temps dans la paix de ses travaux et de ses succès; il garda le célibat, et laissa beaucoup de bien à ses héritiers, plus six volumes de dessins, dont un était le Livre de Vérité. Sa mort arriva, suivant De Piles, en 1678, et suivant une autre version, qui paraît la plus vraisemblable, le 21 novembre 1682. Il fut enterré dans l'église de la Trinité-du-Mont, et ses neveux firent placer une inscription sur sa tombe. — Beaucoup de graveurs ont exercé leur pointe et leur burin d'après ses tableaux. Les plus renommés sont, Major, Dominique Barrière, Morin, Moyreau, Lebas, Vivarès, Brown, Byrne, Lespinière, Mason et Woolett.

L'histoire de ce grand artiste renferme selon nous, malgré sa brièveté, le grave enseignement de la volonté et du travail. Claude avait rendu ses yeux savants à force de voir, et sa main était devenue le fidèle interprète de ses yeux, tant il avait poussé loin l'application et la persévérance, en fait d'exécution matérielle. Heureux l'homme dont la postérité ne s'occupe que pour enregistrer, sans arrière-pensée, ses nobles et légitimes succès! Heureux le grand peintre de paysages, ce paisible conquérant de la nature, ce dominateur intelligent de la création, dans ce qu'elle offre de plus pur, dans les prés, les eaux et les forêts!

Ces simples et ravissantes merveilles ont trop peu d'admirateurs, et bien souvent on a le droit de se rappeler involontairement les paroles du Psalmiste, quand il parle de ceux qui *ont des yeux pour ne point voir et des oreilles pour ne point entendre*. — Aussi, est-ce un homme bien utile que celui qui peut faire partager à ses frères la fête qu'un rayon de soleil, que le pli d'une étoffe au vent, que le balancement d'une branche apporte à son cœur.

Nous n'avons pas voulu descendre dans les détails techniques de la peinture et examiner minutieusement si Claude procédait par empâtement, par demi-pâte ou par glacis. Cette discussion, oiseuse pour nos lecteurs, le devient encore bien plus en face des chefs-d'œuvre que nous a légués l'infatigable fécondité de leur auteur. — Le génie d'ailleurs n'est pas seulement la patience, et il a des modes de manifestation presque toujours indéfinissables. Mais, dans un autre ordre d'idées naturelles, Newton a découvert les magnifiques lois de l'attraction, *en y pensant toujours* : ne serait-ce pas là aussi la formule qui pourrait s'appliquer de tout point, et dans tous les cas, à l'œuvre si parfaite et si variée de Claude Lorrain ?

EUG. TOURNEUX.

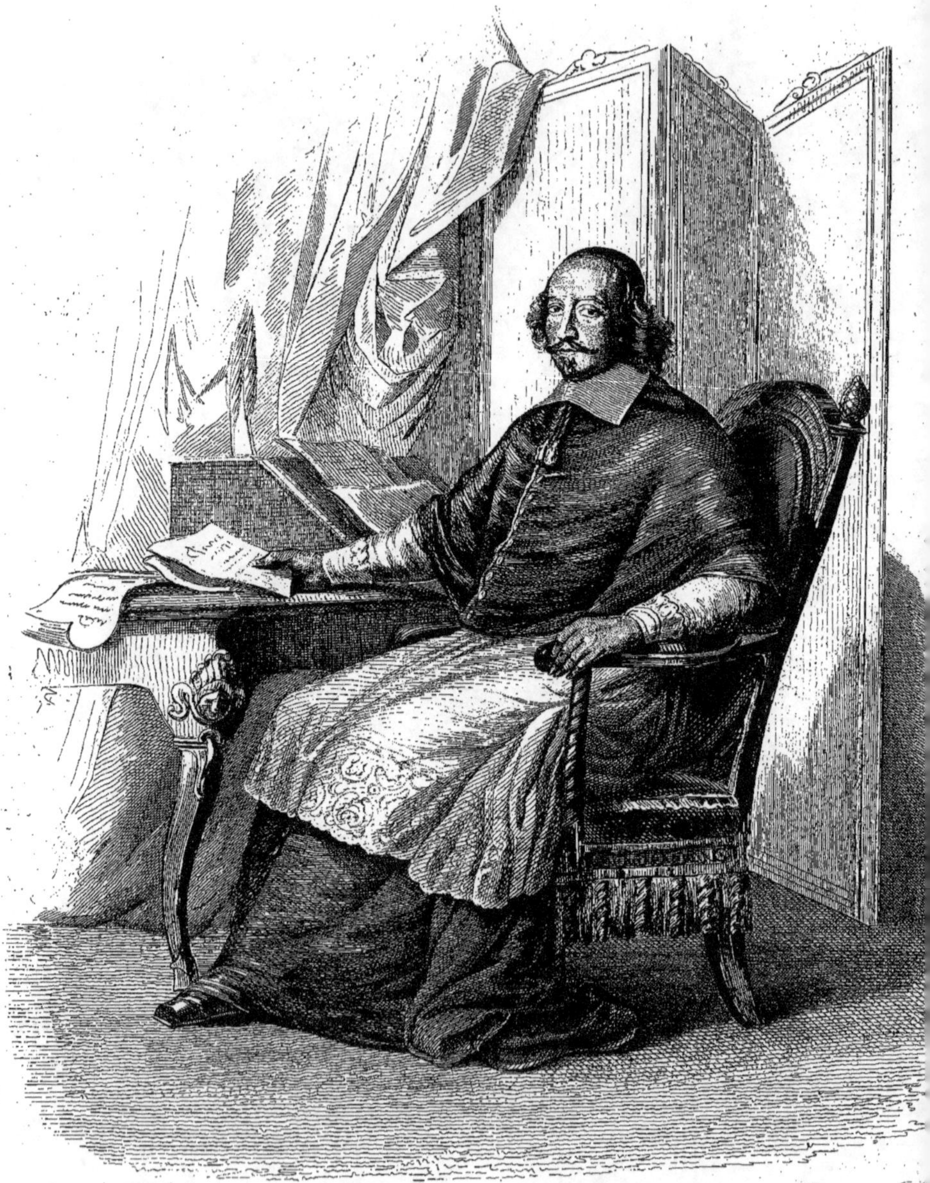

Dessiné par Chasselat.   Geny-Gros, imp. rue du Plâtre, 28. Paris.   Gravé par Mauduison Le

LE CARDINAL MAZARIN.

LE CARDINAL MAZARIN

NÉ EN 1602, MORT EN 1661.

Giulio, fils aîné de Pietro Mazarini, naquit à Rome, s'il faut l'en croire, ou, plus vraisemblablement encore, à Piscina, dans l'Abruzze, le 14 juillet 1602[1]. Son père, Sicilien d'une chétive fortune, d'une profession restée douteuse comme sa noblesse, qu'il donnait pour fort ancienne, vint s'établir à Rome. Il avait épousé une fille de bonne maison et devint majordome du connétable Colonna. Giulio, enfant d'une intelligence précoce, fréquenta les écoles des jésuites à Rome, jusqu'à sa seizième année. Sur la fin de ses cours, il soutint devant un nombreux auditoire, avec de grands applaudissements, des thèses de logique, physique et métaphysique, où il attaqua, entre autres, les opinions nouvelles et malsonnantes émises par Galilée. Ces premières études terminées, il commença celle du droit. Les jésuites voulaient l'enrôler dans leur compagnie; mais, loin de se sentir aucun goût pour la robe longue, le jeune homme se mit à secouer gaillardement la poussière scolastique, s'adonnant au plaisir, au jeu, « à peu de bonnes pratiques et à toutes sortes de vilains vices[2], » dit une biographie italienne, dont l'auteur vécut dans l'intimité du jeune Mazarini. Des pertes réitérées au jeu, qui le réduisirent à mettre en gage jusqu'à ses meilleurs habits, lui firent comprendre la nécessité d'une réforme. « Oh! quelle bête brute que l'homme » sans argent! » s'écriait-il en ces jours de détresse : conviction qui semble avoir été la plus persistante de sa vie. Pietro Mazarini, cherchant aussi à dépayser son fils, le plaça, comme camérier ou compagnon d'études, auprès de l'abbé Colonna, que le connétable, son père, envoyait en Espagne. Giulio y resta deux ou trois ans, pendant lesquels il apprit la langue du pays, et suivit les cours de droit aux universités d'Alcala et de Salamanque.

[1] Le titre de citoyen romain flattait la vanité de Mazarin; en outre, devenu ministre du roi de France, en guerre avec l'Espagne, il lui importait de ne point passer pour être né sujet de cette puissance.

[2] Manuscrit de la bibliothèque royale de Dresde.

Des causes mal expliquées, mais qui paraissent n'avoir rien eu d'honorable, déterminèrent son brusque retour à Rome. Peu après, les jésuites, voulant représenter en public la vie d'Ignace de Loyola, chargèrent Giulio du rôle de leur saint fondateur, et il enleva tous les suffrages. Ce talent de comédien et la finesse des enseignements jésuitiques allaient être transportés bientôt sur un plus vaste et plus sérieux théâtre. Il avait repris ses études de jurisprudence. Ses parents le poussaient vers la carrière ecclésiastique, mais Giulio préférait l'épée à la soutane, et se fit envoyer comme capitaine d'infanterie à l'armée du pape dans la Valteline (1625). Ses chefs, guerriers pacifiques, frappés de son esprit souple, délié, pénétrant, l'envoyèrent négocier tour à tour auprès des Français et des Espagnols. L'adresse qu'il déploya dans ces missions révélait sa vocation diplomatique; mais il s'entêtait à devenir homme de guerre, et, trouvant son génie martial trop à l'étroit dans la sphère de l'armée pontificale, il voulut passer au service de l'empereur. Ses parents s'opposèrent à ce projet et le rappelèrent à Rome, où il se remit à ses études.

Bientôt éclata la guerre pour la succession des duchés de Mantoue et de Montferrat. Le pape intervint comme médiateur (1629). Giulio, avant et après sa campagne de la Valteline, avait été le client, le familier ou le domestique (mots presque synonymes alors) de plusieurs nobles prélats romains. Le cardinal Bentivoglio, son patron à cette époque, le fit nommer secrétaire de légation du nonce Ginetti, et Giulio, qui venait de prendre le bonnet de docteur en droit civil et canon, partit pour la Lombardie. Il devint bientôt le bras droit, la cheville ouvrière de la diplomatie papale. Ginetti fut forcé de le prêter à ses collègues des légations voisines : on le vit courir de Milan à Turin, de Turin à Mantoue, et ailleurs encore, présent partout, partout nécessaire ou sachant le paraître, agréable en même temps à chacune des parties belligérantes, négociateur d'une adresse incontestée, mais d'une probité assez contestable.

Cependant tous les efforts conciliateurs et le traité de Suze n'avaient abouti qu'à une paix plâtrée, bientôt rompue. Louis XIII et Richelieu, s'apprêtant à repasser les monts avec une armée, s'étaient arrêtés à Lyon. Mazarin y fut envoyé (1630) pour conjurer l'orage qui menaçait l'Italie. La renommée de ses talents commençait à percer. Reçu de la manière la plus flatteuse, malgré ses vingt-huit ans et le peu d'éclat de son titre, il eut avec Richelieu une longue conférence, au sortir de laquelle celui-ci dit qu'il venait de parler au plus habile homme d'état qu'il eût jamais vu. Le grand ministre ne négligea rien pour le gagner. Giulio, qui avait peu de pruderie contre des avances pareilles, revint en Italie plein de bon vouloir envers la France, ayant posé, sinon les fondements de la paix, du moins ceux de sa fortune.

Les hostilités continuèrent, entremêlées de négociations où ne se démentirent ni son adresse ni son activité. Il eut encore plusieurs entrevues avec Richelieu, et chaque fois ils se séparèrent plus satisfaits l'un de l'autre. Mazarini passait d'un camp à l'autre, exagérant aux Français les forces espagnoles, aux Espagnols la supériorité des Français; exhortant ceux-ci à la modération, travaillant surtout à décourager ceux-là. Ses efforts semblaient infructueux. Déjà les Français s'étaient mis en bataille, déjà ils avaient ouvert leur feu et s'avançaient impétueusement vers les lignes ennemies, lorsqu'on en vit sortir *il signor Mazarini*, poussant son cheval à toute bride, d'une main agitant son chapeau, de l'autre une feuille de papier, en criant : « Halte! La paix, la paix!... — Non, point de paix! point de Mazarin! » répondent nos soldats, et nombre d'entre eux dirigent leurs mousquetades sur l'intempestif négociateur; mais lui galope intrépidement au milieu des balles qui sifflent à ses oreilles, arrive, sans être atteint, jusqu'au maréchal de Schomberg, annonce que les Espagnols, intimidés par sa faconde, acceptent les conditions imposées : le mouvement d'attaque est suspendu; les deux chefs s'avancent entre leurs armées, s'embrassent, et Mazarini, sans descendre de cheval, leur fait arrêter les bases de la paix sur le champ de bataille même. Le pape fit peindre dans une galerie du Vatican, et les gravures des almanachs français popularisèrent cet exploit d'un nouveau genre, ce *coup de chapeau* pacificateur, que suivit peu après le traité de Cherasco, en grande partie l'ouvrage du héros diplomate.

Les conférences de celui-ci avec Richelieu portaient leur fruit : ces transactions désavantageuses à l'Espagne commencèrent à lui rendre suspecte l'impartialité de l'officieux négociateur. Elles furent suivies d'actes plus significatifs encore. Mazarini fit consentir le duc de Savoie à céder Pignerol aux Français; et comme les traités antérieurs les obligeaient à évacuer cette forteresse, il eut recours, pour la leur conserver, à un subterfuge dont les Espagnols furent complétement dupes, et qu'ils ne lui pardonnèrent pas. En revanche, Richelieu écrivit au pape pour le féliciter des talents de son jeune ministre, et enjoignit à l'ambassadeur du roi à Rome de solliciter pour Mazarini la nonciature de France. Mais avant tout il fallait quitter l'habit militaire, sous peine de végéter dans les rangs inférieurs d'une cour ecclésiastique. Notre martial capitaine se décida enfin à prendre la tonsure (1632), qui lui valut un canonicat et l'office de *Référendaire de l'une et l'autre signature*. Deux ans après, comme il venait d'être nommé à la vice-légation d'Avignon, le pape l'envoya en qualité de nonce extraordinaire à Paris. Richelieu le reçut à bras ouverts, le choya de son mieux, voulut l'avoir pour hôte à Ruel, et là lui prodigua les soins les plus affectueux pendant une maladie dont il fut attaqué. Giulio de son côté ne négligeait rien pour se rendre agréable au ministre, au roi, à chacun. Il avait apporté d'Italie une pacotille de bonnes ou curieuses choses, confitures, pommades, savon de Naples et gants de Rome, étoffes, meubles, tableaux précieux, jusqu'à des cordes de luth, sans compter les reliquaires bénits et les *Agnus Dei*. Il en faisait avec discernement de profitables cadeaux ; mais, en outre, le nonce courtisan ne négligeait pas, dit-on, les trafics lucratifs du brocanteur, ce qui, joint aux bénéfices du jeu, qui était resté une de ses passions dominantes, remédiait à la pénurie originelle de sa bourse.

L'enlèvement de l'électeur de Trèves par les Espagnols fit reprendre les armes à la France. Mazarini obtint de Rome des pouvoirs pour travailler de nouveau à la paix. Mais cette fois la cour de Madrid n'eut garde d'accepter pour médiateur le dangereux diplomate de Casal et de Pignerol, le convalescent de Ruel. Grâce à cette rancune et à ces ombrages, Mazarini fut rappelé de la nonciature en sa vice-légation d'Avignon. C'était une sorte d'exil qui le jetait en dehors des affaires et des honneurs ; mais, six mois après, les différends de la cour pontificale avec notre ambassadeur rendirent la présence de l'habile Giulio nécessaire à Rome, où désormais il soutint ouvertement les intérêts de la France. Bientôt Richelieu le chargea de solliciter le chapeau de cardinal pour le fameux père Joseph ; mais cette *éminence grise* n'ayant pu, *malgré la prise de Brissac*, s'empêcher de mourir, Richelieu reporta sur Mazarini toute sa confiance et la candidature de France au cardinalat. Toutefois, avant d'obtenir sa promotion, Mazarini eut à patienter long-temps : Urbain VIII, grâce à l'Espagne et aux envieux, lui était devenu contraire ; et peut-être cet obstacle s'aggravait-il en secret d'une arrière-pensée jalouse de Richelieu. Quoi qu'il en soit, au commencement de 1639, l'ex-nonce apostolique fut appelé à Paris, et, par lettres de naturalisation, récompense de « ses recommandables et importants services, » il signor Giulio Mazarini se métamorphosa en monsieur Jules Mazarin, désormais initié par le cardinal-duc aux secrets les plus intimes de sa politique.

La grande guerre léguée par Luther à l'Europe durait encore : pour la terminer, on parla d'assembler un congrès à Hambourg. Richelieu choisit Mazarin pour y être le plénipotentiaire de la France ; mais le savoir-faire de celui-ci devint plus indispensable encore en Savoie, où la France et l'Espagne se disputaient la prépondérance : Mazarin réussit à nous l'assurer par un traité. Ce succès et une supercherie officieuse de son ami, le secrétaire d'état Chavigny, triomphèrent de la jalouse défiance de Richelieu, si défiance il y avait : la candidature de Mazarin fut vivement poussée à Rome, et la barrette enfin envoyée pour lui à Louis XIII (1642). — Richelieu était habitué à faire des ingrats : Mazarin ne le fut pas, et le servit fidèlement dans cette crise décisive où le terrible malade de Narbonne pulvérisa d'un dernier coup de foudre la trame ourdie par Cinq-Mars. Bientôt, sentant le pouvoir lui échapper avec la vie, Richelieu recommanda le nouveau cardinal à Louis XIII, comme le seul homme apte à lui succéder, et, le lendemain de la mort du grand despote, des lettres royales firent savoir à tous les amés et féaux que Sa Majesté appelait en ses conseils *son très-cher cousin* le cardinal Mazarin (décembre 1642).

Soigneux, à son début, de ne pas offusquer l'envie, il prit les fonctions, mais non le titre de premier ministre. Tout en suivant la politique générale de son prédécesseur, il en adoucit les formes et quelques-uns des effets. — Louis XIII était mourant; les gens avisés commençaient à se ranger, selon leurs attachements ou leurs prévisions, autour des deux compétiteurs naturels de la régence, Monsieur et la reine. Le monarque hésitait dans son choix entre ces deux objets d'une égale désaffection. Mazarin, créature de Richelieu, partant mal vu de la reine, quoi qu'il eût fait pour se laver de ce péché originel, travailla d'abord en faveur de Gaston. Mais, éprouvant de la part du roi une résistance invincible, il s'efforça de rentrer en grâce auprès d'Anne d'Autriche. Ses avances furent reçues avec froideur. Alors Chavigny présenta au conseil et Mazarin appuya un moyen terme, qui, n'excluant aucun des deux prétendants, lui ménageait peut-être une chance auprès de chacun. Anne, régente, et Gaston, lieutenant-général du royaume, virent leur autorité limitée par l'adjonction d'un conseil de régence. Mazarin y figurait avec le simple titre de ministre d'état; mais, en l'absence de Monsieur et du prince de Condé, il avait la présidence, et la reine devait traiter les affaires ecclésiastiques avec lui seul. La déclaration royale fut suivie du baptême du dauphin. Le roi choisit le cardinal pour parrain de l'enfant qui allait s'appeler Louis XIV, et un mois après le fantôme couronné descendit dans la tombe.

Aussitôt se groupa autour de la reine tout ce qui, comme elle, avait pâti sous Richelieu, martyrs venant réclamer leur palme. Ces *importants* pressaient Anne de faire annuler les restrictions imposées à son autorité, et de mettre à la tête du cabinet l'évêque de Beauvais, un des leurs. Mais la complète nullité de celui-ci, la capacité de Mazarin, seul dépositaire, avec son ami Chavigny, des secrets de l'état, le serment, qu'il fit secrètement par écrit, d'une soumission aveugle aux volontés de la reine, et sa promesse d'aider à faire casser le testament de Louis XIII, décidèrent Anne, après mainte hésitation, à garder, du moins provisoirement, *ce Sicilien*, pour lequel d'ailleurs elle avait plutôt de la répugnance que de la haine. Ce dernier sentiment, au contraire, était celui qu'elle éprouvait pour Chavigny : aussi Mazarin, content de se sauver lui-même, s'empressa-t-il d'abandonner un ami auquel il avait dû en partie sa fortune, et que naguère il appelait *son père, son patron*. — Conformément à son pacte secret, Mazarin se démit du titre et des pouvoirs de conseiller de régence : force fut à ses collègues d'imiter ce désintéressement édifiant! Le parlement cassa la dernière volonté de Louis XIII; Anne fut déclarée régente sans restrictions.

Cependant le cardinal se sentait toléré plutôt que fermement établi au ministère : l'ambition lui inspirait le désir de plaire, la nature lui en donnait les moyens. « Il était d'une belle taille et au-dessus de la médiocre; il avait le visage ouvert, le teint vif et beau, les yeux pleins de feu, le nez grand, mais bien fait, le front large et majestueux, les cheveux châtains et un peu crépus, la barbe plus noire et toujours gracieusement relevée avec le fer. Il avait grand soin de ses mains, qui étaient belles. Il était toujours fort parfumé, *et il fallait lui parler bien matin pour s'apercevoir qu'il sentît mauvais.....* » Il lui était resté de son ancien état quelque chose d'aisé et de galant dans les manières; sa conversation facile, enjouée, assaisonnée de lazzis italiens, empruntant même à son accent étranger une teinte de bonhomie et de naïveté, déridait les fronts les plus moroses, s'insinuait dans les oreilles les plus prévenues. Nul ne jouait mieux tous les jeux d'esprit ou d'adresse. Enfin, *il avoit des charmes inévitables pour être aimé* de ceux qu'il voulait séduire. Ajoutez à cela qu'il paraissait inoffensif, sans prétentions, *et faisait semblant fort habilement de n'être pas habile.* Toujours riant, caressant et bénin, il ne blâmait rien, « ne voulait rien, était au désespoir que sa dignité de cardinal ne lui permît pas de s'humilier autant qu'il l'eût souhaité devant tout le monde, et marchait dans les rues avec deux laquais derrière son carrosse. » Déjà en possession des bonnes grâces de Monsieur et du prince de Condé, ce fut vers la régente qu'il dirigea ses batteries. Elle avait « témoigné n'être pas fâchée de le voir, » pour s'instruire des affaires étrangères, dont il avait la clef. Il commença donc à venir les soirs chez elle et à l'initier lentement aux secrets de la politique. Le caractère d'Anne, encore plus indolente qu'impérieuse et dévote, un peu coquette, encourageait l'ambition et ne décourageait pas la galanterie. — Les *importants* commencèrent à ouvrir les yeux. Pour expulser l'intrus, il se forma une ligue, à la tête de laquelle se mirent le duc de Beaufort et la duchesse de Chevreuse, amie devenue chère à la reine par un dévouement éprouvé. Mazarin s'efforça de gagner cette femme ambitieuse; mais l'ancien garde-des-sceaux Châteauneuf était son amant, et de chaque concession bénévole elle lui faisait un échelon pour monter à la place de premier ministre. Le cardinal se mit sur la défensive : alors éclatèrent contre lui des hostilités chaque jour plus sérieuses. Il crut ou feignit de croire que Beaufort voulait le faire assassiner, et demanda instamment en plein conseil la permission de retourner à Rome; il était sûr d'être refusé : Anne n'eut garde de sacrifier à *ces méchants amis*, qui la harcelaient de leurs prétentions et de leurs intrigues, ce pauvre cardinal, si dévoué, si désintéressé. Beaufort fut arrêté et emprisonné à Vincennes, malgré une belle lettre de Mazarin qui demandait sa grâce, lettre qu'on eut soin de rendre publique. Châteauneuf, la duchesse de Chevreuse, furent exilés avec leurs complices. — Cette victoire d'un homme qui se faisait si humble, sur des gens si fiers de la faveur royale, donna subitement la mesure de son pouvoir et saisit chacun d'un étonnement respectueux.

Au commencement des quatre années qui suivirent (1644-48), Mazarin régna paisible. Illustré par des victoires au dehors, exempt de troubles intérieurs, cet *âge d'or de la régence*, comme l'appelèrent des poètes, aurait pu devenir, sous un ministre à vues larges et bienfaisantes, une ère de prospérité réelle pour le royaume. Épuisé par de longues guerres, le peuple soupirait après la paix et la diminution des tailles. Mais de ce vœu général, Mazarin l'ambitieux, le diplomate, ne s'inquiétait guère. Pourvu que la maison d'Autriche fût abaissée et lui-même tout-puissant; pourvu que d'Enghien et Turenne apostillassent à coups de canon victorieux ses dépêches au congrès de Munster, et que la régente, habilement distraite des affaires, se récréât avec sa cour à quelque jeu de cartes d'invention mazarinique, ou s'ébahît (non sans bâiller un peu) aux merveilles inconnues d'une *comédie italienne*, et surtout aux arias des chanteurs ultramontains; en un mot, pourvu que, hors des frontières et autour du trône, rien ne déviât trop de la ligne tracée par le ministre, il lui semblait que tout allait bien, et que la France devait être contente. Ne lui faisait-il donc pas d'assez splendides cadeaux? A Munster l'Alsace, à Paris l'*opéra*, les *soprani*, sans compter le *jeu de hoc!* D'ailleurs, n'avait-on pas pour soi les grands et les parlements; ceux-ci courbés, mutilés sous Richelieu, et maintenant ne songeant qu'à panser leurs blessures, sur lesquelles le nouveau ministre versait le baume onctueux de ses politesses; ceux-là pour la plupart jadis chassés du royaume, et aujourd'hui s'endormant « paresseusement dans leurs lits, qu'ils avoient été ravis de retrouver!... » Mazarin, en gorgeant de pâture ces ambitions voraces, toujours béantes autour de la minorité d'un roi, se flattait de les apprivoiser à son usage. Malheureusement, pour « étourdir la grosse faim de leur avarice » et subvenir aux frais de la guerre, les caisses étaient vides, le crédit nul; il fallut augmenter les impôts, et inventer en outre mille expédients pour faire suer de l'or au peuple déjà accablé. Enfin « le mal s'aigrit, la tête s'éveilla, Paris se sentit et poussa des soupirs. » Le ministre, murmurait-on, livrait le royaume aux pilleries des traitants, et pillait lui-même plus effrontément que personne : ces fêtes de cour, ces traités si longuement élaborés, ces dispendieuses victoires, n'étaient qu'une souffrance pompeuse : avec des lauriers et des myrtes on ne fait pas de pain.

Ces plaintes se propageaient, aiguisées en couplets satiriques. Mazarin jugea peu redoutables des attaques faites avec une arme si légère : « Qu'ils *cantent*, ces Français, pourvu qu'ils payent! » disait-il; « laissons parler et faisons. » Mais voilà qu'un beau jour Paris transforma ces fredons en menaçant prélude d'émeute; le parlement comprit que le moment venait de reconquérir sa prépondérance politique, et engagea une vive escarmouche de remontrances. Mazarin essaya de riposter à la Richelieu; mais il n'était pas dans son caractère de soutenir ces moyens de vigueur : le parlement résista ; Mazarin céda. Alors il se mit à tromper ceux qu'il n'osait vaincre. La mauvaise foi acheva de déconsidérer un pouvoir qui n'avait su ni se faire aimer ni se faire craindre ; la bourgeoisie, soutenue par les magistrats, les magistrats, sûrs de l'appui *du badaud, s'infectèrent* de plus en plus *de l'amour du bien public*.

A mesure qu'augmentaient les difficultés, Mazarin concentrait davantage dans ses mains l'action gouvernementale. Il accapara le travail de tous les autres ministères : ce surcroît d'occupations ne lui laissa plus guère de temps pour les audiences ; et comme en outre il ne voulait pas se sevrer de ses bonnes heures de *far niente*, malgré sa prodigieuse facilité de travail nombre d'affaires restaient arriérées. Lorsqu'à force d'obsessions les solliciteurs en souffrance pénétraient jusqu'à l'Éminence, ils la trouvaient occupée de bijoux, d'ameublements, jouant avec ses perroquets, avec ses singes parfumés, tenant en main, au lieu de la plume du ministre, le cornet à dés, les cartes du joueur, ou pesant au trébuchet les pistoles gagnées la veille, pour remettre sur table le soir celles qui n'étaient pas de poids. Ayant remarqué, un peu tard, les inconvénients de la familiarité, il était devenu aussi superbe envers les humbles qu'il était resté humble envers les superbes. Puis, les expédients financiers étant chaque jour plus difficiles et l'argent plus rare, il ne distribuait maintenant qu'avec une extrême parcimonie cette savoureuse manne de largesses, à laquelle on s'était si bien affriandé. A mesure qu'il donnait moins, il promettait davantage ; il riait sous cape lorsqu'il avait payé d'*un peu de poudre d'alchimie*, suivant son expression, les fâcheux qui espéraient *un pont d'or*. On s'aperçut que le moyen d'obtenir de lui autre chose que des paroles creuses, c'était de se faire craindre : cette découverte grossit démesurément les rangs de l'opposition. — Si avare envers autrui, Mazarin ne se refusait rien à lui-même. Tandis qu'il laissait dans la maison du roi la plupart des charges sans titulaires ou sans appointements ; que le jeune Louis XIV couchait dans de vieux draps troués, à travers lesquels passaient ses jambes, et, faute de pouvoir renouveler sa garde-robe, portait en été une robe de chambre fourrée, devenue ridiculement courte ; tandis que la fille de Henri IV, l'épouse du roi Charles Ier d'Angleterre, réfugiée au Louvre, restait six mois privée de sa pension, aumône, dette sacrée de la France, et que bientôt elle allait se voir réduite, dans les froids de l'hiver, à tenir sa fille au lit faute d'un fagot pour allumer du feu ; tandis que la misère de la royauté rivalisait la misère du peuple, le cardinal achetait un palais à Rome, à Paris un palais qu'il ornait de galeries de peinture et de sculpture, bâtissait des écuries ou plutôt un troisième palais pour ses chevaux. Il est vrai qu'avec une magnificence moins égoïste, il rassemblait aussi dans sa demeure une bibliothèque admirable, qui, ouverte au public, devenait un des plus utiles ornements de Paris : mais qu'importait à la masse aigrie et souffrante ce vaste dépôt des connaissances humaines, où le ministre semblait n'avoir pas un seul pauvre petit livre qui lui apprît l'art de bien gouverner?... La diplomatie même de Mazarin, si habile qu'elle fût, n'échappait pas à la censure. Il était ami de la lenteur : *Le temps et moi*, disait-il. Mais l'allure tortueuse du négociateur paraissait incapacité ou même trahison à cette impétuosité française qui se précipite toujours par la ligne droite. — L'homme privé n'était pas en butte à de moindres accusations que l'homme public. Les jansénistes, que le cardinal avait molestés avec un zèle d'orthodoxie plus ostensible que réel, avaient, dans la personne du dévot et rancuneux Chavigny et de ses amis, pris position au parlement : ils déblatéraient contre la sensualité et les mœurs équivoques de l'intolérant prélat. La boue dont on éclaboussait le ministre rejaillissait malheureusement jusque sur la royauté ; on glosait hautement sur la faveur chaque jour plus suspecte que, malgré la clameur générale, la régente accordait à un étranger odieux, méprisé, et bientôt même couvert de ridicule.

Les chambres du parlement, par l'*arrêt d'union*, s'étaient liguées collectivement. Mazarin noua des conférences avec les magistrats, pour obtenir le retrait de ce séditieux et funeste *arrêt d'oignon*, comme il l'appelait. Après avoir bien ri de ce qu'on nommait l'ignorance, l'ineptie du *Trivelino principe* (bouffon d'une farce italienne), de *ce fat* qui s'imaginait *prendre léviathan avec des amorces*, on s'indigna, et comme en France on se résigne parfois au joug d'un tyran, jamais à celui d'un sot ou de l'homme qu'on prend pour tel, la Fronde éclata.

L'animadversion à laquelle le ministre se vit en butte était à la fois trop passionnée et trop générale pour être complétement équitable ou complétement injuste. Les plaintes relatives aux rapines de Mazarin étaient assurément fondées. Quant à la pureté de ses mœurs, c'était déjà trop qu'il y eût doute, et surtout que, dans un temps critique pour le pouvoir, ce doute exposât une personne royale aux ponts-neufs orduriers et à la risée des harangères. Quant à son habileté, le congrès de Munster et la paix de Westphalie (1648) la montraient supérieure, mais dans la limite d'une spécialité. Les ferments de troubles, développés d'abord par trop d'incurie et de mollesse, exigeaient une plus énergique concentration, une plus compacte unité du pouvoir : la France n'étant mûre que pour *la monarchie absolue tempérée par des chansons* ou pour une anarchie stérile de grands enfantements, il fallait à ce faisceau, prêt à se disjoindre, l'anneau de fer d'un despote. Mais Mazarin n'avait ni la trempe vigoureuse ni le cycle universel des facultés nécessaires pour accomplir à lui seul, franchement et sans trop de péril, cette tâche difficile. Ce fut sa ténacité patiente qui le fit triompher, plus encore que son habileté ; mais la France et la royauté, aux dépens de qui se jouait la partie, eurent le droit de trouver qu'elle aurait pu être gagnée en moins de temps, avec moins de risques et plus d'honneur.

Mazarin, s'abritant derrière le trône, et cramponné à la main de la régente, résista long-temps à la haine publique, aux ambitions coalisées, aux foudres judiciaires du parlement, qui, non content de le proscrire comme *ennemi du roi et de l'état*, l'avait blessé par son côté le plus sensible en confisquant ses biens et en arrêtant le payement de ses pensions et bénéfices. Enfin, Anne elle-même dut lui retirer momentanément son appui, sous peine d'être entraînée dans sa chute. Chargé d'outrages et de malédictions, bouc émissaire de la royauté, Mazarin partit pour l'exil (1651). Les Espagnols, espérant qu'il voudrait se venger de cette France « dont il avait reculé toutes les frontières, écrivait-il, et où il ne lui restait pas un asile, » se hâtèrent de lui en offrir un, mais il eut la noblesse ou la prévoyance de le refuser : il se flattait que la constante affection d'Anne et l'inconstance de la haine française lui aplaniraient bientôt la voie du retour. Cependant, sa retraite au château de Bruhl, près Cologne, se prolongea toute une année, — année d'intrigues compliquées d'ennui, de pauvreté même. Il faut voir dans sa correspondance ses espérances et ses anxiétés; ses efforts pour conserver en main, malgré la distance, le timon des affaires; l'art avec lequel il identifie sa cause avec celle du roi, et son amour bien sincère pour le pouvoir avec l'hypocrite amour dont il entretient la régente, avec « la passion dont il se meurt pour elle[1] » : il faut lire ses plaintes, tantôt éloquentes et dignes, tantôt humbles, naïves, piteuses jusqu'au comique, lorsqu'il sent peu à peu la faveur qui s'éloigne et la *mendicité* qui s'approche; son désespoir en recevant, au nom de la régente, l'ordre de retourner, non à Paris, mais à Rome, à Rome, où il n'eût trouvé, avec un exil éternel, que l'indigence et la honte auprès d'un pape son ennemi.

Enfin, grâce à ses efforts, grâce aux treize ans accomplis du roi, Mazarin reçoit l'ordre du retour et le fait précéder d'une lettre royale de réhabilitation, dictée ou corrigée par lui-même. Il passa la frontière avec une petite armée levée en partie à ses frais, et portant l'écharpe verte à sa livrée. Narguant ainsi le parlement, qui venait de mettre sa tête à prix, il rejoignit la cour à Poitiers, où il se ressaisit d'un pouvoir plus absolu que jamais (janvier 1652). Cependant, pour ôter aux factions lassées leur dernier prétexte de résistance, il se décida de lui-même, six mois après, à un second exil. Cette fois il partait sûr du retour, mais, à tout événement, les poches bien remplies; il n'alla que jusqu'à Sedan, d'où il continua de conduire les

[1] On a cru trouver dans ces lettres des indices patents d'*une liaison d'amour* entre la reine et Mazarin, liaison légitimée peut-être par un *mariage secret*. De ces deux conjectures, la dernière est inadmissible : Mazarin, *cardinal marié*, aurait-il pu, du vivant d'Anne, aspirer, comme il le fit, à la *papauté?* Quant à la seconde, au lieu de faire supposer un commerce coupable *dont la preuve n'existe pas*, le caractère d'Anne et celui de Mazarin autoriseraient plutôt à penser que l'une recevait avec un plaisir de pure vanité les hommages que l'autre lui offrait avec une ardeur de pure ambition.

affaires. Ce départ, selon son calcul, convertit rapidement en fait la révolution commencée dans les esprits : le roi rentra dans sa capitale soumise et repentante. Mazarin ne se pressa pas de revenir ; il fallait laisser aux Parisiens le temps *de tremper leur reste de colère :* puis les chefs de la rébellion devaient être punis, et il ne se souciait pas d'assumer sur lui, présent, l'odieux des mesures qu'absent il pouvait diriger et désavouer. Enfin, il revint comme un monarque rentrant dans ses états reconquis. Turenne et les principaux officiers de l'armée lui firent cortége des frontières jusqu'à Paris ; le roi alla lui-même à sa rencontre à six lieues hors de la ville (1653). Les Parisiens, avec toutes les démonstrations de la joie, *se tuaient* pour se trouver sur son passage, et lorsque son Éminence entra dans le cabinet de la reine, une foule de gens de qualité *s'étouffaient* à qui se précipiterait à ses genoux le premier. La ville lui donna une fête où lui furent prodigués les honneurs jusqu'alors réservés au souverain. Le cardinal jeta de l'argent à la foule, qui répondit par des *vivat* à ces largesses. Nul acte sanglant ne déshonora sa victoire ; la cruauté répugnait à sa nature. Mazarin se vengea pourtant à sa manière : il se remit à rançonner la France avec une fureur d'avidité et une hauteur d'orgueil auprès desquelles ses hauteurs et ses rapines passées ne semblaient qu'essais de novice. Pendant les jours de la Fronde, il avait pris pour devise un rocher battu des vagues, avec ces mots : *Quam frustra et murmure quanto !* Fastueux emblème qui ne lui convenait guère, à lui dont la mollesse élastique ne résistait qu'en cédant, liége ballotté des flots et insubmersible. Les contemporains s'accordent à nous le représenter comme atteint, dans mainte circonstance, de terreurs paniques, et d'une couardise, mauvaise conseillère. Il ne manquait pourtant pas absolument de courage ; mais il en était aussi avare que de son argent, et n'en usait qu'à la dernière extrémité. Le courage militaire, le plus facile de tous, était celui dont il faisait le plus volontiers parade, au point de prendre parfois des airs de matamore qui divertissaient singulièrement les vrais braves. Soit réminiscence de son premier état, soit imitation du grand cardinal, son belliqueux prédécesseur, soit plutôt encore cet esprit de personnalité rapace qui retirait à soi le monopole de toutes choses et le faisait aspirer, selon Gui-Patin, au titre d'*héritier universel du genre humain*, Mazarin eût voulu être, en même temps que le premier homme d'État, le premier capitaine du royaume. Or, à défaut de trophées qui lui appartinssent, il s'appropriait les victoires qu'il était venu voir gagner.

La guerre, éteinte dans l'intérieur du royaume, s'animait avec les Espagnols, Condé recommençait le connétable de Bourbon. Après que Louis XIV eut été sacré à Reims, Mazarin le mena faire sa première campagne. Depuis huit ans déjà, établi par la reine mère surintendant de l'éducation de ses deux fils, le cardinal, pour mieux assurer la sécurité future du trône, avait paru s'appliquer à *efféminer* Monsieur et à *viriliser* le roi. Mais cette dernière partie de la tâche, son immense égoïsme avait eu soin de ne la remplir qu'à moitié. Pourtant, grâces à la rectitude de son jugement et aux instincts d'une âme vraiment royale, l'élève négligé devinait une partie de ce qu'on ne lui montrait pas. Ces progrès spontanés rejouissaient médiocrement Mazarin : « Ah ! monsieur le maréchal, » disait-il à Grammont, qui le flattait d'une puissance éternelle, fondée sur la faiblesse de Louis, « vous ne le connaissez point; il y a en lui de l'étoffe pour faire quatre rois et un honnête homme ! »

Au retour d'une brillante campagne, le cardinal, pour occuper Louis, multiplia les fêtes, les bals, les carrousels. Le ministre avait fait venir d'Italie sept de ses nièces : il forma de cette jeune et gracieuse pléiade la société presque exclusive du monarque. L'une d'elles, Marie Mancini, subjugua sans peine un cœur neuf *qui cherchait maître :* son oncle se flatta un instant de poser la couronne de reine sur le front de la brune *Mazarinette*, mais cette insolente espérance échoua devant la fermeté d'Anne d'Autriche.

Jaloux de se disculper par quelque action d'éclat en politique, Mazarin résolut le mariage de Louis avec l'infante d'Espagne. La guerre durait toujours : pour faire pencher en faveur de la France la balance des combats, Mazarin n'avait pas rougi d'y jeter, à côté de l'épée fleurdelisée, l'épée souillée du régicide Cromwell : honteuse, mais utile alliance, achetée par de lâches concessions aux volontés hautaines de l'usurpateur. L'Espagne, fatiguée d'une lutte devenue inégale, alarmée des démarches faites par Mazarin en Allemagne pour obtenir à Louis XIV la couronne impériale alors vacante, souhaita la paix, dont le mariage de l'infante était le lien naturel. Mazarin se rendit aux Pyrénées pour s'aboucher avec le plénipotentiaire espagnol, don Luis de Haro. Les conférences eurent lieu dans l'île des Faisans, sur la Bidassoa, et durèrent trois mois entiers. L'Espagnol s'était retranché dans un système de formalités à l'aide duquel il espérait déjouer la dangereuse dextérité du cardinal, et « prendre avantage sur l'impatience des Français. » Malgré la fatigue de ces longues séances, Mazarin en rédigeait les détails jour par jour et les expédiait aussitôt à la cour; excès de travail qui abrégea sa vie, mais qui avait pour but de mettre en pleine lumière l'habileté du négociateur et d'initier enfin le roi peu à peu à la connaissance de ses affaires. Ces dépêches sont en effet un vrai manuel de diplomatie classique. Un des points les plus difficiles fut la réhabilitation de Condé, demandée par l'Espagne à des conditions que le cardinal repoussa opiniâtrément, comme un dangereux encouragement donné à la révolte. Il est permis de croire que la rigidité de ses principes politiques était soutenue par un peu d'animosité personnelle contre un prince qui, pendant la Fronde, l'avait accablé de moqueries poussées jusqu'à l'insulte. « Enfin, nous avons fondu la cloche, » écrit Mazarin. L'avantage restait à la France. Outre la confirmation des cessions prononcées à Cherasco et à Munster, elle obtint le Roussillon et la Cerdagne jusqu'au pied des Pyrénées, et nombre de villes dans l'Artois, la Flandre et le Hainaut. Cependant, selon Brienne le fils, le cardinal eut soin de ménager sur quelques points secondaires les intérêts de l'Espagne, et acheta par cette condescendance la promesse secrète que cette puissance ne s'opposerait pas à sa promotion à la papauté si Alexandre VII mourait. Il est certain qu'il aspirait au pontificat. L'année précédente, une dangereuse maladie du roi avait fait voir au ministre qu'un changement de règne le laisserait sans appui contre des haines mal éteintes; car il ne pouvait plus compter sur la reine mère, sa bienfaitrice, à laquelle, depuis son retour d'exil, soit rancune, soit ingratitude, il n'avait plus témoigné qu'une offensante froideur. La souveraineté spirituelle eût donc été un magnifique asile pour l'ambition contre l'instabilité du pouvoir temporel. Six mois plus tard, après la célébration du mariage (1660), la cour revint du midi de la France et fit une entrée magnifique à Paris. La maison de Mazarin et ses équipages éclipsaient tout le reste, et furent une heure à défiler. Depuis long-temps déjà il avait une garde de cent chevaux et de trois cents fantassins.

La paix de Westphalie n'avait été que l'achèvement d'une œuvre commencée par Richelieu : ce traité des Pyrénées, conception de Mazarin, le plaçait à une hauteur où il était plus facile à la flatterie qu'à la haine de le suivre. Le parlement, distinction inouïe, vint le complimenter par députation, et les autres cours souveraines suivirent cet exemple. Désormais tout le monde dut l'appeler monseigneur : les courtisans n'osèrent plus *frapper* à la porte de son cabinet; ils y *grattèrent* avec leur peigne, comme ils faisaient pour entrer chez le roi.

Cependant, les veilles données au jeu après des journées d'excessif travail, durant les dernières négociations, avaient détruit sa santé. Il languit six mois encore, et consacra le reste de ses forces à rendre le roi capable de succéder à la royauté. Il envisagea sa fin prochaine avec une tranquillité *que lui donnait*, disait-il, *l'innocence de sa vie passée*. Et, en effet, l'éternité qui s'ouvrait devant lui parut moins l'effrayer que l'idée de n'y pouvoir emporter ses trésors. Se traînant à travers les salles magnifiques de son palais : « Il faut quitter tout cela! » s'écriait-il douloureusement. Du reste il affectait devant le monde une fortitude, une liberté d'esprit, une gaieté même, qu'il ne devait ni à la résignation chrétienne, ni au stoïcisme philosophique. Jusqu'au jour où le nonce du pape, instruit qu'il avait reçu le viatique, vint lui conférer l'indulgence plénière *in articulo mortis*, accordée à tous les cardinaux, on ne cessa de jouer dans sa chambre; un croupier habile tenait pour lui les cartes. Il reçut les secours spirituels avec autant de foi et de componction extérieure qu'en exigeait la décence, et il se soumit docilement aux actes de pénitence et de réparation qui lui furent prescrits, en tant qu'ils n'inquiétaient pas directement son incurable avarice. Mais son confesseur lui ayant dit qu'il serait damné s'il ne restituait pas tout le bien mal acquis, il s'éleva une lutte inaccoutumée entre sa cupidité et sa conscience, tardivement réveillée par l'imminence de la mort : « Hélas ! je n'ai rien que des bienfaits du roi ! » s'écriait le cardinal, comme essayant une dernière fois de tromper les hommes, et le ciel et lui-même. « Mais, objectait le casuiste, il faut bien distinguer les dons du roi de ce que vous vous êtes donné. — Ah ! si cela est, il faut tout rendre ! » Sacrifice surhumain, auquel il ne pouvait se résoudre ! Enfin, Colbert, son intendant, lui conseilla de faire une donation entière de ses biens au roi, trop généreux pour ne pas les lui restituer aussitôt. Cette transaction diplomatique avec sa conscience plut à Mazarin. Mais voilà que le roi s'avisa d'accepter sans dire mot de la rétrocession espérée : perplexité poignante qui fut pendant deux jours la vraie agonie, le purgatoire anticipé de Mazarin ! Enfin arriva le brevet qui lui remettait en pur don tout ce qu'il avait acquis pendant son ministère. Le moribond eut la jouissance de faire encore une fois acte de possession en disposant, par un nouveau testament, de son immense fortune. Celle-ci, selon l'évaluation la plus modérée, montait à plus de cinquante millions. Il défendit qu'on fit l'inventaire de sa succession, sans doute de peur de scandaliser le public par la confidence de ses incroyables richesses. Entre autres dispositions remarquables, il laissait deux millions pour la fondation du collége des Quatre-Nations, où devaient être gratuitement reçus des élèves choisis dans les quatre provinces que, par les traités de Munster et des Pyrénées, il avait réunies à la France. Le legs le plus précieux qu'il fit à Louis XIV, ce fut Colbert.

Enfin, le 9 mars 1661, en sa cinquante-neuvième année, s'éteignit à Vincennes ce fils du majordome romain, devenu cardinal, chef des conseils du roi, surintendant de la maison de la reine, duc de Mayenne, etc., etc., allié, par les *mariages* de ses nièces, à plusieurs familles souveraines, et même au sang royal de France ; cumulant, sans être prêtre, l'évêché de Metz et huit grasses abbayes ; en outre, détenteur *provisoire* de maint bénéfice dont il était soupçonné de faire trafic, de même qu'il avait vendu à son profit toutes les charges de la maison de la reine ; enfin, assurait-on, joignant en secret à de si beaux titres ceux, moins brillants, mais très-lucratifs, de munitionnaire général de l'armée et d'associé commanditaire des corsaires français.

Le roi fut presque seul à le regretter ou à *paraître* le regretter. Sa famille, qu'il avait, par orgueil plutôt que par affection, gorgée de richesses et d'honneurs, mais qu'il traitait durement du reste, se réjouit de son héritage plus qu'elle ne s'affligea de sa mort. L'opinion publique se formula dans l'épitaphe suivante : *Ci gît l'éminence deuxième : Dieu nous garde de la troisième !*

BIBLIOTHÈQUE DE L'ARSENAL

LE Mis DE CUBIÈRES.

TABLE

DU TOME TROISIÈME.

FIN DE LA TABLE.

PARIS. IMPRIMÉ PAR PLON FRÈRES.

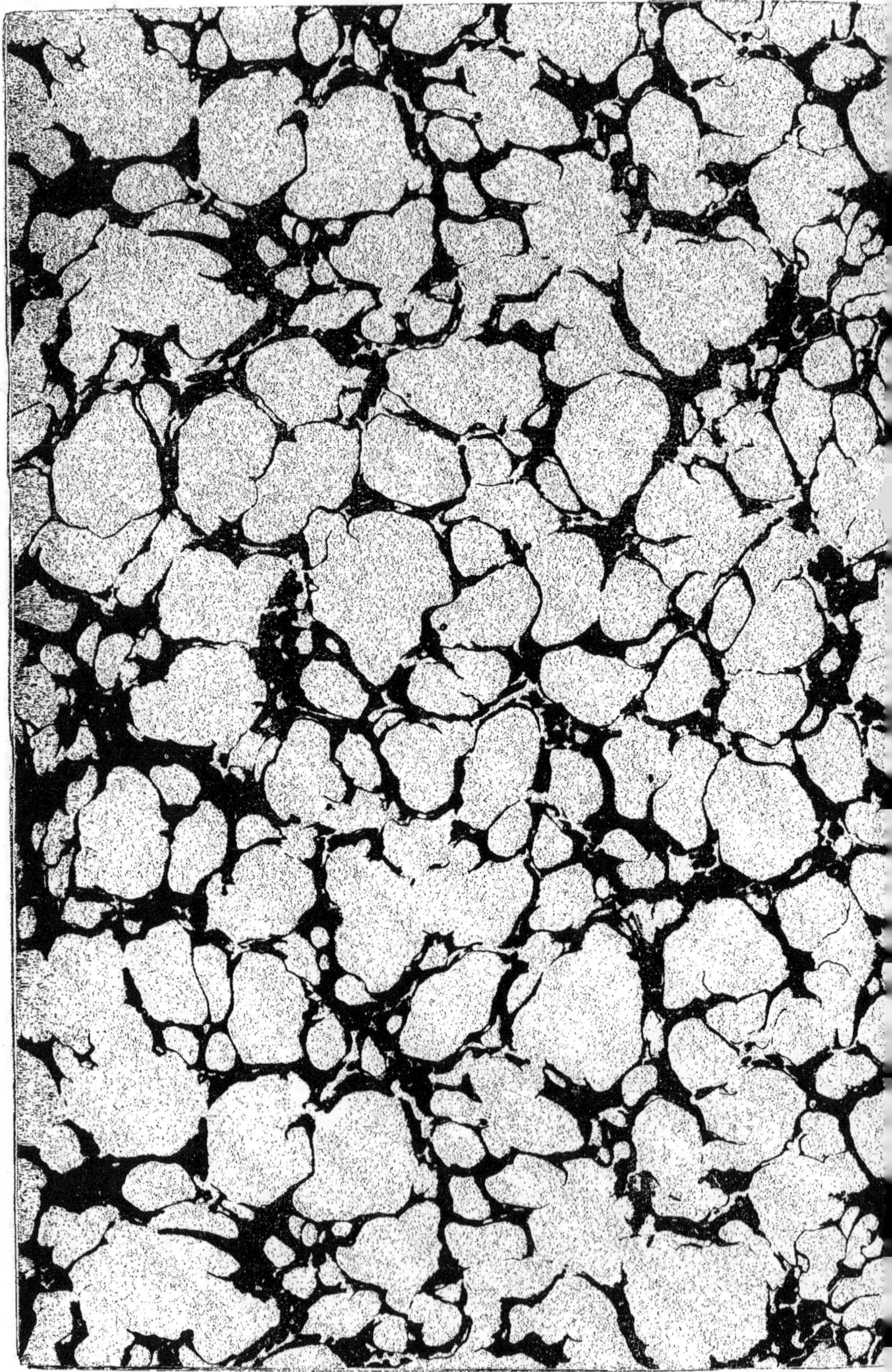

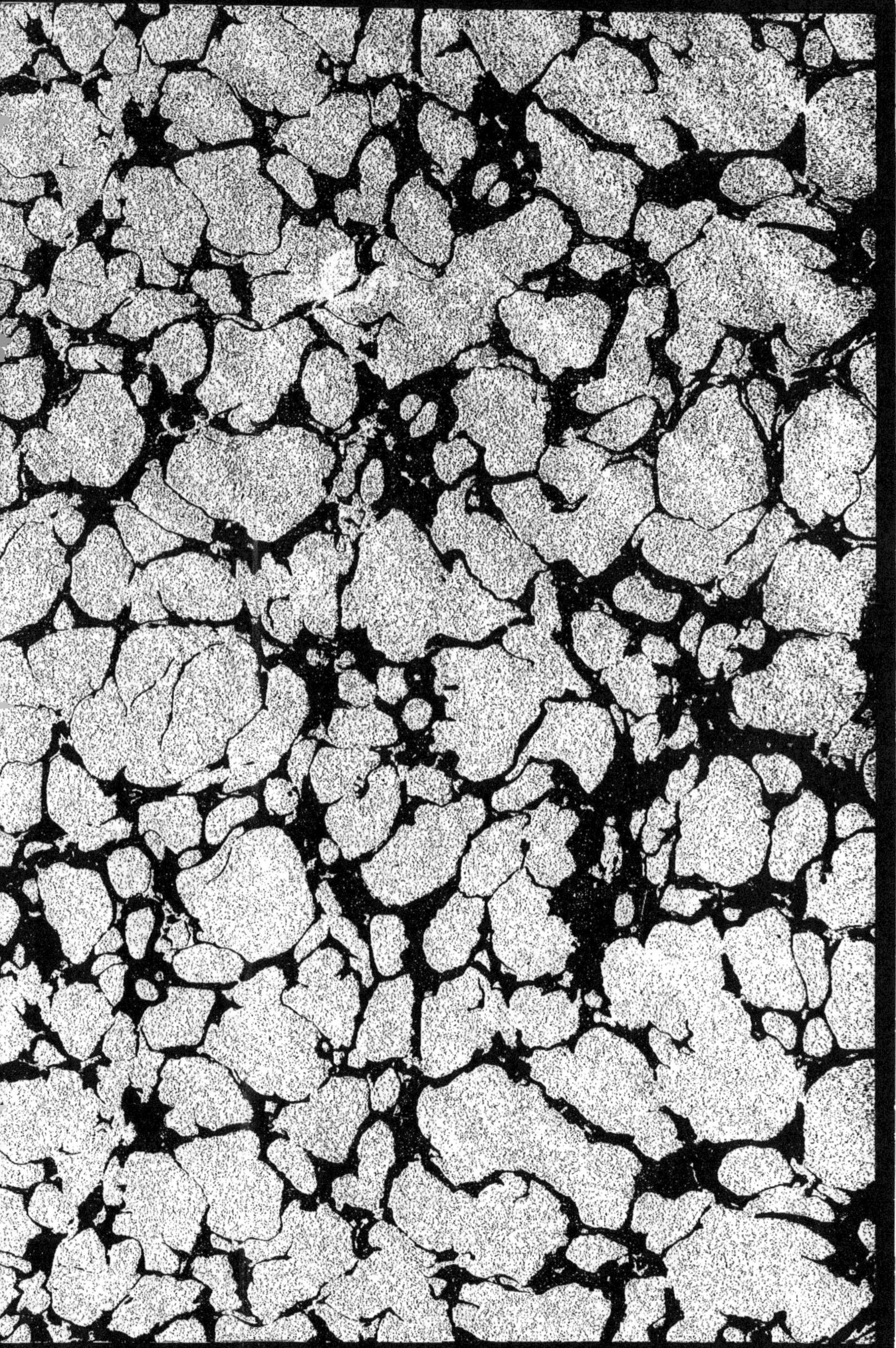

MENNECHET

LE PLUTARQUE

FRANÇAIS

2

www.ingramcontent.com/pod-product-compliance
Lightning Source LLC
LaVergne TN
LVHW011254110826
845149LV00001B/132

* 9 7 8 2 0 1 9 4 9 4 6 2 9 *